Jürgen Gamweger
Oliver Jöbstl
Manfred Strohrmann
Wadym Suchowerskyj

**Design
for Six Sigma**

Jürgen Gamweger
Oliver Jöbstl
Manfred Strohrmann
Wadym Suchowerskyj

Design for Six Sigma

Kundenorientierte Produkte
und Prozesse fehlerfrei entwickeln

HANSER

Bibliografische Information Der Deutschen Nationalbibliothek
Die Deutsche Nationalbibliothek verzeichnet diese Publikation in der Deutschen National-
bibliografie; detaillierte bibliografische Daten sind im Internet über http://dnb.d-nb.de
abrufbar.

© 2009 Carl Hanser Verlag München
Internet: http://www.hanser.de
Lektorat: Lisa Hofmann-Bäuml
Herstellung: Ursula Barche
Umschlaggestaltung: Büro plan.it, München
Gesamtherstellung: Kösel, Krugzell
Printed in Germany

ISBN 978-3-446-41454-9

Inhalt

1 Grundlagen von Design for Six Sigma – DFSS

1.1 Strategische Rahmenbedingungen und Herausforderungen

Die wirtschaftlichen Rahmenbedingungen für innovationsorientierte Unternehmen sind – wie wahrscheinlich schon seit jeher – permanenten Veränderungen unterworfen. Während Wertschöpfungsketten noch vor einigen Jahren eher stabil und regional orientiert waren, sehen sich viele Unternehmen heute mit einer zunehmenden Globalisierung und Variabilisierung derselben konfrontiert. Auch kleine Aufträge werden international abgewickelt und hoch technologische Produkte werden in sogenannten „Billiglohnländern" nicht nur produziert, sondern teilweise auch bereits dort entwickelt.

Die Zahl der direkten Mitbewerber am immer transparenter werdenden Markt ist dementsprechend dramatisch angestiegen. Daraus entsteht für Spitzenunternehmen die Notwendigkeit, immer noch hochwertigere und komplexere Produkte zu generieren, ein Umstand, der zumeist mit schwer handhabbaren Problemstellungen korrespondiert – vor allem Beherrschung der Komplexität, der Kosten und nicht zuletzt der Zuverlässigkeit der Produkte. Vor allem Letzteres ist ebenfalls einem ständig steigenden Anspruchsniveau ausgesetzt. Was Kunden gestern noch begeisterte, ist heute bereits eine Standardforderung. Immer neue, tiefer gehende Ansprüche entstehen immer dynamischer, was zu weiter verkürzten Produktlebenszyklen führt.

Nur jene Unternehmen, die es schaffen, mit dieser Dynamik Schritt zu halten und hochwertige Produkte in kurzer Zeit mit konkurrenzfähiger Kostenstruktur zu entwickeln, werden diese Veränderungen auch überleben können. Ein Ansatz, um dieser Herausforderung sowohl auf strategischer als auch auf der operativen Entwicklungsebene entgegenzutreten, stellt Design for Six Sigma (DFSS) dar – eine Entwicklungsmethodik, die führende innovationsgetriebene Unternehmen aufgenommen haben und mittlerweile erfolgreich umsetzen.

1.2 Was erreicht DFSS?

DFSS ist eine dem Six Sigma-Konzept entspringende Entwicklungsmethodik, welche durch den adäquaten Einsatz von Entwicklungsmethoden erreicht, dass Produkte und Prozesse von Anfang an dem Null-Fehler-Prinzip genügen.

Durch die damit einhergehende Kundenzufriedenheit und -bindung wird die Wettbewerbsfähigkeit des Unternehmens signifikant gestärkt, werden Marktanteile gewonnen, und kann somit der wirtschaftliche Erfolg nachhaltig gesichert werden.

DFSS spricht dabei vor allem Unternehmen an, welche mit folgenden Rahmenbedingungen konfrontiert sind:

- Entwicklungstätigkeiten im eigenen Unternehmen
- Portfolio komplexer Produkte
- Schwierige Ressourcensteuerung in der Entwicklung (Potenziale in der Ressourceneffizienz)
- Hoher Qualitätsanspruch bei Kunden und am Markt

DFSS erreicht die oben genannten Effekte im Wesentlichen durch die konsequente Verfolgung nachstehender Ziele:

- Fehlerfreie, robuste und zuverlässige Produkte
- Marktvorteile durch konsequente Kundenorientierung
- Entwicklungsprozessdurchläufe mit hoher Ressourceneffizienz
- Nachhaltige Innovationsleistungen durch tief gehendes Produktwissen

Diese vier Ziele von DFSS sollen in den nächsten Kapiteln eine nähere Erläuterung erfahren.

1.2.1 Fehlerfreie, robuste und zuverlässige Produkte

Im Zentrum jeglichen Six Sigma-Denkens steht das Erreichen eines Null-Fehler-Niveaus bzw. die ständige Verbesserung in diese Richtung. Während im klassischen Six Sigma-Ansatz die Herstellungsprozesse im Fokus stehen, geht DFSS in der Wertschöpfungskette einen Schritt weiter zurück. Es sucht die Fehlerursachen im Engineering – also in der Entwicklung der Produkte bzw. Prozesse – und eliminiert sie dort schon im Ansatz bestmöglich. Dabei ist die Definition des Begriffes „Fehler" wesentlich freier, als dies in der Produktion mit Ausschuss oder Feldversagen der Fall ist. So ist etwa der Begriff der „Robustheit" eine sinnvolle Ergänzung des Fehlerbegriffes. Ein robustes Produkt ist jenes, das auch unter widrigen Produktions- oder Anwendungsbedingungen in der Lage ist, die Spezifikationen optimal zu erfüllen und somit am Markt mit überlegener Qualität und Zuverlässigkeit Wettbewerbsvorteile gegenüber Mitbewerbern zu erreichen. Bild 1.1 stellt prinzipielle Wege zu einem fehlerfreien/robusten Produkt dar.

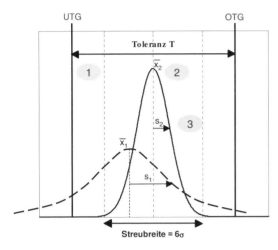

Bild 1.1 Darstellung der drei Prinzipien, die Fehlerfreiheit/Robustheit zu verbessern (Toleranzen ausweiten, Mittelwert zentrieren, Streuung reduzieren)

1.2.2 Marktvorteile durch konsequente Kundenorientierung

Im Six-Sigma-Denken nimmt die Stimme des Kunden („Voice of the Customer") eine besondere Rolle ein – somit auch im DFSS-Ansatz. Während jedoch im klassischen reaktiven Six Sigma für die Fehlerfreiheit die sogenannten „Critical to Quality"-Kriterien (CTQ) als Maß für die Erfüllung der Kundenanforderungen meist mühelos ermittelt werden können, muss bei DFSS eine wesentlich tiefer gehende Analyse der Kundenwünsche durchgeführt werden. So sind etwa auch unausgesprochene und zum Teil unbewusste Forderungen zu antizipieren und konsequent in allen Phasen des Produktentstehungsprozesses zu integrieren und transparent zu halten. Die DFSS-Methodik legt aus diesem Grund einen starken Fokus auf die Aufgabe, die Stimme des Kunden zu erfassen, zu analysieren und anschließend konsequent im Produkt zu berücksichtigen. Ergebnis dieser Vorgehensweise sind Produkte, welche höchste Zufriedenheitswerte erreichen.

1.2.3 Entwicklungsprozesse mit hoher Ressourceneffizienz

DFSS setzt auf eine präventive Problembehandlung anstatt reaktiver Maßnahmen und grenzt sich dadurch vom klassischen Six Sigma-Ansatz ab. In der Entwicklung wird diese Philosophie auch „Frontloading" genannt – also in früheren Phasen der Entwicklung (vor „Start of Production – SOP") etwas mehr Ressourcen für die Fehlervermeidung einzusetzen, um in späteren Prozessschritten eine wesentlich fehlerfreiere, straffere Abwicklung zu erreichen. Damit werden gesamtheitlich gesehen effizientere Entwicklungsprozesse realisiert. Viele Methoden innerhalb des DFSS-Ansatzes zielen genau auf diese frühzeitige Detektion bzw. Vermeidung von Risiken ab und unterstützen somit die Veränderung der Organisation in Richtung Prävention statt Reaktion – „Frontloading" statt „Firefighting" (siehe auch Bild 1.10).

1.2.4 Nachhaltige Innovationsleistungen durch tief gehendes Produktwissen

Der Erfolgsfaktor jeder Entwicklungsarbeit ist ein tief gehendes Wissen über das Produkt und seine funktionellen Zusammenhänge, seien sie mechanisch, elektronisch, chemisch oder jeglicher anderer Art. Nur dieses Wissen ermöglicht es dem Entwickler, innovative Produkte fehlerfrei zu entwickeln. Diese Wirkzusammenhänge in Form einer sogenannten Transferfunktion auf mathematischer Art auszudrücken wird oftmals als der „Heilige Gral der Entwicklung" bezeichnet. Nur wer dazu in der Lage ist, kann innovative Lösungen entwickeln und Fehlerfreiheit, Zuverlässigkeit und Robustheit steuern.

In dem in Bild 1.2 dargestellten P-Diagramm werden Systemzusammenhänge auf einfache Weise visualisiert. Während das System selbst durch eine „Blackbox" dargestellt wird, werden alle relevanten Einstell-, Stör- und Ergebnisgrößen anhand von Pfeilen beschrieben. Es ist von großer Bedeutung, zunächst die wirklich relevanten Einflussparameter und deren Wirkweise auf das Ergebnis sowie deren Wechselwirkungen mit anderen Parametern festzulegen. Bei der Ergebnisbetrachtung kommt dabei nicht nur die Lage der Parameter in die Optimierungsbetrachtung, sondern auch deren Streuung.

Im Six-Sigma-Denken werden Entscheidungen grundsätzlich nicht nur aus Erfahrungswissen allein, sondern auch aufgrund von Zahlen, Daten und Fakten getroffen. Die erarbeiteten Modelle und Berechnungen sind somit durch gezielte Versuche und Tests zu verifizieren. DFSS und die dabei ver-

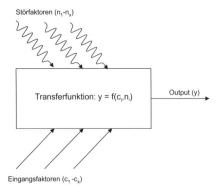

Störfaktoren (n_1-n_x)

Transferfunktion: $y = f(c_i, n_i)$

Output (y)

Eingangsfaktoren (c_1 -c_x)

Bild 1.2 P-Diagramm mit Transferfunktion

wendeten Methoden erreichen, dass Lücken im Wissen über funktionale Zusammenhänge aufgedeckt werden, und diese auch risikooptimal einer Lösung zugeführt werden. Entscheidungen im Entwicklungsprozess werden nachvollziehbar und die Wissensbasis kann bezüglich eines Produktes oder einer Produktgruppe dokumentiert und auch für andere Entwickler zugängig gemacht werden.

1.3 Entwicklung von Six Sigma und DFSS

1.3.1 Historische Entwicklung von Six Sigma

Six Sigma scheint zuweilen noch immer ein Konzept mit sehr junger Vergangenheit zu sein. Bevor jedoch Six Sigma Mitte der 80er-Jahre bei Motorola entwickelt wurde und in weiterer Folge große Verbreitung in der amerikanischen Wirtschaft fand, existierten bereits einige Verbesserungsmethodiken, welche das Fundament bildeten, aus dem heraus Six Sigma entwickelt wurde. Vor allem Qualitäts- und Lean Management nehmen hierbei eine herausragende Rolle ein.

1.3.2 Zusammenfassung der Six-Sigma-Kerninhalte

In zahlreichen Publikationen, Seminarbeiträgen und Praxisberichten über das Thema Six Sigma wird immer wieder dargestellt, welche Leistungen und Erfolge sowohl in produzierenden Unternehmen als auch in Servicebereichen mit diesem Ansatz erzielt werden konnten.

Was ist also das hier als „klassisches Six Sigma" bezeichnete Konzept? Um es zusammenfassend auszudrücken:

„Six Sigma ist ein strikt top-down durchgeführtes Prozessverbesserungskonzept, welches mit ausgewählten Experten in strukturierter Weise und mithilfe von Methoden und Techniken finanziell messbare Verbesserungsprojekte umsetzt."

Ausgehend von den beschriebenen Grundsätzen entwickelte sich Six Sigma als eigenständige Verbesserungsmethodik mit fünf Kernelementen (Bild 1.3).

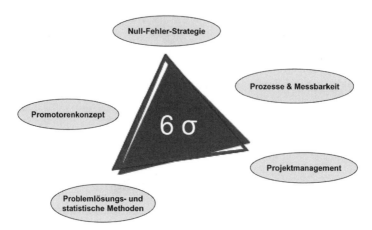

Bild 1.3 Die fünf Kernelemente des Six-Sigma-Ansatzes

Null-Fehler-Philosophie

Fehler und deren Reduktion oder sogar Elimination sind fest in zahlreichen Managementansätzen verankert, so z. B. die sieben Verschwendungsarten im Lean Management. Es erscheint logisch, dass jeder Fehler, egal wo er auftritt, grundsätzlich einen Verlust darstellt, wenngleich die Fehlerwirkung durchaus unterschiedlich ausfallen kann. Beispielsweise ist ein Fehler, der bei einem Produzenten zu Beginn der Wertschöpfungskette auftritt und bis zum fertigen Produkt nicht behoben wird, durch die damit verbundenen hohen variablen Herstellkosten (Material, Energie, Arbeitsleistung etc.) finanziell gravierender als jener, der erkannt und sofort beseitigt werden kann. Noch schmerzlicher sind jene Fehler, die im Unternehmen nicht erkannt werden, bis zum Kunden gelangen, um im schlimmsten Fall erst beim Gebrauch des Produktes aufzutreten, wo sie nachhaltig die Kundenzufriedenheit und somit auch das gesamte Image der Organisation negativ beeinflussen können.

Six Sigma greift diesen Gedanken konsequent auf und stellt damit die Fehlerbeseitigung in den Mittelpunkt der unternehmensweiten Verbesserungsaktivitäten. Die Definition, was ein Fehler ist, erfolgt zumeist direkt anhand der Kundenforderungen oder aber auch anhand internen Spezifikationen.

Prozessorientierung und Messbarkeit

Prozesse stellen den Ausgangspunkt der Six-Sigma-Verbesserungen dar. Unter „Prozess" ist in diesem Fall eine Aufeinanderfolge von zusammenhängenden Arbeitsschritten mit definiertem Anfang und Ende zu verstehen, die wiederholt durchlaufen werden können. Es spielt daher keine Rolle, ob es sich um Produktions- oder Serviceprozesse handelt.

Fehlerfreie Prozesse wirken über eine hohe Produkt- bzw. Servicequalität und die daraus resultierende Kundenzufriedenheit bzw. die damit verbundenen Wettbewerbsvorteile und Umsatzsteigerungen schließlich auf den Unternehmensgewinn.

Wesentlich einfacher zu quantifizieren sind Fehlerkosteneinsparungen durch fehlerfreie Prozesse (Ausschuss-, Nacharbeitskosten), welche direkt auf den Gewinn wirken und daher auch zumeist als Messgröße für den Erfolg von Six Sigma-Projekten dienen. Der finanzielle Gewinn ist jedenfalls bei allen Six Sigma-Projekten als strategisches Ziel eindeutig zu bestimmen.

Eine konsequente Messung der Verbesserungen durch die Six Sigma-Aktivitäten kann nur dann erfolgen, wenn entsprechende Messsysteme auf finanzieller und nicht finanzieller Basis zur Verfügung stehen. Anhand solcher Messsysteme ist es möglich, den Erfolg von Six Sigma auch für nicht direkt involvierte Personengruppen transparent zu machen.

Dies betrifft vor allem die oberen Führungskräfte des Unternehmens, welche Six Sigma durch ihre persönliche Unterstützung und die Freigabe von Ressourcen fördern sollen. Erst wenn es durch diese Messsysteme gelingt, den Führungskräften ein realistisches Bild über die zu erwartenden Ergebnisse zu liefern, um diese dann in der Umsetzung zu erreichen bzw. sogar zu übertreffen, kann Six Sigma ein Erfolg versprechender Ansatz werden. Es ist daher in jedem Six Sigma-Ansatz eine Voraussetzung, die konkreten Resultate jeglicher Maßnahme im Hinblick auf Kosteneinsparung bzw. Kundenzufriedenheit zu planen und zu bewerten. Zusätzlich wird dadurch einer Unternehmenskultur zugearbeitet, die mit Daten und Fakten agiert.

Straffes Projektmanagement

Verbesserungen finden im Six-Sigma-Konzept auf zweierlei Art statt: zum einen auf den bereits bestehenden Prozessen aufbauend anhand des sogenannten DMAIC-Zyklus und zum anderen in Form der „Design for Six Sigma"-Methodik (DFSS). Im Sine einer klaren Abgrenzung wird der erstgenannte Ansatz auch als „DMAIC-Six Sigma" bezeichnet.

Die DFSS-Methodik wird bislang in der Praxis jedoch seltener zur Anwendung gebracht als die Verbesserungsprojekte nach dem DMAIC-Zyklus (Bild 1.4), welcher daher derzeit auch noch einen höheren Bekanntheitsgrad in Unternehmen aufweist.

DMAIC steht hierbei für die von allen Six-Sigma-Teams zu durchlaufenden Projektphasen:

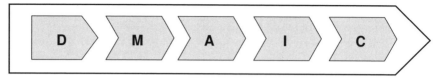

Bild 1.4 DMAIC-Zyklus

- „Define": Das Problem bzw. das (finanzielle) Verbesserungsziel wird konkretisiert und festgelegt, das Projekt wird mit seinen Ressourcen und Meilensteinen geplant und vom Management freigegeben.
- „Measure": Die bestehenden Daten werden gesammelt bzw. es werden die maßgeblichen Größen gemessen, um ein Bild über den Istzustand der Prozesse zu erhalten.
- „Analyze": In dieser Phase werden Ursachen und Wirkungen analysiert und, sofern möglich, anhand von statistischen Methoden abgesichert.
- „Improve": Nachdem in „Analyze" die Haupteinflussfaktoren und „Fehlerursachen" für das festgelegte Projektziel identifiziert wurden, kann hier mit konkreten Prozessverbesserungsmaßnahmen begonnen werden.
- „Control": In dieser letzten Phase des Projektes wird überprüft, ob die angestrebten und in der Define-Phase festgelegten Ergebnisse tatsächlich erreicht wurden und für die weitere Zukunft abgesichert werden können.

De facto werden weltweit fast alle Six Sigma-Verbesserungsprojekte nach dieser Logik abgewickelt, da sie konsequent ist und doch genügend Raum für spezifische Anwendungen erlaubt.

Problemlösungsmethoden und statistische Methoden

Jeder DMAIC-Problemlösungsphase können in der Six-Sigma-Anwendung eindeutig verschiedene Techniken und Methoden in Form einer „Toolbox" zugeordnet werden (Bild 1.5).

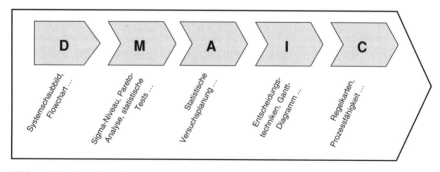

Bild 1.5 DMAIC-Logik und Methodenzuweisung

Dabei werden im Wesentlichen zwei Arten von Methoden unterschieden:

Teamorientierte Problemlösungsmethoden sind einfache Techniken, die vor allem das strukturierte, zielgerichtete Vorgehen und somit die Kreativität des Six Sigma-Teams unterstützen. Diese Art von Techniken finden sich auch in vielen anderen Qualitätsansätzen oder aber auch in Total Productive Management (TPM) bzw. im Kontinuierlichen Verbesserungsprozess (KVP). Die Besonderheit im Six Sigma-Ansatz ist dabei die klare Zuordnung zum DMAIC-Zyklus und damit zum Projektmanagement. Beispiele hierfür sind etwa Ursache-Wirkungs-Diagramme, Flussdiagramme, die Rangreihenmethode oder aber auch CNM (Customer Needs Mapping).

Statistische Methoden werden zusätzlich eingesetzt, um neben dem Expertenwissen der Teammitglieder auch noch Zahlen und Fakten in die Verbesserungsarbeit mit einzubeziehen. Durch die Ergänzung des Erfahrungswissens der Mitarbeiter in Form von mathematischen und statistischen Techniken erhält der Six Sigma-Ansatz erst seine volle Kraft. Besonderer Schwerpunkt wird dabei auf die statistisch signifikante Untermauerung von Expertenmeinungen gelegt. Immer wieder kommt es vor, dass dadurch erkannt wird, dass schon längere Zeit eine Fehlerursache gejagt wurde und die eigentlichen Verbesserungspotenziale in ganz anderen Bereichen liegen. Auch diese Techniken werden klar dem DMAIC-Zyklus zugeordnet, z.B. Bestimmung der Messmittelfähigkeit (Gage R&R), Regressionsrechnung, Varianzanalysen (ANOVA), Design of Experiments (DoE).

Promotorenkonzept

Im Six-Sigma-Konzept finden besondere, zum Teil komplexe Methoden und Techniken (z.B. Statistik) intensive Verwendung. Aus Überforderungsgründen kann ungeschulten Personen dies nicht, gering geschulten Personen nur begrenzt zugemutet werden. Six Sigma setzt daher auf den Einsatz speziell geschulter und trainierter Mitarbeiter, die idealerweise sogar vollzeitlich für Six Sigma-Projekte zur Verfügung stehen sollten. Die meisten Six Sigma-Funktionen tragen aus dem Kampfsport entnommene Gürtelfarben und werden somit je nach Ausbildungsgrad als z.B. „Green Belt" oder „Black Belt" bezeichnet. Diese Personen haben als Projektleiter operativ dafür Sorge zu tragen, dass die Verbesserungsprojekte ordnungsgemäß nach dem DMAIC Zyklus abgewickelt werden. Bei größeren Projekten wird diese Funktion von Black Belts, bei kleineren Projekten von Green Belts ausgeübt.

Unter Machtpromotoren sind im Six Sigma-Ansatz jene Führungskräfte zu verstehen, die sich für ein Vorankommen von Six Sigma-Aktivitäten in oberen Managementebenen persönlich einsetzen. Der „Six Sigma-Champion" oder „Projektsponsor" wird in der Regel von Anfang der Projektdefinition (Define-Phase) an mit eingebunden und unterzeichnet auch die offizielle Verabschiedung der Projektcharta. Bei Veränderungen der Rahmenbedingungen im Projekt oder beim Auftreten von Schwierigkeiten können diese Personen auf direktem Wege, d. h. unabhängig vom normalen Dienstweg, für Unterstützungsleistungen eingeschaltet werden. Er wird beim Abschließen eines Projektmeilensteines (DMAIC) konsequent von dem Projektteam informiert.

1.3.3 Entstehung und Betrachtungsweisen von DFSS innerhalb des Six Sigma-Ansatzes

Werden unter dem klassischen Six Sigma-DMAIC-Ansatz in der Literatur und unter Praktikern im Wesentlichen die gleichen Inhalte und Vorgehensweisen verstanden, existiert für den Begriff DFSS eine deutlich inhomogenere Verständnislage. Im Wesentlichen können die Unterschiede jedoch in zwei Hauptgruppen unterteilt werden. Zum einen ist dies die Neugestaltung von Prozessen und zum anderen die Elimination von Fehlern jeglicher Art in der Produktentwicklung.

DFSS mit Prozessfokus – „Process Engineering"

In früheren Phasen der Six Sigma-Entstehung wurde unter DFSS weitgehend eine Vorgehensweise verstanden, welche zu Einsatz kommen sollte, sobald die klassischen Six Sigma Methoden nicht mehr ausreichend Durchschlagskraft besitzt. Grund dafür ist meist ein dem Prozess innewohnendes Potenzial, welches nur durch radikale Umgestaltung des Prozesses selbst behoben werden kann.

DFSS bedeutet somit in diesem Sinn eine Neugestaltung von Prozessen in Richtung null Fehler, was dem schon länger bekannten „Business Process Reengineering"-Ansatz (BPR) ähnelt.

Während aber im BPR zumeist eine Durchlaufzeit- und Ressourcenoptimierung der Prozesse im Vordergrund steht und auch ein stark informationstechnologisch unterstützter Verbesserungsansatz gewählt wird, geht es im DFSS-Sinn doch wesentlich stärker um die Fehlerfreiheit. Dazu werden die Prozesse einer präventiven Fehleranalyse unterzogen und dementsprechend neu gestaltet. Im Anschluss an dieses Vorgehen können von dieser Basis startend wiederum neue reaktive DMAIC-Projekte zur weiteren Verbesserung angesetzt werden, um sich weiter in Null-Fehler-Richtung zu bewegen.

Nachdem sich die hier beschriebene Sichtweise nicht wesentlich vom klassischen Six Sigma-Ansatz unterscheidet und auch in vielen Fällen die Fehlerursachen schon wesentlich früher – nämlich in der Produktentwicklung –

determiniert werden, kristallisierte sich ein DFSS-Ansatz heraus, welcher in Frühphasen des Produktentstehungsprozesses mit einer klaren Null-Fehler-Orientierung eingreift und daher in der Regel wesentlich größere Verbesserungshebel aufweist. Dadurch verschiebt sich der Betrachtungsschwerpunkt von der Produktionsseite hin zur Entwicklung oder zum Engineering. Dies ist gegenüber dem klassischen Six Sigma-Ansatz der eigentlich innovative Teil von DFSS und soll demgemäß auch in diesem Buch nähere Betrachtung finden.

DFSS mit Produktfokus – „Product Engineering"

Null-Fehler-Prinzipien konsequent schon in Entwicklungsphasen zu integrieren, ist das erklärte Ziel der modernen entwicklungsgetriebenen DFSS-Methodik. Dazu ist jedoch im Gegensatz zum klassischen Six Sigma ein echter Paradigmenwechsel erforderlich: Prävention statt Reaktion lautet die Maxime. Während die Fehlerursachenfindung bei DMAIC-Projekten oft schon sehr komplex ist, erfordert DFSS ein noch viel tiefer gehendes Produktverständnis, um auch wirklich schon von frühen Konzeptphasen an Fehler vorbeugend zu vermeiden und dabei auch noch die Entwicklungskosten und Entwicklungszeit („Time to Market") im Auge zu behalten.

Je eher Fehler identifiziert und eliminiert werden, desto kostengünstiger wird das Entwicklungsprojekt. In Bild 1.6 ist die sogenannte „Zehnerregel" visualisiert. Sie beschreibt, dass bei jeder weiteren Entwicklungsphase die Fehlerbeseitigungskosten um den Faktor zehn ansteigen.

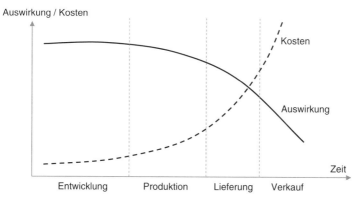

Bild 1.6 Hebelwirkung einer frühen Fehlerelimination – „Zehnerregel"

Analysen haben diesbezüglich ergeben, dass ca. 70 bis 80 % aller auftretenden Fehler bereits in Entwicklungsphasen festgelegt werden und sich damit für eine spätere Fehlerelimination nur mehr eingeschränktes Potenzial ergibt bzw. oftmals nur symptomhaft verbessert werden kann.

Genau wie überall bei Six Sigma erfordert die rechtzeitige Fehlererkennung aber speziell ausgebildete Personen (DFSS- Green und -Black Belts), welche nicht wie bei DMAIC für die Problemlösung auch aus anderen Funktionsbereichen kommen können, sondern echte Produktexperten sein müssen. Für ein erfolgreiches Vorgehen im DFSS-Ansatz sind neben dem Produkt-Knowhow auch profundes Methodenwissen und eine ausgeprägte soziale Kompetenz notwendig (Bild 1.7).

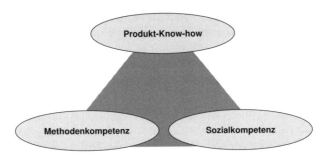

Bild 1.7 Grundsätze für eine erfolgreiche DFSS-Arbeit

- Produktwissen – Ingenieurkompetenz: Nur mit wirklich tief gehendem Know-how über das Produkt und seine Funktions- bzw. Wirkzusammenhänge können Fehlerpotenziale erkannt und richtig priorisiert werden. Oberflächliche Betrachtungen greifen zu kurz und entfalten keinesfalls die volle Wirkung von DFSS. Dies bedeutet aber auch gleichzeitig, dass DFSS im Gegensatz zu DMAIC voll in die „täglichen" Entwicklungstätigkeiten eingebunden werden muss und nicht nur punktuell, problembezogen angewandt wird.
- Methodenwissen: DFSS bietet einen weitreichenden Methodensatz zur Lösung der Aufgaben im Entwicklungsprozess. Darunter befinden sich solche, die schon aus dem klassischen Six-Sigma-Ansatz bekannt sind – etwa Voice of the Customer, Gage R&R, Regelkarten –, aber auch völlig andersartige, spezifisch auf die Entwicklung bezogene – wie etwa Design Review Based On Failure Mode (DRBFM), Design For Manufacture and Assembly (DFMA) oder statistische Tolerierung. Generell werden eher vielschichtige und komplexe Methoden zur Anwendung gebracht. Das anwendungsorientierte Methodenwissen nimmt daher einen durchaus entscheidenden Faktor an.
- Soziale Kompetenz: Trotz aller Komplexität und Strukturiertheit von DFSS dürfen ein gesundes Augenmaß und eine Gesamtsicht über die De-

taillösungen hinweg nicht zu kurz kommen. Oftmals ergeben sich in Entwicklungsprojekten sehr spezifische Aufgabenstellungen, bei welchen es passiert, dass sich Experten im Detail verlieren oder übergreifende Zielstellungen, wie etwa Kosten- oder Zeitaspekte, aus den Augen geraten. Viele DFSS-Methoden basieren auf dem Prinzip der Teamarbeit und brauchen tiefgehende konstruktive Diskussion im Team, was neben der Methodenkompetenz wiederum ein ordentliches Maß an sozialer Kompetenz erfordert.

Nur durch das enge Zusammenspiel dieser drei Komponenten können die genannten DFSS-Ziele auch tatsächlich vollinhaltlich erreicht werden. Fällt eine derselben zu schwach aus, gerät die DFSS-Methodik außer Balance. So ist also von einem reinen methodenorientierten DFSS-Ansatz abzuraten. Dieser wird zwar Fehlereliminationsmethoden einsetzen, kann aber die unter der Oberfläche liegenden Potenziale zumeist nicht heben, weil die Expertise der Entwicklung dabei zu kurz kommt. Genauso ist aber eine Reduktion bei der Methodenqualifzierung – z.B. Anwendung von Techniken ohne tief gehende Methodenkenntnis (Tipps, Fehler und Fallstricke) – kein zielführender Ansatz.

Gegenüberstellung von DMAIC und DFSS

Tabelle 1.1 stellt die Zusammenhänge und Unterschiede zwischen den beiden Null-Fehler-Ansätzen dar.

Tabelle 1.1 Gegenüberstellung von DMAIC und DFSS

Thema	DMAIC	DFSS
Strategisches Ziel	Null Fehler im Prozess	Null Fehler im Produkt
Hauptzielgruppe	Fertigung	Entwicklung
Experten (Belts) sind	Projektleiter und Problemlöser	Fachexperten mit Methoden-kompetenz
Auslöser	Reaktiv, problembezogen	Präventiv, entwicklungs-aufgabenbezogen
Methoden	Kreativ & statistisch	Kreativ & statistisch
Initiativendauer	Problemlösungsprojekt (drei bis acht Monate)	Entwicklungsprojekt (Monate bis Jahre)
Phasenmodell	DMAIC	Entwicklungsprozess

Wie aus diesen Betrachtungen heraus die DFSS-Methodik präzisiert werden kann, soll im folgenden Kapitel beschrieben werden.

1.4   DFSS-Modell

DFSS kann auch als Modell mit vier Ebenen dargestellt werden (Bild 1.8). Die erste Ebene wird durch die Ziele von DFSS gebildet (Zielebene). Als zweite Ebene schließen sich die Grundprinzipien/Strategien von DFSS an (strategische Ebene), welche sich durch fast alle DFSS-Aktivitäten als Leitfaden ziehen und auch bei Detailarbeiten immer wieder in Erinnerung gerufen werden sollten. Die dritte Ebene wird durch den Entwicklungsprozess bestimmt (Prozessebene), innerhalb dessen auf der vierten Ebene die DFSS-Methoden angewandt werden (Methodenebene).

Bild 1.8 Das DFSS-Modell

1.4.1   Ziele von DFSS (Zielebene)

Wie bereits erläutert lässt sich DFSS als eine Null-Fehler-Methodik für Entwicklungsprozesse mit den folgenden Hauptzielen darstellen:

- Fehlerfreie, robuste und zuverlässige Produkte
- Marktvorteile durch konsequente Kundenorientierung,
- Entwicklungsprozesse mit hoher Ressourceneffizienz
- Nachhaltige Innovationsleistungen durch tiefgehendes Produktwissen

Gemäß der von der Balanced Scorecard vorgeschlagenen Logik werden aus strategischen Zielen Kenngrößen, Zielwerte und dementsprechende Initiativen abgeleitet. Was den ersten Schritt betrifft, so ist zu erkennen, dass die Messung des Erfolges von DFSS weitgehend mit klassischen Entwicklungskennzahlen korrespondiert. Beispiele dafür sind unter anderem folgende Kennzahlen:

Fehlerfreie, robuste und zuverlässige Produkte

- Fehlerraten in der Produktion und im Feld (C_{pk}, P_{pk}, %, ppm etc.),
- Fehler-, Reklamations- und Gewährleistungskosten,
- Zuverlässigkeitskennzahlen (B10 etc.).

Marktvorteile durch konsequente Kundenorientierung

- Kundenzufriedenheitsindizes und Wiederkaufraten,
- Reklamationsraten.

Entwicklungsprozesse mit hoher Ressourceneffizienz

- Time to Market und Einhaltung von Entwicklungsmeilensteinen,
- Anzahl der ungeplanten Rekursionen im Entwicklungsprozess,
- Entwicklungsplankosteneinhaltung,
- Verhältnis von Feuerwehraktionen (reaktiv) zum Gesamtentwicklungsaufwand (präventiv plus reaktiv).

Nachhaltige Innovationsleistungen durch tiefgehendes Produktwissen

- Anzahl der Patente,
- Anzahl an dokumentierten Transferfunktionen,
- Neuproduktrate,
- Durchschnittsalter der verkauften Produkte.

Obwohl DFSS seinen Schwerpunkt eher im Bereich der Methoden hat, werden auch für die Zielebene unterstützende Dokumente angeboten, wie etwa die sogenannte „Product Scorecard" (Bild 1.9).

CTQs (kritische Produktparameter)	Zielwert hinsichtlich Fehlerfreiheit (z. B. c_{pk}, ppm, Sigma-Niveau)	Einheit	Prognostizierter Istwert	Relevante Einflussgrößen (Wirkzusammenhang)	Eingesetzte Methoden
CTQ 1	45	ppm			
CTQ 2	120	ppm			
CTQ 3	2	c_{pk}			
CTQ 4	180	ppm			
CTQ 5	300	ppm			

Bild 1.9 Product Scorecard

Dies ist in seiner Grundstruktur ein Datenblatt, welches Fehlerraten und Streuung von kritischen Merkmalen vom betrachteten Produkt, den Komponenten oder Teilen über den gesamten Entwicklungsprozess mitführt. Sind das in den frühen Entwicklungsphasen noch reine Plangrößen, welche aufgrund der Erfahrung des Entwicklungsteams angenommen werden, so können diese zunächst mit fortgeschrittener Entwicklung konkretisiert werden, um schlussendlich in der Fertigung bzw. im Feld endgültig verifiziert zu werden. Durch diese Visualisierung der Fehlerraten wird erreicht, dass zumindest in allen Meilensteinen des Entwicklungsprozesses ganz konkret über Plan- und Istwerte der Fehlerfreiheit diskutiert wird und daher auch klare Prioritäten bezüglich Ressourceneinsatz zur Fehlervermeidung getroffen werden können.

Welche Ziele und Kenngrößen im Bereich von DFSS zum Einsatz kommen, hängt natürlich weitgehend von den Rahmenbedingungen der jeweiligen Organisation ab, weshalb sich auch keine allgemeingültigen Regeln ableiten lassen. Ohne DFSS-Ziele bzw. ohne klare Verknüpfung mit den bereits bestehenden Zielen im Entwicklungsbereich sollte DFSS keinesfalls eingeführt werden.

1.4.2 Prinzipien von DFSS (strategische Ebene)

Auf den folgenden Seiten sollen die allen DFSS-Aktivitäten zugrunde liegenden Leitprinzipien/Strategien einer näheren Betrachtung unterzogen werden. Dadurch soll erreicht werden, dass zunächst ein Gesamtverständnis für DFSS entwickelt werden kann und aufbauend darauf die zum Teil komplexen DFSS-Methoden erläutert werden. Anderenfalls besteht die Gefahr, einzelne Methoden isoliert und nicht im Kontext der Ziele und Prinzipien von DFSS zu sehen.

Prävention statt Reaktion

Fehler schon präventiv zu erkennen und zu beseitigen ist eine Strategie von DFSS (Bild 1.10). Wie werden aber verborgen gebliebene Potenziale an das Tageslicht gebracht und auch richtig bewertet? Gerade in den so entscheidenden Frühphasen des Entwicklungsprozesses sind viele Aspekte des Produktes noch nicht klar definiert und daher nur äußerst schwer zu bewerten. Dabei ist grundsätzlich zu unterscheiden, welche Art von Entwicklungsprojekt durchgeführt wird. Handelt es sich dabei um eine völlige Neuentwick-

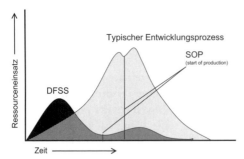

Bild 1.10 Frontloading versus Firefighting

lung (Plattformprojekt) oder eher nur um eine Applikation? Werden im ersten Fall nur begrenzte Informationen über Fehlerpotenziale vorliegen, so
kann im zweiten Fall davon ausgegangen werden, dass bereits tief gehendes
Wissen darüber vorhanden ist. Das Ziel ist es nun, dieses Wissen dazu zu benutzen, schon in vielen Entwicklungstätigkeiten Fehlerprävention einzu-
bauen, d. h. konkret produkt- und prozessbezogene Risiken zu identifizieren,
zu priorisieren und durch geeignete Gegenmaßnahmen (Konstruktion, Materialauswahl, Technologiewahl etc.) zu minimieren oder gar vollständig zu
eliminieren.

In vielen Fällen wird es nicht leicht sein, derartig vorzugehen. Begründet liegt
dies oftmals im nicht ausreichenden Kenntnisstand über die Wirkzusammenhänge des Produktes sowie in einer nicht ausreichenden Ressourcenbasis.
Weil Entwickler häufig für die Problemlösung in der Fertigung herangezogen
werden oder gar bei Feldversagen direkt mit den Kunden arbeiten, können
für präventive Tätigkeiten oftmals nicht ausreichend Personalkapazitäten
frei gemacht werden. Letzteres ist eine klare Managementaufgabe – dafür zu
sorgen, dass für präventive Tätigkeiten auch Kapazitäten frei gehalten werden, wenngleich es dabei auch die Aufgabe von Entwicklungsingenieuren ist,
im jeweiligen Entwicklungsprojekt gemeinsam mit DFSS-Experten („Belts")
auf diesen Umstand möglichst konkret hinzuweisen.

Problematisch ist dabei allerdings, dass der Effekt der Prävention nur sehr
zeitverzögert eintritt, möglicherweise bei lange laufenden Entwicklungsprojekten erst nach Jahren sichtbar wird. Dieser Wandel von der reaktiven zur
präventiven Vorgehensweise erfolgt nicht von selbst, sondern wird durch
den systematischen Einsatz von DFSS-Methoden unterstützt, indem für bestimmte Phasen im Produktentstehungsprozess Methoden vorgeschlagen
werden, welche zumeist den Ansatz der Prävention unterstützen bzw. einfordern (QFD, DRBFM etc.). DFSS ist daher eine Methodik, welche über ziel-
gerichteten Methodeneinsatz die präventive Fehlervermeidung gegenüber
hektischen Abstellmaßnahmen fördert und auch dem Management die Möglichkeit gibt, die Ressourcensteuerung in der Entwicklung zu kontrollieren
und damit gleichzeitig auch Kosten- und Zeitziele zu erreichen.

Risikomanagement ist ein wesentlicher Bestandteil des DFSS-Denkens: Ohne
Risiko auch keine Innovation, jedes Risiko erhöht aber auch die Fehlerwahr-
scheinlichkeit. Im Idealfall werden durch eine tiefgehende Anwendung von
DFFS-Methoden durch Produktexperten alle Risiken sicht- und bewertbar.
Je nach Einsatzgebiet des Produktes (z. B. Gefährdung für Menschen) und
Strategie des Unternehmens lassen sich durch DFSS-Methoden schnelle Ge-
genmaßnahmen ableiten.

Entwicklungsprozessintegration

DFSS funktioniert im Gegensatz zu DMAIC nicht als eigenständige Methodik, sondern wird möglichst tief in den bestehenden Entwicklungsprozess integriert. Während DMAIC als allgemein anwendbares Vorgehen zur Problemlösung dienen kann, ist dies bei DFSS nicht möglich. Zwar werden in der Literatur Standardablaufschritte für DFSS genannt (z. B. IDOV, Bild 1.11, oder DMADV), dies macht allerdings nur dann Sinn, wenn noch kein etablierter Entwicklungsprozess im Unternehmen existiert.

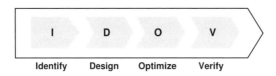

Bild 1.11 IDOV als häufig vorgeschlagene DFSS-Phasen

Moderne Entwicklungsprozesse sind zumeist nach sogenannten „Stage-Gates", also Meilensteinschritten gegliedert und aufgrund der zahlreichen Schnittstellen sehr komplex strukturiert. Innerhalb der einzelnen Meilensteinphasen sind bestimmte Entwicklungsaufgaben zu lösen, wie etwa eine Konzeptvorauswahl zu treffen oder das optimale spätere Fertigungsverfahren zu definieren. Genau diese Aufgaben und die damit verbundenen Fragen sind der Schlüssel zum Einsatz der richtigen DFSS-Methoden. Bevor eine Methode „out of the box" quasi blind eingesetzt wird, sollte kritisch hinterfragt werden, ob sie zu diesem Zeitpunkt auch wirklich optimalen Nutzen schafft. Nachdem die DFSS-Methodik sehr reichhaltig mit Techniken/Methoden ausgestattet ist, ist es unabdingbar, aus der Entwicklungsprozessaufgabe heraus die richtige Methode auszuwählen. Keiner Methode sollte blind gefolgt werden, sondern die Vorgehensweise ist dem jeweiligen Anwendungsfall anzupassen; letztlich muss die Methode der Erfüllung einer Entwicklungsaufgabe dienen und nicht umgekehrt. Das Methodenwissen – also die Kenntnis, welche Methode wann welche Ergebnisse liefern kann – ist dazu ein wichtiger Schlüssel, der jedoch, wie schon erwähnt, nur im engen Zusammenhang mit tief gehender Produktkenntnis und zumeist durch einen ausgebildeten DFSS-Belt unterstützt sinnvoll genutzt werden kann.

Robustheitsoptimierung von Produkten

Fehlerfreie Produkte im Sinn von DFSS sind nicht nur solche, die vorab definierte Kundenanforderungen erfüllen, sondern jene, die darüber hinaus noch unter allen potenziell eintretenden Anwendungsbedingungen und Belastungen zuverlässig ihre Anforderungen erfüllen.

Die Philosophie von Robust Design ist es somit, das Produkt bzw. System so zu gestalten, dass es unabhängig von den auftretenden Störfaktoren – also jenen Variablen, welche nicht einstellbar sind und unsystematisch auftreten können (z. B. Materialunterschiede, Fertigungsunterschiede, Einsatzumgebung etc.) – dennoch optimale Ergebnisse liefert. In diesem Zusammenhang spricht man von Robustheitsuntersuchungen: das Identifizieren und Analysieren dieser Faktoren und dementsprechend abgeleitete Gegenstrategien.

Nicht jede Parameterauswahl mit den scheinbar besten Werten liefert auch robuste, also unempfindliche Ergebnisse. Die Kunst von Robust Design ist es, diese Wirkzusammenhänge zwischen Stör-, Einstell- und Ergebnisgrößen zu verstehen und darauf basierend ein optimales Produkt zu entwickeln. Viele DFSS-Methoden arbeiten daher mit der Variation dieser Größen (Stochastik). Beispiele dazu sind etwa die Themengebiete der statistischen Tolerierung oder der Simulation.

Gestaltung der Produkte auf Basis verstandener Wirkzusammenhänge

Wie schon im klassischen Six Sigma wird auch bei DFSS danach getrachtet, Entscheidungen maßgeblich auf Zahlen, Daten und Fakten basierend zu treffen und nicht nur aus reiner Intuition oder dem Erfahrungswissen heraus. Während schon bei DMAIC häufig zu beobachten ist, dass nicht alle Informationen dafür auch tatsächlich zur Verfügung stehen, so klaffen diese Wissenslücken in Entwicklungsprozessen zumeist noch viel weiter auf. Diesem Problem wird in der Praxis häufig damit begegnet, indem die fehlende Information in einer größeren Serie von Musterteilen und Testverfahren gewonnen wird. Der Nachteil dabei ist allerdings, dass Testserien zumeist sehr zeitaufwendig und teuer sind.

DFSS folgt hingegen einer erweiterten Logik bzw. Reihenfolge in der Vorgehensweise (Bild 1.12).

Bild 1.12 Zusammenspiel zwischen Berechnung – Simulation – Experiment (Dreieck)

Vorgehensweise DFSS

1. Berechnung aller Wirkzusammenhänge: Wenn möglich sind alle Wirkzusammenhänge über mechanische, chemische, elektrische etc. Gesetze zu berechnen, und ist dadurch ein prognostizierbares System zu schaffen, welches in weiterer Folge bezüglich der Funktionserfüllung/Robustheit optimiert werden kann.
2. Simulation der Wirkzusammenhänge: Wenn nicht alle Zusammenhänge berechnet werden können, sondern diese experimentell ermittelt werden müssen, so sollten Simulationsstrategien angewandt werden, um gegenüber der reinen empirischen Versuchsdurchführung (Versuchsläufe mit Musterteilen) Ressourcen zu sparen.
3. Physische Versuche: Wenn das Produkt/System weder vollständig physikalisch berechnet werden kann bzw. auch kein ausreichend genaues Simulationsmodell gebildet werden kann, dann führt kein Weg an den klassischen Versuchen mit Musterteilen vorbei. Diesbezüglich bietet DFSS jedoch Lösungen an, um mit möglichst geringem Versuchsaufwand dennoch gesicherte Aussagen treffen zu können (vor allem alle Methoden im Bereich Design of Experiments, aber auch Methoden aus dem Reliability Engineering).

Gemeinsam ist allen drei Vorgehensstrategien, dass sie nach Möglichkeit immer in einem Abstimmungszyklus zwischen Entwicklern und Methodenexperten eingebunden sein sollten. Das heißt, der Entwickler liefert die Details zum Produkt oder Prozess und der Methodenexperte verarbeitet diese in DFSS Methoden. Die Ergebnisinterpretation muss dann wiederum gemeinsam erfolgen, da sonst die Rückführung zur entsprechenden Entwicklungsaufgabe nicht vollständig gelingen kann.

1.4.3 Anwendung von DFSS (Prozessebene)

Moderne Entwicklungsprozesse bestehen fast immer aus Hauptphasen mit sogenannten „Stage-Gate"-Abschlüssen. Das bedeutet, dass nach jeder Phase ein Review nach bestimmten Kriterien erfolgt und erst bei positivem Abschluss desselben die Freigabe für ein weiteres Vorgehen erfolgt. Damit soll verhindert werden, dass Entwicklungsfehler oder -potenziale in spätere Phasen verschleppt werden, wo sich deren Behebung deutlich zeit- und kostenaufwendiger darstellt (siehe „Zehnerregel", Bild 1.6) .

Hauptphasen moderner Entwicklungsprozesse

Grundsätzlich folgen die Hauptphasen in modernen Entwicklungsprozessen oftmals einer sehr ähnlichen Logik (Bild 1.13).

Bild 1.13 Typischer Produktentstehungsprozess (PEP)

1. Zu Beginn steht die Produktidee (Invention oder Innovation), welche besonders bei sehr innovativen Unternehmen eine wichtige Funktion einnimmt, da bereits hier die Weichen für Neuentwicklungen auch auf strategischer Ebene gelegt werden. Am Ende der Phase wird entschieden, ob die Produktidee ein dementsprechendes Potenzial aufweist und weiterverfolgt wird oder verworfen bzw. zurückgehalten wird.

2. Danach erfolgt eine Erhebung der Marktpotenziale, die Identifikation und Detaillierung der Kundenanforderungen. Parallel dazu werden die Rahmenbedingungen (Zeit, Kosten, Ressourcen) für das Projekt grob abgesteckt. Am Ende dieser Phase wird entschieden, ob die Kundenanforderungen grundsätzlich unter wirtschaftlichen Voraussetzungen erfüllt werden können. Wenn dies der Fall ist, erfolgt die Freigabe zur nächsten Phase.

3. In der Phase der Konzeptentwicklung wird aus all den bisherigen gesammelten Informationen und daraus abgeleiteten Erkenntnissen ein Grobkonzept erarbeitet. Dabei werden unter anderem Basistechnologien und wesentliche Funktionen festgelegt. Die projektbezogenen Parameter (Zeit, Kosten, Verantwortlichkeiten etc.) werden verfeinert und am Gate (QG steht für Quality Gate) verabschiedet.

4. Danach erfolgen in der Produkt- und Prozessentwicklungsphase die eigentlichen Kernentwicklungstätigkeiten inklusive Musterbauphasen und Ableitung von fertigungsprozessbezogenen Aspekten, wie etwa Produktionstechnologie oder Layoutplanung von Prozessen etc. Am Gate bzw. an den Gates erfolgt die Freigabe der Produktmuster und des endgültigen Fertigungskonzeptes. Oftmals entscheiden Unternehmen, mehrere Musterphasen im Entwicklungsprozess zu definieren. In dem in Bild 1.13 dargestellten Beispiel existieren vier Musterphasen, welche mit den QGs korrespondieren. Im QG 0 existiert ein sogenanntes A- oder Funktionsmuster, mit welchem die notwendigen Funktionen dargestellt werden. Bei QG 1 existiert ein B-Muster, welches bereits dem wirklichen Produkt sehr nahe kommt, aber noch nicht mit Serienwerkzeugen gefertigt wurde. Im QG 2 wird das C-Muster hergestellt – ein Musterstand, in welchem das Produkt bis zu den Unterkomponenten bereits der Serie entspricht und idealerweise auch bereits zum Teil mit Serienwerkzeugen gefertigt wurde. Im QG 3 schlussendlich existieren bereits D-Muster, welche komplett aus

der Serienfertigung stammen und welche auch die Grundlage für die Erst-
musterprüfberichte darstellen.

5. Nachdem dieser Schritt erfolgt ist, startet die Vorserienphase, welche je
   nach Komplexitätsgrad des Produktes bzw. des Prozesses unterschiedlich
   lange dauern kann. Hier wird unter anderem auch eine erste Prozessfähigkeitsuntersuchung durchgeführt, welche zumindest 125 Teile umfasst. Damit können die Grundlagen für eine statistische Prozessregelung
   in der Serie gelegt werden. Am Gate wird entschieden, ob der Status des
   Entwicklungsprojektes so weit fortgeschritten ist, dass die schlussend-
   liche Freigabe für die Serienfertigung (SOP – „Start of Production") erfolgen kann.

6. In vielen Fällen ist in der Zeit nach SOP die Entwicklungsarbeit noch
   nicht abgeschlossen, sondern es werden Fertigungsprobleme mit Entwick-
   lungsunterstützung gelöst. Zumeist wird daher erst nach einer bestimmten
   erfolgreichen Produktionszeit des Produktes das Entwicklungsprojekt abgeschlossen und der Produktentstehungsprozess mit einem Gesamtreview
   im QG 4 beendet.

Kennzeichnend für Entwicklungsprozesse ist allerdings, dass sie de facto nie
rein sequenziell ablaufen, sondern immer wieder Schleifen, Rekursionen und
Wiederholungen ähnlicher oder gleicher Tätigkeitsarten vorkommen. Diese
treten nicht nur innerhalb dieser Hauptphasen auf, sondern zuweilen auch
dazwischen. Gründe dafür liegen in der Partitionierung von Produkten (z. B.
System, Komponente, Bauteil), in den neu hinzugewonnenen Erkenntnissen
vor allem aus Musterphasen oder aber auch Änderungen der Kundenanforderungen während der Entwicklungsprojekte.

Unter Partitionierung versteht man dabei das Segmentieren des Produktes in
unterschiedliche Detaillierungsgrade, wie etwa Gesamtsystem, Komponenten und Teile. Während etwa auf Gesamtsystemebene die Konzeptgenerie-
rung und -auswahl bereits abgeschlossen wurde, muss dies auf der nächsten
Detaillierungsebene für wichtige Komponenten quasi nochmals durchgeführt werden. Diesmal jedoch mit einem höheren Detaillierungsgrad, sozusagen auf geringerer „Flughöhe".

Somit stellen sich Entwicklungsprozesse zumeist hochkomplex und hoch-
dynamisch dar, die nicht in ein zu unflexibles und enges Korsett aus Regelungen gepresst werden dürfen. Damit dieser negative Effekt nicht durch die
Anwendung von DFSS-Methoden unterstützt wird, ist es von großer Bedeutung, dass dieselben in ihrem Zusammenspiel mit anderen Methoden und
den Aufgaben im Entwicklungsprozess bewusst gemacht werden. Daher finden sich in den folgenden Methodenkapiteln jeweils zu Beginn Beschreibungen der Vernetzungen der Methoden sowie Leitfragen, die charakterisieren, welche Entwicklungsaufgabe durch die entsprechende Methode gelöst
werden kann.

1.5 Zusammenfassung

In diesem Kapitel wurde aufgezeigt, dass DFSS eine sehr spezifische Aus-
prägungsart in der Six-Sigma-Familie darstellt und auch wesentliche Unter-
scheidungsmerkmale zum klassischen Six Sigma-Ansatz aufweist. Der Entwicklungsprozess bildet für DFSS quasi das Rückgrat aus, entlang welchem
eine Reihe von Strategien und Methoden angewandt werden können, um die
Ziele von DFSS – fehlerfreie, robuste und zuverlässige Produkte zu entwickeln, planbare Entwicklungsabläufe zu ermöglichen, konsequente Kundenorientierung zu leben sowie einen Zugewinn an tief gehenden Produktkennt-
nissen, welcher eine nachhaltige Innovationsleistung ermöglicht – auch
tatsächlich zu erreichen.

Damit dies gelingen kann, sind profunde Kenntnisse über die DFSS-Methoden und die an die Anforderungen des jeweiligen Entwicklungsprozesses angepasste Anwendung einer der bedeutendsten Erfolgsfaktoren. Aus diesem
Grund wird in den folgenden Kapiteln detailliert auf die Grundlagen der
Methoden, deren Interaktion mit dem Entwicklungsprozess bzw. den anderen verfügbaren Methoden sowie deren konkrete Umsetzung eingegangen.
Hinweise über kritische Aspekte und Erfolgsfaktoren der jeweiligen Methode runden die Darstellung ab.

1.6 Verwendete Literatur

Breyfogle, F. W.: Implementing Six Sigma, John Wiley & Sons, 1999

Gamweger, J./Jöbstl, O.: Six Sigma Belt Training, Pocket Power-Serie, Carl
Hanser Verlag, 2006

Hammer, M./Champy, J.: Re-engineering the Coorpoation: A Manifesto for
Business Revolution, Harper Business, 1993

Harry, M./Schroeder, R.: Six Sigma, Campus Verlag, 2000

Kaplan, R. S./Norton, D. P.: Balanced Scorecard – Strategien erfolgreich umsetzen, Schäffer-Poeschel Verlag, 1997

2 Voice of the Customer – VOC

2.1 Zielsetzung

Bei allen Entwicklungsprozessen müssen die Anforderungen der Kunden bzw. des Marktes und deren Erfüllung am Beginn allen Denkens stehen. Nur wer in der Lage ist, die Stimme der Kunden (Voice of the Customer – VOC) zu verstehen sowie diese in weiterer Folge konsequent in den Produktentwicklungsprozess zu integrieren, kann damit rechnen, dass das Produkt auch tatsächlich erfolgreich sein wird.

Zahlreich durchgeführte Studien untermauern diese These. Die erfolglosen Produkte sind oftmals zwar technologisch ausgereift, die erfolgreichen Produkteinführungen zeichnen sich jedoch dadurch aus, dass sie mit intensiver Beteiligung der Kunden entwickelt wurden. Der zentrale Erfolgsfaktor – so die Ergebnisse derartiger Studien – liegt darin, dass erfolgreiche Unternehmen eine bessere und schnellere Kommunikation zwischen Kunden und Entwicklungsteams aufgebaut hatten.

Die Umsetzung dieses kundenorientierten Denkens in der Entwicklung kann mithilfe von „Voice of the Customer", einer systematischen Erfassung und Strukturierung der Kundenanforderungen, erreicht werden. Hierbei wird das Ziel verfolgt, zu Beginn der Entwicklung rechtzeitig basierend auf der Identifikation der relevanten Kundengruppen höchstmögliche Klarheit über Struktur und Priorität von Anforderungen zu erlangen.

Die Fragen, die im Rahmen von VOC zu beantworten sind, lassen sich somit folgendermaßen zusammenfassen.

Leitfragen

- Wurde dem Kunden genau genug zugehört?
- Wurden alle denkbaren Informationsquellen genutzt, um zu Kundeninformationen zu gelangen?
- Werden die Anforderungen des Kunden somit wirklich verstanden?
- Wurden die Anforderungen gewichtet/priorisiert, um sich in der weiteren Folge der Entwicklung auf die wesentlichen (kritischen) Merkmale zu konzentrieren?

2.2   Einordnung von VOC in den Produktentstehungsprozess

Voice of the Customer steht am Beginn des Produktentstehungsprozesses vor Quality Function Deployment (QFD) (Bild 2.1), wenn in der Regel noch große Freiheitsgrade in der Auslegung des Produktes existieren, also in der Projektvorbereitungsphase.

VOC erarbeitet alle relevanten Kundenanforderungen (Abschnitt 2.3.1). Das Ergebnis von VOC ist eine eindeutig strukturierte Darstellung der Anforderungen an das Produkt: Diese sollten nach Möglichkeit vollständig, redundanzfrei, priorisiert, testbar und mit dem Kunden abgestimmt sein. Sie sind der Input für QFD (Quality Function Deployment), wo diese Anforderungen vollständig übernommen und sukzessive in das Konzept eingearbeitet werden.

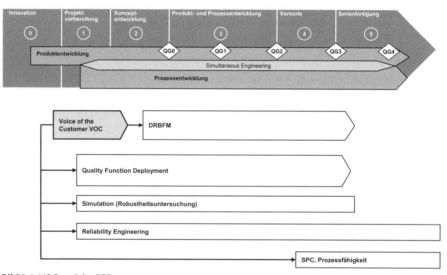

Bild 2.1 VOC und der PEP

Zusammenspiel mit weiteren Methoden

Nachdem die Kundenanforderungen in der Regel auch Zuverlässigkeitsanforderungen umfassen, steht die Methode „VOC" in direktem Zusammenhang mit beispielsweise „Reliability Engineering". Ebenso verhält es sich mit den Methoden zum Robust Design und zur statistischen Prozesslenkung, an die der Kunde direkt seine Anforderungen in Form von Prozessfähigkeitskennzahlen (C_{pk}) stellen kann und dies zumeist auch tut. Die Methode

DRBFM basiert auf dem Grundsatz, dass ein Design niemals ohne triftigen Grund geändert werden darf. Die Begründung für die Änderungen muss daher in der Methode VOC ersichtlich sein.

2.3   Grundbegriffe

2.3.1   Klassifizierung von Kundenanforderungen

Die Kundenerlebniswelt ist oftmals umfassender, als dies im ersten Blick angenommen wird, weshalb eine differenzierte Betrachtungsweise erforderlich ist. Eine Unterteilung bzw. Segmentierung der Kundenanforderungen in fünf wesentliche Aspekte ist nachfolgend dargestellt:

Produktqualität

Beim Aspekt der Produktqualität steht die Funktion des Produktes im Vordergrund, wobei neben der Funktionsfähigkeit im Neuzustand auch die Zuverlässigkeit über die gesamte Lebensdauer zu beachten ist.

Kosten/Preis

Der Preis eines Produktes wird vom Kunden immer im Zusammenhang mit dem Nutzen bewertet und ist zumeist eine dominante Anforderung. Die Berücksichtigung dieser Forderung muss sehr sorgsam erfolgen, da sich eine zu radikale Kostenorientierung negativ auf die Produktqualität auswirken kann.

Lieferung

Insbesondere in Märkten mit hohen Stückzahlen ist die Liefersicherheit ein wesentliches Entscheidungskriterium für den Kunden. Hierzu zählen sowohl Termin- als auch Mengentreue.

Service/Sicherheit

Im Bereich Service und Sicherheit liegt der Fokus auf der Nachbetreuung des Kunden wie beispielsweise Abwicklung von Gewährleistungen oder Nachliefersicherheit im Fall von Ausfällen.

Unternehmensverantwortung

Der Oberbegriff Unternehmensverantwortung beschreibt die Erfüllung von Anforderungen aus Gesetz, Behörde und Umwelt durch das Produkt.

2.3.2   Qualität ersten und zweiten Grades

Eine weitere Segmentierungsmöglichkeit der Kundenanforderungen ist in Bild 2.2 dargestellt. Hier wird deutlich, dass zur Erreichung von Kundenzufriedenheit nicht nur ein für den Kunden maßgeschneidertes Produkt notwendig ist, sondern dem Kunden zusätzlich hohe Service-, Kontakt- und Kommunikationsqualität zu bieten ist.

Während somit eine hohe Produktqualität in Form eines einwandfreien und funktionstüchtigen Produktes als Qualität ersten Grades die Pflicht eines jeden Unternehmens darstellt, sind die zusätzlichen Qualitätsdimensionen als Qualität zweiten Grades die Kür, welche letztlich den Ausschlag für eine hohe Zufriedenheit und damit für die Erreichung einer entsprechenden Kundenbindung liefert.

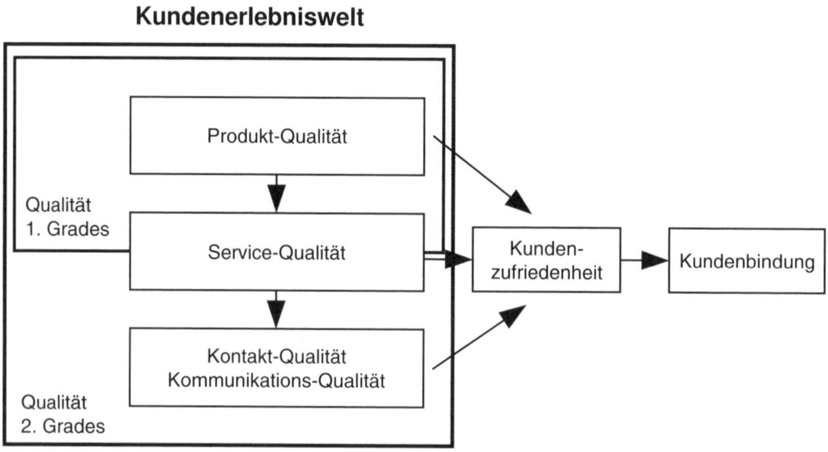

Kundenerlebniswelt

Bild 2.2 Qualität ersten und zweiten Grades

2.3.3   Das Kano-Modell

Die Anforderungen des Kunden an ein Produkt oder eine Dienstleistung werden laut Kano-Modell in drei unterschiedliche Kategorien aufgeteilt (Bild 2.3).

Basisanforderungen

Die Erfüllung von Basisanforderungen wird vom Kunden kaum bemerkt und hat daher keine bzw. kaum positive Auswirkung auf die Zufriedenheit. Die Erfüllung wird als selbstverständlich angesehen, bei Nichterfüllung entsteht jedoch massive Unzufriedenheit.

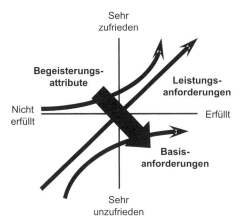

Bild 2.3 Das Kano-Modell

Leistungsanforderungen

Dies sind die Anforderungen, die der Kunde explizit bei einer Befragung oder über das Lastenheft äußert. Eine unvollständige Erfüllung erzeugt beim Kunden eine geringere Enttäuschung als bei Basisanforderungen. Die Kundenzufriedenheit wächst jedoch proportional mit dem Erfüllungsgrad, wie am Beispiel der Einhaltung von Lieferterminen illustriert werden kann: Der Kunde wird bei pünktlicher Lieferung sehr zufrieden sein, je weiter der reale vom zugesagten Liefertermin abweicht, desto unzufriedener ist der Kunde.

Begeisterungsanforderungen

Die Begeisterungsfaktoren repräsentieren die Kreativität in der Produktentwicklung. Der Kunde kennt und erwartet diese Eigenschaften nicht, das Fehlen ruft keine Unzufriedenheit hervor, die Erfüllung kann jedoch zu Begeisterung führen. Derartige Eigenschaften müssen aktiv von Entwicklungsteams gesucht und gefunden werden, um sich signifikant von der Konkurrenz zu differenzieren und damit die Wettbewerbsfähigkeit des Produktes zu steigern.

Der im Kano-Modell eingetragene Zeitstrahl spiegelt die Dynamik des Marktes wider. Merkmale, die heute begeistern, sind morgen Leistungsmerkmale und übermorgen Standard, der vorausgesetzt wird. Somit sind Entwicklungsteams immer wieder aufs Neue gefordert, Produkte konsequent auf die aktuellen Kundenwünsche auszurichten.

Praxistipp

Berücksichtigen Sie bei der Suche nach Begeisterungsfaktoren die gesamte Kundenerlebniswelt, d. h., oftmals können Begeisterungsfaktoren auch im Bereich der Service-, Kontakt- und Kommunikationsqualität zu finden sein. Diese erlauben oftmals eine kostengünstigere Differenzierung von der Konkurrenz als über die Produktfunktionalität.

2.4   Vorgehensweise bei der Anwendung

VOC lässt sich in vier Phasen unterteilen:

- Kunden und Markt identifizieren,
- Kundenanforderungen erheben,
- erhobene Daten strukturieren,
- Anforderungen priorisieren.

In der ersten Phase besteht das Ziel darin, Klarheit über Kunden und den relevanten Markt zu schaffen, wobei sich zwei wesentliche Arten von Kunden-Lieferanten-Beziehungen unterscheiden lassen:

- Fall 1: Das zu entwickelnde Produkt ist zur Letztverwendung bestimmt. Die Kunden werden oftmals auch als Endkunden oder Verbraucher, die Kunden-Lieferanten-Beziehungen als „Business-to-Consumer" (B2C) bezeichnet.
- Fall 2: Das Produkt wird für einen Kunden entwickelt, der dieses zur internen oder externen Weiterbearbeitung übernimmt. Man spricht in diesem Zusammenhang von einer Geschäftsbeziehung „Business-to-Business" (B2B).

In der zweiten Phase werden die erforderlichen Daten gesammelt, um in der dritten Phase strukturiert und in der Phase vier schlussendlich gewichtet zu werden.

2.4.1   Kunden und Markt identifizieren

In dieser Phase besteht je nach Kunden-Lieferanten-Beziehung ein erheblicher Unterschied in der Vorgehensweise. Bei B2C-Situationen ist die Herausforderung die, den Markt und die Kunden derart zu segmentieren, dass eine einheitliche Stimme erhalten wird. Bei B2B-Situationen gibt es oftmals einen sehr eingeschränkten Kundenkreis, der sehr intensiv mit dem Entwicklungsteam kommuniziert. Im Extremfall liegt sogar ein äußerst detailliertes Lastenheft mit wenigen Freiheitsgraden vor.

Vorgehensweise im B2C-Bereich

Im B2C-Bereich sind zunächst die folgenden Fragen zu beantworten:

- Wer sind die Kunden?
- Nach welchen Kriterien können wir die Kunden segmentieren?
- Welche Informationsquellen können wir nutzen?
- Was müssen wir über die Anforderungen der Kunden wissen?
- Wann und wie erhalten wir diese Informationen?

Die Kundensegmentierung zu Beginn ist deshalb unerlässlich, weil es anderenfalls unmöglich werden kann, eine einheitliche „Stimme" zu erhalten – im schlimmsten Fall weisen die Mehrfachstimmen in entgegengesetzte Richtungen. Die Segmentierung ist in der Produktentwicklung unerlässlich, weil eventuell unterschiedliche Lösungen notwendig sein können, um unterschiedliche Marktsegmente zu bedienen. Die Segmentierung oder Gruppierung der Kunden sollte sich daher nach ihrem ähnlichen Bedarf richten. Typische Segmentierungskriterien sind:

- ökonomischen Daten (Auftragsumfang, Kosten, Einkommen),
- Herkunft (Geografie, Demografie, Industrie),
- Kaufverhalten (Preis, Wert, Service).

Vorgehensweise im B2B-Bereich

Üblicherweise gibt es hier einen sehr eingeschränkten Kundenkreis, die Entwicklung erfolgt oftmals – wie beispielsweise in der Automobilindustrie – in sehr enger Zusammenarbeit mit dem Kunden, der dem Lieferanten ein Lastenheft überreicht. Wesentlich in diesem Fall ist jedoch immer die Frage der relevanten Entscheidungsträger beim Kunden. Ist das Unternehmen durch Einkauf und Controlling geprägt oder entscheiden Techniker über den Einsatz von Komponenten im Gesamtprodukt. Entscheidend ist hierbei somit, wirklich alle relevanten Stakeholder zu identifizieren, d. h. alle Personen, welche einen Anteil („stake") am Erfolg oder Misserfolg des Produktes haben.

Praxistipp

Sehen Sie das Lastenheft immer genauestens durch und überprüfen Sie, ob alle relevanten Anforderungen beinhaltet sind. Denken Sie daran, dass laut Kano-Modell die Kunden Basisanforderungen nicht nennen. Typische Beispiele hierfür sind die Einhaltung gesetzlicher und behördlicher Auflagen bzw. die Erfüllung von Anforderungen an die Sicherheit der Produkte. Da diese vom Kunden nicht explizit genannt werden, sind sie jedenfalls zu ergänzen. Stellen Sie sich auch die folgende Frage: Der Kunden glaubt, er weiß,

was er will, aber weiß er es wirklich? Eine gründliche Prüfung des Lastenheftes ist unerlässlich und in dieser Phase essenziell.

2.4.2 Kundenanforderungen erheben

Zur Datenerhebung steht eine Reihe von Techniken zur Verfügung, wobei
nachfolgend die wichtigsten aufgelistet sind:

- Analyse bestehender Kundendaten,
- Go to Gemba (persönlicher Dialog, Beobachtung vor Ort, persönliche
  Erfahrung, 6-W-Fragen),
- Lead-User-Ansatz,
- Fokusgruppen und Interviews,
- Kundenzufriedenheitsbefragungen,
- Szenariotechnik,
- Expertenbefragung, Delphi-Methode.

Analyse bestehender Kundendaten

Die Kunden stellen direkt oder indirekt häufig bereits eine Menge Daten zur
Verfügung, welche Rückschlüsse auf Relevanz und Erfüllungsgrad von Kundenanforderungen ermöglichen. Beispielsweise werden Probleme anhand
von Beanstandungen, Gewährleistungsansprüchen und Rückgaben von Produkten erkennbar. Auch Stornierungen von Verträgen und Kundenabwande-
rung sind klare Indikatoren für mangelnde Kundenzufriedenheit. Andererseits signalisieren positive Rückmeldungen, erteilte Verkaufspräferenzen,
Kundenneugewinnung sowie -empfehlung und Verkaufsabschlüsse einen
hohen Grad an Kundenzufriedenheit (Tabelle 2.1).

Bevor somit mit der Erhebung von Daten begonnen wird, sollten die bestehenden Datenquellen gewissenhaft untersucht werden.

Tabelle 2.1 Typische Informationsquellen

Beanstandungen	Kundenab- und -zuwanderung
Komplimente	Verkaufsabschlüsse und Raten
Gewährleistungsansprüche	Hits oder Klicks der Webpage
Verkaufspräferenzen	Problem- oder Service-Hotlines
Vertragsstornierungen	Anrufe beim technischen Support
Änderung des Marktanteiles	Verkaufsreporting

Go to Gemba

Die Japaner haben ein Wort geprägt, das den wahren Ort des Geschehens beschreibt: Gemba (Bild 2.4).

Bild 2.4 Gemba – der Ort des Geschehens in japanischen Schriftzeichen

Go to Gemba bedeutet somit, dort hinzugehen, wo das Produkt tatsächlich im Einsatz ist, den Kunden bei der Verwendung seines Produktes zu beobachten und auch, das Produkt selbst anzuwenden. Damit soll unterstrichen werden, dass die Stimme des Kunden direkt beim Kunden zu erfassen ist.

Im B2B-Bereich bietet sich hierzu die Möglichkeit z. B. bei Durchsprachen von Lastenheften oder bei Diskussionen von Beanstandungen. Durch einen Besuch beim Kunden vor Ort ergeben sich Informationen über das Umfeld, der Kunde bewegt sich dort in der Regel sicherer und kann Informationen, die zur Klärung von kurzfristig aufkommenden Fragen benötigt werden, direkt beschaffen. Idealerweise wird bei derartigen Gelegenheiten direkt die Montage besichtigt und/oder der Einsatz des Produktes vor Ort beobachtet.

Nicht vergessen werden darf, dass das zu entwickelnde Produkt immer in ein übergeordnetes System eingebunden ist. Die Kenntnis desselben ist für das Projektteam von wesentlicher Bedeutung, da es dadurch möglich ist, die Kundenanforderungen schneller zu verstehen und zu plausibilisieren. Wenn das Kundenwissen den eigenen Systemkenntnissen widerspricht, können zielgerichtet Rückfragen gestellt werden, und es ergibt sich ein tief gehendes Gespräch. Systemkenntnisse zeigen dem Kunden außerdem, dass der Produktanbieter entsprechende Kompetenz besitzt.

Im B2C-Bereich hat es sich sehr bewährt, ausgewählte Kunden einzuladen, sie bei der Anwendung der Produkte zu beobachten und danach gezielt zu befragen. Dies ist eine ausgezeichnete Möglichkeit, direkt und ungefiltert die Stimme des Kunden zu erhalten.

Aktionen, welche direkt vor Ort beim oder gemeinsam mit Kunden durchgeführt werden, sind gut vorzubereiten. Eine Hilfe hierzu ist die sogenannte 6-W-Checkliste, die relevante Fragen an Kunden beinhaltet (Tabelle 2.2).

Tabelle 2.2 6-W-Checkliste

Wer?	Wer sind die Kunden? Wer nutzt das Produkt oder die Dienstleistung?
Was?	Was macht der Kunde mit dem Produkt? Was für einen Ansatzpunkt zur Zusammenarbeit zeigt der Kunde?
Wo?	Wo setzt der Kunde das Produkt ein? An welchem Ort, in welcher Umgebung und in welchen Umgebungsbedingungen?
Wann?	Wann nutzt der Kunde das Produkt?
Warum?	Warum wird das Produkt gebraucht? Welcher Nutzen entsteht dadurch?
Wie?	Wie wird es genutzt, wie oft und auf welche Weise?

Praxistipp

Go to Gemba bedeutet auch, den Produktentwicklern die Möglichkeit zu geben, persönlich mit den Kunden zu kommunizieren. Diese sehen es in der Regel sehr positiv, wenn sie die Gelegenheit erhalten, direkt mit den Entwicklern zu sprechen. Ermöglichen Sie den Entwicklern auch, die eigenen Produkte selbst zu benutzen und die gewonnenen Erkenntnisse zu reflektieren. Die Entwickler erwerben üblicherweise neue Perspektiven und Respekt für den Kunden.

Lead-User-Ansatz

Bei diesem Ansatz wird die Entwicklung gemeinsam mit besonders innovationsfreudigen Erstkunden durchgeführt. Lead User sind besonders qualifizierte und fortschrittliche Anwender, die sowohl motiviert als auch qualifiziert sind, bedeutende Beiträge zur Entwicklung grundlegend neuer Produkte oder Dienstleistungen zu erbringen. Der richtigen Identifikation dieser Gruppe kommt daher eine tragende Rolle zu.

Die Vorgehensweise beginnt typischerweise damit, in einem interdisziplinären Team aktuelle Markttrends zu analysieren. Einen wesentlichen Beitrag hierbei liefern Gespräche von Experten aus unterschiedlichen Wissensbereichen. Die Interviews geben zum einen Auskunft über die Trends, es finden sich aber gleichzeitig bereits erste Hinweise auf potenzielle Lead User, da die Experten auch Anlaufstelle für fortschrittliche Anwender sind. Insbesondere muss der Lead User bei den Trends, die sich bei der Prognose als besonders wichtig herausgehoben haben, tatsächlich anführen.

Praxistipp

Die Suche nach Trends muss sich dabei nicht auf Technologiemarkttrends begrenzen, teilweise ist es sinnvoll, wirtschaftliche, rechtliche und gesellschaftliche Entwicklungen einzubeziehen (z. B. sind rechtliche Emissionsvorgaben relevant für die Frage nach zukünftigen Trends in der Abgasnachbehandlung).

In einem ein- bis zweitägigen Workshop werden schließlich gemeinsam mit ausgewählten Lead User Ideen für neue Produkte entwickelt. Der Einstieg in den Workshop beginnt üblicherweise mit einer Bestandsaufnahme der aktuellen Probleme mit den derzeit am Markt existierenden Produkten. Die erarbeiteten Ideen werden nach Ende des Workshops bewertet und dem Auftraggeber des Projektes vorgestellt.

Fokusgruppen und Interviews

Fokusgruppen dienen der Informationsbeschaffung als gemeinsamer Standpunkt einer Gruppe, welche ein Kundensegment repräsentieren. Fokusinterviews werden typischerweise angewandt, um Kundenanforderungen zu identifizieren, zu priorisieren oder um Rückmeldungen zu Konzepten zu erhalten.

Typischerweise bestehen Fokusgruppen aus sieben bis 13 Teilnehmern, wobei meist mehrere Workshops durchgeführt werden, die üblicherweise zwischen zwei und vier Stunden dauern. Die Teilnehmer werden aufgefordert, bestimmte Themen und Fragen zu diskutieren, wobei ein Moderator die Diskussion leitet. Die Stärke der Fokusgruppen liegt darin, dass es zu einem persönlichen intensiven Dialog zwischen den Kunden kommen kann und somit unterschiedliche Meinungen und Standpunkte gut ausgelotet werden können. Nachteilig kann sein, dass die Klärung von Fragen sehr zeitintensiv und damit auch teuer sein kann. Auch besteht die Gefahr, dass einige wenige Teilnehmer die Meinung sehr stark in eine Richtung verzerren.

Die Alternative besteht darin, Einzelinterviews zu führen. Der Vorteil liegt darin, dass man mehr Kontrolle über den Gesprächsverlauf hat und man während des Interviews leichter die Möglichkeit hat, gezielt nachzufragen. Insgesamt ist diese Vorgehensweise jedoch zeitintensiver.

Kundenzufriedenheitsbefragungen

Zur Messung der Kundenzufriedenheit steht eine Reihe von etablierten Methoden zur Verfügung. Üblicherweise wird bei derartigen Umfragen nicht nur die Zufriedenheit, sondern auch die Wichtigkeit von Anforderungen ermittelt. Tabelle 2.3 gibt einen Überblick über die Methoden.

Tabelle 2.3 Methoden zur Messung der Kundenzufriedenheit

Methode		Ergebnis
Merkmalsorientiert	Einstellungsorientierte Befragung	Bewertung einzelner Qualitätsmerkmale oder Zustimmung zu Aussagen zur Qualität
	Zufriedenheits- orientierte Befragung	Differenz zwischen Erwartungen und Wahr- nehmungen der Kunden zu einzelnen Qualitätsmerkmalen
Ereignisorientiert	Sequenzielle Ereignismethode	Kundenmeinungen zu Erlebnissen an wesentlichen Punkten des Dienstleistungs- prozesses
	Methode der kritischen Ereignisse	Kundenmeinungen zu außergewöhnlichen positiven und negativen Ereignissen

Bei den merkmalsorientierten Methoden wird der Ansatz verfolgt, dass der Kunde die Qualität eines Produktes anhand verschiedener Merkmale wahr- nimmt, die er individuell einschätzt. Bei der einstellungsorientierten Befra- gung erhebt man die Ablehnung oder Zustimmung des Kunden zu vor- gegebenen Aussagen, während bei der zufriedenheitsorientierten Methode meist in einer sogenannten Zweikomponentenbefragung sowohl Wichtigkeit als auch Zufriedenheit aus Kundensicht erhoben wird.

Die ereignisorientierten Methoden basieren auf dem Grundsatz, dass der Kunde aus der Vielzahl an Situationen bestimmte Ereignisse als besonders qualitätsrelevant wahrnimmt, und sind bei Dienstleistungen von besonderer Bedeutung. Bei der sequenziellen Ereignismethode beispielsweise handelt es sich um eine prozessorientierte mündliche Befragung, indem der Befragte gebeten wird, den Ablauf des Dienstleistungsprozesses aus seiner Sicht zu beschreiben. Die Methode der kritischen Ereignisse, welche bewusst nach denjenigen Erlebnissen beim Kunden fragt, die besonders positiv oder nega- tiv in Erinnerung geblieben sind, kann ebenfalls wertvolle Hinweise auf rele- vante, aber auch verbesserungswürdige Kundenanforderungen geben.

Szenariotechnik

Die Szenariotechnik wird dann verwendet, wenn kaum Informationen von Kunden zur Verfügung stehen. Dies ist insbesondere dann der Fall, wenn ein besonders innovatives Produkt zu entwickeln ist, wo bewusst nicht Kunden bezüglich ihres Bedarfes befragt werden, sondern zukünftige Entwicklungen am Markt oder im Umfeld antizipiert werden sollen.

Ausgehend von der aktuellen Situation werden systematisch alle denkbaren Zukunftsszenarien untersucht und ermittelt. Darauf basierend werden einige wenige Zukunftsbilder entwickelt, die üblicherweise durch die Fälle „best case", „worst case" (Extremszenarien) und „most likely case" (Trendszenario) charakterisiert werden (Bild 2.5).

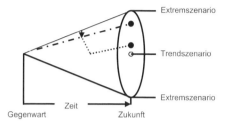

Bild 2.5 Schematische Darstellung der Szenariotechnik

Der große Vorteil für das Entwicklungsteam besteht darin, dass gut dokumentiert und begründet wurde, unter welchen Voraussetzungen und Prognosen die Entwicklung in die gewählte Richtung gestartet wurde. So kann z. B. eine Szenariotechnik für die Entwicklung der Spritpreise angewandt werden, um die Rentabilität von alternativen Kraftstoffen zu bewerten.

Expertenbefragung, Delphi-Methode

Bei dieser Methode werden vorab ausgewählte Experten unter Verwendung eines Fragebogens über ihre Einschätzungen oder Urteile zum interessierenden Sachverhalt befragt, wobei die Antworten hinsichtlich Trends und Gegentrends ausgewertet werden. Als Trends gelten dabei Aussagen, die der Mehrheit der abgegebenen Antworten entsprechen, und Antworten, die stark vom Mittel abweichen, werden als Gegentrends festgehalten. Zur Revidierung und Verfeinerung werden die zusammengefassten Ergebnisse den Experten wieder vorgelegt, um ihre Prognosen zu überprüfen, die abgefragten Sachverhalte eventuell neu einzuschätzen und gegebenenfalls extreme Abweichungen vom Durchschnitt zu begründen. Die Schritte werden so lange durchlaufen, bis eine Annäherung der Expertenmeinungen zu beobachten ist, wobei häufig bis zu vier Durchgänge notwendig sind.

Praxistipp

Aus dem Kano-Modell wissen wir, dass der Kunde Begeisterungsfaktoren nicht nennen kann, weil er sie nicht kennt. Um besonders innovative Produkte zu entwickeln, reicht es daher nicht aus, sich ausschließlich am Kunden zu orientieren. Es sind die Methoden wie Szenariotechnik und Expertenbefragung zumindest ergänzend einzusetzen.

2.4.3   Erhobene Daten strukturieren

Nachdem alle verfügbaren Datenquellen genutzt wurden, um Daten zu sammeln, liegt üblicherweise eine große Menge an Anforderungen vor, die einerseits redundant (mehrfach) und andererseits auf unterschiedlichem Detaillierungsgrad formuliert sein können. Diese Daten sind zunächst zu strukturieren und dann zu gewichten.

Bewertung der Redundanz

Mithilfe der Redundanzmatrix (Tabelle 2.4) kann geprüft werden, ob die gesammelten Anforderungen redundant sind. Sie stellt die einzelnen Anforderungen gegenüber und bewertet, ob sie

- eine totale Überdeckung (++),
- eine partielle Überdeckung (+) aufweisen oder
- voneinander unabhängig (−) sind.

Redundante Anforderungen werden gebündelt, teilweise übereinstimmende Kriterien werden entweder zu einem Überbegriff zusammengefasst oder klarer voneinander abgegrenzt. Somit ergibt sich eine Darstellung von redundanzfreien Anforderungen – eine wichtige Voraussetzung beispielsweise für die korrekte Anwendung von Bewertungsmethoden.

Tabelle 2.4 Redundanzmatrix mit gegenübergestellten Anforderungen

	Anforderungen				
	1	2	3	4	5
Anforderung 1		−	−	−	−
Anforderung 2			−	++	−
Anforderung 3				+	−
Anforderung 4					−
Anforderung 5					

Erstellen des Kundenanforderungsbaumes

Nachdem Redundanzen beseitigt wurden, besteht der nächste Schritt darin, die Kundenanforderungen mithilfe des Affinitätsdiagramms zu clustern. Dabei werden die vorliegenden Daten zumeist mit Kärtchen an einer Metaplantafel zu gemeinsamen Begriffen in Gruppen zusammengefasst. Um in weiterer Folge eine eventuelle Bereinigung und Hierarchisierung innerhalb der Gruppen vorzunehmen, wird das Baumdiagramm genutzt. Als Ergebnis schließlich liegen die Anforderungen redundanzfrei und unterschiedlichen Detaillierungsebenen zugeordnet vor. Die Anzahl der Ebenen ist abhängig von der Komplexität des Entwicklungsobjektes, wobei eine Einteilung in primäre, sekundäre und tertiäre Kriterien üblich ist. Die Erarbeitung des Kundenanforderungsbaumes wird auch als CNM – Customer Needs Mapping – bezeichnet (Bild 2.6).

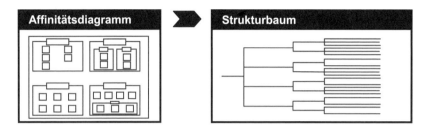

Bild 2.6 Customer Needs Mapping als eine Kombination von Affinitäts- und Baumdiagramm (Strukturbaum)

2.4.4 Anforderungen priorisieren

Priorisierung mithilfe von Rating-Skalen

Die einfachste Möglichkeit der Priorisierung besteht darin, ausgewählte Kunden zu bitten, die strukturierten Anforderungen bezüglich der Wichtigkeit zu bewerten. Hierbei werden üblicherweise Rating-Skalen von eins bis fünf oder eins bis zehn eingesetzt. Sehr oft werden derartige Befragungen auch damit verknüpft, gleichzeitig die Zufriedenheit mit zu erheben. Dies erfolgt mithilfe der Zweikomponentenmethode, welche der Gruppe der merkmalsorientierten Befragungsmethoden zugeordnet wird (Tabelle 2.3). Bild 2.7 zeigt ein Beispiel.

Praxistipp

Achten Sie darauf, dass derartige Fragebögen nicht zu viele Merkmale aufweisen. Mehr als 20 bis 25 Merkmale wird der Kunde für Sie aufgrund des Zeitbedarfs nur äußerst ungern einschätzen.

Didaktisch korrekte Skalen zeichnen sich dadurch aus, dass das gesamte Entscheidungsfeld (beispielsweise von sehr wichtig bis sehr unwichtig) aufgespannt wird und die Stufen äquidistant (mit gleichen Abständen) gewählt wurden. Demgemäß sollten die Skalen auch die mittige neutrale Stufe aufweisen.

Bitte geben Se die Wichtigkeit
der folgenden Merkmale an.

Sagen Sie uns,
wie zufrieden Sie sind!

sehr wichtig				Überhaupt nicht wichtig		sehr zufrieden				Überhaupt nicht zufrieden
☐	☐	☐	☐	☐	Genauigkeit der Messung	○	○	○	○	○
☐	☐	☐	☐	☐	Leichte Bedienbarkeit	○	○	○	○	○
☐	☐	☐	☐	☐	Stabile Software	○	○	○	○	○
☐	☐	☐	☐	☐	Bequemes Ablesen v. Daten	○	○	○	○	○
☐	☐	☐	☐	☐	Fehlbedienungssicher	○	○	○	○	○

Bild 2.7 Beispiel eines merkmalsorientierten Zweikomponentenfragebogens

Priorisierung durch paarweisen Vergleich

Eine weitere Möglichkeit zur Priorisierung innerhalb der oben gewonnenen Anforderungsstruktur ist der paarweise Vergleich. Dazu wird jedes Einzelkriterium mit jedem anderen hinsichtlich Wichtigkeit verglichen. Ist das Kriterium der Zeile wichtiger als das der Spalte, wird die Zelle mit einer 2 versehen. Sind beide Kriterien gleich wichtig, wird eine 1 vergeben. Ist das Zeilenkriterium weniger wichtig als das Spaltenkriterium, bekommt die Zelle eine 0. Aus Symmetriegründen ist der Bereich der Matrix unter der Diagonale invers zum oberen Teil (Tabelle 2.5).

Nach Abschluss der Bewertung wird die Zeilensumme Σ gebildet und der relative Anteil an der Gesamtsumme ermittelt und eingetragen. Die 33 % der Anforderung 1 ergeben sich rechnerisch dadurch, dass die Zeilensumme von 6 durch die Gesamtsumme von 20 dividiert wird. Im dargestellten Beispiel ist ersichtlich, das die Anforderungen 1 und 2 von besonderer Wichtigkeit sind.

Tabelle 2.5 Paarweiser Vergleich von Kundenanforderungen

	Anforderungen						
	1	2	3	4	5	Σ	%
Anforderung 1		2	1	1	2	6	30
Anforderung 2	0		2	2	1	5	25
Anforderung 3	1	0		0	2	3	15
Anforderung 4	1	0	2		1	4	20
Anforderung 5	0	1	0	1		2	10

Praxistipp

Die Priorisierung der einzelnen Anforderungen sollte auf keinen Fall ohne Mitwirkung des Kunden erfolgen. Nicht die Einschätzung von Technikern im Sinne von „Was könnte dem Kunden wichtig sein?" ist gefragt, sondern die tatsächliche durchaus subjektive Einschätzung des Kunden. Sollten sich Kunden dafür nicht bereit erklären, ist die Bewertung zumindest von internen Kundenansprechpartnern (Vertriebs-, Marketingmitarbeitern) durchzuführen.

Der Nachteil des paarweisen Vergleichs besteht darin, dass die Anzahl der zu treffenden Entscheidungen bald sehr groß wird: Bei 20 Anforderungen sind bereits 190 Entscheidungen notwendig. Durch den analytischen Hierarchieprozess kann die Anzahl wesentlich reduziert werden.

Priorisierung durch den analytischen Hierarchieprozess (AHP)

Der AHP dient der Gewichtung von hierarchischen Kundenanforderungen. Im Gegensatz zum paarweisen Vergleich erfolgen die Vergleiche nur innerhalb derselben Gruppe im Hinblick auf die ihnen übergeordneten Anforderungen. Üblicherweise wird das Ergebnis des Vergleiches auf einer von 1 bis 9 reichenden Skala (1 = gleich wichtig; 9 = maximal wichtig) eingestuft (Tabelle 2.6).

Tabelle 2.6 Bewertungsskala beim AHP

	Definition	Interpretation
1	Gleiche Bedeutung	Beide vergleichenden Anforderungen haben die gleiche Bedeutung bezüglich der nächsthöheren Anforderung.
3	Etwas größere Bedeutung	Erfahrung und Einschätzung sprechen für eine etwas größere Bedeutung der Anforderung im Vergleich zu einer anderen.
5	Erheblich größere Bedeutung	Erfahrung und Einschätzung sprechen für eine erheblich größere Bedeutung der Anforderung im Vergleich zu einer anderen.
7	Sehr viel größere Bedeutung	Die sehr viel größere Bedeutung einer Anforderung kann klar erkannt werden.
9	Absolut dominierend	Es handelt sich um den größtmöglichen Bedeutungsunterschied zwischen den beiden Anforderungen.
2, 4, 6, 8	Zwischenwerte	

Die Ergebnisse werden in einer Paarvergleichsmatrix A (auch Evaluations-matrix genannt) zusammengefasst, deren Hälfte unterhalb der Diagonale die reziproken Werte der Einträge oberhalb enthält. Die Gewichtung ergibt sich rechnerisch mithilfe der Bestimmung des Eigenvektors, dessen Algorithmus nachfolgend anhand eines Beispiels erläutert wird.

Praxisbeispiel Bei einem Fahrradkauf wurden die Anforderungen „Aussehen", „Kosten" und „Sicherheit" auf oberster Ebene definiert. Mithilfe des paarweisen Vergleiches wird nun die Evaluationsmatrix erarbeitet; in diesem Fall gibt es keine Kriterienhierarchie, sodass nur eine Matrix darstellbar ist. Mithilfe von Tabelle 2.6 wurden nun alle drei Kriterien untereinander verglichen und die Ergebnisse der Vergleiche in den entsprechenden Abstufungen in die Matrix eingetragen (Bild 2.8).

$$
\begin{array}{c}
 & \begin{array}{ccc} \text{Aussehen} & \text{Kosten} & \text{Sicherheit} \end{array} \\
\begin{array}{l} \text{Aussehen} \\[8pt] \text{Kosten} \\[8pt] \text{Sicherheit} \end{array}
\left(\begin{array}{ccc}
1/1 & 1/2 & 3/1 \\[8pt]
2/1 & 1/1 & 4/1 \\[8pt]
1/3 & 1/4 & 1/1
\end{array}\right)
\end{array}
$$

Bild 2.8 Darstellung der Evaluationsmatrix

Die Berechnung der Gewichtung erfolgt mithilfe der Eigenwertmethode, wobei oftmals die Näherungsberechnungsmethode (Tabelle 2.7) zur Anwendung kommt.

Tabelle 2.7 Berechnung der Gewichtungsfaktoren mittels der Näherungsberechnungsmethode

	Evaluationsmatrix				Normalisierung					Gewicht
	a_1	a_2	...	a_n	a_1	a_2	...	a_2	r_1	w
a_1	$a_{11}=1$	a_{12}	...	a_{1n}	a_{11}/c_1	a_{12}/c_2	...	a_{1n}/c_n	r_1	$w_1=r_1/n$
a_2	$a_{21}=1/a_{12}$	1	...	a_{2n}	a_{21}/c_1	a_{22}/c_2	...	a_{2n}/c_n	r_2	$w_2=r_2/n$
⋮	⋮			⋮	⋮			⋮	⋮	⋮
a_n	$a_{n1}=1/a_{1n}$	a_{2n}	...	$a_{nn}=1$	a_{n1}/c_1	a_{n2}/c_2	...	a_{nn}/c_n	r_n	$w_n=r_n/n$
c_1	$c_1=\sum\limits_{i=1}^{n} a_{i1}$	$c_2=\sum\limits_{i=1}^{n} a_{i2}$	...	c_n	1	1	...	1	n	1

Hierbei wird die Evaluationsmatrix normalisiert, indem die einzelnen Elemente durch die jeweilige Spaltensumme c dividiert werden. Das Gewicht des Kriteriums errechnet sich dadurch, dass die Zeilensumme r der normalisierten Matrix durch die Kriterienzahl n dividiert wird. Für unser Beispiel ergeben sich somit die folgenden Gewichtungsfaktoren (Tabelle 2.8):

- Aussehen: 32 %
- Kosten: 56 %
- Sicherheit: 12 %

Tabelle 2.8 Berechnungsergebnisse des Beispiels

Evaluationsmatrix			Normalisierung			Gewicht		
1	0,5	3	0,30	0,29	0,38	0,96	0,32	Aussehen
2	1	4	0,60	0,57	0,50	1,67	0,56	Kosten
0,33	0,25	1	0,10	0,14	0,13	0,37	0,12	Sicherheit
3,33	1,75	8	1	1	1	3		

2.5 Praxisbeispiel Temperatursensor

Die Robert Bosch GmbH entwickelt und fertigt Luftmassenmesser, welche den vom Motor angesaugten Luftmassenstrom messen. Der Sensor besteht aus dem Luft führenden Rohr, in das der Sensorteil als Steckfühler eingebaut wird. Der Luftmassenmesser ist typischerweise an der Reinluftseite des Luftfilters montiert (Bild 2.9).

Bild 2.9 Darstellung eines Luftmassenmessers

In dem Steckfühler sind das Sensorelement zur Messung des Luftmassenstroms und die Auswerteelektronik integriert. Neben der Luftmasseninformation ist die Temperatur der angesaugten Luft von Interesse. Aus diesem Grund wird in das Gehäuse des Luftmassenmessers ein Temperatursensor montiert. Bild 2.10 zeigt den Luftmassenmesser mit Temperatursensor als Explosionsdarstellung.

Bild 2.10 Darstellung eines Luftmassenmessers mit integriertem Temperatursensor (Explosionsdarstellung)

Da bei starken Niederschlägen Wasser durch den Luftfilter in den Ansaugtrakt gelangt, das bei winterlichen Verhältnissen mit gelöstem Streusalz versetzt ist, korrodierten die Zuleitungen des Temperatursensors. In Einzelfällen war die Korrosion so stark, dass sich der Draht komplett zersetzte und der Temperatursensor zerstört wurde. Bild 2.11 zeigt einen Temperatursensor mit korrodierten Zuleitungen.

Bild 2.11 Temperatursensor mit stark korrodierten Zuleitungen

Grund für die Zersetzung ist eine Elektrolyse. An dem Temperatursensor fällt eine Spannung ab, die bei der Anlagerung einer salzigen Lösung zu einem Stromfluss führt. Dabei lösen sich Metallionen aus dem Draht und dieser wird zersetzt (Bild 2.12).

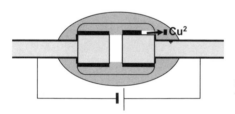

Bild 2.12 Prinzip der Elektrolyse bei Temperatursensoren

Die ausreichende Korrosionsstabilität des Temperatursensors wurde vom Kunden vorausgesetzt, war aber nur unzureichend spezifiziert. Es handelte sich demnach um eine Basisanforderung, die nicht ausgesprochen und daher auch nicht erfüllt wurde. Dieses Beispiel unterstreicht die Ausführungen des Kano-Modells, denn der Kunde war entsprechend unzufrieden, auch wenn die Ausfallrate im Mittel über alle Anwendungen gering war.

Dieses Beispiel unterstreicht auch die Wichtigkeit, sich nicht allein auf ein Lastenheft des Kunden zu verlassen, sondern dieses gezielt beispielsweise mit den 6-W-Fragen auf Vollständigkeit zu prüfen. Bei der Frage: „Wo, unter welchen Bedingungen und in welcher Umgebung wird das Produkt verwendet?", hätte man eventuell eine derartige Problemstellung erkennen können. In den weiteren Kapiteln wird mehrmals auf dieses Produkt referenziert und werden daher auch die Lösungsmöglichkeiten aufgezeigt.

2.6   Zusammenfassung und Erfolgsfaktoren

Die Einbeziehung der Stimme des Kunden in die Entwicklung ist essenziell für Produkte, die auf dem Markt bestehen sollen. Dazu gehören das Identifizieren der Zielkunden sowie die Erhebung der Kundenforderungen, wobei hierzu unterschiedliche Methoden, wie etwa Go to Gemba oder der Lead-User-Ansatz zur Verfügung stehen.

Als weiterer Erfolgsfaktor gilt, dass die Kundenanforderungen nochmals auf die Kriterien in Tabelle 2.9 überprüft werden, bevor in weiteren Phasen des Entwicklungsprozesses darauf aufgebaut wird.

Tabelle 2.9 Wichtige Kriterien für Anforderungen

Sind die Anforderungen ...	
... vollständig?	... verständlich?
... korrekt?	... bewertet?
... konsistent?	... realisierbar?
... prüfbar?	... verfolgbar?
... eindeutig?	... gültig und aktuell?
... notwendig?	

Das anschließende Strukturieren und Priorisieren der Kundenanforderungen ist wesentlich für die weiteren Schritte im Entwicklungsprozess und sollte daher systematisch erfolgen. Techniken, welche hierzu zur Verfügung stehen, sind Redundanzmatrix, Strukturbaum, paarweiser Vergleich oder analytischer Hierarchieprozess.

Erfolgskritisch bei Produktentwicklungen sind gute Kenntnisse des Entwicklungsteams über die Markt- und Kundenanforderungen sowie Technologietrends. Auf eine umfassende, neutrale, intensive und möglichst direkte Einbeziehung des Kunden ist daher besonders zu achten. Abschließend sei in diesem Zusammenhang nochmals explizit darauf hingewiesen, dass es sich gerade zu Beginn der Entwicklung lohnt, Zeit und Ressourcen zu investieren, da letztlich alle nachfolgenden Entwicklungstätigkeiten auf diese Informationen basieren.

2.7   Verwendete Literatur

Bruhn, M.: Qalitätsmanagement für Dienstleistungen: Grundlagen, Konzepte , Methoden, Springer, 1997

Mazur, G.: Voice Of Customer Analysis: A Modern System of Front End QFD Tools With Case Studies, www.mazur.net, 1997

Schulze, L.: Arbeitsmaterial zur Vorlesung Produktentwicklung TU Dresden, Institut für Feinwerktechnik, 2006

Strohrmann, M. et al.: Heißfilmluftmassenmesser HFM6 – Präzise Luftmassenmessung für Kraftfahrzeuganwendungen, VDI-Berichte 1829, 2004

Töpfer, A.: Industrielle Dienstleistungen: Servicestrategie und Outsourcing, Luchterhand, 1996

Yank, K./El-Haik, B.: Design for Six Sigma: a roadmap for product development, McGraw-Hill, 2003

3 Quality Function Deployment – QFD

3.1 Zielsetzung

Quality Function Deployment (QFD) wurde erstmalig 1966 von Yoji Akao vorgestellt und zu Beginn in Japan bei Toyota angewandt. Sinngemäß kann QFD übersetzt werden mit der Planung und Entwicklung der Qualitätsfunktion eines Produktes entsprechend den von den Kunden geforderten Qualitätseigenschaften (Bild 3.1).

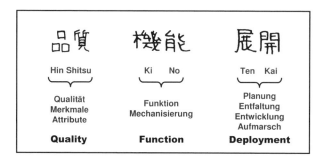

Bild 3.1 Übersetzung von Quality Function Deployment

Quality Function Deployment ist eine Qualitätsplanungsmethode, die das Ziel verfolgt, die Stimme des Kunden systematisch in die des Unternehmens zu übersetzen. Dadurch wird nachvollziehbar gewährleistet, dass Kundenanforderungen erfasst, verstanden und Schritt für Schritt im Produkt realisiert werden.

Bevor also die eigentliche Entwicklung gestartet wird, ist zunächst zu klären, was der Kunde für das Produkt fordert und warum eine Verbesserung im Vergleich zu Vorgänger- oder Konkurrenzprodukten erzielt werden soll (Kapitel 2). Anschließend werden aus den Kundenanforderungen systematisch technische Anforderungen an das Produkt abgeleitet. Im Laufe des Entwicklungsprozesses werden diese Anforderungen an das Produkt so weit detailliert, dass daraus Komponenten und Subkomponenten zur Funktionserfüllung definiert werden, die physisch in der Lage sind, die Kundenanforderungen zu erfüllen. Die konsequente Qualitätsplanung, die hinter QFD steckt, ist jedoch erst dort abgeschlossen, wo auch Prozesse, Prozessschritte und Prozesseinstellparameter systematisch entwickelt worden sind, die die beschriebenen geforderten Funktionen physisch in das Produkt bringen.

Um ausgehend von den Kundenanforderungen die Produkt-, Prozess- und Produktionsanforderungen abzuleiten, wird ein durchgängiges System aus

Matrizen angeboten. Diese Matrizen nennt man auch Houses of Quality. Sie gestatten eine wiederkehrend systematische Herangehensweise an die spezifischen Fragen des jeweiligen House of Quality. Der typische Aufbau wird in den nachfolgenden Kapiteln noch genauer erläutert.

QFD hilft somit, diejenigen Tätigkeiten zu identifizieren, strukturieren und systematisch dokumentiert zu planen, welche wichtig und notwendig sind, um die Kundenanforderungen an das Produkt zu erfüllen. In diesem Zusammenhang sei auf ein Zitat von Prof. Akao verwiesen: „Ingenieure beginnen gerne mit einfachen und interessanten Arbeiten. Das müssen aber nicht immer die wichtigsten und notwendigsten sein."

Leitfragen

Generell lässt sich festhalten, dass die folgenden Fragestellungen mithilfe der Methode der QFD beantwortet werden können:

- Welche Anforderungen stellen die Kunden an das Produkt?
- Warum soll das Produkt verbessert werden?
- Wie soll sich das Produkt im Vergleich zur Konkurrenz darstellen? Wie soll es am Markt platziert werden?
- Welche Komponenten und Funktionen muss das Produkt dazu aufweisen?
- Mit welchen Prozessen und Prozessschritten lässt sich das Produkt herstellen?

3.2   Einsatz von QFD im Produktentstehungsprozess

3.2.1   QFD-Ansätze

Es existieren unterschiedliche Ausprägungen der QFD-Methode. Alle ermöglichen ein strukturiertes Überführen der Kundenanforderungen in Produktmerkmale, die mit den betrachteten Prozessen realisiert werden. Sie unterscheiden sich jedoch in individuellen Erweiterungen.

Im Ursprungsansatz von Akao werden zusätzlich zur Produktqualität auch Technologie, Kosten und Zuverlässigkeit berücksichtigt. Die Methodik besteht aus vielen Houses of Quality, welche das QFD-Team je nach Bedarf verwenden kann. Weitere Autoren haben diesen Ansatz aufgegriffen und weiterentwickelt bzw. unternehmens- und produktspezifischen Anforderungen angepasst.

Der im Folgenden weiter beschriebene Ansatz von Lawrence P. Sullivan, der zusammen mit Ford und anderen großen Unternehmen das QFD-Konzept stark weiterentwickelt hat, hat die zu verwendenden Matrizen im Vergleich zu Akao stark eingeschränkt: Die Produktqualität im Sinne der Erfüllung der Kundenanforderungen bleibt im Fokus: Es werden schrittweise vier Matrizen erarbeitet, die aus den Kundenanforderungen die Anforderungen an das Produkt, die Komponenten und Subkomponenten, den Produktionsprozess und schließlich die dazugehörigen Parameter entwickeln (Bild 3.2).

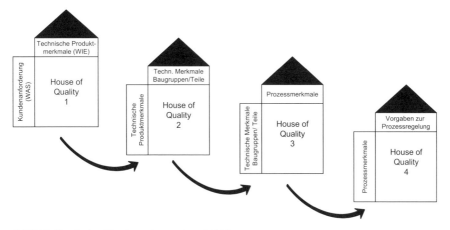

Bild 3.2 Klassisches Vierphasenkonzept nach Sullivan

Das erste House of Quality beschäftigt sich mit der Frage, was der Kunde für das Produkt fordert und warum aus Kundensicht eine Verbesserung erzielt werden soll. Diese Informationen liegen bereits vor, wenn man sich der Stimme des Kunden gewidmet hat (Kapitel 2). Danach ist zu klären, mit welchen Produktmerkmalen diese Kundenanforderungen erfüllt werden können. Die quantitative Beschreibung dieser Anforderungen an das Produkt, aber auch der Vergleich mit Wettbewerbern und deren Produkten sind ebenfalls Ergebnis des House of Quality 1.

In einem weiteren Schritt werden auf der Basis der geforderten Produkteigenschaften („Anforderungen an das Produkt") mögliche Konzepte als Lösungsansätze entwickelt und bewertet. Das ausgewählte Konzept wird mittels weiterer QFD-Matrizen (House of Quality 2) so weit detailliert, dass systematisch aus den Anforderungen an das Produkt Komponenteneigenschaften bzw. Funktionen abgeleitet werden.

House of Quality 3 und 4 beschäftigen sich in einem späteren Reifegrad des zu entwickelnden Produktes mit der Frage nach den sinnvollsten Prozessen,

Prozessschritten und Einstellparametern für die ausgewählten Prozesse, sodass über mehrere Schritte letzten Endes die Erfüllung der Kundenanforderungen im Produkt sichergestellt wird.

3.2.2 Einordnung der QFD-Phasenmodelle in den Produktentstehungsprozess

Die QFD kann als Leitmethode durch den gesamten Entwicklungsprozess dienen: Nach dem Gestaltungsprinzip „vom Groben ins Detail" werden je nach Phase im Entwicklungsprozess die QFD-Schritte auf unterschiedlichem Detaillierungs- bzw. Genauigkeitsgrad durchgeführt. Das bedeutet, dass das QFD-Phasenmodell unter Umständen mehrmals mit unterschiedlichem Detaillierungsgrad zu durchlaufen ist.

Im Idealfall werden im Zuge der Projektvorbereitung bereits wesentliche QFD-Fragen grob beantwortet. Der Schwerpunkt des Einsatzes der QFD liegt jedoch in der Konzept- und Produktentwicklungsphase (Bild 3.3). Die QFD-Häuser 1 bis 3 nach Sullivan sollten bereits vor der Konzeptfreigabe fertiggestellt und in der Phase der Produkt- und Prozessentwicklung lediglich konkretisiert werden.

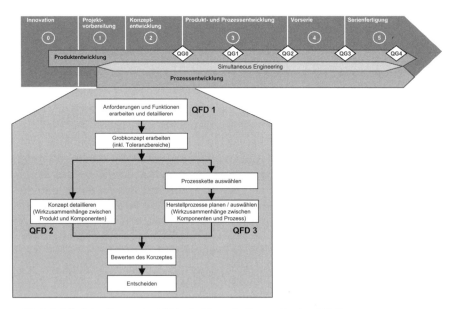

Bild 3.3 Möglicher Einsatz der QFD in der Phase der Konzeption (vor QG 0)

Im Rahmen der Verifizierung und Validierung am Ende des Entwicklungsprozesses wird der QFD-Prozess bottom-up im Sinne der Bestätigung der

vermuteten Wirkzusammenhänge auf Vollständigkeit und Richtigkeit geprüft und bei Bedarf angepasst (Bild 3.4).

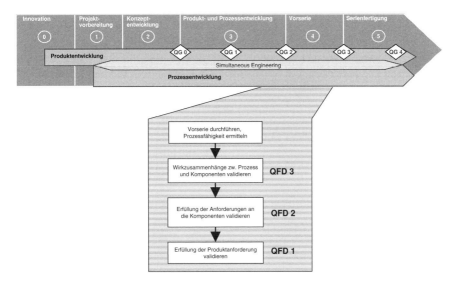

Bild 3.4 Möglicher Einsatz der QFD in der Vorserie

Des Weiteren ist zu berücksichtigen, dass die Phasen keine abgeschlossenen
Einheiten sind, bei denen ein Schritt immer endgültig fertiggestellt ist, bevor
der nächste beginnt. Mit Fortschritt des QFD-Prozesses werden Teammitglieder Beiträge bringen oder Erkenntnisse gewinnen, die das Team zur
Rückkehr an einen bestimmten Punkt veranlasst, um frühere Entscheidungen zu überdenken bzw. zu präzisieren (Bild 3.5).

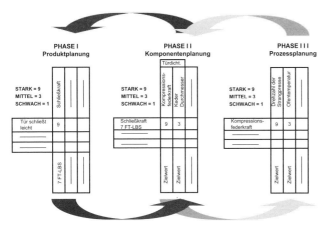

Bild 3.5 Darstellung von
Rekursionen

Zusammenspiel mit weiteren Methoden

Im Bild 3.6 ist die Verbindung zu anderen Methoden im PEP dargestellt: Als Input in QFD liefert die Methode VOC die erhobenen und gewichteten Kundenanforderungen. Wirkzusammenhänge, die in QFD erkannt wurden, müssen unter Umständen mit Hilfe von Simulation, DoE oder der analytischen Modellbildung päzisiert werden. Weitere Zusammenhänge sind zu den Risikoanalysemethoden DRBFM und FMEA zu sehen, wo Funktionen, die im Rahmen von QFD entwickelt worden sind, auf mögliche Risiken untersucht werden. Reliability Engineering liefert schließlich einen Beitrag zur Testbarkeit bestimmter Anforderungen. Aus den Betrachtungen der späteren Phasen der QFD (House of Quality 3 und 4) fließen die Erkenntnisse schließlich in die Methoden Prozessfähigkeit und SPC ein.

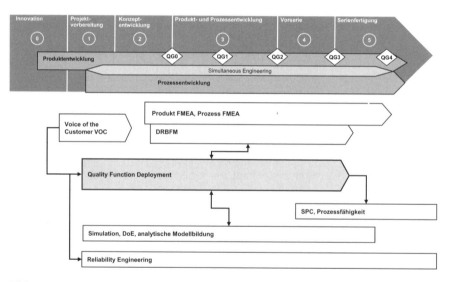

Bild 3.6 Zusammenhang der QFD mit anderen Methoden im PEP

3.3   Grundbegriffe

Die Methode QFD baut auf einigen grundsätzlichen Prinzipien auf:

3.3.1   Prinzip der Kundenorientierung

QFD beginnt damit, die Forderungen des Kunden zu erfassen und zu verstehen. Die Kundenanforderungen sind die Eingangsgrößen sämtlicher QFD-Aktivitäten. Basierend auf dieser Analyse werden Maßnahmen zur

Sicherstellung der Kundenzufriedenheit abgeleitet. Da eine Übererfüllung der Kundenanforderungen normalerweise erhöhte Produktkosten mit sich bringt, müssen die Kundenanforderungen so präzise wie möglich erhoben werden, um nicht notwendige Anforderungen direkt bei der Spezifikation zu vermeiden. Die Kundenanforderungen werden während des gesamten Entwicklungsprozesses niemals aus den Augen verloren und sind stets der Leitstern des Handelns.

3.3.2   Prinzip der Teamarbeit

Die QFD fordert die Bildung eines abteilungsübergreifenden („cross-functional") Entwicklungsteams. Es besteht typischerweise aus Marketing und Verkauf, Entwicklung und Konstruktion, Qualitätswesen, Fertigung und Service. Im Sinne von „Simultaneous Engineering" (SE) ist sicherzustellen, dass das interdisziplinäre Know-how des Unternehmens rechtzeitig in die Produkt- und Prozessentwicklung eingebracht wird, um den Projektablauf so effizient wie möglich zu gestalten.

An dieser Stelle sei angemerkt, dass die Zusammensetzung der Teams für die jeweiligen Houses of Quality variieren kann: Liegen im House of Quality 1 die Kundenanforderungen im Zentrum der Betrachtung, ist ein Team aus Entwicklern und Marketing der Schlüssel zum Erfolg, während hingegen in späteren Houses of Quality die sukzessive Einbeziehung der Prozessexperten nicht fehlen darf. Die Rolle des Marketings bleibt in späteren Phasen des QFD-Prozesses darauf beschränkt, die Sichtweise des Kunden einzubringen bzw. tiefes Produktverständnis und somit Verkaufsargumente zu sammeln.

QFD fördert die Kommunikation und kann helfen, die häufig in der Praxis beklagten Defizite an Information auszugleichen und unternehmensinterne Hürden zu überwinden. Alle Beteiligten des Entwicklungsprojektes haben von Beginn an ein vergleichbares Grundwissen. Sie kennen den Projekthintergrund und verfolgen somit dasselbe Entwicklungsziel.

3.3.3   Prinzip des systematischen Vorgehens

Entscheidungen, die im Rahmen der Produktentwicklung zu treffen sind, erfolgen in methodischer Art und Weise und werden auch entsprechend dokumentiert. Wie bereits erwähnt, bedient man sich hierbei unterschiedlicher Matrizen und Tabellen (House of Quality), die der übersichtlichen Visualisierung von Daten und der Nachvollziehbarkeit von Entscheidungen dienen.

3.4   Vorgehensweise bei der Anwendung

Quality Function Deployment ist keine strikte Methode mit genau vorgegebenen Schritten. Stattdessen stellt QFD Konzepte für Vorgehensweisen zur Verfügung. Eine Anpassung der Standardmatrizen an die jeweilige Ausgangssituation ist unabdingbar und gilt als wichtiger Erfolgsfaktor. Akao wird diesbezüglich wie folgt zitiert: „Copy the spirit, not the form." Das Ziel besteht somit nicht darin, vorgefertigte Formblätter auszufüllen, vielmehr sind Philosophie und Grundprinzipien von QFD zu verstehen und anzuwenden. Alle Ansätze stellen aber das House of Quality in das Zentrum der Betrachtung.

Anschließend werden die verschiedenen Houses of Quality vorgestellt. Dabei soll auf das House of Quality 1 im Detail eingegangen werden, zum einen, weil es mit den Kundenanforderungen beginnt und damit den Initialpunkt für das Entwicklungsprojekt setzt, und zum anderen, weil es im Vergleich zu den anderen Häusern das breiteste Spektrum an Fragen beantwortet, die sinngemäß auf die weiteren Houses of Quality angewandt werden können.

3.4.1   Vorgehensweise im House of Quality 1

Das House of Quality (HoQ) ist unterteilt in mehrere Räume, die verschiedene Fragestellungen und Sichtweisen repräsentieren (Bild 3.7).

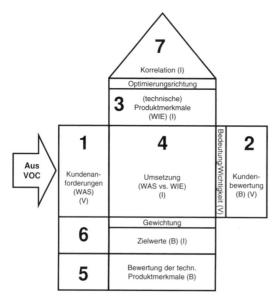

Bild 3.7 Die sieben Räume des House of Quality 1

(V) = aus „Stimme des Kunden" (B) = Benchmarking-Informationen (I) = interne Expertise

3.4.1.1 Raum 1: Kundenanforderungen ermitteln

Wie bereits zu Beginn des Kapitels beschrieben wurde, startet QFD mit einer Liste von Kundenanforderungen, die die Stimme des Kunden repräsentieren und beispielsweise mithilfe der Methode VOC ermittelt wurden. Wenn die Kundenanforderungen mithilfe der QFD weiterbehandelt werden, ist sicherzustellen, dass sie den richtigen Detaillierungsgrad aufweisen.

Praxistipp

Verzichten Sie bei den Kundenanforderungen zunächst auf den Preis. Die Berücksichtigung würde bewirken, dass Sie im House of Quality viele Zielkonflikte visualisieren müssen, ohne dass Sie hierbei einen Mehrwert haben. Zusätzlich wäre der Preis nur eine von vielen Kundenanforderungen und damit in der Gewichtung unterrepräsentiert. Berücksichtigen Sie die Kosten beispielsweise im Zuge der Zielwertfestlegung (Raum 6) oder in der darauffolgenden Konzeptauswahl.

Wichtig ist in dieser Phase der QFD, dass die Kundenaussagen in möglichst wörtlicher Form aufgenommen werden. Alle relevanten Gesichtspunkte für die Kaufentscheidung sollten berücksichtigt werden. Entscheidend in diesem Zusammenhang ist, dass die Kundenanforderungen der gesamten relevanten Kunden-Kunden-Kette zur Verfügung stehen und das betrachtete Marktsegment repräsentativ erfasst wurde.

Praxistipp

Bei technischen Systemen empfiehlt es sich, zunächst eine Systemdarstellung zu erarbeiten, wo die Einbettung des betrachteten Produktes in übergeordnete Systeme visualisiert wird. Damit wird die gesamte Kunden-Kunden-Kette transparent, und es kann erkannt werden, wer Anforderungen an das zu entwickelnde System haben könnte.

3.4.1.2 Raum 2: Kundenbewertung

In Raum 2 wird die Zufriedenheit des Kunden ermittelt. Für jede Kundenanforderung werden die Rating-Ergebnisse des eigenen Produktes und die der Konkurrenzprodukte eingetragen (Bild 3.8). Die gründliche Untersuchung dieser Ergebnisse hilft, potenzielle wichtige Differenzierungsmerkmale am Markt herauszuarbeiten. Ganz bewusst ist hierbei zu akzeptieren, dass die Beurteilung des Kunden teils auf Fakten und teils auf persönlicher Erfahrung beruht und dass bei dieser Bewertung auch emotionale Faktoren eine Rolle spielen.

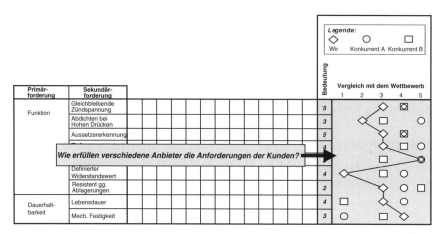

Bild 3.8 Raum 2 des House of Quality

Praxistipp

Der Wettbewerbsvergleich in Raum 2 sollte ausschließlich die Kundensicht repräsentieren. Entwickler sollten diese Einschätzungen daher nicht durchführen, da ihr technisches Wissen vorprägt. Das Ziel besteht darin, das Produkt im Vergleich zum Wettbewerb zu verstehen, so wie es der Kunde einschätzt. Steht für die Bewertung der Kunde nicht zur Verfügung, sollte die Bewertung durch den involvierten Verkauf oder das Marketing erfolgen.

3.4.1.3   Raum 3: technische Merkmale

Der Raum 3 widmet sich der Frage, wie die aufgestellten Kundenanforderungen erfüllt werden können, indem die technischen Produktmerkmale – auch Anforderungen an den Produktentwurf genannt – definiert werden (Bild 3.9). Diese werden üblicherweise zunächst abstrakt und lösungsneutral beschrieben, d. h., sie legen nicht Lösungen, sondern Anforderungen an das zu realisierende Produktkonzept fest. Zu beachten ist, dass ein Produktmerkmal auch mehrere Kundenanforderungen adressieren kann und dass sich die Merkmale gegenseitig beeinflussen können. Die Ableitung der technischen Merkmale ist daher nicht trivial, und es sind Expertenwissen über die Wirkzusammenhänge des Gesamtsystems und auch ausreichende Informationen darüber, wie der Kunde das Produkt nutzt, notwendig.

Exzellente Produktmerkmale zeichnen sich dadurch aus, dass sie

- direkt mit Kundenanforderungen korrelieren,
- einfach zu verstehen sind,
- messbar sind mit Angabe einer Einheit,

- „lösungsunabhängig" sind,
- auf demselben Detaillierungsgrad formuliert wurden und
- redundanzfrei sind.

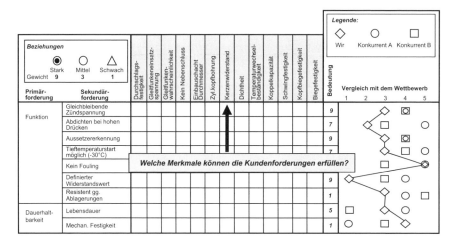

Bild 3.9 Raum 3 des House of Quality

Zuletzt wird für jedes Produktmerkmal die Optimierungsrichtung festgelegt, wobei hierzu unterschiedliche Symbole verwendet werden können. Ein Pfeil nach oben beispielsweise weist auf eine Optimierung in Richtung möglichst großer Werte hin, ein Pfeil nach unten signalisiert das Gegenteil. Ein Kreis symbolisiert, dass das jeweilige Merkmal auf einen fixen Wert zu optimieren ist.

Praxistipp

Analog zu den Kundenanforderungen sind auch die technischen Merkmale redundanzfrei und mit demselben Detaillierungsgrad zu beschreiben. Streng genommen wäre wie bei den Kundenanforderungen eine Baumstruktur notwendig, um versteckte Gewichtungen zu vermeiden. Nehmen Sie sich daher bei der Formulierung besonders viel Zeit und planen Sie Iterationsschritte ein, da Sie nicht auf Anhieb den perfekten Detaillierungsgrad finden werden.

Praxistipp

Vor Bearbeitung des Raumes 3 muss geklärt werden, welcher konzeptionelle Freiheitsgrad bei der Gestaltung des Produktes existiert. Die Art der Formulierung der technischen Merkmale kann bestimmte Konzepte bereits ausschließen. Natürlich kann es auch nach der Konzeptauswahl notwendig sein, die technischen Merkmale anzupassen.

Praxistipp

Am Ende des Raumes 3 sollen die technischen Merkmale auch auf Vollständigkeit hin überprüft werden. Die Betrachtung mithilfe von Funktionen kann dabei hilfreich sein.

Funktionen umfassen interne und externe Anforderungen und Erwartungshaltungen an ein zu entwickelndes technisches System. Sie sind mit Substantiv, Verb und Adjektiv zu beschreiben. Die Definition von Funktionen hat sowohl in der FMEA als auch in der DRBFM (Kapitel 7 und 8) eine äußerst große Bedeutung (Tabelle 3.1). Daran erkennt man einen Vorteil der funktionsorientierten QFD-Anwendung, da die Nahtstelle zu den beiden Methoden in weiterer Folge besonders plausibel und einfach zu managen ist.

Die große Stärke bei der Betrachtung von Funktionen besteht darin, dass das Problem abstrahiert und Distanz von den bekannten technischen Lösungen geschaffen wird. Der Weg wird freigegeben für die Suche nach neuen Alternativen, und die vorhandenen, bisher bekannten Lösungen treten in den Hintergrund. Damit ergibt sich ein viel breiteres Spektrum für das Ermitteln neuer Lösungsansätze.

Tabelle 3.1 Funktionsarten in FMEA und DRBFM

Funktionsarten in der FMEA	Funktionsarten in der DRBFM
Eingehende Funktionen: wirken von untergeordneten Systemelementen oder über Schnittstellen auf das betrachtete Systemelement.	**Basisfunktionen:** sind notwendig, um die Hauptaufgabe eines Produktes oder einer Komponente zu erfüllen.
Innere Funktionen: werden vom Systemelement selbst erfüllt.	**Zusatzfunktionen:** um gesetzliche Bestimmungen und andere Regularien zu erfüllen oder die Attraktivität des Produktes zu erhöhen.
Ausgehende Funktionen: wirken vom Systemelement auf dessen übergeordnetes Systemelement.	**Einbaufunktionen:** beziehen sich auf den Zusammenbau mit anderen Elementen (Schnittstellen), die Austauschbarkeit oder die Lagerung.
	Schadensbegrenzende Funktionen: um Belästigungen oder Schädigungen von Personen zu vermeiden (Vibration, Geräusch, Geruch ...).
	Unfallverhütungsfunktionen: zum Schutz von Personen vor Schädigungen bei Gebrauch, Herstellung oder Zusammenbau.

3.4.1.4   Raum 4: Stärke und Richtung von Beziehungen

In Raum 4 wird der Zusammenhang zwischen den Kundenanforderungen und den Produktmerkmalen erarbeitet (Bild 3.10). Die Stärke des Zusammenhanges wird entweder mit Symbolen oder mit Punkten charakterisiert. Tabelle 3.2 erläutert die je nach Stärke des Zusammenhanges zu verwendenden Symbole bzw. Punktwerte.

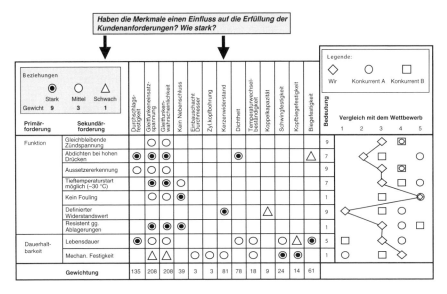

Bild 3.10 Raum 4 des House of Quality

Tabelle 3.2 Symbole für die Stärke des Zusammenhanges

Kriterium	Symbol	Punkte
Starker Zusammenhang,	⊙	$Z_{KM} = 9$ Punkte
Mittelstarker Zusammenhang	○	$Z_{KM} = 3$ Punkte
Schwacher Zusammenhang	△	$Z_{KM} = 1$ Punkt
Kein Zusammenhang	Leeres Feld	$Z_{KM} = 0$ Punkte

Jede Kundenanforderung sollte mindestens zu einer Produktanforderung in einer (mittleren oder starken) Beziehung stehen, d. h. es sollten keine leeren Zeilen vorkommen und möglichst auch keine Zeilen, die nur schwache Beziehungen enthalten. Leere Zeilen weisen auf eine Kundenanforderung hin, die mit den definierten Produktmerkmalen nicht umgesetzt werden kann. Analog dazu zeigen leere Spalten Merkmale auf, die vom Kunden nicht benötigt werden und daher zur Rationalisierung und Kostensenkung herangezogen werden können.

Die Erarbeitung der Zusammenhänge ermöglicht es, in weiterer Folge die einzelnen Produktmerkmale zu gewichten (Bild 3.11).

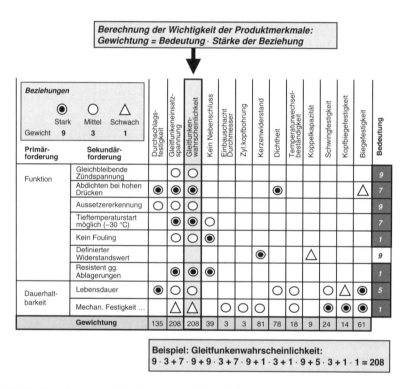

Bild 3.11 Gewichtung von Anforderungen an das Produkt

Das absolute Gewicht G_M des jeweiligen Merkmals ergibt sich aus den Gewichten der Kundenanforderungen G_K und dem Zusammenhang zwischen Anforderungen und Merkmalen Z_{KM}.

Die Berechnung erfolgt mit diesen Bezeichnungen nach der Gleichung

$$G_M = \sum_K G_K \cdot Z_{KM}$$

Nach diesen Berechnungen ergibt sich die absolute technische Gewichtung aller Produktmerkmale, wobei diese wenig aussagekräftig ist, da sie von der Anzahl der Kundenanforderungen abhängt. Je mehr Kundenanforderungen existieren, desto größer sind die Werte der technischen Gewichtung. In einem nächsten Rechenschritt werden deshalb die Werte mithilfe der folgenden Formel normiert:

$$G_{M,rel} = \frac{G_M}{\sum_M G_M} * 100$$

Die Produktmerkmale mit hohen relativen Gewichten sind die wichtigen Produktmerkmale aus Kundensicht. Nicht vergessen werden darf jedoch, dass die Rechenergebnisse letztlich auf subjektiven Ermittlungen von Gewichtungen und Stärken von Beziehungen basieren. Daher empfiehlt es sich, die Produktmerkmale in drei oder vier Wichtigkeitsklassen zusammenzufassen. Damit sind wichtige oder kritische Merkmale diejenigen, die zu einer der Klassen mit hoher relativer Gewichtung gehören. Diese Merkmale werden oftmals als CTQs bezeichnet, was sich aus der englischen Bezeichnung Critical to Quality ergibt.

Produktmerkmale mit hoher Bewertung sind in weiterer Folge bei der Konzeptentwicklung und -auswahl entsprechend stark zu beachten. Merkmale mit geringer Bewertung und somit geringem Einfluss auf die Erfüllung von Kundenanforderungen zeigen Rationalisierungschancen auf, sofern die Erfüllung des entsprechenden Merkmals nicht andere wichtige Gründe hat.

Praxistipp

Damit in der QFD-Matrix die Stärke von Beziehungen schneller erkennbar ist, sollten Sie auf Symbole verzichten und die Zahlen 9, 3, 1 und 0 verwenden. Da die Beziehungen sowohl positiv als auch negativ sein können, wird empfohlen, diesen Aspekt durch ein entsprechendes Vorzeichen zu berücksichtigen. Bei der Summierung muss dann jedoch eine getrennte Auswertung von positiven und negativen Zusammenhängen erfolgen.

3.4.1.5 Raum 5: Wettbewerbsvergleich aus technischer Sicht

In diesem Raum wird der Erfüllungsgrad der eigenen existierenden Produkte im Vergleich zu den relevanten Wettbewerberprodukten in quantifizierter Art und Weise ermittelt. Im Gegensatz zum Benchmarking aus Kundensicht in Raum 2 erfolgt hier der Vergleich aus technischer Sicht. Dazu werden die Produkte der Wettbewerber erworben und hinsichtlich der technischen Produktmerkmale analysiert und vermessen. Wichtig in diesem Zusammenhang ist, dass der technische Wettbewerbsvergleich die besten verfügbaren Entwickler einbeziehen soll, um das vollständigste Verständnis der Wettbewerbsprodukte zu gewinnen.

Das Ergebnis des technischen Benchmarkings muss mit den Ergebnissen des Benchmarkings aus Kundensicht (Raum 2) verglichen werden: Zeigt der Wettbewerbsvergleich der Kundenanforderung ein ähnliches Bild wie das technische Benchmarking der damit in Relation stehenden Produktanforderungen? Dabei ist zu beachten, dass die Kundenanforderungen jeweils mit den Produktanforderungen verglichen werden, mit denen sie in engem Zusammenhang (Korrelation in Raum 4) stehen (Bild 3.12).

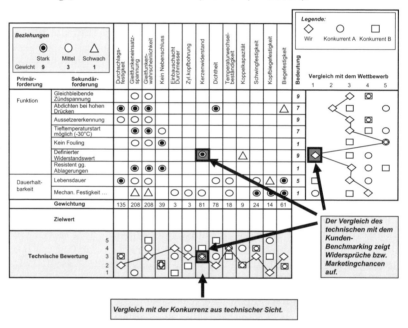

Bild 3.12 Raum 5 des House of Quality

Auch für das Marketing ist diese technische Analyse wichtig, da dadurch Marketingchancen erkannt werden können. Dies ist z. B. der Fall, wenn der Kunde das Produkt schlechter einschätzt, als es tatsächlich ist. Hier wäre statt eines geänderten Produktes ein geändertes Marketingkonzept notwendig. Der Grund für eine unterschiedliche Bewertung von Kunde und Entwicklung kann aber auch darin liegen, dass die Stärke des Zusammenhanges falsch eingeschätzt wurde oder ein falsches Merkmal definiert wurde. In jedem Fall zeigt eine abweichende Bewertung Handlungsbedarf auf.

3.4.1.6 Raum 6: Zielwerte

In Raum 6 werden die Zielbereiche für die Produktanforderungen festgelegt (Bild 3.13). Da damit die Spezifikationen des Produktes definiert werden, ist dieser Raum das Herzstück des House of Quality 1. Über die Zielwertfestlegung wird letztlich die strategische Positionierung des Produktes am Markt determiniert.

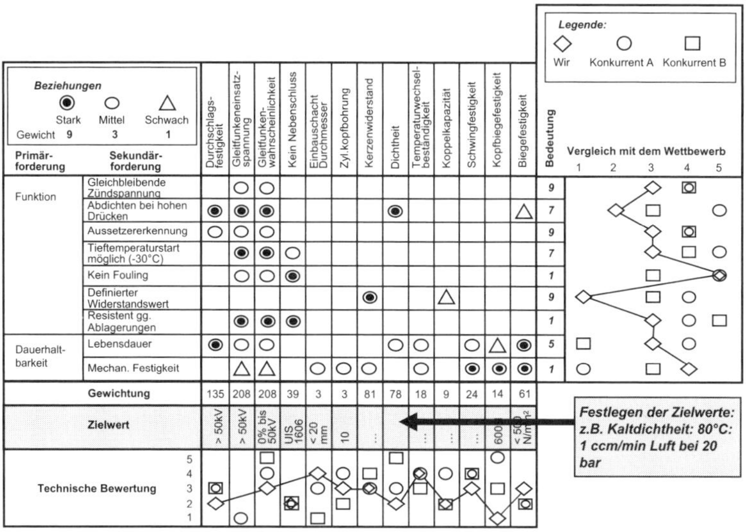

Bild 3.13 Raum 6: Zielwerte festlegen

Je nach Optimierungsrichtung einer Produktanforderung beinhaltet die Zielfestlegung einen unteren (bei Ausrichtung auf ein Minimum), einen unteren und oberen (bei Ausrichtung auf einen Zielwert bzw. Zielbereich) oder einen oberen Grenzwert (bei Ausrichtung auf ein Minimum). Die Ziele sind vorläufige Vorgaben, die bis zum Ende der Produktentwicklungsphase gegebenenfalls korrigiert werden müssen. Auf keinen Fall dürfen die Zielwerte das physikalisch Machbare wiedergeben, da dadurch die Produktkosten unnötig steigen. Stattdessen sind die Ziele so anzusetzen, dass damit die Aspekte hohe Kundenzufriedenheit und signifikanter Wettbewerbsvorteil bei möglichst geringen Kosten optimal ausbalanciert werden. Um die Zielwerte festzulegen, werden daher alle bisherigen Informationen im Detail vom Team nochmals analysiert und zusammengefasst.

Kunden- und Wettbewerbssituation

Zum einen ist bei der Zielfestlegung der Kundenaspekt zu berücksichtigen, der in Raum 4 zu einer Gewichtung der Merkmale aus Kundensicht geführt hat, und zum anderen sind die Benchmarking-Ergebnisse in Raum 2 und 5 zu berücksichtigen. Die Fragen, die sich das Team zu stellen hat, lauten:

- Welche Zielwerte sind wirklich notwendig, um die Kundenanforderungen zu erfüllen?
- Welche Merkmale erfordern besonders ambitionierte Zielfestlegungen, weil sie aus Kundensicht besonders wichtig sind?
- Bei welchen Zielwerten soll die Konkurrenz übertroffen werden?

Engineering Bottleneck Portfolio

Zusätzlich sollte bei der Zielfestlegung der Schwierigkeitsgrad, der bei der Umsetzung der definierten Anforderung auftritt, berücksichtigt werden. Die Abschätzung ist im Team durchzuführen und wird oftmals mit den Ziffern 1 bis 10 bewertet, wobei 1 einer einfachen und 10 einer schwierigen bzw. aufwendigen Umsetzung entspricht. In weiterer Folge können im sogenannten Bottleneck-Portfolio die technischen Merkmale hinsichtlich Wichtigkeit (Ergebnisse aus Raum 4) und Schwierigkeit visualisiert werden (Bild 3.14).

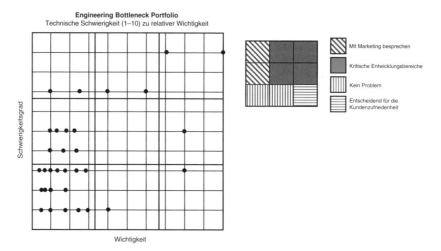

Bild 3.14 Darstellung eines Bottleneck-Portfolios in der Software Qualica

Merkmale mit niedriger Wichtigkeit und hohem Schwierigkeitsgrad sind mit dem Marketing zu diskutieren. Gegebenenfalls resultieren aus diesen Merkmalen Möglichkeiten der Kosteneinsparung. Kritisch sind Produktmerkmale, die wichtig aus Kundensicht und schwierig hinsichtlich technischer Realisierbarkeit sind. Dies sind mögliche Engpässe in der weiteren Entwicklung. Hier kann es notwendig sein, Vorentwicklungen zu starten.

Kostenaspekt

Oftmals ist der Kostenaspekt sehr verwandt mit dem Aspekt des Schwierigkeitsgrades, da mögliche Probleme bei der Realisierung von Neuentwicklungen naturgemäß auch die Kosten beeinflussen. Dies umfasst jedoch primär die Entwicklungs- und weniger die Herstellkosten. In manchen QFD-Anwendungen erfolgt daher bereits in dieser Phase der Produktentwicklung ähnlich wie beim Schwierigkeitsgrad eine Abschätzung des Einflusses auf die Kosten, um diesem Aspekt bei der Zielwertfestlegung Rechnung zu tragen. Oftmals ist dies jedoch in dieser Phase, in der erst die Anforderungen an das zu realisierende Produkt festgelegt wurden, noch nicht möglich, sodass der Kostenaspekt erst später bei der Konzeptauswahl Berücksichtigung finden kann.

Praxistipp

Vergessen Sie vor der endgültigen Festlegung der Zielwerte nicht, das zu verwendende Messverfahren genauestens zu definieren. Erst dann ist die Zielfestlegung und somit die Spezifikation vollständig und eindeutig.

3.4.1.7 Raum 7: Zielkonflikte

Zielkonflikte, d.h. unterschiedliche Wirkungen auf eine Kundenanforderung, sind möglich, wenn ein Merkmal in Relation zu mehreren Kundenanforderungen steht. Mithilfe einer Korrelationsmatrix wird ermittelt, welche Merkmale sich gegenseitig unterstützen bzw. im Konflikt stehen (Bild 3.15). Positive Korrelationen sind dadurch gekennzeichnet, dass ein Merkmal ein anderes unterstützt, wodurch Möglichkeiten der Ressourcenoptimierung aufgezeigt werden. Sie werden im Raum 7 mit einem Pluszeichen

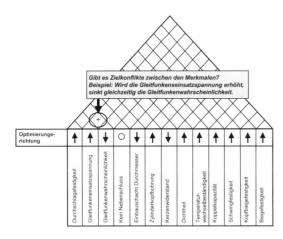

Bild 3.15 Raum 7 des House of Quality

eingetragen. Negative Korrelationen treten auf, wenn ein Merkmal beispielsweise aufgrund der Gesetze der Physik ein anderes entgegengesetzt beeinflusst, indiziert durch ein Minuszeichen. Die aufgezeigten Zielkonflikte müssen behandelt werden, da ungelöste negative Korrelationen zu unerfüllten
Kundenanforderungen führen können.

Prinzipiell gibt es die Möglichkeit, diese Konflikte durch einen Kompromiss
auszubalancieren oder ein neues Lösungskonzept zu suchen und zu finden.
Kompromisse werden durch entsprechende Festlegung der Zielwerte (zurück zu Raum 6) vereinbart.

Innovative Lösungen, die den Zielkonflikt auflösen, können zu einem signifikanten Wettbewerbsvorteil führen. Die Methode TRIZ ist hier besonders
geeignet, um Widersprüche aufzulösen (Kapitel 4).

Praxistipp

In der Praxis bewährt hat sich die Vorgehensweise, bereits in Raum 4 negative Korrelationen und somit mögliche Zielkonflikte über entsprechende
Vorzeichen zu visualisieren. In vielen Fällen kann dadurch auf die Erarbeitung der Zielkonflikte im Dach des House of Quality verzichtet werden,
auch wenn der dargestellte Aspekt in Raum 4 (Zielkonflikte zwischen Produktmerkmalen und Kundenanforderungen) nicht dem des Raumes 7 (Zielkonflikte zwischen Produktmerkmalen) entspricht.

3.4.1.8   Abschluss der QFD

Nachdem die verschiedenen Räume der QFD ausgefüllt wurden, die Zielwerte festgelegt und auch Zielkonflikte identifiziert wurden, sollte das QFD-
Team das Ergebnis nochmals auf Plausibilität prüfen und eine Empfehlung für die weitere Vorgehensweise erarbeiten. Hierbei kann es helfen,
das House of Quality nochmals auf die folgenden Muster zu prüfen
(Tabelle 3.3).

Praxistipp

In vielen Branchen haben sich die Begriffe Lasten- und Pflichtenheft durchgesetzt. Im Lastenheft beschreibt der Kunde aus seiner Sicht, wie das Produkt entwickelt werden soll. Auf Basis des Lastenheftes erarbeitet das Projektteam ein Pflichtenheft (Product Requirements), welches das Lastenheft
in die Sprache des Unternehmens übersetzt, die Vorgaben detailliert und die
Messbarkeit konkretisiert. Dies entspricht exakt dem Ergebnis der QFD 1.

Tabelle 3.3 Analyse der QFD

Muster	Interpretation
Höchste Bewertung im Vergleich zum Wettbewerb (Raum 2)	Kann den Markt mit dem betrachteten Produkt führen.
Niedrige Bewertung im Wettbewerbsvergleich (Raum 2), aber hoher Wert in der technischen Bewertung (Raum 5)	Die technischen Vorteile vermarkten, um die Aufmerksamkeit der Kunden zu wecken.
Leere Zeilen in Raum 4	Nicht adressierte Kundenanforderungen können ein gravierendes Problem darstellen.
Leere Spalten in Raum 4	Möglicherweise ein unnötiges technisches Merkmal, das keinen Kundenwunsch reflektiert.
Starke negative Korrelation in Raum 7	Kritische Anforderungen müssen einem Kompromiss unterworfen werden, oder ein neuer Lösungsansatz muss gefunden werden (z. B. mit TRIZ).
Raum 6: Istwerte des Vorgängerproduktes und Sollwerte liegen weit auseinander	Technische Machbarkeit hinterfragen.
Niedrige technische Bewertung	Schlechte langfristige Marktchancen.

3.4.2 Vorgehensweise im House of Quality 2

Im klassischen Vierphasenkonzept nach Sullivan unterscheidet man zwischen Produkt-, Komponenten-, Prozess- und Produktionsentwicklung. Wie bereits erwähnt, beschäftigt sich das House of Quality 2 mit der Frage, in welche Komponenten das Produkt gegliedert werden muss, um die Anforderungen an das Produkt zu realisieren, bzw. welche Anforderungen die Komponenten dazu erfüllen müssen.

Die Ausgangsgrößen des ersten Hauses ergeben also die Eingangsgrößen des neu zu erstellenden House of Quality 2, wobei hier eine Fokussierung auf wichtige und kritische Merkmale erfolgt (Bild 3.16). Die kritischen Produktmerkmale (CTQs) und die dazugehörigen Zielwerte werden in die Matrix des House of Quality 2 übertragen.

Bild 3.16 Nur wichtige und schwierige Merkmale werden weiterbehandelt

Je nach Komplexität des Produktes könnten mehr oder weniger Phasen notwendig sein. Wichtig ist es hierbei, das Produkt durch Partitionierung derart in Subsysteme zu unterteilen, dass eine sinnvolle Behandlung in einer Matrix möglich wird. Somit kann es in der Praxis notwendig sein, die Phase der Komponentenentwicklung in mehrere Häuser zu untergliedern und wichtige und komplexe Teilkomponenten in getrennten Häusern weiterzubehandeln. Man spricht in diesem Zusammenhang von Verzweigungen (Bild 3.17).

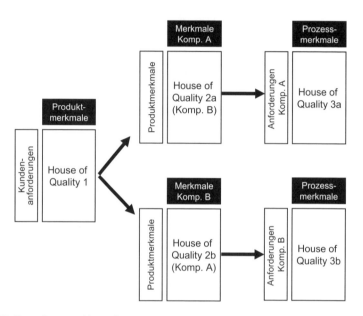

Bild 3.17 Darstellung von Verzweigungen

Praktische Vorgehensweise im House of Quality 2

In Raum 1 werden die kritischen Anforderungen an das Produkt mit den dazugehörigen Zielwerten eingetragen. Systematisch werden daraus die Anforderungen an Komponenten in Raum 3 abgeleitet. Das Benchmarking aus Kundensicht (Raum 2 in House of Quality 1) entfällt bei den weiteren Häusern. In Raum 2 des House of Quality 2 stehen die Ergebnisse des technischen Benchmarkings (entspricht Raum 5 des House of Quality 1).

In Raum 4 schließlich werden die Korrelationen eingetragen: Es wird ermittelt, wie stark die Erfüllung der Merkmale der Komponenten Einfluss auf die Realisierung der kritischen Produktanforderung nimmt. An dieser Stelle sei angemerkt, dass es gemäß dem DFSS Prinzip „Gestaltung der Produkte auf Basis verstandener Wirkzusammenhänge"nicht mehr ausreichend sein kann, wie in House of Quality 1 in starken, mittleren und schwachen Zusammenhang zu unterscheiden, sondern dass es an dieser Stelle wünschenswert ist, detailliertere Wirkzusammenhänge, oftmals bis hin zur Beschreibung mit mathematischen Funktionen, zu erarbeiten.

Der Raum 5 beinhaltet das technische Benchmarking auf Komponentenebene. Je weiter das Produkt in Komponenten und Subkomponenten untergliedert wird, desto schwieriger gestaltet sich das Benchmarking in Raum 5: Zum einen ist die Vergleichbarkeit auf tieferen Detaillierungsebenen nicht mehr unbedingt gegeben, zum anderen ist ein gekauftes Produkt nicht mehr beliebig in seine Komponenten und Subkomponenten zerleg- und somit analysierbar.

Das Ziel des House of Quality 2 ist dann erreicht, wenn durch sukzessives Detaillieren und Partitionieren die Anforderungen an Komponenten (Designmerkmale) beschrieben sind, für welche in weiterer Folge konkrete Herstellprozesse definiert werden können.

Praxisbeispiel Ein Kunde fordert als Eigenschaft für eine Autotür, dass diese leicht schließen soll (Raum 1 House of Quality 1). In Raum 3 des HoQ 1 wird daraus die technische Produkteigenschaft „Türschließkraft von 7 foot-pounds" abgeleitet. Diese Türschließkraft geht als Anforderung in Raum 1 des House of Quality 2 ein. In Raum 3 des HoQ 2 wird nun die Frage beantwortet, mit welchen Komponenten bzw. Subkomponenten dies realisiert werden kann: „Türdichtung mit Kompressionsfederkraft" und „Durchmesser des Keders der Türdichtung" sind Beispiele für Merkmale auf Komponentenebene. Bild 3.18 verdeutlicht noch einmal diesen Sachverhalt.

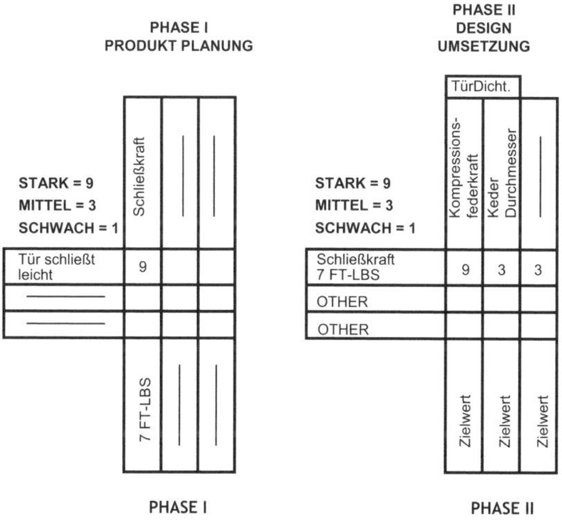

Bild 3.18 Beispielhafter Auszug aus einer QFD – House of Quality 2

3.4.3   House of Quality 3: Prozess-QFD

Wie bereits in der Einleitung beschrieben, besteht der Zweck der QFD als Gesamtkonzept, Kundenanforderungen durch den gesamten Produktentstehungsprozess in das Produkt einfließen zu lassen. Dies resultiert nach Festlegung der Produktmerkmale bzw. der Funktionen und der dazugehörigen Komponentenmerkmale in der Notwendigkeit, Prozessparameter festzulegen, die die gewünschten Merkmale bzw. Funktionen hervorbringen können.

In weiterer Folge soll in kurzen Worten die Entstehung der Prozess-QFD (auch PDM: process design matrix genannt) erläutert werden. Sie entspricht nach dem QFD-Konzept nach Sullivan dem House of Quality 3. Das Ziel dabei ist es, Prozessmerkmale festzulegen, die der Verwirklichung der Produktmerkmale und somit letzten Endes der Erfüllung der Kundenanforderungen dienen. Außerdem werden diese Prozessmerkmale nach ihrem Einfluss auf die Erreichung der Komponentenmerkmale gewichtet.

Praxisbeispiel   Zur Verdeutlichung der Deployment-Schritte bisher und der Fragestellung der Prozess-QFD soll erneut das Beispiel der Autotür dienen: Lautet die Kundenanforderung: „Die Türe soll leicht schließen", ergibt sich daraus die Anforderung an das Produkt: „Türschließkraft soll minimiert werden." Als dazugehörige Komponente kann sich nach Entwicklung und Bewertung verschiedener Konzeptalternativen „Umsetzung in Form einer Türdichtung mit Kompressionsfederkraft" herausstellen (Bild 3.18). In der Prozess-QFD wird dieses Merkmal beispielsweise mit „Vorschub der Strangpresse zur Erzielung der Federkraft (in RPM)" adressiert.

Die Prozess-QFD wird ebenfalls typischerweise von einem interdisziplinären Team (bestehend aus Marketing, Vertrieb, Produkt- und Prozessentwicklung, Prozessspezialisten sowie Qualitätsfachleuten) durchgeführt – ist also die Aufgabe eines bereits diskutierten SE-Teams. Als Voraussetzungen für eine aussagekräftige Prozess-QFD stehen somit fest:

- Eine aussagekräftige QFD 2, die den nötigen Input in die Prozess-QFD bringt, bzw. eine detaillierte Beschreibung des Produktes mit seinen Komponenten und Subkomponenten.

- Ein Team, das sämtliche Fachkompetenzen sowie die nötige soziale und Methodenkompetenz in sich vereint, insbesondere umfassendes Wissen über die Prozess-QFD.

Im ersten Schritt der Durchführung werden die aus dem vorangegangenen House of Quality gehenden Komponenten- bzw. Subkomponentenmerkmale mit ihrer entsprechenden Gewichtung in den Raum 1 der Prozess-QFD eingetragen. Der zweite Schritt besteht darin, aus den Komponentenmerkmalen

Prozessmerkmale abzuleiten. Dabei empfiehlt es sich, zunächst aus der Sicht des Fertigungsprozesses entlang der geplanten Prozesskette die einzelnen Parameter zu erarbeiten. In einem weiteren Schritt wird Raum 3 um Prozessparameter, die sich nach einem logischen Deployment aus Raum 1 ergeben, ergänzt. So kann die Vollständigkeit der Prozess-QFD sichergestellt werden.

Im nächsten Schritt werden die Prozessparameter den Komponentenmerkmalen gegenübergestellt (entspricht Raum 4 des House of Quality). In bewährter Art und Weise stellt das Team dabei die Frage, wie stark der Einfluss des Prozessparameters auf die Realisierung des Designmerkmales ist. Dabei gilt – wie bereits in House of Quality 1 – folgende Skala: starker Einfluss (9), schwacher Einfluss (3), möglicher Einfluss (1), kein Einfluss (0).

Der DFSS-Ansatz geht jedoch wie bei der QFD 2 bei der Beziehungsmatrix in Raum 4 einen Schritt weiter: Demnach ist es das Ziel, nicht nur die Stärke der Relation zu ermitteln, sondern, wo es möglich ist, auch die Einflüsse zu quantifizieren.

Als nächster Schritt werden die Prozessparameter entsprechend ihrem Einfluss (Raum 4) gewichtet. Außerdem werden für jeden Prozessparameter Soll- und Grenzwerte festgelegt, die prüfbar und der Umsetzung der Designmerkmale dienlich sind (Raum 6).

Am Ende der Prozess-QFD steht – wie nach jedem House of Quality – noch einmal eine Plausibilitätsprüfung durch das gesamte QFD-Team. Dabei werden die einzelnen Räume noch einmal auf Vollständigkeit und Richtigkeit überprüft und unter anderem folgende Fragen gestellt:

- Gibt es für jedes Designmerkmal mindestens einen wichtigen Prozessparameter?
- Gibt es niedrig gewichtete Prozessmerkmale (Lean Processes, DFMA)?
- Gibt es nötigenfalls Prüf- und Arbeitsanweisungen sowie Regelungen für die Ergebnisdokumentation?
- Gibt es für alle Komponentenmerkmale stark wirksame Prozessparameter?

Die Prozess-QFD liefert somit eine Liste von Prozessparametern und den dazugehörigen Soll- und Grenzwerten, gewichtet nach der Stärke des Einflusses auf die Designmerkmale. Als Ergebnis steht fest, welche die besonders kritischen Prozessparameter sind und wie diese zu steuern sind.

Praxistipp

Mittlerweile gibt es umfangreiche Möglichkeiten, die Dokumentation und auch Moderation von QFD-Workshops IT-gestützt durchzuführen. Wenn ein Unternehmen am Beginn einer QFD-Einführung steht, ist die Verwendung einer Software nicht zu empfehlen, da die Aufmerksamkeit in der QFD-Durchführung auf die Verwendung der Software gelenkt wird und nicht auf die Methode. Dies widerspricht der Forderung von Akao: „Copy the spirit, not the form." Hat das Unternehmen bereits Erfahrung mit QFD gesammelt und für sich einen guten Weg der Anwendung entwickelt, dann kann entsprechende QFD-Software helfen: Sie erleichtert die Dokumentation, dient als Leitfaden bei der Durchführung und hilft, Zeit zu sparen.

3.5   Praxisbeispiel Temperatursensor

Das bereits dargestellte Beispiel des Temperatursensors soll nachfolgend dazu verwendet werden, wichtige Aspekte der bisherigen Ausführungen aus Praxissicht zu vervollständigen und zu vertiefen.

3.5.1   Einordnung des Temperatursensors im QFD-Phasenmodell

Bei unserem Beispiel des Temperatursensors handelt es sich um ein zu entwickelndes Produkt, welches relativ weit vom Endkunden entfernt ist. Der betrachtete Temperatursensor ist Teil eines technischen Systems, welches wiederum Teil eines Systems ist usw. Es handelt sich bei diesem Beispiel somit um eine sehr lange Kunden-Kunden-Kette. Bild 3.19 zeigt eine mögliche Partitionierung des Systems.

Im Zuge von Voice of the Customer besteht die Herausforderung darin, die unterschiedlichsten Anforderungen aus den verschiedenen Systemen zu strukturieren und zu gewichten bzw. ein etwaiges vorhandenes Lastenheft genauestens zu prüfen und zu hinterfragen.

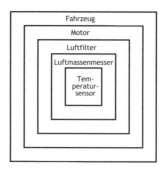

Bild 3.19 Schematische Einordnung des Temperatursensors in übergeordnete Systeme

Hierbei wird man die Besonderheit beobachten, dass die Anforderungen aus Kunden- bzw. Systemsicht vielfach bereits sehr technisch formuliert und oftmals auch bereits mit quantifizierten Zielvorgaben vorhanden sind. Das Phasenmodell von Sullivan aufgreifend könnte man auch sagen, dass man bereits in der QFD 2 startet und die technischen Produktmerkmale nun in zu erfüllende Komponentenanforderungen auf der nächsttieferen Systemebene zu übersetzen sind, wobei die Blackbox-Betrachtung des Temperatursensors aufzulösen ist. Die technischen Produktmerkmale müssten theoretisch in der übergeordneten QFD bereits mit Zielwerten und klaren Messverfahren formuliert worden sein. Zu Beginn der QFD ist daher sicherzustellen, dass die vorhandenen Anforderungen auch tatsächlich messbar sind. Des Weiteren bedeutet dies, dass das Benchmarking in Raum 2 bereits aus technischer Sicht durchgeführt wird, im Vergleich zu Raum 5 jedoch aus übergeordneter Systemsicht.

3.5.2 Messbarkeit von Anforderungen (Raum 1 der QFD-Matrix)

Wie bereits erwähnt war die Korrosionsstabilität des Temperatursensors eine wichtige Basisanforderung des Kunden. Diese Forderung war zunächst weich formuliert und musste konkretisiert werden. Insbesondere musste ein Messverfahren für die Beurteilung einer ausreichenden Korrosionsstabilität entwickelt werden. Dazu wurde ein Extremversuch aufgebaut, der in einer geschlossenen Kammer eine Salzlösung mit einem Ultraschallgeber zerstäubt. Es entsteht ein Salznebel, dem der Temperatursensor ausgesetzt wird (Bild 3.20).

Bild 3.20 Ultraschallgeber zur Erzeugung eines Salznebels

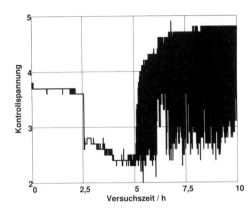

Bild 3.21 Spannungsabfall am
Temperatursensor während des
Salznebelversuchs

Während sich der Sensor im Salznebel befindet, wird der Spannungsabfall an
dem Temperatursensor aufgezeichnet (Bild 3.21). Der Signalabfall nach 2,5
Stunden weist auf erste Tropfenbildung am Temperatursensor hin. Die Tropfen bilden einen Parallelwiderstand und reduzieren damit den Spannungsabfall am Temperatursensor. Nach fünf Stunden zeigt ein Signalanstieg, dass
die Korrosion weit fortgeschritten ist. Der Draht ist bereits verjüngt und besitzt einen größeren Widerstand. Zu diesem Zeitpunkt wird der Beginn der
Unterbrechung angezeigt. Der unterbrochene Draht wird durch die leitende
Salzlösung überbrückt. Je nach abgelagerten Tropfen ändert sich der Über-
gangswiderstand und es ergibt sich ein starkes Signalrauschen.

3.5.3 Benchmarking (Raum 2)

Zur Definition der notwendigen Verweilzeit ohne Zerstörung wurde ein Vergleich mit Wettbewerbern (WB) durchgeführt, die bei den Kunden keine
Ausfälle gezeigt haben. Es ergaben sich die in Bild 3.22 dargestellten Werte.

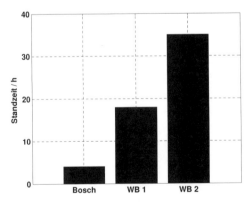

Bild 3.22 Benchmarking: Standzeit
unterschiedlicher Temperatursensoren
im Salznebelversuch

Auf Basis dieser Erkenntnisse wurde deshalb spezifiziert, dass der Temperatursensor eine ausreichende Korrosionsstabilität besitzt, wenn er nach 20 Stunden Salznebeltest noch volle Funktion aufweist.

3.5.4 Ermittlung der Korrelationen (Raum 4)

Neben der Korrosionsstabilität ist die Dynamik der Temperaturmessung eine wesentliche Anforderung, da der Sensor Temperaturänderungen möglichst schnell erfassen soll. Die dazugehörige Systemanforderung wird mithilfe einer Zeitkonstante definiert, die das Einschwingverhalten des Temperatursensors bei einer sprungförmigen Temperaturänderung und einer definierten Strömungsgeschwindigkeit charakterisiert. Der Zielwert für diese Zeitkonstante ist $\tau < 40$ s.

Bild 3.23 zeigt einen Ausschnitt aus der entsprechenden QFD-Matrix. Wesentliche Kunden- bzw. Systemanforderungen sind einerseits die ausreichende Korrosionsstabilität und andererseits der geringe Zeitverzug bei der Temperaturanzeige. Die dazugehörigen technischen Merkmale sind die thermische und elektrische Isolation des Temperatursensors.

Die Elektrolyse und somit die Korrosion können durch eine entsprechende elektrische Isolation verhindert werden, da ohne Stromfluss keine Metallionen aus dem Draht gelöst werden und dieser stabil bleibt. Das Optimierungskriterium ist eine möglichst gute elektrische Isolation um den Tempera-

Optimierungsrichtung		↓	↑		
	Gewicht	Thermische Isolation	Elektrische Isolation		
Gute Korrosionsstabilität	10	◉	◉		
Geringe Zeitverzögerung	10	◉	◉		

Bild 3.23 Auszug aus der QFD-Matrix für das Beispiel Temperatursensor

tursensor. Deshalb wird für die Optimierungsrichtung ein ⬆-Zeichen eingetragen. Um ein möglichst schnelles Temperatursignal zu erhalten, muss der Sensor möglichst gut Wärme mit der Umgebung austauschen. Die thermische Isolation des Sensors muss möglichst gering sein. Das Produktmerkmal thermische Isolation muss deshalb in Richtung möglichst kleiner Werte optimiert werden (Bild 3.23).

Des Weiteren sind in der Matrix die entsprechenden Korrelationen dargestellt, wobei der starke Zusammenhang zwischen elektrischer Isolation und Korrosionsstabilität sowie zwischen thermischer Isolation und Sensordynamik bereits diskutiert wurde. Überraschend ist auf ersten Blick der Zusammenhang zwischen elektrischer Isolation und Sensordynamik, der aus diesem Grund weiter ausgeführt werden soll.

Um elektrische Isolation zu erreichen, ist es erforderlich, eine Schutzschicht über den Temperatursensor zu legen. Bild 3.24 zeigt einen Temperatursensor, der zur elektrischen Isolation mit einem Lack überzogen wurde, der jedoch gleichzeitig als thermischer Isolator wirkt.

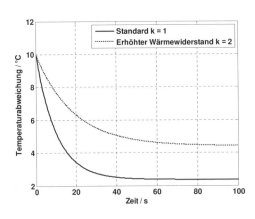

Bild 3.24 Temperatursensor mit Schutzschicht zur elektrischen Isolation

Bild 3.25 zeigt die ermittelten Wirkzusammenhänge zwischen Temperaturabweichung, Zeit und Wärmewiderstand.

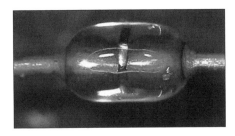

Bild 3.25 Thermisches Einschwingen eines Standardtemperatursensors und eines Temperatursensors mit deutlich vergrößertem thermischen Widerstand

Zunächst wird die Zeitkonstante, mit der das Signal einschwingt, um einen Faktor zwei vergrößert. Das ergibt sich aus der verschlechterten Wärmeabgabe an die umgebende Luft aufgrund verbesserter Isolation durch den Isolationslack. Zum anderen wird das Signal stärker von der Temperatur des Montageortes beeinflusst, was in diesem Beispiel zu einem stationären Fehler von 2,5 °C führt. Auch für diesen Effekt ist die verbesserte Isolation des Temperatursensors verantwortlich. Eine elektrische Isolation bedingt somit auch eine thermische Isolation und hat sowohl auf die Sensordynamik als auch auf die Korrosionstabilität einen erheblichen Einfluss.

Hinweis

Hier zeigt sich die bereits diskutierte Besonderheit der QFD-Matrizen, die nicht direkt am Endkunden orientiert sind. Die Einstufung der Stärke der Beziehung zwischen 1 und 9 kann konkretisiert werden, indem der Wirkzusammenhang im Detail als Funktion dargestellt wird. Im Sinne von DFSS ist dies jedenfalls anzustreben, da ja erst die Kenntnis des funktionalen Zusammenhanges die fundierte Festlegung von Zielwerten ermöglicht.

3.5.5 Auszug aus dem Dach der QFD-Matrix (Raum 7)

Es wurde bereits festgestellt, dass die Produktmerkmale hohe elektrische und geringe thermische Isolation eine große Wechselwirkung aufweisen bzw. in Widerspruch zueinander stehen. Bild 3.26 stellt diesen Sachverhalt in Raum 7 der QFD-Matrix dar. In dem entsprechenden Feld wurde die stark negative Beziehung mit einem Minus-minus-Symbol dargestellt.

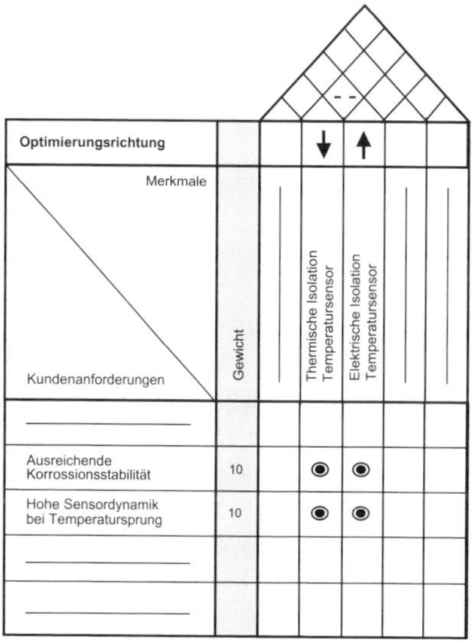

Bild 3.26 Darstellung der Zielkonflikt-matrix am Beispiel Temperatursensor

3.5.6   Ableitung von Zielwerten (Raum 6)

Für das Beispiel Temperatursensor mussten insbesondere für die thermische und elektrische Isolation Zielwerte hergeleitet werden. Der Grenzwert für die thermische Isolation ergibt sich aus der Zeitkonstante des thermischen Einschwingens. Die Zeitkonstante lag bei dem in Serie befindlichen Produkt bei 25 Sekunden, sie darf nach Kundenforderung maximal auf 40 Sekunden steigen. Die thermische Isolation darf wegen der thermischen Zeitkonstante von derzeit $R_{th,alt}$ maximal auf einen Wert

$$R_{th,neu} < \frac{40 \text{ s}}{25 \text{ s}} \cdot R_{th,alt} = 1.6 \cdot R_{th,alt}$$

steigen. Um auf eventuelle zukünftige Anforderungen vorbereitet zu sein, wurde der Zielwert auf 1,4 $R_{th,alt}$ festgelegt.

Die Güte der elektrischen Isolation ergibt sich aus der Forderung, dass kein relevanter Strom zur Elektrolyse fließen darf. Es wird deshalb ein elektrischer Widerstand von

$$R_{el} > 1 \text{ M}\Omega$$

als Grenzwert spezifiziert.

Damit wurden systematisch unter Berücksichtigung der Wirkzusammenhänge die Zielwerte für das in weiterer Folge zu realisierende Produktkonzept abgeleitet.

3.6   Zusammenfassung und Erfolgsfaktoren

Die QFD unterstützt den gesamten Entwicklungsprozess, um die Entwicklung von Systemen, Komponenten und Prozessen hinsichtlich Kundenorientierung, Wettbewerbsvorteile und Kosten zu optimieren.

Am Beginn der QFD-Anwendung muss die Einsicht stehen, dass in der Anfangsphase der Entwicklung ein größerer Arbeitsaufwand notwendig und daher die Freistellung der Mitarbeiter sicherzustellen ist. Die Zergliederung des zu entwickelnden Produktes in überschaubare Teilsysteme ist ebenfalls notwendig, um nicht unüberschaubare Matrizen und Tabellen zu generieren.

Es ist möglich, mit der Anwendung von QFD bereits auf der Ebene des Gesamtproduktes beträchtliche Ergebnisse zu erzielen, aber die größten Gewinne werden oftmals nur auf der Detailebene erzielt. Dies erfordert den Einsatz entsprechender QFD-Phasenmodelle.

3.7   Verwendete Literatur

Akao, Y.: Quality Function Deployment, Productivity Press, 1978

Hansen, W. (Hrsg.): Praxishandbuch Techniken des Qualitätsmanagements, Symposion Publishing, 2001

Hartwich, E. (Hrsg.): Quality Function Deployment – Mit besseren Produkten schneller am Markt, Robert Bosch GmbH, 1999

Yank, K./El-Haik, B.: Design for Six Sigma: a roadmap for product development, McGraw-Hill, 2003

4 Generieren von Konzeptalternativen

4.1 Zielsetzung

Wurden in den bisher beschriebenen, frühen Entwicklungsphasen die Anforderungen der Kunden sehr systematisch erfasst und daraus die Anforderungen an das zu entwickelnde Produkt abgeleitet, so müssen in weiterer Folge daraus Konzepte entwickelt werden, welche diese Anforderungen erfüllen. Hierbei sind Entwicklungsteams gefordert, kreative und neuartige Lösungsansätze zu finden, die das Produkt optimal im Spannungsfeld zwischen Leistungsvermögen und Kostenstruktur positionieren. Dabei ist es oftmals empfehlenswert, geeignete Kreativitätstechniken einzusetzen.

Zu beachten ist, dass nicht in jedem Entwicklungsprojekt bzw. nicht bei jeder Konzeptentwicklung der Einsatz von Kreativitätsmethoden sinnvoll ist. So ist es etwa einleuchtend, dass bei eindeutigen und technisch sehr detaillierten Kundenanforderungen, welche das fertige Produkt bereits maßgeblich determinieren, Kreativitätsmethoden nicht unbedingt besonderen Mehrwert schaffen. Der Einsatz von Kreativitätsmethoden zur Entwicklung von Konzeptalternativen erscheint in den folgenden Ausgangssituationen indiziert:

- Es gibt noch keine erkennbare befriedigende Lösung für die Entwicklungsaufgabe.
- Es existieren erhebliche technische Probleme, die dringend gelöst werden müssen.
- Engpässe in Konstruktion oder Fertigung sind offensichtlich.
- Mitbewerber besitzen Patente, welche umgangen werden müssen.
- Es gibt physikalische Widersprüche oder technische Konflikte, die beispielsweise im „Dach" des House of Quality 1 identifiziert wurden.

Leitfragen

- Wurden die Anforderungen ermittelt bzw. spezifiziert und welche Rahmenbedingungen/Strategien liegen für die Konzeptentwicklung vor?
- Wie kommt man systematisch von Anforderungen und Produktmerkmalen zu realisierbaren und sinnvollen Konzeptalternativen?
- Welche Kreativitätsmethoden werden dabei eingesetzt, um möglichst zielgerichtet und effizient zum Ziel zu kommen?

4.2 Einordnung der Generierung von Konzeptalternativen in den Produktentstehungsprozess (PEP)

Die Anwendung der Kreativitätsmethoden zur Entwicklung von Konzeptalternativen erfolgt schwerpunktmäßig in der Konzeptentwicklungsphase des PEP (Bild 4.1). Allerdings ist zu beachten, dass je nach Betrachtungsebene im Produkt die Konzeptentwicklung mehrfach angestoßen werden kann. So kann etwa ein Konzept für das Gesamtprodukt erforderlich sein, genauso wie für eine einzelne Komponente oder Funktion.

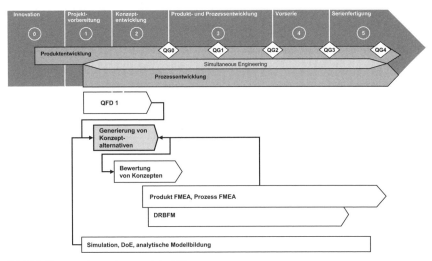

Bild 4.1 Konzeptalternativen und der PEP

Ein offensichtlicher Zusammenhang findet sich zwischen QFD und der Entwicklung von Konzeptalternativen (Bild 4.2). Im Rahmen der QFD werden aus den Kundenanforderungen unter Berücksichtigung der Markt- und Konkurrenzsituation in systematischer Art und Weise technische Merkmale mit den entsprechenden Zielwerten abgeleitet. Diese sind die zu erfüllenden Anforderungen an das in weiterer Folge zu entwickelnde Konzept.

Des Weiteren ist es durchaus möglich, dass aufgrund von Ergebnissen aus Risikobewertungen tiefer gehende Konzeptarbeit notwendig wird, beispielsweise dann, wenn bei der FMEA eine hohe Risikoprioritätszahl ermittelt oder bei der DRBFM ein „Concern Point" identifiziert wurde. Natürlich können auch bei der Analyse von Ursache-Wirkungs-Beziehungen (beispielsweise mithilfe von DoE oder Simulation) Schwierigkeiten bzw. Unzulänglichkeiten eines bestehenden Konzeptes erkannt werden, was wiederum die kreative Entwicklung von Konzeptalternativen notwendig macht.

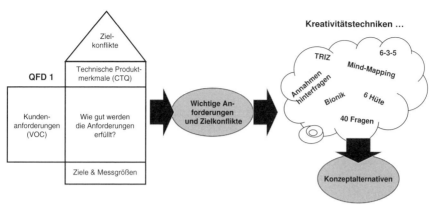

Bild 4.2 Schnittstelle QFD mit der Entwicklung von Konzeptalternativen

4.3   Grundlagen der kreativen Problemlösung

Ein Problem lässt sich definieren als Differenz zwischen Ist- und anzustre-
bendem Sollzustand, wobei die Beseitigung der Differenz (= Problemlösung)
mit Schwierigkeiten verknüpft ist, d. h. ein bestimmtes Maß an Fähigkeiten
verlangt.

Als Problemlösungsprozess können diejenigen folgerichtigen Schritte bezeichnet werden, die im Rahmen der Problemlösung durchzuführen sind. Ist
für die Lösung des Problems Kreativität und Intuition notwendig, spricht
man vom kreativen Problemlösen.

Unter Kreativität versteht man die schöpferische Kraft bzw. das kreative Ver-
mögen, wobei kreativ mit „schöpferisch, Ideen habend und diese gestalte-
risch verwirklichend" gleichzusetzen ist. Damit ist unmittelbar der Gedanke
verbunden, dass im Rahmen einer schöpferischen Tätigkeit auch die spätere
Umsetzbarkeit integriert sein soll.

Unter Kreativität wird somit die Fähigkeit einer Person oder einer Gruppe
verstanden, in fantasievoller, gestalterischer und assoziativer Weise zu denken und zu handeln, um einen sinnvollen Beitrag zu einer Problemlösung zu
leisten. Der kreative Prozess ist gekennzeichnet durch die Synthese aus diver-
gentem (intuitiv – fantasievoll) und konvergentem (analytisch – logisch)
Denken.

Mit Innovation erweitert sich das Feld der schöpferischen Tätigkeit hin zum
geplanten Entwerfen und zur Entwicklung neuer Produkte und Dienstleistungen. Daraus lässt sich ableiten, dass der Begriff der Innovation noch stär-

ker eine konkrete Zielebene berücksichtigt. Innovationen sind natürlich ebenfalls kreativ, bauen auf Kreativität auf und benötigen diese.

4.4   Vorgehen bei der Anwendung

Die einzelnen Methoden der Ideenfindung lassen sich in vielerlei Art zu Überblicksmodellen zusammenfassen. Im weiteren Verlauf soll ein dreiteiliges Klassifizierungsmodell mit recherchierenden, intuitiven und diskursiven Methoden Verwendung finden (Bild 4.3), wobei die in Bild 4.3 beschriebenen Methoden nachfolgend kurz beschrieben sind. Der Schwerpunkt wurde auf diejenigen Methoden gelegt, die im Rahmen der Produktentwicklung herausragende Bedeutung besitzen. Aufgrund der in jüngster Zeit stark zunehmenden Popularität werden zusätzlich ausgewählte TRIZ-Methoden dargestellt.

4.4.1   Recherchierende Methoden

Die recherchierenden Methoden dienen der Erfassung bereits vorhandener Lösungsansätze. Mit diesen Methoden soll ermittelt werden, ob es bereits Lösungen gibt, die erfolgreich angewendet werden und sich anpassen bzw. variieren lassen.

Diese Methoden sind vor allem dann zweckmäßig, wenn es gilt, mit geringem Risiko und Zeitaufwand einen praktikablen Lösungsansatz als Ausgangspunkt für eine Variation zu finden. Gleichzeitig besteht bei diesen Methoden die Gefahr, bei bekannten Lösungen zu verharren und keine neuen Wege zu beschreiten.

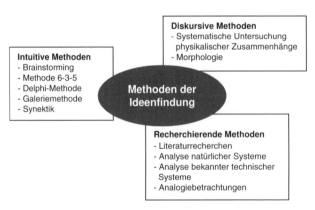

Bild 4.3 Übersicht über Methoden zur Ideenfindung

Literaturrecherchen

Systematische Literaturrecherchen dienen dem Zweck, Informationen über den Stand der Technik sowie bereits bekannte Lösungsmöglichkeiten zu erheben. Gut geeignete Datenquellen sind

- Fachbücher,
- Fachzeitschriften,
- Patentrecherchen, sowie
- Darstellungen der Produkte der Wettbewerber.

Analyse natürlicher Systeme

Auch das Studium von Formen, Strukturen, Organismen und Vorgängen der Natur kann zu neuen technischen Lösungen führen. Eine solche Anlehnung der Technik an die Biologie verbirgt sich hinter dem Begriff Bionik oder Biomechanik. Beispiele dafür sind z. B. Leichtbaustrukturen auf der Basis der Halmkonstruktion (Bild 4.4), strömungsgerechte Flugkörperprofile und der Klettverschluss (Bild 4.5), der auf den Stacheln der Klettfrucht beruht.

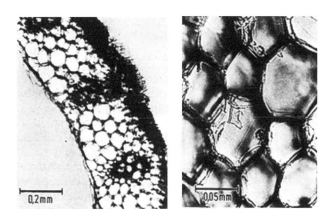

Bild 4.4 Rohrwand eines Weizenhalmes als Vorlage für Leichtbaukonstruktionen, Quelle: Pahl/ Beitz (1977)

Analyse bekannter technischer Systeme

Die Analyse bekannter technischer Systeme dient dazu, schrittweise und nachvollziehbar neue oder verbesserte Varianten bekannter Lösungen zu erarbeiten. Bei derartigen Analysen werden die vorhandenen Produkte zerlegt, um die logischen, physikalischen oder gestalterischen Zusammenhänge zu erkennen. Aus diesen kann auf die beteiligten physikalischen Effekte geschlossen werden, die als Anregungen für neue Lösungsprinzipien dienen.

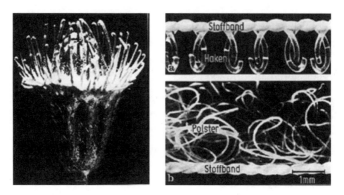

Bild 4.5 Vergleich von Klettfrucht und Klettverschluss, Quelle: Pahl/Beitz (1977)

Auf diese Weise werden bewährte Lösungsprinzipien von Systemen, die zumindest einen gewissen Bezug zur Aufgabenstellung haben, wieder verwendet. Daher wird bei dieser Methode auch von einer systematischen Nutzung von Bewährtem gesprochen. Diese Technik ist besonders dafür geeignet, einen ersten Ausgangspunkt für eine neue Lösung zu finden. Allerdings besteht auch hier die Gefahr, bei bekannten Lösungssystemen zu bleiben.

Geeignete Systeme für eine Analyse können sein:

- Produkte oder Verfahren des Wettbewerbs,
- Produkte oder Verfahren des eigenen Unternehmens,
- Produkte oder Baugruppen, bei denen Teilfunktionen oder Teile der Funktionsstrukturen mit den gesuchten übereinstimmen.

Analogiebetrachtungen

Bei dieser Methode wird versucht, durch Analogiebildung, d. h. Übertragung der zu lösenden Aufgabenstellung auf ein vergleichbares oder analoges System, das Problem zu lösen. Grundgedanke hierbei ist, dass man sich zunächst durch Diskussion dieser Analogien von der Bindung an das vorliegende Problem befreit.

Analogiebetrachtungen können sowohl zwischen technischen und nicht technischen Systemen vorgenommen werden als auch zwischen zwei technischen Systemen durch Änderung der Energiedomäne (Tabelle 4.1). Analogien sind neben der Anregung für die Lösungssuche auch geeignet, um entwickelte Konzepte mit den dahinterliegenden Modellen und Annahmen in einem frühen Stadium zu analysieren.

Tabelle 4.1 Ordnende Gesichtspunkte und Merkmale zur Variation auf physikalischer Suchebene

Merkmal	Beispiele
Mechanisch	Gravitation, Trägheit, Fliehkraft
Hydraulisch	hydrostatisch, hydrodynamisch
Pneumatisch	aerostatisch, aerodynamisch
Elektrisch	elektrostatisch, elektrodynamisch, piezoelektrisch, Transformator, Gyrator, Gleichrichter
Magnetisch	ferromagnetisch, elektromagnetisch
Optisch	Reflexion, Brechung, Beugung, Interferenz, Polarisation, infrarot, sichtbar, ultraviolett
Thermisch	Ausdehnung, Bimetall, Wärmespeicher, Wärmeübertragung, Wärmeleitung, Wärmeisolation
Chemisch	Verbrennung, Oxidation, Reduktion, auflösen, binden, umwandeln, Elektrolyse, exotherme und endotherme Reaktion
Nuklear	Strahlung, Isotopen, Energiequellen
Biologisch	Gärung, Verrottung, Zersetzung

4.4.2 Intuitive Methoden

Intuitive Methoden beruhen meist auf Teamarbeit und sollen das Wissenspotenzial einer ganzen Gruppe aktivieren, um möglichst viele Ideen zu erhalten. Die neue Lösung ergibt sich nach einer Such- und Überlegungsphase durch eine gute Idee, die spontan und plötzlich erkannt wird. Ideenfindung mithilfe des Unterbewusstseins vollzieht sich in Sprüngen, ermöglicht eine Vielzahl von Kombinationen und nutzt jeden Impuls zum Erzeugen neuer Ideen.

Es werden sehr viele Ideen generiert, die in weiterer Folge bewertet und aussortiert werden müssen. Der Anteil an später verwertbaren Ideen ist somit gering, der Vorteil besteht jedoch darin, dass das Finden völlig neuartiger Ansätze unterstützt wird und somit Denkblockaden überwunden werden können. Sie sind insbesondere dann anwendbar, wenn die Lösungssuche in eine Sackgasse geraten oder überhaupt kein Lösungsweg bekannt ist.

Brainstorming (A. F. Osborn, 1953)

Brainstorming ist eine Methode, die versucht, die Beteiligten in Form eines „Gedankensturms" dazu zu bringen, das Problem zu durchleuchten und mögliche Ideen spontan und zunächst unreflektiert vorzutragen. Der Moderator sorgt dafür, dass die Ideen für alle sichtbar und verständlich visualisiert werden. Erst zu einem späteren Zeitpunkt werden die Ideen einer Analyse unterzogen.

Brainstorming ist insbesondere dann zweckmäßig, wenn einer der folgenden Punkte zutrifft:

- Es liegt noch kein realisierbares Lösungsprinzip vor.
- Das physikalische Geschehen einer möglichen Lösung ist noch nicht erkannt.
- Bekannte Vorschläge helfen bei der Aufgabenstellung nicht weiter.
- Eine völlige Trennung vom Konventionellen wird angestrebt.

Von dem Brainstorming sind jedoch keine großen Überraschungen oder Wunder zu erwarten, weil viele der Ideen technisch oder wirtschaftlich nicht realisierbar oder schon bekannt sein werden. Brainstorming dient vielmehr dazu, neue Ideen anzustoßen als fertige Lösungen auszuarbeiten. Für rein intuitiv gefundene Lösungen sind die Probleme in der Produktentwicklung meistens zu komplex.

Eine Brainstorming-Sitzung dauert ungefähr 30 Minuten, länger dauernde Workshops bringen im Allgemeinen keine weiteren Erkenntnisse. Die Durchführung folgt dem in Bild 4.6 dargestellten Schema. Die Gruppe der Teilnehmer setzt sich aus einem Moderator und maximal 15 Personen mit möglichst breit gestreutem Fachwissen zusammen. Aufgabe des Moderators ist es, für die Einhaltung folgender Regeln zu sorgen:

- Jegliche Kritik oder Bewertung während der Brainstorming-Sitzung ist verboten.
- Den Ideen ist freier Lauf zu lassen. Bereits vorgebrachte Ideen sollen aufgegriffen, abgewandelt, weiterentwickelt oder auch kombiniert werden.
- Auch absurd scheinende Ideen sollen unbedingt vorgebracht werden.
- Während des Brainstormings gilt: Quantität vor Qualität.

Nach ca. 30 Minuten bzw. dann, wenn offensichtlich keine neuen Aspekte mehr gefunden werden, sortiert und klassifiziert das Team die gefundenen Ideen. Nach dieser sogenannten Klärungsphase wird im Team das weitere Vorgehen festgelegt. Dies kann eine neue Brainstorming-Sitzung sein oder auch der Einsatz einer anderen Kreativitätstechnik zur Weiterentwicklung der gefundenen Lösungen.

Größere hierarchische Unterschiede innerhalb der Gruppe sollten vermieden werden, da dies die frei geäußerte Assoziation im Team hemmt. Komplexe Themen sollten den Teilnehmern etwa zwei Tage vor der Sitzung mitgeteilt werden. Wichtig ist auch, dass das Brainstorming in einer zwanglosen, angenehmen Atmosphäre ohne äußere Störeinflüsse stattfindet.

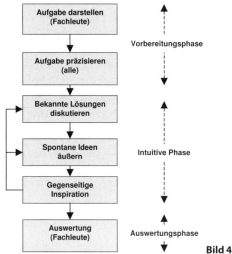

Bild 4.6 Ablauf einer Brainstorming-Sitzung

Methode 6–3–5

Diese Methode ist eine nicht verbale Form des Brainstormings und wird daher auch als Brainwriting bezeichnet. Die Verständigung der Teilnehmer untereinander erfolgt durch ein sogenanntes Schreibgespräch, wobei die folgenden Regeln einzuhalten sind:

- 6 Personen notieren auf jeweils verschiedenen Formularen
- 3 Lösungsvorschläge innerhalb von
- 5 Minuten.

Das zugehörige Formular besteht aus drei Spalten, sechs Zeilen und zusätzlich einer Kopfzeile, in der das Problem beschrieben wird. Jeder Teilnehmer bekommt ein Formblatt und schreibt zunächst drei Lösungsansätze in die oberste Zeile. Nach fünf Minuten werden die Blätter an den nächsten Teilnehmer weitergereicht. Die nächsten fünf Minuten werden dazu verwendet, anknüpfend an die Ansätze des Vorgängers, weitere drei Ideen zu entwickeln. Dies wird so lange wiederholt, bis jeder Teilnehmer jedes Formblatt einmal verwendet hat. Insgesamt werden somit innerhalb von 30 Minuten 108 Ideen erarbeitet.

Diese Methode hat gegenüber dem Brainstorming den Vorteil, dass die Ideen systematischer ergänzt und weiterentwickelt werden. Außerdem lassen sich sowohl der Entwicklungsvorgang als auch der Urheber des Lösungsprinzips leichter ermitteln, was manchmal aus rechtlichen Gründen von Bedeutung sein kann.

Synektik (W. J. Gordon, 1961)

Der Name Synektik ist ein aus dem Griechischen abgeleitetes Kunstwort und bedeutet Zusammenfügen verschiedener und scheinbar voneinander unabhängiger Begriffe. Die Synektik versucht, durch Verfremdung, d. h. durch die Übertragung eines fremden Sachverhaltes auf die zu lösende Aufgabenstellung, das Problem zu lösen. Die Gruppe bildet hierzu Analogien aus der Natur, aus dem persönlichen Erleben der Teilnehmer oder aus der Technik.

Diese Methode ist im Vorgehen somit systematischer als das willkürliche Sammeln von Ideen beim Brainstorming. Die Gruppe sollte nicht mehr als sieben Teilnehmer umfassen, damit die Gedankengänge noch auf den Punkt gebracht werden und die Effizienz nicht leidet. Der Ablauf einer Synektik-Sitzung ist in Bild 4.7 schematisch dargestellt.

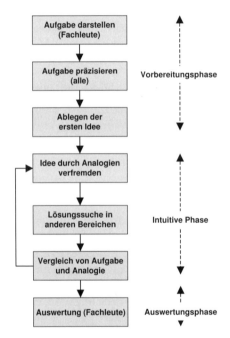

Bild 4.7 Ablauf einer Synektik-Sitzung

Der Moderator der Gruppe hat hier gegenüber einer Brainstorming-Sitzung eine zusätzliche Aufgabe. Er ist dafür verantwortlich, dass die folgenden Schritte eingehalten werden:

- Das Problem darlegen.
- Die Gruppe mit dem Problem vertraut machen.
- Das Vertraute verfremden so wie Analogien und Vergleiche aus anderen Lebensbereichen heranziehen.

- Die geäußerten Analogien analysieren.
- Die Analogien und das bestehende Problem miteinander vergleichen.
- Aus diesem Vergleich neue Ideen entwickeln.

Die zentrale Fragestellung in der beschriebenen Vorgehensweise lautet somit: „Eröffnet die gebildete Analogie völlig neue Perspektiven zur Ableitung von Lösungen?" Ist das Ergebnis nicht zufriedenstellend, kann der Prozess mit einer anderen Analogie wiederholt werden.

Praxisbeispiel   Ein Beispiel soll das Finden von Lösungen mithilfe von Analogien und die schrittweise Weiterentwicklung von Lösungsansätzen verdeutlichen. In einem Seminar zur Suche nach Möglichkeiten zur Entfernung von Harnleitersteinen aus dem menschlichen Körper wurden mechanische Vorrichtungen diskutiert. Mit ihnen sollte der Harnleiterstein umfasst, dann festgespannt und herausgezogen werden. Die Vorrichtung hätte dazu im Harnleiter aufgespannt und geöffnet werden müssen. Das Stichwort „Spannen" bzw. „Aufspannen" regte einen Teilnehmer an, Analogien zu suchen (Bild 4.8).

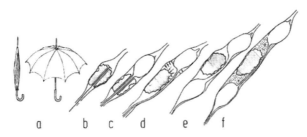

Bild 4.8 Schrittweise Entwicklung eines Lösungsprinzips zur Entfernung von Harnleitersteinen durch Bilden einer Analogie und schrittweise Verbesserung, Quelle: Pahl/Beitz (1977)

Dabei erfolgte die Entwicklung des Lösungsprinzips in folgenden Schritten:

- Assoziation: Regenschirm.
- Daraus wurde die Frage abgeleitet: Wie kann man das Regenschirmprinzip nutzen?
- Antworten (b): Stein durchbohren, Schirm durchstecken, aufspannen.
- Analyse: Technisch schlecht realisierbar, neue Idee (c): Schlauch durchstecken und aufblasen am Ende.
- Analyse: Loch bohren irreal, neue Idee (d): Schlauch vorbeischieben.
- Analyse: Stein beim Rückzug vorn, ergibt Widerstand und möglicherweise Zerstörung des Harnleiters, neue Idee (e): zweiten Ballon als Wegbereiter vorschalten.
- Endgültige Idee (f): Stein zwischen beiden Ballons in ein Gel einbetten und herausziehen.

Dieses Beispiel zeigt die Assoziation zu einer halbtechnischen Analogie (Regenschirm), von der aus die Lösung angesichts der bestehenden speziellen Bedingungen weiterentwickelt wurde. Kennzeichnend ist die unbefangene Vorgehensweise unter Benutzung einer Analogie, die bei technischen Problemen zweckmäßigerweise aus dem nicht technischen oder halbtechnischen Bereich stammt. Die Analogiebildung wird im ersten Anlauf meist spontan geschehen, bei der Weiterverfolgung und Analyse von bestehenden Vorschlägen ergeben sich Lösungsansätze dann meist schrittweise und systematisch.

Galeriemethode

Die Galeriemethode verbindet Einzel- mit Gruppenarbeit. Sie eignet sich besonders für Gestaltungsprobleme, weil Lösungsvorschläge in Form von Skizzen sehr gut präsentiert werden können. Es gelten dieselben Regeln wie beim Brainstorming.

Die Galeriemethode lässt sich in folgende Phasen unterteilen:

- Einführungsphase: Die Problematik wird vom Moderator dargestellt und erklärt.
- Ideenbildungsphase: Innerhalb von ca. 15 Minuten versucht jedes Gruppenmitglied für sich eine intuitive und vorurteilslose Lösungsfindung mithilfe von Skizzen und gegebenenfalls verbalen Äußerungen.
- Assoziationsphase: Auch diese Phase dauert ungefähr 15 Minuten. Die Ergebnisse aus der Ideenbildungsphase werden in einer Art Galerie aufgehängt, damit die Gruppenmitglieder die Lösungsansätze visuell erfassen und diskutieren können. Das Ziel ist es, durch Negation und Neukonzeption neue Ideen zu gewinnen und ergänzende oder verbessernde Vorschläge zu erkennen.
- Ideenbildungsphase: Die Einfälle und Erkenntnisse, die in der Assoziationsphase gewonnen wurden, werden nun von jedem Gruppenmitglied für sich festgehalten und/oder weiterentwickelt.
- Selektionsphase: Alle entstandenen Ideen werden gesichtet, geordnet und gegebenenfalls auch noch vervollständigt. Dann werden Erfolg versprechende Lösungsansätze ausgewählt.

Die Vorteile der Galeriemethode sind intuitives Arbeiten in der Gruppe ohne ausufernde Diskussionen und wirksame Vermittlung mithilfe von Skizzen vor allem bei Gestaltungsfragen. Des Weiteren bleibt die individuelle Leistung erkennbar und die Unterlagen sind gut auswertbar und dokumentierfähig.

Delphi-Methode

Die Delphi-Methode wurde bereits im Kapitel 2 erläutert, da diese Methode gut geeignet ist, Markt- und Entwicklungstrends unter Einbezug von Experten abzuschätzen. In analoger Art und Weise kann die Methode Verwendung finden, um Fachleute, von denen eine besondere Kenntnis der Zusammenhänge erwartet wird, für Problemlösungen zu nutzen.

Die Methode läuft nach folgendem Schema ab:

- Die Experten werden gefragt, welche spontanen Lösungsansätze zur Bewältigung des angegebenen Problems sie sehen.
- Die Sammlung aller Ansätze der ersten Befragung wird wieder an die Experten mit der Aufgabe verteilt, weitere Vorschläge zu nennen, die ihnen neu einfallen oder die durch die Liste angeregt wurden.
- Abschließend erhalten die Experten die Ergebnisse der beiden ersten Befragungsrunden mit der Aufgabe, die Vorschläge, die sie im Hinblick auf eine Realisierung für die besten halten, auszuwählen.

4.4.3 Diskursive Methoden

Diskursives Denken ist der Gegensatz zu intuitivem Denken. Fakten werden bewusst analysiert, variiert und neu kombiniert, geprüft, verworfen oder weiter in Betracht gezogen. Dieser Prozess wird auch als sekundäre Kreativität bezeichnet. Exaktes und wissenschaftliches Wissen wird über dieses Denken geprüft und in einen Wissenszusammenhang gebracht. Dieser Prozess ist im Gegensatz zum intuitiven Denken langsam und von vielen bewussten kleineren Denkschritten begleitet.

Morphologischer Kasten

Der Morphologische Kasten (Morphologie [griechisch] = Lehre von den Gebilden, Formen, Gestalten und Strukturen) ist ein Ordnungsschema, was sich besonders zur systematischen Kombination von Teillösungen eignet (Bild 4.9). Das Ziel besteht darin, alle logisch denkbaren Möglichkeiten systematisch zusammenzutragen und damit eingefahrene Strukturen im Denken und Handeln aufzubrechen und den Horizont zu erweitern.

Die Vorgehensweise lässt sich in die folgenden Schritte unterteilen:

- Problembeschreibung: Dies leitet die Erstellung des Morphologischen Kastens ein.
- Entwicklung der Problemelemente: Das zu lösende Problem wird in seine Einzelaspekte (Parameter, Teilprobleme) zerlegt. Hierzu werden diejenigen Parameter bestimmt, die bei allen Lösungen vorkommen. Diese bilden die erste Spalte des morphologischen Kastens.

Parameter	Ausprägung					
	1	2	3	4	5	6
Wasserspeicher	Integriert	Fremd	Durchlauf			
Energiequelle	Elektrizität				Gas, Öl, Benzin	Holz, Kohle
	Netz	Akku	Mikrowelle	Induktion		
Heißwasser-transport	Steigrohr	Schwer-kraft	Pumpe	Von Hand	Kein	
Extraktion	Filter	Patrone	Beutel	Gemisch		
Trennung	Keine	Ansetzen	Filter	Zentrifuge	Elektro-magnet	
Speicherung Fertigkaffee	Keine	Behälter				
		Integriert	Fremd			
Warmhaltung	Elektrisch	Flamme			Behälter Isolation	Keine
		Kerze	Gas	Benzin		
Entnahme	Von Hand	Auslauf-hahn	Schöpf-prinzip			

Bild 4.9 Beispiel für einen Morphologischen Kasten über die Gestaltungsmöglichkeiten von Kaffeemaschinen

- Lösungsalternativen: Die möglichen Ausprägungen der ermittelten Parameter werden rechts neben dem Parameter eingetragen.
- Kombinieren: Die Lösungsvarianten der Teilprobleme werden zu sinnvollen Lösungsvarianten des Gesamtproblems kombiniert. Natürlich werden nur diejenigen Lösungen erarbeitet, welche die Anforderungen erfüllen und zulässigen Aufwand erwarten lassen. Günstig erscheinende Kombinationen werden herausgehoben.
- Bewertung und Auswahl: Bewertung und Auswahl der Varianten, die am besten geeignet erscheinen.

Praxisbeispiel In Bild 4.9 sind zwei Varianten von Kaffeemaschinen beschrieben. Die durchgezogene Linie beschreibt die Standardkaffeemaschine. Die gestrichelte Linie mit Ring beschreibt eine neue Variante für eine Kaffeemaschine, die aus dem Morphologischen Kasten abgeleitet wurde.

Systematische Untersuchungen des physikalischen Zusammenhangs

Ist zur Lösung einer Aufgabe bereits der physikalische (chemische, biologische) Effekt bekannt, so lassen sich aus diesem Wissen oftmals insbesondere bei Beteiligung mehrerer Größen verschiedene Lösungen ableiten, und zwar mittels Aufstellung des funktionalen Zusammenhangs zwischen den Größen.

Praxisbeispiel Als Beispiel für dieses Vorgehen wird im Folgenden die Entwicklung eines Kapillarviskosimeters betrachtet. Es wird zum Messen der Viskosität (Zähigkeit) von Flüssigkeiten benötigt. Die Viskosität η ergibt sich bei einer Kapillare nach dem physikalischen Gesetz (Δp: Differenzdruck, r: Kapillarradius, Q: Stoffmenge, l: Länge):

$$\eta \sim \frac{\Delta p \cdot r^4}{Q \cdot l}$$

Ausgehend von dieser Gleichung können vier Lösungsvarianten abgeleitet werden:

- Messung der Viskosität über Differenzdruck Δp: Eine Lösung, bei der der Differenzdruck Δp als Maß der Viskosität ausgenutzt wird, $\Delta p \sim \eta$ (Q, r und l bleiben konstant).
- Messung über den Kapillarradius r: Eine Lösung, bei der der Kapillarradius zur Messung herangezogen wird, $\Delta r \sim \eta$ (Q, Δp und l bleiben konstant).
- Messung der Viskosität über die Länge der Kapillare: Eine Lösung unter Ausnutzung einer Längenänderung der Kapillare, $\Delta l \sim \eta$ (Δp, Q und r bleiben konstant).
- Messung der Viskosität über die Durchflussmenge: Eine Lösung, bei der die Durchflussmenge verändert wird, $\Delta Q \sim \eta$ (Δp, r und l bleiben konstant).

4.4.4 Die TRIZ-Methoden

Einleitung

Da in der Praxis die Anwendung einer Methode oftmals nicht zum Ziel führt, ist ein kombinierter Ansatz zweier oder mehrerer Methoden das Mittel der Wahl. Erfahrungen aus der Produkt- und Prozessentwicklung zeigen, dass es sich häufig lohnt, bei versiegendem Ideenfluss die Kreativitätsmethode zu wechseln. Beim Brainstorming beispielsweise kann der Moderator bei nachlassender Produktivität eine neue Ideenflut durch synektisches Vorgehen entfachen. Auch die Zusammenfassung der bisherigen Erkenntnisse oder die bewusste Anwendung der Negation kann wieder zu neuen Ideen führen.

Grundsätzlich liegt es daher nahe, ein breiter angesetztes Vorgehensmodell zu entwickeln, welches die optimale Anwendung von Kreativitätsmethoden je nach Aufgabenstellung unterstützt. In den letzten Jahren ist in diesem Zusammenhang immer öfter der Begriff TRIZ genannt worden. Daher sollen in weiterer Folge die Ursprünge, Hintergründe und Inhalte von TRIZ etwas näher beleuchtet werden.

Die Historie von TRIZ

TRIZ ist ein russisches Akronym für „теория решения изобретательских задач" (Teoria reshenija izobretatjelskich zadacz), was sinngemäß übersetzt so viel bedeutet wie die „Theorie des erfinderischen Problemlösens" oder „Theorie zur Lösung erfinderischer Probleme".

Die Grundlage dieser Methodik wurde von Genrich Saulowitsch Altschuller (1926 bis 1998) um 1945 in der früheren Sowjetunion geschaffen. Basis dafür war die Sichtung und Analyse von über 200.000 Patentschriften. Altschuller erkannte zunächst, dass viele Patente ineffektive und schwache Ideen beinhalteten und es nur eine geringe Menge (40.000) gab, die ihm tatsächlich technische Durchbrüche zu beschreiben schienen. Diese wurden in weiterer Folge im Detail analysiert, und daraus wurden die Grundaussagen und Methoden von TRIZ abgeleitet (Bild 4.10).

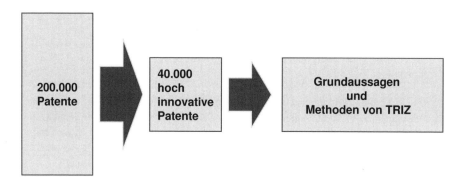

Bild 4.10 Die Erkenntnisse aus der TRIZ-Patentsichtung

Die TRIZ-Methodik hat sich im Laufe der Zeit weiterentwickelt. Mit dem Ende der Sowjetunion emigrierten viele Kollegen von Altschuller in die USA bzw. nach Westeuropa. Damit begann eine zweite und sehr dezentrale Weiterentwicklung von TRIZ, was sich heute auch in unterschiedlichen Definitionen, Beschreibungen bzw. Schulen widerspiegelt. Im angelsächsischen Sprachraum findet sich in diesem Zusammenhang die Bezeichnung TIPS, was so viel bedeutet wie „Theory of Inventive Problem Solving".

Kernaussagen und Zielsetzung von TRIZ

Tabelle 4.1 zeigt wesentliche Kern- bzw. Grundaussagen von TRIZ, die von Altschuller im Rahmen der Patentanalyse erkannt und formuliert wurden. Für jede dieser fünf Grundaussagen wurden unterschiedliche TRIZ-Methoden entwickelt, die dem Entwickler helfen sollen, schneller zu neuen und effektiven Lösungen zu kommen. TRIZ soll auf diese Weise eine systematische und zielgerichtete Problemlösung unterstützen.

Die Patentrecherche von Altschuller ergab unter anderem, dass jede bahnbrechende Erfindung sich dadurch auszeichnete, dass zumindest ein Widerspruch gelöst werden konnte. Eines der Hauptmerkmale einer Produktentwicklung unter Einbeziehung von TRIZ liegt daher in der Formulierung, Verstärkung und Überwindung von Widersprüchen in den technischen Systemen anstatt in der Suche nach Kompromissen. Dies spiegelt sich in der Grundannahme 3 von Tabelle 4.1 wider.

Tabelle 4.1 Grundaussagen von TRIZ

1. Schwache Lösungen ignorierten die Schlüsseleigenschaften der Probleme, die im entsprechenden System vorhanden waren.
2. Der großen Anzahl von Erfindungen liegt eine vergleichsweise kleine Anzahl von wiederkehrenden Lösungsprinzipien zugrunde.
3. Das Erkennen und Lösen von technischen und physikalischen Widersprüchen ist die erfinderische Herausforderung.
4. Die Entwicklung bzw. Evolution technischer Systeme folgt bestimmten Mustern und Gesetzen.
5. Durch die Abstraktion einer Problemstellung können Lösungen aus anderen Branchen gefunden werden.

TRIZ hat zum Ziel, innovative Ideen zu provozieren, indem die psychologische Trägheit überwunden und ein Blick über den Horizont der eigenen Erfahrung ermöglicht wird (Bild 4.11). Durch die Abstrahierung eines Problems durch geeignete TRIZ-Methoden können anwendbare, allgemein formulierte Lösungsverfahren identifiziert werden, die durch Rücktransformation auf die konkrete Aufgabe innovative Ideen auslösen (siehe Grundannahme 5 in Tabelle 4.1).

TRIZ kann somit als eine Methodik bezeichnet werden, die eine Sammlung von Methoden beinhaltet, um die Lösung von Problemstellungen insbesondere in der Produktentwicklung auf einem hohen Innovationsniveau zu ermöglichen. TRIZ stellt Hilfen zur Verfügung, um Innovationen und Erfindungen systematisch zu generieren. Letztlich soll die Anwendung der

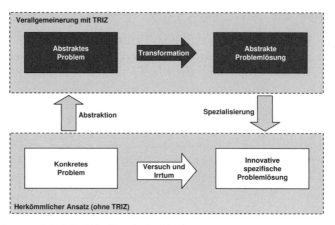

Bild 4.11 Der grundsätzliche Ablauf bei der Problemlösung mit TRIZ

TRIZ-Methoden auch die Denkhaltung der betroffenen Personen in Richtung Kreativität und Innovation verändern.

Die TRIZ-Methoden im Überblick

Die Methoden von TRIZ können einem idealisierten Ablauf der Problemlösung von der Analyse- bis zur Bewertungsphase zugeordnet werden (Bild 4.12). Nachfolgend findet sich eine Beschreibung ausgewählter TRIZ-Methoden.

Praxistipp

Diese Zuordnung der Methoden zu typischen Phasen der Problemlösung zeigt die Breite und das Potenzial der Methodik, aber auch die Gefahr der Verwirrung gerade durch diese Vielfalt. Es ist daher von großer Bedeutung, bei der Einführung von TRIZ mit „einfachen" Techniken zu beginnen.

Das Konzept der Idealität

Unter dem Begriff der Idealität wird die Summe aller nützlichen Funktionen in Relation zur Summe aller schädlichen Funktionen verstanden. Dahinter steckt die Annahme, dass sich die Evolution in der Natur letztlich ausnahmslos in Richtung der Idealität verändert. In der TRIZ-Welt zeichnet sich somit eine wirklich innovative Lösung durch eine höhere Idealität aus. Dies bedeutet, dass die nützlichen Funktionen eines Systems mit immer weniger schädlichen Funktionen erfüllt werden.

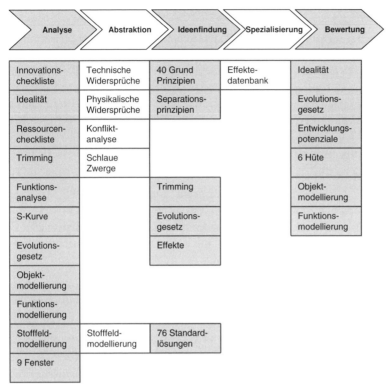

Bild 4.12 Zuordnung der TRIZ-Methoden in einem idealisierten Ablauf der Problemlösung

Entscheidend ist demnach das Streben nach dem sogenannten „idealen Endresultat", das dem Problemlösungsteam eine Denkrichtung vorgeben soll. Das Wirkungsprinzip dahinter ist, dass alleine die Beschäftigung und Formulierung der Idealität die Chancen eröffnet, außergewöhnliche und innovative Lösungen zu finden. Dieser Ansatz ist somit weniger eine detaillierte Methode, sondern vielmehr eine Art zu denken. Dieses Denkmuster dient vor allem zur Loslösung von bestehenden Konzepten und zu einer ersten Abstraktion der Fragestellung.

Praxisbeispiel Ein ideales System ist eines, welches nicht existiert, dessen Funktionen aber dennoch erfüllt werden. Die Masse, das Volumen und die Flächen streben gegen null, ohne dass die Fähigkeit verloren wird, die Funktion zu erfüllen. Am Beispiel eines Telefons bedeutet dies, dass die Dimensionen des Gerätes auf null reduziert werden, die Funktion „mit einer Person in der Ferne sprechen" dennoch erfüllt wird. Die Entwicklung des technischen Systems Telefon strebte somit in den letzten Jahren eindeutig in Richtung Idealität.

Die „Entwicklungsgesetze" bzw. „Entwicklungstrends"

Dahinter steckt die Theorie, dass sich technische Systeme nicht zufällig, sondern anhand wohldefinierter Gesetzmäßigkeiten entwickeln. Die Systeme durchlaufen einen Lebenszyklus, der sich in die Phasen Kindheit, Wachstum, Reife und Sättigung unterteilen lässt und dessen Verlauf einer S-förmigen Kurve entspricht. Der Übergang zum nächsten innovativen System findet mit einer bestimmten Gesetzmäßigkeit statt. Der geeignete Start für eine nächste Entwicklung ist gemäß dieser Theorie bei ca. 85 % der Leistungsfähigkeit des Systems. Wer diesen Punkt versäumt, büßt seine Wettbewerbsfähigkeit ein.

In der TRIZ-Methodik gibt es acht Entwicklungstrends, die Hinweise geben, wie sich das betrachtete technische System möglicherweise entwickeln wird. Diese vordefinierten Entwicklungstrends stützen sich auf historische Beobachtungen, wobei es für die Praxis eine Reihe von grafisch aufbereiteten Darstellungen gibt, die in Literatur, Software oder Beratertools zu finden sind.

Diese Voraussagen sind naturgemäß sehr abstrakt und stellen eher eine Aufgabenstellung oder Vision dar, die es ermöglicht, Ideen für konkrete weitere Schritte zu entwickeln.

Das Entdecken von „Widersprüchen"

Zu beachten ist, dass TRIZ zwischen technischen und physikalischen Widersprüchen unterscheidet. Bei technischen Widersprüchen wirken zwei Parameter des Systems in unterschiedliche Richtungen und verursachen so einen Zielkonflikt, beispielsweise wenn die Bauform eines Produktes verbessert werden soll und gleichzeitig dadurch die Stabilität verschlechtert wird. Von physikalischen Widersprüchen spricht man dann, wenn eine Eigenschaft in Konflikt mit sich selbst tritt, beispielsweise wenn etwas warm und gleichzeitig kalt sein soll.

Technische Widersprüche in einem technischen System zu erkennen und zu formulieren, kann mithilfe von einfachen Hilfsvokabeln unterstützt werden. Durch die Nutzung der Wörterkombination „wenn – dann – aber" (z. B.: wenn der Lauf eines Gewehres verlängert wird – dann steigert sich die Treffsicherheit – aber die Handlichkeit verschlechtert sich) können konkurrierende Parameter eines technischen Systems erkannt werden. Technische Widersprüche können oftmals in physikalische übergeführt werden.

Physikalische Widersprüche können mit den vier Separationsprinzipien gelöst werden. Zur Lösung technischer Widersprüche stehen die sogenannten 40 innovativen Prinzipien zur Verfügung, die in weiterer Folge näher erläutert werden.

Die Widerspruchsmatrix und 40 innovativen Prinzipien

TRIZ basiert auf der Idee, dass viele grundlegende technische Aufgabenstellungen bereits gelöst wurden. Bei den Untersuchungen von Altschuller wurden 40 technische Parameter gefunden, auf die sich fast alle technischen Probleme zurückführen lassen.

Im ersten Schritt ist somit der Entwickler aufgefordert, dem tatsächlichen Widerspruch die entsprechenden technischen Parameter zuzuordnen und damit eine allgemeine Beschreibung der Aufgabenstellung zu erarbeiten. Im nächsten Schritt bedient man sich der Widerspruchsmatrix, welche die 40 technischen Parameter gegenüberstellt. In der Zelle des Schnittpunktes von zwei Parametern findet man sogenannte Grundprinzipien aufgeführt, die in der Vergangenheit geeignet waren, den entsprechenden Widerspruch zu lösen. In den Zeilen wird derjenige Parameter betrachtet, der sich verbessern soll, und in den Spalten derjenige, der sich nicht verschlechtern darf (Bild 4.13).

Sich verschlechternde Parameter →		16 Haltbarkeit des unbeweglichen Objekts	17 Temperatur	18 Sichtverhältnisse	19 Energieverbrauch des beweglichen Objekts
6	Fläche des unbeweglichen Objekts	2,10, 19,30	35,39, 38		
7	Volumen des beweglichen Objekts		35,39, 10,18	2,13, 10	35
8	Volumen des unbeweglichen Objekts	35,34, 38	35,6,4		
9	Geschwindigkeit		28,30, 36,2	10,13 19	8,15, 35,38

Bild 4.13 Auszug aus der Widerspruchsmatrix

Wurden nun durch die Widerspruchsmatrix die entsprechenden innovativen Grundprinzipien identifiziert, ist es die Aufgabe des Teams, sich von den Lösungsprinzipien inspirieren zu lassen und darauf basierend Lösungsansätze für die aktuelle Aufgabenstellung zu erarbeiten.

Zu betonen ist in diesem Zusammenhang, dass nicht zwangsweise der Weg über die 40 Parameter eingeschlagen werden muss. Auch die isolierte Anwendung der innovativen Prinzipien hilft schon sehr oft, Denkbarrieren zu überwinden und neue Lösungsansätze zu kreieren.

Praxistipp

Das Kennenlernen der innovativen Prinzipien kann beispielsweise in Form von Spielkarten, die nähere Erläuterungen und Beispiele beinhalten, erfolgen. Dies ist eine der einfachsten Möglichkeiten, einen ersten Einblick in das Potenzial von TRIZ zu gewinnen. Hierbei geht es primär um das Aufzeigen der unterschiedlichen Denkrichtungen, welche zur Lösung einer Problemstellung eingenommen werden können.

In Tabelle 4.2 sind die Prinzipien angeführt. Zu allen Prinzipien gibt es weiterführende Beschreibungen. So finden sich beispielsweise zum innovativen Prinzip der „Segmentierung und Zerlegung" folgende Bemerkungen:

- *Zerlege ein Objekt in unabhängige Teile.* Beispiele: Ein Zug besteht aus Lok (Antrieb) und Waggons (Transport), ein Lkw aus Zugfahrzeug und Hänger, Teleskopantenne.
- *Führe das Objekt zerlegbar aus:* Beispiele: zerlegbare Möbel, modulare Computer, faltbare Messlatten.
- *Erhöhe den Grad an Unterteilungen, sorge für leichte Zerlegbarkeit und Zusammenfügbarkeit:* Beispiele: Gartenschläuche können für variable Reichweiten aneinandergekoppelt werden.

Hinweis

Die von der Widerspruchsmatrix vorgeschlagenen Lösungsprinzipien liefern in der Regel keine fertigen Lösungen, sondern sollen das Team anregen, in die richtige Richtung zu denken. Oft findet man auch die Lösung in der Kombination unterschiedlicher Prinzipien. In der Praxis ist es oftmals schwierig, für eine konkrete Aufgabe einen technischen Widerspruch präzise zu formulieren. Eine Vereinfachung ist die Anwendung der innovativen Prinzipien in ihrer statistischen Anwendungshäufigkeit. In der Literatur werden oftmals zehn innovative Prinzipien hervorgehoben, welche für ca. 60 % der Aufgabenstellung brauchbare Lösungen liefern. Sie sind in Tabelle 4.2 fett dargestellt.

Funktionsanalyse

Mithilfe der Funktionsanalyse werden Systeme funktional strukturiert. Die Funktionen werden durch ein aktives Verb und Substantiv beschrieben. Üblicherweise erfolgt die Darstellung in Form eines Strukturgraphen, indem Funktionen in Knoten und Beziehungen zwischen den Funktionen durch Pfeile dargestellt werden.

TRIZ unterscheidet in diesem Zusammenhang zwischen nützlichen, schädlichen und neutralen Funktionen, da sich dadurch bereits erste Ansätze zu einer Lösungs- oder Optimierungsidee zeigen. Konkret bedeutet dies, dass

Tabelle 4.2 Die 40 innovativen Prinzipien

1. Segmentierung und Zerlegung	21. Durcheilen und Überspringen
2. Abtrennung	22. Schädliches in Nützliches verwandeln
3. Örtliche Qualität	23. Rückkopplung
4. Asymmetrie	24. Prinzip des Mediators/Vermittlers
5. Koppeln und Vereinen	25. Selfservice
6. Universalität	26. Kopieren
7. Integration und Verschachtelung	27. Billige Kurzlebigkeit
8. Gegengewicht	**28. Mechanik ersetzen**
9. Vorgezogene Gegenaktion	29. Pneumatik und Hydrauliksysteme verwenden
10. Vorgezogene Aktion, vorherige Wirkung	30. Flexible und biegsame Hüllen und Folien
11. Vorbeugemaßnahmen	31. Poröse Materialien
12. Äquipotenzialität	**32. Farbveränderungen**
13. Funktionsumkehr	33. Homogenität
14. Kugelähnlichkeit und Krümmung	34. Beseitigung und Regeneration von Teilen
15. Dynamisierung	**35. Eigenschaftsveränderungen**
16. Partielle oder überschüssige Wirkung	36. Phasenübergang
17. Dimensionsübergang und höhere Dimension	37. Wärmeausdehnung
18. Ausnutzung mechanischer Schwingungen	38. Starkes Oxidationsmittel
19. Periodische Wirkung	39. Inertes Medium
20. Kontinuität der nützlichen Wirkung	40. Verbundwerkstoffe

nach Lösungen zu suchen ist, die in erster Linie die gewünschten Funktionen zur Verfügung stellen. Hierzu können unter anderem die folgenden Fragen gestellt werden, die dazu dienen sollen, die Kreativität anzuregen:

■ Was sind die schädlichen und unerwünschten Funktionen?
■ Welche Komponenten tragen nur wenig zur nützlichen Funktion des Gesamtsystems bei?
■ Welche Funktionen und Komponenten stehen in negativer Interaktion mit Objekten des Systems?
■ Welche Funktionen und Komponenten schaden der Umwelt?

Hinweis

Die Funktionsanalyse entspringt dem originären Streben von TRIZ nach Idealität, ist aber keineswegs neu. Viele Methoden wie beispielsweise FMEA oder DRBFM fordern die funktionsorientierte Sichtweise. Durch die Betrachtung von Funktionen wird das Problem abstrahiert, es wird Distanz geschaffen von den bekannten technischen Lösungen und der Weg freigegeben für die Suche nach neuen Alternativen. Damit ergibt sich ein viel breiteres Spektrum für das Ermitteln neuer Lösungsansätze.

Trimming

Das Ziel der Methode besteht primär darin, ein bestehendes System zu optimieren. Trimming baut unmittelbar auf der Funktionsanalyse auf und wird primär bei den schädlichen und neutralen (überflüssigen, nicht wirksamen) Funktionen, aber auch bei teuren Komponenten angewandt. Im Trimmingprozess, der eine Optimierung des Gesamtsystems unter wertanalytischen Gesichtspunkten zum Ziel hat, werden Funktions-, Kosten- und Problemrang ermittelt. Aus diesen drei Kenngrößen wird in der Folge der Trimmingfaktor berechnet:

Trimmingfaktor = Funktionsrang^2 / (Problemrang + Kostenrang)

Der Funktionsrang dokumentiert, welcher Nutzen der Komponente zugewiesen wurde. Beispielsweise besitzen diejenigen Komponenten den höchsten Funktionsrang, die direkt über eine nützliche Funktion verfügen und mit dem Produkt verbunden sind. Der Problemrang definiert, wie problembehaftet eine Komponente ist. Dieser ist umso größer, je mehr schädliche Interaktionen einem Objekt direkt zugeordnet werden können. Dementsprechend ähnlich manifestiert sich der Kostenrang, der angibt, wie teuer ein Objekt im Vergleich zu anderen ist.

Ziel des Trimmingprozesses ist es, in mehreren Durchläufen, bei denen Systemelemente weggelassen oder Funktionen auf andere Komponenten übertragen werden können, den Trimmingfaktor immer neu zu bestimmen und so die optimale Variante zu identifizieren.

Die Neun-Fenster-Darstellung

Dies ist ein Hilfsmittel, um Probleme entlang zweier Dimensionen darzustellen. Sie werden einerseits als „Zeit" und andererseits als „Raum" bzw. „Hierarchiestufe des Systems" bezeichnet. Ziel der Methode ist es, die durch die Trägheit des menschlichen Geistes bedingte Fokussierung auf bestimmte, typische gedankliche Bilder und Ansätze bei einer Problemlösung zu überwinden.

Die Dimension Zeit veranschaulicht die vergangenen, gegenwärtigen und zukünftigen Zustände der Objekte. Mit der Dimension der Hierarchiestufe ist ein Heraus- und Hineinzoomen des zu betrachtenden Systems auf die übergeordnete und detaillierte Ebene gemeint. Es entsteht hierbei eine Drei-mal-drei-Matrix, die auch als „neun Fenster" bezeichnet wird.

Die Ressourcencheckliste

Die Ressourcencheckliste nutzt die Idee, dass in jedem System und in dessen Umgebung Substanzen und Energiefelder, sogenannte Ressourcen, vorhanden sind, die optimal genutzt werden müssen (Bild 4.14).

Bild 4.14 Die Ressourchen-checkliste

Die Erarbeitung der vorhandenen Ressourcen mithilfe der Ressourchencheck-liste soll mithelfen, dass in der Analysephase bereits vorhandene Energien und Ressourcen nicht übersehen werden und somit zur Problemlösung bei-tragen.

Schlaue Zwerge

Diese Methode wurde aus dem Verfahren der „Empathie" entwickelt. Der Entwickler wird aufgefordert, sich in die Lage des zu verbessernden Systems zu versetzen, um abzuleiten, was er dann tun würde, um das vorliegende Problem zu lösen. Das Zwerge-Modell geht davon aus, dass im zu verbes-sernden System sehr viele kleine schlaue Leute zur Lösung der Problemstel-lung zur Verfügung stehen. Diese können bedenkenlos jegliche Aktion aus-führen, um die Anforderungen an das System zu erfüllen.

Dadurch wird die Aufgabenstellung wiederum abstrahiert, wobei man auch hier durch Nachbildung des Systems mithilfe von kleinen schlauen Leuten althergebrachte Vorstellungen über Formen und Funktionsausübung überwinden kann. Man wird automatisch auf die Fragestellung „was ist zu tun?" fokussiert, ohne dabei zunächst von technischen Grenzen eingeengt zu werden.

4.5   Praxisbeispiel

Die Firma Hoffmann Elektrokohle stellt Kohlebürsten für Elektromotoren unterschiedlichster Größe her (Bild 4.15). Die Aufgabe im Entwicklungsprozess bestand darin, neue kreative Konzepte zu entwickeln, um die Anforderungen hinsichtlich Lebensdauer der Starterkohlen besser als bisher zu erfüllen.

Das Problem wurde folgendermaßen definiert: Die Kohlebürste ist mit einer Feder vorgespannt. Die Anzahl der durch die Kohlebürste ermöglichten Starts muss erhöht werden (Lebensdauererhöhung). Gleichzeitig kann die Baugröße der Kohlebürste keinesfalls erhöht werden, sie soll eher verkleinert werden. Das bedeutet, dass die Feder, welche die Kohlebürste hält, kleiner werden sollte.

Nach der Klärung der Fragestellung wurden das System und deren Hauptfunktion beschrieben, die vorhandenen Ressourcen (Feder, Raum, Kohlestaub etc.) erfasst, die wesentlichsten Restriktionen definiert (Feder muss erhalten bleiben, Bauraum nicht veränderbar). Weiters wurde das ideale Produkt beschrieben.

Bild 4.15 Behandelte Kohlebürste der Firma Hoffmann und TRIZ-Workshop bei der Vorstellung des Problems, Herr Grabner (Bild: Firma Hoffmann)

Anwendung der Widerspruchsmatrix und der 40 innovativen Prinzipien

Zunächst wurde versucht, das Problem mithilfe der Widerspruchsmatrix zu lösen. Hierzu ist zunächst das allgemeine Problem in abstrakter Form mithilfe der technischen Parameter zu beschreiben. Die Ergebnisse sind in Tabelle 4.3 dargestellt.

Tabelle 4.3 Zuordnung des vorliegenden Problems zu den technischen Parametern

	Vorliegendes Problem	Dazugehöriger technischer Parameter
Parameter, der zu verbessern ist	Erhöhung der Lebensdauer	16: Haltbarkeit eines stationären Objektes
Parameter, der sich nicht verschlechtern darf	Baugröße (Volumen)	8: Volumen eines stationären Objektes

Aus der Widerspruchsmatrix konnten somit die folgenden innovativen Prinzipien abgelesen werden (Tabelle 4.4):

Tabelle 4.4 Darstellung der ermittelten innovativen Prinzipien

Nr. 34: Prinzip der Beseitigung und Regenerierung von Teilen

Der Teil eines Objektes, das seinen Zweck erfüllt hat oder unbrauchbar geworden ist, wird beseitigt (beispielsweise aufgelöst oder verdampft) oder unmittelbar im Arbeitsgang umgewandelt. Verbrauchte Teile eines Objektes werden unmittelbar im Arbeitsgang wieder hergestellt.

Nr. 35: Prinzip der Veränderung des Aggregatzustandes

Hierzu gehören nicht nur einfache Übergänge, z. B. vom festen in den flüssigen Zustand, sondern auch die Übergänge in „Pseudo- oder Quasizustände", z. B. die Quasiflüssigkeit oder die Verwendung elastisch fester Körper.

Nr. 38: Prinzip der Anwendung starker Oxidationsmittel

Die normale atmosphärische Luft ist durch aktivierte zu ersetzen. Die aktivierte Luft ist durch Sauerstoff zu ersetzen. Die Luft oder der Sauerstoff ist der Einwirkung ionisierender Strahlung auszusetzen. Es ist ozonierter Sauerstoff zu benutzen. Ozonierter oder ionisierter Sauerstoff ist durch Ozon zu ersetzen.

Mithilfe der 40 innovativen Prinzipien wurde eine Reihe von Ideen zur Verbesserung der Situation gesammelt, welche jedoch zum großen Teil aus unterschiedlichsten Gründen nicht umsetzbar waren.

Praxistipp

In der Praxis kann es unterschiedliche Interpretationen bei der Ableitung der technischen Parameter geben. Dies ist durchaus erwünscht und hat zur Folge, dass je nach Interpretation unterschiedliche Prinzipien ermittelt werden. Oftmals werden bewusst verschiedene Interpretationen erarbeitet und in weiterer Folge die am häufigsten ermittelten Prinzipien zur Ideenanregung genutzt.

Anwendungsbeispiel des technischen Widerspruchs

Die Formulierung des technischen Widerspruchs des Systems ergab: „Wenn die Feder sehr lange ist, dann habe ich stets dieselbe Anpresskraft, sprich die geforderte Lebensdauer, aber der Bauraum ist zu kurz." Der „inverse Widerspruch" lautete: „Wenn die Feder kurz ist, dann kann der Bauraum noch kleiner werden, aber die Lebensdauer wird nicht erhöht." Somit konnte der physikalische Widerspruch des Systems folgendermaßen formuliert werden: „Es wird eine lange Feder benötigt, die kurz ist!"

Diese Formulierung führte schnell zu einigen sehr konkreten Vorschlägen (Spiralfeder und Ähnliches) und nach kurzer Zeit wurde eine Konzeptskizze für eine in sich verschachtelte Feder (entspricht dem innovativen Prinzip Nr. 7) gezeichnet. Die Überprüfung dieses Lösungsansatzes ergab, dass ein solches Konzept für diesen Anwendungsfall neu und patentierbar ist (Bild 4.16).

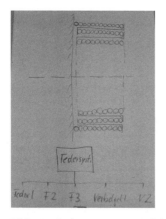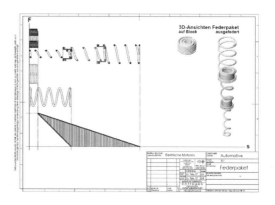

Bild 4.16 Erstkonzept einer möglichen Lösung und daraus entstandene Konstruktionszeichnung der patentierten Dreifachfeder (Bild: Firma Hoffmann)

Das Beispiel zeigt recht deutlich, dass die richtige Formulierung der Problemstellung ein wesentlicher Teil des Lösungsprozesses ist. Erst durch Abstraktionsschritte und die Suche nach widersprüchlichen Aussagen konnte das

Problem so klar formuliert werden. Die Nutzung der innovativen Prinzipien zur Ideengenerierung brachte etliche neue Lösungsansätze zutage. Durch die Fokussierung der Problemstellung auf den technischen Widerspruch konnte jedoch nach spezifischen Lösungen gesucht und konnten diese auch rasch gefunden werden.

4.6   Zusammenfassung und Erfolgsfaktoren

Kreativitätsmethoden im Entwicklungsprozess verfolgen das Ziel, in kreativer Art und Weise innovative Konzepte zu entwickeln, um sicherzustellen, dass alle denkbaren Möglichkeiten ausgeschöpft wurden.

Hierzu ist ein Bekenntnis zur Kreativität von der Unternehmensleitung bzw. dem Management notwendig. Das Management muss sich der Wichtigkeit des Themas Innovation und Kreativität bewusst sein und dieses aktiv unterstützen. Nicht vergessen werden darf, dass für derartige Kreativworkshops entsprechende zeitliche und personelle Ressourcen zur Verfügung gestellt werden müssen. Auch der bewussten Auswahl der eingebundenen Personen kommt eine große Rolle zu. Ideal ist es, eine Gruppe aus Mitarbeitern zu identifizieren, die offen für die Erprobung neuer Methoden sind und diese Methoden als Hilfsmittel für ihre Arbeit ansehen.

Wichtig ist auch, dass die Anwender von Kreativitätsmethoden dies nicht als Prüfung ihrer Kreativität empfinden. Es darf und soll Spaß machen – Humor ist ein Befähiger der Kreativität: Die Gestaltung der Umgebung und der Atmosphäre sind wesentliche Bestandteile zur Förderung der Kreativität. Spaß und Humor gehören bei diesen Methoden dazu.

4.7   Verwendete Literatur

Altschuller, G. S.: Erfinden – Wege zur Lösung technischer Probleme, VEB Verlag Technik Berlin, 1984, limitierter Nachdruck 1998

Assmus, D.: Produktionsmanagement I – Produktplanung/Konstruktion WZL RWTH Aachen, 2006

Hackfurth, G. C.: Produktentstehung, Planung, Konzeption und Ideenfindung, www.feel-ing.org, 2006

Herb, R./Herb, T.: TRIZ – Der systematische Weg zur Innovation, Verlag Moderne Industrie, 2000

Jöbstl, O.: Einsatz von Qualitätsinstrumenten und -methoden, DUV, 1999

Livotov, P./Vladimir, P.: Innovationstechnologie TRIZ. Produktentwicklung und Problemlösung, Handbuch, TriSolver 2002, überarbeitete 2. Auflage, 2005

Orloff, M.: Grundlagen der klassischen TRIZ, Springer-Verlag, 2005

Pahl, G./Beitz, W.: Konstruktionslehre, Springer-Verlag, 1977

Rietsch, P.: TRIZ Anwendung und Weiterentwicklung in nicht technischen Bereichen, Facultas, 2007

Schweizer, P.: Systematisch Lösungen realisieren. Innovationsprojekte leiten und Produkte entwickeln (mit einer Einführung in TRIZ), vdf Hochschulverlag, 2001

Schulze, L.: Arbeitsmaterial zur Vorlesung Produktentwicklung TU Dresden, Institut für Feinwerktechnik, 2006

Terninko, J./Zlotin, B./Zusman, A.: TRIZ – der Weg zum konkurrenzlosen Erfolgsprodukt, Verlag moderne Industrie, 1998

Teufelsdorfer, H./Conrad, A.: Kreatives Entwickeln und innovatives Problemlösen mit TRIZ/TIPS. Einführung in die Methodik und ihre Verknüpfung mit QFD, Verlag Publicis MCD, 1998

Zobel, D.: Systematisches Erfinden, expert verlag, 2004

5 Bewertung von Konzeptalternativen

5.1 Zielsetzung

Das erste Ziel in der Konzeptentwicklungsphase ist, möglichst viele Erfolg versprechende Konzeptalternativen zu generieren, um auch tatsächlich alle realisierbar erscheinenden technischen Möglichkeiten auszuschöpfen. Diese Konzeptalternativen müssen nun möglichst umfassend und dennoch effizient bewertet bzw. priorisiert werden, damit die nächsten Entwicklungsschritte (z. B. Funktionsmusterherstellung, Konzept-FMEA oder Konzept-DRBFM etc.) fokussiert eingeleitet werden können. Das zweite wichtige Ziel in der Konzeptentwicklungsphase ist somit, aus einer Breite an Alternativen eine Spitzenlösung im Sinne der Kundenanforderungen, der Technik und der Wirtschaftlichkeit zu finden.

Leitfragen

- Welche Kriterien bestimmen das optimale Produkt und welche Bewertungskriterien ergeben sich daraus für die Priorisierung von Konzeptalternativen?
- Wie können Konzeptalternativen am effektivsten und effizientesten ausgewählt werden?
- Wie erfolgt dabei eine systematische Vorgehensweise?
- Welche Bewertungsmethode ist wann sinnvoll?

5.2 Einordnung der Bewertung von Konzeptalternativen in den Produktentstehungsprozess

Die Bewertung von Konzeptalternativen baut auf die Generierung von Konzeptalternativen auf (Bild 5.1) – nur wenn eine größere Anzahl von Alternativen vorliegt, ist es auch sinnvoll, in eine systematisch-methodische Priorisierung zu investieren. Die Anwendung der Methoden entlang des Entwicklungsprozesses ist wie erwähnt sehr oft nicht sequenziell durchzuführen, sondern stufenweise nach der jeweiligen Betrachtungsebene (Partitionierung: Gesamtsystem, Komponente, Bauteil etc.) aufgebaut. Es kann daher durchaus der Fall eintreten, dass die Bewertung von Konzepten auf unterschiedlichen Ebenen erfolgt und dadurch mehrfach durchgeführt wird.

So wird z. B. zunächst eine Konzeptvorauswahl getroffen. Das Resultat sind wenige Konzeptalternativen (zwei oder drei), die es wert sind, genauer betrachtet zu werden. Im Rahmen der weiteren Entwicklung werden diese Alternativen in größerem Detail weiterentwickelt, um u.a. die Machbarkeit zu prüfen. In der Konzeptüberprüfung wird Feedback vom Kunden und von anderen interessierten Gruppen eingeholt, um die endgültige Auswahl zu treffen. Vorzugsweise erneut unter Anwendung von entsprechenden Methoden erfolgen die Entwicklung und Bewertung von Konzeptalternativen einzelner Komponenten auf der nächsten Hierarchiestufe.

Ohne diesen Umstand zu vergessen, soll hier jedoch aus Gründen der Übersichtlichkeit auf die oberste Hierarchiestufe – das sogenannte „High Level Design" – Bezug genommen werden.

Zusammenspiel mit weiteren Methoden
Im Bild 5.1 ist die Verbindung der Bewertung von Konzeptalternativen zu weiteren Methoden dargestellt.

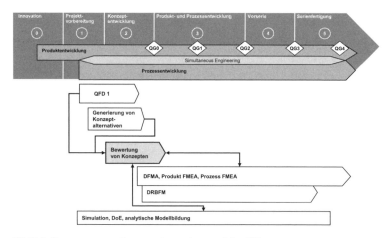

Bild 5.1 Bewertung von Konzeptalternativen und der PEP

Eine wichtige Schnittstelle zu einer weiteren DFSS-Methode bildet jene mit QFD: Während die Erkenntnisse aus der QFD bereits direkt in die Generierung von Alternativen eingeflossen sind, sollten sich diese konsequenterweise auch in der Bewertung derselben wiederfinden. Besonders bei der Auswahl von Bewertungskriterien kann direkt auf die Inhalte von QFD zurückgegriffen werden. So stellen etwa die im House of Quality identifizierten technischen Produktparameter (inklusive deren Zielwerte) einen Pool an technischen Kriterien dar, welche um weitere organisationsbezogene (Projektmanagement, Kompetenzen etc.) und wirtschaftlichkeitsbezogene (Time to Market, Entwicklungskosten etc.) ergänzt werden müssen. Auch hier gilt der Grundsatz, dass oftmals keine sequenzielle Abarbeitung möglich ist, sondern erst das iterative Zusammenspiel von QFD, Generierung und Bewertung von Konzepten eine innovative, kundenorientierte Lösung ermöglicht.

Die Methoden der Konzeptbewertung haben auch eine wichtige Schnittstelle zu den Methoden der Risikoanalyse (FMEA, DRBFM, DFMA), die nach der Konzeptauswahl anzuwenden sind. Oftmals sind im Rahmen der Konzeptbewertung bereits Vorüberlegungen hinsichtlich möglicher Risiken durchzuführen, um das Fehlerpotenzial von möglichen Lösungen bereits bei der Auswahl zu berücksichtigen. Derartige Ausarbeitungen liegen noch nicht auf dem Detaillierungsgrad vor, wie es bei den Methoden der Risikoanalyse gefordert wird, dennoch können die Erkenntnisse in spätere Risikoanalysen einfließen. Einen weiteren Zusammenhang gibt es mit den Methoden zur Quantifizierung von Wirkzusammenhängen: Oftmals ist für die fundierte Anwendung von analytischen Bewertungsmethoden ein Grundverständnis für Wirkzusammenhänge notwendig, welches mit DoE, Simulation oder analytischer Modellbildung erarbeitet werden kann.

5.3 Grundbegriffe

Bei der Bewertung von Konzeptalternativen wird oft das sogenannte Trichtermodell erwähnt (Bild 5.2), welches zum Ausdruck bringen soll, dass im Verlauf des Bewertungsprozesses von einer großen Anzahl an qualitativ inhomogenen Grobvorschlägen auf eine sehr kleine Auswahl an ausgereiften Spitzenlösungen verdichtet wird.

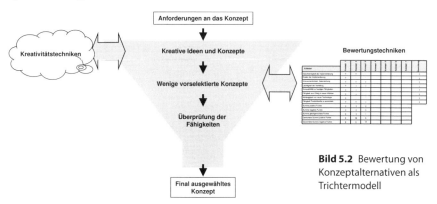

Bild 5.2 Bewertung von Konzeptalternativen als Trichtermodell

Ein wichtiger Aspekt ist dabei, dass die Überprüfung der Fähigkeit der vorgeschlagenen Alternative(n) ebenfalls einen wichtigen Stellenwert einnimmt, da sie die Meinung des Entwicklungsteams mit Zahlen und Fakten untermauert bzw. auch widerlegen kann. In der Regel werden in dieser Phase Funktionsmuster oder Simulationsmodelle zur Verifizierung bzw. Falsifizierung herangezogen. Selbstverständlich können diese beiden Vorgehen auch bereits zur Vorauswahl von Konzepten herangezogen werden; dann vor allem, wenn in gewissen Details noch zu wenig Wissen über Wirkzusammen-

hänge besteht. In diesem Fall ist eine Bewertung allein anhand der Experten-
meinung im Team keinesfalls ausreichend: Risiken werden möglicherweise
nicht erkannt und demgemäß können falsche Priorisierungen getroffen werden.

Grundsätzlich können im Bereich der teamorientierten Bewertungs- oder
Rankingverfahren zwei Gruppen unterschieden werden (Bild 5.3).

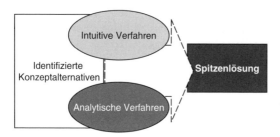

Bild 5.3 Klassifizierung von
Bewertungsmethoden

Intuitive Bewertungsmethoden arbeiten vor allem mit der Meinungsbildung
von Individuen oder Teams. Sie werden vor allem dann herangezogen, wenn
eine Grobauswahl getroffen werden soll, d. h. noch viele Alternativen vorliegen und sozusagen erst die „Spreu von Weizen" getrennt werden muss. Ihr
Vorteil liegt in der hohen Geschwindigkeit, welche aber zulasten der Qualität der Auswahl erreicht wird. Grund für die Qualitätsverluste ist vor allem
das Fehlen von Bewertungskriterien, was individuellen (schlecht verstandene
Alternative) und manipulativen (machtpolitische Überlegungen) Strömungen
zuspielt und sachlogischen Überlegungen entgegenwirken kann.

Beispiele für intuitive Bewertungsmethoden sind:

- Punktbewertungsverfahren,
- Rangreihenmethode,
- Schiedsrichterverfahren.

Analytische Bewertungsmethoden hingegen arbeiten mit vorab definierten
Kriterien, welche zumindest aus den Kundenanforderungen (technische
Sichtweise) sowie den Anforderungen des Unternehmens (wirtschaftliche
Sichtweise) abgeleitet worden sein sollten. Im Gegensatz zu den intuitiven
Methoden werden die Entscheidungen durch die ausgewählten Bewertungs-
kriterien wesentlich objektiver, begründbarer und nachvollziehbarer. Somit
können die Ergebnisse und das während des Entscheidungsprozesses gereifte
Wissen auch für weitere Aufgaben verwendet werden. Der Nachteil liegt im
hohen Aufwand für die Auswahl der Bewertungskriterien (wenn allerdings
z. B. schon eine QFD vorliegt, dann hält sich der Aufwand in Grenzen), die
Diskussion während der Bewertung selbst und unter Umständen in der Dokumentation der aufgetretenen Argumente. Daher werden analytische Me-

thoden in der Regel nur bei einer bereits vorselektierten Anzahl von Konzeptalternativen angewandt. Als Faustregel lassen sich etwa zwei bis fünf Alternativen noch mit vertretbarem Aufwand bewerten.

Beispiele für analytische Bewertungsmethoden sind:

- Pugh-Matrix,
- Priorisierungsmatrix.

5.4 Vorgehensweise bei der Anwendung

5.4.1 Intuitive Methoden

Punktbewertungsverfahren

Das Punktbewertungsverfahren ist das einfachste und schnellste Bewertungsverfahren und kommt daher bei einfachen Problemstellungen bzw. bei der groben Vorauswahl häufig zum Einsatz.

Ablauf:

- Die Alternativen werden für alle klar erkennbar gelistet.
- Die Fragestellung zur Auswahl wird bestimmt und visualisiert (z. B. „Was sind Ihrer Meinung nach die drei innovativsten Konzepte?").
- Jeder Teilnehmer erhält eine bestimmte Anzahl von (Klebe-)Punkten.
- Die Vergaberegeln werden besprochen (darf z. B. auch mehr als ein Punkt pro Konzept vergeben werden?).
- Individuelle Punktevergabe (entweder öffentlich auf der Liste oder aber schon vorab auf ein Kärtchen).
- Auswertung der Gesamtpunkte je Konzeptalternative.
- Priorisierung nach der Anzahl der vergebenen Punkte.
- Diskussion der Ergebnisse.

Rangreihenmethode

Die Rangreihenmethode ist für die Teilnehmer der Bewertungsrunde eine etwas anspruchsvollere Vorgehensweise, da jede Person alle zur Verfügung stehenden Alternativen nach deren Wichtigkeit geordnet in eine Rangreihe bringen muss (Bild 5.4). Der Vorteil liegt darin, dass sich auch unschlüssige Teilnehmer entscheiden müssen, was nun die beste, zweitbeste usw. Lösung darstellt. Ein weiterer Vorteil liegt darin, dass im Gegensatz zum Punktbewertungsverfahren jeder seine individuelle Meinung bilden muss und nicht durch andere Teammitglieder beeinflusst wird. Durch den etwas aufwendigeren Bewertungsprozess sollte dieses Verfahren nur bei einer geringeren Anzahl von Alternativen eingesetzt werden (unter zehn Alternativen).

Konzept-alternative	Teilnehmer					Summe	Rang-reihe
	A	B	C	D	E		
a	2	5	6	6	5	24	6
b	5	3	2	1	4	15	3
c	4	2	4	3	1	14	2
d	6	6	1	5	3	21	5
e	3	1	3	2	2	11	1
f	1	4	5	4	6	20	4

Bild 5.4 Rangreihenmethode

Ablauf:

- Die Alternativen werden für alle klar erkennbar gelistet und nummeriert.
- Die Fragestellung zur Auswahl wird bestimmt und visualisiert (z. B. „Was ist Ihrer Meinung nach die Rangreihe der innovativsten Konzepte?").
- Individuelle Rangreihe (auf ein Kärtchen).
- Auswertung der Rangreihenpunkte je Konzeptalternative.
- Priorisierung nach der Anzahl der vergebenen Rangreihenpunkte – je weniger, desto höher die Priorität.
- Diskussion der Ergebnisse.

Konzeptalternative	Nicht erfüllt ← Rating - Skala → Völlig erfüllt						Σ	Rang-reihe
	0	1	2	3	4	5		
1. Alternative		II 2	III 6	IIII 12	I 4		24	4
2. Alternative	IIII	III 3			II 8	I 5	16	6
3. Alternative		I 1	II 4	IIII 12			29	2
4. Alternative			IIII 12	IIII 12			24	4
5. Alternative				II 6	IIIII I 24	II 10	40	1
6. Alternative	I	II 2	II 4	III 6	II 8	I 5	25	3

Bild 5.5 Schiedsrichterverfahren

Schiedsrichterverfahren

Das Schiedsrichterverfahren ist bereits ein Übergangsverfahren zu den analytischen Bewertungsmethoden, da es sich einer Ratingskala bedient (Bild 5.5). Der Unterschied zu den analytischen Methoden liegt allerdings noch darin, dass hier die Bewertung nicht anhand nachvollziehbarer Kriterien erfolgt, sondern subjektiv durch die Teammitglieder, wodurch Objektivität und Nachvollziehbarkeit leiden. Auch hier lässt sich nur eine bereits eingeschränkte Zahl von Alternativen mit vertretbarem Aufwand bewerten, weshalb sich das Schiedsrichterverfahren auch im Anschluss an das Punktbewertungsverfahren eignet.

Ablauf:

- Die Alternativen werden für alle klar erkennbar in Form einer Tabelle gelistet und mit einer Ratingskala versehen.
- Die Fragestellung zur Auswahl wird bestimmt und visualisiert (z. B. „Wie erfüllen die vorliegenden Alternativen die Anforderungen?").
- Individuelle Punktevergabe (öffentlich oder auf ein Kärtchen) zwischen 0 (nicht erfüllt) bis 5 (vollständig erfüllt).
- Auswertung der Gesamtpunkte je Konzeptalternative.
- Priorisierung nach der Anzahl der vergebenen Kriterienerfüllungspunkte – je mehr, desto höher die Priorität.
- Diskussion der Ergebnisse.

5.4.2 Pugh-Matrix

Die Pugh-Matrix ist eine recht einfache analytische Bewertungsmethode, welche verwendet wird, um aus mehreren Konzeptalternativen die am besten geeignete zu bestimmen (Tabelle 5.1). Entscheidend ist hierbei, dass zum Anwendungszeitpunkt der Matrix bereits relativ detailliert ausgearbeitete Konzeptalternativen vorliegen. Das heißt, es muss zu jeder Alternative ein fundierter Wissensstand vorherrschen; anderenfalls kommt es zu einem „pseudoanalytischen" Vorgehen mit nur scheinbarer Entscheidungssicherheit.

Ablauf:

- Alle Konzeptalternativen, die Bewertungskriterien und ihre Gewichtungen werden in die Matrix eingetragen.
- Eines der Konzepte wird als Vergleichsbasis ausgewählt (Nullkonzept). Dabei kann es sich um ein internes Referenzkonzept handeln (z. B. Vorgängergeneration) oder ein externes Vergleichsprodukt (z. B. Best in Class).

Tabelle 5.1 Beispiel für eine Pugh-Matrix

Bewertungskriterien	Gewichtung	Referenz-Konzept 1	Konzept 2	Konzept 3	Konzept 4	Konzept 5	Konzept 6
Geschwindigkeit der Implementierung	2	0	0	+	+	–	0
Kosten der Implementierung	3	0	–	0	+	–	0
Wahrscheinlichkeit der Zielerreichung	5	0	0	–	+	–	0
Kompatibilität zu heutigen Prozessen	1	0	+	–	0	+	+
Summe pos. Punkte gewichtet		0	1	2	10	1	1
Summe neg. Punkte gewichtet		0	3	6	0	10	0
Gesamtbewertung gewichtet		0	–2	–4	+10	–9	1

- Die einzelnen Bewertungskriterien aller anderen angeführten Konzepte werden zu der Vergleichsbasis mit besser (+), schlechter (–) oder gleich (0) gemeinsam im Team bewertet (inklusive Dokumentation „Warum?").
- Die Bewertungen werden mit der jeweiligen Gewichtung der Kriterien multipliziert. Die Summen je Konzept bilden eine Rangfolge.
- Diese Rangfolge erlaubt die Analyse von Stärken und Schwächen, aber auch die Kombination verschiedener Konzepte, um deren Schwächen zu vermeiden.

Die Konzeptalternativen sind in den Spalten der Matrix dargestellt, die Bewertungskriterien sind in den Zeilen der Pugh-Matrix aufgeführt. Bei der hier verwendeten erweiterten Pugh-Matrix werden die Kriterien zusätzlich mit Faktoren von 1 bis 5 gewichtet. Je höher das Gewicht, desto wichtiger ist das Merkmal. In dem angeführten Beispiel (Tabelle 5.1) wäre das Konzept 4 hinsichtlich der aufgeführten Bewertungskriterien eindeutig das beste Konzept.

Es gilt zu beachten, dass die „richtige" Auswahl der Bewertungskriterien von kritischer Bedeutung ist. Aus diesem Grund soll an dieser Stelle ein kurzer Exkurs über die Auswahl derselben eingefügt werden.

Praxistipp

Nach Möglichkeit sind alle verfügbaren Informationsquellen zu nutzen, um die Bewertungskriterien umfassend zu definieren. Ein Großteil der technischen Kriterien kann in der Regel aus der QFD abgeleitet werden (kritische Produktmerkmale – CTQ). Zusätzlich dazu können z.B. Ergebnisse aus Kundeninterviews und die Projektbeschreibung herangezogen werden.

Wichtige Fragestellungen bei der Formulierung von Kriterien sind nachfolgend aufgelistet:

- Welche Kriterien können jeden davon überzeugen, dass eine bestimmte Lösung die beste ist?
- Welche Lösung hat einen positiven Einfluss auf die Organisationsstrategien?
- Welche Alternative hat hohe Kompatibilität mit den organisatorischen Kompetenzen und Fähigkeiten?
- Welche Lösung zeichnet sich durch ein gutes Kosten-Nutzen-Verhältnis (Beziehung zwischen Gesamtkosten der Lösung und dem zu erwartenden Nutzen) aus?
- Wie hoch ist die Zeit für die Entwicklung (Gesamtzeit, die notwendig ist, um das Produkt zu entwickeln, erfolgreich zu testen und am Markt einzuführen: „time to market")?
- Welche Konzeptalternative hat das größte Potenzial, um die gewünschten Fehlerziele zu erreichen (Prozessfähigkeit C_{pk})?
- Welche Lösung wird den kleinsten Widerstand hervorrufen und am leichtesten zu implementieren sein?
- Wie soll im Idealfall die beste Lösung aussehen? Ist diese durch die Kriterien umfassend beschrieben?

Wichtig ist in diesem Zusammenhang auch, neben dem Kunden auch Kriterien von weiteren Interessensgruppen zu berücksichtigen. Zum Beispiel:

- Erfüllen behördlicher Anforderungen,
- Schützen von Sicherheit und Gesundheit der Angestellten,
- Schützen von Sicherheit und Gesundheit der Gesellschaft,
- Einhalten politischer Rahmenbedingungen.

Wenn die Liste der Kriterien komplett ist, sollte diese noch einmal auf Plausibilität überprüft werden:

- Klarheit,
- Überlappung,
- Repräsentationsgrad,
- Vollständigkeit,
- Bedeutung.

Die Bedeutung von nicht technischen Anforderungen wird oft vor Beginn des Projektes durch das Management definiert. Dennoch können sich Rahmenbedingungen wie Geschäftsstrategie, Märkte, Technologien, Werte, Regeln etc. im Verlaufe des Projektes ändern; so, dass auch die Gewichtung geändert werden muss. Deshalb kann es notwendig sein, die Gewichtung der Bewertungskriterien von Zeit zu Zeit zu überprüfen und gegebenenfalls anzupassen.

5.4.3 Priorisierungsmatrix

Auch die Priorisierungsmatrix (Tabelle 5.2) wird benutzt, um die beste aus mehreren Konzeptalternativen zu bestimmen. Bei der Priorisierungsmatrix wird aber kein relativer Vergleich mit einer Referenzlösung durchgeführt, sondern die einzelnen Konzepte werden absolut bewertet.

Tabelle 5.2 Beispiel einer Priorisierungsmatrix

Bewertungskriterien	Gewichtung	Konzept 1		Konzept 2		Konzept 3	
		Wertung	Gewichtete Wertung	Wertung	Gewichtete Wertung	Wertung	Gewichtete Wertung
Geschwindigkeit der Implementierung	3	5	15	5	15	3	9
Kosten der Implementierung	2	8	16	3	6	3	6
Wahrscheinlichkeit der Zielerreichung	5	7	35	7	35	7	35
Kompatibilität zu heutigen Prozessen	1	2	2	6	6	6	6
Summe gewichtet			68		62		56

Alle relevanten Konzepte sind in den Spalten der Priorisierungsmatrix aufgeführt, die Bewertungskriterien und ihre Gewichtungen sind in den Zeilen dargestellt. Die einzelnen Konzepte werden hinsichtlich der Produktmerkmale mit einem Zahlenwert z. B. von 1 (nicht erfüllt) bis 10 (vollständig erfüllt) bewertet. Die Wertungen der Konzeptalternativen werden mit der Gewichtung multipliziert. Es ergibt sich die gewichtete Bewertung, die für jedes Konzept aufsummiert wird. Je höher die Summe des jeweiligen Konzeptes, desto besser erfüllt es die Anforderungen.

Mittels der angeführten Bewertungsmethoden wird eine Konzeptvorauswahl getroffen und zumeist noch keine endgültige Entscheidung, da in der Regel noch weitere Aufgaben für die Designfreigabe erforderlich sind:

- Jedes Erfolg versprechende Konzept mit größerem Detaillierungsgrad weiterentwickeln, um die Machbarkeit zu prüfen.
- Durchführung einer Konzeptüberprüfung gegebenenfalls mit Feedback vom Kunden und anderer interessierter Gruppen, um das endgültige Konzept auszuwählen.
- Design der Hauptelemente des ausgewählten Konzeptes.
- Prognose der Fähigkeit des Designs, die wesentlichen Produktmerkmale (Critical to Quality – CTQ) zu erfüllen.

5.5   Praxisbeispiel Temperatursensor

Auswahl eines geeigneten Schweißprozesses für die Montage eines Temperatursensors mittels Pugh-Matrix

Für die Montage des bereits angeführten Temperatursensors in dem Gehäuse stehen unterschiedliche Konzepte zur Auswahl, die sich in der Konstruktion und dem Montageprozess unterscheiden.

Konzept 1

Bei dem Konzept 1 werden Konstruktion und Schweißprozess des Vorgängerproduktes beibehalten. Die Verschweißung erfolgt in stehende Halter mit V-Kerbe mit der vom Vorgängermodell vorhandenen Schweißzange. Aus prozesstechnischen Gründen kann diese Lösung nur verwendet werden, wenn zwischen der Lage der Zuleitung des Temperatursensors und der Spitze des Halters mit V-Kerbe der Abstand ≥ 1,5 mm ist. Der überstehende Halter kann gegebenenfalls nach dem Schweißprozess abgeschnitten werden. Die Schweißzange benötigt einigen Abstand zum Kunststoffrahmen, der als Fließstopp für die Vergussmasse wirkt (Bild 5.6).

Δh ≥1,5

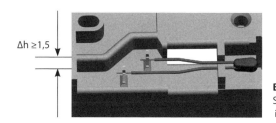

Bild 5.6 Montageprozess 1 – Schweißen des Temperatursensors in Halter mit V-Kerbe

Eine Diskussion der Lösung ergibt die in Tabelle 5.3 dargestellten Vor- und Nachteile.

Tabelle 5.3 Stärken-Schwächen-Analyse des Konzeptes 1

Vorteile	Nachteile
	Unterschiedliche Drahtlängen der Zuleitungen des Temperatursensors erforderlich
Beibehaltung Schweißprozess	Platzbedarf der Schweißzangen ist zu prüfen, Anschlagen an Rahmen der Vergussmasse
	Großes Klebervolumen, lange Aushärtezeit

Konzept 2

Der Halter mit V-Kerbe wird durch eine Kombination aus Kunststoffhalter und Kontaktierfahne ersetzt (Bild 5.7). Dadurch wird die Höhe der Kontaktierstellen reduziert. Die Schweißzange kann weiter beibehalten werden. Wegen der geringeren Höhe kann das Volumen der Vergussmasse reduziert werden. Die prozesssichere Abdeckung der Kontaktstellen kann durch einen Vergussrahmen sichergestellt werden.

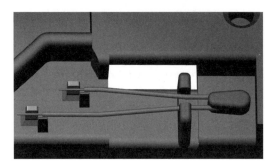

Bild 5.7 Montageprozess 2 – Montage des Temperatursensors

Durch die konstruktive Änderung ändert sich die Bewertung wie in Tabelle 5.4 aufgelistet.

Tabelle 5.4 Stärken-Schwächen-Analyse des Konzeptes 2

Vorteile	Nachteile
Beibehaltung Schweißprozess	Unterschiedliche Drahtlängen der Zuleitungen des Temperatursensors erforderlich
Reduzierung der Bauhöhe Δh um ca. 1 mm	Platzbedarf der Schweißzangen ist zu prüfen, Anschlagen an Rahmen der Vergussmasse

Konzept 3

Bei dem dritten Konzept wird die Schweißzange durch Kontakt- und Schweißelektroden ersetzt (Bild 5.8). Die Änderung des Schweißprozesses ermöglicht einen lateralen, von oben zugänglichen Aufbau mit geringer Bauhöhe. Der Kunststoffrahmen für prozesssichere Ausführung des isolierenden Kleberbetts kann flach bleiben, das Volumen des Kleberbettes ist geringer als bei den beiden anderen Konzepten.

Ein vergleichbarer Schweißprozess wird bereits bei anderen Produkten mit hoher Prozesssicherheit eingesetzt.

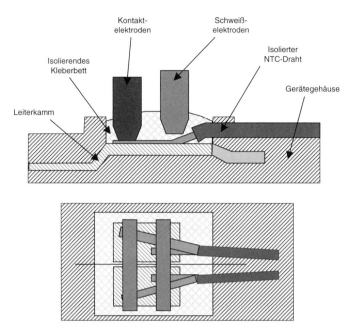

Bild 5.8 Montageprozess 3 – Schweißen des Temperatursensors auf laterale, frei zugängliche Kontaktflächen

Aufgrund des neuen Schweißprozesses und der neuen Schweißgeometrie ändert sich die Bewertung (Tabelle 5.5).

Tabelle 5.5 Stärken-Schwächen-Analyse des Konzeptes 3

Vorteile	Nachteile
Minimale Bauhöhe	Änderung Schweißprozess
Gleiche Drahtlängen bei den Zuleitungen des Temperatursensors möglich	
Schmelzkleber oder selbstnivellierende Klebstoffe anwendbar	Änderung der Konstruktion (Kontaktierung, Schweißfläche ...)
UV-Aushärtung möglich, dünne Schichtdicke	

Nach der inhaltlichen Diskussion der Vor- und Nachteile wird für die Bewertung der unterschiedlichen Montagekonzepte die Pugh-Matrix aufgestellt (Tabelle 5.6).

Bewertungskriterien	Gewicht	Konzept 1 (Referenz)	Konzept 2	Konzept 3
Effiziente Vormontage des Temperatursensors	3	0	-	-
Risikoarmer Schweißprozess	3	0	0	-
Niedrige Kosten der Schweißanlage	2	0	0	-
Temperatursensor als Standardbauteil	5	0	0	+
Prozessfähiger Auftrag der Vergussmasse	5	0	0	+
Aufwand nachfolgender Prozess	2	0	+	+
Summe pos. Punkte gewichtet		0	2	12
Summe neg. Punkte gewichtet		0	3	8
Gesamtbewertung gewichtet		0	- 1	+ 4

Tabelle 5.6 Pugh-Matrix für die Bewertung der unterschiedlichen Konzepte zur Montage des Temperatursensors

Die Pugh-Matrix zeigt die Vorteile des Konzeptes 2 auf, welches basierend auf dieses Ergebnis weiter ausgearbeitet wurde. Das endgültige Resultat ist eine Konstruktion, welche in Bild 5.9 dargestellt ist.

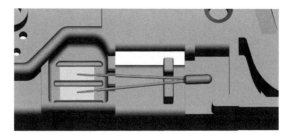

Bild 5.9 Endgültige Konstruktion der Schweiß-Pads

5.6 Zusammenfassung und Erfolgsfaktoren

Bei der Auswahl der geeigneten Bewertungsmethode ist vor allem darauf zu achten, wie viele Alternativen momentan vorliegen und welcher Wissensstand über die jeweiligen Konzepte herrscht. Zumeist ist eine Kombination aus intuitiven und analytischen Bewertungsmethoden sowie zusätzlicher Datengewinnung (Testergebnisse der Musterteile, Simulationsergebnisse) ein effektiver Weg, die Bewertung von Konzeptalternativen durchzuführen.

Der Vorteil der analytischen Bewertung liegt in der systematischen Auseinandersetzung mit dem Nutzen bzw. der Stärke einer Lösung in Bezug auf vorher definierte Zielvorstellungen. Die Priorisierung anhand verschiedener Kriterien hilft dabei, strukturiert und nachvollziehbar das passende Konzept auszuwählen. Die Auswahl basiert auf einer umfassenden Bewertung (nicht nur **ein** Gesichtspunkt). Dabei ist zu beachten, dass die Bewertungskriterien tatsächlich umfassend und richtig erfasst wurden. Danach findet ein systematischer Vergleich zwischen Isteigenschaften einzelner Lösungen und Solleigenschaften (Zielvorstellung) statt.

5.7 Verwendete Literatur

Jöbstl, O.: Einsatz von Qualitätsinstrumenten und -methoden, DUV Verlag, 1999

6 Design for Manufacture and Assembly – DFMA

6.1 Zielsetzung

Die Zielsetzung besteht darin, relevante Fertigungs- und Montageaspekte bereits im Produktdesign ausreichend zu berücksichtigen. Es gilt, alle Möglichkeiten der Reduktion von Produktkomplexität auszuschöpfen, um das Produkt möglichst kostengünstig mit beherrschten und fähigen Prozessen herzustellen.

Die Methode DFMA unterstützt hierbei die Arbeit sowohl der Produkt- als auch der Prozessentwicklung in einem gemeinsamen Entwicklungsteam durch ihren systematischen Ansatz. Somit stellt die DFMA einen wichtigen Bestandteil des Simultaneous Engineering (SE) dar.

Leitfragen

- Was können die Fertigungsexperten aus ihrer Expertise heraus für Empfehlungen bezüglich des Produktkonzeptes geben?
- Kann eine Null-Fehler-Produktion mit diesem Konzept realisiert werden?
- Sind die wesentlichen Parameter einer schlanken und verschwendungsfreien Produktion mit diesem Konzept machbar?
- Welche Verbesserungen sollten noch am Konzept durchgeführt werden, damit alle kritischen Elemente aus Sicht der Fertigungsexperten abgedeckt werden?

6.2 Einordnung der DFMA in den Produktentstehungsprozess

Die DFMA findet Anwendung am Beginn der Prozessplanung bzw. innerhalb der Konzeptentwicklungsphase, wenn im Rahmen eines Simultaneous-Engineering-Ansatzes schon möglichst früh die Brücke vom Produkt zum Fertigungsprozess geschlagen werden soll (Bild 6.1).

Diese Methode braucht einen bestimmten Kenntnisstand über das Produkt. Konkret bedeutet dies, dass Informationen wie etwa Stückliste, Materialauswahl und Grobkonstruktion als Input vorhanden sein müssen. Damit muss zumindest eine Konzeptvorauswahl mittels systematischer Bewertung getroffen worden sein.

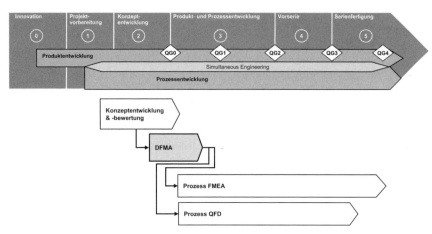

Bild 6.1 DFMA und der PEP

Die DFMA bewertet ähnlich wie die Prozess-FMEA Prozessprobleme und stellt dadurch eine wichtige Schnittstelle zu dieser Methode dar. Sie konzentriert sich jedoch auf die Problemlösung durch Designänderung am Produkt und nicht am Prozess (Bild 6.2).

Die Prozess-QFD (QFD 3) wiederum – ebenfalls eine wichtige Methode im Kontext der DFMA – widmet sich der Fragestellung, welche Prozessparameter in welcher Art und Weise auf relevante Produkt- bzw. Komponentenmerkmale wirken. Diese Aufgabenstellung ist auch für die DFMA relevant. Während jedoch bei der Prozess-QFD ähnlich wie bei der FMEA der Fokus auf der Gestaltung des Prozesses liegt, wird bei der DFMA das Produktdesign hinterfragt. Die DFMA ist deshalb vor der Prozess-QFD durchzuführen.

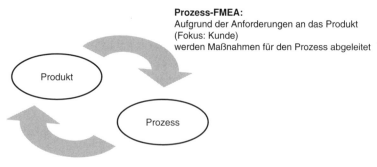

Prozess-FMEA:
Aufgrund der Anforderungen an das Produkt
(Fokus: Kunde)
werden Maßnahmen für den Prozess abgeleitet

DFMA:
Aufgrund der Anforderungen an Prozesse
(Fokus: Wirtschaftlichkeit)
werden Maßnahmen für das Produkt abgeleitet

Bild 6.2 Abgrenzung der Prozess-FMEA und DFMA

6.3 Grundbegriffe

Die DFMA beruht auf Forschungsarbeiten von G. Boothroyd in den frühen 70er-Jahren. Sie ist das wohl bekannteste Verfahren der systematischen Produktions- und Montageoptimierung, das durch gezielte Fragen die Generierung von Verbesserungsvorschlägen und ein Finden neuer Ideen in einer frühen Phase der Produktentwicklung unterstützt.

Die Zielsetzung besteht darin, die Aspekte bewährter und schlanker Prozesse sowie robusten Designs bereits im Produktdesign mit Hilfe folgender Prinzipien ausreichend zu berücksichtigen:

Einsatz bewährter und robuster Prozesse

Ein Design ist hinsichtlich der Produktionsprozesse dann robust, wenn Schwankungen von Fertigungsparametern nur geringe Auswirkungen auf die Funktionalitäten des Produktes haben. Im Rahmen der DFMA ist die Robustheit des Produktes hinsichtlich der Streuung von Fertigungsbedingungen zu untersuchen, d. h. es ist zu analysieren, wie stark sich die Schwankung von Fertigungsparametern auf wesentliche Produkteigenschaften auswirkt. Diese Fragestellung findet sich auch in der Prozess-QFD (Kapitel 3), die beispielsweise mithilfe von Robustheitsanalysen oder DoE-Untersuchungen nach Taguchi beantwortet werden können. Man kann somit festhalten, dass derartige Untersuchungen von der DFMA zu dem frühestmöglichen Zeitpunkt eingefordert werden.

Wird eine hohe Empfindlichkeit festgestellt, ist die Sensitivität durch Änderungen im Produktdesign zu reduzieren. Dazu muss auf bewährte Prozesse zurückgegriffen werden, die unter anderem an den folgenden Kriterien erkennbar sind:

- Hohe Prozessfähigkeit, ausgedrückt durch C_p und C_{pk}, idealerweise größer zwei.
- Ausfallraten im Feld kleiner 10 ppm.
- Keine ungelösten Reklamations- bzw. Fehleruntersuchungen.
- Hohe Zulieferqualität.

Das DFMA-Team wird somit aufgefordert, vorhandene Informationen bezüglich der Prozesse zu erheben und sich bei kritischen Prozessen entsprechende Lösungen zu überlegen.

Verwendung inline-fähiger und skalierbarer Prozesse

Batch-Prozesse sind Verfahren, die in Chargen bearbeitet werden. Dabei wird eine durch das Fassungsvermögen eines Produktionsgefäßes (z. B. Hochofen, Reaktor, Mischer) begrenzte Materialmenge als Ganzes dem Arbeitssystem zugeführt und ihm als Ganzes nach Abschluss des Produktionsprozesses entnommen. Es ergibt sich eine diskontinuierliche Produktion, die bei steigenden Stückzahlen nicht stetig erweitert werden kann. Ein Prozess, bei dem der Ressourceneinsatz nicht stetig mit den Stückzahlen steigt, wird als nicht oder schlecht skalierbar bezeichnet.

Im Gegensatz dazu arbeiten Inline-Prozesse kontinuierlich und weisen eine gute Skalierbarkeit auf. Derartige Aspekte sollten bereits bei der Produktentwicklung in genügendem Maße berücksichtigt werden.

Einsatz einfacher Handling-Prozesse

Das Handling von Bauteilen oder Baugruppen kann durch entsprechende Positionierhilfen und einheitliche Greiferpositionen vereinfacht werden. Auch der Einsatz von Werkstückträgern, auf denen die Baugruppen über große Bereiche des Prozesses bleiben, vereinfacht das Handling. Die Fragestellung im DFMA-Team lautet somit, ob das Produktdesign den Einsatz einfacher Handling-Prozesse wie Greifen, Spannen, Fügen, Verbinden oder Transportieren ohne Gefahren der Beschädigung, Verhakung oder Verlierbarkeit überhaupt zulässt.

In der Praxis werden die DFMA-Forderungen oftmals in Form von Designrichtlinien präzisiert. In Tabelle 6.1 ist ein Auszug aus einer Designvorgabe hinsichtlich Handling dargestellt.

Tabelle 6.1 Designrichtlinie hinsichtlich Handling (Auszug)

Designrichtlinien hinsichtlich einfacher Handling-Prozesse
Teile, die sich beim Handling verdrehen könnten, sind zu vermeiden.
Symmetrische Teile sind – wenn möglich – zu bevorzugen.
Wenn asymmetrische Teile notwendig sind, sollten sie so eindeutig gestaltet werden, dass eine unkorrekte Montage nicht möglich ist (siehe Poka Yoke).
Dünne, flache Teile sollten vermieden werden.
Scharfe Kanten sind zu vermeiden, weil sie beim Handling den Mitarbeiter verletzen könnten und daher sehr sorgfältig gehandhabt werden müssen.
Teile, die leicht beschädigt werden können, sind zu vermeiden.
Rutschige Teile sollten vermieden werden.

Erkennen eines Fehlers am Entstehungsort (Jidoka)
und unmittelbare Beseitigung

Der japanische Begriff Jidoka bezeichnet den Betrieb einer Maschine ohne menschliche Überwachung. Hierzu werden z. b. Sensoren und Überwachungsfunktionen integriert, die Abweichungen vom Normalbetrieb selbstständig erkennen. Bei Abweichungen vom Normalbetrieb stoppt die Maschine den Verarbeitungsprozess und gibt für den Bediener entsprechende Warnungen aus. Die Herstellung von defekten Produkten wird damit vermieden, was zu einer erheblichen Qualitätssteigerung führt. Das Jidoka-Prinzip ist z. b. im Produktionssystem von Toyota ein wichtiger Bestandteil.

Das DFMA-Team wird bei dieser Fragestellung aufgefordert, sich darüber Gedanken zu machen, ob das Produktdesign die unmittelbare Erkennung und Beseitigung von Fehlern am Entstehungsort unterstützen kann.

Fehler durch Poka Yoke vermeiden

Poka Yoke wurde von dem Japaner Shigeo Shingo (Mitbegründer des Toyota-Produktionssystems) entwickelt. „Poka" bedeutet im Japanischen „der zufällige, unbeabsichtigte Fehler", „Yoke" bedeutet „Vermeidung, Verminderung". Die Philosophie basiert auf dem Grundsatz, dass eine Null-Fehler-Strategie in Betracht ziehen muss, dass trotz bester Ausbildung, Motivation sowie Training zufällige, unbeabsichtigte Fehlhandlungen nicht auszuschließen sind. Sie entstehen trotz bester Disziplin und Bemühungen um Aufmerksamkeit.

Poka-Yoke-Lösungen zielen auf die systematische Verhinderung derartiger Fehler, wobei zwischen Poka-Yoke-Systemen und -Vorkehrungen unterschieden wird. Poka-Yoke-Systeme stellen sicher, dass Fehler sofort erkannt werden. Poka-Yoke-Vorkehrungen hingegen sorgen dafür, dass durch geeignete Gestaltungsmaßnahmen am Produkt eine menschliche Fehlhandlung erst gar nicht auftreten kann.

Genau dieser Aspekt ist aus DFSS-Sicht besonders wichtig und wird daher im Rahmen der DFMA aufgegriffen, indem die Frage gestellt wird, inwieweit das Produktdesign Poka-Yoke-Vorkehrungen ermöglichen kann. Beispiele hierzu sind die Codierung von Steckern für die Montage, die Installation eines Positionierstiftes zur Einlegeprüfung, das asymmetrische Design von Befestigungslöchern oder das Vorsehen einer Nut, um verkehrtes Positionieren zu verhindern.

Poka-Yoke-Systeme und -Vorkehrungen greifen somit unterschiedlich in die Kausalkette der Fehlerentstehung ein (Bild 6.3).

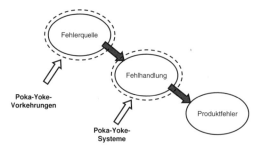

Bild 6.3 Unterschiedlicher Eingriff in die Kausalkette

Das Finden von Poka-Yoke-Lösungen erfordert, sich in einer frühen Phase der Produkt- und Prozessentwicklung sehr gezielt mit möglichen menschlichen Fehlhandlungen und der damit in Zusammenhang stehenden Fehlerquelle auseinanderzusetzen.

Durch einfache Konstruktion Fehler vermeiden und Kosten senken

Die Einfachheit einer Konstruktion kann nur produktspezifisch diskutiert werden. Zur Frage, inwieweit eine Konstruktion vereinfacht werden kann, eignen sich insbesondere Vergleiche mit Wettbewerbsprodukten oder Produkten, die eine vergleichbare Funktion erfüllen.

Jeder Teil, jede Komponente eines Produktes birgt in sich die Möglichkeit eines Defektes und Montagefehlers. Mit der Anzahl der Teile steigt nicht nur die Wahrscheinlichkeit eines defekten Produktes, sondern auch Fertigungs- und Montagekosten, da Automatisierungen erschwert und teure Handling-Schritte notwendig werden. Üblicherweise steigen auch die Einkaufs- und Servicekosten an. Des Weiteren darf nicht vergessen werden, dass die Reduktion von Teilen auch Durchlaufzeiten in der Produktion erheblich verkürzen kann. Eine Teilereduktion wirkt somit positiv auf Qualität (Q), Kosten (K) und Zeit (Z) (Bild 6.4).

Typische DFMA-Lösungen sind in einer Reduktion der Teilezahl des Produktes zu finden.

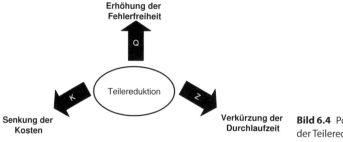

Bild 6.4 Positive Wirkung der Teilereduktion

Praxistipp

In der Praxis untersucht das DFMA-Team oftmals alle Teile einzeln, um zu entscheiden, ob das Teil eliminiert, mit einem anderen kombiniert oder die Funktion in anderer Art und Weise gewährleistet werden kann. Sehr oft wird auch die theoretische Anzahl der Teile ermittelt, indem die Teile den Funktionen des Produktes zugeordnet werden, um festzustellen, ob der Teil für eine Funktion unbedingt notwendig ist. Diese Vorgehensweise ist sehr ähnlich mit dem funktionsorientierten Ansatz der QFD und entspricht der Funktionsanalyse nach Boothroyd und Dewhurst. Als Ergebnis kann die sogenannte Designeffizienz errechnet werden, welche die Anzahl der unbedingt notwendigen Teile (funktionale Teile) zur Gesamtzahl darstellt. In der Literatur wird eine Designeffizienz von größer 60 % empfohlen.

Flexibel aufteilbare Arbeitsinhalte

Unterschiedliche Fertigungsvolumina erfordern unterschiedliche Fertigungseinrichtungen. Bei geringen Stückzahlen können z. B. Handling-Schritte manuell durchgeführt werden. Bei steigenden Stückzahlen ist hingegen ein automatisiertes Handling kostengünstiger. Die Fertigungsprozesse sind darauf zu prüfen, inwieweit der Übergang zwischen manueller und automatisierter Fertigung flexibel realisiert werden kann. Unflexible Fertigungsschritte sind zu vermeiden.

Rüsten beschleunigen bzw. vermeiden

Bei der Fertigung von Produktvarianten entstehen typischerweise Rüstzeiten, in denen Werkstückträger, Werkzeuge oder Zukaufteile ausgetauscht werden müssen. Die dadurch entstehenden Rüstzeiten sind auf ein Minimum zu reduzieren. Dies kann beispielsweise durch eine Standardisierung der elektrischen und mechanischen Schnittstellen erreicht werden.

Das DFMA-Team analysiert in systematischer Art und Weise die erforderlichen Rüsttätigkeiten und versucht darauf basierend festzustellen, ob durch Veränderungen im Produktdesign der Rüstprozess vereinfacht werden kann. Des Weiteren wird versucht, durch eine Variantenentstehung erst am Ende des Produktionsprozesses Rüsten in den vorgelagerten Fertigungsschritten zu vermeiden.

Bauteile vereinheitlichen

Als DFMA-Grundsatz gilt, dass durch Standardisierung die Vielfalt der Bauteile innerhalb einer Fertigungslinie oder eines Fertigungswerkes zu reduzieren ist. Das Anlernen von Produktionsmitarbeitern wird erheblich erleichtert, Fehlerquellen wie Vertauschungen können ausgeschaltet werden, es ergibt sich eine vereinfachte Logistik und Qualitätssicherung. Üblicherweise gibt es auch bessere Möglichkeiten der Automatisierung, da aufgrund einheitlicher Bauteile größere Stückzahlen produziert werden. Wenn innovative oder exotische Zukaufteile vermieden werden, können auch bei Lieferanten erhebliche Kosteneinsparungen erzielt werden.

6.4   Vorgehensweise bei der Anwendung

Im Wesentlichen lassen sich zwei DFMA-Ansätze unterscheiden. Bei den produktstrukturorientierten Ansätzen wie beispielsweise nach Boothroyd und Dewhurst steht das Produkt im Vordergrund, und es werden eine Reihe von vordefinierten Analysen wie beispielsweise Funktions-, Fertigungs-, Handling- und Montageanalysen durchgeführt. Bei den prozessorientierten Ansätzen wird zunächst der Produktionsprozess visualisiert, der als Leitfaden für die Analyse dient. Letztlich sind die Unterschiede nur unbedeutend, im Folgenden wird der prozessorientierte Ansatz näher erläutert.

6.4.1   Bildung des Teams

Die DFMA hat den Anspruch, Produkt und Prozess insbesondere im Hinblick auf mögliche Prozessprobleme und somit hinsichtlich Wirtschaftlichkeit ganzheitlich zu bewerten.

Für diese umfassende Betrachtung ist es erforderlich, dass alle beteiligten Bereiche wie Produktentwicklung, Fertigungs- und Montageplanung, Projekteinkauf und Qualitätswesen mit einbezogen werden. Idealerweise nimmt auch ein Mitarbeiter an der DFMA teil, der nicht direkt an der Entwicklung beteiligt ist, aber Erfahrung mit vergleichbaren Produkten aufweist.

Praxistipp

Um die Anzahl von Teilnehmern an der DFMA zu begrenzen und eine zielgerichtete Diskussion zu ermöglichen, kann es notwendig sein, den betrachteten Fertigungsprozess vorab in Teilprozesse zu zerlegen und jeweils nur unmittelbar betroffene Bereiche einzuladen.

6.4.2   Darstellung der Produktstruktur

Die Teamarbeit beginnt üblicherweise mit einer Vorstellung des zu entwickelnden Produktes (Bild 6.5). Dabei wird der aktuelle Entwicklungsstand mithilfe von 3-D-Darstellungen, Stücklisten, Fertigungszeichnungen mit Fertigungs- und Montagehinweisen (Wärmebehandlung, Lagerung etc.) und ge-

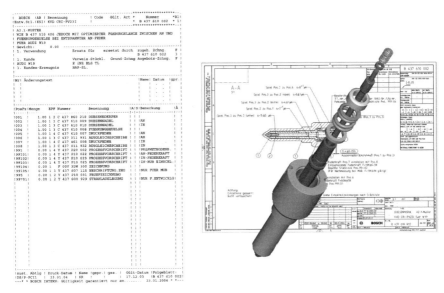

Bild 6.5 Beispielhafte Darstellung des Ergebnisses Schritt 2 der DFMA (Stückliste und Konstruktionszeichnungen)

gebenenfalls ersten Musterteilen vorgestellt. Durch Vergleiche mit Vorgängerprodukten kann der Innovationsgrad verdeutlicht werden.

Die Vorstellung des Produktes und des aktuellen Entwicklungsstandes schließt oftmals eine Stückzahlprognose, eine Darstellung des Kostenziels und die Aufteilung der Kosten auf die unterschiedlichen Baugruppen/Komponenten ein.

6.4.3 Erarbeitung des Prozessgraphen

Nach Vorstellung des Produktes wird der gesamte Produktionsprozess visualisiert, indem ein Prozessgraph (Prozess-Mapping) erstellt wird. Dabei wird zwischen wertschöpfenden, nicht wertschöpfenden und Prüfprozessen unterschieden (Bild 6.6). In diesem Beispiel wird transparent, wie der Fertigungsprozess genau entlang dieser Kategorien von Prozessschritten verläuft, und damit wird offensichtlich, wo noch Potenziale in Richtung optimaler Fertigbarkeit liegen werden.

Wertschöpfende Prozesse nehmen eine werterhöhende Veränderung am Produkt vor, wobei das Spektrum von einfachen Beschriftungen bis zu komplexen Montageprozessen reichen kann. Nicht wertschöpfende Prozesse sind

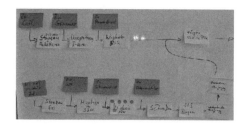
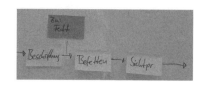

Bild 6.6 Darstellung eines möglichen Ergebnisses des DFMA-Schrittes 3 (Prozessgraph): die Prozesse werden visualisiert in wertschöpfend, nicht wertschöpfend und Prüfprozesse

typischerweise Transportvorgänge von Zukaufteilen oder des Produktes. Prüfprozesse verifizieren Merkmale hinsichtlich ihrer Spezifikation. Die Prozessarten können mit unterschiedlichen Formen oder Farben dargestellt werden.

Tabelle 6.2 Beispiele für die Verwendung von Symbolen im Prozessgraphen

Wertschöpfende Prozesse	Nicht wertschöpfende Prozesse	Prüfprozesse

Praxistipp

Bei der Erstellung des Prozessgraphen muss auf eine genügend hohe Detaillierung geachtet werden, um die Probleme, die durch eine Verbesserung am Produktdesign vermieden werden sollen, auch tatsächlich erkennen zu können.

Praxistipp

Softwarelösungen können die Visualisierung der notwendigen Prozessschritte unterstützen, indem nach Eingabe des Produktes samt Stückliste die entsprechende Fertigungsroute samt dazugehörigen Kosten automatisch visualisiert wird. Dies ermöglicht eine rasche „Simulation" der Auswirkungen von Produktänderungen auf die Fertigungskosten.

6.4.4 Analyse von kritischen Prozessschritten

Nach der Erarbeitung der Prozesse werden diese im Team bewertet, wobei die Aspekte der schlanken und fehlerfreien Produktion zu berücksichtigen sind. Alternativ werden alle Prozesse analysiert oder es werden zunächst kritische Fertigungsschritte (Hot Spots) identifiziert, die in der zweiten Stufe mithilfe von DFMA-Kernfragen im Detail analysiert werden (Tabelle 6.3).

Praxistipp

In der Praxis hat es sich bewährt, den Prozess in umgedrehter Reihenfolge zu analysieren (analog der Vorgehensweise der Wertstromanalyse). Somit wird sichergestellt, dass die Anforderungen der nachfolgenden Prozesse angemessen berücksichtigt werden. Außerdem kann auf diese Weise nicht in den gewohnten Strukturen gedacht werden, wodurch ein Perspektivenwechsel erreicht werden kann.

Die Kernfragen sind das Herzstück der DFMA-Methode, wobei in diesem Zusammenhang zu betonen ist, dass diese Checkliste unternehmens- und unter Umständen auch produktionsprozessspezifisch erstellt werden muss. Tabelle 6.3 zeigt eine typische Checkliste mit möglichen DFMA-Kernfragen.

Tabelle 6.3 Mögliche DFMA-Kernfragen

	Wie kann das Produktdesign …
1	… den Einsatz bewährter und zuverlässiger Prozesse ermöglichen (robustes Design)?
2	… die Verwendung inline-fähiger und skalierbarer Prozesse unterstützen (Batch-Prozesse, Klassieren und Paaren vermeiden)?
3	… den Einsatz einfacher Handling-Prozesse (Greifen, Spannen, Fügen, Verbinden, Transportieren) ohne Gefahren der Beschädigung, Verhakung oder Verlierbarkeit zulassen?
4	… das Erkennen eines Fehlers am Entstehungsort (Jidoka) und seine unmittelbare Beseitigung ermöglichen (kurze Qualitätsregelkreise)?
5	… Fehler (Teil fehlt/doppelt, falsche Lage, falsche Variante, Bedienfehler, Einstellfehler) durch Poka Yoke vermeiden?
6	… durch einfache Konstruktion (z. B. wenige Bauteile, einfache Bauteilgeometrie, wenige Prozesse, geringe Teilevarianz) Fehler vermeiden und Kosten senken?
7	… flexibel aufteilbare Arbeitsinhalte und eine sowohl manuelle als auch automatisierte Montage der Bauteile ermöglichen? Wie werden unflexible (werkzeuggebundene) Fertigungsprozesse (z. B. Schmieden, Kokillenguss) vermieden?
8	… schnelles Rüsten (< 5 Min.) und eine Variantenentstehung am Ende der Prozesskette durch einen modularen Erzeugnisaufbau ermöglichen?
9	… die Bauteile innerhalb der Erzeugnis- sowie auf Linien-/Werksebene vereinheitlichen (z. B. Verwechslungsgefahr auf dem Milkrun)?

6.4.5 Ableitung und Umsetzung von Verbesserungsmaßnahmen

Durch die Diskussion der Fragestellungen im Team, durch das Ausloten unterschiedlicher Aspekte und die umfassende Sichtweise von Produkt- und Prozessentwicklung ergeben sich üblicherweise zahlreiche Ansätze, die zu einer Verbesserung des Produktdesigns und in weiterer Folge des Fertigungsprozesses führen. Der entsprechende Handlungsbedarf in den einzelnen Schritten des Prozessgraphen kann mittels Ampelsystem visualisiert werden, wie dies in Tabelle 6.4 dargestellt ist.

Tabelle 6.4 Ampelsystem für die Verbesserungsmaßnahmen

Bewertung	Kriterium
Rot	Problem/Aufgabe/Reduzierungsansatz identifiziert. Konkrete Maßnahmen liegen nicht vor. Ursachen müssen untersucht und konkrete Maßnahmen abgeleitet werden.
Gelb	Problem/Aufgabe/Reduzierungsansatz identifiziert. Ursachen sind bekannt und konkrete Maßnahmen liegen vor, die mit Musterteilen in der Vorserie umgesetzt werden können.
Grün	Keine Maßnahmen erforderlich oder Problem/Aufgabe/Reduzierungsansatz identifiziert. Ursachen sind bekannt und konkrete Maßnahmen liegen vor, die in der frühen Musterphase umgesetzt werden können.

Die entsprechenden Lösungsansätze sind zu präzisieren, indem Maßnahmen abgeleitet und Umsetzungsverantwortliche definiert werden. Üblicherweise erfolgt auch eine Abschätzung der zu erwartenden Kosteneinsparung.

6.5 Praxisbeispiel Temperatursensor

Das Vorgehen bei der DFMA wird an dem Beispiel des Luftmassenmessers beschrieben, konkret wird die Montage des Temperatursensors analysiert.

Darstellung der Produktstruktur

In Bild 6.7 ist das gewählte Montagekonzept des Temperatursensors dreidimensional dargestellt.

Das gewählte Konzept besteht aus dem Kunststoffgehäuse mit Metalleinlegeteilen und dem zu montierenden Temperatursensor. Der Temperatursensor und das Gehäuse sind Zulieferteile. Der Stecker ist Teil des Kunststoffgehäuses, mit dem die Komponente kontaktiert wird, weshalb das Gehäuse kundenspezifisch ausgeführt werden muss. Auch der Temperatursensor selbst ist wegen seiner spezifischen Kennlinie kundenspezifisch.

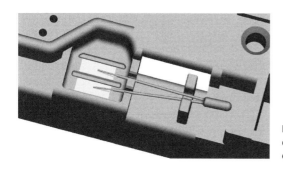

Bild 6.7 Endgültige Konstruktion der Schweiß-Pads für die Montage des Temperatursensors

Erarbeitung des Prozessgraphen

Im DFMA-Team wurde der Prozessgraph gemeinsam anhand der bereits beschriebenen Vorgehensweise (Prozess-Mapping) erarbeitet und visualisiert (Bild 6.8).

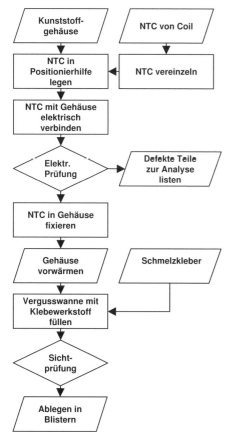

Bild 6.8 Darstellung des Fertigungsflusses für die Montage des Temperatursensors

Die Kunststoffgehäuse, welche in einem Blister liegen, werden auf den Werkstückträger gelegt. Der NTC, der auf einem Coil geliefert wird, muss gegriffen und freigestanzt werden. Vor dem Schweißen wird der NTC in die Positionierhilfe geführt, die aus drei Führungsöffnungen besteht. Anschließend wird der NTC geschweißt, der Kontakt zwischen NTC und Steckerkontakten des Kunststoffgehäuses elektrisch geprüft und durch Verschmelzen der Positionierhilfe in der Nähe der NTC-Pille der NTC mechanisch fixiert. Nach Vorwärmen in einem Durchlaufofen wird die Vergusswanne mit Schmelzkleber gefüllt. Abschließend findet eine Sichtprüfung statt und das Bauteil wird in einem Blister abgelegt.

Analyse von kritischen Prozessschritten

Die DFMA-Bewertung beschränkt sich im Folgenden auf den nach Ansicht des Teams besonders kritischen Prozess „NTC-Schweißen". Dieser Prozess wurde im nächsten Schritt 5 mithilfe der bereits erläuterten DFMA-Kernfragen diskutiert und analysiert. Die Ergebnisse zu den einzelnen DFMA-Fragen sind beispielhaft in Tabelle 6.5 dargestellt.

Tabelle 6.5 Auszug aus den Ergebnissen der DFMA-Analyse für den Prozess NTC-Schweißen

	Wie kann das Design …
1	**… den Einsatz bewährter und zuverlässiger Prozesse ermöglichen (robustes Design)?** Der Prozess NTC-Schweißen mit Kontakt- und Schweißelektrode ist von einem Vergleichserzeugnis bekannt und hat entsprechend gute Kennzahlen (Cpk, Cp etc.).
3	**… den Einsatz einfacher Handling-Prozesse ohne Gefahren der Beschädigung, Verhakung oder Verlierbarkeit zulassen?** Das Bauteil wird auf einem Coil (Spule) geliefert. Das Greifen erfolgt vor dem Ausstanzen, sodass eine gute Positionierung zum Greifen gewährleistet ist. Zum Fügen sind Positionierhilfen in die Konstruktion integriert.
4	**… das Erkennen eines Fehlers am Entstehungsort (Jidoka) und seine unmittelbare Beseitigung ermöglichen (kurze Qualitätsregelkreise)?** Am Entstehungsort wird über ein Visionssystem festgestellt, ob ein Temperatursensor eingelegt ist (Jidoka). Das Schweißen wird über den Verformungsweg der Schweißelektroden und den Schweißstrom kontrolliert. Durch die elektrische Prüfung wird ein elektrischer Fehler unmittelbar nach dem Schweißen erkannt.
6	**… durch einfache Konstruktion (z. B. wenige Bauteile, einfache Bauteilgeometrie, wenige Prozesse, geringe Teilevarianz) Fehler vermeiden und Kosten senken?** Die Konstruktion besteht nur aus zwei Teilen und ist damit einfach ausgelegt.
9	**… die Bauteile innerhalb der Erzeugnis- sowie auf Linien-/Werksebene vereinheitlichen, um Verwechslungsgefahr zu reduzieren?** Der Schweißprozess wurde von einem vergleichbaren Erzeugnis übernommen, die Temperatursensoren sind kundenspezifisch ausgeführt. Als Vorzugstyp wurde ein bewährter Temperatursensor eingesetzt. Kritisch erscheint das Verwechslungsrisiko der unterschiedlichen NTCs. Dieses Risiko ist durch Messen der elektrischen Kennwerte abzusichern. Weiterhin wird eine Vereinheitlichung der Temperatursensoren angestrebt.

Ableitung und Umsetzung von Verbesserungsmaßnahmen

Bei der Diskussion der DFMA-Fragestellungen wurde erkannt, dass keine abgesicherte Maßnahme zur sicheren Paarung von Gerätegehäuse und Temperatursensor besteht. Die unterschiedlichen Kunststoffgehäuse können über eine optisch auswertbare Codierung eindeutig identifiziert werden. Die Temperatursensoren unterscheiden sich dagegen nicht in ihrer äußeren Bauform, sondern nur in ihren elektrischen Kennwerten.

Als Verbesserungsmaßnahme wird deshalb eine elektrische Prüfung nach dem Schweißprozess angeregt. Außerdem wird eine Vereinheitlichung der Temperatursensoren durch Verhandlung mit dem Kunden angestrebt. Beide Verbesserungsmaßnahmen werden in ein Aufgabenverfolgungssystem (Tabelle 6.6) übertragen und dort nachgehalten.

Tabelle 6.6 Nachverfolgung von abgeleiteten Verbesserungsmaßnahmen

Prozessbeschreibung	Schweißen des Temperatursensors in Gerätegehäuse
Problem/Aufgabe/ Reduzierungsgesetz	Problem: Fehlererkennung bei falsch eingelegten Temperatursensoren fehlt
Maßnahmen	Analyse verwandter Produkte oder Prozessschritte durch den Konstrukteur und der Fertigungsvorbereitung
Verantwortlicher/ Termin	Schmidt 09/2007
Risiko	Bei falsch bestückten Temperatursensoren werden gegebenenfalls Emmissionsgrenzwerte der betroffenen Fahrzeuge überschritten. Eine Warnung des Fahrers kann nicht erfolgen
Kosten- potenzial	Kein

6.6 Zusammenfassung und Erfolgsfaktoren

Der Ansatz der DFMA besteht darin, in systematischer Art und Weise rechtzeitig die relevanten Aspekte hinsichtlich Fertigung und Montage eines Produktes zu berücksichtigen.

Richtig durchgeführt bietet somit die DFMA erhebliche Vorteile für alle Beteiligten in der Produktentwicklung. Zunächst unterstützt die DFMA die Arbeit im SE-Team und verbessert die Kommunikation dadurch, dass Produkt- und Prozessentwicklung eine gemeinsame Sprache und Sichtweise auf das Produkt entwickeln. Das Management profitiert davon, dass die DFMA nachhaltige Wettbewerbsvorteile schafft, wenn es gelingt, Kostensenkungen ohne Qualitätseinbußen zu realisieren. Für die Produktentwicklung besteht der Vorteil darin, dass kreativ neue Wege gefunden werden und die DFMA-Checklisten und Designrichtlinien helfen, Fehler aus der Vergangenheit zu vermeiden. Die Produktion schließlich hat den großen Nutzen, dass ihre Wünsche rechtzeitig berücksichtigt werden.

Ein wichtiger Erfolgsfaktor bei der Arbeit mit der DFMA ist die saubere Vorbereitung des DFMA-Meetings: Nur wenn alle bisherigen Konzept- bzw. Produktinformationen dem gesamten Team zur Verfügung stehen, kann auch in eine Detaillierungstiefe eingetaucht werden, in der echte Verbesserungspotenziale liegen können. Letztlich darf auch nicht vergessen werden, dass insbesondere die Methode DFMA von der rechtzeitigen Einbindung aller betroffenen Bereiche profitiert und dass nur dann gute Ergebnisse erzielt werden können, wenn die Produkt- und Prozessentwicklung gemeinsam in offener Art und Weise über Lösungen nachdenken. Insofern hängt der Effekt der DFMA direkt vom Kommunikations- und Verbesserungswillen aller beteiligten Funktionen maßgeblich ab.

6.7   Verwendete Literatur

Boothroyd, G.: Product Design for Manufacture and Assembly, Dekker, 2003

Yank, K./El-Haik, B.: Design for Six Sigma: a roadmap for product development, McGraw-Hill, 2003

7 Fehlermöglichkeits- und -einflussanalyse – FMEA

7.1 Zielsetzung

Die Fehlermöglichkeits- und -einflussanalyse (FMEA) ist eine analytische präventive Methode, die dazu dient, im Entwicklungsprozess potenzielle Stärken und Schwächen von Produkten bzw. Prozessen rechtzeitig zu ermitteln, zu bewerten und gegebenenfalls geeignete Maßnahmen zur Fehlervermeidung bzw. -entdeckung einzuleiten. Die frühzeitige Beseitigung von Schwachstellen führt zur Reduktion von Risiken und Fehlerkosten und zur Erhöhung der Sicherheit, der Zuverlässigkeit und der Kundenzufriedenheit. Generell lässt sich festhalten, dass die folgenden Fragestellungen mithilfe der FMEA beantwortet werden können:

Leitfragen

- Welche Funktionen hat das Produkt bzw. der Prozess zu erfüllen?
- Wo befinden sich Risikopotenziale im zu entwickelnden Produkt oder Prozess?
- Wie kritisch sind diese Potenziale?
- Welche Gegenmaßnahmen scheinen wirksam zu sein?
- Wie kann die Umsetzung dieser Gegenmaßnahmen nachgehalten werden?
- Konnte das Produkt bzw. der Prozess tatsächlich verbessert werden?

7.2 Einordnung der FMEA in den Produktentstehungsprozess

Die FMEA wird seit längerer Zeit bereits als eine zentrale Methode in der Produktentwicklung angesehen, man kann hierbei tatsächlich von einem „Klassiker" sprechen: Sie ist prinzipiell zum frühestmöglichen Zeitpunkt mit entsprechendem Fachwissen der bei der Entwicklung beteiligten Personen durchzuführen. Während der Schwerpunkt sowohl der Produkt- als auch der Prozess-FMEA sicher in der Konzeptentwicklungs- bzw. in der Produkt- und Prozessentwicklungsphase liegt, kann und wird die FMEA durchaus auch in späteren Phasen eingesetzt. Dies ist vor allem dann der Fall, wenn sich auf tieferen Granulationsebenen (d.h. Komponenten- oder Teilebene) Möglichkeiten für eine präventive Risikoanalyse ergeben. Mit der Produkt-FMEA kann begonnen werden, sobald ein Konzept ausgewählt und konkretisiert wurde, wohingegen die Prozess-FMEA auf ein fertig ausgearbeitetes und final entschiedenes Konzept aufbaut und daher in der Regel etwas später eingesetzt wird (Bild 7.1).

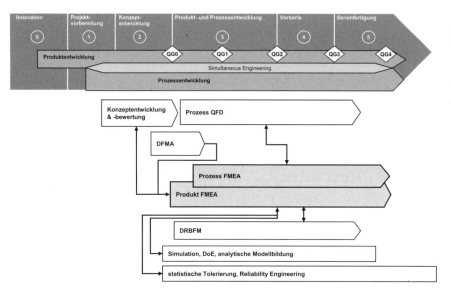

Bild 7.1 Zusammenspiel der FMEA mit anderen Methoden

Dies bedeutet klarerweise eine direkte Schnittstelle mit den Methoden der Entwicklung und Bewertung von Konzeptalternativen, die den Grundstein für die Arbeit mit der FMEA legen.

Zusammenspiel mit weiteren Methoden

Eine weitere enge Verbindung gibt es mit der DRBFM (Design Review Based on Failure Mode). Beide Methoden – DRBFM und FMEA – haben nicht nur einen Teil des Namens gemeinsam, sondern identifizieren und eliminieren produkt- und prozessinhärente Risiken sehr systematisch und konsequent. Während die FMEA jedoch als eine Methode für die Risikoanalyse eines gesamten Produktes oder Prozesses ausgelegt wurde, konzentriert sich die DRBFM auf Risiken, welche durch beabsichtigte oder unbeabsichtigte Veränderungen an bereits bestehenden Entwicklungen ausgelöst werden. Das heißt, die DRBFM geht wesentlich fokussierter und tiefschürfender vor.

Gerade die Prozess-FMEA hat einen direkten Verbindungspunkt mit der DFMA, die ja als kreative Vorstufe der Prozess-FMEA gilt. Während bei der DFMA der Simultaneous-Engineering-Gedanken von den Entwicklern getrieben wird, kommt die Initiative bei der Prozess-FMEA von der Fertigungsplanungsseite. Die in der DFMA noch relativ grob visualisierten Prozesse müssen für die FMEA schon in sehr konkreten Unterschritten strukturiert sein, damit die FMEA auch tatsächlich auf die kritischen Fehlerpotenziale stoßen kann.

Des Weiteren kann die Prozess-FMEA eine Schnittstelle zu QFD aufweisen – dann nämlich, wenn QFD bis zum dritten oder vierten Haus (Schnittstelle Produkt/Prozess bzw. Prozess/Prozessparameter) weitergetrieben wird. In diesem Fall müssen die Informationen aus der FMEA unbedingt in die QFD (Abhängigkeitsmatrix, Zielwerte) einfließen und umgekehrt.

Beide FMEA-Arten können außerdem in sinnvoller Weise auf die Erkenntnisse insbesondere der Wirkzusammenhänge aus den datenbasierenden Methoden, wie etwa DoE oder Simulation, zurückgreifen, um die Risikoanalyse bzw. die funktionalen Zusammenhänge qualitätsvoller zu gestalten. Aus diesen Erkenntnissen wiederum lassen sich etwa Aussagen über die Tolerierung von Merkmalen treffen (Risikoabhängigkeit), wodurch sich eine Verbindung zur Methode der statistischen Tolerierung ergeben kann.

Eine vollständige Auflistung der infrage kommenden korrespondierenden Methoden ist stark von der Art des zu entwickelnden Produktes und Prozesses abhängig und daher global nur sehr schwer zu treffen.

7.3   Grundbegriffe

Die FMEA-Methode wurde ursprünglich in den USA entwickelt und nach der Anwendung in Luft- und Raumfahrt sowie Kerntechnik bald in anderen Bereichen genutzt. Die FMEA ist heute fester Bestandteil von Qualitätsmanagementsystemen und ist beispielsweise zwingende Forderung in der ISO/ TS 16949, welche die Anforderungen an ein Qualitätsmanagementsystem in der Automobil- und Automobilzulieferindustrie festlegt.

7.3.1   Arten der FMEA

Je nach Erstellungszeitpunkt, Betrachtungstiefe und -gegenstand werden Produkt- (englisch: Design-) und Prozess-FMEAs (englisch: Process-) unterschieden.

Die Produkt-FMEA hat das Ziel, die pflichtenheftgerechte Gestaltung und Auslegung von Produkten zu untersuchen, um Entwicklungsfehler zu vermeiden. Eine besondere Art der Produkt-FMEA ist die System-FMEA, die das funktionsgerechte Zusammenwirken von Systemkomponenten hinterfragt. Die Prozess-FMEA untersucht die zeichnungsgerechte Prozessplanung und -ausführung zur Vermeidung von Fertigungsfehlern. Bild 7.2 stellt die unterschiedlichen FMEA-Arten gegenüber.

Für den Entwicklungsprozess heißt dies, dass die Produkt-FMEA vor QG 0 zu beginnen und vor QG 1 in der Erstversion abzuschließen ist (Bild 7.3). Dabei analysiert die FMEA den aktuellen Projektstand und ist bei Änderungen zu überarbeiten und zu aktualisieren.

Produkt-FMEA System
- Untersuchung Gesamtkonzept auf funktionsgerechtes Zusammenwirken der Systemkomponenten
- Vermeidung von Fehlern bei Systemkonzept und -auslegung
- Erwartungsgemäße(r) Fehlbedienung/Missbrauch
- Vermeidung von Feldrisiken

Produkt-FMEA Komponente
- Untersuchung der Erzeugnisse/Komponenten
- Pflichtenheftgerechte Gestaltung
- Vermeidung von Entwicklungsfehlern und konstruktiv beeinflussbaren Prozessfehlern

Prozess-FMEA
- Untersuchung auf Prozessebene
- Zeichnungsgerechte Prozessplanung und -ausführung
- Vermeidung von Planungs- und Fertigungsfehlern

Bild 7.2 Arten der FMEA

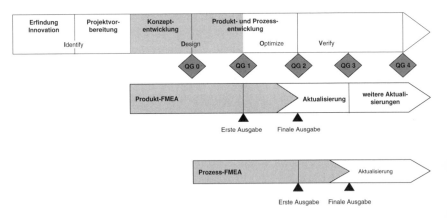

Bild 7.3 Überarbeitungsstände der unterschiedlichen FMEA-Arten

7.3.2 Inhalte der FMEA

Die Vorgehensweise ist bei allen FMEA-Arten grundsätzlich identisch und besteht neben der Vorbereitung und Planung aus den folgenden fünf Schritten:

- Strukturanalyse,
- Funktionsanalyse,
- Fehleranalyse,
- Maßnahmenanalyse,
- Realisierung/Optimierung.

Die fünf Schritte der FMEA nach der Vorbereitung/Planung sind in Bild 7.4 dargestellt. Sie werden im Kapitel 7.4 im Detail behandelt.

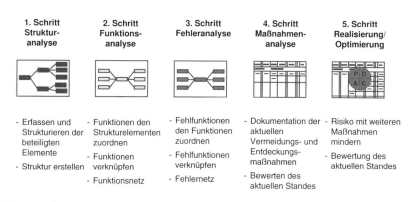

1. Schritt Struktur-analyse	2. Schritt Funktions-analyse	3. Schritt Fehleranalyse	4. Schritt Maßnahmen-analyse	5. Schritt Realisierung/ Optimierung
- Erfassen und Strukturieren der beteiligten Elemente - Struktur erstellen	- Funktionen den Strukturelementen zuordnen - Funktionen verknüpfen - Funktionsnetz	- Fehlfunktionen den Funktionen zuordnen - Fehlfunktionen verknüpfen - Fehlernetz	- Dokumentation der aktuellen Vermeidungs- und Entdeckungs-maßnahmen - Bewerten des aktuellen Standes	- Risiko mit weiteren Maßnahmen mindern - Bewertung des aktuellen Standes

Bild 7.4 Die fünf Hauptschritte der FMEA am Beispiel der Produkt-FMEA

7.3.3 Das FMEA-Team

Wie viele DFSS-Methoden ist die FMEA unbedingt im Team durchzuführen. Das rechtzeitige Einbeziehen der Teammitglieder ermöglicht parallele statt serielle Arbeit im Sinne von Simultaneous Engineering. Weiterhin wird sichergestellt, dass das größtmögliche Wissens- und Erfahrungspotenzial genutzt werden kann. Die Teamarbeit begünstigt die Kreativität, bringt schnellere abgestimmte Entscheidungen, fördert die Konsensbildung und die bereichsübergreifende Zusammenarbeit und steigert die Akzeptanz der erarbeiteten Ergebnisse. In der Regel besteht daher ein FMEA-Team aus Teilnehmern möglichst aller relevanten Fachbereiche – dies können je nach FMEA-Art Entwicklung, Qualität, Einkauf, Logistik, Fertigungsplanung, Versuchsabteilung bzw. sogar Kunden oder Lieferanten sein – plus einem unabhängigen Moderator, welcher sowohl in der Methode als auch in den Moderationstechniken hohe Kompetenz besitzt. Dieser Moderator ist für eine ordnungsgemäße Vorbereitung verantwortlich, führt durch die fünf Hauptschritte der FMEA, hält die Diskussionen auf einem fachlich hohen Niveau und dokumentiert die Ergebnisse.

7.3.4   Abgrenzung zur Fehlerbaumanalyse (FTA)

Die FMEA betrachtet ausschließlich Einzelfehler und keine Fehlerkombinationen. Die FMEA ist deshalb nicht geeignet, um Aussagen über Fehlerkombinationen und Ausfallverhalten von Produkten zu treffen. Für diese Betrachtungen ist die Fehlerbaumanalyse (FTA – Fault Tree Analysis) besser geeignet.

7.4   Vorgehensweise bei der Anwendung

7.4.1   Vorbereitung und Planung

Vor Beginn der FMEA sind die folgenden Aufgaben zu erledigen:

- Festlegung der FMEA-Art,
- Präzisierung der Ziele,
- Benennung der Teammitglieder,
- Durchführung von Schulungen (bei Bedarf),
- Bereitstellung von Übersichten und Diagrammen,
- Durchführung einer Aufwandsabschätzung.

Eine gründliche Vorbereitung der FMEA kann den späteren Zeitaufwand der eigentlichen FMEA im Team erheblich reduzieren. Dazu sind bei der Planung und Vorbereitung der FMEA Aufgabenstellung und Zielsetzungen klar zu definieren. Insbesondere ist zu entscheiden, welche Teile des Systems bzw. des Prozesses zu untersuchen sind.

Es ist sicherzustellen, dass die Teammitglieder das notwendige Fachwissen besitzen und von den zuständigen Vorgesetzten auch tatsächlich freigestellt werden. Vor Beginn der Teamarbeit sind vom FMEA-Moderator die erforderlichen Unterlagen bereitzustellen – meist handelt es sich hierbei um Funktionsbeschreibungen, Zeichnungen, Musterteile und Informationen bezüglich Fehlerdaten, Änderungsanträge, Verbesserungsvorschläge und Feldausfälle.

Die Dokumentation der FMEA erfolgt meist in einem Formblatt (Bild 7.5).

(1)	(2)	(3)	(4)	(5)	(6)	(7)	(8)	(9)	(10)	(11)	(12)
Nr.	Kompo-nente	Funktion	Fehlerart	Fehlerfolge	Fehler-ursache	Fehlerver-meidung	Fehlerent-deckung	B	A	E	RPZ

Bild 7.5 FMEA-Formblatt

Die einzelnen Spalten werden im Zuge der FMEA ausgefüllt. Sie werden in den nun folgenden Abschnitten erläutert.

Praxistipp

Es ist sicherzustellen, dass die FMEA durchgeführt wird, bevor das Konzept fertiggestellt und freigegeben wird. Ansonsten besteht die Gefahr, dass die FMEA als Provokation empfunden wird, da aus Sicht der betroffenen Entwickler im Konzept nach bestem Wissen und Gewissen alle möglichen Fehler vermieden wurden. Die FMEA kann zu einer Verteidigungssitzung entarten und wird deshalb zur Zeitverschwendung.

7.4.2　Strukturanalyse

Zu Beginn der FMEA-Arbeit im Team wird eine sogenannte strukturorientierte Systembetrachtung durchgeführt, indem das betroffene Produkt in einzelne Teilsysteme, sogenannte Systemelemente, zerlegt wird. Typischerweise wird hierzu eine Baumstruktur gewählt, welche die strukturellen Zusammenhänge des Produktes visualisiert. Das erste Element der Baumstruktur ist das sogenannte Wurzelelement und stellt das übergeordnete System dar, welches das Gesamtprodukt, den Nutzer und die Umwelt beinhaltet. Ausgehend von dem Wurzelelement werden die für die FMEA relevanten Systemelemente untergliedert. Dabei ist zum einen auf eine vollständige Beschreibung zu achten, zum anderen muss sich die Betrachtung auf die zum Produkt gehörenden Systemelemente beschränken.

7.4.3　Funktionsanalyse

Jedes Systemelement hat Funktionen/Merkmale, die zur Gesamtfunktion des Gesamtsystems beitragen. Um die Gesamtfunktion zu hinterfragen, wird der Zusammenhang zwischen den einzelnen Merkmalen und Funktionen der Systemelemente hergestellt und beschrieben.

Jedes Systemelement wird durch eingehende, innere und ausgehende Funktionen beschrieben. Eingehende Funktionen wirken von untergeordneten Systemelementen oder über Schnittstellen auf das betrachtete Systemelement. Innere Funktionen werden vom Systemelement selbst erfüllt und ausgehende Funktionen wirken vom Systemelement auf dessen übergeordnetes Element. Bild 7.6 stellt diese Kausalzusammenhänge grafisch dar.

Bild 7.6 Funktionsarten der Funktionsanalyse

Das Zusammenwirken der Funktionen mehrerer Systemelemente kann in Form eines Funktionsnetzes visualisiert werden (Bild 7.7). Für die Erstellung müssen alle daran beteiligten eingehenden, inneren und ausgehenden Funktionen betrachtet werden. In dem Beispiel in Bild 7.7 ist die Systemfunktion nur dann erfüllt, wenn die Funktionserfüllung der beiden Teilsysteme 1 und 2 gegeben ist. Dies gilt in analoger Art und Weise für das Teilsystem 1 usw.

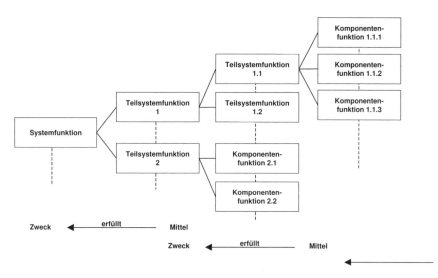

Bild 7.7 Darstellung der Funktionen in einem Funktionsnetz

Praxistipp

Nehmen Sie sich genügend Zeit für die Definition der Funktionen. Je genauer sie beschrieben werden, umso exakter können anschließend die Fehlerarten abgeleitet werden. Die Ergebnisse werden in Spalte 3 des FMEA-Formblattes eingetragen.

7.4.4 Fehleranalyse

Im dritten der fünf Hauptschritte wird analysiert, welche Fehlfunktionen auftreten können, wobei in der FMEA vier verschiedene Arten unterschieden werden:

- **Keine Funktion:** Das Produkt funktioniert überhaupt nicht und fällt aus.
- **Teilweise/übermäßige/verschlechterte Funktion:** Das Produkt weist eine nicht zufriedenstellende Funktionserfüllung auf, weil nicht alle geforder-

ten Merkmale der Spezifikation erfüllt werden. Hierzu zählt auch eine übermäßige Funktion oder eine im Laufe der Zeit absinkende Funktionserfüllung.

■ **Zeitweilig aussetzende Funktion:** Die Forderungen werden grundsätzlich erfüllt, das Produkt verliert aber von Zeit zu Zeit aufgrund äußerer Einflüsse (z. B. Temperatur, Feuchtigkeit) einen Teil seiner Funktionsfähigkeit oder es fällt ganz aus.

■ **Unvorhergesehene Fehlfunktion:** Eine unvorhergesehene Fehlfunktion kann aufgrund von Wechselwirkungen zwischen mehreren Systemelementen auftreten, die einzeln betrachtet zwar korrekt funktionieren, aber in Kombination einen unerwünschten Einfluss auf die Gesamtleistung des Produktes haben.

Nach der Ableitung der Fehlfunktionen sind als nächste Schritte die Folgen und Ursachen der identifizierten Fehler zu erarbeiten. Die Fehlerfolgen sind aus Kundensicht zu beschreiben, sollten bis zur Auswirkung auf höchster Ebene reichen und den Fehlfunktionen der übergeordneten Systemelemente entsprechen. Die Fehlerursachen sind alle möglichen Gründe, die zu dem Fehler führen können, und können aus den Fehlfunktionen der untergeordneten Systemelemente abgeleitet werden. Die Ergebnisse werden in den Spalten 4 bis 6 des FMEA-Formblattes dokumentiert.

Praxistipp

Die Erarbeitung der Fehlerursachen verdient besondere Aufmerksamkeit. Es reicht nicht, unstrukturiert alle möglichen Ursachen aufzulisten. Das Ziel muss sein, entsprechende Ursache-Wirkungs-Ketten zu modellieren, die auch den möglichen Unterursachen auf den Grund geben. Ein tief greifendes Verständnis der Ursache-Wirkungs-Beziehungen bildet die Basis dafür, das Risiko richtig abzuschätzen und in weiterer Folge adäquate Vorbeugemaßnahmen einzuleiten.

7.4.5 Maßnahmenanalyse und Risikobewertung

Im Rahmen der Maßnahmenanalyse bzw. Risikobewertung wird die Risikoprioritätszahl (RPZ) ermittelt, welche die Bedeutung (B), das Auftreten (A) und die Entdeckung (E) von Fehlern berücksichtigt.

Fehlerbedeutung (B)

Diese Bewertung spiegelt die Bedeutung der möglichen Fehlerfolgen für den Kunden wider. Eine mögliche Bewertungstabelle, wie sie in der Automobilindustrie eingesetzt wird, zeigt Tabelle 7.1.

Tabelle 7.1 Bewertungskriterien für die Bedeutung der Fehlerfolge (B) bei der Produkt-FMEA

Produkt-FMEA: B – Bedeutung der Fehlerfolge	Bewertung
Äußerst schwerwiegender Fehler Fehler, der die Sicherheit beeinträchtigt und/oder die Einhaltung gesetzlicher Vorschriften verletzt, ohne Warnung.	10
Äußerst schwerwiegender Fehler Fehler, der möglicherweise die Sicherheit beeinträchtigt und/oder die Einhaltung gesetzlicher Vorschriften verletzt, mit Warnung.	9
Schwerer Fehler Ausfall von Hauptfunktionen, z. B. nicht fahrbereites Fahrzeug.	8
Schwerer Fehler Funktionsfähigkeit des Fahrzeuges stark eingeschränkt, sofortiger Werkstattaufenthalt zwingend erforderlich.	7
Mittelschwerer Fehler Ausfall wichtiger Bedien- und Komfortsysteme, sofortiger Werkstattaufenthalt nicht erforderlich.	6
Mittelschwerer Fehler Funktionsbeeinträchtigung wichtiger Bedien- und Komfortsysteme.	5
Mittelschwerer Fehler Geringe Funktionsbeeinträchtigung von Bedien- und Komfortsystemen, von jedem Fahrer wahrnehmbar.	4
Fehler ist unbedeutend Der Kunde wird nur geringfügig belästigt und wahrscheinlich nur eine geringe Beeinträchtigung bemerken.	3
Fehler ist unwahrscheinlich Es ist unwahrscheinlich, dass der Fehler irgendeine wahrnehmbare Auswirkung auf das Verhalten des Fahrzeugs haben könnte. Nur vom Fachpersonal oder geübtem/erfahrenem Fahrer wahrnehmbar.	2
Keine Auswirkung	1

Fehlerauftreten (A)

Diese Risikozahl bewertet die Wahrscheinlichkeit, mit der eine Fehlerursache auftreten könnte (Tabelle 7.2). Die dargestellten Fehlerraten sind Prognosewerte innerhalb der festgelegten Lebensdauer. Zur Bewertung sind – soweit vorhanden – die bisherigen Erfahrungen von Vergleichsprodukten als Hilfe heranzuziehen. Um sicherzustellen, dass bei der Bewertung alle bereits eingeführten Maßnahmen zur Fehlervermeidung berücksichtigt werden, sind diese vor der Bewertung aufzulisten und im FMEA-Formblatt in Spalte 7 einzutragen.

Tabelle 7.2 Bewertungskriterien für die Bedeutung der Auftretenswahrscheinlichkeit (A) bei der Produkt-FMEA

Produkt-FMEA A – Auftretenswahrscheinlichkeit	Fehlerrate ppm	Bewertung
Sehr hoch Es ist nahezu sicher, dass die Fehlerart/ -ursache sehr häufig auftritt.	100 000 50 000	10 9
Hoch Die Fehlerart/-ursache tritt wiederholt auf. Problematisches, unausgereiftes System.	20 000 10 000	8 7
Mäßig Die Fehlerart/-ursache tritt gelegentlich auf. Im Reifegrad fortge- schrittenes System.	5 000 1 000 500	6 5 4
Gering Das Auftreten der Fehlerart/-ursache ist gering. Bewährte Systemauslegung, bewährter Prozess.	67 6,7	3 2
Unwahrscheinlich Das Auftreten der Fehlerart/-ursache ist unwahrscheinlich.	< 0,67	1

Fehlerentdeckung

Bei der Produkt-FMEA kann die Fehlerentdeckung zum einen für die Entwicklung bis zur Freigabe (Auslegungsfehler), zum anderen für das Produkt im Kundeneinsatz (Fehler im Feldeinsatz) betrachtet werden. Deshalb werden für die beiden Möglichkeiten unterschiedliche Tabellen verwendet, wobei in Tabelle 7.3 nur der Fall der Auslegungsfehler dargestellt ist.

Bei Auslegungsfehlern bewertet die Fehlerentdeckung (E) die Wirksamkeit bestehender Prüf- und Entdeckungsmaßnahmen in der Entwicklungsphase wie z. B. Simulation, Funktions-, Fahrzeug-, Dauer- oder Kunden-Erstmuster-Erprobung.

Bei Feldfehlern werden zur Ermittlung der Fehlerentdeckung (E) die bestehenden Entdeckungsmaßnahmen während des Produktgebrauchs herangezogen, welche die Fehler rechtzeitig signalisieren und Gegenmaßnahmen durch das System oder Bediener ermöglichen. Die Wirksamkeit dieser Entdeckungsmaßnahmen ist durch geeignete Simulationen, Versuche oder Kausalketten nachzuweisen.

Tabelle 7.3 Bewertungskriterien für die Bedeutung der Entdeckung (E) bei der Produkt-FMEA für Auslegungsfehler

Produkt-FMEA: Bewertungskriterium Auslegung E – Wahrscheinlichkeit der Entdeckung	Bewertung
Unwahrscheinlich Es ist unmöglich oder unwahrscheinlich, dass eine Fehlerart/-ursache durch Prüf- und Untersuchungsmaßnahmen in der Entwicklungsphase entdeckt wird.	10
Sehr gering Die Wahrscheinlichkeit ist sehr gering, dass die Fehlerart/-ursache durch Prüf- und Untersuchungsmaßnahmen in der Entwicklungsphase entdeckt wird.	9 8
Gering Die Wahrscheinlichkeit ist gering, dass die Fehlerart/-ursache durch Prüf- und Untersuchungsmaßnahmen in der Entwicklungsphase entdeckt wird.	7 6
Mäßig Die Wahrscheinlichkeit ist mäßig, dass die Fehlerart/-ursache durch Prüf- und Untersuchungsmaßnahmen in der Entwicklungsphase entdeckt wird.	5 4
Hoch Die Wahrscheinlichkeit ist hoch, dass die Fehlerart/-ursache durch Prüf- und Untersuchungsmaßnahmen in der Entwicklungsphase entdeckt wird.	3 2
Sehr hoch Es ist sicher, dass ein Auslegungsfehler durch Prüf- und Untersuchungsmaßnahmen in der Entwicklungsphase entdeckt wird.	1

Risikoprioritätszahl

Zum Abschluss der Risikobewertung wird die Risikoprioritätszahl (RPZ) berechnet. Sie gilt als Maß für den Handlungsbedarf und ergibt sich für jede Fehlermöglichkeit aus dem Produkt der drei Bewertungszahlen B, A und E:

$$RPZ = B \cdot A \cdot E$$

Je größer die RPZ ist, desto kritischer ist grundsätzlich eine Fehlermöglichkeit. Das Ergebnis der Einstufung wird in den Spalten 9 bis 12 des FMEA-Formblattes dokumentiert.

Praxistipp

Nicht alle Fehlermöglichkeiten sind trotz potenziell gleicher RPZ auch gleich kritisch im Sinne des Fehlerbildes. Beispielsweise kann ein Fehler mit RPZ 32, welcher sich aus A = 8, B = 2 und E = 2 (weniger kritisch) zusammensetzt, andere Priorität nach sich ziehen wie einer mit A = 2, B = 8 und E = 2 (kritisch), weil es sich dabei um einen sehr schwerwiegenden Fehler handelt, welcher weder ausgeschlossen noch mit 100 % Sicherheit entdeckt werden kann. Es ist daher sinnvoll, nicht rein nach der RPZ Prioritäten zu vergeben, sondern die Ergebnisse im Gesamtkontext des zu entwickelnden Produktes bzw. Prozesses nochmals zu hinterfragen.

7.4.6 Realisierung/Optimierung

Wenn im Rahmen der Risikoanalyse ein Handlungsbedarf identifiziert wurde, so sind entsprechende Vorbeugemaßnahmen umzusetzen. Zur strukturierten Umsetzung bietet sich ein PDCA-Zyklus an. Die Orientierung an dem Problemlösungsprozess mit den Phasen „Plan", „Do", „Check" und „Act" stellt sicher, dass die Maßnahmen systematisch geplant, umgesetzt, kontrolliert und auch aktualisiert werden (Bild 7.8).

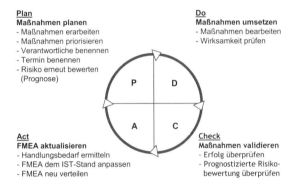

Bild 7.8 Darstellung des PDCA-Zyklus

Maßnahmen planen (Plan)

Tendenziell zeigen hohe Risikoprioritätszahlen Handlungsbedarf auf. Fixe Grenzwerte für zwingende Maßnahmeneinleitung sind jedoch insofern gefährlich, da eine FMEA niemals 100 % objektiv ist und Teammitglieder dazu verleitet werden könnten, Risiken unter dem festgelegten Grenzwert (meist RPZ größer 125) einzustufen, um keine Maßnahmen einleiten zu müssen. Eine Alternative zur fixen Grenze ist, eine Reihung der Risiken vorzunehmen und gemäß Pareto-Prinzip vorzugehen, d. h., bei den 20 % der Risiken Maßnahmen einzuleiten, die 80 % Wirkung erwarten lassen.

Zusätzlich lassen sich die folgenden Leitlinien zur Maßnahmenfestlegung nennen:

Konstruktive Maßnahmen, die die Auftretenswahrscheinlichkeit so weit reduzieren, dass das Produkt mindestens dem Stand der Technik entspricht, sind zu bevorzugen. Im Sinne der Null-Fehler-Philosophie im DFSS-Ansatz ist eine Auftretenswahrscheinlichkeit von A = 1 anzustreben, dies gilt insbesondere für sicherheitskritische Teile.

Kann die Auftretenswahrscheinlichkeit von Fehlern nicht oder nur unwirtschaftlich reduziert werden, so sind Maßnahmen zur Steigerung der Fehlerentdeckung festzulegen wie beispielweise umfangreiche Simulationen, entsprechend hohe Prüfumfänge oder die Durchführung von Erprobungen mit Grenzmustern.

Bei Bewertungen der Fehlerfolge mit B ≥ 9 (äußerst schwerwiegender Fehler), sind – wenn möglich – Maßnahmen zu planen, welche die Bedeutung der Fehlerfolge reduzieren. Üblicherweise sind dies Systemänderungen wie beispielsweise redundante Funktionen, die sich gegenseitig kontrollieren und ersetzen, oder Ersatzfunktionen, die bei einem Ausfall der Komponente aktiviert werden.

Für die festgelegten Verbesserungsmaßnahmen sind jeweils die verantwortliche Person (V) und der Termin (T) für die Einführung anzugeben. Nach Festlegung der Maßnahmen erfolgt eine Risikobewertung, die den Zustand nach Umsetzung der Maßnahmen prognostiziert.

Maßnahmen bearbeiten (Do)

Die definierten Maßnahmen werden im Entwicklungsteam bearbeitet und die Ergebnisse dokumentiert. Nach Umsetzung der Maßnahmen muss die Wirksamkeit überprüft werden. Der Verantwortliche für die Durchführung/ Aktualisierung der FMEA wird über das Ergebnis informiert. Bei Erfolg wird die Maßnahme eingeführt, bei negativer Erfahrung sind zusätzliche Optimierungsmaßnahmen einzuleiten.

Maßnahmen validieren (Check)

Die umgesetzten Maßnahmen sind zusätzlich unter Realbedingungen zu bewerten. Diese Validierung kann über Simulationen, Aufbau von Musterteilen, Erprobungen oder am Gesamtsystem gegebenenfalls auch mithilfe der Kunden durchgeführt werden. Nach Abschluss der Validierung ist eine Überprüfung der prognostizierten Risikobewertung erforderlich.

Eventuellen Handlungsbedarf für weitere Maßnahmen ermitteln/ aktualisieren (Act)

Besonderes Augenmerk verdient die laufende Pflege der FMEA, welche in der Praxis oftmals vernachlässigt wird. Die Aktualisierung muss den aktuellen Status bezüglich der Maßnahmen berücksichtigen und regelmäßig durchgeführt werden. Sie ist durchzuführen, wenn

- offene Maßnahmen vorhanden sind,
- eine Änderung am Erzeugnis oder Verfahren durchgeführt wird,
- sich die Einsatzbedingungen beim bestehenden Erzeugnis ändern,
- eine positive/negative Erfahrung aus internen oder externen Kundenbeanstandungen vorliegt oder
- eine Durchsprache einer FMEA mit Kunden bevorsteht.

Wiederum erfordern negative Erfahrungen zusätzliche Optimierungsmaßnahmen. Nach der Aktualisierung erfolgt eine Neuverteilung mit unterschriebenem Deckblatt in der Organisation.

7.4.7 Prozess-FMEA

Hat man eine Produkt-FMEA sorgfältig durchgeführt, gelangt man zu einer umfassenden Risikoanalyse des vorliegenden Konzeptes bzw. Designs. Da jedoch nicht nur das Produkt Risiken für mögliche Fehler birgt, sondern auch der Prozess, mit dem das Produkt letzten Endes gefertigt werden soll, bringt erst die Prozess-FMEA zusätzlich zur Produkt-FMEA ein vollständiges Bild der möglichen Risiken im Endprodukt. Ziel der Prozess-FMEA ist es somit, jene Risiken zu erkennen, zu beurteilen und durch geeignete Maßnahmen zu unterbinden, die durch den Prozess auftreten und somit zu erhöhtem Fehlerrisiko des Produktes führen können.

Die Durchführung einer Prozess-FMEA beginnt, wenn man sich an der Chronologie des Produktentstehungsprozesses orientiert, etwas später als die Produkt-FMEA. Hierzu ist – wie so oft – ein interdisziplinäres Expertenteam notwendig, wobei der Verantwortliche der Prozessentwicklung den Lead der Anwendung der Methode übernimmt. Ein ideales interdisziplinäres Team für die Prozess-FMEA setzt sich somit zusammen aus dem verantwortlichen Prozessingenieur, dem Produktentwickler, dem Einkäufer, Mitarbeitern aus Produktion, Logistik und Qualitätsmanagement und einem geeigneten Moderator.

Für die Durchführung der Prozess-FMEA gilt sinngemäß dasselbe wie für die Produkt-FMEA. Es sind jedoch gewisse Besonderheiten zu berücksichtigen, auf die hier im Detail eingegangen werden soll.

Zunächst ist festzulegen, auf welcher Ebene die Prozess-FMEA durchgeführt werden soll: Wird der Gesamtprozess betrachtet? Werden Teilprozesse betrachtet? Werden einzelne Prozessschritte betrachtet?

Praxistipp

Die Wahl der „Flughöhe der Prozess-FMEA" richtet sich nach dem Zweck, der mit dieser Methode konkret verfolgt werden soll. Ist ein Überblick ausreichend, so wird die Prozess-FMEA auf der Ebene des Gesamtprozesses durchgeführt. Kommen neue Prozesse und Technologien zum Einsatz oder werden bewährte Prozesse für neue Materialien, Produkte oder Teile eingesetzt und das Risiko soll im Detail untersucht werden, so wird eine Prozess-FMEA auf der Ebene der Teilprozesse bzw. Prozessschritte durchgeführt.

Die Prozess-FMEA beginnt – wie auch die Produkt-FMEA – mit einer Systemanalyse, allerdings auf den Prozess bezogen. Es wird hierbei der gesamte Herstellungsprozess systematisch aufgezeichnet und detailliert.

Praxistipp

Die Beschreibung der Prozesse im jeweiligen Detaillierungsgrad in Form der LIPOK-Darstellung ist hierbei von Vorteil: Dabei werden für jeden Prozess zunächst Anfang und Ende festgelegt, um das System abzugrenzen. Danach werden Input und Output bestimmt, die den Beginn des Prozesses speisen bzw. als „Produkt" am definierten Prozessende vorliegen. Für den Input wird anschließend der Lieferant bestimmt („Wer liefert den Input?"), analog wird für den Output der Kunde bestimmt („Für wen ist der Output bestimmt?", „Wer arbeitet mit dem Output weiter?"). Diese Analyse, insbesondere die genaue Definition des Outputs, ist in der weiteren Folge hilfreich, um mögliche Fehler zu definieren.

Eine genaue Definition des Prozesses ist gleichermaßen System- wie Funktionsanalyse. Die Fehlerdefinition erfolgt in der Art, dass die Eigenschaften des Prozess-Outputs verneint und somit als möglicher Fehler in das FMEA-Formblatt eingetragen werden. Die Bewertung der Fehlerfolge (RPZ B) kann nach derselben Bewertungstabelle erfolgen wie die entsprechende Bewertung der Produkt-FMEA. Während die möglichen Fehler im Output des Prozesses determiniert sind, bezieht sich die anschließende Ursachensuche auf den betrachteten Prozess selbst.

Die weitere Vorgehensweise der Prozess-FMEA entspricht derjenigen der Produkt-FMEA.

Am Ende der Prozess-FMEA erhält man neben einer detaillierten Risikoanalyse insbesondere die Identifikation besonders kritischer und wichtiger Prozessmerkmale, die in weiterer Folge Ziel für systematische Prozessverbesserung bzw. statistischer Prozesslenkung sind.

7.5 Praxisbeispiel Temperatursensor

Am Beispiel des Temperatursensors soll die Vorgehensweise der Produkt-
FMEA vertiefend erläutert werden.

7.5.1 Strukturanalyse

Begonnen wird mit der Erstellung des Strukturbaums, der in Bild 7.9 dargestellt ist.

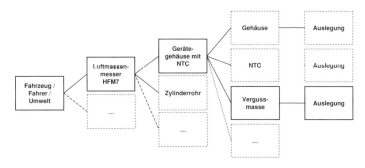

Bild 7.9 Darstellung eines Ausschnitts von einem Strukturbaum für die FMEA des
Temperatursensors

Das übergeordnete System ist das Fahrzeug mit dem Fahrer und der Umwelt,
in der sich das Fahrzeug bewegt. Der Luftmassenmesser ist – wie auch andere Komponenten – Teil des Fahrzeugs und besteht aus verschiedenen Einzelteilen, wobei einer davon der betrachtete Steckfühler ist. Dieser wiederum
besteht aus dem Kunststoffgehäuse, in dem sich die gesamte Elektronik des
Luftmassenmessers befindet. Teil des Steckfühlers sind aber auch der NTC
und die Vergussmasse, mit der die Schweißverbindung abgedeckt wird.

7.5.2 Funktionsanalyse

In weiterer Folge wurden die entsprechenden Funktionen des Temperaturfühlers erarbeitet und in Form eines Funktionsnetzes dargestellt (Bild 7.10).

Die Kontaktierung des NTC hat die Funktion, die elektrische Leitfähigkeit
zuverlässig sicherzustellen. Dazu gehört auch, dass die Schweiß-Pads mithilfe der Vergussmasse vor Korrosion geschützt werden. Dies wiederum ist
nur dann erfüllt, wenn beispielsweise die Haftung der Vergussmasse an dem
Coating der NTC-Zuleitungen und Gehäuse ausreichend gut und die Vergussmasse elektrisch isoliert ist.

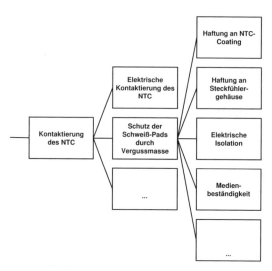

Bild 7.10 Ausschnitt aus der Funktionsstruktur für das Beispiel Temperatursensor

7.5.3 Fehleranalyse

Die Verneinung der Funktion führt zur Identifikation der Fehlerarten, für die in weiterer Folge die entsprechenden Ursachen zu erarbeiten sind. Bild 7.11 zeigt die Ergebnisse am Beispiel der Funktion „Haftung der Vergussmasse an dem Steckfühlergehäuse"

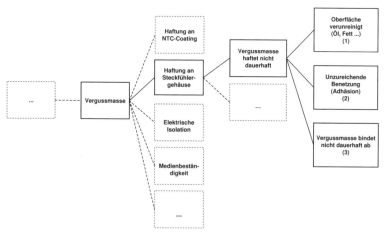

Bild 7.11 Ausschnitt der Fehleranalyse für die Funktion „Haftung der Vergussmasse"

Falls eine der drei Fehlerursachen „Oberfläche verunreinigt", „unzureichende Benetzung" oder „Vergussmasse bindet nicht dauerhaft ab" zutrifft, haftet die Vergussmasse nicht dauerhaft an dem Steckfühlergehäuse und die

Funktionserfüllung der Vergussmasse ist nicht mehr gegeben. Als Fehlerfolge sind somit auch alle übergeordneten Funktionen nicht erfüllt und im Extremfall werden aufgrund der falsch angezeigten Ansauglufttemperatur die Emissionsgrenzwerte überschritten, ohne dass dies vom Fahrer erkannt werden kann.

7.5.4 Maßnahmenanalyse und Risikobewertung

Die Bilder 7.12 und 7.13 zeigen die Risikobewertung beispielhaft für die beiden Ursachen „Oberfläche verunreinigt" (Bild 7.12) und „unzureichende Benetzung" (Bild 7.13).

Fehlerart	Fehlerfolge	Fehlerursache	Fehlervermeidung	Fehlerentdeckung	B	A	E	RPZ
Vergussmasse haftet nicht dauerhaft am Gehäuse	Abgase außer Toleranz, ohne Vorwarnung des Fahrers	Vergussmasse bindet nicht dauerhaft ab, weil Oberfläche verunreinigt	Auswahl eines Klebewerkstoffes mit geeigneter Oberflächenspannung	Vorversuche zur Korrosionsbeständigkeit	10	2	3	60
			Versuche zur Klebstoffqualifizierung mit Werk durchgeführt					

Bild 7.12 Auszug aus FMEA-Formblatt für Fehlerursache 1: Oberfläche verunreinigt

Fehlerart	Fehlerfolge	Fehlerursache	Fehlervermeidung	Fehlerentdeckung	B	A	E	RPZ
Vergussmasse haftet nicht dauerhaft am Gehäuse	Abgase außer Toleranz, ohne Vorwarnung des Fahrers	Vergussmasse kann Gehäuse/ Einlegeteile nicht benetzen	Auswahl eines Klebewerkstoffes mit geeigneter Oberflächenspannung	Vorversuche zur Korrosionsbeständigkeit	10	3	3	90
			Erwärmung der Vergusswanne unmittelbar vor dem Vergussprozess					
			Versuche zur Klebstoffqualifizierung mit Werk durchgeführt					
			Erfahrungen mit Schmelzkleber von HFM2 und HFM5					
			Definition der Vorbehandlungsparameter ist erfolgt					

Bild 7.13 Auszug aus FMEA-Formblatt für Fehlerursache 2: unzureichende Benetzung

Zur Vermeidung der Fehler wurde bereits vor der FMEA ein gut benetzender Klebewerkstoff mit geringer Oberflächenspannung ausgewählt und es wurden Versuche zur Qualifizierung des Klebewerkstoffes durchgeführt. Weiters wurde die Korrosionsbeständigkeit mit Vorversuchen abgetestet. Diese Versuche bestätigen die Korrosionsstabilität und damit die Auswahl des Klebewerkstoffes.

Neben der Auswahl eines gut benetzenden Klebewerkstoffes mit geringer Oberflächenspannung stand die Vorbehandlung des Gerätegehäuses, in das der Klebewerkstoff dispenst wird, im Vordergrund. Die Auswahl wird im Kapitel 8 näher beschrieben. Dabei wurde unter anderem auf die Erfahrung von Vorgängerkomponenten, bei denen ebenfalls ein Schmelzkleber eingesetzt wurde, zurückgegriffen.

7.5.5 Realisierung/Optimierung

Ein Vergleich der beiden Ausfallursachen zeigt, dass eine unzureichende Benetzung kritischer ist als eine verschmutzte Oberfläche. Um zu prüfen, ob die erreichte Haftung des Klebewerkstoffes ausreichend ist, wurden Korrosionsversuche durchgeführt. Dabei wurden Teile mit unzureichender Haftung und Teile mit ausreichender Haftung miteinander verglichen. Die Ergebnisse sind in Bild 7.14 dargestellt.

Bild 7.14 Korrosionsversuch mit unterschiedlicher Vorbehandlung des Kunststoffgehäuses: links: unzureichende Haftung; rechts: ausreichende Haftung

Die Untersuchung bestätigt, dass ein Lösen des Klebewerkstoffs vom Kunststoffgehäuse zu einem Eindringen eines Elektrolyten führt. Durch das Eindringen des Elektrolyten findet eine Korrosion der Schweiß-Pads statt, die durch die Verfärbung der Schweiß-Pads sichtbar wird. Bei der Zielkonfiguration mit einer Vorbehandlung des Gerätegehäuses entstehen keine Spalten zwischen Klebewerkstoff und Kunststoffgehäuse, sodass eine ausreichende Haftung gegeben ist.

Damit kann die Bewertung zur Entdeckungswahrscheinlichkeit von E = 3 auf E = 2 reduziert werden, wodurch sich auch die Risikoprioritätszahl auf 60 reduziert.

7.6 Zusammenfassung und Erfolgsfaktoren

Zusammenfassend kann vermerkt werden, dass die FMEA durch ihren präventiven Ansatz die Zusammenarbeit verschiedener Unternehmensbereiche in einem frühen Zeitpunkt stark unterstützt. Bei seriöser Durchführung liefert die FMEA sehr wertvolle und nutzbare Erkenntniszuwächse hinsichtlich notwendiger Vorbeugemaßnahmen.

Wenn man sich für die FMEA entscheidet, muss man sich bewusst sein, dass die FMEA durch die systematische Funktionsauflösung und anschließende Fehleranalyse einen relativ hohen Zeitaufwand zu Beginn der Produktentwicklung erfordert. Es bleibt das Risiko, dass man sich zu Beginn auch mit unkritischen Funktionen beschäftigt. Eine latente Gefahr bei der FMEA-Durchführung besteht darin, dass eine zu große Fokussierung auf die Risikoprioritätszahl mit fixer Grenze für die Ableitung von Maßnahmen stattfindet. Nicht mehr das Produkt und sinnvolle Vorbeugemaßnahmen stehen im Vordergrund, sondern das Feilschen um Zahlen.

Als Erfolgsfaktoren bei der Anwendung lassen sich neben der notwendigen offenen Fehlerkultur auch die richtigen Experten im Team und ein qualifizierter Moderator nennen. Nach wie vor bleibt die fachliche Kompetenz die wichtigste Voraussetzung bei der Lösung und Vermeidung von Problemen.

Wichtig ist, dass die FMEA als internes Optimierungsinstrument und nicht als Pflichtübung für den Kunden gesehen wird. Klar definierte Bewertungstabellen, die vor den Teamsitzungen festgelegt wurden, und eine konsequente und tatsächliche Umsetzung von Maßnahmen nach dem PDCA-Zyklus sind weitere wesentliche Erfolgsfaktoren.

7.7 Verwendete Literatur

FMEA Referenzhandbuch der QS 9000, dt. Ausgabe, 1999

Yank, K./El-Haik, B.: Design for Six Sigma: a roadmap for product development, McGraw-Hill, 2003

8 Design Review Based on Failure Mode – DRBFM

8.1 Zielsetzung

Die DRBFM wurde von Tatsuhiko Yoshimura, der 32 Jahre bei Toyota für Zuverlässigkeit zuständig war, entwickelt. Sie ist eine die Entwicklung begleitende Fragetechnik, Kreativitätsmethode und Philosophie zur zielorientierten Designfindung und -bewertung. Sie wurde entwickelt, um ein gutes und robustes Produktdesign von Beginn an zu erreichen, d. h. weniger Rekursionen und Prototypen zu benötigen und damit die Entwicklungszeit zu verkürzen.

Ziel ist es, durch entsprechend systematisches Vorgehen in der Entwicklung die technischen Anforderungen an das Produkt, einschließlich Sicherheits- und gesetzlicher Anforderungen, zuverlässig zu erfüllen. Dazu sind potenzielle Fehler in der frühen Entwicklungsphase zu identifizieren, um darauf basierend das Produktdesign zu optimieren. Dabei erfolgt eine Fokussierung auf Änderungen gegenüber einem bewährten Design verwandter Produkte. Die DRBFM analysiert primär Änderungen im Hinblick auf Notwendigkeit und Auswirkung auf die Funktion des Produktes.

Die DRBFM soll die zielgerichtete Entwicklungsarbeit während der gesamten Produktentstehung fördern und somit integraler Bestandteil der täglichen Ingenieurarbeit sein. Die Ergebnisse der DRBFM werden am Ende einer Entwicklungsphase einem bisher unbeteiligten Team (Review-Team) nochmals zur kritischen Diskussion gestellt.

Leitfragen

- Was wurde im Vergleich zu einem robusten Vorgängerprodukt geändert?
- Sind diese Änderungen wirklich genau verstanden und wurden auch unbeabsichtigte Änderungen ermittelt?
- Welche Funktionen sind durch die Änderungen betroffen?
- Gibt es Bedenken (engl.: concerns) bezüglich der Auswirkungen der Änderungen auf die Funktionen des Produktes?
- Kennen wir die Ursachen dieser Bedenken und verstehen wird diese im Detail?
- Welche Auswirkungen hat das Problem auf den Kunden?
- Haben wir alle möglichen Maßnahmen eingeleitet, um sicherzustellen, dass die Bedenken nicht zur Realität werden?
- Wurde das Produktdesign auch unbeteiligten Personen (Design-Review-Team) zur Diskussion gestellt und intensiv reviewt?

8.2   Einordnung der DRBFM in den Produktentstehungsprozess

Die DRBFM sollte gestartet werden, sobald ein Konzept für das zu entwickelnde Produkt ausgewählt wurde. Demgemäß ist diese Methode schon in einer sehr frühen Entwicklungsphase einzusetzen, wenngleich sie weitgehend als kontinuierliche Entwicklungsaufgabe gesehen wird und fast bis zur Vorserie Anwendung finden kann (Bild 8.1).

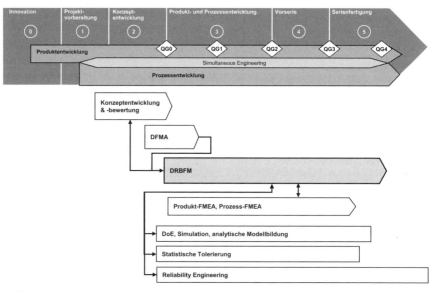

Bild 8.1 DRBFM und der PEP

Somit ergeben sich zahlreiche Schnittstellen zu anderen DFSS-Methoden, wobei zunächst auf die Konzeptentwicklung und -bewertung als ein wesentlicher Input eingegangen werden soll: Nachdem die DRBFM nicht auf die Risikobewertung eines gesamten Produktes oder Systems abzielt, sondern nur auf kritische Teilbereiche oder Komponenten, müssen dieselben im Rahmen der Konzeptentwicklung bereits identifiziert worden sein. Sollten die Erkenntnisse aus der Arbeit mit der DRBFM derartig große Änderungsbedarfe aufzeigen, muss unter Umständen wiederum in die Konzeptauswahl zurückgesprungen werden, um mit dem aktuellen Wissensstand eine Neubewertung durchzuführen.

Die risikobasierte Betrachtungsweise der DRBFM kann nicht nur auf Konzepte sondern auch auf Prototypen, getestete Produkte und den Fertigungsprozess angewandt werden. Es kommt somit zu einem ständigen Wechsel zwischen konstruktionsbegleitenden DRBFM-Aktivitäten und anschließenden Design-Reviews (Bild 8.2).

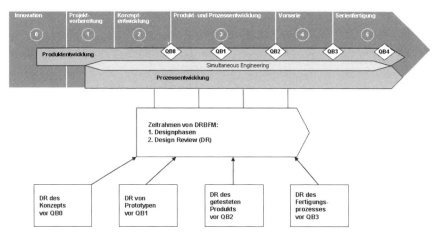

Bild 8.2 DRBFM mit unterschiedlichen Design-Reviews entlang des Entwicklungsprozesses

Um Risiken richtig einzuschätzen, zu priorisieren und geeignete Vorbeugemaßnahmen einzuleiten, ist ein profundes Verständnis für die Wirkzusammenhänge im Produkt notwendig. Daraus ergeben sich naturgemäß Schnittstellen zu den Methoden DoE, Simulation und analytische Modellbildung.

Ein weiteres sehr intensives Zusammenspiel über weite Bereiche der Produktentwicklung kann es mit der Produkt-FMEA geben (Bild 8.3). Viele Schritte der FMEA sind auch in der DRBFM vorgesehen (z.B. Ableitung von Funktionen). Das bedeutet, dass sich zahlreiche Überschneidungen und somit Synergien in der Arbeit mit diesen beiden Methoden ergeben, die unbedingt für eine effiziente Entwicklungsarbeit genutzt werden sollten. Während der Fokus bei der FMEA in der flächendeckenden Analyse des Systems mit entsprechender Risikoeinschätzung liegt, zeichnet sich die DRBFM durch Tiefe aus. Eine Besonderheit der DRBFM besteht darin, dass einerseits die Philosophie eine sehr große Rolle spielt und andererseits Design-Reviews gefordert werden, welche bewusst bisher noch nicht beteiligte Personengruppen mit einbeziehen.

Bild 8.3 verdeutlicht nochmals den Unterschied zwischen der FMEA und der DRBFM. Während die FMEA alle Funktionen und Anforderungen abdeckt, konzentriert sich die DRBFM auf einzelne Funktionsänderungen und geht dort detailliert in die Tiefe.

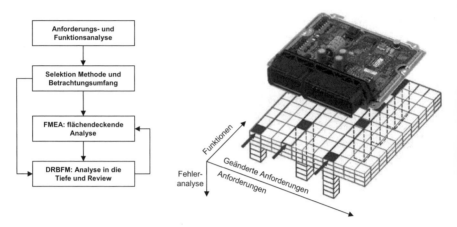

Bild 8.3 Zusammenspiel zwischen DRBFM und FMEA (Flussdiagramm nach Bosch)

Nachdem sich aus dem Design-Review drei Arten von Verbesserungsmaßnahmen ergeben können (Konstruktionsänderungen, Änderungen für Pro-
dukttests, Änderungen für den Fertigungsprozess), werden diese DRBFM-
Outputs direkt in andere Methoden einfließen: Während konstruktive
Änderungen vor allem in Maße und Toleranzen und damit in die statistische
Tolerierung Eingang finden werden, wirken sich Teständerungen direkt auf
entsprechende Methoden im Reliability Engineering (Erprobungsverfahren)
aus. Änderungen in Richtung Fertigungsprozess können Informationen für
die Prozess-FMEA beinhalten.

8.3   Grundbegriffe

8.3.1   Die GD³-Philosophie

Die Grundidee der DRBFM beruht auf den Prinzipien von Mizenboushi:
„Vermeiden, bevor etwas geschieht". Wesentliche Grundsätze können mit
dem Kürzel GD³ (ausgesprochen auf Englisch mit „G-D Cube") zusammengefasst werden:

- Good Design
- Good Discussion
- Good Design Review

Bild 8.4 zeigt nochmals grafisch die Prinzipien des GD³.

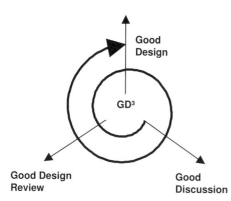

Good
Design

GD³

Good Design
Review

Good
Discussion

Bild 8.4 GD³-Philosophie: Good Discussion, Good Design Review, Good Design

Good Design

Eine gute Konstruktion ist die Grundlage für ein qualitativ exzellentes, kostengünstiges und rasch zu realisierendes Produkt. Ein gutes Design erfüllt die Kundenanforderungen und ist unempfindlich (robust) gegen Störgrößen im Feld und in der Fertigung. Wenn ein Produkt zu modifizieren ist, um neue Funktionen zu realisieren, werden nur die unbedingt notwendigen konstruktiven Veränderungen durchgeführt. Ein gutes Design wird niemals ohne triftigen Grund geändert.

Good Discussion

Werden Designänderungen vorgenommen, soll eine arbeitsbegleitende tiefe Diskussion mit fachlich kompetenten Kollegen die Identifikation und Beseitigung möglicher Probleme unterstützen. Im Entwicklungsprozess bedeutet eine gute Diskussion eine aktive und tief gehende Suche nach potenziellen Problemen, für die die Verantwortung übernommen wird, indem im Team Lösungen erarbeitet werden. Diese Diskussion muss bereits in der Frühphase der Entwicklung stattfinden, um Risiken kosteneffizient vermeiden zu können. Um ein gutes Produkt (Good Design) zu entwickeln, ist es erforderlich, offen über potenzielle Risiken zu diskutieren.

Good Design Review

Der DRBFM-Prozess fördert und fordert offene Diskussionen mit Experten, die nicht unmittelbar am Projekt beteiligt sind. Der Entwickler lädt für ein Design-Review ein Team aus erfahrenen Experten verschiedenster Fachrichtungen ein, um die bisherige Entwicklungsarbeit zur Diskussion zu stellen. Die Überprüfung der Konstruktionslösung anhand der intensiven Untersuchung realitätsnaher Zeichnungen, Teile und Versuchsergebnisse durch ein projektfremdes interdisziplinäres Team von Spezialisten soll die Erreichung guter Designqualität gewährleisten.

Praxistipp

Die Philosophie der DRBFM besteht darin, in aktiver und intensiver Teamarbeit über mögliche Probleme zu diskutieren. Hierbei ist die Einbindung aller Beteiligten wesentlich. Im Mittelpunkt hat das zu entwickelnde Produkt zu stehen, das auch physisch vorhanden sein sollte, um es „begreifen" zu können. Teamarbeit mit Computerunterstützung ist dieser Philosophie insofern abträglich, als dass bei derartigen Online-Moderationen oftmals die Aufmerksamkeit vom Produkt hin zur Bedienung der verwendeten Software gelenkt wird. Außerdem ist oftmals die Beamer-Projektionsfläche nicht ausreichend, genügend Informationen zu visualisieren. Deshalb wird bei der DRBFM der Einsatz von Pinnwänden und Kärtchen empfohlen.

8.3.2   Rollen der DRBFM

Ähnlich wie die FMEA setzt die DRBFM auf Teamarbeit. Im Gegensatz zur FMEA wird sie jedoch nicht von einem neutralen Moderator gesteuert, sondern der für das Produkt verantwortliche Entwickler leitet das Team. Er ist für den wirksamen Einsatz der DRBFM-Vorgehensweise in der täglichen Entwicklungsarbeit verantwortlich.

Unterstützung erhält er von sogenannten DRBFM-Experten, welche die fachgerechte Umsetzung insbesondere der Design-Reviews sicherstellen. Darüber hinaus koordiniert der Experte DRBFM-Schulungen, bewertet die Güte der DRBFM-Anwendung und leitet bei Bedarf Verbesserungsmaßnahmen ein. Die Koordination und Einführung der DRBFM ist im obersten Management zu verankern. Hierzu ist ein DRBFM-Champion zu benennen.

8.4   Vorgehensweise bei der Anwendung

Die DRBFM-Methode lässt sich in die in Bild 8.5 dargestellten Schritte zerlegen.

Die Dokumentation der DRBFM-Ergebnisse erfolgt im sogenannten DRBFM-Arbeitsblatt. Im Folgenden werden die einzelnen Schritte beschrieben.

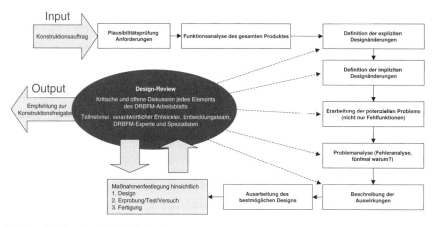

Bild 8.5 Schritte der DRBFM-Methode

8.4.1 Plausibilitätsprüfung der Anforderungen

Die Plausibilitätsprüfung umfasst die Sicherstellung, dass die Anforderungen an das zu entwickelnde Produkt ausreichend festgelegt wurden. Theoretisch sollte dieser Schritt bereits im Rahmen von „Voice of the Customer" durchgeführt worden sein. Da dies in der Praxis oftmals nicht mit der erforderlichen Konsequenz betrieben wird, wurde dieser Schritt in die DRBFM-Methodik aufgenommen, bezüglich Details sei jedoch auf das Kapitel 2 verwiesen.

8.4.2 Funktionsanalyse des Produktes

Aus den identifizierten Anforderungen sind diejenigen Funktionen abzuleiten, welche das zu entwickelnde Produkt zu erfüllen hat. Wird in einer QFD der im Kapitel 3 beschriebene funktionsorientierte Ansatz gewählt, so liegen die erforderlichen Ergebnisse bereits vor. In der QFD-Matrix wurde dann auch der Zusammenhang zwischen Funktionen und Anforderungen ermittelt, sodass nicht nur die Funktionen, sondern auch die Gewichtung und die entsprechenden Zielvorgaben zur Verfügung stehen.

Die Methodik der DRBFM legt höchsten Wert auf eine vollständige Funktionsbeschreibung, um anschließend tatsächlich alle potenziellen Risiken zu identifizieren. Aus diesem Grund wird eine Checkliste zur Verfügung gestellt, die sogenannte „Function Focal Point Table", die fünf Arten von Funktionen unterscheidet (siehe auch Tabelle 3.1 im Kapitel 3). Unter dem Begriff „Basisfunktionen" werden diejenigen Funktionen aufgeführt, welche die Hauptaufgabe des Systemelementes darstellen. Funktionen, die zur Erfüllung z.B. gesetzlicher Bedingungen erforderlich sind, werden unter dem Schlüsselbegriff „zusätzliche Funktionen" zusammengefasst. Der Oberbegriff „Einbaufunktionen" fasst diejenigen Funktionen zusammen, die aus dem Einbau- und Zusammenbau resultieren. Falls das Systemelement Funktionen besitzt, die das Produkt schützen, werden diese unter dem Begriff „Schadenvermeidungsfunktionen" aufgeführt. Die Bezeichnung „Selbstschutzfunktion" fasst schließlich die Funktionen zusammen, die erfüllt sein müssen, um Menschen beim Umgang mit dem Systemelement zu schützen.

Praxistipp

Die Formulierung der Funktionen ist in der DRBFM-Philosophie äußerst exakt und wenn möglich quantifiziert durchzuführen. Die Angabe der Funktion muss neben der Benennung (z.B. Strom leiten) immer entsprechende Parameter, Grenzen/Toleranzen (z.B. 100 Ampere ± 2 Ampere ...) und Umgebungsbedingungen (z.B. bei 23 °C) umfassen. Hier zeigt sich die bedingungslose Orientierung an Zahlen, Daten und Fakten in der DRBFM.

8.4.3 Definition der expliziten und impliziten Designänderungen

Im nächsten Schritt der DRBFM besteht die Aufgabe darin, alle Änderungen mit entsprechender Begründung zu beschreiben. Hierbei ist es zum einen notwendig, möglichst präzise Informationen über den technischen Umfang der Änderung zu geben. Zum anderen sind nicht nur die expliziten, sondern auch die impliziten Änderungen anzuführen, die beispielsweise aus der geänderten Verarbeitung oder dem Wechsel von Fertigungseinrichtungen resultieren.

Änderungen, die an dieser Stelle nicht erkannt wurden, werden über den gesamten DRBFM-Prozess nicht weiter berücksichtigt. Fehler, die aus diesen Änderungen resultieren, können nicht erkannt und vermieden werden.

Die DRBFM-Methode bietet in dieser Phase zwei Hilfsmittel an:

- Awareness Sheet und
- Change Comparison Sheet.

Awareness Sheet

Um alle bewussten und unbewussten Änderungen zu erfassen, stellt das Awareness Sheet Schlüsselbegriffe zusammen, mit denen das Systemelement auf bewusste und unbewusste Änderungen überprüft wird.

Change Comparison Sheet

Das Change Comparison Sheet greift in einem zweiten Schritt alle Änderungen auf, die mit Hilfe des Awareness Sheet erkannt wurden. Alle beabsichtigten und unbeabsichtigten Änderungen sind nun im Detail und möglichst präzise zu beschreiben. Dabei ist eine Visualisierung z. B. über Zeichnungen oder Skizzen wünschenswert, da dadurch Änderungen schnell transparent werden.

8.4.4   Erarbeitung potenzieller Probleme (Concern Points)

Nach Identifikation der geplanten Änderungen und der unterschiedlichen Funktionen der Komponente wird eine entsprechende Matrix aufgespannt, die als Concern Point Identification Table bezeichnet wird (Tabelle 8.1). Im nächsten Schritt wird für jede Kombination analysiert, ob die Funktionserfüllung durch die Änderung negativ beeinflusst werden könnte. Wenn dies der Fall ist, kann das Entwicklungsteam ein entsprechendes Risiko formulieren, welches in der DRBFM als „Concern Point" bezeichnet wird.

Tabelle 8.1 Darstellung der Grundidee einer Concern Point Identification Table

Für die Identifikation der potenziellen Risiken sind neben dem Fachwissen und der Erfahrung des Teams zusätzliche Quellen heranzuziehen. Das können Aufzeichnungen über Ausfälle vergleichbarer Produkte, Informationen aus der FMEA oder Erfahrungen aus dem Verhalten ähnlicher Komponenten in der Serie sein.

8.4.5   Problemanalyse

Im nächsten Schritt wird analysiert, wann und unter welchen Bedingungen die potenziellen Fehlerursachen auftreten können. Dabei ist es zwingend erforderlich, die Fehlerursache detailliert zu beschreiben und in der Ursachenforschung entsprechend in die Tiefe zu gehen. Hierzu bietet sich die Fünfmal-warum-Fragetechnik an.

Fünfmal-warum-Fragetechnik (Naze-Naze-Technik)

Die Naze-Naze-Technik wurde von Taiichi Ohno (Toyota) entwickelt. Ziel ist es, die wahre Fehlerursache für ein Problem zu erkennen, indem wiederholt nach der Ursache gefragt wird. Nur dann, wenn die Wurzel des Problems („root cause") gefunden wurde, kann der Fehler dauerhaft vermieden werden.

Die Fragetechnik wird an einem einfachen Beispiel illustriert (Bild 8.6). Ein Mitarbeiter erklärt und analysiert, warum er zu spät zur Arbeit kommt. Die erste Antwort lautet, dass er zu spät zu Hause losgefahren ist. Da das zu späte Losfahren von vielen noch unbekannten Einflüssen abhängig ist, können noch keine nachhaltigen Vorbeugemaßnahmen eingeleitet werden. Erst die weiteren Warum-Fragen führen schließlich zu der Antwort, dass die nicht rechtzeitig ausgetauschte Batterie des Weckers für seine Verspätung verantwortlich ist. Damit lautet die Maßnahme zur Fehlervermeidung, die Batterie des Weckers rechtzeitig auszutauschen.

Bild 8.6 Darstellung der Fünfmal-warum-Fragetechnik an einem einfachen Beispiel

In diesem Beispiel ist lediglich eine einfache Ursache-Wirkungs-Kette dargestellt. In der Praxis sind Ursache-Wirkungs-Strukturen oftmals komplexerer Natur. Dann gibt es meist mehrere mögliche Ursachen für ein Problem, und oftmals ist gerade die Kombination von mehreren Ursachen im Zusammenwirken für das Problem verantwortlich. Im Rahmen der Problemanalyse kann es somit notwendig sein, verzweigte Ursache-Wirkungs-Ketten und Abhängigkeiten zu modellieren. Zur vollständigen Beschreibung der Fehlerursachen sollten zunächst alle Ursachen und Einflussfaktoren zusammengestellt und beispielsweise mithilfe des Ishikawa- oder Abhängigkeitsdiagrammes visualisiert werden. Die als relevant eingestuften Ursachen sind jedenfalls mittels der Fünfmal-warum-Fragetechnik im Detail zu analysieren.

8.4.6   Beschreibung der Auswirkung

Nach der ausführlichen Analyse wird ähnlich wie bei der FMEA beschrieben, wie sich die Fehler beim Kunden auswirken könnten. Dabei ist unter dem Kunden nicht unbedingt und ausschließlich der Endverbraucher zu sehen, sondern es ist die gesamte Kunden-Kunden-Kette zu betrachten. Der Kunde kann somit z. B. auch die folgenden Personen umfassen:

- Personen, die das Produkt weiterverarbeiten,
- Zwischenhändler,
- Endverbraucher,
- Personen, die das Produkt entsorgen.

Die Quantifizierung der Auswirkungen beim Kunden erfolgt nicht wie bei der FMEA auf einer zehnstufigen Skala, sondern durch Klassifizierung in A-, B- und C-Fehler (Tabelle 8.2).

Tabelle 8.2 Schema zur Gewichtung der Auswirkungen von Fehlern beim Kunden

A	Fehler grundlegender Eigenschaften, beim Kraftfahrzeug die Bereiche fahren, steuern, bremsen
B	Fehler in wichtigen Funktionen, z. B. Emissionseinschränkungen
C	Fehler, die das Aussehen oder andere Sinneswahrnehmungen betreffen

8.4.7   Ausarbeitung des bestmöglichen Designs

Auf Basis der aktuellen Untersuchungen zum Design des Produkts werden die bisherigen Maßnahmen zur Vermeidung der potenziellen Risiken aufgeführt. Dabei müssen die getroffenen Maßnahmen belegen, dass damit die Ursachen für alle potenziellen Risiken gefunden und Maßnahmen zur sicheren Vermeidung getroffen wurden. Die Wirkzusammenhänge müssen dabei so weit wie möglich quantitativ dargestellt werden. Oft ist es zielführend, Ergebnisse von Vergleichsprodukten aufzuführen, um die Relevanz des Problems im Feldeinsatz zu klären.

Wenn die bestehenden Maßnahmen zur Vermeidung potenzieller Risiken nicht ausreichen, sind entsprechende Vorbeugemaßnahmen einzuleiten und umzusetzen. Sie können sich auf das Design, die Fertigung oder Erprobung beziehen. So kann etwa eine Toleranz enger gezogen werden (Design) oder können andere Parameter in Testläufen (Erprobung) untersucht werden.

8.4.8   Design-Review

Die Einschätzungen des Entwicklungsteams werden im sogenannten DRBFM-Formblatt dokumentiert. Um die Erkenntnisse abzusichern, wird ein DRBFM-Review durchgeführt, im Rahmen dessen die bisherigen Ergebnisse von weiteren Experten auf Plausibilität und Nachvollziehbarkeit geprüft werden.

Im Vorfeld sind die Teilnehmer des DRBFM-Reviews rechtzeitig über

- die Spezifikation des zu entwickelnden Produktes,
- den konstruktiven Ansatz und eingesetzte Materialien,
- die zu bewertenden Systemelemente und
- die Bewertung der Systemelemente im DRBFM-Formblatt

zu informieren. Für das Review sind außerdem Zeichnungen, Vergleichsprodukte, Muster und andere Materialien zur Veranschaulichung der Konstruktion und der durchgeführten Untersuchungen bereitzustellen. Zu dem Review werden Experten aus unterschiedlichen Bereichen wie Erprobung, Materialwissenschaft, Fertigung und Qualitätskontrolle eingeladen.

Die Rolle des Projektteams ist es, eine tiefgründige Diskussion zuzulassen, offen gegenüber neuen Sichtweisen zu sein und Anregungen als Impuls und nicht als Kritik aufzufassen. Die Aufgabe des Review-Teams besteht darin, kritisch, konstruktiv und offen jedes Element des DRBFM-Arbeitsblattes zu diskutieren, neue Ideen einzubringen und über zusätzliche Vorbeugemaßnahmen zu entscheiden.

Zu den erarbeiteten Maßnahmen werden Verantwortliche und Bearbeitungszeitraum festgelegt. Die Verfolgung erfolgt in den nachfolgenden Reviews. Nach wirksamer Umsetzung der Maßnahmen erteilt das Team die Konstruktionsfreigabe.

8.5 Praxisbeispiel Temperatursensor

8.5.1 Ausgangssituation (Plausibilitätsprüfung)

Im Kapitel 5 wurde für die Montage des Temperatursensors ein zweistufiges Schweißkonzept vorgestellt. Die dazu notwendigen Schweiß-Pads sind offen und müssen vor Korrosion geschützt werden. Bild 8.7 stellt die Konstruktion dar.

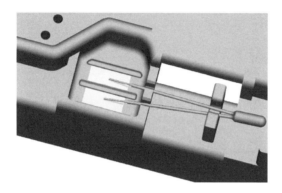

Bild 8.7 Konstruktionsdarstellung des Bauteils

Zur prozesssicheren Einbringung von Kleber wurde ein Kunststoffrahmen um die Schweiß-Pads gelegt. Um ein Eindringen von Flüssigkeit während der geforderten Lebensdauer zu vermeiden, muss der Klebewerkstoff langzeitstabil sein und eine sehr gute Haftung an Kunststoff- und Schweiß-Pads aufweisen. Die Forderung nach guter Haftung des Klebewerkstoffes ist Kern des DRBFM-Beispiels. Um die Darstellung überschaubar zu lassen, wird lediglich die Haftung bei dem gewählten Konzept auf mögliche Risiken geprüft.

8.5.2 Funktionsanalyse des Produktes

Wie in der DRBFM-Methodik gefordert, werden in einem ersten Schritt basierend auf der Function Focal Point Table (Tabelle 8.3) die Funktionen des Temperatursensors definiert. Nachfolgend sind die Ergebnisse für das Systemelement Vergussmasse dargestellt.

Tabelle 8.3 Function Focal Point Table des DRBFM mit Angaben z. B. Temperatursensor, Systemelement Vergussmasse

Funktion	Beschreibung	Vergussmasse Schweiß-Pads HFM7
Basisfunktionen	Funktion notwendig, um die Hauptaufgabe des Produktes oder einer Komponente zu erfüllen	Produkt ist korrosionsstabil, Nachweis der Korrosionsstabilität über Salznebelversuch, Ziel: Laufzeit t > 20 h; Widerstand des NTC wird nicht verfälscht, Vermeidung von parasitären Widerständen, Zielsetzung eines parasitären Widerstandes von R > 1 MΩ; Forderungen werden über die gesamte Lebensdauer erfüllt, Zielsetzung 15 Jahre.
Zusätzliche Funktionen	Funktionen, die für ein Produkt außerdem wichtig sind, um gesetzliche oder andere Bedingungen zu erfüllen	Umweltverträglichkeit der Vergussmasse, der Stoff muss hinsichtlich allgemeingültiger Umweltrichtlinien unbedenklich sein.
Einbaufunktion	Funktionen, die sich auf den Zusammenbau von Elementen beziehen	Eindringen von Flüssigkeit muss über Lebensdauer vermieden werden, es dürfen sich auch über die Lebensdauer keine Spalten bilden, Haftung des Klebewerkstoffes an Kunststoffflächen und zu den Schweiß-Pads muss sichergestellt sein.
Schadenvermeidungsfunktion	Funktionen, die ein Produkt schützen, Probleme zu verursachen	–
Selbstschutzfunktion	Funktionen, die erfüllt werden müssen, um Menschen bei Gebrauch, Herstellung oder Zusammenbau zu schützen	Der Einsatz des Klebewerkstoffes darf bei der Verarbeitung keine Gesundheitsgefährdung hervorrufen.

8.5.3 Definition der expliziten und impliziten Designänderungen

Awareness Sheet

Um sicherzustellen, dass alle Änderungen, insbesondere die ungewollten, genügend berücksichtigt werden, wird das Awareness Sheet (Tabelle 8.4) verwendet. Die erkannten Änderungen werden mit einem Kreuz in der Tabelle markiert.

Nr.	Schlüsselbegriff		Änderungen	
			beab-sichtigt	unbeab-sichtigt
1	Spezifikation		X	X
2	Funktion			X
3	Performance			
4	Umgebungsbedingungen	Temperatur		X
		Feuchte	X	
		Vibration		
		Spannungs-versorgung		
		Rauschen		
		Elektrische Strahlung		
		Licht		
		Geräusch		
		Wasser		
5	System			
6	Konstruktion		X	
7	Form		X	
8	Schaltkreis			
9	Software			
10	Komponente			
11	Material		X	
12	Bearbeitung		X	
13	Zusammenbau		X	X
14	Fertigungseinrich-tungen		X	
15	Lieferant		X	
16	Materialbezug		X	X
17	Fertigungsstandort			

Tabelle 8.4 Awareness Sheet zur Indentifikation von beabsichtigen und unbeabsichtigten Änderungen für die Verguss-masse des NTC-Schweiß-Pads

Beispielsweise ist unter Punkt 4 des Awareness Sheets zu untersuchen, ob sich durch die geplante konstruktive Änderung auch Umgebungsbedingungen ändern könnten. Hier wird bei dem Aspekt Temperatur eine implizite Änderung identifiziert. Im Rahmen der Beschäftigung mit diesem Punkt wird klar, dass sich Kunststoffgehäuse, Vergussmasse und Schweiß-Pads bei Temperaturänderungen unterschiedlich stark ausdehnen und durch die dadurch entstehenden mechanischen Kräfte der Temperaturbereich, in dem die Komponente betrieben werden darf, unbeabsichtigt eingeschränkt werden könnte.

Weitere Änderungen werden beispielsweise bei den Schlüsselbegriffen 14 bis 16 identifiziert. Das Einbringen der Vergussmasse erfordert eine neue Fertigungseinrichtung und einen neuen Lieferanten für das Vergussmaterial. Wegen der potenziell zusätzlichen Anforderungen an die übrigen Kunststoffteile wird sich auch der Materialbezug ändern müssen.

Change Comparison Sheet

Im nächsten Schritt sind alle identifizierten Änderungen im Detail zu beschreiben. Beispielhaft werden die Punkte Material und Bearbeitung aus dem Awareness Sheet aufgegriffen (Tabelle 8.4).

Als Ergebnis des DFMA-Prozesses wird das Material geändert, es wird ein neuer Schmelzkleber Typ A als Vergussmasse ausgewählt. Als mögliche Alternative steht in dieser Phase der Produktentwicklung ein alternativer Kleber Typ B zur Diskussion (Tabelle 8.5).

Tabelle 8.5 Auszug Change Comparison Sheet zur detaillierten Darstellung der Änderungen

Schlüsselbegriff	Frühere Auslegung	Neue Auslegung	Bemerkungen
Material	Keine Vergussmasse	Schmelzkleber Typ A	Alternativer Schmelzkleber Typ B
Bearbeitung	Keine Bearbeitung	Dispensen des Klebers in Verguss-wanne	Vorbehandlung des Kunststoffgehäuses zur besseren Kleber-haftung derzeit noch unklar

Auch die Bearbeitung wird gravierend geändert. Der Schmelzkleber soll in Zukunft in die Vergusswanne durch Dispensen eingebracht werden, wobei in dieser Phase der Entwicklung noch unklar ist, inwieweit das Kunststoffgehäuse vorbehandelt werden muss.

8.5.4   Erarbeitung potenzieller Probleme

Im nächsten Schritt werden nun alle Funktionen den Änderungen gegenübergestellt, um potenzielle Risiken zu identifizieren. Für die Vergussmasse der Schweiß-Pads des Temperatursensors ergibt sich unter anderem das in Tabelle 8.6 dargestellte Risiko.

Tabelle 8.6 Ausschnitt der Concern Point Identification Table für das Beispiel Temperatursensor, Systemelement Vergussmasse

	Einbaufunktion: Gute Haftung der Vergussmasse am Kunststoffgehäuse
Änderung: Dispensen des Klebers in Vergusswanne	Bei ungeeignetem Auftrag der Vergussmasse können Spalte entstehen. Bei unzureichender Haftung der Vergussmasse können z. B. durch Temperaturwechsel Risse entstehen.

8.5.5   Problemanalyse

Strikte Forderungen in der DRBFM ist es, alle identifizierten Risiken im Detail zu untersuchen und den Ursachen auf den Grund zu gehen. Dies ist nachfolgend am Beispiel des Risikos „unzureichende Haftung der Vergussmasse" dargestellt.

Die Haftung eines Klebewerkstoffes an einem Kunststoffgehäuse basiert auf zwei Mechanismen, nämlich einem physikalischen und einem chemischen Haftungsmechanismus.

Der mechanische Haftungsmechanismus entsteht über Van-der-Waals-Kräfte, die an der Schnittstelle zwischen Kleb- und Kunststoff entstehen. Mit steigender Oberflächenrauigkeit vergrößert sich die Oberfläche, an der der Klebstoff seine Van-der-Waals-Kräfte ausbildet. Solange die raue Oberfläche komplett mit Klebstoff abgedeckt wird, steigt die Haftung.

Bei Kunststoffen dominiert der chemische Haftungsmechanismus. Dabei gehen Valenzelektronen des Kunststoffes mit dem Klebewerkstoff eine chemische Bindung ein. Dafür ist es erforderlich, dass sich die ursprünglich freien Valenzelektronen nicht mit Feuchtigkeit, Sauerstoff oder kondensierten organischen Substanzen verbinden. Aufgrund der Lagerzeiten und Lagerbedingungen von Kunststoffteilen kann nicht verhindert werden, dass sich Wasser in den Kunststoff einlagert, organische Substanzen an der Oberfläche kondensieren oder eine Oxidation an der Oberfläche stattfindet. Stellvertretend für diesen Prozess ist in Bild 8.8 die Gewichtszunahme eines Kunststoffteils aufgrund von Wasseraufnahme dargestellt.

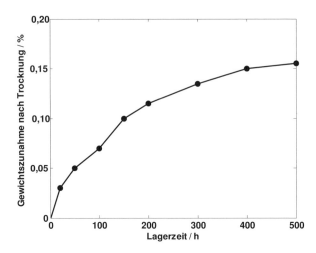

Bild 8.8 Analyse der Wasseraufnahme eines Kunststoffteils als Funktion der Lagerzeit nach einem Ausheizprozess

Nach dem Ausheizen liegt das Gewicht 0,17 % unter dem Gewicht des Kunststoffteils. Nach der Ausheizphase steigt das Gewicht wieder an. Zwischen Ausheizen und Aufbringen des Klebstoffes sollte deshalb eine definierte Lagerzeit nicht überschritten werden.

Die Haftung des Klebewerkstoffes an Oberflächen kann durch eine Vorbehandlung verbessert werden. Dazu wird das Kunststoffgehäuse in einem Ofenprozess ausgeheizt, sodass die eingelagerte Feuchtigkeit verdampft. Durch einen Plasmaprozess wird der Kunststoff oberflächlich getrocknet, zusätzlich werden organische Schichten und Oxidationsbeläge entfernt, wenn ihre Dicke im Bereich weniger Atomlagen liegt.

Diese Vorbehandlungsmethoden können jedoch nur dünne organische Beläge entfernen. Deshalb muss bereits bei der Produktion auf eine fettfreie Oberfläche geachtet werden.

Bild 8.9 stellt die Fünfmal-warum Fragetechnik an dem beschriebenen Beispiel dar.

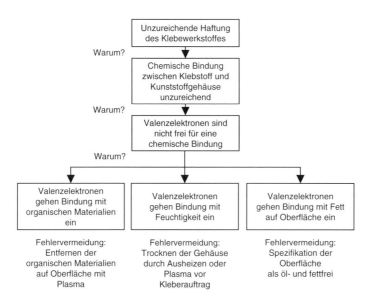

Bild 8.9 Darstellung der Fünfmal-warum-Fragetechnik an dem Beispiel „unzureichende Haftung am Klebewerkstoffes" im Temperatursensor

8.5.6 Beschreibung der Auswirkungen

Die Auswirkung des Fehlers ergibt sich analog zur FMEA. Falls die Vergussmasse nicht dauerhaft an dem Steckfühlergehäuse haftet, kann das Temperatursignal ausfallen oder falsche Werte anzeigen. Aufgrund der falsch angezeigten Ansauglufttemperatur werden im Extremfall die Emissionsgrenzwerte überschritten, ohne dass der Fahrer diese Fehlfunktion erkennen kann. Es wird daher dem Ausfall des Temperaturfühlers die Fehlerklasse B zugeordnet.

8.5.7 Ausarbeitung des bestmöglichen Designs

Um das bestmögliche Design auszuarbeiten und entsprechende Vorbeugemaßnahmen vorzusehen, werden Untersuchungen durchgeführt, um die Haftung der Vergussmasse auf dem Gehäuse zu analysieren. Konkret werden die Abscherkräfte in Abhängigkeit von dem Klebewerkstoff und der Vorbehandlung der Kunststoffoberfläche ermittelt. Hohe Abscherkräfte in Kombination mit einem Kohäsionsbruch, der auf eine gute Haftung des Klebewerkstoffes an der Kunststoffoberfläche hinweist, sind anzustreben. Großer Wert wird im Sinne der DFSS-Philosophie darauf gelegt, das Produkt bereits in der frühen Phase der Entwicklung bestmöglich zu verstehen.

Bild 8.10 stellt die Mittelwerte der ermittelten Abscherkräfte dar und zeigt, ob es sich um einen Adhäsionsbruch (AB) oder Kohäsionsbruch (KB) handelt.

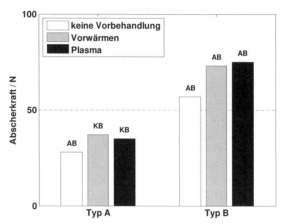

Bild 8.10 Ergebnis von Abscherversuchen von verschiedenen Vergussmassen auf dem Kunststoffgehäuse, Variation der Vorbehandlung des Kunststoffgehäuses

Es zeigt sich, dass ein Kohäsionsbruch nur beim Klebewerkstoff Typ A und bei einer Vorbehandlung durch Plasma oder Vorwärmen auftritt. Die Abscherkraft mit Vorwärmen (37 N) ist größer als bei Vorbehandlung mit Plasma (35 N). Zudem ist der Vorwärmprozess kostengünstiger als der Plasmaprozess, sodass sich das Entwicklungsteam für den Klebewerkstoff Typ A und Vorwärmen als Vorbehandlungsprozess entschieden hat.

8.5.8   Design-Review

Bei dem Beispiel der Vergussmasse des Temperatursensors bestätigt das Design-Review die Eintragungen im DRBFM Formblatt. In der Diskussion der Maßnahmen zur Fehlervermeidung ergibt sich jedoch, dass der Abscherversuch zwar einen deutlichen Hinweis auf die Kleberauswahl gibt, er aber hinsichtlich der Zugfestigkeit nicht ausreichend aussagekräftig ist. Es wird beschlossen, die Kleberauswahl durch einen Zugversuch umfassender abzusichern.

Weiters zeigt die Diskussion, dass die Versuche zur Untersuchung der Haftungseigenschaften zwar eine Auskunft über die Haftungseigenschaften geben, dass daraus aber nicht unmittelbar auf die Korrosionsstabilität geschlossen werden kann. Aus diesem Grund wird ein Versuch zur direkten Bewertung der Korrosionseigenschaften mit dem in Kapitel 3 beschriebenen Salznebelversuch beschlossen.

8.6   Zusammenfassung und Erfolgsfaktoren

Die DRBFM wurde entwickelt, um ein gutes und robustes Design von Beginn an zu erreichen, d. h. weniger Rekursionen und Prototypen zu benötigen und damit auch die Entwicklungszeit zu verkürzen. Die DRBFM hat aber auch das Ziel, die Kultur der Organisation zu ändern. Nicht mehr die „Troubleshooter" dürfen die Helden der Organisation sein, sondern diejenigen, denen es gelingt, das Auftreten von Problemen zu vermeiden.

Yoshimura weist außerdem darauf hin, dass es wichtiger sei, über Strukturen, Systeme, Schnittstellen und deren Funktionen und damit in Zusammenhang stehende „Sorgen" zu sprechen, als darüber, wie denn ein Formblatt richtig auszufüllen sei.

Ein weiterer Erfolgsfaktor der DRBFM ist ein gut vorbereitetes (z. B. „richtige" Personen) und fachlich tief geführtes Design-Review. Dabei ist zu beachten, dass es nicht darum geht, Fehler aufzuzeigen, um die bisherigen Entwicklungsmitarbeiter zu düpieren, sondern weitreichende Expertise (auch aus anderen Unternehmensbereichen) einfließen zu lassen und dadurch das Produkt noch besser zu machen. Die Forderung an das Design-Team darf daher nicht ein Durchwinken des Konzeptes sein, sondern das Einbringen ganz konkreter Verbesserungsvorschläge.

Wie bereits erwähnt, empfiehlt es sich aufgrund der meist komplexen Produktstrukturen, eine möglichst übersichtliche Darstellung zu finden. Dies gelingt in der Regel nicht über Bildschirm oder Videoprojektor, sondern vielmehr durch Visualisieren auf Metaplantafeln. Diese haben den Vorteil für alle Teilnehmer des Design-Reviews, immer das gesamte System im Blick zu haben.

Ein weiterer markanter Erfolgs- bzw. Misserfolgsfaktor stellt auch die richtige Auswahl des betrachteten Systems dar. Wird dasselbe zu umfangreich gewählt – was oftmals aufgrund der gewohnten Arbeit mit der FMEA eintreten kann – so explodiert der Aufwand relativ schnell in nicht mehr handhabbare Bereiche. Die Folge ist dann oft eine recht oberflächige Fachdiskussion, um rasch voranzukommen, wodurch die erwartete Wirkung dann aber auch ausbleibt.

8.7   Verwendete Literatur

Plato AG: Wie Toyota von DRBFM profitiert, QZ Jahrgang 50 (2004) 4

Schorn, M./Kapust, A.: DRBFM – die Toyota-Methode, VDI-Z 147, 2005

SQC Study Committee/TQM Promotion Committee of the Toyota Group: Beginners' Guide to DRBFM – Proactive Prevention based on Creative Thinking, 2005

9 Grundlagen der Statistik

9.1 Zielsetzung

Bei DFSS gilt der Grundsatz, Entscheidungen bestmöglich mit Zahlen, Daten und Fakten zu unterstützen. Demgemäß ist bei der Produkt- und Prozessentwicklung die Erarbeitung von quantifizierten Wirkzusammenhängen oberstes Ziel. Je besser und genauer das zu entwickelnde System verstanden wird, desto zielgerichteter und effektiver lassen sich die DFSS-Methoden einsetzen und robuste Produkte entwickeln. Hierzu lassen sich prinzipiell drei Ansätze unterscheiden, wobei insbesondere für die adäquate Anwendung von Experimenten und Simulationen ein fundiertes Statistikwissen benötigt wird. Die in diesem Kapitel behandelten statistischen Grundlagen teilen sich auf in

- Grundlagen der Wahrscheinlichkeitsrechnung,
- beschreibende Statistik,
- beurteilende Statistik.

9.1.1 Ziele der Wahrscheinlichkeitsrechnung

Der Erfolg einer Entwicklung wird unter anderem an dem Fehleranteil gemessen, der bei der Fertigung entsteht. Entscheidend ist hier die Frage, wie hoch die Wahrscheinlichkeit dafür ist, dass Ereignisse wie beispielsweise das Versagen des Produktes eintreffen.

9.1.2 Ziele der beschreibenden Statistik

Die beschreibende Statistik beschäftigt sich damit, wie Stichprobenergebnisse optimal interpretiert und aufbereitet werden können. Die Berechnung von statistischen Kenngrößen verfolgt hierbei die folgenden Zielsetzungen:

- Wie kann eine Vielzahl von Daten übersichtlich dargestellt werden?
- Wie können aus einer Menge von Daten Kenngrößen berechnet werden, die neue Erkenntnisse bringen?

9.1.3 Ziele der beurteilenden Statistik

Die beurteilende Statistik beschäftigt sich mit den folgenden Fragestellungen:

Leitfragen

- Erkennen von nicht offensichtlichen Informationen aus Messungen und Daten wie etwa Trends, Abhängigkeiten etc.
- Möglichkeit zur Risikobewertung beim Treffen von Aussagen aus Stichprobenmessungen.
- Quantifizierung von Aussagen und damit sinnvolle Ergänzung zum Expertenwissen (daten- und faktenbasierende Entscheidungen).
- Welche Schlüsse können von der Stichprobe auf die zugehörige Grundgesamtheit gezogen werden?
- Wie sicher sind diese Schlüsse?

9.2 Einordnung der Statistik in den Produktentstehungsprozess

Die Verwendung von Zahlen, Daten und Fakten ist ein wesentliches Prinzip von Design for Six Sigma. Während die bisher vorgestellten Methoden eher systematische Abläufe für Experten/Entwickler darstellten, um das vorhandene Wissen möglichst effektiv und effizient in den Entwicklungsprozess einfließen zu lassen, repräsentieren datenbasierende Methoden (Design of Experiments, Statistische Prozesslenkung etc.) einen wichtigen Gegenpol: Alle Annahmen und Entscheidungen sollten in DFSS faktenuntermauert getroffen werden. Aus diesem Grund findet in modernen Entwicklungsprozessen ein permanenter Wechsel zwischen diesen beiden Methodenarten statt.

Allen datenbasierenden Methoden zugrunde liegend sind die Grundlagen der Statistik, wobei diese jeweils in unterschiedlicher Weise und Tiefe integriert werden (Bild 9.1). So etwa finden sich fast immer grafische Auswer-

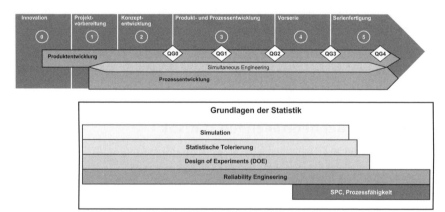

Bild 9.1 Statistik und der PEP

tungen von Ergebnissen durch Elemente der beschreibenden Statistik (z. B. Histogramm) oder aber auch das gesamte Themenfeld der Stichprobennahme und somit der beurteilenden Statistik.

Dieses Kapitel ist daher als Hintergrundwissen für die noch folgenden Methodenbeschreibungen zu sehen – sowohl als Grundlageninformation als auch als Nachschlagewerk für Detailfragen. In der Praxis fallen häufig folgende Schwerpunktprobleme bei dem korrekten statistischen Einsatz der Methoden auf:

- Richtige Auswahl der Versuche/Stichproben: Nur durch eine statistisch saubere Planungsphase der Methoden – Stichproben bedeuten immer statistisches Risiko – können bei Analysen und Erprobungen mit minimalem Aufwand valide Aussagen getroffen werden.
- Bei der Interpretation von Datensätzen, welche stichprobenmäßig ermittelt werden, können nur dann fundierte Aussagen getroffen werden, wenn entsprechendes statistisches Wissen (Signifikanzniveau, Irrtumswahrscheinlichkeit, Konfidenzintervall, Wahrscheinlichkeitsverteilung) vorhanden ist.

9.3 Daten- und Messtypen

Prinzipiell werden im Rahmen von DFSS die Daten durch Messungen oder Simulationen ermittelt. Die für Design for Six Sigma relevanten Daten- und Messtypen lassen sich primär in stetige und diskrete Größen aufteilen.

Stetige Datentypen können eine Eigenschaft beliebig fein wiedergeben. Es entsteht kein Fehler durch die Darstellung des Ergebnisses, allenfalls durch die Aufzeichnung des Messergebnisses. Beispiele für stetige Datentypen sind Temperaturen, elektrische Spannungen und Ströme, geometrische Maße wie Strecken oder Flächen sowie die Zeit.

Diskrete Datentypen haben nur endlich viele Ausprägungen. Beispielsweise kann ein Wurf mit einem Würfel nur die Zahlen eins bis sechs annehmen, und er weist nur endlich viele unterschiedliche Ereignisse auf.

Streng genommen führt eine Erfassung von stetigen Größen mit diskreten Messmitteln immer zu einer diskreten Messgröße. Ein diskreter Datentyp entsteht auch bei der Gruppierung von stetigen Daten.

9.4   Wahrscheinlichkeitsrechnung

9.4.1   Begriff der Zufallsvariable

Zufall bedeutet in diesem Fall, dass ein Ereignis nicht mit Sicherheit vorher-
gesagt werden kann, sondern dass Unsicherheit bzw. Streuung vorliegt. Das
Ergebnis eines Zufallsexperimentes kann über Zahlen charakterisiert werden. Beispielsweise kann bei einem Experiment mit zwei Würfeln das Zu-
fallsergebnis über die Summe der beiden Augenzahlen beschrieben werden.
Bei einem Experiment mit stetigen Ergebniswerten, wie z. B. der Fertigung
von Widerständen, wird das Ergebnis ebenfalls durch charakteristische Zahlenwerte beschrieben.

Aber auch wenn die bei einem Experiment denkbaren Ereignisse nicht direkt
mit Zahlen beschrieben werden, kann jedem möglichen Ereignis eine Zahl
zugeordnet werden. Letztendlich kann diese Zahl zumindest den Index der
Menge angeben, zu dem das Ergebnis des Zufallsexperimentes gehört. Zum
Beispiel können die Permutationen der Buchstaben a, b und c in Gruppen
eingeteilt werden, die einer Zufallsvariable k zugeordnet werden.

In jedem dieser Beispiele kann die Zufallsvariable verschiedene Werte annehmen, und es lässt sich nicht vorhersagen, welchen Wert die Zufallsvariable
annehmen wird, da dies vom Einfluss unkontrollierbarer Umstände abhängt.

Mathematisch ergibt sich der Begriff der Zufallsvariable aus folgender Definition:

Eine Funktion X heißt Zufallsvariable, wenn sie einem Zufallsexperiment
zugeordnet ist und folgende Eigenschaften besitzt:

- Die Werte von X sind reelle Zahlen.
- Für jede Zahl a und für jedes Intervall I auf der Zahlengeraden ist die
  Wahrscheinlichkeit des Ereignisses X = a und X ∈ I im Einklang mit den
  Axiomen der Wahrscheinlichkeit, die folgendermaßen lauten:

Axiom 1

Die Wahrscheinlichkeit P(A) eines Ereignisses A bei einem Experiment ist
eine eindeutig bestimmte reelle, nicht negative Zahl, die höchstens gleich 1
ist:

$$0 \leq P(A) \leq 1$$

Axiom 2

Ein sicheres Ereignis S bei einem Experiment hat die Wahrscheinlichkeit 1:

$$P(S) = 1$$

Sind zwei Ereignisse B und C äquivalent, so sind ihre Wahrscheinlichkeiten P(B) und P(C) gleich groß:

$$P(B) = P(C)$$

Axiom 3

Schließen sich zwei Ereignisse A und B bei einem Experiment gegenseitig aus, so gilt bei dem Experiment:

$$P(A \cup B) = P(A) + P(B)$$

9.4.2 Diskrete Zufallsvariablen und Verteilungen

Eine Zufallsvariable heißt diskret, wenn die Variable X nur endlich viele abzählbare oder abzählbar unendlich viele Werte x_1, x_2 ... x_i annehmen kann, die eine positive Wahrscheinlichkeit aufweisen. Außerdem ist in jedem endlichen Intervall $a \leq X \leq b$, in dem kein Wert für X liegt, die Wahrscheinlichkeit $P(X) = 0$.

Jedem vorkommenden Wert von $X = x_i$ ist eine Wahrscheinlichkeit $f(x_i) = P(x_i) = p_i$ zugeordnet. Die Funktion f(x) wird als Wahrscheinlichkeitsverteilung oder -funktion bezeichnet. Sie weist jedem Wert x_i der Zufallsvariable X einen Wahrscheinlichkeitswert $f(x_i)$ zu (Bild 9.2).

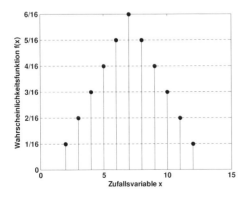

Bild 9.2 Darstellung einer Wahrscheinlichkeitsfunktion für eine diskrete Zufallsvariable

Ist die Wahrscheinlichkeitsfunktion bekannt, kann sie zur Berechnung der Wahrscheinlichkeit P(a ≤ X ≤ b) verwendet werden:

$$P(a < x \le b) = \sum_{a<x_i\le b} f(x_i) = \sum_{a<x_i\le b} p_i$$

Insbesondere gilt für die Wahrscheinlichkeit, dass die Zufallsvariable X nicht oberhalb eines Wertes x liegt:

$$P(X \le x) = \sum_{x_i\le x} f(x_i) = F(x)$$

Diese Funktion wird als Verteilungsfunktion F(x) bezeichnet. Sie ergibt sich bei diskreten Zufallsvariablen aus der Summe

$$F(x) = \sum_{x_i\le x} f(x_i)$$

Praxisbeispiel   Bild 9.3 stellt die Wahrscheinlichkeitsverteilung f(x) und Verteilungsfunktion F(x) am Beispiel Augenzahl von zwei Würfeln dar.

Obwohl beide Funktionen denselben Informationsgehalt haben, ist die Wahrscheinlichkeitsverteilung f(x) für diskrete Verteilungen aus Sicht vieler Anwender die anschaulichere Darstellung. Für stetige Verteilungen ist jedoch die Verteilungsfunktion eher vorteilhaft, weshalb beide Formen der Darstellung Verwendung finden.

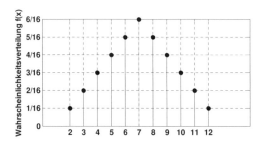

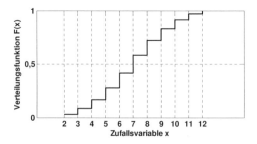

Bild 9.3 Darstellung einer Wahrscheinlichkeitsverteilung und der zugehörigen Verteilungsfunktion für eine diskrete Zufallsvariable

9.4.3   Stetige Zufallsvariablen und Verteilungen

Eine Zufallsvariable X heißt stetig, wenn die zugehörige Verteilungsfunktion

$$F(x) = P(X \leq x)$$

in Integralform dargestellt werden kann:

$$P(X \leq x) = F(x) = \int_{-\infty}^{x} f(v)\,dv$$

Dabei ist der Integrand eine nicht negative und bis auf höchstens endlich viele Punkte stetige Funktion. F(x) ist stetig und wird auch als Verteilung bezeichnet.

Der Integrand f(x) heißt Wahrscheinlichkeitsdichte der Verteilung F(x). Durch Differenziation der Verteilungsfunktion F(x) ergibt sich:

$$f(x) = \frac{dF(x)}{dx}$$

Die Wahrscheinlichkeitsdichte (Bild 9.4) ist die Ableitung der Verteilungsfunktion. Auch bei stetigen Verteilungen ist der Informationsgehalt der beiden Verteilungen identisch, sie lassen sich ineinander umrechnen.

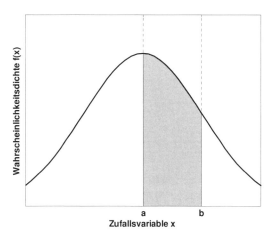

Bild 9.4 Grafische Darstellung der Wahrscheinlichkeitsdichte f(x) und der Wahrscheinlichkeit, dass die Zufallsvariable im Intervall a < x ≤ b liegt

Weiterhin gilt für das Ereignis a < X ≤ b:

$$P(a < X \leq b) = F(b) - F(a) = \int_{a}^{b} f(v)\,dv$$

Die Wahrscheinlichkeit des Ereignisses a < X ≤ b entspricht der Fläche unter der Kurve der Wahrscheinlichkeitsdichte f(x) zwischen den Punkten X = a und X = b.

9.4.4   Wichtige Kennwerte von Verteilungen

Arithmetischer Mittelwert einer Verteilung

Der theoretisch erwartete Mittelwert einer Verteilung wird mit μ bezeichnet. Er berechnet sich bei einer diskreten Verteilung mit

$$\mu = \sum_i x_i \cdot f(x_i)$$

und bei einer stetigen Verteilung nach

$$\mu = \int_{-\infty}^{\infty} x \cdot f(x)\, dx$$

Der Mittelwert der Verteilung wird auch als Mittelwert der Zufallsvariable X oder Erwartungswert von X bezeichnet.

Varianz, Standardabweichung einer Verteilung

Die Varianz einer Verteilung ist ein Maß für die theoretisch erwartete Streuung der Werte, die die Zufallsvariable X annehmen kann. Sie wird mit σ^2 bezeichnet und berechnet sich im diskreten Fall aus

$$\sigma^2 = \sum_i (X_i - \mu)^2 * f(X_i)$$

und im stetigen Fall nach

$$\sigma^2 = \int_{-\infty}^{\infty} (x - \mu)^2 \cdot f(x)\, dx$$

Die Varianz einer Verteilung wird auch als Varianz einer Zufallsvariable X bezeichnet. Die positive Wurzel der Varianz wird als Standardabweichung σ bezeichnet. Für diskrete Verteilungen berechnet sich die Standardabweichung aus

$$\sigma = \sqrt{\sum_i (x_i - \mu)^2 \cdot f(x_i)}$$

und für stetige Verteilungen ergibt sich

$$\sigma = \sqrt{\int_{-\infty}^{\infty} (x - \mu)^2 \cdot f(x)\, dx}$$

9.4.5 Spezielle diskrete Verteilungen

Viele Aufgaben der Wahrscheinlichkeitsrechnung lassen sich mit wenigen speziellen, diskreten Verteilungen beschreiben – wie etwa die Binomial-, hypergeometrische oder die Poisson-Verteilung. Im Folgenden wird die Binomialverteilung stellvertretend genauer erläutert.

Binomialverteilung

Hat ein Ereignis A bei einem Zufallsexperiment die Wahrscheinlichkeit

$$P(A) = p_0$$

ergibt sich nach dem Axiom von Kolmogorov für das inverse Ereignis A' die Wahrscheinlichkeit

$$P(A') = 1 - p_0 = q_0$$

Wird mit der Zufallsvariable X die Anzahl von Ereignissen A beschrieben, kann die Zufallsvariable bei einfacher Ausführung des Zufallsexperimentes nur die Werte eins oder null annehmen.

Damit ist die Wahrscheinlichkeit für den günstigen Fall $f(x=1) = p_0$ und die Wahrscheinlichkeit für den ungünstigen Fall $f(x=0) = q_0$. Das Experiment kann damit bei einfacher Ausführung mit der folgenden Wahrscheinlichkeitsverteilung beschrieben werden:

$$f(x) = p_0^x \cdot q_0^{1-x}$$

Bei n-facher Ausführung des Versuches kann das Ereignis A zwischen kein- und n-mal stattfinden. Eine mögliche Realisierung für vierfaches Eintreffen (x = 4) bei neunfacher Wiederholung (n = 9) ist die Ereignisreihenfolge

$$A \cap A \cap A \cap A \cap A' \cap A' \cap A' \cap A' \cap A'$$

Aber auch die Ereignisreihenfolge

$$A' \cap A \cap A \cap A \cap A \cap A' \cap A' \cap A' \cap A'$$

oder

$$A' \cap A' \cap A \cap A \cap A \cap A \cap A' \cap A' \cap A'$$

Jedes dieser Ereignisse hat die Wahrscheinlichkeit

$$P = p_0^4 \cdot q_0^{8-4}$$

Wird aus einer Menge von n Elementen eine Teilmenge von k Elementen herausgegriffen und ist die Reihenfolge dieser Teilmenge nicht von Bedeutung, so wird diese Zusammenstellung als Kombination k-ter Ordnung bezeichnet. Die Anzahl N von Kombinationen k-ter Ordnung aus einer Grundmenge mit n verschiedenen Elementen ohne Wiederholung beträgt

$$N = \binom{n}{k} = \frac{n \cdot (n-1) \cdot (n-2) \cdot \ldots \cdot (n-k+1)}{k!} = \frac{n!}{k! \cdot (n-k)!}$$

Da es sich in dem Beispiel um eine Auswahl von x Erfolgen aus einer Menge von n verschiedenen Ereignissen handelt, ergibt sich demzufolge insgesamt eine Anzahl von N Kombinationen:

$$N = \binom{n}{x}$$

Die Wahrscheinlichkeitsdichte berechnet sich aus dem Produkt von Realisierungsmöglichkeiten N mit der Wahrscheinlichkeit P des betreffenden Ereignisses zu

$$f(x) = \binom{n}{x} \cdot p_0^x \cdot q_0^{n-x}$$

Diese Wahrscheinlichkeitsverteilung beschreibt die Wahrscheinlichkeit, dass ein Ereignis A bei n unabhängigen Ausführungen des Experimentes x-mal eintritt, wenn das Ereignis A bei Einzelausführung die Wahrscheinlichkeit p_0 besitzt und die Wahrscheinlichkeit des Nichteintreffens $q_0 = 1 - p_0$ ist. Diese Verteilung wird als Binomialverteilung bezeichnet. Die Verteilungsfunktion ergibt sich aus der Summe über die Wahrscheinlichkeitsverteilung zu

$$F(x) = \sum_{k \leq x} \binom{n}{k} \cdot p_0^k \cdot q_0^{n-k}$$

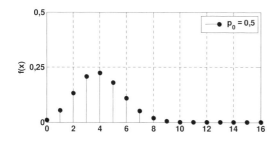

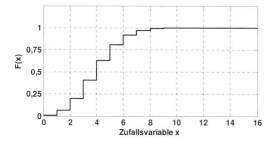

Bild 9.5 Grafische Darstellung der Wahrscheinlichkeitsverteilung f(x) und Verteilungsfunktion F(x) einer Binomialverteilung mit $p_0 = 0{,}25$

Bild 9.5 stellt die Wahrscheinlichkeitsverteilung f(x) und die Verteilungsfunktion F(x) der Binomialverteilung für $p_0 = 0{,}25$ dar.

Mittelwert und Varianz der Binomialverteilung ergeben sich zu

$$\mu = n \cdot p_0$$

und

$$\sigma^2 = n \cdot p_0 \cdot q_0$$

Praxisbeispiel   Typisches Anwendungsbeispiel für die Binomialverteilung sind Fehleranteile, die beispielsweise im Rahmen einer Eingangskontrolle ermittelt werden. Sind z. B. in einem Behälter N Schrauben und sind von den N Schrauben M defekt, so ist die Wahrscheinlichkeit, eine defekte Schraube zu ziehen

$$p_0 = \frac{M}{N}$$

Also ist die Wahrscheinlichkeit, bei n Zügen mit Zurücklegen genau x defekte Schrauben zu ziehen

$$f(x) = \binom{n}{x} \cdot \left(\frac{M}{N}\right)^x \cdot \left(1 - \frac{M}{N}\right)^{n-x}$$

9.4.6 Zusammenfassung von wichtigen diskreten Verteilungen

Ein Spezialfall diskreter Verteilungen ist die Bernoulli-Verteilung, die ein Bernoulli-Experiment beschreibt, bei dem geprüft wird, ob ein Ereignis eingetreten ist oder nicht. Die Zufallsvariable ist damit definiert über

$$X = \begin{cases} 1 & \text{für das günstige Ereignis A} \\ 0 & \text{für das ungünstige Ereignis A'} \end{cases}$$

Beispiele für Bernoulli-Experimente sind die Funktion von Bauelementen oder das Erfüllen von Spezifikationsmerkmalen. Bernoulli-Variablen erlauben jedoch nur eine grobe Kategorisierung von Ereignissen, differenziertere Fragestellungen wie beispielsweise die Frage, um wie viel der Grenzwert überschritten wurde, können mit dem Bernoulli-Experiment nicht beantwortet werden.

Wird ein Bernoulli-Experiment mehrfach ausgeführt, ergibt sich die Frage, wie oft das Experiment wiederholt werden muss, bis zum ersten Mal das günstige Ereignis eintritt. Diese Frage kann mit der geometrischen Verteilung beantwortet werden. Diese werden beispielsweise angewendet, wenn die Wahrscheinlichkeit für Wartezeiten angegeben werden soll, bis zu der ein Ereignis eintritt. Wichtige Beispiele sind auch das Abschätzen von Wahrscheinlichkeiten für Ausfälle von Geräten und von Fehlerraten bei der Datenübertragung.

Sind bei einem Zufallsexperiment alle möglichen Werte x_i der Zufallsvariable X gleich wahrscheinlich, ergibt sich eine Gleichverteilung.

Ist die Erfolgswahrscheinlichkeit p bei einem einzelnen Experiment klein und die Anzahl n der Ausführungen sehr groß, wird das Rechnen mit der Binomialverteilung aufwendig. Für diesen Fall kann die Binomialverteilung durch die Poisson-Verteilung approximiert wird.

Während die Binomialverteilung zur Beschreibung des Zufallsexperimentes Ziehen ohne Zurücklegen Verwendung findet, dient die hypergeometrische Verteilung der Beschreibung von Wahrscheinlichkeiten mit Zurücklegen.

Tabelle 9.1 zeigt die erwähnten diskreten Wahrscheinlichkeitsverteilungen im Überblick.

Tabelle 9.1 Übersicht über diskrete Wahrscheinlichkeitsverteilungen und ihre Anwendungen

Verteilung	Definition der Wahrscheinlichkeitsverteilung	Kenngrößen μ und σ	Anwendung
Bernoulli-Verteilung	$f(x) = \begin{cases} p_0 & \text{für } X = 1 \\ q_0 = 1 - p_0 & \text{für } X \neq 1 \end{cases}$	$\mu = p_0$ $\sigma^2 = p_0 \cdot q_0$	Prüfung, ob ein Ereignis x eingetreten ist oder nicht
Geometrische Verteilung	$f(x) = (1-p_0)^{x-1} \cdot p_0 = q_0^{x-1} \cdot p_0$	$\mu = \dfrac{1}{p_0}$ $\sigma^2 = \dfrac{1-p_0}{p_0^2}$	Wahrscheinlichkeit, erst bei der x-ten Ausführung des Experimentes ein günstiges Ereignis zu erhalten
Gleichverteilung	$f(x_i) = p_0 = \dfrac{1}{n}$	$\mu = \sum x_i \cdot f(x_i) = \dfrac{1}{n} \cdot \sum x_i$ $\sigma^2 = \dfrac{1}{n-1} \cdot \sum (x_i - \mu)^2 \cdot f(x_i)$	Alle Versuchsergebnisse x_i sind gleich wahrscheinlich
Binomial-verteilung	$f(x) = \binom{n}{x} \cdot p_0^x \cdot q_0^{n-x}$	$\mu = n \cdot p$ $\sigma^2 = n \cdot p \cdot q$	Versuch mit Zurücklegen
Poisson-Verteilung	$f(x) = \dfrac{\lambda^x}{x!} \cdot e^{-\lambda}$	$\mu = \lambda$ $\sigma^2 = \lambda$	Approximation des Versuchs ohne Zurücklegen bei geringer Erfolgswahrscheinlichkeit p_0 und einer großen Anzahl von Ziehungen
Hypergeo-metrische Verteilung	$f(x) = \dfrac{\binom{M}{x} \cdot \binom{N-M}{n-x}}{\binom{N}{n}}$	$\mu = n \cdot \dfrac{M}{N}$ $\sigma^2 = \dfrac{n \cdot M \cdot (N-M) \cdot (N-n)}{N^2 \cdot (N-1)}$	Versuch ohne Zurücklegen

9.4.7   Spezielle stetige Verteilungen

Toleranzen, Messfehler und Prozessdaten werden mit stetigen Größen beschrieben. Aus diesem Grund sind stetige Verteilungen für die Design-for-Six-Sigma-Methodik von großer Bedeutung. Im Folgenden wird die wichtigste Verteilung, die Normalverteilung, genauer erläutert.

Normalverteilung

Die Gauß- oder Normalverteilung wurde von Gauß zur Beschreibung von Messfehlern eingeführt. Sie ist die wichtigste stetige Verteilung, weil viele Messgrößen oder Beobachtungen normalverteilt sind, viele Verteilungen sich durch die Normalverteilung gut approximieren lassen und bei statistischen Prüfverfahren oft Größen vorkommen, die entweder direkt normalverteilt sind oder sich bei Grenzübergängen als normalverteilt beschreiben lassen.

Die Wahrscheinlichkeitsdichte ist für $-\infty < x < \infty$ definiert als:

$$f(x) = \frac{1}{\sigma \cdot \sqrt{2 \cdot \pi}} \cdot e^{-\frac{1}{2}\left(\frac{x-\mu}{\sigma}\right)^2}$$

Eine Zufallsvariable X mit dieser Verteilung wird als normalverteilte Zufallsvariable bezeichnet. Bild 9.6 zeigt die Wahrscheinlichkeitsdichte der Normalverteilung.

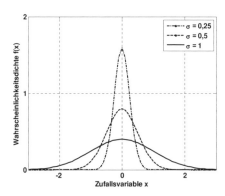

Bild 9.6 Wahrscheinlichkeitsdichte f(x) für $\mu = 0$ und $\sigma = 0,25 \dots 1$

Aus der Symmetrie der Verteilung ergibt sich, dass das Maximum der Verteilung an dem Mittelwert μ erreicht wird. Je kleiner σ, desto schmaler ist die Verteilung und desto ausgeprägter ist ihr Maximum.

Die Verteilungsfunktion hat die Form:

$$F(x) = \int_{-\infty}^{x} \frac{1}{\sigma \cdot \sqrt{2 \cdot \pi}} \cdot e^{-\frac{1}{2}\left(\frac{v-\mu}{\sigma}\right)^2} dv$$

Die Verteilungsfunktion ist ein Integral, das sich nicht mehr analytisch auswerten lässt. Die Berechnung wird numerisch ausgeführt, z. B. über die numerische Integration über die Wahrscheinlichkeitsdichte f(x).

Bild 9.7 zeigt die Wahrscheinlichkeitsdichte f(x) und Verteilungsfunktion F(x) für μ = 0 und σ = 1.

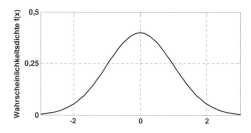

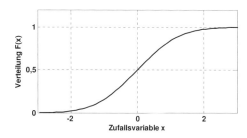

Bild 9.7 Wahrscheinlichkeitsdichte f(x) und Verteilung F(x) der Normalverteilung für μ = 0 und σ = 1

Für eine normalverteilte Variable X berechnet sich die Wahrscheinlichkeit P, innerhalb des Intervalls a < X ≤ b zu sein, aus:

$$P(a < x \leq b) = F(b) - F(a) = \int_a^b \frac{1}{\sigma \cdot \sqrt{2 \cdot \pi}} \cdot e^{-\frac{1}{2}\left(\frac{v-\mu}{\sigma}\right)^2} dv$$

Aus dieser Gleichung können die Aufenthaltswahrscheinlichkeiten (Auftreten innerhalb eines bestimmten Intervalls) für eine normalverteilte Zufallsvariable X in symmetrischen Intervallen errechnet werden (Tabelle 9.2).

Tabelle 9.2 Aufenthaltswahrscheinlichkeiten für eine normalverteilte Zufallsvariable

Intervall	Aufenthaltswahrscheinlichkeit
$-\sigma < x \leq \sigma$	≈ 68 %
$-2\,\sigma < x \leq 2\,\sigma$	≈ 95,5 %
$-3\,\sigma < x \leq 3\,\sigma$	≈ 99,7 %

Die charakteristischen Kenngrößen wie Mittelwert μ und Standardabweichung σ ergeben sich aus der Definition der Normalverteilung.

Weitere stetige Verteilungen im Überblick

Die stetige Gleichverteilung weist in einem Intervall von a bis b eine konstante Wahrscheinlichkeitsdichte f(x) = k auf, außerhalb dieses Intervalls ist die Wahrscheinlichkeitsdichte null.

Die geometrische Verteilung als Modell zur Abschätzung von Lebensdauern und Wartezeiten wurde bereits angeführt (Tabelle 9.1). Die analoge Verteilung für stetige Zufallsvariablen ist die Exponentialverteilung. Sie wird typischerweise angewendet, um die Lebensdauer von Produkten oder Zeiträume bis zum Schadensfall zu berechnen. Beispielsweise wird der radioaktive Zerfall mithilfe der Exponentialverteilung beschrieben. Sie wird außerdem für die Abschätzung der mittleren Betriebsdauer zwischen Ausfällen von Produkten oder Einrichtungen verwendet, der Mean Time Between Failure (MTBF).

Die Weibull-Verteilung wird zur Modellierung der Lebensdauer verwendet. Sie wird vor allem bei Fragestellungen wie der Materialermüdung von spröden Werkstoffen oder dem Ausfallen von elektronischen Bauteilen eingesetzt. Sie ist in der Praxis neben der Exponentialverteilung die am häufigsten verwendete Lebensdauerverteilung.

Da die Verteilungsfunktion der Normalverteilung nicht mehr analytisch berechnet werden kann, wird eine Normierung der Variablen verwendet, um alle denkbaren Varianten der Normalverteilung auf eine mathematische Darstellung abzubilden. Durch eine Standardisierung der Variable X gemäß der Gleichung

$$Y = \frac{X - \mu}{\sigma_x}$$

geht die Normalverteilung über in die Standardnormalverteilung mit μ = 0 und σ = 1.

Verteilungen von nicht negativen Zufallsvariablen sind oft asymmetrisch. Viele Verteilungen wie Lebensdauern, Wartezeiten oder Einkommen sind linkssteil und können deshalb nicht direkt mit der Normalverteilung beschrieben werden, da diese streng symmetrisch ist. In einigen praktischen Fällen kann die Verteilung durch die Exponential- oder Weibull-Verteilung erfolgen. Alternativ dazu kann die Zufallsvariable mithilfe der logarithmischen Normalverteilung beschrieben werden („Fitten von Verteilungen").

Die diskutierten stetigen Wahrscheinlichkeitsverteilungen sind in Tabelle 9.3 zusammenfassend dargestellt.

Tabelle 9.3 Übersicht über stetige Wahrscheinlichkeitsverteilungen und ihre Anwendungen

Verteilung	Definition der Wahrscheinlichkeitsverteilung	Kenngrößen μ und σ	Anwendung
Gleichverteilung	$f(x) = \begin{cases} \dfrac{1}{b-a} & \text{für } a < x < b \\[4pt] 0 & \text{für alle übrigen} \end{cases}$	$\mu = \dfrac{a+b}{2}$ $\sigma^2 = \dfrac{(b-a)^2}{12}$	Alle Werte der Zustandsvariable X in dem Intervall von a bis b sind gleich wahrscheinlich
Exponentialverteilung	$f(x) = \lambda \cdot e^{-\lambda \cdot x}$	$\mu = \dfrac{1}{\lambda}$ $\sigma^2 = \dfrac{1}{\lambda^2}$	Lebensdauer von Produkten; Zeiträume bis zum Schadensfall; die noch zu erwartende Lebensdauer darf nicht von der bereits absolvierten Lebensdauer abhängig sein
Weibull-Verteilung	$f(x) = \dfrac{\beta}{\eta} \left(\dfrac{x}{\eta}\right)^{\beta-1} \cdot e^{-\left(\frac{x}{\eta}\right)^{\beta}}$	$\mu = \left(\dfrac{1}{\eta}\right)^{\frac{1}{\beta}} \cdot \Gamma\left(\dfrac{1}{\beta}+1\right)$ $\sigma^2 = \left(\dfrac{1}{\eta}\right)^{\frac{2}{\beta}} \cdot \left(\Gamma\left(\dfrac{2}{\beta}+1\right) - \Gamma^2\left(\dfrac{1}{\beta}+1\right)\right)$	Lebensdauer von Produkten; Zeiträume bis zum Schadensfall; Ausfallwahrscheinlichkeit ändert sich über die Beobachtungszeit
Normalverteilung	$f(x) = \dfrac{1}{\sigma \cdot \sqrt{2 \cdot \pi}} \cdot e^{-\frac{1}{2}\left(\frac{x-\mu}{\sigma}\right)^2}$	μ σ^2	Approximation von Zufallsprozessen, insbesondere bei der Messwertverarbeitung und bei der Prozessregelung
Standardisierte Normalverteilung	$f(y) = \phi(y) = \dfrac{1}{\sqrt{2 \cdot \pi}} \cdot e^{-\frac{1}{2}y^2}$	$\mu_y = 0$ $\sigma_y^2 = 1$	Normalverteilung für standardisierte Variablen $Y = \dfrac{X-\mu}{\sigma_x}$
Logarithmische Normalverteilung	$f(x) = \dfrac{1}{\sigma \cdot \sqrt{2 \cdot \pi}} \cdot e^{-\frac{1}{2}\left(\frac{\ln(x)-\mu}{\sigma}\right)^2}$	$\mu_y = e^{\mu_x + \frac{\sigma_x^2}{2}}$ $\sigma_y^2 = e^{2\mu_x + \sigma_x^2} \cdot \left(e^{\sigma_x^2} - 1\right)$	Linkssteile Verteilungen wie Lebensdauer, Wartezeiten oder Einkommen

9.4.8   Prüfverteilungen

Viele statistische Aufgabenstellungen lassen sich mithilfe der Normalverteilung beschreiben. Die im Folgenden beschriebenen Prüfverteilungen werden dazu genutzt, Aussagen zu Vertrauensbereichen der Kenngrößen zu machen, die für die Verteilung auf der Basis von Stichproben bestimmt wurden.

Zu den Prüfverteilungen zählen die t-Verteilung von Student, die Chi-Quadrat-Verteilung und die F-Verteilung von Fisher.

t-Verteilung von Student

Die t-Verteilung von Student ist eine Wahrscheinlichkeitsverteilung und wurde 1908 von William Sealey Gosset entwickelt. Er hatte festgestellt, dass der standardisierte Mittelwert normalverteilter Daten nicht mehr normalverteilt ist, wenn die Varianz des Merkmals unbekannt ist und mit der Stichprobenvarianz geschätzt werden muss.

Die Herleitung wurde erstmals 1908 veröffentlicht, während Gosset in einer Guinness-Brauerei arbeitete. Da sein Arbeitgeber die Veröffentlichung nicht gestattete, veröffentlichte Gosset sie unter dem Pseudonym Student. Der t-Faktor und die zugehörige Theorie wurden erst durch die Arbeiten von R. A. Fisher belegt, der die Verteilung Students distribution (Student Verteilung) nannte.

Zur Erklärung des Hintergrundes dieser Verteilung wird eine Stichprobe von n Werten $x_1, x_2 \ldots x_n$ angenommen. Die Werte stammen aus einer Grundgesamtheit mit Normalverteilung, einem theoretischen Mittelwert $\mu = 0$ und einer unbekannten theoretischen Standardabweichung σ. Aus der zufällig ausgewählten Stichprobe ergeben sich der empirische Mittelwert

$$\overline{x} = \frac{1}{n} \cdot \sum_{i=1}^{n} x_i$$

und die empirische Standardabweichung

$$s^2 = \frac{1}{n-1} \cdot \sum_{i=1}^{n} \left(x_i - \overline{x} \right)^2$$

Gosset hat gezeigt, dass die Größe

$$T = \frac{\overline{x}}{\sqrt{\dfrac{s^2}{n}}}$$

eine t-Verteilung mit n − 1 Freiheitsgraden aufweist.

Für das Verständnis ist wichtig, dass die Stichprobe zufällig aus der Grundgesamtheit ausgesucht wurde. Damit sind aber auch die empirischen Parameter und der Wert der Stichprobe t zufallsbedingt. Für unterschiedliche Stichproben wird sich dieser Wert unterscheiden. Die Variable t ist also eine Zufallsvariable. Die Variable T weist eine t-Verteilung mit n − 1 Freiheitsgraden auf.

Die t-Verteilung hat die Wahrscheinlichkeitsdichte von

$$f(t) = \frac{\Gamma\left(\dfrac{n+1}{2}\right)}{\sqrt{n \cdot \pi} \cdot \Gamma\left(\dfrac{n}{2}\right) \cdot \left(1 + \dfrac{t^2}{n}\right)^{\frac{n+1}{2}}}$$

und die Verteilungsfunktion

$$F(t) = \frac{\Gamma\left(\dfrac{n+1}{2}\right)}{\sqrt{n \cdot \pi} \cdot \Gamma\left(\dfrac{n}{2}\right)} \cdot \int_{-\infty}^{t} \frac{1}{\left(1 + \dfrac{u^2}{n}\right)^{\frac{n+1}{2}}} \, du$$

Für n = 1 ergibt sich eine Verteilung, die keinen Mittelwert besitzt. Für n > 1 hat die t-Verteilung wegen der Achsensymmetrie den Mittelwert null. Für n ≤ 2 hat die t-Verteilung keine Varianz, für n > 2 ergibt sich die Varianz

$$\sigma^2 = \frac{n}{n-2}$$

Mit wachsendem n strebt die Wahrscheinlichkeitsdichte der t-Verteilung gegen die Wahrscheinlichkeitsdichte der Normalverteilung mit Mittelwert null und Varianz eins.

Bild 9.8 stellt die t-Verteilung für n = 2,5 und 25 im Vergleich zur Normalverteilung mit μ = 0 und σ² = 1 dar.

Die t-Verteilung ist breiter als die Normalverteilung. Dieser Zusammenhang ergibt sich daraus, dass die Standardabweichung aufgrund einer Stichprobe geschätzt wurde und damit eine größere Unsicherheit besteht als bei bekannter Standardabweichung.

Die t-Verteilung wird bei der Entscheidung statistischer Hypothesen dazu verwendet, um abzuschätzen, ob ein Stichprobenwert zufällig von dem Mittelwert abweicht oder ob die Abweichung systemisch ist.

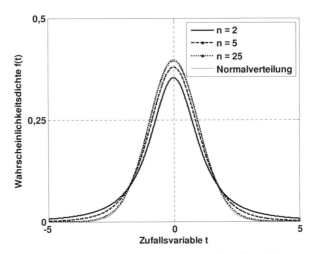

Bild 9.8 Wahrscheinlichkeitsdichte t-Verteilung mit n = 2,5 und 25 im Vergleich zur Normalverteilung mit $\mu = 0$ und $\sigma^2 = 1$

Außerdem wird die t-Verteilung dazu verwendet, ein Vertrauensintervall
oder einen Konfidenzbereich für einen Mittelwert einer Grundgesamtheit
anzugeben, der aufgrund einer Stichprobe bestimmt wurde.

Chi-Quadrat-Verteilung und Gamma-Funktion

Die Chi-Quadrat-Verteilung ist eine sogenannte Stichprobenverteilung, die
bei der Schätzung von Verteilungsparametern, beispielsweise der Varianz,
Anwendung findet.

Ausgangspunkt für die Chi-Quadrat-Verteilung ist wieder eine Stichprobe
von n Werten x_1, x_2 ... x_n. Die Werte stammen aus einer Grundgesamtheit mit
Normalverteilung, einem theoretischen Mittelwert $\mu = 0$ und einer theoretischen Standardabweichung $\sigma = 1$. Dann weist die Größe

$$\chi^2 = X_1^2 + X_2^2 + ... + X_n^2$$

eine Chi-Quadrat-Verteilung mit n Freiheitsgraden auf. Weiterhin kann gezeigt werden, dass für eine Stichprobe von n Werten x_1, x_2 ... x_n aus einer
Grundgesamtheit mit Normalverteilung, einem beliebigen theoretischen
Mittelwert μ und einer theoretischen Standardabweichung $\sigma = 1$ die empirische Varianz

$$s^2 = \frac{1}{n-1} \cdot \sum_{i=1}^{n} (x_i - \bar{x})^2$$

eine Chi-Quadrat-Verteilung mit $n - 1$ Freiheitsgraden ist, wenn sie vorher mit dem Faktor $n - 1$ multipliziert wurde. Die Chi-Quadrat-Verteilung also ist zur Abschätzung der Aussagesicherheit der Varianz entwickelt worden. Auch diese Größe ist zufällig, da die Stichprobe $x_1 \ldots x_n$ zufällig der Grundgesamtheit entnommen wurde.

Die Chi-Quadrat-Verteilung besitzt die Wahrscheinlichkeitsdichte

$$f(\chi) = \begin{cases} K_n \cdot \chi^{\frac{n-2}{2}} \cdot e^{-\frac{\chi}{2}} & \text{für } x > 0 \\ 0 & \text{sonst} \end{cases}$$

Durch Integration ergibt sich die Verteilungsfunktion

$$F(\chi) = K_n \cdot \int_0^{\chi} u^{\frac{n-2}{2}} \cdot e^{-\frac{u}{2}} \, du$$

Die Konstante K_n ergibt sich aus der Normierung der Wahrscheinlichkeitsdichte $f(\chi)$. Nach den Axiomen der Wahrscheinlichkeitstheorie muss für sie gelten:

$$F(\infty) = K_n \cdot \int_0^{\infty} u^{\frac{n-2}{2}} \cdot e^{-\frac{u}{2}} \, du = 1$$

Diese Beziehung führt zu der Konstante K_n von

$$K_n = \frac{1}{2^{\frac{n}{2}} \cdot \Gamma\left(\dfrac{n}{2}\right)} = \frac{1}{2^{\frac{n}{2}} \cdot \displaystyle\int_0^{\infty} e^{-t} \cdot t^{\frac{n}{2}-1} \, dt}$$

wobei

$$\Gamma(\alpha) = \int_0^{\infty} e^{-t} \cdot t^{\alpha-1} \, dt$$

als Gamma-Funktion bezeichnet wird.

Die Chi-Quadrat-Verteilung hat den Mittelwert

$$\mu = n$$

und die Varianz

$$\sigma^2 = 2 \cdot n$$

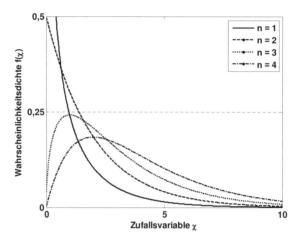

Bild 9.9 Darstellung der Chi²-Verteilung für unterschiedliche Freiheitsgrade n

Die Chi-Quadrat-Funktion lässt sich durch die Normalverteilung annähern. Die Zufallsvariable χ^2 ist asymptotisch normalverteilt mit dem Mittelwert μ und der Varianz σ^2 aus den oben genannten Gleichungen.

Bild 9.10 vergleicht grafisch die Chi-Quadrat-Verteilung mit der Normalverteilung.

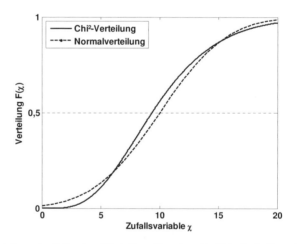

Bild 9.10 Darstellung der Chi²- oder χ^2-Verteilung für unterschiedliche Freiheitsgrade n

Anwendung findet die Chi-Quadrat-Verteilung bei der Berechnung von Vertrauensintervallen der Standardabweichung, die auf Basis einer zufälligen Stichprobe berechnet wurde.

F-Verteilung von Fisher

Die F-Verteilung oder Fisher-Verteilung wurde von Ronald Aylmer Fisher entwickelt. Ist die Variable X Chi-Quadrat-verteilt mit n Freiheitsgraden und die Variable Y Chi-Quadrat-verteilt mit m Freiheitsgraden, und sind die Variablen voneinander unabhängig, heißt die Verteilung der Zufallsvariablen

$$Z = \frac{X/n}{Y/m}$$

F-verteilt mit den Freiheitsgraden n und m. Dieser theoretischen Definition liegt die Aufgabe zugrunde, eine Verteilungsfunktion für das Verhältnis von zwei theoretischen Varianzen auf Basis von zwei Stichproben abzuschätzen. Ausgangspunkt sind zwei Stichproben $x_1 \ldots x_n$ und $y_1 \ldots y_m$. Die Stichproben stammen aus unterschiedlichen Grundgesamtheiten, die aber beide eine Normalverteilung mit dem Mittelwert null und der Standardabweichung eins aufweisen. Damit weist mit der Definition oben das Verhältnis der empirischen Varianzen

$$Z = \frac{\dfrac{1}{n-1} \cdot \sum_{i=1}^{n}(x_i - \bar{x})^2}{\dfrac{1}{m-1} \cdot \sum_{i=1}^{m}(y_i - \bar{y})^2}$$

eine F-Verteilung mit den Freiheitsgraden n − 1 und m − 1 auf. Die F-Verteilung hat die Wahrscheinlichkeitsdichte von

$$f(z) = m^{\frac{m}{2}} \cdot n^{\frac{n}{2}} \cdot \frac{\Gamma\left(\dfrac{m}{2} + \dfrac{n}{2}\right)}{\Gamma\left(\dfrac{m}{2}\right) \cdot \Gamma\left(\dfrac{n}{2}\right)} \cdot \frac{z^{\frac{m}{2}-1}}{(m \cdot z + n)^{\frac{m+n}{2}}}$$

Die Verteilungsfunktion F(z) kann nicht analytisch bestimmt werden, sondern muss numerisch bestimmt werden. Für n ≤ 2 besitzt die Verteilung keinen Mittelwert. Für n > 2 hat die F-Verteilung den Mittelwert

$$\mu = \frac{n}{n-2}$$

Für n ≤ 4 hat die F-Verteilung keine Varianz, für n > 4 ergibt sich die Varianz

$$\sigma^2 = \frac{2 \cdot n^2 \cdot (n+m-2)}{m \cdot (n-4) \cdot (n-2)^2}$$

Bild 9.11 stellt die F-Verteilung für Wertekombinationen $(m|n) = (4|4)$, $(4|20)$, $(20|4)$ und $(20|20)$ dar.

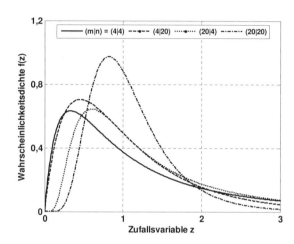

Bild 9.11 F-Verteilung für Wertekombinationen $(m|n) = (4|4)$, $(4|20)$, $(20|4)$ und $(20|20)$

Die F-Verteilung wird zum Testen verwendet, etwa bei der Varianzanalyse, um festzustellen, ob die Grundgesamtheiten zweier Stichproben die gleiche Varianz haben.

Die F-Verteilung wird darüber hinaus dafür verwendet, bei Regressions- und Varianzanalysemodellen zu testen, ob die jeweiligen Einflussgrößen signifikant sind oder nicht.

Zusammenfassung der Prüf- oder Testverteilungen

Die t-Verteilung, Chi-Quadrat-Verteilung und F-Verteilung leiten sich aus der Normalverteilung ab. Ihre Wahrscheinlichkeitsdichten, Mittelwerte und Standardabweichungen sowie ihre Anwendungsbereiche sind in Tabelle 9.4 wiedergegeben.

Es wird sich darüber hinaus zeigen, dass sich diese Verteilungen auch für das Lösen anderer Verteilungen anwenden lassen. Das dabei verwendete Grundprinzip ist immer dasselbe. Auf Basis eine Stichprobe wird ein Parameter einer Verteilung geschätzt. Da es sich um eine zufällige Stichprobe handelt, ist auch der geschätzte Parameter eine Zufallsgröße. Mithilfe der Testverteilungen wird die Sicherheit bewertet, mit der der Parameter bestimmt wurde.

Tabelle 9.4 Übersicht über Testverteilungen und ihre Anwendungen

Verteilung	Definition der Wahrscheinlichkeitsverteilung	Kenngrößen μ und σ	Anwendung
t-Verteilung mit n Freiheitsgraden $$T = \frac{X}{\sqrt{\dfrac{Y}{n}}}$$	$$f(t) = \frac{\Gamma\left(\dfrac{n+1}{2}\right)}{\sqrt{n \cdot \pi} \cdot \Gamma\left(\dfrac{n}{2}\right)} \cdot \left(1 + \frac{t^2}{n}\right)^{-\frac{n+1}{2}}$$	$\mu_z = 0$ für n > 1 $$\sigma^2 = \frac{n}{n-2}$$ für n > 2	Bestimmung von Konfidenzbereichen für Mittelwerte von Grundgesamtheiten. Hypothesentests auf Abweichung einer Stichprobe vom bekannten Mittelwert
Chi-Quadrat-Verteilung mit n Freiheitsgraden $$\chi^2 = X_1^2 + X_2^2 + ... + X_n^2$$	$$f(\chi) = \begin{cases} K_n \cdot \chi^{\frac{n-2}{2}} \cdot e^{\frac{\chi}{2}} & \text{für } x > 0 \\ 0 & \text{sonst} \end{cases}$$	$\mu = n$ $$\sigma^2 = 2 \cdot n$$	Bestimmung von Konfidenzbereichen für die Varianz von Grundgesamtheiten. Hypothesentests auf Abweichung einer Stichprobe von einer bekannten Varianz
F-Verteilung mit n, m Freiheitsgraden $$Z = \frac{X/m}{Y/n}$$	$$f(z) = m^{\frac{m}{2}} \cdot n^{\frac{n}{2}} \cdot \frac{\Gamma\left(\dfrac{m+n}{2}\right)}{\Gamma\left(\dfrac{m}{2}\right) \cdot \Gamma\left(\dfrac{n}{2}\right)} \cdot \frac{x^{\frac{m}{2}-1}}{(m \cdot x + n)^{\frac{m+n}{2}}}$$	$$\mu = \frac{n}{n-2}$$ für n > 2 $$\sigma^2 = \frac{2 \cdot n^2 \cdot (n+m-2)}{m \cdot (n-4) \cdot (n-2)^2}$$ für n > 4	Test bei der Varianzanalyse, um festzustellen, ob die Grundgesamtheiten zweier Stichproben die gleiche Varianz haben. Bestimmung der Signifikanz von Einflussgrößen bei der Regressions- und Varianzanalyse

9.5   Beschreibende Statistik

Bei der Wahrscheinlichkeitsrechnung wurden Zufallsvariablen und ihre Verteilungen betrachtet. Neben dieser mathematischen und theoretischen Bedeutung können Ergebnisse von Experimenten als Zufallszahlen aufgefasst werden. Die Beschreibung dieser Größen (Ergebnisse) ist Gegenstand der beschreibenden Statistik.

9.5.1   Häufigkeitsverteilung, Histogramm

Statistische Daten werden durch Aufzeichnen von Beobachtungsergebnissen gewonnen, wobei die dabei entstehende Liste als Urliste und die einzelnen Messwerte als Stichprobenwerte bezeichnet werden. Anhand eines einfachen Beispieles soll der Begriff der Häufigkeitsverteilung erläutert werden.

Praxisbeispiel   Angenommen es stehen 100 Stichprobenwerte von Widerständen mit dem Sollwert von 1 kΩ zur Verfügung. Zur übersichtlichen Darstellung können die Stichprobenwerte der Größe nach geordnet und kann die Häufigkeit der einzelnen Werte ausgewertet und mithilfe der Strichliste dargestellt werden (Tabelle 9.5).

Tabelle 9.5 Häufigkeitsbewertung über eine Strichliste

R / Ω	Häufigkeit	R / Ω	Häufigkeit
983	I	988	₩₩ ₩₩ ₩₩
984	II	990	₩₩ III
985	₩₩ ₩₩ ₩₩ ₩₩	991	II
986	₩₩ ₩₩ ₩₩ ₩₩ ₩₩ ₩₩ II	992	I
987	₩₩ ₩₩ ₩₩ II	993	II

Die Anzahl in der Spalte Häufigkeit gibt an, wie oft der entsprechende Messwert x in der Stichprobe die Ausprägung x_i annimmt. Diese Anzahl wird als absolute Häufigkeit $h_a(x_i)$ bezeichnet. Die relative Häufigkeit $h(x_i)$ ergibt sich aus dem Quotienten aus absoluter Häufigkeit $h_a(x_i)$ und dem Stichprobenumfang n.

$$h(x_i) = \frac{h_a(x_i)}{n}$$

Übersichtlich können absolute oder relative Häufigkeiten in Form von Stabdiagrammen oder Liniendiagrammen dargestellt werden. Bild 9.12 stellt die Häufigkeiten der Stichprobe aus Tabelle 9.5 grafisch dar.

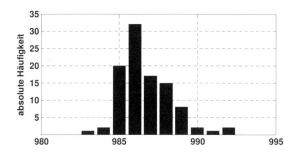

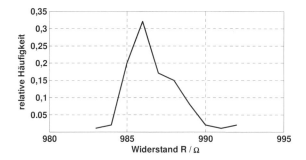

Bild 9.12 Darstellung der Häufigkeiten für die Stichprobe in Tabelle 9.5
a) absolute Häufigkeit als Stabdiagramm
b) relative Häufigkeit als Liniendiagramm

Bei sehr vielen unterschiedlichen Zahlenwerten der Stichprobe wird die Häufigkeitsverteilung oft unübersichtlich. Aus diesem Grund werden die Stichprobenwerte in Gruppen oder Klassen eingeteilt. Ausgehend von dem Gesamtintervall, in dem die Stichprobenwerte liegen, werden Klassenintervalle gebildet, wobei die Mittenwerte c_i Klassenmitten heißen. Die einzelnen Stichprobenwerte werden den entsprechenden Klassen zugeordnet, und es ergibt sich die absolute und relative Klassenhäufigkeit.

Bei der Definition von Stichprobenklassen haben sich folgende Regeln als sinnvoll erwiesen:

- Die Klassenintervalle sind gleich groß zu wählen.
- Die Klassenmitte sollen möglichst einfache Zahlen sein, d. h. Zahlen mit möglichst wenigen Ziffern.
- Ein Wert, der auf der Intervallgrenze liegt, wird zur Hälfte bei jeder der beiden angrenzenden Intervallklassen mitgezählt. Grundsätzlich sollte dieser Fall aber durch geeignete Klassenwahl vermieden werden.
- Die Anzahl von Klasse sollte zwischen zehn und 20 liegen, sinnvoll ist eine Anzahl von Klassen mit

$$\text{Anzahl} \approx \sqrt{n}$$

Die Häufigkeitsverteilung h(x) der Stichprobe gibt die relativen Häufigkeiten an, mit der die einzelnen Zahlenwerte in der Stichprobe vorkommen. Die relative Summenhäufigkeit H(x) ist die Summe der relativen Häufigkeiten aller Stichprobenwerte, die kleiner oder gleich dem Wert x sind:

$$H(x) = \sum_{t \leq x} h(t)$$

Die relative Summenhäufigkeit wird im englischen Sprachraum und in Programmiersprachen als cumulative distribution function (CDF) bezeichnet.

Bild 9.13 stellt die relative Häufigkeit und die relative Summenhäufigkeit für das Beispiel aus Tabelle 9.5 als Stabdiagramm dar.

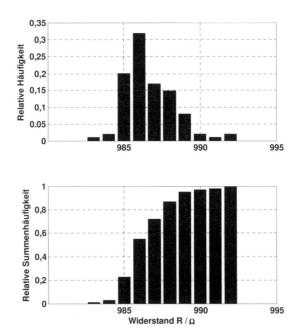

Bild 9.13 Darstellung der relativen Häufigkeit und Summenhäufigkeit für die Stichprobe aus Tabelle 9.5 bei der Einteilung in zehn Klassen

9.5.2 Lagekennwerte einer Stichprobe

Jede Stichprobe wird mit ihrer Häufigkeitsfunktion oder Summenhäufigkeitsfunktion in allen Einzelheiten charakterisiert. Statistische Kenngrößen können zusätzlich genutzt werden, um die Stichprobe in kompakter Form zu beschreiben. Dabei sind Kenngrößen für die Lage, die Streuung und die Symmetrie zu unterscheiden. Lagekennwerte beschreiben die Lage des Zentrums einer Verteilung durch einen numerischen Wert.

Arithmetischer Mittelwert einer Stichprobe

Der arithmetische Mittelwert einer Stichprobe $x_1 \ldots x_n$ ist wohl die bekannteste Lagekenngröße. Er ist definiert als das arithmetische Mittel der Stichprobenwerte

$$\overline{x} = \frac{x_1 + \ldots + x_n}{n} = \frac{1}{n} \cdot \sum_{i=1}^{n} x_i$$

Dies ist eine Kenngröße, die gerade bei kleinem Stichprobenumfang stark von einzelnen Ausreißern (z.B. aufgrund von Fehlmessungen) abhängig sein kann. Mit fallendem Stichprobenumfang steigt der Einfluss von einzelnen Ausreißern weiter an. Ein Lagemaß, das weniger empfindlich auf Ausreißer reagiert als der arithmetische Mittelwert, ist der Median.

Median einer Stichprobe

Der Median x_{med} ist der Wert, bei dem die eine Hälfte der Stichprobenwerte x größer und die andere Hälfte kleiner ist. Um ihn zu ermitteln, werden die Stichprobenwerte zunächst sortiert. Bei ungeradem Stichprobenumfang n ist der Median x_{med} der mittlere Wert der Stichprobe. Bei geradem Stichprobenumfang ergibt sich der Median aus dem Mittelwert der beiden Stichprobenwerte, die in der Mitte der geordneten Stichprobe liegen.

Der Median ist deutlich weniger empfindlich auf Messausreißer als der arithmetische Mittelwert. Für den Median ist z.B. der Absolutwert des größten und des kleinsten Stichprobenwertes völlig gleichgültig. Der Median wird deshalb als resistenter oder robuster Lagekennwert bezeichnet.

Weitere Lagekennwerte von Stichproben

Neben dem arithmetischen Mittelwert und dem Median sind zwei weitere Kennwerte gebräuchlich. Bei Wachstumsprozessen wird das geometrische Mittel x_g verwendet, das sich bei einem Stichprobenumfang n aus der n-ten Wurzel des Produktes der einzelnen Stichprobenwerte berechnet:

$$x_g = \sqrt[n]{x_1 \cdot \ldots \cdot x_n} = \sqrt[n]{\prod_{i=1}^{n} x_i}$$

Der Modus ist der am häufigsten vorkommende Wert einer Stichprobe, also der Wert mit der größten absoluten oder relativen Häufigkeit.

9.5.3   Streuungswerte einer Stichprobe

Für eine umfassende Beschreibung einer Stichprobe ist es notwendig, zusätzlich die Streuung der Stichprobe zu charakterisieren. Dazu können Spannweite, Varianz und Quantile der Verteilungsfunktion verwendet werden.

Spannweite

Die Spannweite einer Stichprobe ergibt sich aus der Differenz von größtem und kleinstem Stichprobenwert:

$$\Delta x = x_{max} - x_{min}$$

Die Spannweite reagiert extrem auf Ausreißer und besitzt damit bezüglich der Streuung aller Stichprobenwerte nur eine geringe Aussagekraft.

Varianz und Standardabweichung

Die Varianz betrachtet die Streuung aller Stichprobenwerte um den Mittelwert. Bei der Berechnung wird das Quadrat der Abweichungen addiert. Durch das Quadrieren werden alle Elemente der Summe positiv und können sich nicht mehr gegenseitig kompensieren. Es ergibt sich die Varianz (variance), die definiert ist als

$$s^2 = \frac{1}{n-1} \cdot \sum_{i=1}^{n} \left(x_i - \overline{x} \right)^2$$

Im Gegensatz zu dem Mittelwert wird bei der Varianz nicht durch die Anzahl n der Stichproben, sondern nur durch n – 1 geteilt. Dadurch ist es zunächst mathematisch nicht möglich, die Varianz eines einzelnen Wertes zu bestimmen. Mathematisch ergibt sich die Division durch n – 1 dadurch, dass bei der Bildung der Varianz die Differenzen zum Mittelwert ausgewertet werden. Der Mittelwert ist aber wiederum mit denselben Grunddaten berechnet worden. Es sind also nur n – 1 Summanden unabhängig oder frei, sodass die Division durch n – 1 gerechtfertigt ist.

Die Varianz ist ein Maß für die Streuung, der physikalische Gehalt der Größe ist aber nicht immer optimal verwendbar. Aus diesem Grund wird für die Kennzeichnung einer Streuung oft die Standardabweichung verwendet. Die Standardabweichung s (standard deviation – hier als Stichprobenkennwert s und nicht als Grundgesamtheitskennwert σ bezeichnet) ergibt sich aus der positiven Quadratwurzel der Varianz s^2 und berechnet sich aus

$$s = \sqrt{\frac{1}{n-1} \cdot \sum_{i=1}^{n} \left(x_i - \overline{x} \right)^2}$$

Die Standardabweichung hat dieselbe physikalische Dimension wie die Stichprobenwerte x und eignet sich damit gut für eine anschauliche Interpretation.

Auch wenn die Empfindlichkeit der Varianz gegenüber Ausreißern kleiner ist als die der Spannweite einer Stichprobe, reagiert die Standardabweichung auf Ausreißer ähnlich stark wie der arithmetische Mittelwert. Aus diesem Grund wurden Streuungskenngrößen definiert, die sich an der Definition des Medians orientieren, die Quantile.

Quantilabstände einer Stichprobe

Das p-Quantil x_p einer Verteilung trennt die Daten so in zwei Teile, dass ein Anteil p unter und ein Anteil 1 – p über dem Quantil liegt. Der Median beispielsweise ist das 50 %-Quantil, die eine Hälfte aller Stichprobenwerte liegt über, die andere unter ihm.

Jeder Wert x_p mit 0 < p < 1, für den mindestens ein Anteil p der Daten kleiner oder gleich x_p und mindestens ein Anteil 1 – p größer oder gleich x_p ist, wird als p-Quantil bezeichnet.

Praxisbeispiel   Bild 9.14 zeigt die Summenhäufigkeit und die 25 %-, 50 %- und 75 %-Quantile der Stichprobe aus dem Beispiel in Tabelle 9.5. Da diese Quantile die Stichprobe in vier Intervalle teilen, werden Sie als Quartile bezeichnet.

Der Abstand der 75 %- und 25 %-Quantile wird als Interquartilabstand (inter quartile range) IQR bezeichnet. Der Interquartilabstand ist resistent gegen Ausreißer, weil er von der absoluten Lage der Stichprobenwerte, die am Rand der Verteilungsfunktion liegen, unabhängig ist.

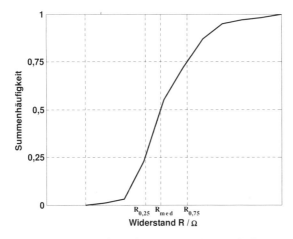

Bild 9.14 Darstellung der Summenhäufigkeit für die Stichprobe aus Tabelle 9.5 mit Quartilen

9.5.4   Schiefe oder Symmetrie einer Stichprobe

Neben der Lage und Streuung einer Verteilung kann die Schiefe einer Verteilung angegeben werden. Diese ist ein Maß für die Symmetrie der Verteilung
zum Mittelwert. Der englische Fachausdruck ist Skewness.

Definition von Schiefe und Symmetrie einer Stichprobe

Eine Stichprobe wird als symmetrisch bezeichnet, wenn es eine Achse gibt,
zu der die rechte und linke Seite der Verteilung annähernd zueinander spie-
gelbildlich sind.

Praxisbeispiel   Ein Beispiel für eine symmetrische Verteilung ist in Bild 9.15 Mitte
gegeben. Eine asymmetrische Verteilung wird als schiefe Verteilung bezeichnet. Eine
Verteilung heißt linkssteil oder rechtsschief, wenn der überwiegende Teil der Daten
linksseitig konzentriert ist. Dann fällt die Verteilung wie in Bild 9.15 oben nach links
deutlich steiler ab als nach rechts. Entsprechend heißt eine Verteilung rechtssteil oder
linksschief, wenn wie in der Verteilung Bild 9.15 unten der überwiegende Teil der
Daten rechtsseitig konzentriert ist und nach rechts deutlich steiler abfällt als nach
links.

Die Schiefe kann mit zwei unterschiedlichen Kenngrößen charakterisiert werden,
dem Quantilkoeffizienten und dem Momentenkoeffizienten der Schiefe.

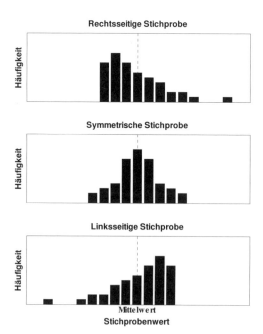

Bild 9.15 Darstellung von Stich-
probenverteilungen mit gleichem
Mittelwert und unterschiedlicher
Symmetrie

Quantilkoeffizient der Schiefe

Die Symmetrie oder Schiefe einer Verteilung kann über eine Kenngröße charakterisiert werden, welche die Symmetrie der Quantile einer Stichprobe bewertet. Dazu wird der Quantilkoeffizient der Schiefe berechnet aus

$$g_p = \frac{\left(x_{1-p} - x_{med}\right) - \left(x_p - x_{med}\right)}{x_{1-p} - x_p}$$

Für p = 25 % ergibt sich der Quartilkoeffizient der Schiefe zu

$$g_{0.25} = \frac{\left(x_{0.75} - x_{med}\right) - \left(x_{0.25} - x_{med}\right)}{x_{0.75} - x_{0.25}}$$

Die Quartilkoeffizienten bewerten im Zähler den Unterschied zwischen der Entfernung des 25 %- bzw. 75 %-Quartils zum Median. Bei symmetrischen Verteilungen ist der Abstand gleich groß, der Unterschied ist null. Damit gilt für symmetrische Verteilungen:

$$g_{0.25} = 0$$

Mit steigender Asymmetrie steigt der Betrag des Quartilkoeffizienten. Positive Quartilkoeffizienten weisen auf eine linkssteile, negative Quartilkoeffizienten weisen auf eine rechtssteile Verteilung hin. Durch den Nenner wird der Quartilkoeffizient so normiert, dass er nur Zahlenwerte im Bereich $-1 \leq g_p \leq 1$ annehmen kann. Da die Symmetrieaussage auf Basis der resistenten Quantile getroffen wird, ist auch der Quartilkoeffizient eine resistente Größe.

Momentenkoeffizient der Schiefe

In Analogie an die Varianz s^2 kann ein Momentenkoeffizient der Schiefe gebildet werden:

$$g_m = \frac{\frac{1}{n-1} \cdot \sum_{i=1}^{n} \left(x_i - \bar{x}\right)^3}{s^3}$$

Durch die dritte Potenz der Abweichung der Stichprobenwerte vom Mittelwert bleiben im Vergleich zur Standardabweichung die Vorzeichen bei den Abweichungen erhalten. Bei linksseitigen Verteilungen überwiegen positive Abweichungen, sodass g_m positiv wird. Bei rechtsseitigen Verteilungen weist g_m entsprechend negative Werte auf. Wegen der Division durch die dritte Potenz der Standardabweichung ist der Momentenkoeffizient der Schiefe dimensionslos und unabhängig von der Messgröße.

9.5.5 Aufbereitung von Stichprobenergebnissen mittels Box-Plot

Die bisher dargestellten wesentlichen Größen können aus dem Box-Plot abgelesen werden, der im Folgenden vorgestellt wird. Der Box-Plot fasst die folgenden fünf charakteristischen Kennwerte einer Verteilung zusammen.

- minimaler Stichprobenwert x_{min},
- 25 %-Quantil $x_{0,25}$,
- Median x_{med},
- 75 %-Quantil $x_{0,75}$,
- maximaler Stichprobenwert x_{max}.

Die Idee des Box-Plots ist in Bild 9.16 dargestellt.

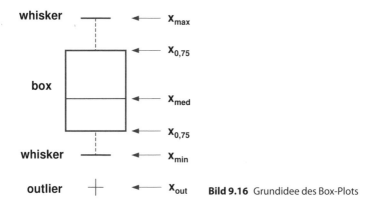

Bild 9.16 Grundidee des Box-Plots

Anfang und Ende der Box stellen die 25 %- und 75 %-Quantile dar. Die Länge der Box repräsentiert damit den Interquartilabstand, der Median wird als Balken in der Box eingezeichnet. Zwei Linien außerhalb der Box, die sogenannten whisker, zeigen die minimalen und maximalen Werte x_{min} und x_{max} der Stichprobe, wobei Ausreißer gesondert als Kreuz dargestellt werden. Als Ausreißer gelten Werte, die erheblich kleiner als das 25 %-Quantil oder erheblich größer als das 75 %-Quantil sind. Mathematisch wird diese Aussage durch die Bedingungen

$$x_{out} < x_{0.25} - 1.5 \cdot \left(x_{0.75} - x_{0.25} \right)$$

bzw.

$$x_{out} > x_{0.75} + 1.5 \cdot \left(x_{0.75} - x_{0.25} \right)$$

formuliert.

Praxisbeispiel   Bild 9.17 stellt den Box-Plot für die Stichprobe aus Tabelle 9.5 dar. Die Asymmetrie kann direkt am Box-Plot abgelesen werden. Liegt der Median symmetrisch in der Box, ist die Stichprobe symmetrisch, andernfalls asymmetrisch.

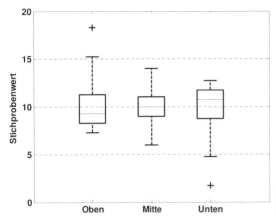

Bild 9.17 Box-Plot für die Stichprobe aus Tabelle 9.5

9.6   Beurteilende Statistik

Die beurteilende Statistik beschäftigt sich damit, welche Schlüsse von einer Stichprobe auf die Grundgesamtheit gezogen werden können und mit welcher Sicherheit die Schlüsse gezogen werden können.

9.6.1   Schätzung von Parametern einer Grundgesamtheit

Eine wesentliche Zielsetzung in der beurteilenden Statistik besteht darin, basierend auf Stichprobenergebnissen Parameter der Grundgesamtheit zu schätzen. Die Charakterisierung von Parametern von Grundgesamtheiten erfolgt mithilfe mathematischer Verteilungsfunktionen.

Wird aus einer bestimmten Grundgesamtheit eine Stichprobe mit Umfang n entnommen, kann daraus ein Schätzwert über einen oder mehrere Parameter der Grundgesamtheit berechnet werden, wie z. B. Mittelwert μ oder Standardabweichung σ (Tabelle 9.6).

Da mit der Stichprobe nur ein Teil aller Werte erfasst wurde, können die Parameter der Grundgesamtheit allerdings nur geschätzt werden, wobei mit steigendem Stichprobenumfang n die Genauigkeit der Schätzung zunimmt.

Die Stichprobe mit wachsendem Stichprobenumfang verdeutlicht aber noch eine zweite Fragestellung. Bei einem geringen Stichprobenumfang ist die zu-

Tabelle 9.6 Schätzung der Parameter einer Grundgesamtheit über eine Stichprobe

Charakteristik	Stichprobe	Grundgesamtheit
Anzahl Werte	n	N
	Stichprobenumfang ist kleiner als Umfang der Grundgesamtheit n < N	
Mittelwert	$\bar{x}$	μ
	Stichprobenmittelwert schätzt den Mittelwert der Grundgesamtheit μ	
Standardabweichung	s	σ
	Stichprobenstandardabweichung s schätzt die Standardabweichung der Grundgesamtheit σ	

grunde liegende Verteilung nur schwer ermittelbar. Die beurteilende Statistik widmet sich deshalb der Frage, wie sicher es sich bei der vorliegenden Stichprobe um eine bestimmte Verteilung handelt. Diese Aufgabenstellung wird im Kapitel 10 behandelt.

Voraussetzung für die Analyse von Stichproben ist, dass die Stichproben so gewonnen wurden, dass jeder Einfluss der Grundgesamtheit eine bestimmte, angebbare Wahrscheinlichkeit hat, einzutreten. Nur wenn diese Bedingung erfüllt ist, liefern die im Folgenden vorgestellten Verfahren sinnvolle Ergebnisse. Weiterhin wird davon ausgegangen, dass die Ereignisse voneinander unabhängig sind. Das ist für eine unendlich große Grundgesamtheit der Fall, aber z.B. auch für das Ziehen von Stichproben mit Zurücklegen. Praktisch gesehen wird diese Annahme immer erfüllt, wenn die Grundgesamtheit sehr viel größer ist als die Anzahl der Stichproben.

9.6.2 Zentraler Grenzwertsatz

Gegeben sind die Zufallsvariablen $X_1 \dots X_n$, die alle denselben Mittelwert μ und dieselbe Varianz σ^2 aufweisen. Es kann gezeigt werden, dass die Zufallsvariable Y, die sich aus der Summe der Zufallsvariablen

$$Y = X_1 + X_2 + \dots + X_n = \sum_{i=1}^{n} X_i$$

ergibt, den Mittelwert $n \cdot \mu$ und die Varianz $n \cdot \sigma^2$ hat. Sind die Variablen $X_1 \dots X_n$ normalverteilt, ist auch die Variable Y normalverteilt. Sind die Variablen nicht normalverteilt, so ist die Zufallsvariable

$$Z = \frac{Y - n \cdot \mu}{\sigma \cdot \sqrt{n}}$$

für große n asymptotisch (zunehmend) normalverteilt mit dem Mittelwert $\mu = 0$ und der Varianz $\sigma^2 = 1$.

Diese wichtige Beziehung wird als zentraler Grenzwertsatz der Wahrscheinlichkeitsrechnung bezeichnet. Er ist der wesentliche Grund für die große Bedeutung der Normalverteilung in der Wahrscheinlichkeitstheorie.

Der zentrale Grenzwertsatz ist auch der Grund, warum sich unterschiedliche Wahrscheinlichkeitsverteilungen für große Stichprobenumfänge asymptotisch der Normalverteilung nähern.

9.6.3   Berechnung von Konfidenzintervallen

Mithilfe von Konfidenzintervallen wird die Frage beantwortet, wie genau ein Parameter der Grundgesamtheit auf Basis der vorliegenden Stichprobe geschätzt werden kann. Diese Frage kann nicht allgemein beantwortet werden, da sie von der zugrunde liegenden Verteilung abhängig ist.

Um die Genauigkeit einer Schätzung zu charakterisieren, wird eine Wahrscheinlichkeit angegeben, mit welcher der zu schätzende Parameter in einem Intervall um den Schätzwert liegt. Es muss also ein Weg gefunden werden, die Intervallgrenzen $\hat{U}_1$ und $\hat{U}_2$ zu bestimmen, die mit einer vorgegebenen Wahrscheinlichkeit den genauen Parameterwert u einschließen. Diese Intervallgrenzen $\hat{U}_1$ und $\hat{U}_2$ müssen sich aus den vorliegenden Stichprobenwerten $x_1, x_2 \dots x_n$ ergeben, die als einzeln beobachtete Werte von n Zufallsvariablen $X_1, X_2 \dots X_n$ angesehen werden können.

Die Intervallgrenzen $\hat{U}_1$ und $\hat{U}_2$ sind Funktionen von Zufallszahlen und damit wiederum selber Zufallszahlen. Wird die Wahrscheinlichkeit dafür, dass der Parameterwert u in dem Intervall $\hat{U}_1 \leq u \leq \hat{U}_2$ liegt, mit γ bezeichnet, kann die Aufgabe über die Gleichung

$$P\left(\hat{U}_1 \leq u \leq \hat{U}_2\right) = \gamma$$

beschrieben werden. Das Intervall mit den Werten $\hat{U}_1$ und $\hat{U}_2$ als Intervallgrenzen heißt Konfidenzintervall oder Vertrauensbereich für den unbekannten Parameterwert, und die Intervallgrenzen werden als Konfidenzgrenzen bezeichnet. Die Wahrscheinlichkeit γ ist die zugehörige Konfidenzzahl. Praktische Werte für γ sind 95 %, 99 % oder 99,9 %.

Der Wert γ ist die Wahrscheinlichkeit dafür, dass ein aus einer Stichprobe bestimmtes Konfidenzintervall den wahren unbekannten Parameterwert u enthält. Wird z. B. $\gamma = 95\%$ gewählt, wird davon ausgegangen, dass bei 95% aller Stichproben, die entnommen wurden, die zugehörigen Konfidenzintervalle den Wert u einschließen und etwa 5% der zugehörigen Konfidenzintervalle den Wert u nicht einschließen. Wurden die Intervallgrenzen bestimmt, ist also die Aussage, dass ein derartiges Intervall den Parameter u enthält, in etwa 19 von 20 Fällen richtig und in einem von 20 Fällen falsch.

Konfidenzintervall für den Mittelwert einer Normalverteilung mit bekannter Varianz

Das Konfidenzintervall, in dem der Mittelwert einer Normalverteilung mit bekannter Varianz mit der Wahrscheinlichkeit γ liegt, wird z. B. in Kreyszig hergeleitet. Es lautet:

$$\text{KONF}\left\{\bar{x} - \frac{c \cdot \sigma}{\sqrt{n}} \le \mu \le \bar{x} + \frac{c \cdot \sigma}{\sqrt{n}}\right\}$$

Der Parameter c ist von der gewählten Konfidenzzahl abhängig und ergibt sich aus der inversen Normalverteilung. Er kann aus entsprechenden Tabellen entnommen werden, in Tabelle 9.7 ist er beispielhaft für verschiedene Konfidenzzahlen dargestellt. Damit kann das Konfidenzintervall auch ohne Simulationsprogramm berechnet werden. Natürlich unterstützen und vereinfachen Statistikprogramme die automatische Berechnung von Konfidenzintervallen.

Tabelle 9.7 Bestimmung des Parameters c als Funktion der Konfidenzzahl γ

Konfidenzzahl γ	90 %	95 %	99 %	99,9 %
Parameter c	1,645	1,960	2,576	3,291

Die Zusammenhänge zwischen Stichprobenumfang, Konfidenzintervall und Aussagesicherheit sollen in den folgenden Abbildungen interpretiert werden. Die Länge L eines Konfidenzintervalls ergibt sich zu

$$L = \frac{2 \cdot c \cdot \sigma}{\sqrt{n}}$$

Bild 9.18 stellt für unterschiedliche Konfidenzzahlen die Länge des Konfidenzintervalls als Funktion des Stichprobenumfangs n dar. Zur Verkleinerung des Konfidenzintervalls muss der Stichprobenumfang vergrößert oder es müssen Kompromisse hinsichtlich Aussagesicherheit eingegangen werden.

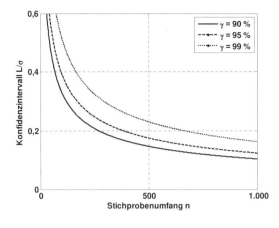

Bild 9.18 Länge des Konfidenzintervalls als Funktion des Stichprobenumfangs n

Durch Auflösen der Gleichung für die Länge des Konfidenzintervalls nach n kann die Anzahl von Stichproben bestimmt werden, die notwendig ist, den Mittelwert mit einem Konfidenzintervall der Länge L und der Wahrscheinlichkeit γ zu bestimmen (Bild 9.19):

$$n = \frac{4 \cdot c^2 \cdot \sigma^2}{L^2}$$

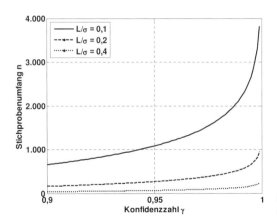

Bild 9.19 Stichprobenumfang n als Funktion der Konfidenzzahl γ

Der Stichprobenumfang steigt mit steigendem Genauigkeitsanspruch an die Schätzung und mit steigender Sicherheit der Aussage.

Praxisbeispiel   Als Beispiel für den notwendigen Stichprobenumfang wird ein 95 %-Konfidenzintervall für den Mittelwert einer Normalverteilung mit der Varianz $\sigma^2 = 9$ unter Benutzung einer Stichprobe mit dem Mittelwert

$$\bar{x} = 5$$

und dem Umfang n = 100 bestimmt. Es wird die Konfidenzzahl $\gamma = 0{,}95$ gefordert, zu der der kritische Parameter c = 1,96 gehört. Der Mittelwert ist bereits vorgegeben. Damit ist

$$a = \frac{c \cdot \sigma}{\sqrt{n}} = \frac{1.960 \cdot 3}{\sqrt{100}} = 0.588$$

und es ergeben sich die Grenzen des Konfidenzintervalls zu

$$\bar{x} - a = 4.412$$

und

$$\bar{x} + a = 5.588$$

Für das Beispiel soll jetzt der notwendige Stichprobenumfang n für ein 95 %-Konfidenzintervall mit der Länge L = 0,4 bestimmt werden. Für den vorliegenden Fall ergibt sich

$$n = \left(\frac{2 \cdot 1.960 \cdot 3}{0.4} \right)^2 \approx 870$$

Um somit den Mittelwert einer Normalverteilung mit $\mu = 5$ und $\sigma = 3$ mit einer 95 %igen Sicherheit auf ±0,2 angeben zu können, ist ein Stichprobenumfang von n = 870 notwendig.

Konfidenzintervall für den Mittelwert einer Normalverteilung mit unbekannter Varianz

Bisher wurde davon ausgegangen, dass die Varianz der Stichprobe bekannt ist. Für den Fall, dass die Varianz der Stichprobe unbekannt ist, wird ein Verfahren angewendet, das die Schätzung der Varianz beinhaltet.

Damit ergibt sich das Konfidenzintervall

$$\mathrm{KONF} \left\{ \bar{x} - \frac{c^* \cdot s}{\sqrt{n}} \leq \mu \leq \bar{x} + \frac{c^* \cdot s}{\sqrt{n}} \right\}$$

in dem der Mittelwert mit der Wahrscheinlichkeit γ liegt. Der Parameter c^* ergibt sich wegen der unbekannten Varianz nicht mehr aus der Normalverteilung, sonder aus der t-Verteilung mit n − 1 Freiheitsgraden (n ist der Stichprobenumfang).

Um den Unterschied zwischen den beiden Fällen einer bekannten Varianz und einer unbekannten Varianz zu diskutieren, zeigt Bild 9.20 das Verhältnis der Länge L des Konfidenzintervalls bei bekannter Varianz und der Länge L^* des Konfidenzintervalls bei unbekannter Varianz.

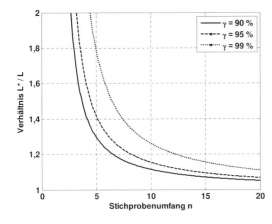

Bild 9.20 Verhältnis der Länge L^* des Konfidenzintervalls bei unbekannter Varianz und der Länge L des Konfidenzintervalls bei bekannter Varianz als Funktion des Stichprobenumfangs n

Bei einer hinreichend großen Stichprobe unterscheiden sich die Längen der beiden Konfidenzintervalle nur wenig. Je kleiner der Stichprobenumfang wird, desto größer der Unterschied. Außerdem steigt der Unterschied mit steigender Konfidenzzahl γ an. Ursache für den größeren Konfidenzbereich bei kleinem Stichprobenumfang ist die unbekannte Standardabweichung der Grundgesamtheit.

Konfidenzintervalle für die Varianz einer Normalverteilung

Bislang wurden Konfidenzbereiche von Mittelwerten berechnet. In analoger Weise können Konfidenzintervalle für die Varianz einer Normalverteilung angegeben werden. Das Konfidenzintervall lautet:

$$\text{Konf}\left\{\frac{s^2 \cdot (n-1)}{c_1} \geq \sigma^2 \geq \frac{s^2 \cdot (n-1)}{c_2}\right\}$$

Um das Konfidenzintervall zu bestimmen, ist somit zunächst die Konfidenzzahl γ zu wählen. Darauf basierend sind die zugehörigen Parameter c_1 und c_2 aus der inversen Chi-Quadrat-Verteilungsfunktion mit $n - 1$ Freiheitsgraden (n ist der Stichprobenumfang) abzulesen und ist schließlich die Varianz der Stichprobe zu berechnen.

9.6.4   Wahrscheinlichkeitsnetz

Im Fall der Normalverteilung kann die Schätzung von Parametern grafisch plausibilisiert werden. Dabei wird von einer Normalverteilung mit dem Mittelwert μ, der Standardabweichung σ und der Verteilungsfunktion

$$y = F(x) = \Phi\left(\frac{x-\mu}{\sigma}\right) = \int_{-\infty}^{x} \frac{1}{\sigma \cdot \sqrt{2 \cdot \pi}} \cdot e^{-\frac{1}{2}\left(\frac{v-\mu}{\sigma}\right)^2} dv$$

ausgegangen. Durch Anwenden der inversen Verteilungsfunktion auf beiden Seiten der Gleichung ergibt sich

$$\Phi^{-1}(y) = \Phi^{-1}\left(\Phi\left(\frac{x-\mu}{\sigma}\right)\right) = \frac{x-\mu}{\sigma}$$

Die Ordinate $\Phi^{-1}(y)$ ist linear in x, sodass sich bei einer idealen Normalverteilungsfunktion eine Gerade ergibt. Dieses Vorgehen entspricht der Darstellung im logarithmischen Maßstab. Eine derartige Darstellung wird als Wahrscheinlichkeitsnetz bezeichnet.

Bild 9.21 stellt die Verteilungsfunktion F(x) und das entsprechende Wahrscheinlichkeitsnetz grafisch dar. Charakteristisch ist die nicht lineare Ordinate der Abbildung. Ausgehend von der 50 %-Linie nehmen die Ordinatenabstände nach oben und unten immer zu, sehr große und sehr kleine relative Summenhäufigkeiten können nicht abgebildet werden.

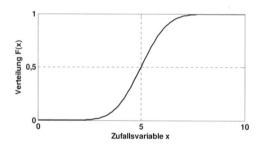

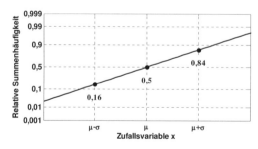

Bild 9.21 Darstellung einer Normalverteilung mit $\mu = 5$ und $\sigma = 1$
a) als Verteilungsfunktion F(x)
b) als Wahrscheinlichkeitsnetz

In Tabelle 9.8 sind bereits drei charakteristische Werte eingetragen, die sich aus den Werten für x = μ und x = μ ± σ ergeben.

Tabelle 9.8 Relative Summenhäufigkeit für charakteristische Werte der Normalverteilung

X	μ − σ	μ	μ + σ
F(x)	0,1587	0,5	0,8413

Praxisbeispiel Die grafische Plausibilisierung der Stichprobenwerte und der geschätzten Parameter wird anhand einer Stichprobe, bei der das Gewicht von Spritzgussteilen analysiert wurde, erläutert. Tabelle 9.9 stellt die Messwerte der Stichprobe dar.

Unter der Annahme einer Normalverteilung ergibt sich die geschätzte Verteilungsfunktion aus der Berechnung des Mittelwertes

$$\mu \approx \bar{x} = \frac{1}{n} \cdot \left(x_1 + x_2 + \ldots + x_n \right) = \frac{1}{n} \cdot \sum_{i=1}^{n} x_i = 1.944 \text{ g}$$

Tabelle 9.9 Häufigkeitsverteilung der Stichprobe, bei der das Gewicht von Spritzgussteilen geprüft wurde

Gewicht x/g	Anzahl	Rel. Summen-häufigkeit y_r	$\Phi^{-1}(y_r)$	Gewicht	Anzahl	Rel. Summen-häufigkeit	$\Phi^{-1}(y_r)$
1,80	1	0,01	0,01	1,93	8	0,45	0,45
1,81	0	0,01	0,01	1,94	9	0,54	0,54
1,82	1	0,02	0,02	1,95	4	0,58	0,58
1,83	1	0,03	0,03	1,96	11	0,69	0,69
1,84	1	0,04	0,04	1,97	3	0,72	0,72
1,85	1	0,05	0,05	1,98	4	0,76	0,76
1,86	1	0,06	0,06	1,99	3	0,79	0,79
1,87	2	0,08	0,08	2,00	7	0,86	0,86
1,87	2	0,08	0,08	2,01	2	0,88	0,88
1,88	3	0,11	0,11	2,02	4	0,92	0,92
1,89	5	0,16	0,16	2,03	5	0,97	0,97
1,90	7	0,23	0,23	2,04	1	0,98	0,98
1,91	6	0,29	0,29	2,05	2	1,00	1,00
1,92	8	0,37	0,37				

und der Standardabweichung

$$\sigma \approx s = \sqrt{\frac{1}{n-1} \cdot \sum_{i=1}^{n}(x_i - \bar{x})} = 0.054 \text{ g}$$

Die numerische Summenhäufigkeit ist in Tabelle 9.9 bereits eingetragen, auch die inverse Verteilungsfunktion der relativen Summenhäufigkeit ist bereits dargestellt. Damit können geschätzte Verteilungsfunktion und die Stichprobe in einer Grafik miteinander verglichen werden (Bild 9.22). Die einzelnen Stichprobenwerte liegen an der geschätzten Verteilungsfunktion.

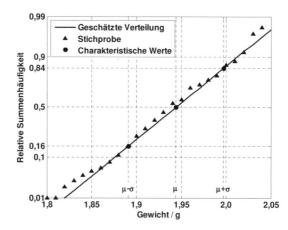

Bild 9.22 Darstellung der geschätzten Verteilungsfunktion und der Stichprobenwerte in einem Wahrscheinlichkeitsnetz

9.7   Beispiel

Nachfolgend soll anhand eines Beispiels aus der Praxis auf die Wichtigkeit der bisher ausgeführten statistischen Grundlagen hingewiesen werden. Dargestellt ist eine typische Auswertung im Statistikprogramm Minitab®, welche die wesentlichen statistischen Kennwerte einer Stichprobe in übersichtlicher Art und Weise visualisiert.

Die Daten werden durch Eingabe der entsprechenden Spalte eingelesen (z. B. Spalte C1 – Kurzbezeichnung für „Column 1"), die Kennwerte werden durch Aufruf eines Menüs (in diesem Fall: Statistik/statistische Standardverfahren/grafische Zusammenfassung) berechnet und automatisch dargestellt (Bild 9.23).

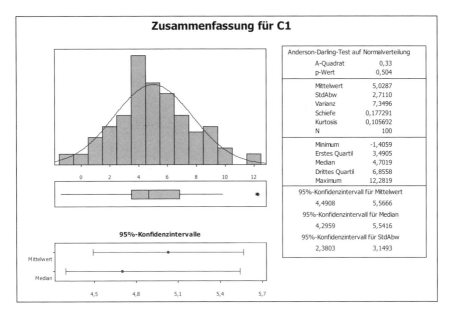

Bild 9.23 Typische Darstellung von statistischen Kennwerten im Statistikprogramm Minitab®

Zu sehen ist die Häufigkeitsverteilung des Merkmals in Form des Histogramms. Rechts oben zusätzlich dargestellt sind die Ergebnisse des Anderson-Darling-Tests auf Normalverteilung. Der Hintergrund hierzu wird im nächsten Kapitel 10 erläutert, in unserem Beispiel wird die Grundannahme (Nullhypothese) der Normalverteilung nicht verworfen (erkennbar am P-Wert, der deutlich größer als 0,05 ist). Auch am bereits behandelten Wahrscheinlichkeitsnetz (Bild 9.24) kann erkannt werden, dass die Daten aus einer normalverteilten Grundgesamtheit stammen.

Im Histogramm ist zu erahnen, dass es sich um eine leicht linksschiefe Verteilung handelt. Dies ist sowohl im darunter dargestellten Box-Plot erkennbar, da der eingezeichnete Median sich nicht ganz in der Mitte des Interquartilbereichs befindet, als auch an der Schiefe in der Höhe von 0,18. Allerdings findet sich im Statistikprogramm kein Hinweis darauf, wie die Schiefe genau berechnet wird. Es ist somit für den Anwender nicht nachvollziehbar, ob es sich hierbei um den Quartilkoeffizienten, den Momentenkoeffizienten der Schiefe oder um einen anderen Kennwert der Schiefe handelt.

Der Stichprobenumfang beträgt n = 100. Mithilfe dieser Information und unter Zugrundelegung der Normalverteilung können die entsprechenden Konfidenzintervalle berechnet werden. Beispielsweise ist erkennbar, dass die Unsicherheit des Mittelwertes hoch ist. Genauer gesagt: In 95 % der Fälle ist

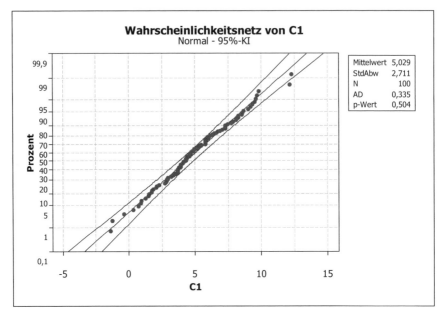

Bild 9.24 Darstellung des Wahrscheinlichkeitsnetzes

der Schätzwert für μ der normalverteilten Grundgesamtheit im Intervall 4,49 und 5,57 zu erwarten. Auch hier ist es notwendig zu wissen, dass eine Angabe eines Konfidenzintervalls nur mit Kenntnis der entsprechenden Verteilung der Grundgesamtheit angegeben werden kann.

An diesem Beispiel ist erkennbar, dass die Berechnung in der Praxis zwar auf Knopfdruck funktioniert, es oftmals jedoch nicht vollständig nachvollziehbar ist, was genau berechnet wird. Vielmehr ist gerade aufgrund der vielfältigen Auswerte- und Visualisierungshilfen von Statistikprogrammen ein fundiertes Statistikverständnis wichtiger denn je. Nur so wird es möglich, die Ergebnisse auf Plausibilität zu überprüfen, somit die richtigen Schlussfolgerungen zu ziehen und damit adäquate Maßnahmen einzuleiten.

9.8   Zusammenfassung und Erfolgsfaktoren

Die Wahrscheinlichkeitsrechnung hilft im Rahmen der Entwicklung, die Fehlerfreiheit von Produkten und Prozessen zu prognostizieren und zu optimieren. Die beschreibende Statistik verfolgt das Ziel, Daten übersichtlich aufzubereiten und damit beispielsweise Trends und Abhängigkeiten zu erkennen. Die schließende Statistik schließlich hilft, das Risiko zu bewerten, wenn von der Stichprobe auf die Grundgesamtheit geschlossen wird. Alles in allem ist die Statistik somit eine wertvolle Ergänzung zum Expertenwissen in der Produktentwicklung.

In diesem Kapitel wurden die dafür notwendigen statistischen Grundlagen dargelegt. Besonderer Wert wurde auf eine fundierte Darstellung der Grundlagen gelegt, um das Rüstzeug für die erfolgreiche Verwendung von Statistikprogrammen in der Praxis zu vermitteln. Wie am abschließenden Beispiel gezeigt wurde, sind zwar die Auswerte- und Analysemöglichkeiten von Statistikprogrammen vielseitig, diese können aber nur mit entsprechender Sachkenntnis effektiv genutzt werden.

9.9 Verwendete Literatur

Fahrmeier, L. et al.: Statistik, Springer-Verlag, 2007

Kreyszig, E.: Statistische Methoden und ihre Anwendungen, Valdenhoeck und Ruprecht, 1991

Ross, R.: Statistik für Ingenieure und Naturwissenschaftler, Spektrum Akademischer Verlag, 2006

Sachs, L.: Angewandte Statistik, Springer-Verlag, 2002

10 Hypothesentests

10.1 Zielsetzung von Hypothesentests

Im Rahmen von Entwicklungsprojekten besteht die Herausforderung darin, relevante Einflussgrößen x auf eine Zielgröße y zu identifizieren. Sowohl bei Einfluss- als auch bei Ausgangsgrößen sind unterschiedliche Datentypen zu unterscheiden. Die Datentypen bestimmen, welche statistischen Tests zur Identifikation der relevanten Einflussgrößen herangezogen werden. Bild 10.1 ordnet die statistischen Tests den verschiedenen Kombinationen von Datentypen zu.

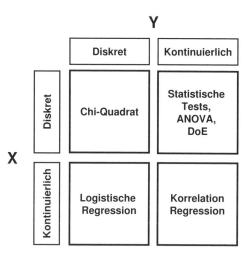

Bild 10.1 Einordnung der statistischen Tests bei der Ermittlung von Wirkzusammenhängen

Liegen beispielsweise Indizien vor, die auf einen Zusammenhang zwischen x und y hinweisen, dienen statistische Tests dazu, zu überprüfen, ob die Indizien signifikant sind. Statistische Tests helfen daher beispielsweise zu entscheiden, ob x einen Einfluss auf y hat, wenn Einflussgrößen in zwei oder mehreren diskreten Ausprägungen vorliegen. Hypothesentests werden generell dafür verwendet, um Entscheidungen zu treffen; die zugrunde liegende Theorie wird daher auch als die der Entscheidungen bezeichnet. Typische Fragestellungen, die mithilfe von statistischen Tests behandelt werden können, lauten:

Leitfragen

- Hat die Inputvariable x einen signifikanten Einfluss auf die Ergebnisgröße y?
- Sind die Ergebnisse aus zwei unterschiedlichen Versuchsreihen wirklich unterschiedlich?
- Sind zwei Mittelwerte unterschiedlich?
- Sind die Varianzen unterschiedlicher Messreihen unterschiedlich?
- Sind die (Mess-)Daten normalverteilt?

Hinweis

Ähnlich wie bei der Bestimmung von Konfidenzbereichen wird auch bei statistischen Tests von der Stichprobe auf die Grundgesamtheit geschlossen. Deshalb gibt es beim Hypothesentest keine vollkommen sicheren Aussagen, eine Hypothese wird deshalb immer in Kombination mit einem definierten Fehlerrisiko getestet.

10.2 Einordnung der Hypothesentests in den Produktentstehungsprozess

Hypothesentests spielen eine wichtige Rolle in anderen statistischen Methoden von DFSS wie beispielsweise bei DoE, Simulation oder SPC (Bild 10.2).

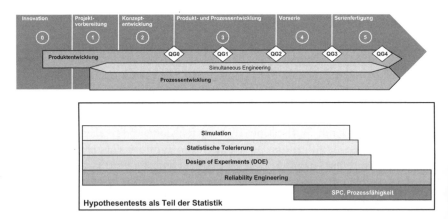

Bild 10.2 Die Anwendung von Hypothesentests im Rahmen des PEP

So werden etwa statistische Tests bei der Modellbildung – z.B. im Rahmen von DoE – für die Signifikanzbewertung potenzieller Einflussgrößen eingesetzt. Des Weiteren finden sie sich bei allen Stichprobenthemen, wie etwa innerhalb der Statistischen Prozesslenkung (SPC).

Überall dort, wo P-Werte auftreten, werden, wenngleich oft auch nur im Hintergrund, Hypothesentests durchgeführt. Sie werden daher de facto in allen Phasen des Produktentstehungsprozesses im Rahmen von statistischen Methoden immer wieder Anwendung finden.

10.3　Wichtige Grundlagen

10.3.1　Grundlagen von statistischen Tests

Grundprinzip

Den Ausgangspunkt eines statistischen Tests bildet eine definierte Fragestellung mit zwei Antwortmöglichkeiten. Die Antworten können mit zwei Hypothesen beschrieben werden.

Praxisbeispiel　Angenommen das Gewicht einer Kleberaupe ist ein wichtiges Merkmal, welches im Rahmen der Statistischen Prozesslenkung (Details hierzu Kapitel 16) überwacht wird. Hierzu wird in regelmäßigen Abständen eine Stichprobe des stets gleichen Umfangs $n = 5$ entnommen, der Mittelwert μ bestimmt und mit dem spezifizierten Klebergewicht μ_0 verglichen. Die Standardabweichung σ sei für diesen Prozess bekannt. Falls das Gewicht signifikant abweicht, müssen geeignete Korrekturmaßnahmen eingeleitet werden.

Bei der beschriebenen Ausgangssituation handelt es sich um eine Fragestellung, welche mit den Hypothesen

- Nullhypothese H_0: $\mu_0 = \mu$
- Alternativhypothese H_1: $\mu_0 \neq \mu$

beschrieben werden kann. Eine starke Abweichung des Stichprobenmittelwertes von dem spezifizierten Sollwert

$$|\bar{x} - \mu_0| > c$$

würde signalisieren, dass der Prozess sich verändert hat und damit die Nullhypothese zu verwerfen ist.

Zur Bestimmung des Parameters c wird davon ausgegangen, dass die Nullhypothese gilt. Damit weist gemäß zentralem Grenzwertsatz die Stichprobe des Umfanges n in unserem Beispiel eine Normalverteilung mit dem Mittelwert μ_0 und der Varianz $\sigma^2 : n$ auf. Die Zufallsvariable

$$Z = \sqrt{n} \cdot \frac{X - \mu_0}{\sigma}$$

besitzt eine Standardnormalverteilung. Die Verteilung ist in Bild 10.3 dargestellt.

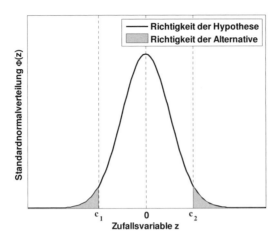

Bild 10.3 Darstellung des Hypothesentests in der Wahrscheinlichkeitsdichte der Standardnormalverteilung, die blauen Flächen entsprechen der Wahrscheinlichkeit von 5 %

Damit ein Wert z der Zufallsvariable Z mit einer Sicherheit von 95 % nicht zu der Standardnormalverteilung gehört, muss er für diese Aufgabenstellung in einer der beiden blauen Flächen unter der Kurve liegen, welche zusammen die Wahrscheinlichkeit von 5 % repräsentieren.

Damit können die beiden Konstanten c_1 und c_2 bestimmt werden über die Gleichungen

$$\Phi(c_1) = 0.025$$

bzw.

$$1 - \Phi(c_2) = 0.025$$

Aus der Standardnormalverteilung ergibt sich eine Grenze c_1 von

$$c_1 = -1.96$$

und eine Grenze c_2 von

$$c_2 = 1.96$$

Bei einem Zielwert von $\mu_0 = 5{,}3$ g Klebermenge und einer Standardabweichung von $\sigma = 0{,}23$ g ergibt sich als untere Grenze eine Klebermenge von

$$x_{min} = \mu_0 + \frac{c_1 \cdot \sigma}{\sqrt{n}} = 5.098 \text{ g}$$

und als obere Grenze eine Klebermenge von

$$x_{max} = \mu_0 - \frac{c_1 \cdot \sigma}{\sqrt{n}} = 5.502 \text{ g}$$

Annahme- und Verwerfungsbereich von statistischen Tests

Wie anhand des Beispiels erläutert, wird zur Bestimmung des Verwerfungsbereiches zunächst aus den Stichprobenwerten die geeignete Prüfgröße u ermittelt, welche in der Lage ist, die Hypothese H_0 und H_1 zu bewerten. Ist die Verteilung der Prüfgröße bekannt, kann die Hypothese $u = u_0$ getestet werden. Als Alternative sind generell die drei Varianten denkbar

$$u > u_0$$

$$u < u_0$$

$$u \neq u_0$$

Die Variante $u > u_0$ wird z. B. verwendet, wenn bei einem neuen Fertigungsverfahren geprüft wird, ob sich die Ausbeute gesteigert hat, denn nur in diesem Fall würde es eingeführt. Die Variante $u < u_0$ tritt z. B. bei Festigkeitsuntersuchungen auf, bei denen eine zu große Festigkeit unproblematisch ist, die Unterschreitung eines Grenzwertes jedoch direkt zum Versagen des Werkstoffes führen kann. Die zweiseitige Variante $u \neq u_0$ tritt z. B. bei Maßen auf, die weder zu groß noch zu klein sein dürfen, wie etwa bei dem Durchmesser einer Welle. Bei dem zweiseitigen Test werden zwei Grenzwerte c_1 und c_2 benötigt und der Verwerfungsbereich besteht aus zwei Teilbereichen. Die Summe der Wahrscheinlichkeiten für beide Verwerfungsbereiche entspricht dem Signifikanzniveau.

Bild 10.4 verdeutlicht Annahme- und Verwerfungsbereich der drei Varianten von Hypothesentests.

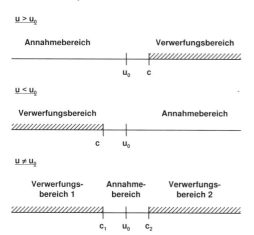

Bild 10.4, Grafische Darstellung von Verwerfungs- und Annahmebereich bei Hypothesentests

Fehler erster und zweiter Art

Nachdem Hypothesentests auf Stichprobenergebnissen beruhen, kann es zu Fehlentscheidungen kommen, die zunächst an einem einfachen Paar von Nullhypothese und Alternativhypothese dargestellt werden.

Die Hypothese $u = u_0$ soll gegen die Alternative $u = u_1$ getestet werden. Der Wert u_1 sei größer als der Wert u_0, sodass der kritische Wert c ebenfalls größer als u_0 ist. Aus einer Stichprobe x_1, x_2 ... x_n wird ein Schätzwert

$$u = g(x_1, x_2, ..., x_n)$$

für den unbekannten Parameter u bestimmt. Ist u > c, so wird die Hypothese verworfen. Für den Fall, dass u < c ist, wird die Hypothese angenommen.

Bei dem Test können zwei Arten von Fehlern auftreten, die als Fehler erster und zweiter Art bezeichnet werden. Bild 10.5 verdeutlicht diese Zusammenhänge grafisch.

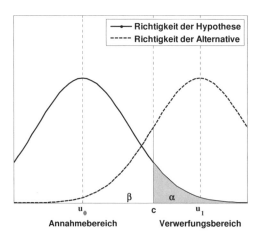

Bild 10.5 Darstellung des Hypothesentests in der Wahrscheinlichkeitsdichte der Normalverteilung

Beim Fehler erster Art wird die Hypothese verworfen, obwohl sie richtig ist. Die Wahrscheinlichkeit, einen solchen Fehler zu begehen, wird mit α bezeichnet und heißt Signifikanzniveau des Tests. Ein solcher Fehler wird begangen, wenn die Hypothese richtig ist und u trotzdem einen Wert u > c annimmt. Also wenn gilt:

$$P(U > c) = \alpha$$

Beim Fehler zweiter Art wird die Hypothese irrtümlicherweise angenommen. Das heißt, dass die Hypothese falsch ist und u trotzdem einen Wert u ≤ c an-

Tabelle 10.1 Übersicht über richtige und falsche Entscheidungen im Hypothesentest

		Unbekannte Wirklichkeit	
		$u = u_0$	$u = u_1$
Annahme	$u = u_0$	richtige Entscheidung $P = 1 - \alpha$	Fehler zweiter Art $P = \beta$
	$u = u_1$	Fehler erster Art $P = \alpha$	richtige Entscheidung $P = 1 - \beta$

nimmt (Tabelle 10.1). Die dazugehörige Wahrscheinlichkeit wird mit β bezeichnet:

$$P(U \leq c) = \beta$$

1 – β ist die Wahrscheinlichkeit, einen Fehler zweiter Art zu vermeiden, und wird je nach Literatur mit Macht, Güte, Power oder auch Trennschärfe bezeichnet.

Die Wahl des Parameters c bestimmt die Wahrscheinlichkeit der Fehlentscheidung. Der Parameter c sollte so gewählt werden, dass die Fehlerwahrscheinlichkeiten α und β möglichst klein werden. Bild 10.5 zeigt, dass diese Forderungen sich gegenseitig widersprechen. Um α zu minimieren, muss c nach rechts verschoben werden. Dann wird aber auch die Fläche β größer. Weiterhin ist in dem Bild zu erkennen, dass Folgendes gilt: Je größer der Parameter u_1 der Alternativhypothese ist, desto kleiner wird die Wahrscheinlichkeit für einen Fehler zweiter Art.

Gütefunktion eines statistischen Tests

Ist die Alternative nicht auf einen speziellen Zahlenwert u_1 beschränkt, wird die Güte 1 – β eine Funktion der Prüfgröße u und als Gütefunktion des Tests bezeichnet.

Praxisbeispiel Die Gütefunktion eines Hypothesentests wird anhand eines Beispiels mit einer Normalverteilung und bekannter Varianz verdeutlicht. Die Zufallsvariable X sei normalverteilt mit der Varianz $\sigma^2 = 9$. Unter Verwendung einer Stichprobe mit dem Umfang n = 10 und dem Mittelwert

$$\bar{x} = \frac{1}{n} \cdot (x_1 + x_2 + \dots + x_n) = \frac{1}{n} \cdot \sum_{i=1}^{n} x_i$$

soll die Hypothese H_0 $\mu = \mu_0 = 24$ gegen folgende Alternativhypothesen getestet werden:

$$\mu < \mu_0$$

$$\mu > \mu_0$$

$$\mu \neq \mu_0$$

Dazu wird ein Signifikanzniveau von $\alpha = 0,05$ gewählt. Die Schätzfunktion für den Mittelwert ist

$$\bar{X} = \frac{1}{n} \cdot \left(X_1 + X_2 + \ldots + X_n \right) = \frac{1}{n} \cdot \sum_{i=1}^{n} X_i$$

Trifft die Hypothese H_0 zu, ist der Mittelwert der Grundgesamtheit normalverteilt mit dem Mittelwert $\mu_0 = 24$ und der Varianz $\sigma^2 : n = 0,9$. Zur Bestimmung des kritischen Wertes c wird deshalb die Prüfgröße

$$Z = \frac{\bar{X} - 24}{\sqrt{0.9}}$$

verwendet, die standardnormalverteilt ist.

Fall a: Alternativhypothese $\mu < \mu_0$

In dem Fall ist die Wahrscheinlichkeit

$$P\left(\bar{X} \leq c \right) = \Phi\left(\frac{c - 24}{\sqrt{0.9}} \right) = 1 - \alpha = 0.95$$

und c ergibt sich aus der inversen Normalverteilung zu c = 25,56. Der Wert c liegt rechts von dem Wert der Hypothese $\mu_0 = 24$. Hat der Mittelwert der Stichprobe einen Wert

$$\bar{x} \leq 25.56$$

wird die Hypothese angenommen, andernfalls wird die Hypothese abgelehnt. Die Güte hängt von der gewählten Alternative ab. Für einen festen Wert c errechnet sich die Gütefunktion aus

$$1 - \beta(\mu) = P_\mu\left(\bar{X} > 25.56 \right) = 1 - P_\mu\left(\bar{X} \leq 25.56 \right) = 1 - \Phi\left(\frac{25.56 - \mu}{\sqrt{0.9}} \right)$$

$$= 1 - \Phi\left(26.94 - 1.05 \cdot \mu \right)$$

Fall b: Alternativhypothese $\mu > \mu_0$

Der kritische Wert c wird in diesem Fall bestimmt aus

$$P\left(\bar{X} \leq c \right) = \Phi\left(\frac{c - 24}{\sqrt{0.9}} \right) = \alpha = 0.05$$

zu c = 22,44. Hat der Mittelwert der Stichprobe einen Wert

$$\bar{x} \geq 22.4$$

wird die Hypothese angenommen, andernfalls wird sie abgelehnt. Der Test hat die Güte

$$1 - \beta(\mu) = P(\bar{X} \leq 25.56) = \Phi\left(\frac{22.44 - \mu}{\sqrt{0.9}}\right) = \Phi(23.65 - 1.05 \cdot \mu)$$

Fall c: Alternativhypothese $\mu \neq \mu_0$

Die Normalverteilung ist symmetrisch, sodass die kritischen Werte c_1 und c_2 symmetrisch zu $\mu_0 = 24$ liegen: $c_1 = 24 - k$ und $c_2 = 24 + k$. Die Konstante k wird über die Wahrscheinlichkeit

$$P(24 - k \leq \bar{X} \leq 24 + k) = \Phi\left(\frac{k}{\sqrt{0.9}}\right) - \Phi\left(\frac{-k}{\sqrt{0.9}}\right) = 1 - \alpha = 0.95$$

zu k = 1,86 bestimmt, woraus sich die Konstanten $c_1 = 22,14$ und $c_2 = 25,86$ ergeben. Hat der Mittelwert der Stichprobe einen Wert

$$22.14 \leq \bar{x} \leq 25.86$$

wird die Hypothese angenommen, andernfalls wird die Hypothese abgelehnt. Der Test hat die Güte

$$1 - \beta(\mu) = P_\mu(\bar{X} < 22.14) + P_\mu(\bar{X} > 25.86) = P_\mu(\bar{X} < 22.14) + 1 - P_\mu(\bar{X} \leq 25.86)$$

und mit der Normalverteilung ergibt sich

$$1 - \beta(\mu) = 1 + \Phi\left(\frac{22.14 - \mu}{\sqrt{0.9}}\right) - \Phi\left(\frac{25.86 - \mu}{\sqrt{0.9}}\right) = 1 + \Phi(23.34 - 1.05 \cdot \mu) - \Phi(27.26 - 1.05 \cdot \mu)$$

Würde der Test mit einer größeren Stichprobe n = 100 durchgeführt, würde sich die Varianz σ^2 um einen Faktor zehn verkleinern und die kritischen Konstanten ergäben sich zu $c_1 = 23,41$ und $c_2 = 24,59$. Bild 10.7 verdeutlicht, dass mit höherem Stichprobenumfang die Güte des Hypothesentests einen steileren Verlauf bekommt, also eine größere Trennschärfe besitzt als bei kleinerem Stichprobenumfang.

Aus diesen Darstellungen kann der notwendige Stichprobenumfang abgeschätzt werden. Bei der Wahl ist es entscheidend, dass der Umfang einerseits so groß gewählt wird, dass der Test alle praktisch interessierenden Abweichungen zwischen μ und μ_0 aufdeckt. Andererseits muss er aus Kostengründen so klein wie möglich sein. Interessiert z. B. eine Abweichung von ± 2 Einheiten, ist eine Stichprobe vom Umfang n = 10 zu gering, denn für die Werte $\mu = 22$ und 24 beträgt das Risiko eines Fehlers zweiter Art noch fast 50 %. Mit einem Stichprobenumfang n = 100 reicht die Aussagesicherheit sicher aus, die Wahrscheinlichkeit für einen Fehler zweiter Art beträgt für die Werte $\mu = 22$ und 24 weniger als 1 ppm. Realistisch ist ein Stichprobenumfang zwischen diesen Werten.

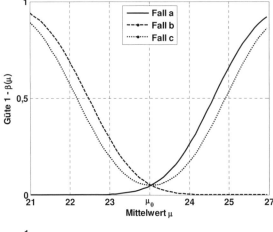

Bild 10.6 Darstellung der Güte für die drei Fälle des diskutierten Beispiels

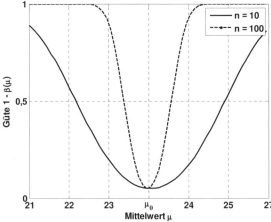

Bild 10.7 Güte für Alternativhypothese $\mu \neq \mu 0$ mit unterschiedlichen Stichprobenumfängen n = 10 und n = 100

Die Gütefunktion erlaubt somit Aussagen über die Qualität eines statistischen Tests. Sie werden deshalb zum Vergleich unterschiedlicher Tests zu einem Testproblem herangezogen. Falls mehrere konkurrierende Tests existieren, wird derjenige ausgewählt, der bei gleichem Stichprobenumfang die größte Trennschärfe besitzt. Damit lassen sich die Eigenschaften der Gütefunktion wie folgt zusammenfassen:

- Mit sinkendem Signifikanzniveau α sinkt die Güte des Tests und die Wahrscheinlichkeit für Fehler zweiter Art steigt.
- Mit wachsendem Stichprobenumfang n wird die Trennschärfe eines Tests größer.
- Die Gütefunktion wird mit wachsendem Abstand der Parameter u_0 der Nullhypothese und u der Alternativhypothese größer.

10.3.2 Der P-Wert

In der Praxis hat sich mittlerweile der P-Wert zur Beurteilung von Testergebnissen durchgesetzt. Der P-Wert ist die Wahrscheinlichkeit, mit der man sich irrt, wenn man die Nullhypothese ablehnt. Der P-Wert ist somit die aus den Daten gewonnene empirische Irrtumswahrscheinlichkeit, die nicht verwechselt werden darf mit dem vor Testbeginn festgelegten Signifikanzniveau α.

Praxisbeispiel   Zur Verdeutlichung des P-Wertes wird wieder das Beispiel betrachtet, bei dem die Hypothese $u = u_0$ gegen die Alternative $u = u_1$ getestet werden. Aus einer Stichprobe $x_1, x_2 \ldots x_n$ wird wiederum ein Schätzwert

$$u = g(x_1, x_2, \ldots, x_n)$$

für den unbekannten Parameter u bestimmt. Ist $u > c$, so wird die Hypothese verworfen. Um den P-Wert zu bestimmen, wird unter Annahme der Nullhypothese die Wahrscheinlichkeit P bestimmt, die der Wert u besitzt (Bild 10.8).

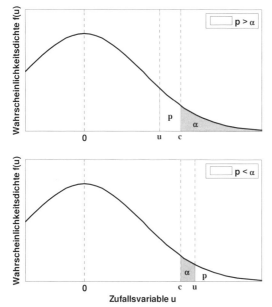

Bild 10.8 Darstellung der Überschreitungswahrscheinlichkeit P am Beispiel der Standardnormalverteilung

Die Nullhypothese wird bei einem großen P-Wert beibehalten, während sie bei einem kleinen P-Wert verworfen wird (Bild 10.9).

Bild 10.9 Der P-Wert als Entscheidungsgrundlage

Die Grenze zwischen Verwerfen und Annehmen der Nullhypothese ist gerade das Signifikanzniveau α. Das grundsätzliche Vorgehen für die Durchführung eines Hypothesentests bleibt bei diesem Test erhalten, es wird lediglich ein anderes Entscheidungskriterium herangezogen.

Der Vorteil des P-Wertes liegt in der Quantifizierung der Aussage, denn je weiter die Überschreitungswahrscheinlichkeit P von dem Signifikanzniveau entfernt ist, desto sicherer ist die Aussage.

10.3.3   Einfaktorielle Varianzanalysen

Die Varianzanalyse spielt nicht nur bei statistischen Tests, sondern auch bei vielen weiteren DFSS-Methoden wie beispielsweise Regressionsanalysen und DoE eine herausragende Rolle. Aus diesem Grunde wird sie nachfolgend detailliert erläutert.

Praxisbeispiel   Zur Erläuterung der einfaktoriellen Varianzanalyse wird ein Fertigungsprozess betrachtet, dem in regelmäßigen Abständen Stichproben des Umfanges r entnommen werden, um zu bewerten, ob sich die Zielwerte der vorliegenden Charge signifikant von den Werten der bisher gefertigten Chargen unterscheiden. Geprüft wird, ob hinsichtlich des Mittelwertes der Zielgröße bei den n Gruppen signifikante Unterschiede bestehen oder nur zufallsbedingte Streuung vorliegt.

Es wird vorausgesetzt, dass die n Stichproben mit dem Stichprobenumfang r aus n normalverteilten Grundgesamtheiten stammen, die alle dieselbe Varianz σ^2 besitzen. Der einzelne Stichprobenwert x_{ik} kann allgemein als Summe des Gruppenmittelwertes μ_i und einer zufälligen, normalverteilten Abweichung ε_{ik} dargestellt werden:

$$x_{ik} = \mu_i + \varepsilon_{ik}$$

Damit kann die Varianzanalyse aufgefasst werden als Test der Hypothese, dass die Mittelwerte μ_i denselben Wert μ haben:

$$\mu = \mu_1 = \mu_2 = \mu_3 = \ldots = \mu_n$$

Die Alternativhypothese ist entsprechend, dass zumindest ein Paar von Stichproben existiert, für die gilt:

$$\mu_i \neq \mu_k$$

Es wird demnach die Hypothese getestet, dass alle diese n Mittelwerte gleich sind.

Mathematisch gesehen beruht die Varianzanalyse auf einer arithmetischen Zerlegung der Quadratsumme, also der Summe der Abweichungen der Stichprobenwerte vom Mittelwert:

$$q = \sum_{i=1}^{n}\sum_{k=1}^{r_i}(x_{ik} - \overline{x})^2 = \sum_{i=1}^{n}\sum_{k=1}^{r_i}(x_{ik} - \overline{x}_i + \overline{x}_i - \overline{x})^2$$

$$= \sum_{i=1}^{n}\sum_{k=1}^{r_i}\left(x_{ik} - \overline{x}_i\right)^2 + 2\cdot\left(x_{ik} - \overline{x}_i\right)\cdot\left(\overline{x}_i - \overline{x}\right) + \left(\overline{x}_i - \overline{x}\right)^2$$

$$= \sum_{i=1}^{n}r_i\cdot\left(\overline{x}_i - \overline{x}\right)^2 + \sum_{i=1}^{n}\sum_{k=1}^{r_i}\left(x_{ik} - \overline{x}_i\right)^2 + \sum_{i=1}^{n}\sum_{k=1}^{r_i}2\cdot\left(x_{ik} - \overline{x}_i\right)\cdot\left(\overline{x}_i - \overline{x}\right)$$

Die Summe wird dabei in Anteile zerlegt, die der entsprechenden Variationsursache entsprechen. Bei der einfaktoriellen Varianzanalyse sind das zwei Gruppen. Der erste Summand beschreibt die Streuung zwischen den Fertigungslosen, indem er die Mittelwerte der Stichproben von den unterschiedlichen Fertigungslosen mit dem Mittelwert aller Stichproben vergleicht. Die zweite Summe beschreibt die Streuung innerhalb des Fertigungsloses. Der dritte Summand kann umgerechnet werden zu

$$q_3 = 2\cdot\sum_{i=1}^{n}\sum_{k=1}^{r_i}\left(x_{ik} - \overline{x}_i\right)\cdot\left(\overline{x}_i - \overline{x}\right) = 2\cdot\sum_{i=1}^{n}\sum_{k=1}^{r_i}x_{ik}\cdot\overline{x}_i - x_{ik}\cdot\overline{x} - \overline{x}_i\cdot\overline{x}_i + \overline{x}_i\cdot\overline{x}$$

$$= 2\cdot\sum_{i=1}^{n}\sum_{k=1}^{r_i}x_{ik}\cdot\overline{x}_i - 2\cdot\sum_{i=1}^{n}\sum_{k=1}^{r_i}x_{ik}\cdot\overline{x} - 2\cdot\sum_{i=1}^{n}\sum_{k=1}^{r_i}\overline{x}_i\cdot\overline{x}_i + 2\cdot\sum_{i=1}^{n}\sum_{k=1}^{r_i}\overline{x}_i\cdot\overline{x}$$

$$= 2\cdot\sum_{i=1}^{n}r_i\cdot\overline{x}_i\cdot\overline{x}_i - 2\cdot\sum_{i=1}^{n}r_i\cdot\overline{x}_i\cdot\overline{x} - 2\cdot\sum_{i=1}^{n}r_i\cdot\overline{x}_i\cdot\overline{x}_i + 2\cdot\sum_{i=1}^{n}r_i\cdot\overline{x}_i\cdot\overline{x}$$

$$= 0$$

und ergibt sich zu null. Damit kann die Quadratsumme in zwei Bestandteile q_1 und q_2 zerlegt werden, von denen der erste die Varianz zwischen den Gruppen und der zweite die Varianz innerhalb einer Gruppe beschreibt.

Im Rahmen der Varianzanalyse wird nun das Verhältnis beider Quadratsummen analysiert. Dazu werden die standardisierten Zufallsvariablen

$$Y_1 = \frac{q_1}{\sigma^2} = \frac{1}{\sigma^2}\cdot\sum_{i=1}^{n}r_i\cdot\left(\overline{x}_i - \overline{x}\right)^2$$

und

$$Y_2 = \frac{q_2}{\sigma^2} = \frac{1}{\sigma^2}\cdot\sum_{i=1}^{n}\sum_{k=1}^{r_i}\left(x_{ik} - \overline{x}_i\right)^2$$

eingeführt. Wegen der Normierung mit der Varianz σ^2 besitzen die Variablen eine χ^2-Verteilung mit $n - 1$ Freiheitsgraden für Y_1 und mit $r - n$ Freiheitsgraden für Y_2. Das Verhältnis

$$v_0 = \frac{Y_1/(n-1)}{Y_2/(r-n)} = \frac{q_1/(n-1)}{q_2/(r-n)}$$

weist eine F-Verteilung mit den Freiheitsgraden $(n - 1, r - n)$ auf.

Eine große Streuung zwischen den Gruppen bei gleichzeitig geringer Streuung innerhalb der Gruppen weist auf einen signifikanten Unterschied zwischen den Mittelwerten hin. Demgemäß wird die Nullhypothese dann abgelehnt, wenn die Abweichungen der Mittelwerte der Stichproben untereinander größer sind als die Abweichung innerhalb der Stichproben. Die Größe v_0 darf deshalb eine obere Grenze c nur
mit einer sehr geringen Wahrscheinlichkeit α überschreiten.

$$P(V \leq c) = 1 - \alpha$$

Ist $v_0 \leq c$, wird die Hypothese $\mu_1 = \mu_2 = \ldots = \mu_n$ angenommen, ist $v_0 > c$, wird die Hypothese $\mu_1 = \mu_2 = \ldots = \mu_n$ verworfen.

Das Vorgehen zu diesem Test ist in Tabelle 10.2 dargestellt.

Tabelle 10.2 Vorgehensweise bei der einfachen Varianzanalyse

Nr.	Prozessschritt
1	Berechnung der n Mittelwerte der Gruppen mit $$\overline{x}_i = \frac{1}{r_i} \cdot \sum_{k=1}^{r_i} x_k$$ und des Mittelwertes der gesamten Stichprobe $$\overline{x} = \frac{1}{r} \cdot \sum_{i=1}^{n} \sum_{k=1}^{r_i} x_{ik} = \frac{1}{r} \cdot \sum_{i=1}^{n} r_i \cdot \overline{x}_i$$
2	Berechnung der Quadratsumme zwischen den Mittelwerten der Gruppe $$q_1 = \sum_{i=1}^{n} r_i \cdot (\overline{x}_i - \overline{x})^2$$ und der Quadratsumme innerhalb der Gruppe $$q_2 = \sum_{i=1}^{n} \sum_{k=1}^{r_i} (x_{ik} - \overline{x}_i)^2$$
3	Berechnung des Quotienten v_0 $$v_0 = \frac{q_1 / (n-1)}{q_2 / (r-n)}$$
4	Wahl eines Signifikanzniveaus α, z. B. $\alpha = 0{,}01$
5	Bestimmung der Lösung der Gleichung $$P(V \leq c) = 1 - \alpha$$ mit der inversen F-Verteilung und (n – 1, r – n) Freiheitsgraden
6	Ist $v_0 \leq c$, wird die Hypothese $\mu_1 = \mu_2 = \ldots = \mu_n$ angenommen, ist $v_0 > c$, wird die Hypothese $\mu_1 = \mu_2 = \ldots = \mu_n$ verworfen. In dem Fall wird angenommen, dass nicht alle Mittelwerte gleich sind.

Die Ergebnisse der Varianzanalyse werden typischerweise als ANOVA-Tabelle dargestellt. Dabei steht ANOVA für Analysis of Variance. Tabelle 10.3 zeigt den allgemeinen Aufbau.

Tabelle 10.3 Zusammenfassung der einfaktoriellen Varianzanalyse als ANOVA-Tabelle

Varianz-quelle	Quadrat-summe	Freiheits-grade	Normie-rung der Summen	Wert der Test-variable	P-Wert
zwischen den Gruppen	q_1	$r-1$	$q_1 : (r-1)$	v_0	$P(V \le c)$
innerhalb der Gruppe	q_2	$n-r$	$q_2 : (n-r)$		
Gesamt-varianz	q				

In der ANOVA-Tabelle sind alle Ergebnisse der Varianzanalyse ersichtlich:

- Variabilität zwischen den Gruppen als Quadratsumme,
- Variabilität innerhalb der Gruppen als Quadratsumme,
- Gesamtvariabilität als Quadratsumme,
- Freiheitsgrade für die Variation zwischen den Teilgruppen und für die Variation innerhalb der Teilgruppen,
- Variabilität normiert mit der Anzahl der Freiheitsgrade,
- Wert der Testvariable,
- P-Wert des Hypothesentests.

10.3.4 Zweifaktorielle Varianzanalysen

Bei der zweifaktoriellen Varianzanalyse wird die Bewertung gegenüber der einfaktoriellen Analyse erweitert. Dazu wird zunächst die Nomenklatur der Stichprobenbezeichnung erläutert (Tabelle 10.4).

Der Zeilenindex i läuft von 1 bis n, der Spaltenindex j von 1 bis m. In jeder Gruppe befinden sich r Stichprobenwerte, die mit dem Index k bezeichnet sind. Damit ergibt sich die Bezeichnung für den einzelnen Stichprobenwert x_{ijk}.

Der einzelne Stichprobenwert x_{ijk} kann als Summe eines konstanten Mittelwertes μ, systematischer Abweichungen α_i und β_j, der Wechselwirkung γ_{ij} sowie einer zufälligen, normalverteilten Abweichung ε_{ijk} dargestellt werden:

$$x_{ijk} = \mu + \alpha_i + \beta_j + \gamma_{ij} + \varepsilon_{ijk}$$

Tabelle 10.4 Nomenklatur der Stichprobenindizes für die zweifaktorielle Varianzanalyse

		\multicolumn{4}{c}{Spaltenindex}			
		1	...	j	...	m
Zeilenindex	1	$x_{111} \dots x_{11r}$		$x_{1j1} \dots x_{1jr}$		$x_{1m1} \dots x_{1mr}$
	:			...		
	i	$x_{i11} \dots x_{i1r}$		Stichprobe ij mit r Stichprobenwerten $x_{ij1} \dots x_{ijr}$		$x_{im1} \dots x_{imr}$
	:			...		
	n	$x_{n11} \dots x_{n1r}$		$x_{nj1} \dots x_{njr}$		$x_{nm1} \dots x_{nmr}$

Die Analyse der Frage, ob bezüglich eines Faktors oder der Wechselwirkung ein signifikanter Einfluss vorliegt, entspricht wieder einem Hypothesentest. Beispielsweise kann die Signifikanz des Faktors α_i untersucht werden, indem die folgende Nullhypothese formuliert wird:

$$\alpha_1 = \alpha_2 = \alpha_3 = \dots = \alpha_n = 0$$

Die Alternativhypothese lautet, dass zumindest eine Stichprobe einen signifikanten Einfluss α_i aufweist:

$$\alpha_i \neq 0$$

Die zweifaktorielle Varianzanalyse beruht wieder auf dem Vergleich von Quadratsummen. Zu deren Berechnung werden zunächst einige Mittelwerte berechnet und eingeführt. Der Mittelwert über die i-te Zeile ergibt sich zu

$$\overline{\overline{x}}_i = \frac{1}{m \cdot r} \cdot \sum_{j=1}^{m} \sum_{k=1}^{r} x_{ijk}$$

der Mittelwert über die j-te Spalte wird berechnet zu

$$\overline{\overline{x}}_j = \frac{1}{n \cdot r} \cdot \sum_{i=1}^{n} \sum_{k=1}^{r} x_{ijk}$$

und der Mittelwert innerhalb der Gruppe in der i-ten Zeile und j-ten Spalte ergibt sich folgendermaßen:

$$\overline{x}_{ij} = \frac{1}{r} \cdot \sum_{k=1}^{r} x_{ijk}$$

Schließlich berechnet sich das Gesamtmittel zu

$$\bar{\bar{x}} = \frac{1}{n \cdot m \cdot r} \cdot \sum_{i=1}^{n} \sum_{j=1}^{m} \sum_{k=1}^{r} x_{ijk}$$

Analog zur einfaktoriellen Varianzanalyse stellt die Quadratsumme

$$q_A = m \cdot r \cdot \sum_{i=1}^{n} \left(\bar{\bar{x}}_i - \bar{\bar{x}} \right)^2$$

die Gesamtvariation zwischen den Gruppen der ersten Einflussgröße dar, die in Tabelle 10.5 als Spalte dargestellt ist.

Derselbe Ausdruck wird für die zweite Einflussgröße berechnet:

$$q_B = n \cdot r \cdot \sum_{j=1}^{m} \left(\bar{\bar{x}}_j - \bar{\bar{x}} \right)^2$$

Auch für den Wechselwirkungsterm wird die Gesamtvariation ermittelt:

$$q_{AB} = r \cdot \sum_{i=1}^{n} \sum_{j=1}^{m} \left(\bar{x}_{ij} - \bar{\bar{x}}_i - \bar{\bar{x}}_j + \bar{\bar{x}} \right)^2$$

Für die Gesamtvariation innerhalb einer Gruppe ergibt sich die Restvariation:

$$q_R = \sum_{i=1}^{n} \sum_{j=1}^{m} \sum_{k=1}^{r} \left(x_{ijk} - \bar{x}_{ji} \right)^2$$

Schließlich berechnet sich die Gesamtsumme der Abweichungsquadrate zu

$$q_T = \sum_{i=1}^{n} \sum_{j=1}^{m} \sum_{k=1}^{r} \left(x_{ijk} - \bar{\bar{x}} \right)^2$$

Wie bei der einfaktoriellen Varianzanalyse wird das Verhältnis von zu untersuchender Varianz und zufälliger Varianz gebildet. Der Hypothesentest wird abgelehnt, wenn die Abweichungen der Mittelwerte der Stichproben untereinander größer sind als die Abweichung innerhalb der Stichproben.

Auch für die zweifaktorielle Varianzanalyse kann das Ergebnis als ANOVA-Tabelle zusammengefasst werden. Dabei gelten grundsätzlich die gleichen Bezeichnungen wie bei der eindimensionalen Varianzanalyse (Tabelle 10.5).

Tabelle 10.5 Zusammenfassung der zweifaktoriellen Varianzanalyse als ANOVA-Tabelle

Varianz-quelle	Quadrat-summe	Freiheits-grade	Normierung der Summen	Wert der Testvariable	P-Wert
zwischen den Gruppen A	q_A	$n-1$	$\dfrac{q_A}{n-1}$	$\dfrac{M_A}{M_R}$	$P\left(V_A \leq c_A\right)$
zwischen den Gruppen B	q_B	$m-1$	$\dfrac{q_B}{m-1}$	$\dfrac{M_B}{M_R}$	$P\left(V_B \leq c_B\right)$
der Wechsel-wirkung der Gruppen A / B	q_{AB}	$(n-1)\cdot(m-1)$	$\dfrac{q_{AB}}{(n-1)\cdot(m-1)}$	$\dfrac{M_{AB}}{M_R}$	$P\left(V_{AB} \leq c_{AB}\right)$
innerhalb der Gruppe, Restvariation	q_R	$n\cdot m\cdot(r-1)$	$\dfrac{q_R}{n\cdot m\cdot(r-1)}$		
Gesamt-varianz	q_T	$n\cdot m\cdot r-1$	$\dfrac{q_T}{n\cdot m\cdot r-1}$		

10.4 Durchführung von Hypothesentests

Die Durchführung eines Hypothesentests teilt sich in die Schritte Auswahl, Planung sowie Durchführung und Interpretation des Tests.

10.4.1 Auswahl des Tests

Prinzipiell ist bei den Testverfahren zu unterscheiden, ob es sich um einen Test auf Unterschiedshypothesen oder um einen Test auf eine bestimme Verteilung handelt. Bei den Tests auf Unterschiedshypothesen ist zu unterscheiden, ob es sich um eine stetige oder diskrete Zielgröße y handelt, wie viele Stichproben vorhanden sind und ob Mittelwert oder Varianz zu vergleichen sind.

Einstichprobentests

Einstichprobentests prüfen eine vorhandene Stichprobe auf einen bestimmten Mittelwert oder eine bestimmte Varianz. Der Einstichproben-z-Test unterscheidet sich vom Einstichproben-t-Test dadurch, dass die Varianz bekannt sein muss. Beide dienen dem Mittelwertvergleich einer Stichprobe mit einem vorgegebenen Sollwert, während der Chi-Quadrat-Test die Varianz einer Stichprobe mit einem Sollwert vergleicht (Tabelle 10.6).

Tabelle 10.6 Überblick über wichtige Einstichprobentests

Hypothesen-test	Zielsetzung	Verteilung	Null-hypothese
Einstich-proben-z-Test	Prüfung einer Stichprobe mit Stich-probenumfang n einer normal-verteilten Zufallsvariable mit *bekannter* Varianz auf einen Mittel-wert μ_0	Normalverteilung	Mittelwert $\mu = \mu_0$
Einstich-proben-t-Test	Prüfung einer Stichprobe mit Stich-probenumfang n einer normal-verteilten Zufallsvariable mit *unbekannter* Varianz auf einen Mittelwert μ_0	t-Verteilung mit $n-1$ Freiheits-graden	Mittelwert $\mu = \mu_0$
Einstich-proben-Chi-Quadrat-Test	Prüfung einer Stichprobe mit Stich-probenumfang n einer normal-verteilten Zufallsvariable auf σ_0	Chi-Quadrat-Vertei-lung mit $n-1$ Frei-heitsgraden	Varianz $\sigma^2 = \sigma_0^2$

Mehrstichprobentests

Mehrstichprobentests vergleichen unterschiedliche Stichproben miteinander. Bei den Mehrstichprobentests ist zu unterscheiden, ob die Stichproben einer normalverteilten Grundgesamtheit entstammen oder nicht. Diejenigen Tests, welche als Voraussetzung die Normalverteilung nennen, setzen diese zumindest für kleine Stichprobenumfänge voraus. Liegen Datensätze vor, welche dieser Grundannahme deutlich widersprechen, können diese Tests nicht angewendet werden. Für derartige Anwendungen stehen verteilungsfreie Tests zur Verfügung, die nicht einzelne Parameter der Verteilungsfunktion schätzen, sondern generelle Charakteristika wie Median oder Quantile bewerten. Verteilungsfreie Tests sind zwar universeller einsetzbar, weisen aber eine geringere Trennschärfe auf.

Mehrstichprobentests mit normalverteilter Grundgesamtheit

Mehrstichprobentests mit normalverteilter Grundgesamtheit vergleichen mehrere Stichproben hinsichtlich Mittelwert oder Varianz.

Beim t-Test wird die Differenz der Zufallsvariablen mit gleichem Stichprobenumfang auf $\mu = 0$ getestet, was der Vorgehensweise beim Einstich-proben-t-Test entspricht.

Die Vorgehensweise der Varianzanalyse wurde bereits in Abschnitt 10.3.3 erläutert. Sind nur zwei Stichproben miteinander zu vergleichen, so führen die einfache Varianzanalyse und der t-Test zum selben Ergebnis. Voraussetzung für die Durchführung der Varianzanalyse ist wie beim t-Test, dass die Stichproben aus normalverteilten Grundgesamtheiten mit derselben unbekannten Varianz stammen. Sind die Stichproben jedoch hinreichend groß ($n \geq 30$), führt die Varianzanalyse auch dann zu richtigen Ergebnissen, wenn die Bedingung der Normalität nicht erfüllt ist, da bei Richtigkeit der Hypothese die Zufallsvariable aufgrund des zentralen Grenzwertsatzes näherungsweise normalverteilt ist. Verletzungen der Voraussetzung, dass die Varianzen gleich groß sein müssen, sind praktisch ohne Bedeutung, wenn die Stichproben gleich groß sind.

Der Test von Varianzen ist gerade bei DFSS-Projekten von erheblicher praktischer Bedeutung. Die Varianz ist ja ein Maß für die Gleichmäßigkeit des Prozesses, die mit DFSS-Methoden minimiert werden soll. Ob zwei Normalverteilungen, deren Mittelwerte nicht bekannt zu sein brauchen, gleiche Varianzen haben, kann mit dem F-Test ermittelt werden.

Tabelle 10.7 gibt einen Überblick über wichtige Testverfahren zur Überprüfung von Unterschiedshypothesen bei normalverteilten Grundgesamtheiten.

Verteilungsunabhängige Mehrstichprobentests

Verteilungsunabhängige Mehrstichprobentests vergleichen Median oder Quantile mehrerer Stichproben.

Bei dem Vorzeichentest wird die Hypothese geprüft, ob eine Grundgesamtheit einen Median x_{med} mit dem vorgegebenen Wert x_{med0} besitzt:

- Nullhypothese H_0: $x_{med} = x_{med0}$
- Alternativhypothese H_1: $x_{med} \neq x_{med0}$

Aus den unabhängigen Stichprobengrößen $x_1, x_2 \ldots x_n$ lässt sich die Anzahl A von Werten der Stichprobe angeben, die kleiner als der vorgegebene Median x_{med0} sind. Der Median ist die Größe, bei der genauso viele Stichprobenwerte größer und kleiner sind. Unter der Voraussetzung, dass die Hypothese H_0 gilt, besitzt somit der Erwartungswert der Stichprobe eine Binomialverteilung mit $p_0 = 0,5$.

Aus dieser Grundidee leitet sich der Vorzeichentest (sign-test) ab. Er lehnt die Nullhypothese ab, wenn die Anzahl A von Stichprobenwerten unter x_{med0} nach oben oder unten zu stark abweicht. Die Grenze c lässt sich mit der inversen Binomialverteilung mit $p_0 = 0,5$ berechnen. Der Vorzeichentest ist definitionsgemäß unabhängig von der Verteilungsfunktion, allerdings ist seine Aussage nur von geringer Trennschärfe, weil er lediglich das Vorzeichen der relativen Lage der Stichprobenwerte zum zu testenden Median x_{med0} auswertet.

Beim Wilcoxon-Vorzeichenrangtest ist die Trennschärfe höher als beim Vorzeichentest. Der Test ist bezüglich seiner Verteilungsfunktion weniger trans-

Tabelle 10.7 Überblick über Mehrstichprobentests (Unterschiedshypothesen) bei normalverteilten Grundgesamtheiten

Mehrstichprobentests aus normalverteilten Grundgesamtheiten				
Hypothesentest	**Zielsetzung**	**Prüfverteilung**	**Nullhypothese**	**Bewertung**
Zweistichproben-t-Test	Prüfung von zwei Stichproben auf Gleichheit der Mittelwerte	t-Verteilung mit $n_x + n_{y-1}$ Freiheitsgraden	Mittelwert $\mu_x = \mu_y$	Mittelwerte müssen aus einer normalverteilten Grundgesamtheit mit gleichen Varianzen stammen; ist jedoch mäßig empfindlich gegenüber der Abweichung von der Normalverteilung; unterschiedlicher Stichprobenumfang möglich.
ANOVA (Varianzanalyse)	Prüfung von mehr als zwei Stichproben auf Gleichheit der Mittelwerte	F-Verteilung und $(n - 1, r - n)$ Freiheitsgrade	Mittelwert $\mu_x = \mu_y = \ldots = \mu_k$	Ist die Verallgemeinerung des t-Tests.
F-Test	Prüfung zweier Stichproben normalverteilter Zufallsvariablen auf gleiche Varianz	F-Verteilung mit (n_{x-1}, n_{y-1}) Freiheitsgraden	Varianz $\sigma_x^2 = \sigma_y^2$	Nur bei gut normalverteilten y-Merkmalen geeignet; Ergebnis wird auch durch kleine Abweichungen von Normalverteilung stark beeinflusst; unterschiedliche Stichprobenumfänge möglich.
Bartlett-Test	Prüfung mehrerer Stichproben normalverteilter Zufallsvariablen auf gleiche Varianz	Chi-Quadrat-Verteilung mit $k - 1$ Freiheitsgraden	Varianz $\sigma_x^2 = \sigma_y^2 = \ldots = \sigma_k^2$	Dient dem Vergleich von mehreren Varianzen; braucht ebenfalls normalverteilte Daten; ist auch bei unterschiedlich großen Stichprobenumfängen gut geeignet; jede Gruppe muss zumindest fünf Beobachtungen haben.

parent, nutzt aber die Informationen der Stichprobe effizienter, um den Median hinsichtlich seiner Lage zu testen. Dazu wertet er zusätzlich den Betrag des Abstands der Stichprobenwerte zum zu testenden Median x_{med0} aus.

Der verteilungsunabhängige Wilcoxon-Rangsummentest (Mann-Whitney-Wilcoxon-Test) ist das Gegenstück zum t-Test für den Vergleich zweier Mittelwerte. Er ist nicht an die Voraussetzung der Normalverteilung gebunden. Prinzipielle Voraussetzung ist aber, dass die Verteilungsfunktionen dieselbe Form besitzen und nur um einen Betrag verschoben sein dürfen. Zum Teil wird in statistischen Büchern die Voraussetzung der gleichen Varianzen genannt, andere Autoren betonen wiederum, dass Verletzungen der Bedingung der gleichen Varianzen keinen bzw. nur kaum Einfluss auf die Richtigkeit der Ergebnisse haben.

Der Kruskal-Wallis-Test ist ein parameterfreier statistischer Test, mit dem im Rahmen einer Varianzanalyse verglichen wird, ob sich n verschiedene unabhängige Stichproben hinsichtlich ihres Mittelwertverhaltens unterscheiden. Dazu vergleicht der Kruskal-Wallis-Test statt der Stichprobenmesswerte die Rangwerte der Daten. Es wird geprüft, ob sich in den einzelnen Stichproben die Anzahl von Werten, die kleiner als der gemeinsame Median sind, signifikant unterscheidet. Der Kruskal-Wallis-Test ist die Verallgemeinerung des Mann-Whitney-Wilcoxon-Tests, funktioniert nach demselben Prinzip und kann statt n lediglich für k Stichproben unterschiedlichen Stichprobenumfanges verwendet werden. Für k = 2 sind der Kruskal-Wallis- und der Mann-Whitney-Wilcoxon-Test identisch. Es gelten dieselben Anwendungsbedingungen.

Tabelle 10.8 gibt einen Überblick über wichtige Testverfahren zur Überprüfung von Unterschiedshypothesen bei verteilungsunabhängigen Grundgesamtheiten.

Der Levene-Test zur Prüfung auf Varianzhomogenität ist ebenfalls verteilungsunabhängig. Man benötigt jeweils mindestens zehn Beobachtungen pro Stichprobe, gleiche Stichprobenumfänge sind nicht notwendig. Der Cochran-Test ist dann zu bevorzugen, wenn eine Gruppenvarianz wesentlich größer ist als die übrigen. Der Test geht von gleichen Stichprobenumfängen aus, bei nicht allzu unterschiedlichen Stichprobenumfängen kann der Test jedoch dennoch Anwendung finden (Tabelle 10.9).

Tests bei mehreren Einflussgrößen – mehrfaktorielle Varianzanalyse

Gerade in der Praxis wird die Zufallsgröße oft von mehr als einer Einflussgröße abhängen. Beispielsweise kann die Ausgangsspannung eines Sensors von der Versorgungsspannung, der Umgebungstemperatur, dem Fertigungsstandort und natürlich der Messgröße selbst abhängen. Um die Signifikanz dieser Einflussgrößen zu untersuchen, kann eine mehrfaktorielle Varianzanalyse durchgeführt werden.

Mehrfaktorielle Varianzanalysen werden auf dieselbe Art durchgeführt wie die ein- oder zweifaktorielle Varianzanalyse. Wegen des hohen numerischen Aufwands wird die Analyse typischerweise mit der Unterstützung von Statistikprogrammen durchgeführt, die jeweils unterschiedliche Syntax aufweisen. Gemeinsam ist die Darstellung des Ergebnisses als ANOVA-Tabelle, welche die Zwischenergebnisse und das Ergebnis des Hypothesentests beinhaltet.

Tabelle 10.8 Überblick über Mehrstichprobentests (Mittelwertunterschiede) verteilungsunabhängig

Hypothesentest	Zielsetzung	Verteilung	Nullhypothese	Bewertung
Vorzeichentest	Prüfung von einer Stichprobe mit Stichprobenumfang n einer Zufallsvariable mit beliebiger Verteilung auf den Median x_{med0}	Binomialverteilung mit Stichprobenumfang n und $p_0 = 5$	Median $x_{med} = x_{med0}$	Aussage nur von geringer Trennschärfe.
Wilcoxon-Vorzeichen-rangtest	Prüfung von einer Stichprobe mit Stichprobenumfang n einer Zufallsvariable mit beliebiger Verteilung auf den Median x_{med0}	Normal-verteilung	Median $x_{med} = x_{med0}$	Trennschärfe höher als bei Vorzeichentest.
Wilcoxon-Rangsummen-test (Mann-Whitney-Wilcoxon-Test)	Prüfung von jeweils einer Stichprobe zweier Zufallsvariablen x und y mit beliebiger, aber gleicher Verteilung auf gleiche Mediane	Spezielle Verteilung	Median $x_{med} = y_{med}$	Arbeitet mit dem Vergleich der Mediane, Verteilungs-funktionen müssen die-selbe Form besitzen und dürfen nur um einen Betrag verschoben sein; Verlet-zungen der Bedingung der gleichen Varianzen haben kaum Einfluss.
Kruskal-Wallis-Test	Prüfung von k Stichproben mit beliebiger, aber glei-cher Verteilung auf gleiche Mediane	Chi-Quadrat-Ver-teilung mit k − 1 Freiheitsgraden	Median $x_{med} =$ $y_{med} = \dots k_{med}$	Verallgemeinerung des obigen Mann-Whitney-Wilcoxon-Tests.

Tabelle 10.9 Überblick über Mehrstichprobentests (Varianzhomogenität) verteilungsunabhängig

Hypothesentest	Zielsetzung	Verteilung	Nullhypothese	Bewertung
Levene-Test	Prüfung von k Stichproben auf Varianz-homogenität	Spezielle Ver-teilung	Varianz $\sigma_x^2 = \sigma_y^2 = \dots = \sigma_n^2$	Verteilungsunabhängig, min-destens zehn Beobachtungen pro Stichprobe, gleiche Stichprobenumfänge sind nicht notwendig.
Cochran-Test	Prüfung von k Stichproben auf Varianz-homogenität	Spezielle Ver-teilung	Varianz $\sigma_x^2 = \sigma_y^2 = \dots = \sigma_n^2$	Verteilungsunabhängig und dann zu bevorzugen, wenn eine Gruppenvarianz wesent-lich größer ist als die übrigen; geht von gleichen Stich-probenumfängen aus, bei nicht allzu unterschiedlichen Stich-probenumfängen kann der Test dennoch Anwendung finden.

Goodness-of-Fit-Testverfahren

In den vorangegangenen Abschnitten wurde bei einigen Verfahren vorausgesetzt, dass die zugrunde liegende Verteilung F(x) in guter Näherung eine
Normalverteilung ist. Das Testen auf Verteilungen hat somit in der Praxis
große Bedeutung. In diesem Kapitel sind die Verfahren zur Prüfung der Verteilungsfunktion dargestellt. Die Nullhypothese lautet, dass die Zufallsvariable X eine Verteilungsfunktion F(x) besitzt.

Für den Test muss die Abweichung der Stichprobenverteilung von der geschätzten Verteilung bestimmt werden. Zur Berechnung der Abweichung
muss ein Maß für die Abweichung eingeführt werden. Der Grundgedanke
des Chi-Quadrat-Tests ist es, die möglichen Werte für die Zufallsvariable X
in k Teilintervalle aufzuteilen. Für jedes Teilintervall i wird die theoretische
Anzahl e_i von Werten ermittelt, die sich bei einem Stichprobenumfang von n
und der Verteilungsfunktion F(x) ergeben würde. Diese Anzahl wird mit der
Anzahl b_i von Werten der Stichprobe in diesem Intervall verglichen. Die
Summe

$$\chi^2 = \sum_{i=1}^{k} \frac{\left(b_i - e_i\right)^2}{e_i}$$

ist dann ein Maß für die Abweichung der Stichprobenverteilung von der theoretischen Verteilung.

Ähnlich wie bei den anderen Testverfahren wird zur Bewertung eine kritische Grenze c für eine Abweichung bestimmt werden, ab der die Abwei-
chung als signifikant gilt. Die Zufallsvariable χ^2 weist für $n \rightarrow \infty$ eine Chi-
Quadrat-Verteilung mit $n - 1 - r$ Freiheitsgraden auf.

Weitere Tests sind in Tabelle 10.10 dargestellt, wobei der Anderson-Darling-
Test im Statistikprogramm Minitab® und die Testverfahren Shapiro-Wilk
und Epps-Pulley in QS Stat® große Bedeutung haben und als Standardtests
vorgeschlagen werden.

Tabelle 10.10 Überblick über Goodness-of-Fit-Testverfahren

Hypo-thesentest	Zielsetzung	Nullhypothese	Bewertung
Chi-Quadrat-Test	Prüfung, ob die der Stichprobe zugrunde liegende Grundgesamtheit eine Verteilungsfunktion $F(x)$ aufweist	Verteilungsfunktion $F(x)$ entspricht der geschätzten Verteilungsfunktion	
Anderson-Darling-Test	Prüfung, ob die der Stichprobe zugrunde liegende Grundsamtheit eine Verteilungsfunktion $F(x)$ aufweist	Verteilungsfunktion $F(x)$ entspricht der geschätzten Verteilungsfunktion	Standardtest bei Minitab®, effizienter Einsatz auf Normalverteilung; gut im Auffinden von abnormalen Eigenschaften in den Randbereichen einer Verteilung.
Ryan-Joiner-Test	Prüfung, ob die der Stichprobe zugrunde liegende Grundgesamtheit eine Verteilungsfunktion $F(x)$ aufweist	Verteilungsfunktion $F(x)$ entspricht der geschätzten Verteilungsfunktion	Wird von Minitab® unterstützt; untersucht, wie gradlinig die Wahrscheinlichkeitsnetzfunktion ist (Beruhend auf einer Korrelationsberechnung).
Kolmogorov-Smirnoff-Test	Prüfung, ob die der Stichprobe zugrunde liegende Grundgesamtheit eine Verteilungsfunktion $F(x)$ aufweist	Verteilungsfunktion $F(x)$ entspricht der geschätzten Verteilungsfunktion	Wird von Minitab® unterstützt; kann bei jeglicher Art von Verteilung, nicht nur bei Normalverteilung, angewendet werden; ist im Allgemeinen kein sehr effizienter Test.
Shapiro-Wilk-Test	Prüft die Nullhypothese, dass eine Stichprobe $x_1 \ldots x_n$ aus einer normalverteilten Grundgesamtheit stammt	Verteilungsfunktion $F(x)$ entspricht der Normalverteilung	Standard in QS Stat® bis $n = 50$; führt auch bei kleinen Stichprobenumfängen zu akzeptablen Lösungen.
Epps-Pulley-Test	Prüft die Nullhypothese, dass eine Stichprobe $x_1 \ldots x_n$ aus einer normalverteilten Grundgesamtheit stammt	Verteilungsfunktion $F(x)$ entspricht der Normalverteilung	Standard in QS Stat® für Stichprobenumfang $51 \leq n \leq 200$.

10.4.2 Planung des Tests

Im zweiten Schritt wird nun der notwendige Stichprobenumfang ermittelt. Dies soll am Beispiel des Zweistichproben-t-Tests erläutert werden, bei dem der Stichprobenumfang von den folgenden Größen abhängt:

- α-Risiko: Fehler 1. Art,
- β-Risiko: Fehler 2. Art,
- δ: Betrag der kleinsten Änderung, die auf jeden Fall entdeckt werden soll – auch Signal genannt,
- σ: Standardabweichung – auch Rauschen genannt.

Bild 10.10 gibt die Zusammenhänge wieder, wobei das δ/σ-Verhältnis auch als Signal-Rausch-Verhältnis bezeichnet wird. Je kleiner das Signal-Rausch-Verhältnis und je kleiner α, desto größer ist der notwendige Stichprobenumfang.

α	δ/σ	Stichprobenumfang
Konstant	▼	▲
▼	Konstant	▲
▼	▲	Konstant

Bild 10.10 Einflussgrößen auf den Stichprobenumfang

Typische Werte für α liegen zwischen 0,05 und 0,1, typische Werte für β zwischen 0,1 und 0,2. Statistikprogramme erlauben üblicherweise eine sehr bequeme „Simulation" verschiedener Alternativen, indem beispielsweise für verschiedene Stichprobenumfänge der Verlauf der Gütefunktion visualisiert wird, auf Basis dessen die Entscheidung getroffen werden kann.

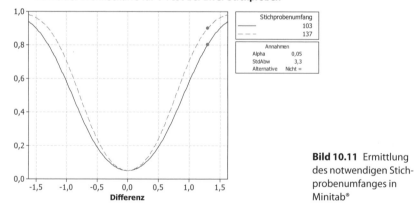

Kurve der Trennschärfe für t-Test bei zwei Stichproben

Stichprobenumfang
——— 103
– – – 137

Annahmen	
Alpha	0,05
StdAbw	3,3
Alternative	Nicht =

Bild 10.11 Ermittlung des notwendigen Stichprobenumfanges in Minitab®

Praxisbeispiel Bild 10.11 zeigt die Ermittlung des notwendigen Stichprobenumfanges am Beispiel des Statistikpakets Minitab® in Abhängigkeit der gewählten Einflussgrößen. Um beispielsweise mithilfe des Zweistichproben-t-Tests bei vernünftigen Fehlern erster Art von 0,05 und zweiter Art von 0,9 eine Mittelwertdifferenz von 1,3 bei einer Standardabweichung von 3,3 zu entdecken, ist ein Stichprobenumfang von n = 137 notwendig. Zusätzlich wurde im Programm eingegeben, dass die Gütefunktionen auch für β = 0,8 visualisiert werden sollen, um abzuschätzen, um wie viel der Stichprobenumfang sich verringert (in dem Beispiel auf n = 103).

10.4.3 Durchführung des Tests und Interpretation der Ergebnisse

Wurde der entsprechende Test ausgewählt, so wird für die konkret vorliegende Stichprobe die Prüfgröße berechnet und mit den Grenzwerten verglichen. Liegt die Prüfgröße im Annahmebereich, wird die Nullhypothese angenommen, andernfalls verworfen.

Praxisbeispiel Für einen Einstichproben-t-Test werden im Statistikprogramm QS Stat® sowohl die Ergebnisse der Berechnung der Prüfgröße mit dem entsprechenden Annahmebereich als auch der P-Wert dargestellt. Bild 10.12 zeigt ein typisches Prüfergebnis im QS-Stat-Ausgabemodus. Getestet wurde mithilfe des Einstichprobentests, ob der Mittelwert einer Stichprobe (n = 100) von einem vorgegebenen Sollwert abweicht. Man erkennt, dass der P-Wert 8,3 % beträgt: Bei Verwerfen der Nullhypothese würde die Irrtumswahrscheinlichkeit 8,3 % betragen. Auf einem Vertrauens-

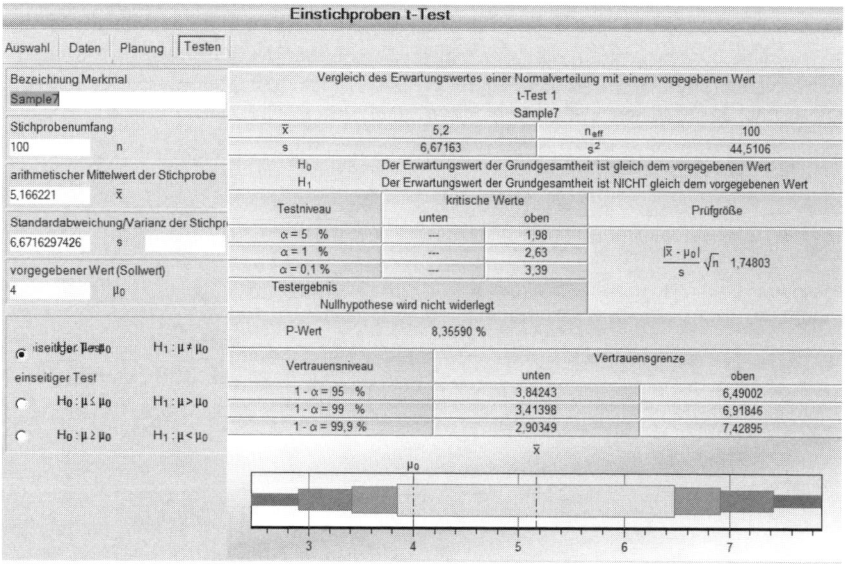

Bild 10.12 Beispielhafte Ergebnisdarstellung eines statistischen Tests in QS Stat®

niveau von $\alpha = 5\%$ kann daher die Nullhypothese nicht verworfen werden. Die Prüfgröße ist ebenfalls mit ihrer Formel dargestellt, sie wurde zu 1,75 berechnet und befindet sich nicht in dem 5 %igen Annahmebereich, der erst bei 1,98 beginnt.

Praxisbeispiel   Anwendung einer ANOVA: Im Rahmen einer Untersuchung soll festgestellt werden, ob die Zugfestigkeit von Folien aus einer Titanlegierung an allen Stellen dieselbe ist. Vier Folien wurden untersucht, und es ergeben sich die in Tabelle 10.11 dargestellten Messwerte.

Tabelle 10.11 Stichprobe zur Ermittlung der Zugfestigkeit von Folien

Messstelle	Ecke	Mitte	Kante
Messwert 1	137	140	142
Messwert 2	142	139	140
Messwert 3	128	117	133
Messwert 4	137	137	141
Gruppenmittelwert	136	133,25	139
Gesamtmittelwert		136,08	

Aufgrund der vorliegenden Stichprobe kann angenommen werden, dass die Zugfestigkeit der Folien zwischen den verschiedenen Messstellen nur zufällig schwankt, der Unterschied der Messwerte also nicht signifikant ist.

Dies wird auch durch den P-Wert des Hypothesentests signalisiert, der die Wahrscheinlichkeit dafür angibt, dass der wahre Wert v über der Variable v_0 liegt. Der P-Wert wird mit dem Signifikanzniveau $\alpha = 0,05$ verglichen, liegt er oberhalb, kann die Hypothese der gleichen Mittelwerte nicht verworfen werden.

Tabelle 10.12 zeigt die Zusammenfassung des Ergebnisses als ANOVA-Tabelle.

Tabelle 10.12 Zusammenfassung der einfaktoriellen Varianzanalyse als ANOVA-Tabelle

Varianz-quelle	Quadrat-summe	Freiheits-grade	Normie-rung der Summen	Wert der Test-variable	p-Wert
zwischen den Gruppen	66,1	2	33,1	0,585	0,5768
innerhalb der Gruppe	508,7	9	56,52		
Gesamt-varianz	574,9	11			

Das Ergebnis lässt sich auch mithilfe des Box-Plots plausibilisieren (Bild 10.13).

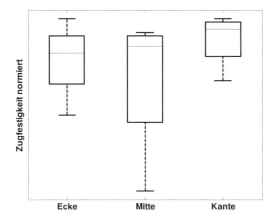

Bild 10.13 Box-Plot für das Beispiel aus Tabelle 10.12

Der Box-Plot zeigt, dass sich die Verteilungen überlappen und deshalb hinsichtlich der Zugfestigkeit kein signifikanter Unterschied zwischen den Gruppen besteht.

Praxisbeispiel Anwendung der zweifachen ANOVA: Als Beispiel wird eine zwei-faktorielle Varianzanalyse der Kapazität eines Feuchtesensors beschrieben. In einem Versuch wurde für vier Sensoren die Kapazität in Abhängigkeit der Feuchte als Mess-größe und der Temperatur als Störgröße vermessen. Um von der stark streuenden Grundkapazität unabhängig zu werden, wurden die Werte auf den Messwert bei 50 °C und 50 % rF normiert. Damit ergeben sich die in Tabelle 10.13 dargestellten Messwerte.

Tabelle 10.13 Stichprobe zur Ermittlung der Zugfestigkeit von Folien

Temperatur	Relative Feuchte rF / %		
T / °C	10	50	90
10	0,9516	1,0095	1,0724
	0,9519	1,0093	1,0713
	0,9530	1,0096	1,0729
	0,9504	1,0088	1,0723
50	0,9410	1,0000	1,0641
	0,9416	1,0000	1,0631
	0,9420	1,0000	1,0647
	0,9412	1,0000	1,0639
90	0,9331	0,9932	1,0584
	0,9323	0,9917	1,0559
	0,9322	0,9915	1,0576
	0,9274	0,9866	1,0508

In dem Beispiel soll primär der Einfluss der Temperatur auf die Sensorkapazität untersucht werden. Die Temperatur kann direkt, aber auch über einen Wechselwirkungsterm in die Sensorkapazität eingehen. Besitzt der Faktor Temperatur keine Signifikanz, so ist ein hoher P-Wert zu erwarten. Die Varianzanalyse für dieses Beispiel wird wieder als ANOVA-Tabelle dargestellt (Tabelle 10.14).

Tabelle 10.14 Stichprobe zur Ermittlung der Zugfestigkeit von Folien

Varianz-quelle	Quadrat-summe	Freiheits-grade	Normierung der Summen	Wert der Testvariable	P-Wert
zwischen den Gruppen A (Temperatur)	0,09006	2	0,04503	13984	0
zwischen den Gruppen B (Feuchte)	0,00206	2	0,00103	319,7	0
der Wechselwirkung den Gruppen A / B	0,00002	4	0	1,2	0,335
innerhalb der Gruppe, Rest-variation	0,00009	27	0		
Gesamt-varianz	0,9222	35			

Die Hypothese, dass die Temperatur keinen Einfluss hat, ist aufgrund des niedrigen P-Wertes zu verwerfen. Aufgrund der vorliegenden Stichprobe kann also angenommen werden, dass die Temperatur einen signifikanten Einfluss auf die Sensorkapazität besitzt. Andererseits kann die Nullhypothese, dass die Wechselwirkung nicht signifikant ist, nicht verworfen werden. Zusätzlich zeigt die ANOVA-Tabelle, dass der Einfluss der Feuchte ebenfalls signifikant ist. Dieses Ergebnis ist bei einem Feuchtesensor zu erwarten, er soll ja die relative Feuchte in eine elektrisch auswertbare Kapazitätsänderung überführen.

10.5 Zusammenfassung

Die in diesem Kapitel beschriebenen Tests sind Verfahren, die in den gebräuchlichen Statistikprogrammen zu finden sind. Nicht die korrekte Berechnung der Prüfgröße und damit des P-Wertes stellt die Herausforderung in der Praxis dar, sondern die richtige Interpretation des Ergebnisses. Hierzu ist ein profundes Wissen über Fehler erster Art und Fehler zweiter Art und entsprechendes Hintergrundwissen den P-Wert betreffend notwendig. Bei richtiger Anwendung und Interpretation können statistische Tests einen erfolgreichen Beitrag dazu liefern, das zu entwickelnde System, sei es Produkt oder Prozess, besser zu verstehen.

10.6   Verwendete Literatur

Bortz, J.: Statistik für Human- und Sozialwissenschaftler, Springer-Verlag, 2005

Fahrmeier, L. et al.: Statistik, Springer-Verlag, 2007

Kreyszig, E.: Statistische Methoden und ihre Anwendungen, Valdenhoeck und Ruprecht, 1991

Sachs, L.: Angewandte Statistik, Springer-Verlag, 2002

11 Korrelations- und Regressionsanalysen

11.1 Zielsetzung

Im Zuge der Produktentwicklung müssen Zusammenhänge zwischen Größen mathematisch beschrieben werden. Sind die zu beschreibenden Größen kontinuierliche Größen (Bild 11.1), kann die Beschreibung nicht mehr über eine ANOVA-Tabelle erfolgen. Stattdessen werden Korrelations- und Regressionsrechnungen durchgeführt.

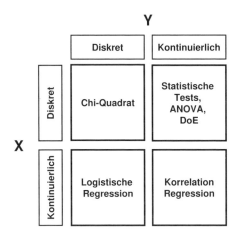

Bild 11.1 Einsatz der statistischen Methoden zur Ermittlung von Wirkzusammenhängen

Im Folgenden werden Aufgabenstellungen betrachtet, bei denen der Zusammenhang unterschiedlicher kontinuierlicher Größen analysiert wird. Bei der Korrelationsrechnung wird die Stärke des linearen Zusammenhangs von Daten bestimmt. Ist der mathematische Zusammenhang komplexer, wird er über eine Regressionsfunktion beschrieben. Typische Fragestellungen, die mithilfe von Korrelation und Regression behandelt werden können, lauten:

Leitfragen

- Stehen zwei betrachtete Größen in einem mathematischen Zusammenhang?
- Lässt sich dieser Zusammenhang mithilfe einer linearen Funktion oder einer Funktion höherer Ordnung beschreiben?
- Kann diese Funktion verwendet werden, um Prognosen zu stellen (Interpolation)?
- Bestehen Wechselwirkungen zwischen mehreren gleichzeitig betrachteten Einflussgrößen auf eine Ergebnisgröße?

11.2 Einordnung der Methode in den Produktentstehungsprozess

Als Baustein der statistischen Methoden kommen Korrelation und Regression über den gesamten PEP hinweg zum Einsatz (Bild 11.2).

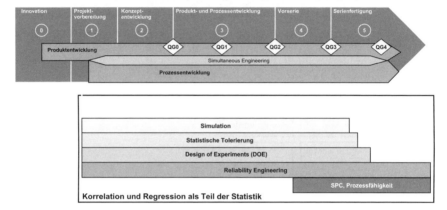

Bild 11.2 Einordnung von Korrelation und Regression im Rahmen des PEP

Bei allen Methoden, in denen Modelle über Wirkzusammenhänge innerhalb des Produktes oder des Prozesses aufgebaut werden, stehen die Thematiken der Korrelation und Regression im Hintergrund. Werden etwa bei Design of Experiments sogenannte Transferfunktionen (Modellgleichungen) aufgebaut, so werden diese nach allen Detailschritten der Regressionsrechnung analysiert.

Auch im Bereich von Robust Design kommen Korrelation und Regressionsbetrachtungen vor allem bei Simulationsläufen sehr intensiv zum Einsatz. So werden etwa sämtliche Simulationsanalysen immer von dieser Methode begleitet.

11.3 Vorgehensweise bei der Anwendung

Wenn Korrelations- und Regressionsanalysen durchgeführt werden, empfiehlt es sich, zunächst die Daten, welche zur Verfügung stehen, zu sichten und aufzubereiten. Visualisierungshilfen wie beispielsweise Anthill-Plots oder Matrix-Streudiagramm geben erste Hinweise auf die Art der zu erwartenden Zusammenhänge. Diese Darstellungen zeigen, ob es sich um lineare oder nicht lineare Abhängigkeiten handelt.

Weiterhin kann es interessant sein, die Daten auf lineare Korrelation zu analysieren und entsprechende Korrelationskoeffizienten zu berechnen, um auch eine quantitative Größe der Zusammenhänge zu erhalten. Es ergeben sich damit Hinweise auf die Stärke von linearen Abhängigkeiten und damit auf das zu verwendende Modell in der nachfolgenden Regressionsrechnung.

Die Regressionsrechnung ermittelt die mathematische Formel des Zusammenhangs, wobei das ermittelte Modell anschließend auf Plausibilität zu prüfen ist, indem Kennzahlen wie Standardabweichung oder Bestimmtheitsmaß ermittelt und Methoden wie statistische Tests oder Reststreuungsanalyse angewandt werden.

Erscheint das Modell plausibel, kann der gewonnene Wirkzusammenhang in der weiteren Folge der Produkt- und Prozessentwicklung für Optimierung einerseits und die Anwendung weiterer DFSS-Methoden andererseits genutzt werden.

Bild 11.3 stellt die einzelnen Schritte der Korrelations- und Regressionsanalyse als Flussdiagramm dar. Ausgehend von diesem Flussdiagramm werden die einzelnen Prozessschritte detailliert dargestellt.

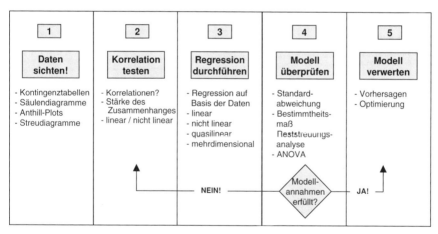

Bild 11.3 Darstellung der einzelnen Schritte der Methode

11.3.1 Daten sichten und aufbereiten

Kontingenztabellen

Angenommen es soll die Häufigkeit eines Ereignisses, nämlich die Fertigung eines Produktes, als Funktion des Wochentages und der Fertigungsschichten eins bis drei dargestellt werden. Mathematisch bedeutet dies, dass eine Variable als Variable X mit den Ausprägungen

$$X = (x_1, x_2, ..., x_k)$$

bezeichnet werden kann, wobei die einzelnen Ausprägungen die Wochentage Montag bis Freitag sind. Eine weitere Variable Y

$$Y = (y_1, y_2, ..., y_m)$$

steht für die jeweiligen Fertigungsschichten und besitzt entsprechend die Fertigungsschichten eins bis drei als Ausprägungen.

In sogenannten Kontingenztabellen werden die absoluten Häufigkeiten h_a eingetragen, mit denen die zu beschreibenden Ereignisse eingetroffen sind. Der Name weist auf die Kontingenz, also auf den Zusammenhang zwischen den Größen X und Y hin. Die absolute Häufigkeit mit den Merkmalen (x_i, y_j) wird bezeichnet als $h_a(x_i, y_j)$.

Die Reihen- und Spaltensummen werden als absolute Randhäufigkeiten bezeichnet. Die Reihensummen werden abgekürzt mit

$$h_{ax}(x) = h_a(x, y = \text{beliebig}) = \sum_{j=1}^{m} h_a(x, y_j)$$

und die Spaltensummen entsprechend mit

$$h_{ay}(y) = h_a(x = \text{beliebig}, y) = \sum_{i=1}^{k} h_a(x_i, y)$$

bezeichnet.

Die sich ergebenden Randhäufigkeiten $h_{ax}(x)$ sind die Häufigkeiten, mit der das jeweilige Merkmal X die Werte x_1, x_2 ... x_k annimmt, wenn das Merkmal Y unberücksichtigt bleibt. Entsprechendes gilt für die Spaltensummen. Die Summe aller absoluten Häufigkeiten n ergibt sich aus

$$n = \sum_{j=1}^{m} \sum_{i=1}^{k} h_a(x_i, y_j) = \sum_{i=1}^{k} \sum_{j=1}^{m} h_a(x_i, y_j)$$

Allgemein ergibt sich damit eine Kontingenztabelle, wie sie in Tabelle 11.1 dargestellt ist.

Tabelle 11.1 Allgemeine Darstellung einer Kontingenztabelle mit absoluter Häufigkeit

	x_1	x_2	...	x_k	**Summe**
y_1	$h_a(x_1,y_1)$	$h_a(x_2,y_1)$	...	$h_a(x_k,y_1)$	$h_{ay}(y_1)$
y_2	$h_a(x_1,y_2)$	$h_a(x_2,y_2)$	...	$h_a(x_k,y_2)$	$h_{ay}(y_2)$
...	...	...	...	...	...
y_m	$h_a(x_1,y_m)$	$h_a(x_2,y_m)$	...	$h_a(x_k,y_m)$	$h_{ay}(y_m)$
Summe	$h_{ax}(x_1)$	$h_{ax}(x_2)$	...	$h_{ax}(x_k)$	n

Säulendiagramme

Die grafische Darstellung der absoluten oder relativen Häufigkeit kann z. B. in dreidimensionalen Säulendiagrammen erfolgen (Bild 11.4).

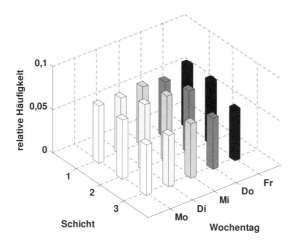

Bild 11.4 Grafische Darstellung der Fertigungsstatistik eines Produktes als relative Häufigkeit

Ist die Summenhäufigkeit einzelner Merkmalsausprägungen interessant, kann eine Darstellung als gestapeltes Säulendiagramm sinnvoll sein. An ihr kann direkt abgelesen werden, welche Randhäufigkeit sich für eine bestimmte Merkmalsausprägung ergibt. Bild 11.5 stellt die absolute Randhäufigkeit für die Fertigungsschicht dar.

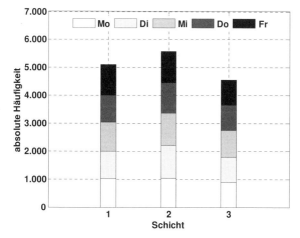

Bild 11.5 Grafische Darstellung der Fertigungsstatistik eines Produktes als absolute Summenhäufigkeit über alle Wochentage

Anthill-Plots

Die Darstellung mit Säulendiagrammen versagt, wenn die Zufallsvariablen X und Y kontinuierlich sind. In diesem Fall werden die Daten als Anthill-(Ameisenhaufen) oder Streudiagramm dargestellt.

Praxisbeispiel Soll beispielsweise der Zusammenhang zwischen Temperatur und Anzahl von Defekten visualisiert werden, so kann hierzu ein zweidimensionales Streudiagramm verwendet werden, welches auch als Anthill-Plot bezeichnet wird (Bild 11.6).

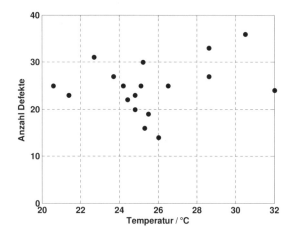

Bild 11.6 Darstellung der Wertepaare Anzahl defekter Teile und der Temperatur bei der Fertigung in einem Streudiagramm

Jeder Punkt des Streudiagramms ist ein Datenpunkt. Seine Lage wird durch die beiden Merkmale Temperatur und Anzahl der Defekte festgelegt.

Aufbereitung von multivariaten Datensätzen

Zweidimensionale Datensätze lassen sich wegen der räumlichen Vorstellung noch vergleichsweise einfach darstellen. Auch bei dreidimensionalen Datensätzen ergeben sich noch Möglichkeiten der grafischen Darstellung.

Praxisbeispiel Angenommen es soll im Rahmen eines DFSS-Projektes die Kapazität eines Feuchtesensors als Funktion von Temperatur und Feuchte ermittelt und dargestellt werden. Hierzu werden entsprechende Daten vermessen und die Ergebnisse in Form eines dreidimensionalen Streudiagramms dargestellt (Bild 11.7).

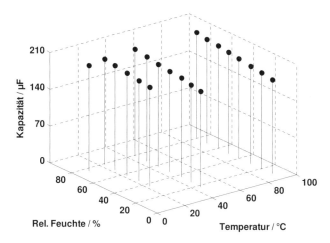

Bild 11.7 Kapazität eines Feuchtesensors als Funktion der Temperatur und relativen Feuchte als Streudiagramm

Matrix-Streudiagramme

Bereits die Darstellung von dreidimensionalen Messpunkten führt zu Punktwolken, deren Lage wegen der Projektion auf die Ebene nicht mehr gut erkennbar ist. Steigt die Dimension des Datensatzes auf einen Wert größer drei, ist auch eine quasi-räumliche Darstellung der Daten nicht mehr möglich.

Eine einfache Darstellung mehrdimensionaler Datensätze besteht darin, jeweils für zwei Größen ein Streudiagramm zu bilden. Es ergibt sich eine Matrix von Streudiagrammen, bei der Zusammenhang zweier Größen zueinander dargestellt ist. Alle übrigen Größen werden nicht eingeschränkt, sind also beliebig. Auf der Hauptdiagonale sind die Größen bezeichnet und die verwendeten Einheiten sind dargestellt. Die Achsenbeschriftung findet jeweils am Rand der Matrix statt.

Praxisbeispiel Die im vorigen Beispiel dargestellten Ergebnisse werden in Form einer Streudiagramm-Matrix dargestellt, welche symmetrisch zur Hauptdiagonale ist (Bild 11.8). An der grafischen Darstellung kann abgelesen werden, welche Kombinationen von Temperatur (T) und relativer Feuchte (rF) zur Charakterisierung des Sensors verwendet wurden. Es wird außerdem deutlich, dass die Kapazität des Sensors sich annähernd linear zur relativen Feuchte verhält und damit als Messgröße gut geeignet ist. Der Parallelwiderstand ist ebenfalls von der Feuchte abhängig, weist aber ein nicht lineares Verhalten auf und ist zusätzlich von der Temperatur abhängig.

Die Streudiagramm-Matrix zeigt außerdem eine Scheinkorrelation. Auf Basis der Darstellung könnte vermutet werden, dass der Parallelwiderstand und die Kapazität

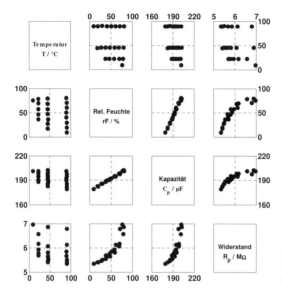

Bild 11.8 Streudiagramm-Matrix zur Vermessung eines Feuchtesensors

einen funktionalen Zusammenhang aufweisen. Dieser Zusammenhang entsteht aber über die relative Feuchte, also eine dritte Größe (Bild 11.8).

Diese Art der Darstellung kann durch eine weitere Information, nämlich die relative Häufigkeitsverteilung der einzelnen Stichprobengrößen, erweitert werden. Bild 11.9 stellt diese Variante der Streudiagramm-Matrix dar.

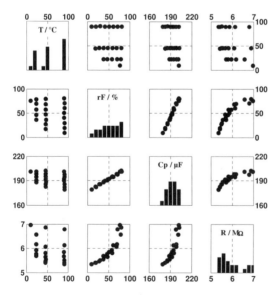

Bild 11.9 Streudiagramm-Matrix zur Vermessung eines Feuchtesensors mit Häufigkeitsverteilung der Stichprobengrößen

Die Häufigkeitsverteilungen der einzelnen Stichprobengrößen werden auf der Hauptdiagonale platziert. Dadurch wird in dem Diagramm mehr Information dargestellt, allerdings wirkt die Darstellung weniger übersichtlich und die Zuordnung der Daten zu den Größen ist weniger deutlich.

11.3.2 Korrelationsanalyse

Korrelationskoeffizient

Mithilfe des Anthill-Plots kann ein guter Eindruck gewonnen werden, ob Größen miteinander korrelieren. Um diesen Zusammenhang quantitativ auszudrücken, wird auf Basis einer vorliegenden Stichprobe der Korrelationskoeffizient r berechnet.

Angenommen die Stichprobe besteht aus n zweidimensionalen Wertepaaren der Form

$$(x_1, y_1), (x_2, y_2), \ldots (x_n, y_n)$$

Dann wird die Kennzahl, welche den Zusammenhang zwischen den einzelnen Datenpaaren angibt, als Korrelationskoeffizient r bezeichnet, der sich folgendermaßen mathematisch beschreiben lässt:

$$r = \frac{\sum_{i=1}^{n}(x_i - \overline{x}) \cdot (y_i - \overline{y})}{\sqrt{\sum_{i=1}^{n}(x_i - \overline{x})^2} \cdot \sqrt{\sum_{i=1}^{n}(y_i - \overline{y})^2}} = \frac{\frac{1}{n-1} \cdot \sum_{i=1}^{n}(x_i - \overline{x}) \cdot (y_i - \overline{y})}{\sqrt{\frac{1}{n-1} \cdot \sum_{i=1}^{n}(x_i - \overline{x})^2} \cdot \sqrt{\frac{1}{n-1} \cdot \sum_{i=1}^{n}(y_i - \overline{y})^2}} = \frac{s_{xy}}{s_x \cdot s_y}$$

Wobei s die jeweilige Standardabweichung darstellt.

Der Korrelationskoeffizient r der Stichprobe kann zwischen −1 und 1 liegen.

$$-1 \le r \le 1$$

Der Korrelationskoeffizient der Grundgesamtheit ρ von Wertepaaren ergibt sich in Anlehnung an obiger Gleichung zu

$$\rho = \frac{\sigma_{xy}}{\sigma_x \cdot \sigma_y}$$

Praxisbeispiel Bild 11.10 stellt Stichproben mit unterschiedlichen Werten für den Korrelationskoeffizienten r dar. Im ersten Schaubild ist r = 1 und die Wertepaare liegen auf einer Regressionsgeraden mit positiver Steigung. Die Stichprobenwerte liegen dann und nur dann exakt auf einer Geraden, wenn der zugehörige Korrelationskoeffizient den Wert r = 1 oder r = −1 annimmt.

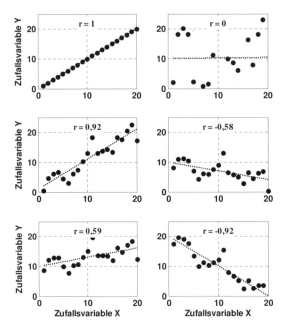

Bild 11.10 Stichproben mit unterschiedlichen Werten für den Korrelationskoeffizienten r und der entsprechenden linearen Approximation

Im zweiten Diagramm rechts ist der Regressionskoeffizient $r = 0$, es existiert kein signifikanter Zusammenhang zwischen den Werten x_i und y_i der Stichprobe.

Die übrigen Diagramme zeigen den Zusammenhang zwischen Streuungsdiagramm und Korrelationskoeffizient auf. Ein Betrag des Korrelationskoeffizienten r nahe eins weist auf einen nahezu linearen Zusammenhang der beiden Größen x und y hin. Je linearer der Zusammenhang, desto größer der Korrelationskoeffizient r. Bei positivem Vorzeichen des Korrelationskoeffizienten steigen die Werte für y mit steigenden Werten für x an. Bei einem negativen Korrelationskoeffizienten fallen die Werte für y mit steigenden Werten für x. Tabelle 11.2 stellt die Eigenschaften des Korrelationskoeffizienten zusammen.

Tabelle 11.2 Eigenschaften des Korrelationskoeffizienten

Korrelationskoeffizient	Interpretation
$\lvert r \rvert < 0,5$	schwache Korrelation
$0,5 < \lvert r \rvert < 0,8$	mittlere Korrelation
$0,8 < \lvert r \rvert$	starke Korrelation
$r = 0$	unkorrelierte Größen
$r > 0$	positive Korrelation gleichsinniger linearer Zusammenhang
$r < 0$	negative Korrelation gegensinniger linearer Zusammenhang

Korrelation und Kausalzusammenhang

Häufig wird die Korrelation zweier Größen dazu benutzt, einen Hinweis darauf zu bekommen, ob zwei statistische Größen ursächlich oder kausal miteinander zusammenhängen. Ein kleiner Betrag des Korrelationskoeffizienten nahe null weist darauf hin, dass die Größen nicht oder nur gering korreliert sind. Damit ist es unwahrscheinlich, dass die beiden untersuchten Größen der Stichprobe einen Kausalzusammenhang aufweisen.

Aus einem großen Betrag des Korrelationskoeffizienten kann auf eine starke numerische Korrelation geschlossen werden. Damit muss aber nicht zwangsweise ein starker Kausalzusammenhang im Sinne von Ursache und Wirkung zwischen den Größen bestehen. Ein großer Korrelationskoeffizient ist somit zunächst lediglich ein Hinweis auf einen möglichen Kausalzusammenhang, der über eine Analyse des betrachteten Systems bestätigt oder abgelehnt werden muss. Kann der Kausalzusammenhang nicht bestätigt werden, so spricht man von einer Scheinkorrelation. Diese kann dadurch entstehen, dass eine mit beiden Größen korrelierte dritte Größe existiert, die indirekt einen Kausalzusammenhang zwischen den beiden zunächst analysierten Größen vortäuscht.

Praxisbeispiel   Ein bekanntes Beispiel für eine Scheinkorrelation ist die Korrelation zwischen dem Rückgang der Störche und einem Rückgang der Anzahl Neugeborener. Diese Ereignisse haben nichts miteinander zu tun – weder bringen Störche Kinder noch umgekehrt. Ein großer Korrelationskoeffizient bedeutet in diesem Beispiel, dass die kausal allenfalls über eine dritte Größe miteinander verbunden sind, etwa über die Verstädterung, die sowohl Nistplätze vernichtet als auch Kleinfamilien ohne Kinder fördert.

Hypothesentest beim Korrelationskoeffizienten

Bei einer zweidimensionalen Normalverteilung ist der Korrelationskoeffizient r einer Stichprobe ein Schätzwert für den Korrelationskoeffizienten ρ der Grundgesamtheit. In diesem Fall kann die Hypothese $\rho = 0$ gegen eine Alternative, z. B. $\rho \neq 0$ getestet werden. Es wird also geprüft, ob die Grundgesamtheit unkorreliert ist. Das Verfahren basiert darauf, dass die Zufallsvariable t_0 bei der Richtigkeit der Hypothese eine t-Verteilung mit $n - 2$ Freiheitsgraden besitzt.

Korrelationsmatrizen

Durch die Darstellung der Größen in Streudiagramm-Matrizen wird die multivariate Darstellung in eine zweidimensionale Darstellung transformiert. Ganz analog wird bei der Korrelationsmatrix verfahren, die im Folgenden beschrieben werden soll.

Praxisbeispiel   Als Beispiel werden die Daten des Feuchtesensors aufgegriffen. Jede Spalte wird als Stichprobe einer Zufallszahl aufgefasst und mit x_i für die Spalte i bezeichnet. Für jedes Paar x_i und x_j von Zufallsvariablen kann die Korrelation angegeben werden zu

$$r_{i,j} = \frac{s_{x_i x_j}}{s_{x_i} \cdot s_{x_j}}$$

Eine Anordnung als Matrix führt bei einer Anzahl von n Zufallsgrößen zu einer Korrelationsmatrix der Dimension n:

$$r = \begin{pmatrix} r_{1,1} & r_{1,2} & \cdots & r_{i,n} \\ r_{2,1} & r_{2,2} & \cdots & r_{2,n} \\ \cdots & \cdots & \cdots & \cdots \\ r_{n,1} & r_{n,2} & \cdots & r_{n,n} \end{pmatrix} = \begin{pmatrix} 1 & r_{1,2} & \cdots & r_{i,n} \\ r_{2,1} & 1 & \cdots & r_{2,n} \\ \cdots & \cdots & \cdots & \cdots \\ r_{n,1} & r_{n,2} & \cdots & 1 \end{pmatrix}$$

Auf der Hauptdiagonale wird die Korrelation der Größen mit sich selbst berechnet. Da der Zusammenhang der Größen offensichtlich linear ist, ist die Korrelation hier immer eins. Die übrigen Elemente der Korrelationsmatrix entsprechen in ihrer Anordnung der in der Streudiagramm-Matrix.

Für unser Beispiel ergibt sich eine die Korrelationsmatrix von:

$$r = \begin{pmatrix} 1 & -0.281 & -0.315 & 0.084 \\ -0.281 & 1 & 0.997 & -0.315 \\ -0.315 & 0.997 & 1 & 0.693 \\ 0.084 & -0.315 & 0.693 & 1 \end{pmatrix}$$

Da die Größen paarweise miteinander verglichen werden, kann auch der Hypothesentest für die Korrelationskoeffizienten durchgeführt werden. Dabei gelten dieselben Annahmen und Herleitungen wie für den Hypothesentest zweidimensionaler Stichproben. Für das Beispiel ergibt sich die Wahrscheinlichkeit P dafür, dass die Stichproben nicht korreliert sind, gegen die Alternative, dass sie eine von null verschiedene Korrelation haben, von

$$P(r = 0) = \begin{pmatrix} 0 & 0.8916 & 0.9181 & 0.3594 \\ 0.8916 & 0 & 0.0000 & 0.0002 \\ 0.9181 & 0.0000 & 0 & 0.0003 \\ 0.3594 & 0.0002 & 0.0003 & 0 \end{pmatrix}$$

In Kombination mit dem Signifikanzniveau von $\alpha = 0{,}05$ ergibt sich, dass die Temperatur mit keiner anderen Stichprobengröße korreliert. Zwischen allen anderen Stichprobengrößen existiert zumindest eine Korrelation. Die größte Korrelation besteht zwischen relativer Feuchte und Sensorkapazität. Aus diesem Grund eignet sich die Kapazitätsänderung am besten für eine Feuchtemessung.

11.3.3   Auswahl des Regressionsmodells und Modellierung

Der Korrelationskoeffizient ist ein Maß für den linearen Zusammenhang zweier Größen. Ein linearer Zusammenhang kann auch über eine lineare Regression dargestellt werden.

Lineare Regression zweidimensionaler Datensätze

Liegt eine Beobachtung mit einer Stichprobe

$$(x_1, y_1), \ (x_2, y_2), \ \dots \ (x_n, y_n)$$

aus einer zweidimensionalen Grundgesamtheit vor, können diese Punkte zunächst grafisch dargestellt werden. Oft wird sich ein zumindest näherungsweise linearer Zusammenhang zwischen den beiden Größen zeigen, der durch eine Geradengleichung beschrieben werden kann.

Praxisbeispiel   Es soll der Zusammenhang zwischen der Temperatur eines Motoröls und der Ausgangsspannung des Temperatursensors, der diese Temperatur misst, untersucht werden. Dazu stehen entsprechende Daten zur Verfügung, welche in Bild 11.11 aufbereitet sind.

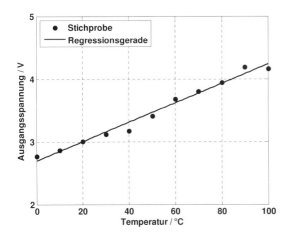

Bild 11.11 Grafische Darstellung der Stichprobe für den Zusammenhang zwischen der Temperatur eines Motoröls und der Ausgangsspannung des Temperatursensors, der diese Temperatur misst

Die Punkte liegen nicht präzise auf einer Linie, sodass das Einzeichnen einer Geraden zunächst nicht eindeutig ist. Um insbesondere bei großen Datenmengen eine Regressionsfunktion berechnen zu können, wurde von Gauß das Prinzip der kleinsten Quadrate entwickelt. Nach diesem Prinzip ist die Regressionsfunktion, in diesen Fall also eine Gerade, so zu legen, dass die Summe der Quadrate aller Abstände von den Stichprobenwerten von der Regressionsfunktion möglichst klein wird.

$$a = \sum_{i=1}^{n} \left(y_i - b \cdot x_i - k \right)^2 = (n-1) \cdot \left(s_y^2 - 2 \cdot b \cdot s_{xy} + b^2 \cdot s_x^2 \right)$$

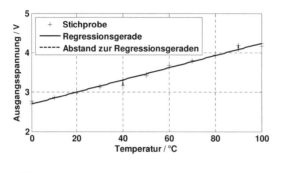

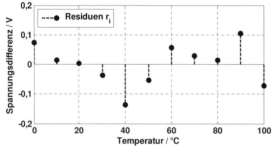

Bild 11.12 Grafische Darstellung des Abstandes der Stichprobenwerte von der Regressionsgeraden (Residuen)

Bild 11.12 verdeutlicht den Begriff des Abstandes der Stichprobenwerte von der Regressionsgeraden.

Wird die Gerade über die Gleichung

$$\hat{y} = b \cdot x + k$$

beschrieben, so ergibt sich nach dem Prinzip der kleinsten Fehlerquadrate die Formel für die Regressionsgerade.

Konfidenzintervalle für die Regressionskoeffizienten

Nachfolgend soll für eine Regressionsgerade untersucht werden, welche Konfidenzbereiche für den Zusammenhang der beiden Zufallsvariablen X und Y bestehen. Die Länge des Konfidenzintervalls hängt von x ab, wobei sich die minimale Länge an dem Mittelwert von x ergibt. Mit steigendem Abstand x von dem Mittelwert steigt die Länge des Konvergenzintervalls an. Bild 11.13 zeigt den Konvergenzbereich für das Beispiel Temperatursensor.

In der Praxis sind zwei Typen von Konfidenzintervallen, die für Prognosen in Regressionsmodellen und anderen linearen Modellen verwendet werden, von Bedeutung. Das Prognoseintervall stellt den Bereich dar, in dem eine einzelne neue Beobachtung bei bestimmten Einstellungen für die x-Werte wahrscheinlich liegt. Das Konfidenzintervall der Prognose stellt einen

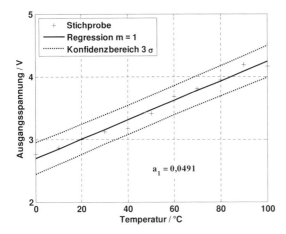

Bild 11.13 Grafische Darstellung des Konvergenzintervalls für das Beispiel Temperatursensor für eine Regressionsgerade

Bereich dar, in dem der Mittelwert der Antwortvariablen bei bestimmten Einstellungen der x-Werte wahrscheinlich liegt.

Das Prognoseintervall ist immer breiter als das entsprechende Konfidenzintervall. Dies ist auf die zusätzliche Ungewissheit beim Prognostizieren eines einzelnen Werts der Antwortvariablen gegenüber dem Mittelwert der Antwortvariablen zurückzuführen.

Eindimensionale quasilineare Regression

Analog dem Vorgehen zur Bestimmung einer Regressionsgeraden nach dem Prinzip des kleinsten Fehlerquadrates kann auch ein Polynom (Term mit mehreren Variablen) höherer Ordnung als Regressionsfunktion verwendet werden. Im allgemeinen Fall ergibt sich ein Polynom der Form

$$\hat{y} = b_0 + b_1 \cdot x + \ldots + b_m \cdot x^m$$

Zur Bestimmung der Koeffizienten b_i wird wieder gefordert, dass die Summe der quadratischen Fehler a ein Minimum aufweist. Diese Forderung führt zu den m + 1 Gleichungen

$$\frac{\partial a}{\partial b_0} = 0, \quad \frac{\partial a}{\partial b_1} = 0, \ldots, \quad \frac{\partial a}{\partial b_m} = 0$$

Zur Auswertung dieser Forderung stehen Softwarepakete zur Verfügung, die neben der Bestimmung der Koeffizienten b_i des Regressionspolynoms eine Berechnung des Konfidenzintervalls erlauben.

Praxisbeispiel Bild 11.14 zeigt die Regressionsfunktion für das Beispiel Temperatursensor mit der Ordnung m = 2 und m = 3. In dem Beispiel sinkt die Summe der Fehlerquadrate mit der Ordnung m des Regressionspolynoms von $a_1 = 0,049$ auf $a_3 = 0,024$ ab.

Generell wird die Summe der Fehlerquadrate mit steigender Ordnung des Polynoms immer sinken, trotzdem muss der Ansatz eines Regressionspolynoms höherer Ordnung nicht unbedingt zielführend sein. Ergibt sich nämlich aus dem physikalischen Hintergrund ein linearer Zusammenhang, ist eine lineare Regressionsfunktion, die den physikalischen Zusammenhang beschreibt, sinnvoller als ein Regressionspolynom, welches lediglich die Messfehler gut approximiert.

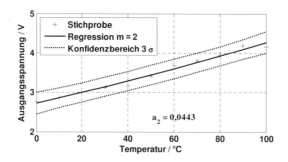

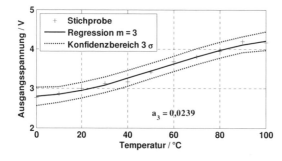

Bild 11.14 Grafische Darstellung des Konvergenzintervalls für das Beispiel Temperatursensor und Regressionspolynome der Ordnung m = 2 und m = 3

Nicht lineare Regression

Einige technische Aufgabenstellungen der Regression haben die Besonderheit, dass der grundsätzliche funktionale Zusammenhang bekannt ist und nur Parameter des funktionalen Zusammenhangs bestimmt werden müssen.

Praxisbeispiel Beispielsweise lautet die Schottky-Gleichung für den Strom durch eine Diode

$$I_D = I_s \cdot \left(e^{\frac{U_D}{n \cdot U_T}} - 1 \right)$$

Dabei ist I_D der Strom durch die Diode, I_s der Sättigungsstrom, U_D die an der Diode anliegende Sättigungsspannung, n der Emissionskoeffizient und U_T die temperaturabhängige Temperaturspannung.

Da die Physik des Diodenstroms und seine mathematische Beschreibung bekannt sind, ist es zielführend, dieses Wissen in die Approximation oder Regression einzubinden. Es wird deshalb kein Polynom zur Regression verwendet, sondern es wird die Approximationsfunktion verwendet, die sich aus der Physik ergibt, und es werden die unbestimmten Funktionsparameter z. B. über Messungen bestimmt.

Um den Diodenstrom I_D als Funktion der anliegenden Spannung U_D darzustellen, können einige Messwerte aufgenommen werden (Tabelle 11.3).

Tabelle 11.3 Messung der Strom-Spannungs-Charakteristik für eine Diode

U_D / V	0	0,1	0,2	0,3	0,4	0,5	0,55	0,6	0,65	0,7
I_D / mA	0	0,000	0,001	0,005	0,089	1,537	6,385	26,54	110,3	458,3

Es liegen zehn Messungen vor und es müssen die Parameter Sättigungsstrom I_S, Emissionskoeffizient n und Temperaturspannung U_T bestimmt werden. Die Aufgabe ist lösbar, hier sogar mathematisch überbestimmt (mehr Informationen als erforderlich).

Auch bei der nicht linearen Regression kann die Lösung über die Minimierung der Fehlerquadrate erfolgen. Diese Methode führt aber zu einem nicht linearen Parameteroptimierungsproblem, das im Allgemeinen nur mit numerischen Optimierungsverfahren gelöst werden kann. Zur Lösung wurde hier die Matlab-Funktion „nlinfit" verwendet. Als Ergebnis ergeben sich die Parameter I_s = 2 mA, U_T = 24,7 mV und n = 1,423.

Um den Vorteil des Verfahrens darzustellen, werden die beiden Regressionsergebnisse einerseits über Polynome der Ordnung n = 3 und n = 5, andererseits über die Diodengleichung dargestellt (Bild 11.15). Es zeigt sich deutlich, dass das Polynom

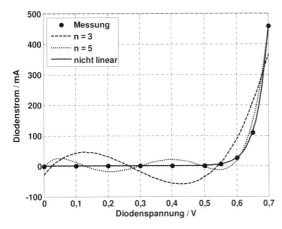

Bild 11.15 Vergleich der Regression von Messwerten mit Polynomen der Ordnung 3 und 5 mit einer physikalisch begründeten nicht linearen Regression

höherer Ordnung die Messwerte nicht sinnvoll approximiert, sondern anfängt zu schwingen. Im Gegensatz dazu stellt die physikalisch begründete, nicht lineare Regression eine gute Approximation dar.

Mehrdimensionale lineare Regression

Bisher wurde die Abhängigkeit einer Ausgangsgröße y von einer Eingangsgröße x abgeschätzt. Dieses Modell kann erweitert werden auf eine multiple lineare Regression, bei der die Ausgangsgröße nicht von einer Variable x, sondern von mehreren Variablen abhängt, die zu einem Zeilenvektor zusammengefasst werden können. Da für alle Werte von x_i eine Anzahl von m Stichproben vorliegt, ergibt sich die Matrix X

$$X = \begin{pmatrix} x_{11} & x_{12} & \dots & x_{m1} \\ x_{21} & x_{22} & \dots & x_{m2} \\ \dots & \dots & \dots & \dots \\ x_{n1} & x_{n2} & \dots & x_{nm} \end{pmatrix}$$

Mit diesen Bezeichnungen wird die Ausgangsgröße abgeschätzt zu

$$\hat{y} = X \cdot \vec{b} + k$$

Für die Matrix X liegen n Stichproben vor, die eine zufällige Abweichung ε_i aufweisen. Die Stichproben können damit dargestellt werden als

$$\vec{y} = \begin{pmatrix} y_1 \\ y_2 \\ \dots \\ y_n \end{pmatrix} = \begin{pmatrix} x_{11} & x_{12} & \dots & x_{m1} & 1 \\ x_{21} & x_{22} & \dots & x_{m2} & 1 \\ \dots & \dots & \dots & \dots & \dots \\ x_{n1} & x_{n2} & \dots & x_{nm} & 1 \end{pmatrix} \cdot \begin{pmatrix} b_1 \\ b_2 \\ \dots \\ b_m \\ k \end{pmatrix} + \begin{pmatrix} \varepsilon_1 \\ \varepsilon_2 \\ \dots \\ \varepsilon_n \end{pmatrix} = X \cdot \vec{b} + \vec{\varepsilon}$$

Dabei repräsentiert der Vektor b die zu bestimmenden Koeffizienten der Regressionsgleichung und die Matrix X enthält für jede der n Stichproben die m Werte. Der Vektor b der unbekannten Parameter kann wieder über das Fehlerquadrat bestimmt werden.

Praxisbeispiel   Als Beispiel wird eine zweidimensionale lineare Regression für die in Tabelle 11.4 dargestellte Stichprobe berechnet. Die Werte ergeben sich aus der Gleichung

$$y = 2 \cdot x_1 - x_2 + 1 + \varepsilon$$

wobei die Größe ε ein gleichverteilter Zufallswert zwischen $-0,5$ und $0,5$ ist.

Tabelle 11.4 Beispiel für eine zweidimensionale lineare Regression

Index	y	x_1	x_2
1	1,1358	0,3784	0,6449
2	1,9954	0,8600	0,8180
3	2,0768	0,8537	0,6602
4	1,9428	0,5936	0,3420
5	1,7129	0,4966	0,2897
6	2,4670	0,8988	0,3412
7	2,1273	0,8216	0,5341

Damit ergibt sich die Matrix X zu

$$X = \begin{pmatrix} 0.3784 & 0.6499 & 1 \\ 0.8600 & 0.8180 & 1 \\ 0.8537 & 0.6602 & 1 \\ 0.5936 & 0.3420 & 1 \\ 0.4966 & 0.2897 & 1 \\ 0.8988 & 0.3412 & 1 \\ 0.8216 & 0.5341 & 1 \end{pmatrix}$$

und der Vektor b der unbekannten Parameter berechnet sich zu

$$\vec{b} = \left(X^T \cdot X\right)^{-1} \cdot X^T \cdot \vec{y} = \begin{pmatrix} 2.0005 \\ -0.9412 \\ 1.0095 \end{pmatrix}$$

Die Fläche der geschätzten Ausgangsgröße y ergibt sich durch Einsetzen der Parameter zu

$$\hat{y} = \vec{x} \cdot \vec{b} + k$$

$$= \left(x_1 \quad x_2\right) \cdot \begin{pmatrix} 2.0005 \\ -0.9412 \end{pmatrix} + 1.0095$$

$$= 2.0005 \cdot x_1 - 0.9412 \cdot x_2 + 1.0095$$

Die geschätzte Fläche weist damit im Vergleich zur realen Fläche geringe Abweichungen auf, die durch das überlagerte Rauschen entstehen.

Bild 11.16 zeigt die Darstellung der zweidimensionalen Regression mit den Stichprobenwerten aus Tabelle 11.4.

Zur Bewertung der mehrdimensionalen linearen Regression können die bekannten Kenngrößen ermittelt werden. Auch die Interpretation von Lage und Verteilung der Residuen erfolgt analog zur eindimensionalen Regression.

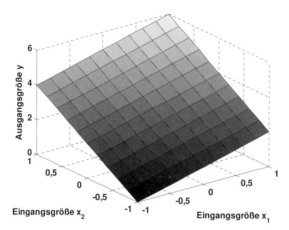

Bild 11.16 Darstellung der zweidimensionalen Regression

Mehrdimensionale quasilineare Regression

Oft ist eine lineare Regression von Stichprobenwerten unzureichend. So sind z. B. die Stichprobenwerte des Feuchtesensors mit einer linearen Regression nur unzureichend genau zu approximieren. Aus diesem Grund werden die Werte durch ein nicht lineares Modell approximiert, das im Folgenden dargestellt wird.

Das nicht lineare Modell wird auf ein lineares Modell zurückgeführt, in dem zusätzliche Eingangsvariablen generiert werden, die die Nichtlinearität darstellen. Wegen dieser Verallgemeinerung wird auch von einem quasilinearen Regressionsmodell gesprochen. Um das Verfahren anschaulich erklären zu können, wird es hier für einen zweidimensionalen Variablenraum dargestellt.

Bei der quasilinearen Regression werden Variablen generiert, die das nicht lineare Verhalten modellieren. Der Variablenvektor kann z. B. bestehen aus

$$\vec{x} = \begin{pmatrix} x_1 & x_2 & x_1 \cdot x_2 & x_1^2 & x_2^2 & 1 \end{pmatrix}$$

Dabei repräsentiert der Term $x_1 \cdot x_2$ die Wechselwirkung der Variablen untereinander und x_1^2 bzw. x_2^2 stellen die quadratischen Abhängigkeiten dar. Der Parameter 1 ist wegen des konstanten Anteils erforderlich.

Die numerische Generierung der Werte ist unkritisch, da die Werte für x_1 und x_2 vorliegen, es müssen deshalb nur bekannte Werte neu verknüpft werden.

Damit liegt ein neuer Vektor von bekannten Größen vor, der genauso behandelt werden kann wie der bei der mehrdimensionalen linearen Regression.

Praxisbeispiel Auch dieses Verfahren wird an einem Beispiel erläutert, das in Tabelle 11.5 dargestellt ist. Die Werte ergeben sich aus der Gleichung

$$y = x_1 - 2 \cdot x_2 + 3 \cdot x_1 \cdot x_2 - 4 \cdot x_1^2 + 5 \cdot x_2^2 + \varepsilon$$

wobei die Größe ε ein gleichverteilter Zufallswert zwischen $-0,5$ und $0,5$ ist.

Tabelle 11.5 Beispiel für eine zweidimensionale nicht lineare Regression

Index	y	x_1	x_2
1	3,5281	0,1930	0,4797
2	3,8674	0,4454	0,5608
3	3,7163	0,0130	0,6159
4	4,4225	0,3087	0,6619
5	3,1128	0,8754	0,6166
6	3,7534	0,8353	0,6851
7	3,6953	0,3331	0,5102
8	3,8005	0,8807	0,7140

Ausgehend von diesen Werten werden die übrigen Variablen berechnet und es ergibt sich die Matrix X zu

$$X = \begin{pmatrix} 0.193 & 0.480 & 0.093 & 0.037 & 0.230 & 1 \\ 0.445 & 0.561 & 0.250 & 0.198 & 0.315 & 1 \\ 0.013 & 0.616 & 0.008 & 0.000 & 0.379 & 1 \\ 0.309 & 0.662 & 0.204 & 0.095 & 0.438 & 1 \\ 0.857 & 0.617 & 0.540 & 0.766 & 0.380 & 1 \\ 0.835 & 0.685 & 0.572 & 0.700 & 0.469 & 1 \\ 0.333 & 0.510 & 0.170 & 0.111 & 0.260 & 1 \\ 0.881 & 0.714 & 0.629 & 0.776 & 0.510 & 1 \end{pmatrix}$$

und der Parametervektor b errechnet sich zu

$$\vec{b} = \left(X^T \cdot X \right)^{-1} \cdot X^T \cdot \vec{y} = \begin{pmatrix} 1 \\ -2 \\ 3 \\ -4 \\ 5 \\ 3.015 \end{pmatrix}$$

Bild 11.17 stellt die Regression grafisch dar. Das Beispiel zeigt, dass das Vorgehen für den eindimensionalen und mehrdimensionalen Anwendungsfall praktisch identisch ist.

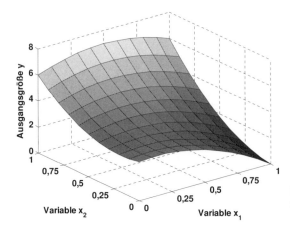

Bild 11.17 Darstellung einer zweidimensionalen nicht linearen Regression

11.3.4 Modell überprüfen

Nach Berechnung der Regressionsgleichung muss das Ergebnis überprüft und bewertet werden. Hierbei ergeben sich die folgenden wesentlichen Fragestellungen:

- Ist die gewählte Regression richtig?
- Wie gut ist die berechnete Regression?
- Existieren Terme, die keinen wesentlichen Beitrag leisten und für das Modell eliminiert werden können?
- Wie verhält sich die durch die Regression nicht erklärte Reststreuung? Welche Verteilung hat sie, und existieren Ausreißer? Welche Besonderheiten weist sie auf?
- Entsprechen die Ergebnisse den physikalischen Vorstellungen, die über das System bekannt sind?

Standardabweichung und Bestimmtheitsmaß der Regression

Die Frage nach der Güte einer Regression kann über die Summe der quadratischen Fehler beantwortet werden. Um die Einheit der Zielgröße y zu erhalten, wird aus der Summe der quadratischen Fehler die Wurzel gezogen. Mit steigender Anzahl n von Messpunkten steigt die Summe der quadratischen Fehler stetig, obwohl die Regression aufgrund der größeren Information immer besser wird. Um diesen Effekt zu kompensieren, wird die Wurzel der Summe von quadratischen Fehlern durch einen Faktor dividiert, der von n abhängt.

Liegt eine Regression der Ordnung m vor, müssen m + 1 Koeffizienten bestimmt werden. Weist die dazu vorhandene Stichprobe einen Umfang n auf, so muss zur eindeutigen Bestimmung der Koeffizienten die Bedingung

$$n \geq m + 1$$

gelten. Die Differenz

$$FG = n - m - 1$$

beschreibt die Anzahl von Stichproben, die zur besseren Absicherung des Regressionsergebnisses verwendet wurden. Es kann gezeigt werden, dass für eine faire Bewertung der Regression nicht die Anzahl n von Stichproben, sondern die Anzahl der Freiheitsgrade FG in die Normierung eingehen muss. Damit ergibt sich die Standardabweichung der Regression

$$S_R = \sqrt{\frac{1}{FG} \cdot \sum_{i=1}^{n} (y_i - \hat{y}_i)^2}$$

die auch als Root-Mean-Square-Error (RMS-Error) bezeichnet wird. S_R ist ein absolutes Maß in der Einheit der Zielgröße. Für sich alleine betrachtet jedoch ist die Standardabweichung der Regression S_R kein absolutes Maß für die Genauigkeit einer Regression, zumindest dann nicht, wenn keine vergleichbaren Untersuchungen vorliegen. Aus diesem Grund wird die relative Größe

$$R^2 = \frac{\sum_{i=1}^{n} (\hat{y}_i - \overline{y})^2}{\sum_{i=1}^{n} (y_i - \overline{y}_i)^2} = \frac{\frac{1}{n-1} \cdot \sum_{i=1}^{n} (\hat{y}_i - \overline{y})^2}{\frac{1}{n-1} \cdot \sum_{i=1}^{n} (y_i - \overline{y}_i)^2} = \frac{s_{\hat{y}}^2}{s_y^2}$$

als Bestimmtheitsmaß eingeführt. Sie kann interpretiert werden als Anteil der Streuung von y, der durch die Regression erklärt wird. Die Interpretation als erklärter Anteil der Streuung ergibt sich aus der Definition: Im Zähler steht die Varianz der geschätzten Werte, im Nenner steht die Varianz der Stichprobe.

Insbesondere bei kleinen Stichprobenumfängen wird statt des Bestimmtheitsmaßes R^2 das adjungierte (angepasste) Bestimmtheitsmaß

$$R_{adj}^2 = 1 - \frac{n-1}{FG} \cdot \left(1 - \frac{s_{\hat{y}}^2}{s_y^2}\right)$$

$$= 1 - \frac{n-1}{FG} \cdot \left(1 - R^2\right)$$

verwendet. Für große Stichprobenumfänge sind die Anzahl der Freiheitsgrade FG und die Anzahl der Stichprobe n ungefähr gleich groß. Bei kleinen Stichprobenumfängen wird das Bestimmtheitsmaß nach unten korrigiert. In der Praxis ist das adjungierte Bestimmtheitsmaß realistischer.

Praxisbeispiel   Für das Beispiel des Temperatursensors ergeben sich die in Tabelle 11.6 dargestellten Gütekriterien für die unterschiedlichen Regressionen.

Tabelle 11.6 Gütekriterien der unterschiedlichen Regressionen für das Beispiel Temperatursensor mit einem Stichprobenumfang von n = 11

Ordnung Regression	FG	a	S_R	R^2	R_{adj}^2
m = 1	9	0,049	0,0739	0,9908	0,9897
m = 2	8	0,044	0,0744	0,9917	0,9896
m = 3	7	0,024	0,0584	0,9955	0,9936

Es ist erkennbar, dass die Regression in allen Fällen einen sehr großen Anteil der Streuung abdeckt. An der Summe der quadratischen Fehler a wird aber auch deutlich, dass der Übergang von linearer Regression auf eine Regression der Ordnung m = 2 keinen wesentlichen Einfluss hat.

Praxistipp

In verschiedenen Statistikprogrammen können zusätzlich die sogenannten VIFs – Variance Inflation Factors – ausgewertet werden. Diese zeigen auf, ob es zu maßgeblichen Überlagerungen von Variablen kommt und dadurch das Modell überbestimmt wird. Ein VIF-Wert von eins bedeutet, dass die Variable völlig unabhängig von den anderen ist. Ein Wert größer als fünf stellt bereits einen derartig großen Zusammenhang dar, sodass überlegt werden sollte, die abhängige Variable aus dem Modell zu entfernen und dadurch ein schlankeres Modell zu erhalten.

Reststreuungsanalyse (Residuen)

Die Reststreuungsanalyse dient dazu, die durch das Modell nicht erklärte Streuung eingehender zu untersuchen. Sie basiert auf den Residuen r_i, also den Abweichungen der Stichprobenwerte von den entsprechenden Werten der Regressionsfunktion.

$$r_i = y_i - \hat{y}_i$$

Die Residuen können die in der Regression nicht abgebildeten Zufallsgrößen widerspiegeln – quasi das Hintergrundrauschen. Anhand dieser Abweichung lässt sich entscheiden, ob die Modellannahmen korrekt sind, und es können eventuelle Besonderheiten erkannt werden. Bild 11.18 stellt die lineare Regression sowie die Residuen der Regression dar.

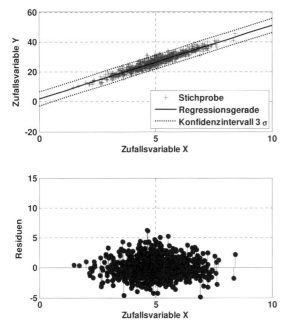

Bild 11.18 Darstellung eines Testdatensatzes mit linearer Regression und den zugehörigen Residuen

Man sieht, dass die Standardabweichung der Residuen über den betrachteten Bereich weitgehend konstant ist, sodass diese Voraussetzung zur Anwendung des Prinzips der kleinsten Fehlerquadrate erfüllt ist. Außerdem liegen die Punkte über den betrachteten Bereich auf ungefähr demselben Niveau und sie weisen z. B. keinen bogenförmigen Verlauf auf. Das ist ein Hinweis darauf, dass die Wahl der Regressionsfunktion sinnvoll ist. Auch aus dem physikalischen Hintergrund ergibt sich ein linearer Zusammenhang zwischen den Zufallsvariablen X und Y. Gegebenenfalls muss an dieser Stelle die Regressionsfunktion angepasst werden.

Im nächsten Schritt wird die Stichprobe auf Normalverteilung der Residuen und Ausreißer geprüft. Dazu wird die Verteilung der Stichprobe im Wahrscheinlichkeitsnetz der Normalverteilung dargestellt (Bild 11.19). Eine ideale Normalverteilung der Residuen ergibt eine Gerade im Wahrscheinlichkeitsnetz. Die Stichprobenwerte sind als Kreuze dargestellt. Die Stichprobenwerte stimmen mit der idealen Normalverteilung weitgehend überein. Einige Werte weichen jedoch erheblich mehr als 3 σ von dem Mittelwert μ ab. Diese Werte können als Ausreißer betrachtet werden, sie sind zusätzlich mit Kreisen hervorgehoben. Diese Werte werden später weiter analysiert. Mögliche Ursachen sind nicht berücksichtige Einflussfaktoren oder bislang nicht erkannte Störungen in dem Prozessablauf.

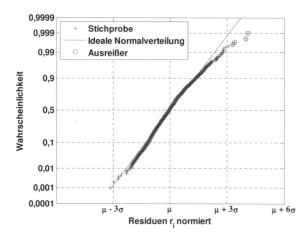

Bild 11.19 Darstellung der Residuen einer Stichprobe im Wahrscheinlichkeitsnetz der Normalverteilung

Zur Analyse der Ursachen für Ausreißer und zur weiteren Analyse der Stichprobe werden die Residuen in ihrer zeitlichen Abfolge dargestellt (Bild 11.20).

Bereits bei einem einfachen Plot der Stichprobe über dem Stichprobenindex wird offensichtlich, dass der Prozess, dem diese Stichprobe entnommen wurde, nicht als stationär bezeichnet werden kann. Zur Minimierung der

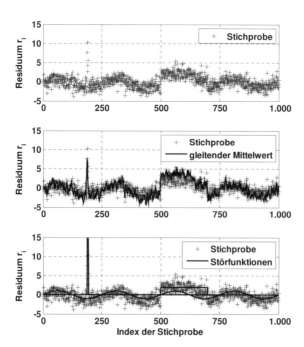

Bild 11.20 Reststreuungen in der zeitlichen Reihenfolge der Stichprobenaufnahme

Streuung kann ein gleitender Mittelwert über die Stichprobe gebildet werden. In diesem Fall wurden fünf aufeinanderfolgende Werte gemittelt.

Nach der Mittelung ist eine langwellige Schwingung deutlicher zu erkennen. Außerdem können die Ausreißer, die bereits im Wahrscheinlichkeitsnetz der Residuen erkannt wurden, den Indizes 200 bis 204 zugeordnet werden. Weiterhin ist in dem Bereich der Indizes 500 bis 700 ein Sprung zu erkennen. Diese oder andere Filterfunktionen helfen, die in den Datensatz integrierten Störfunktionen zu identifizieren. Die Ursache für die Störungen kann auf Basis der identifizierten Indizes analysiert werden.

Praxistipp

Gängige Statistikprogramme bieten Residuenanalysen meist in sehr bequemer Form an. Bild 11.21 zeigt eine Standardauswertung im Programm Minitab®, wo die vier wichtigen Grafiken der Residuenanalyse automatisch in kompakter Form visualisiert werden, um auf einen Blick Auffälligkeiten zu erkennen. Die beiden links dargestellten Abbildungen dienen der Überprüfung der Normalverteilung der Residuen, rechts oben sind die Residuen in Abhängigkeit der x-Werte dargestellt, links unten ist der zeitliche Verlauf der Residuen ersichtlich.

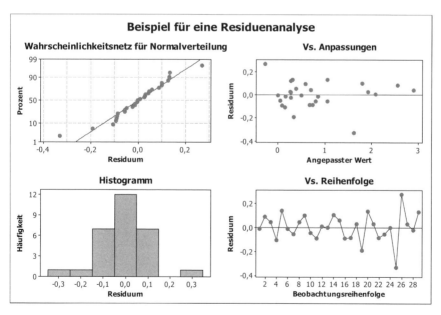

Bild 11.21 Beispiel einer Residuenanalyse im Statistikprogramm Minitab®

Des Weiteren können in der Regel sogenannte „unusual observations", also ungewöhnliche Datenpunkte, ausgewertet werden. Dies sind Hinweise auf potenzielle Messfehler oder systematische Einflüsse, welche nicht im Modell abgebildet werden und dadurch die Korrektheit desselben verschlechtern können. Können diese ungewöhnlichen Datenpunkte tatsächlich auf besondere Ursachen zurückgeführt werden, dann sind diese aus den Messwerten zu entfernen.

Signifikanztest von Termen

Bei der Bestimmung von Regressionsfunktionen muss zur Reduzierung der Komplexität der Regressionsfunktion die Frage beantwortet werden, ob der berechnete Term signifikanten Einfluss auf die Zielgröße besitzt. Ein Indiz dafür ist, dass der Regressionskoeffizient sich signifikant von null unterscheidet. Dazu wird geprüft, ob der Korrelationskoeffizient β einem Wert $\beta_0 = 0$ entspricht. Trifft die Hypothese zu, ist die Zielgröße y nicht von der Eingangsgröße x abhängig. Wird die Hypothese abgelehnt, kann davon ausgegangen werden, dass die Zielgröße signifikant von der betrachteten Eingangsgröße abhängt.

Es existieren verschiedene Verfahren zur Bewertung der Signifikanz von Regressionskoeffizienten, von denen zwei dargestellt werden sollen: t-Test und eine Analyse des Konfidenzbereiches.

Dem t-Test liegt die Aussage zugrunde, dass die Variable

$$T = s_x \cdot \sqrt{(n-2) \cdot (n-1)} \cdot \frac{B - \beta_0}{\sqrt{A}}$$

eine t-Verteilung mit $n - 2$ Freiheitsgraden aufweist. Damit lässt sich der Test mit der Hypothese $\beta = \beta_0$ und der Alternative $\beta \neq \beta_0$ durchführen. Dieses Verfahren wird von den gängigen Statistikprogrammen angeboten.

Eine Analyse des Konfidenzbereiches der Regressionskoeffizienten ist eine anschauliche Möglichkeit, die Signifikanz der Regressionskoeffizienten zu bestimmen. Schließt das Konfidenzintervall der Regressionsparameter den Zahlenwert null ein, kann davon ausgegangen werden, dass dieser Regressionsparameter nicht signifikant ist.

11.3.5 Optimierung

Wurde die Regressionsgleichung ermittelt und auf Plausibilität geprüft, können nun basierend auf den Erkenntnissen optimale Einstellungen für die Einflussgrößen x definiert werden. Die ermittelte Transferfunktion ermöglicht auch den Einsatz weiterer DFSS-Methoden wie beispielsweise statistische

Tolerierung oder Robustheitsbewertungen mithilfe der Monte-Carlo-Simulation. Insbesondere die durch die Transferfunktion geschaffene Möglichkeit, Toleranzgrenzen zielgerichtet unter Abschätzung des Risikos und unter Berücksichtigung von Wirtschaftlichkeitsüberlegungen festzulegen, kann nicht hoch genug eingeschätzt werden.

11.4 Praxisbeispiel Feuchtesensor

Im Rahmen eines DFSS-Projektes soll die Kapazität eines Feuchtesensors (Sensorkapazität C_p) mittels multipler Regressionsrechnung untersucht werden. Eingangsgrößen sind die relative Feuchte und die Temperatur:

$$y = C_P = f(rF, T)$$

11.4.1 Daten sichten und aufbereiten
Die in Tabelle 11.7 aufgelisteten Daten stehen zur Verfügung.

Tabelle 11.7 Urliste einer Vermessung von Feuchtesensoren

Nr.	Temperatur T/°C	rel. Feuchte rF/%	Widerstand R_p/MΩ	Kapazität C_p/μF
1	90,0	9,5	5,350	179,3
2	90,0	19,8	5,403	182,6
3	44,9	17,8	5,403	182,6
4	90,1	29,6	5,503	185,6
5	45,2	27,2	5,475	185,8
6	89,7	40,6	5,674	189,8
7	45,6	36,8	5,555	189,0
8	22,8	36,7	5,699	188,2
9	89,6	50,1	5,851	192,6
10	45,3	47,4	5,654	192,1
11	22,7	46,4	5,780	190,9
12	90,0	60,2	6,129	194,6
13	45,2	57,8	5,800	195,2
14	22,6	57,7	5,938	194,5
15	90,0	70,3	6,788	197,8
16	45,2	68,5	6,073	198,6

Tabelle 11.7 Urliste einer Vermessung von Feuchtesensoren (Fortsetzung)

Nr.	Temperatur T/°C	rel. Feuchte rF/%	Widerstand R_p/MΩ	Kapazität C_p/µF
17	22,8	69,1	6,171	198,2
18	89,9	80,1	9,767	201,6
19	45,2	79,5	6,870	202,6
20	22,8	78,6	6,566	201,2
21	9,6	75,9	6,963	201,5

Um sich einen Eindruck über die Daten zu verschaffen, werden zunächst die Stützstellen, an denen die Werte aufgenommen wurden, in einer Ebene aus relativer Feuchte und Temperatur grafisch dargestellt (Bild 11.22).

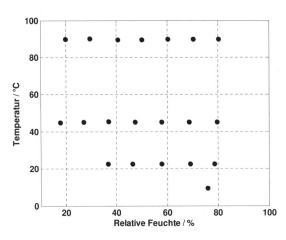

Bild 11.22 Darstellung der Stützstellen, an denen die Messwerte für den Parallelwiderstand Rp eines Feuchtesensor gemessen wurden

Der Bereich geringer relativer Feuchte und kleiner Temperaturen wurde bei der Messung ausgespart, da in diesem Bereich die Messfähigkeit nicht ausreichend präzise spezifiziert ist. Die Stützstellen liegen aber auch nicht alle auf einer Linie, sodass eine Regression sinnvoll erscheint.

Bild 11.23 stellt die einzelnen Messwerte als dreidimensionales Streudiagramm dar.

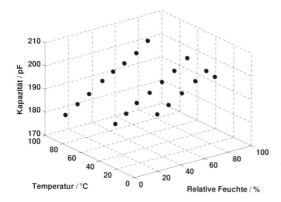

Bild 11.23 Kapazität eines Feuchtesensors als Funktion der Temperatur und relativen Feuchte als Streudiagramm

11.4.2 Durchführung der Regressionsrechnung

Die aufbereiteten Daten weisen auf ein weitgehend lineares Verhalten hin. Um dennoch ein etwaiges nicht lineares Verhalten der Sensorkapazität beschreiben zu können, berücksichtigt das Regressionsmodell jede Einflussgröße bis zur zweiten Potenz, und es werden einfache Wechselwirkungen zwischen Feuchte und Temperatur betrachtet. Dadurch ergibt sich der Vektor der Eingangsgrößen zu

$$\vec{x} = \begin{pmatrix} 1 & rF & T & rF \cdot T & rF^2 & T^2 \end{pmatrix}$$

Nach Durchführung der Regressionsrechnung ergibt sich für die Koeffizienten ein Vektor

$$\vec{b} = \left(X^T \cdot X \right)^{-1} \cdot X^T \cdot \vec{y} = \begin{pmatrix} 175.2 \\ 0.327 \\ 0.059 \\ -0.246 \cdot 10^{-3} \\ 0.015 \cdot 10^{-3} \\ -0.476 \cdot 10^{-3} \end{pmatrix}$$

Das Regressionsergebnis ist in Bild 11.24 für den Temperaturbereich von 10 bis 90 °C und den Feuchtebereich von 10 bis 90 % rF dargestellt.

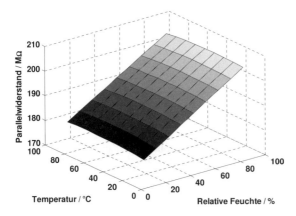

Bild 11.24 Darstellung des Ergebnisses der Regression für den Temperaturbereich von 10 bis 90 °C und den Feuchtebereich von 10 bis 90 % rF

11.4.3 Modell überprüfen

Residuenanalyse

Zur Überprüfung des Modells werden die Residuen der Regression untersucht. Dabei wird bewertet, ob die Reststreuung einen charakteristischen Verlauf aufweist und das Modell erweitert werden muss. Bild 11.25 stellt die Residuen als Funktion der Temperatur und als Funktion der Feuchte dar. Die Residuen haben keinen auffälligen Funktionsverlauf.

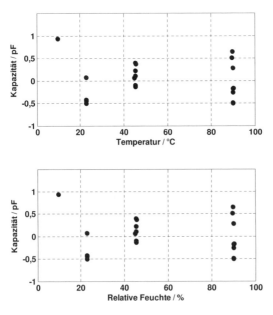

Bild 11.25 Darstellung der Residuen als Funktion der Temperatur und als Funktion der Feuchte

Signifikanz der Terme, Bestimmtheitsmaß

Um auszuloten, ob eine Vereinfachung des Modells möglich ist, werden die Koeffizienten mittels eines statistischen Tests (t-Test) untersucht. Die Nullhypothese lautet, dass der Wert des Regressionskoeffizienten null ist. Die kalkulierten P-Werte sind in Tabelle 11.8 dargestellt. Je kleiner der P-Wert ist, desto niedriger ist die Irrtumswahrscheinlichkeit beim Verwerfen der Nullhypothese. Das heißt, je kleiner der P-Wert, desto eher ist der Regressionskoeffizient signifikant. Damit lässt sich für die Regressionskoeffizienten eine Signifikanzreihenfolge bestimmen, wobei der Koeffizient b_0 die größte und der Koeffizient b_4 die kleinste Signifikanz aufweist. Nachdem sich in der Praxis der Wert von 0,05 als Signifikanzgrenze etabliert hat, können nacheinander die Koeffizienten b_4, b_3 und b_2 eliminiert werden. Alle anderen Koeffizienten sind signifikant.

Tabelle 11.8 Bewertung der Regressionskoeffizienten für die Regression der Kapazität eines Feuchtesensors als Funktion der Temperatur und relativen Feuchte

Name	Physikalische Größe	Regressions- koeffizient b_i	Standard- abweichung s_i	P-Wert
b_0	Konstante	175,2	1,4454	0,000
b_1	rF	0,3279	0,0351	$0,12 \cdot 10^{-6}$
b_2	T	0,0592	0,0316	0,080
b_3	rF $\cdot$ T	$-0,246 \cdot 10^{-3}$	$0,212 \cdot 10^{-3}$	0,266
b_4	rF^2	$0,015 \cdot 10^{-3}$	$0,279 \cdot 10^{-3}$	0,956
b_5	T^2	$-0,47 \cdot 10^{-3}$	$0,215 \cdot 10^{-3}$	0,042

Die Auswirkung auf das adjungierte Bestimmtheitsmaß ist in Bild 11.26 dargestellt.

Das adjungierte Bestimmtheitsmaß ändert sich durch das Weglassen der Regressionskoeffizienten nur wenig. Generell ist das adjungierte Bestimmtheitsmaß mit Werten größer 0,99 sehr hoch. Nach dieser Analyse lässt sich der Datensatz mit dem reduzierten Satz von Größen beschreiben, die in Tabelle 11.9 dargestellt sind.

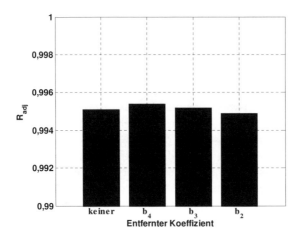

Bild 11.26 Darstellung des adjungierten Bestimmtheitsmaßes als Funktion des entfernten Regressionskoeffizienten (kumulativ)

Tabelle 11.9 Bewertung von Regressionskoeffizienten für die Regression der Kapazität eines Feuchtesensors als Funktion der Temperatur und relativen Feuchte bei einem reduzierten Modell

Name	Physikalische Größe	Regressionskoeffizient b_i	Standardabweichung s_i	P-Wert
b_0	Konstante	177,2	0,3379	0
b_1	rF	0,3116	$5,21 \cdot 10^{-3}$	0
b_5	T^2	$-0,084 \cdot 10^{-3}$	$0,033 \cdot 10^{-3}$	0,020

Reststreuungsanalyse

Zur Verifikation wird für das reduzierte Modell die Reststreuungsanalyse durchgeführt. Dazu werden zunächst die Residuen als Funktion der Temperatur und als Funktion der Feuchte dargestellt und mit der ersten Regression verglichen (Bild 11.27).

Die Residuen des reduzierten Modells weichen von denen des voll quadratischen Modells nur geringfügig ab. Dadurch wird die These, dass die reduzierte Regression ausreichend genau ist, weiter gestützt.

Als letzter Schritt wird die Verteilung der Residuen auf Normalverteilung analysiert. Dazu wird die Verteilung der Residuen mit der Normalverteilung verglichen. Bild 11.28 stellt die Normalverteilung und die Stichprobe im Wahrscheinlichkeitsnetz dar.

Es existieren zwei Messwerte, die mehr oder weniger signifikant von der Normalverteilung abweichen. Beide Messwerte sind im Bild ganz links mit einem Kreis markiert. Eine Auffälligkeit hinsichtlich der Stichprobe kann in

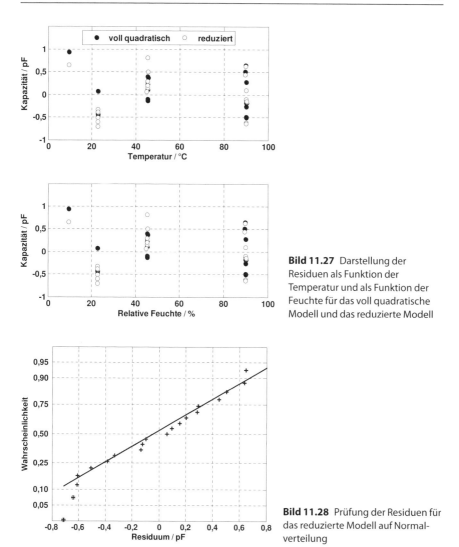

Bild 11.27 Darstellung der Residuen als Funktion der Temperatur und als Funktion der Feuchte für das voll quadratische Modell und das reduzierte Modell

Bild 11.28 Prüfung der Residuen für das reduzierte Modell auf Normalverteilung

diesem Fall nicht gefunden werden. Mit einem Hypothesentest kann jedoch die Hypothese bestätigt werden, dass die Verteilung eine Normalverteilung darstellt.

11.4.4 Optimierung

Auf Basis der ermittelten Regressionsgleichung wurden die Voraussetzungen geschaffen, je nach Temperatur und Feuchte die Kapazität des Sensors prognostizieren zu können. Dieses Wissen kann z. B. für die Simulation einer

Auswerteschaltung eingesetzt werden. Eingangsgröße für diese Simulation wäre ein Sensorelement, das durch die oben dargestellte Regressionsfunktion modelliert wird.

11.5   Zusammenfassung und Erfolgsfaktoren

Die Korrelations- und Regressionsrechnung beschäftigt sich damit, Zusammenhänge und Wirkungen zu erkennen und auch mathematisch zu beschreiben. Dies ist ein wesentliches Element in der DFSS-Methodik. Ausdrücklich sei jedoch darauf hingewiesen, dass ein starker mathematischer (oder grafischer) Zusammenhang zwischen zwei Variablen noch kein Beweis dafür ist, dass ein ursächlicher Wirkzusammenhang gegeben ist. Erst das Wissen über das betrachtete System kann einen derartigen kausalen Zusammenhang untermauern. Daher sei in diesem Zusammenhang vor voreiligen Schlüssen gewarnt.

Wurde eine entsprechende Regressionsgleichung ermittelt, so gestattet diese die Vorhersage von Werten für y, wenn x bekannt ist, oder umgekehrt. Zu beachten ist, dass Ausreißer und Messfehler das Ergebnis erheblich beeinflussen können und daher eine fundierte statistische Untersuchung mithilfe beispielsweise des Bestimmtheitsmaßes oder der Reststreuungsanalyse unerlässlich ist. Auch ist zu bedenken, dass Regressionsmodelle Inter- und nicht Extrapolationsgleichungen sind; Schlussfolgerungen außerhalb des Wertebereiches sind daher nicht zulässig.

11.6   Verwendete Literatur

Beucher, O.: Wahrscheinlichkeitsrechnung und Statistik mit Matlab, Springer-Verlag, 2004

Fahrmeier, L. et al.: Statistik, Springer-Verlag, 2007

Kreyszig, E.: Statistische Methoden und ihre Anwendungen, Valdenhoeck und Ruprecht, 1991

Ross, R.: Statistik für Ingenieure und Naturwissenschaftler, Spektrum Akademischer Verlag, 2006

Sachs, L.: Angewandte Statistik, Springer-Verlag, 2002

Wember, T.: Technische Statistik und statistische Versuchsplanung, Informationstechnologie GmbH, 2006

12 Modellbildung von Systemen

12.1 Zielsetzung

Ziel von Design for Six Sigma ist es, fehlerfreie und robuste Produkte von Anfang an zu erreichen. Dazu sind quantitative Aussagen über das Verhalten von Prozessen und Produkten erforderlich. Die hohen Anforderungen an die Präzision der Aussagen können oftmals nur mit einer entsprechend großen Anzahl von Stichproben erfüllt werden. Damit der Aufwand nicht zu groß wird, müssen in der Praxis hierzu Simulationswerkzeuge verwendet werden, welche auf entsprechenden physikalischen Modellen basieren. Die Zielsetzung dieses Kapitels besteht darin, die Vorgehensweise bei der Modellbildung von Systemen zu beschreiben.

Leitfragen

- Was ist ein Modell im Sinne der Produktentwicklung?
- Wie spielen Modellbildung und Simulation zusammen?
- Wie werden Modelle entwickelt?

12.2 Einordnung der analytischen Modellbildung in den Produktentstehungsprozess

Spätestens zu dem Zeitpunkt, wo im zu entwickelnden Produkt Wirkzusammenhänge detailliert dargestellt werden wollen, wird das Thema der Modellbildung interessant. Dies ist jedenfalls ab der Produkt- und Prozessentwicklung, also der Realisierung des Konzeptes, für das die Entscheidung getroffen wurde, der Fall. Je detaillierter und je weiter fortgeschritten die Produktentwicklung, desto genauer soll auch das Modell sein, um die Wirkzusammenhänge voll zu erfassen und Prognosen für das Systemverhalten erstellen zu können.

Zusammenspiel mit anderen Methoden

Wie bereits in der Einleitung erwähnt, ist die Modellbildung Voraussetzung für eine stochastische Simulation des Produktes. Je realitätsnäher das Modell ist, desto aussagekräftiger sind die daran geknüpften Simulationsergebnisse. Die Methoden der Simulation sind aber nicht die einzigen, die mit dem Thema der Modellbildung in Verbindung stehen (Bild 12.1).

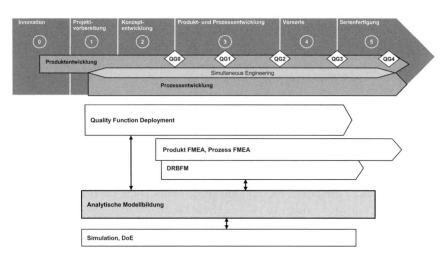

Bild 12.1 Die analytische Modellbildung und der PEP

Analoge Überlegungen, wenngleich nicht bis ins letzte Detail auszuformulieren, gelten beispielsweise für die Beschreibung von Systemwirkungen und Wechselwirkungen in FMEA und DRBFM.

Eine weitere Verbindung besteht in Richtung DoE, wo ebenfalls von einem Modell ausgegangen wird. Da im Zuge von DoE die Wirkzusammenhänge quantitativ als Metamodell dargestellt werden, reichen qualitative Überlegungen zur Modellbildung für DoE in der Regel aus. Umgekehrt können aber die Erkenntnisse aus DoE in die Verbesserung des Modells einfließen.

12.3 Grundbegriffe

Da die Aufgabe der Modellbildung darin besteht, Systeme nachzubilden, werden zunächst zum besseren Verständnis der Begriff System und einige Eigenschaften von Systemen erläutert.

12.3.1 Systembegriff und Systemeigenschaften

Es existieren unterschiedliche Arten der Systemdefinition, die teilweise jedoch sehr komplex und unübersichtlich sind. Ein System kann als ein Objekt definiert werden, das drei Eigenschaften besitzt:

- Systemfunktion
  Ein System ist ein Objekt, das eine definierte Funktion bzw. einen definierten Zweck erfüllt.
- Systemelemente und Wirkungsverknüpfungen (Wirkzusammenhänge)
  Die Systemfunktion entsteht durch entsprechende Wirkungsverknüpfungen von einzelnen Elementen.
- Unteilbarkeit
  Ein System verliert seine Systemidentität, wenn es zerteilt wird. Durch das Herauslösen von Systemelementen oder Wirkungsverknüpfungen kann eine Funktion oder eine Teilfunktion nicht mehr ausgeführt werden.

Praxisbeispiel   Der Systembegriff wird am Beispiel eines Lautsprechers verdeutlicht. Dieser hat die Funktion, durch die Bewegung seiner Lautsprechermembran ein elektrisches Signal in ein akustisches zu wandeln. Er besteht aus verschiedenen Elementen wie Eisenkreis mit Permanentmagnet, Tauchspule, Spinne, Lautsprechermembran, Sicke und Chassis (Bild 12.2). Die Leitungen symbolisieren den Stromfluss durch Batterie und Spule des Lautsprechers.

Ein Stromfluss durch die Tauchspule führt in Kombination mit dem magnetischen Feld des Permanentmagneten zu einer Lorentz-Kraft. Sie lenkt die Membran aus, bis sich ein Kräftegleichgewicht mit der Spinne ergibt. Bei der Bewegung verdrängt die Lautsprechermembran Luft, was zu einer Dämpfung führt. Außerdem werden dadurch die Leiterschlaufen der Tauchspule in einem Magnetfeld bewegt, was zur Induktion einer Spannung führt. Ein Stromfluss durch die Batterie führt zu einem Spannungsabfall an dem Innenwiderstand. Nachdem auch die Tauchspule einen Innenwiderstand aufweist, bestimmen beide Widerstände den stationären Stromfluss durch die Tauchspule.

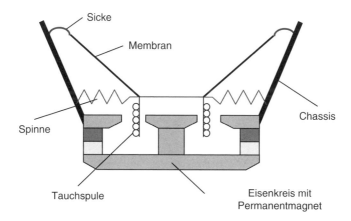

Bild 12.2 Querschnitt durch einen Lautsprecher

Sobald eines dieser Elemente fehlt, kann die Systemfunktion nicht mehr ausgeführt werden. Das System Lautsprecher ist deshalb unteilbar.

Systeme sind durch eine Wirkstruktur gekennzeichnet. Sie wurde für den Lautsprecher bereits oben beschrieben. Zur Bildung von Modellen ist es erforderlich, diese Wirkstruktur zu erkennen, herauszuarbeiten und mathematisch zu beschreiben.

12.3.2 Systemgrenzen und Systemumgebung

Systeme besitzen eine Umwelt, mit der sie in Beziehung stehen. Dabei kann sowohl die Umgebung das System als auch umgekehrt das System die Umgebung beeinflussen. Für die Modellbildung ist es notwendig, das zu beschreibende System gegen seine Umwelt abzugrenzen. Ein Austausch mit der Umgebung erfolgt nur gezielt über zu definierende Faktoren, wobei zwischen Ein- und Ausgangsgrößen des Systems zu unterscheiden ist.

■ Eingangsgrößen
Über die Eingangsgrößen $x_i(t)$ wirkt die Umgebung auf das System. Die Eingangsgrößen werden von dem System nicht beeinflusst, sie existieren auch ohne das System und das System hat keine Rückwirkung auf sie.

■ Ausgangsgrößen
Die Ausgangsgrößen $y_i(t)$ ergeben sich aus dem geänderten Systemzustand und den aktuellen Eingangsgrößen. Die Ausgangsgrößen werden auch als Reaktion des Systems oder Systemantwort bezeichnet.

Ein System kann ein oder mehrere Ein- und Ausgangsgrößen aufweisen (Bild 12.3). Die Systemgrenze ist durch den Kasten dargestellt. Die Umgebung wirkt ausschließlich über die Eingangsgrößen x_i auf das System ein. Das System wirkt sich auf die Umgebung über die Ausgangsgrößen y_i aus.

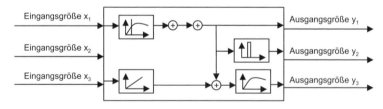

Bild 12.3 Schematische Darstellung eines Systems

Bei vielen Anwendungen wie beispielsweise bei elektrischen Schaltungen mit definiertem Ein- und Ausgangssignal ist die Bestimmung der Systemgrenze offensichtlich. In anderen Anwendungen ist die Definition weniger eindeutig. Grenzen werden grundsätzlich so gezogen, dass sich das System innerhalb dieser Grenzen weitestgehend autonom verhalten kann. In der Literatur werden dazu folgende Regeln aufgestellt:

- Systeme werden da abgegrenzt, wo die Kopplung zur Umgebung viel schwächer ist als die Kopplung innerhalb des Systems.
- Systemgrenzen werden da gezogen, wo vorhandene Kopplungen nicht funktionsrelevant sind und deshalb weggelassen werden können.
- Systemgrenzen werden an Stellen vereinbart, wo das System keinen Einfluss auf Umweltbedingungen hat, die das System selbst betreffen.

Diese Regeln zeigen, dass die Systemgrenze von der zugrunde liegenden Simulationsaufgabe abhängt. Ein Modell kann zunächst nur für die Aufgabe eingesetzt werden, für die es entwickelt wurde. Die Systemgrenzen hängen direkt von dem Systemzweck ab, für den es entwickelt wird.

12.3.3 Zustand und Zustandsgrößen eines Systems

Der Zustand eines Systems ist für Simulationen von entscheidender Bedeutung und wird durch Zustandsgrößen beschrieben. Sie sind definiert als die Größen, durch die der Zustand des Systems jederzeit vollständig bestimmt werden kann. Zur Beschreibung des Zustands eines Systems müssen die Zustandsvariablen Informationen über die Vergangenheit des Systems bereitstellen. Zum Beispiel ist bei einem Akkumulator die Frage, ob er aufgeladen oder entladen wurde, von entscheidender Bedeutung. Zustandsgrößen müssen deshalb ein Gedächtnis besitzen.

Bei technischen Systemen existieren unterschiedliche Möglichkeiten, den Zustand eines Systems zu charakterisieren. Eine Variante besteht darin, den Zustand über die im System gespeicherte Energie zu beschreiben.

Praxisbeispiel In dem Beispiel des Lautsprechers werden drei unterschiedliche Energieformen gespeichert. Die in der Tauchspule gespeicherte elektrische Energie, die potenzielle Energie der Spinnenfeder und die kinetische der Membranmasse. Daraus ergeben sich für das Modell die Zustandsgrößen Spulenstrom, Membrangeschwindigkeit und Membranauslenkung.

Für die Beschreibung des Zustands jedes Energiespeichers wird eine Größe benötigt. Daraus folgt, dass zur Beschreibung eines Systems mit n unabhängigen Energiespeichern n Zustandsvariablen erforderlich sind.

Änderungen des Systemzustands können auf zwei unterschiedliche Arten erfolgen:

- Das System wird durch Einwirkungen von außen angeregt. Die Eingangsgrößen führen zu Änderungen des Systemzustands.
- Die Änderung des Systemzustandes ergibt sich aus den Zustandsgrößen selbst.

Die Zustandsänderung eines Systems ergibt sich damit aus dem aktuellen Zustand z_i und den Eingangssignalen x_i. Werden die Eingangsgrößen zu einem Vektor x und die Zustandsgrößen zu einem Vektor z zusammengefasst, kann eine Zustandsänderung allgemein als Funktion des Zustandsvektors z und des Eingangsvektors x beschrieben werden:

$$\frac{dz}{dt} = g\big(\underline{x}(t), \underline{z}(t)\big)$$

Die in dem Vektor y zusammengefassten Ausgangsgrößen sind von dem aktuellen Systemzustand z und den aktuellen Eingangssignalen abhängig. Allgemein gilt, dass das Ausgangssignal von dem aktuellen Systemzustand z und dem aktuellen Eingangssignal x abhängt:

$$\underline{y}(t) = f\big(\underline{x}(t), \underline{z}(t)\big)$$

Vergleichsweise übersichtlich ist die Darstellung von linearen, zeitinvarianten Systemen im Zustandsraum. Aufgrund der Linearität ergibt sich für den Zustand des Systems die Darstellung:

$$\frac{dz}{dt} = A \cdot \underline{z}(t) + B \cdot \underline{x}(t)$$

und für die Ausgangsgrößen die Darstellung:

$$\underline{y}(t) = C \cdot \underline{z}(t) + D \cdot \underline{x}(t)$$

Auf eine weitere Interpretation der Zustandsraumdarstellung wird hier verzichtet. Ausführliche Diskussionen finden sich in der weiterführenden Literatur.

Mit der Darstellung der Zustandsgleichung ist zwar die Systemstruktur festgelegt, aber die entsprechenden Parameter in den Matrizen A, B, C und D sind noch nicht bestimmt. Beispielsweise kann das Verhalten einer mechanischen Feder über das Hookesche Gesetz beschrieben werden, das die Kraft F an der Feder als Funktion der Auslenkung x über die Federkonstante c beschreibt.

$$F(t) = c \cdot x(t)$$

Zur vollständigen Beschreibung muss aber die Federkonstante als numerischer Parameter z. B. durch Experimente bestimmt werden. Die Elemente der Matrizen A, B, C und D werden als Parameter des Systems bezeichnet, der Vorgang zur Bestimmung der Parameter als Parameteridentifikation.

12.4 Vorgehensweise bei der Anwendung

Die Modellbildung kann als Zyklus betrachtet werden, der eine iterative Anpassung des Modells erlaubt und aus den folgenden Schritten besteht:

- Definition des Modellzwecks,
- Beschreibung des Systems mit Wirkungsgraphen (qualitative Wirkzusammenhänge),
- Entwicklung des Simulationsmodells (quantitative Wirkzusammenhänge),
- Bestimmung der Größe der Parameter des Systems (Parameteridentifikation),
- Durchführen der Simulation mit bekannten Parametern und Verifikation.

Zeigt das Modell bei der Verifikation ausreichend gute Ergebnisse bei gleichzeitig akzeptabler Simulationszeit, wird das Modell beibehalten. Andernfalls erfolgt eine weitere Iteration durch erneute Anwendung des Zyklus mit dem Ziel, das Modell zu verfeinern oder weniger komplex zu gestalten.

12.4.1 Definition des Modellzweckes

Zur Modellierung von Systemen müssen zunächst Problemstellung und Modellzweck und -grenzen definiert werden. Sie stellen die Spezifikation des Modells dar.

Praxistipp

Nicht vergessen werden darf, dass ein sehr detailliertes Modell zwar sehr viele Fragestellungen beantworten kann, aber nur mit sehr hohem Aufwand realisierbar ist. Mit der Modellkomplexität steigen auch die Fehlermöglichkeiten und der Aufwand zur Bestimmung der Modellparameter. Ein umfassenderes Modell eines Objektes oder Systems muss damit nicht das bessere System sein. Eine Beschränkung des Modells auf die spezifizierte Aufgabenstellung ist somit aufgrund von Effizienzüberlegungen unbedingt zu empfehlen.

Praxisbeispiel Die Beschreibung des Modellzweckes wird anhand des Beispiels Lautsprecher nachfolgend erläutert. Das Simulationsmodell soll die Bewegung der Membran beschreiben, wenn der Lautsprecher an eine reale Batterie angeschlossen wird. Eingangsgröße ist die Leerlaufspannung der Batterie, Ausgangsgrößen sind Geschwindigkeit und Auslenkung der Lautsprechermembran sowie der Strom, der aus der Batterie fließt. Es soll ein lineares Modell erstellt werden, nicht lineare Effekte sollen im Arbeitspunkt linearisiert werden. Thermische Effekte wie die Erwärmung der Tauchspule durch den Strom werden vernachlässigt.

12.4.2 Beschreibung des Systems mit Wirkungsgraphen

Nach der Beschreibung des Modellzweckes müssen die relevanten Strukturen des Systems erkannt und qualitativ beispielsweise in Form eines Wirkungsgraphen dargestellt werden. Er stellt die wesentlichen Systemgrößen dar und zeigt, wie Wirkungen im System weitergegeben werden.

Strukturdarstellung des Systems und Modellgrößen

Im ersten Schritt wird visualisiert, aus welchen Elementen das zu modellierende System besteht. Aus der Beschreibung lassen sich die Modellgrößen des Systems ableiten, wobei zu versuchen ist, nur relevante Größen mit in das Modell aufzunehmen.

Praxisbeispiel   Wie bereits erläutert, besteht der Lautsprecher aus verschiedenen Elementen wie Eisenkreis mit Permanentmagnet, Tauchspule, Spinne, Lautsprechermembran, Sicke und Chassis, Leitungen und Batterie.

Aus der Beschreibung in Kapitel 12.3.1 ergeben sich die für den Lautsprecher wesentlichen Systemgrößen:

- Leerlaufspannung der Batterie,
- Klemmenspannung der Batterie,
- Strom durch Tauchspule und Batterie,
- Änderung des Stroms durch die Tauchspule,
- Kraft auf die Tauchspule,
- Auslenkung der Lautsprechermembran,
- Geschwindigkeit der Lautsprechermembran.

Diese Systemgrößen werden im Lauf der Modellierung weiter konkretisiert.

Verbale Beschreibung von Wirkzusammenhängen

Im nächsten Schritt werden die Wirkungsbeziehungen zwischen den Systemgrößen verbal beschrieben, wobei zwei Regeln zu beachten sind:

1. Es werden nur direkte Wirkungen berücksichtigt.
2. Jede Wirkungsbeziehung wird isoliert betrachtet. Es wird davon ausgegangen, dass alle anderen Modellgrößen gleich groß bleiben (ceteris paribus – die anderen bleiben gleich).

Praxisbeispiel   Für den Lautsprecher ergibt sich folgendes Wortmodell:

- Eine Steigerung des Stroms durch die Batterie reduziert die Klemmenspannung wegen eines internen Spannungsabfalls.
- Die Klemmenspannung der Batterie führt zu einem Stromfluss in der Tauchspule.
- Eine Steigerung des Stroms durch die Batterie erhöht wegen des ohmschen Gesetzes den Spannungsabfall am Widerstand der Tauchspule.

- Eine Änderung des Stroms durch die Batterie führt nach dem Induktionsgesetz zu einem Spannungsabfall an der Induktivität der Tauchspule.
- Ein Strom in der Tauchspule führt zu einer Kraft auf die Tauchspule.
- Eine Kraft auf die Lautsprechermembran führt zu einer Bewegung derselben.
- Eine Bewegung der Tauchspule führt an dieser zu einer induzierten Spannung.
- Eine Bewegung der Tauchspule führt zu einer Verdrängung von Luft. Die Verdrängung von Luft führt zu einer Dämpfung der Membran.

Erstellung des Wirkungsgraphen

Das Wortmodell ist trotz des überschaubaren Systems bereits unübersichtlich, weil die unterschiedlichen Größen komplex miteinander verknüpft sind. Zur besseren Übersicht kann ein Wirkungsgraph verwendet werden, wobei die folgenden Regeln einzuhalten sind:

1. *Die Systemgrößen bilden die Knoten des Systems:* Die definierten Systemgrößen werden als Punkte oder Knoten eingezeichnet. Um eine übersichtliche Struktur zu erhalten, wird darauf geachtet, dass Knoten mit vielen Wechselwirkungen nebeneinander platziert werden.
2. *Wirkungen werden als Pfeile eingezeichnet:* Die in dem Wortmodell dargestellten Wirkungsbeziehungen zwischen den Systemgrößen A und B werden als Pfeile eingezeichnet. Ein Pfeil von A nach B bedeutet, dass die Größe A auf B wirkt.
3. *Einzeichnen von gleich- und gegensinniger Wirkung:* Aus dem Wortmodell wird abgeleitet, ob mit einer Steigerung der Größe A eine Steigerung der Größe B verbunden ist (gleichsinnige Wirkung) oder ob eine Steigerung von Größe A eine Reduzierung der Größe B zur Folge hat (gegensinnige Wirkung). Eine gegensinnige Wirkung wird mit einem Minuszeichen, eine gleichsinnige mit einem Pluszeichen gekennzeichnet. Oft werden zur Steigerung der Übersichtlichkeit nur gegensinnige Wirkungen markiert.
4. *Es werden nur direkte Wirkungen betrachtet:* Wie bereits bei dem Wortmodell werden ausschließlich direkte Wirkungen berücksichtigt.
5. *Die Wirkungsbeziehungen werden zunächst isoliert betrachtet, d. h., alle anderen Modellgrößen bleiben gleich groß und werden nicht verändert:* Das Zusammenwirken aller unterschiedlichen Wirkungsbeziehungen ist ohnedies später im Gesamtmodell ersichtlich.
6. *Der Wirkungsgraph bezieht sich auf einen definierten Zustand:* Ein System kann sich im Laufe der Zeit ändern, was sich z. B. in einer Änderung von Parametern, aber auch von Strukturen äußern kann.

Praxisbeispiel   Zunächst werden die Systemgrößen als Knoten eingezeichnet. Anschließend werden die in dem Wortmodell dargestellten Wirkungen unter Berücksichtigung der oben aufgeführten Regeln als Pfeile eingezeichnet. Damit ergibt sich der in Bild 12.4 dargestellte Wirkungsgraph.

Die Leerlaufspannung der Batterie ist als Eingangsgröße definiert. Sie führt zu einer Klemmenspannung, die wegen des Innenwiderstandes der Batterie mit steigendem Strom sinkt. Die Klemmenspannung wiederum führt zu einem Stromfluss, der durch den Widerstand und die Induktivität der Spule begrenzt wird. Aufgrund des Stromes entsteht die Lorentz-Kraft, die auf die Tauchspule wirkt. Die Kraft wird durch die von der Auslenkung abhängige Rückstellkraft der Feder und die von der Geschwindigkeit abhängige Dämpfungskraft reduziert. Außerdem führt die Bewegung der Tauchspule zur Induktion einer Spannung und damit zu einer Änderung des Spulenstroms.

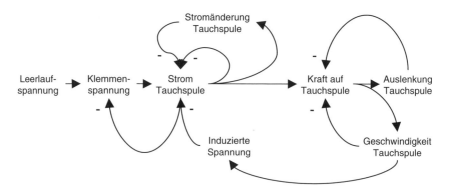

Bild 12.4 Wirkungsgraph für einen Lautsprecher

Praxistipp

Eine besonders übersichtliche Darstellung des Wirkungsgraphen wird erreicht, wenn sich möglichst wenige Wirkungspfeile überkreuzen.

12.4.3   Entwicklung des Simulationsmodells

Mithilfe des Wirkungsgraphen lassen sich bereits einige Aussagen zu dem Systemverhalten treffen. Diese bleiben jedoch insbesondere im Fall von Rückkopplungen vage, quantitative Prognosen z. B. hinsichtlich der Systemstabilität sind nicht möglich. Aus diesem Grund ist es insbesondere bei technischen Anwendungen notwendig, den Wirkungsgraphen zu einem Simulationsmodell weiterzuentwickeln.

Aufteilung des Systems in Teilsysteme gleicher Energiedomäne

Die Beschreibung von interdisziplinären Systemen, in denen die Prozesse unterschiedlicher Energiedomänen stattfinden, ist komplex. Aus diesem Grund wird ein System zur Modellierung in Teilsysteme zerlegt, wobei zu berücksichtigen ist, dass innerhalb eines Teilsystems nur eine Energiedomäne vorliegt. Des Weiteren ist zu beachten, dass die Teilsysteme abgeschlossen sein müssen und nur über definierte Schnittstellen Energie austauschen dürfen.

Praxisbeispiel   Der Wirkungsgraph des Lautsprechers lässt sich in ein elektrisches und mechanisches Teilsystem zerlegen (Bild 12.5).

Die Zerlegung hat den Vorteil, dass für die Teilsysteme spezielle Beschreibungsformen vorliegen, wie beispielsweise Schaltpläne für elektrische Teilsysteme, die sich mit Maschen- und Knotengleichungen lösen lassen. Für mechanische Teilsysteme existieren vergleichbare Bilanzansätze wie beispielsweise Momenten- oder Kräftebilanz.

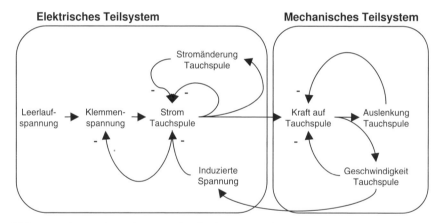

Bild 12.5 Zerlegung des Wirkungsgraphen für den Lautsprecher in zwei Teilsysteme

Quantitative Beschreibung der Wechselwirkung von Teilsystemen

Bevor die Teilsysteme einzeln behandelt werden, muss die Wechselwirkung der Teilsysteme untereinander beschrieben werden. Da in technischen Systemen eine Wechselwirkung immer einem Leistungsfluss zwischen den Teilsystemen entspricht, kann die Beschreibung auf eine Leistungsbilanz zurückgeführt werden.

Die Leistung einer elektrischen Größe ergibt sich aus dem Produkt von Spannung und Strom:

$$P_{el}(t) = u(t) \cdot i(t)$$

Die mechanische Leistung berechnet sich bei geradliniger Bewegung aus dem Produkt von Kraft und Geschwindigkeit. Allgemein kann die Leistung in einer Energiedomäne als Produkt zweier Größen dargestellt werden, die als konjugierte Größen bezeichnet werden. In Anlehnung an die elektrische Spannung und den elektrischen Strom können die Größen aufgeteilt werden in verallgemeinerte Spannungen und verallgemeinerte Ströme. Beispielsweise entspricht die Kraft einer gradlinigen Bewegung einer verallgemeinerten Spannung und die Geschwindigkeit einem verallgemeinerten Strom. Wie bei elektrischer Spannung und elektrischem Strom ergibt das Produkt von mechanischer Spannung F und des mechanischen Stroms v die mechanische Leistung P_m:

$$P_m(t) = F(t) \cdot v(t)$$

Der Leistungsfluss zwischen Teilsystemen kann somit über konjugierte Größen beschrieben werden. Der Begriff der konjugierten Größen führt zu einer verallgemeinerten Systembeschreibung. Tabelle 12.1 stellt die wichtigsten konjugierten Größen zusammen.

Tabelle 12.1 Konjugierte Größen zur Beschreibung der Wechselwirkungen über Leistung

Energiedomäne	Verallg. Spannung	Verallg. Strom	Verallg. Ladung	Leistung [W]
Elektrisches Netzwerk	U [V]	I [A]	Q [C]	U.I
Mechanik translatorisch	F [N]	dx/dt [m/s]	x [m]	F.dx/dt
Mechanik rotatorisch	M [Nm]	$\omega = d\varphi/dt$ [1/s]	φ [1]	M.ω
Hydromechanik	p [N/m^2]	dV/dt [m^3/s]	V [m^3]	p.dV/dt
Wärmeleitung	ϑ [K]	dS/dt	Entropie S	ϑ.dS/dt

Für die Modellierung der Kopplung von Teilsystemen werden ideale Wandler angenommen, welche die Leistung einer Energiedomäne in eine andere wandeln. So lässt sich beispielsweise ein Motor als Wandler beschreiben, bei dem eine elektrische Leistung in eine rotatorische mechanische Leistung überführt wird. Der Wandler wird als ideal und verlustfrei angesehen, sodass die Leistungsbilanz zur Beschreibung angewendet werden kann.

Die Beschreibung der Schnittstelle erfolgt über die zwei konjugierten Größen der ersten Energiedomäne und die zwei konjugierten Größen der zweiten. Insgesamt liegen damit vier Größen vor, wobei sich typischerweise zwei aus der Aufgabenstellung ergeben. Das ist z. B. der Fall, wenn an den Motor eine Spannung angelegt wird und er ein definiertes Lastmoment überwinden muss. Zur Berechnung der beiden übrigen Größen sind zwei weitere Gleichungen erforderlich. Neben der Leistungsbilanz (erste Gleichung) wird zur Beschreibung des Kopplungsverhaltens eine zweite Gleichung benötigt, welche sich aus der Physik der Schnittstelle ergibt.

Praxisbeispiel   Bei dem Lautsprecher wird z. B. elektrische Leistung in der Spule in eine mechanisch translatorische Leistung der Lautsprechermembran gewandelt. Die Kraft, die durch den Stromfluss in der Spule erzeugt wird, entspricht der Lorentz-Kraft F_L. Sie berechnet sich in diesem Fall aus

$$F_L(t) = \int_0^{2\pi n} i(t) \cdot B \cdot r \; d\phi = i(t) \cdot B \cdot 2 \cdot \pi \cdot r \cdot n = k \cdot i(t)$$

und ist proportional zum Strom $i(t)$. Damit ist der physikalische Zusammenhang zwischen einer elektrischen und einer mechanischen Größe hergestellt.

Die konjugierte Größe zur Kraft $F_L(t)$ ist die Geschwindigkeit $v(t)$, die konjugierte Größe zum Strom $i(t)$ ist die induzierte Spannung $u_{ind}(t)$. Da der Wandler als verlustfrei angesehen wird, ergibt sich aus der Leistungsbilanz, dass die mechanische Leistung genauso groß ist wie die elektrische:

$$u_{ind}(t) \cdot i(t) = F_L(t) \cdot v(t)$$

Obige Leistungsbilanz liefert somit die zweite Gleichung, die zur Beschreibung des Kopplungsverhaltens notwendig ist. Die durch die Bewegung der Tauchspule induzierte elektrische Spannung berechnet sich nach der Leistungsbilanz zu

$$u_{ind}(t) = \frac{F_L(t) \cdot v(t)}{i(t)} = B \cdot 2 \cdot \pi \cdot r \cdot n \cdot v(t) = k \cdot v(t)$$

Die induzierte Spannung $u_{ind}(t)$ ist proportional zur Geschwindigkeit der Tauchspule bzw. der Lautsprechermembran.

In dem Beispiel Lautsprecher wurde die Lorentz-Kraft als physikalische Gesetzmäßigkeit angewendet. Alternativ wäre es möglich gewesen, das Induktionsgesetz als Bedingung an die Schnittstelle zu verwenden. Beide Lösungen sind gleichwertig und führen in Kombination mit der Leistungsbilanz zu demselben Ergebnis.

Funktionale Zusammenhänge in den Teilsystemen

Im nächsten Schritt sind die Teilsysteme als mathematische Gleichungen zu beschreiben.

Praxisbeispiel   **Elektrisches Teilsystem des Lautsprechers** Für das elektrische Teilsystem des Lautsprechers kann ein Schaltplan aufgestellt werden (Bild 12.6).

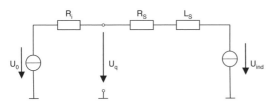

Bild 12.6 Ersatzschaltbild für den elektrischen Teil der Tauchspule

Die lineare Spannungsquelle wird über die Leerlaufspannung U_0 und einen Innenwiderstand R_i beschrieben. An dem Ausgang der Quelle liegt damit die Klemmenspannung U_q an. Die Spule selbst hat einen ohmschen Widerstand R_S und eine Induktivität L_S. Aufgrund der bisherigen Vorüberlegungen bezüglich der Kopplung der Teilsysteme muss die Spannung U_{ind} berücksichtigt werden.

Für Widerstand und Induktivität gelten die elektrotechnischen Bauelementegleichungen, die in Tabelle 12.2 zusammengefasst sind.

Tabelle 12.2 Bauelemente der Elektrotechnik und ihre Bauelementegleichung

Bauelement	Bauelementegleichung
Widerstand	$u(t) = R \cdot i(t)$
Kapazität	$u(t) = \dfrac{1}{C} \cdot \displaystyle\int_0^t i(\tau)\, d\tau + U_0$
Induktivität	$u(t) = L \cdot \dfrac{di(t)}{dt}$

Nach der Maschenregel ist die Summe aller Teilspannungen eines geschlossenen Stromkreises null.

$$u_0(t) - u_{Ri}(t) - u_{Rs}(t) - u_{Ls}(t) - u_{ind}(t) = 0$$

Mit den Bauelementegleichungen aus Tabelle 12.2 kann die Gleichung umgeformt werden zu

$$u_0(t) = R_i \cdot i(t) + R_S \cdot i(t) + L_S \cdot \frac{di(t)}{dt} + u_{ind}(t)$$

Durch Einsetzen der Gleichung für die induzierte Spannung u_{ind} wird die Kopplung der Teilsysteme deutlich:

$$u_0(t) = R_i \cdot i(t) + R_S \cdot i(t) + L_S \cdot \frac{di(t)}{dt} + k \cdot v(t)$$

Die Gleichung beschreibt das elektrische Verhalten, in das wegen der Kopplung der Teilsysteme auch die Geschwindigkeit v eingeht.

Mechanisches Teilsystem des Lautsprechers

Der mechanische Teil wird mithilfe der Kräftebilanz beschrieben. Bild 12.7 stellt die auftretenden Kräfte dar.

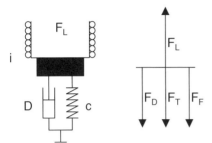

Bild 12.7 Kräftebilanz an der Tauchspule

Die Beschleunigung der Masse m ergibt sich aus der Summe der angreifenden Kräfte. Dazu gehört die durch den Strom i(t) hervorgerufene Lorentz-Kraft

$$F_L(t) = k \cdot i(t)$$

Durch die Auslenkung der Lautsprechermembran wird die Feder gespannt. Mit wachsender Auslenkung nimmt auch die Federspannung zu und die Rückstellkraft steigt proportional an. Es gilt

$$F_F(t) = c \cdot x(t)$$

Die Dämpfungskraft ergibt sich aus der Verdrängung der Luft. Sie wird definitionsgemäß als proportional zur Geschwindigkeit der Lautsprechermembran angenommen und wird über eine Dämpfungskonstante D beschrieben:

$$F_D(t) = D \cdot \dot{x}(t)$$

Damit kann die Kräftebilanz dargestellt werden. Die Trägheitskraft der Masse m ergibt sich aus der Summe der angreifenden Kräfte zu

$$m \cdot \ddot{x}(t) = k \cdot i(t) - D \cdot \dot{x}(t) - c \cdot x(t)$$

An dem Beispiel des Lautsprechers wird deutlich, dass durch ein Aufteilen des Gesamtsystems in Teilsysteme einer Energiedomäne spezielle Beschreibungsformen verwendet werden konnten, was die mathematische Beschreibung vereinfacht hat.

Bestimmung der Zustandsgrößen und Beschreibung des Systems im Zustandsraum

Die konjugierten Größen in Tabelle 12.1 sollen genutzt werden, um die Zustandsgrößen des Systems zu identifizieren. Als Zustandsgrößen werden die Größen verwendet, welche die in dem System gespeicherte Energie beschreiben. Bei elektrischen Netzwerken werden induktive und kapazitive Speicher unterschieden.

Induktive Speicher speichern die Energie in Form des durch das Bauelement fließenden Stroms:

$$E_{ind,e}(t) = \frac{1}{2} \cdot L \cdot i(t)^2$$

In Anlehnung an die Definition konjugierter Größen sind damit auch Bauelemente, welche die translatorische Geschwindigkeit v oder die rotatorische Geschwindigkeit ω, sowie den Volumenfluss dV/dt speichern, induktive Speicher.

Bei dem Lautsprecher liegen zwei induktive Speicher vor: zum einen die elektrische Induktivität L_S, in der der Strom i(t) gespeichert wird, und zum anderen die Tauchspule und Lautsprechermembran mit der Masse m. Die gespeicherte Energie hängt von der Geschwindigkeit v(t) der Tauchspule ab, die ein verallgemeinerter Strom ist:

$$E_{ind,m}(t) = \frac{1}{2} \cdot m \cdot v(t)^2$$

Kapazitive Speicher speichern die verallgemeinerte Spannung des Bauelementes. Für elektrische Netzwerke ist ein Kondensator ein kapazitiver Speicher. Er speichert die kapazitive Energie

$$E_{kap,e}(t) = \frac{1}{2} \cdot C \cdot u(t)^2 = \frac{1}{2} \cdot \frac{1}{C} \cdot q(t)^2$$

Typisches Beispiel für einen mechanischen kapazitiven Speicher ist eine Feder mit der Federkonstante c, die durch eine Kraft F um eine Länge x ausgelenkt wird. Die Energie der gespannten Feder ist

$$E_{kap,m}(t) = \frac{1}{2} \cdot \frac{1}{c} \cdot F(t)^2 = \frac{1}{2} \cdot c \cdot x(t)^2$$

Die gespeicherte Energie beschreibt den Zustand des Systems. Da es sich dabei typischerweise um mehrere Größen handelt, werden die Zustandsgrößen zu einem Zustandsvektor $\underline{z}$ zusammengefasst:

$$\underline{z} = \begin{pmatrix} z_1 \\ \dots \\ z_n \end{pmatrix}$$

Praxisbeispiel Gemäß den obigen Vorüberlegungen hinsichtlich kapazitiver und induktiver Speicher sind die Zustandsgrößen für den Lautsprecher der Strom i(t), die Geschwindigkeit v(t) und die Auslenkung x(t). Damit lautet der Zustandsvektor des Systems:

$$\underline{z}(t) = \begin{pmatrix} i(t) \\ v(t) \\ x(t) \end{pmatrix}$$

Mithilfe des Zustandsvektors werden nun die Differenzialgleichungen, mit denen das System Lautsprecher beschrieben wurde, umgeformt. Aus den Differenzialgleichungen

$$m \cdot \dot{v}(t) = k_m \cdot i(t) - D \cdot v(t) - c \cdot x(t)$$

$$u_0(t) = R_i \cdot i(t) + R_s \cdot i(t) + L_s \cdot \frac{di(t)}{dt} + k \cdot v(t)$$

ergeben sich die Zustandsgleichungen

$$\frac{di(t)}{dt} = \frac{-R_i \cdot i(t) - R_s \cdot i(t) - k \cdot v(t) + u_0(t)}{L_s}$$

$$\dot{v}(t) = \frac{k_m \cdot i(t) - D \cdot v(t) - c \cdot x(t)}{m}$$

$$\frac{dx(t)}{dt} = v(t)$$

Da die Gleichungen linear sind, lässt sich das System Lautsprecher mit der linearen Darstellung im Zustandsraum beschreiben:

$$\frac{d\underline{z}}{dt} = A \cdot \underline{z}(t) + B \cdot \underline{x}(t)$$

Dazu werden die Zustandsgrößen zu dem oben bereits dargestellten Zustandsvektor zusammengefasst und die drei Zustandsgleichungen in Matrizenschreibweise dargestellt:

$$\frac{d}{dt}\begin{pmatrix} i(t) \\ v(t) \\ x(t) \end{pmatrix} = \begin{pmatrix} -\dfrac{R_i + R_s}{L_s} & -\dfrac{k_m}{L_s} & 0 \\ \dfrac{k_m}{m} & -\dfrac{D}{m} & -\dfrac{c}{m} \\ 0 & 1 & 0 \end{pmatrix} \cdot \begin{pmatrix} i(t) \\ v(t) \\ x(t) \end{pmatrix} + \begin{pmatrix} \dfrac{1}{L_s} \\ 0 \\ 0 \end{pmatrix} \cdot u_0(t)$$

Die Gleichung beschreibt die Änderung der Zustandsgrößen als Funktion der angelegten Spannung. Da die Zustandsgrößen gemäß Aufgabenstellung den Ausgangsgrößen entsprechen, gilt:

$$\underline{y}(t) = \underline{z}(t) = \begin{pmatrix} i(t) \\ v(t) \\ x(t) \end{pmatrix}$$

Diese Gleichungen entsprechen dem in Abschnitt 12.3.3 definierten Ziel der Systembeschreibung über Differenzialgleichungen.

12.4.4 Bestimmung der Größe von Systemparametern

In der Systembeschreibung mithilfe der Differenzialgleichungen kommen Parameter vor, deren Größe bestimmt werden muss. Hierzu können unterschiedliche Verfahren angewendet werden.

Teilweise lassen sich die Größen direkt messtechnisch bestimmen. Beispielsweise kann der Widerstand der Spulenwicklung über eine Gleichstrom-Widerstandsmessung bestimmt werden. Andere Parameter müssen aus spezifischen Tests hergeleitet werden. Beispielsweise kann die Federkonstante der Spinnenfeder über eine Kraftmessung als Funktion der Auslenkung bestimmt werden.

Eine weitere Möglichkeit besteht darin, typische Systemreaktionen zu erzeugen und daraus Kenngrößen abzuleiten. Dazu stellt Bild 12.8 den Verlauf des Einschaltstroms von der Spule unter der Randbedingung dar, dass die Spule sich nicht bewegt.

Aus dem Stromverlauf kann über die 63 %-Grenze die Einschaltzeitkonstante τ abgelesen werden, die sich mathematisch ergibt aus

$$\tau = \frac{L_s}{R_s + R_i}$$

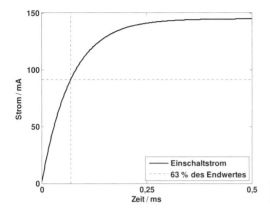

Bild 12.8 Verlauf des Einschaltstroms bei fixiertem Lautsprecher

Sind die Widerstände R_i und R_S bekannt, kann somit die Induktivität der Spule bestimmt werden.

Zur Bestimmung der Modellparameter können weitere Methoden zur Parameteridentifikation verwendet werden.

12.4.5 Durchführung der Simulation mit bekannten Parametern und Verifizierung

Sind die einzelnen Parameter des Modells bestimmt, wird das System simuliert und werden die Ergebnisse mit den Erfahrungswerten verglichen. Zeigt das Modell bei dieser Verifikation ausreichend gute Ergebnisse bei einer akzeptablen Simulationszeit, wird das Modell beibehalten. Andernfalls muss das Modell verfeinert oder weniger komplex gestaltet werden.

Als Beispiel ist in Bild 12.9 die induzierte Spannung der Lautsprecherspule u_{ind} nach einer impulsartigen Anregung dargestellt. Die Anregung wurde mithilfe des aufgebauten Simulationsmodells nachgestellt.

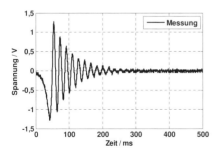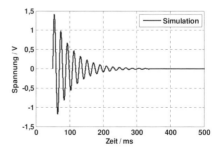

Bild 12.9 Vergleich von Messung und Simulation der induzierten Spannung bei impulsförmiger Anregung des Lautsprechers

Es zeigt sich, dass die Systemantwort grafisch betrachtet weitgehend übereinstimmt. Die notwendige Genauigkeit, die mit der Simulation erreicht werden muss und erreicht werden kann, hängt von dem System und der entsprechenden Simulationsaufgabe ab und kann nicht allgemein beantwortet werden.

12.5   Zusammenfassung und Erfolgsfaktoren

Die Modellierung von Systemen fordert den Entwickler auf, das Produkt bestmöglich unter Nutzung des Fachwissens zu durchdringen und mathematisch zu beschreiben. Das Wissen insbesondere hinsichtlich quantitativer Wirkzusammenhänge, das im Zuge der Beschäftigung mit dem System erworben wird, ist von unschätzbarem Wert für die weitere Produktentwicklung. Darauf basierend lassen sich beispielsweise quantitative Prognosen über das Systemverhalten erstellen und Methoden wie die statistische Tolerierung anwenden. Des Weiteren ist die Modellierung, programmiertechnische Umsetzung und Verifizierung von Systemen nach der dargestellten Methode die Voraussetzung dafür, die simulationsbasierten Methoden der Optimierung und Robustheitsbewertung anzuwenden.

Als Erfolgsfaktor gilt, dass sich die Modellbildung auf die Beschreibung des interessierenden Systems konzentriert und nicht relevante Einzelheiten bewusst weglässt. Die Güte eines Modells hängt davon ab, ob relevante von nicht relevanten Einflüssen richtig getrennt wurden. Nur bei einer adäquaten Abgrenzung ist das Modell effizient, d. h. so präzise wie möglich und so komplex wie nötig.

12.6   Verwendete Literatur

Bossel, H.: Systeme Dynamik Simulation, Books on Demand GmbH, Norderstedt, 2004

Girod, B.: Einführung in die Systemtheorie, Teubner Verlag, 2005

Isermann, R.: Identifikation dynamischer Systeme 1 und 2, Springer-Verlag, 1992

13 Design of Experiments – DoE

13.1 Zielsetzung

Das zentrale Ziel von DFSS besteht darin, Ursache-Wirkungs-Beziehungen zu ermitteln, um zu entwickelnde Systeme bestmöglich zu verstehen.

Die verschiedenen Regressionsmethoden zur Beschreibung mathematischer Modelle bzw. der oben angeführten Wirkzusammenhänge wurden bereits vorgestellt. Da in Entwicklungs- und Forschungsprojekten Daten zur Berechnung der Regressionsfunktion üblicherweise nicht zur Verfügung stehen, müssen sie über Experimente gewonnen werden. Durch eine geeignete Versuchsdurchführung kann der dazu notwendige Aufwand reduziert und gleichzeitig die Präzision gesteigert werden. Dazu muss allerdings ein Versuchsprogramm definiert werden, welches speziell an die jeweilige Aufgabenstellung angepasst ist. Eine wichtige Methode mit einer derartigen Zielsetzung ist die statistische Versuchsplanung, die in Anlehnung an den englischen Sprachraum vielfach als Design of Experiments (DoE) bezeichnet wird. DoE ist eine systematische Vorgehensweise zur Durchführung von Versuchen.

Im Rahmen der statistischen Versuchsplanung wird das zu untersuchende System meist als Blackbox betrachtet (Bild 13.1). Die anschließende Regressionsrechnung erlaubt die mathematische Modellierung. Dies bietet den Vorteil, dass keine aufwendige Modellierung der physikalischen Zusammenhänge notwendig ist. Nachteil ist, dass die Versuche in erster Linie Informationen über Wirkungen (Antworten = Responses), nicht jedoch über Ursachen liefern.

Leitfragen

DoE ist anzuwenden, wenn mithilfe von Experimenten die folgenden Fragestellungen zu beantworten sind:

- Welche Eingangsgrößen haben den größten Einfluss auf die Ausgangsgrößen?
- Welche Kombination von Werten für die Eingangsgrößen erfüllt die Zielwerte für Ausgangsgrößen am besten?
- Wie empfindlich reagieren die Ausgangsgrößen des Systems auf Veränderungen an den Werten für die Eingangsgrößen?
- Wie kann das System unempfindlich gegen Störgrößen gemacht werden (robustes Design)?
- Kann ich die Leistung des Systems vorhersagen?

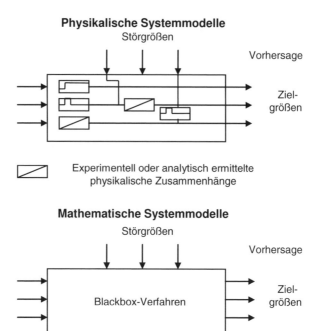

Bild 13.1 Physikalische und mathematische Systemmodelle

13.2 Einordnung von DoE in den Produktentstehungsprozess

DoE spielt innerhalb des Entwicklungsprozesses sowohl in der Konzept- und Prototypenphase als auch in der Optimierung eine wesentliche Rolle.

Mit DoE ist es möglich, sowohl lineare als auch höhere Ursache-Wirkungs-Beziehungen nachzuweisen oder zu verwerfen, wobei diese in Form eines mathematischen Modells („Metamodell", „Transferfunktion") abgebildet werden. DoE stellt damit eine direkte Verbindung zur Simulation und zur physikalischen Berechnung (analytische Modellbildung) von Systemen dar (Bild 13.2).

Die Methode DoE kann somit in fast allen Phasen des Produktentwicklungsprozesses genutzt werden (Bild 13.3). Während in Fragestellungen der frühen Phasen vor allem die grundsätzlichen Wirkzusammenhänge im System analysiert werden, treten zu späteren Zeitpunkten Optimierungs- oder Robustheitsaufgaben in den Vordergrund. Aber auch bei allen Erprobungsplänen von Musterteilen kann die DoE-Methode angewandt werden.

Bild 13.2 Zusammenspiel von Simulation, Berechnung und Experiment

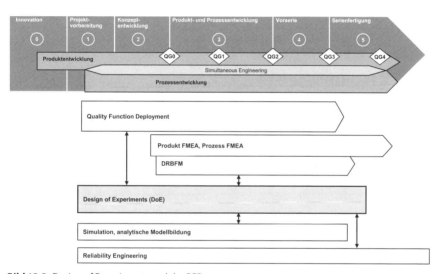

Bild 13.3 Design of Experiments und der PEP

Zusammenspiel mit weiteren Methoden

Im Zusammenhang mit anderen Methoden von DFSS wurde bereits angeführt, dass in der QFD gefordert wird, die Stärke von Beziehungen einerseits (Raum 4) und mögliche Zielkonflikte (Raum 7) zu ermitteln. Um derartige Beziehungen insbesondere in QFD 2 (Produktkomponenten) und QFD 3 (Komponenten/Prozesse) zuverlässig abzuschätzen, kann DoE wertvolle Beiträge liefern.

Die DRBFM andererseits fordert, dass im Team sogenannte „Concern Points" im Produktdesign ermittelt werden. Derartige Befürchtungen sind im Detail zu untersuchen, was eine fundierte Analyse der Wirkzusammenhänge – beispielsweise mittels DoE – erfordert.

Auch die FMEA fordert, dass für kritische Fehler die Ursache-Wirkungs-Strukturen (Wirkzusammenhänge) untersucht werden, was bei multikausalen Problemen durchaus mit einer statistischen Versuchsplanung erfolgen kann.

Ein weiteres Einsatzfeld von DoE ist die optimale Durchführung von Mustererprobungsläufen. Nachdem hier gefordert wird, mit möglichst geringem Aufwand (Anzahl an Versuchen/Musterteilen) dennoch signifikante Aussagen über die Zuverlässigkeit der Produkte zu erhalten, ist DoE bei der Strukturierung der Versuchsdurchführung zumeist das Mittel der Wahl, um dieses Ziel zu erreichen.

DoE stellt damit eine sehr zentrale Rolle innerhalb aller versuchs- und musternahen DFSS-Methoden dar und wird auch aufgrund seiner Komplexität (ein umfassendes Wissen über statistische Hintergründe ist erforderlich) immer wieder als ein Element der „Königsklasse" von DFSS angeführt.

13.3 Grundbegriffe

13.3.1 Mathematische Modellierung

Ausgangspunkt für eine Versuchsplanung ist die Beschreibung eines Systems oder eines Prozesses mit einem mathematischen Modell, das als Blackbox (P-Diagramm) angesehen wird (Bild 13.4).

Gesucht wird eine mathematische Regressionsfunktion zur Beschreibung der Ausgangsgrößen y_i als Funktion der Eingangsgrößen x_i. Zur Bestimmung der Regressionsparameter werden Versuche durchgeführt, bei denen die Ausgangsgrößen y_i als Funktion einstellbarer Eingangsgrößen x_i gemessen werden. Dabei ist davon auszugehen, dass den Messungen Störungen („Noise", „Rauschen") überlagert sind, die durch unterschiedliche Störgrößen e_i charakterisiert sind.

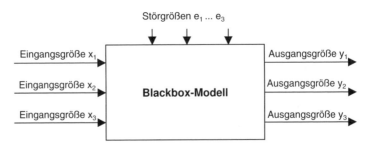

Bild 13.4 P-Diagramm oder Blackbox-Modell

Die Eingangsgrößen können jeweils in einem definierten Bereich unabhängig voneinander variiert werden. Bei drei Eingangsgrößen ergibt sich damit ein Versuchsraum, der als Würfel dargestellt werden kann (Bild 13.5).

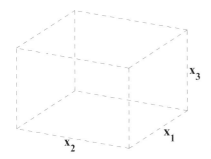

Bild 13.5 Grafische Darstellung des Versuchsraumes eines Modells mit drei Eingangsgrößen x_1, x_2 und x_3

Jeder Punkt in dem Würfel entspricht einer Kombination vorkommender Eingangsgrößen x_1, x_2 und x_3. Innerhalb dieses Raumes muss die Zielgröße durch die Regressionsfunktion ausreichend präzise dargestellt werden.

Die Wahl des Funktionsansatzes basiert auf dem Potenzreihenansatz, der für drei Eingangsgrößen dargestellt werden kann als

$$y = b_1 + b_2 \cdot x_1 + b_3 \cdot x_2 + b_4 \cdot x_3$$
$$+ b_5 \cdot x_1 \cdot x_2 + b_6 \cdot x_1 \cdot x_3 + b_7 \cdot x_2 \cdot x_3$$
$$+ b_8 \cdot x_1^2 + b_9 \cdot x_2^2 + b_{10} \cdot x_3^2$$
$$+ b_{11} \cdot x_1 \cdot x_2 \cdot x_3$$

Bei drei Eingangsgrößen müssen also unter Berücksichtigung der linearen Terme, der Wechselwirkungen und der quadratischen Terme bereits $N = 11$ Parameter bestimmt werden, was mindestens N Messungen erforderlich macht. Wegen der überlagerten Störungen können die Messungen der Ausgangsgrößen als Zufallsvariablen eines stochastischen (zufällig variierenden) Prozesses aufgefasst werden. Die Ausführungen in Kapitel 9 haben gezeigt, dass für eine präzise Bestimmung der Modellparameter eine größere Anzahl von Messungen erforderlich ist.

Zur effizienten Bestimmung der Modellparameter b_i ist es deshalb erforderlich, möglichst viel über das System zu wissen und in die Gestaltung des Versuchsplans einfließen zu lassen. Im Idealfall werden nur die wirklich notwendigen Terme berücksichtigt und das Systemmodell wird so einfach wie möglich gemacht.

Eine umfassende und ausführliche Systemanalyse ist damit auch bei einem mathematischen Modell entscheidend für den Erfolg des DoE, da sie die Anzahl von zu berücksichtigenden Regressionstermen begrenzt und damit Basis für die Planung effizienter Versuchsführungen ist.

13.3.2 Prinzipien von DoE

Die Methode Design of Experiments verfolgt bei der Definition der Versuchsdurchführung folgende Prinzipien:

Abdeckung des Versuchsraumes

Der Versuchsplan soll einerseits eine Beschreibung des mathematischen Modells über den gesamten Wertebereich der vorkommenden Eingangsgrößen ermöglichen, andererseits soll der Versuchsraum nicht weit darüber hinausgehen, um den realen Versuchsraum möglichst präzise abdecken zu können.

Unterstützung des Ansatzes der Modellfunktion

Der Versuchsplan soll die Bestimmung der Parameter von der gewählten Regressionsfunktion optimal unterstützen. Unterschiedliche Modellansätze erfordern daher unterschiedliche Versuchspläne.

Abschätzung statistischer Fehler

Die Versuchsdurchführung muss es ermöglich, Modellfehler statistisch abzuschätzen. Dazu ist erforderlich, mehr Messungen durchzuführen, als Parameter zu bestimmen sind. Mit dieser Zusatzinformation entstehen Freiheitsgrade, die bei der anschließenden Regressionsrechnung dazu genutzt werden, den Konfidenzbereich des Modells anzugeben.

Optimierung der Ressourcen

Der Versuchsplan soll nur so aufwendig sein, wie es zur Bestimmung der Modellparameter und der zu untersuchenden Streuung unbedingt notwendig ist. Mit Design of Experiments lassen sich auch komplexe Modelle mit vergleichsweise kleinen Versuchsumfängen charakterisieren. Wichtig dabei ist allerdings, dass das Modell nur die Modellterme besitzt, die auch tatsächlich signifikant sind.

Anpassungsfähigkeit

Mit zunehmendem Projektverlauf werden die verwendeten Modelle verfeinert. Ziel der effizienten Versuchsplanung ist es daher, bereits vorhandene Versuchsdaten in neuen Versuchsplänen zu integrieren.

Hinweis

Bei der Diskussion von Versuchsplänen werden die Eingangsgrößen oft Eingangsfaktoren oder nur kurz Faktoren genannt. Die Ursache dafür liegt im englischsprachigen Raum. Hier wird kurz von „factors" gesprochen. Weiterhin werden die Ausgangsgrößen teilweise als Antworten oder „responses" bezeichnet.

Das Modell soll mit möglichst wenigen Versuchen möglichst robust (stabil, genau) bestimmt werden. Dazu legen alle Versuchspläne zumindest einen Teil der Stichproben an den Rand des Versuchsraumes. Die Begründung dazu soll an der Schätzung der Steigung einer Geraden veranschaulicht werden. Bild 13.6 stellt den Konfidenzbereich von Geraden dar, der mit jeweils zwei Messpunkten mit derselben Streuung konstruiert wurde.

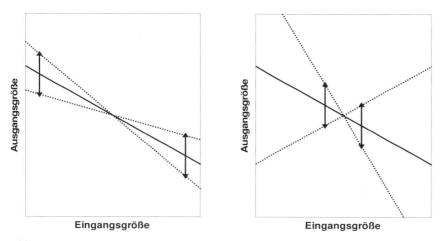

Bild 13.6 Bestimmung der Steigung einer Geraden aufgrund von zwei Messpunkten

Je näher die beiden Stichprobenwerte beieinanderliegen, desto stärker streut die Steigung der Geraden. Für eine robuste Schätzung der Steigung einer Geraden müssen diese Punkte deshalb so weit wie möglich auseinander liegen. Deshalb sind alle Versuchspläne bestrebt, die Stichprobenpunkte möglichst an den Rand zu legen. Bei der Bestimmung quadratischer Zusammenhänge sind zusätzliche Punkte erforderlich. Vergleichbare Untersuchungen zeigen, dass diese Punkte für eine robuste Parameterschätzung quadratischer Zusammenhänge in der Mitte des Versuchsraums liegen müssen.

13.3.3 Orthogonale und balancierte Versuchspläne

Bei der Diskussion von Versuchsplänen werden die Begriffe des orthogonalen Versuchsplans und des balancierten Versuchsplans verwendet. Die beiden Begriffe sollen an dem in Tabelle 13.1 dargestellten Versuchsplan erklärt werden. Dabei charakterisiert die Zahl –1 das Minimum und die Zahl +1 das Maximum der zu untersuchenden Eingangsgröße.

Tabelle 13.1 Beispiel für einen orthogonalen und balancierten Versuchsplan

Versuch	x_1	x_2	x_3
1	–1	–1	–1
2	–1	–1	+1
3	–1	+1	–1
4	–1	+1	+1
5	+1	–1	–1
6	+1	–1	+1
7	+1	+1	–1
8	+1	+1	+1

Die Einstellungen für die Eingangsgrößen x_1, x_2 und x_3 können als Vektoren aufgefasst werden. Zwei Vektoren gelten als orthogonal zueinander, wenn das innere Produkt der beiden Vektoren gleich null ist. Das Innenprodukt der Vektoren x_1 und x_2 ergibt sich aus

$$\vec{x}_1 \cdot \vec{x}_2 = 1+1-1-1+1+1-1-1 = 0$$

Es kann gezeigt werden, dass alle Innenprodukte dieser drei Vektoren null sind. Damit handelt es sich um einen orthogonalen Versuchsplan.

Zur Erklärung des Begriffes balancierter Versuchsplan wird der Versuchsplan aus Tabelle 13.1 gemäß den Vorzeichen von Eingangsgröße x_1 in zwei Teile geteilt. Beide Teile des Versuchsplans haben genauso viele positive wie negative Einstellparameter für die übrigen Eingangsgrößen x_2 und x_3. Sie befinden sich also in einer Balance und heben sich bei einer Addition gerade auf. Diese Eigenschaft vereinfacht die Auswertung von Versuchsplänen erheblich.

Praxisbeispiel Im Folgenden werden unterschiedliche Versuchspläne zur Bestimmung von Regressionsfunktionen vorgestellt. Dabei stellt sich die Frage, ob die Regressionsfunktion unter idealen Bedingungen das reale System abbildet. Deshalb werden zur Veranschaulichung die unterschiedlichen Versuchspläne an einem invertierenden Verstärker angewendet (Bild 13.7).

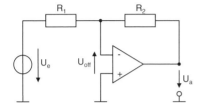

Bild 13.7 Physikalisches Modell eines invertierenden Verstärkers

Die Ausgangsspannung U_a des invertierenden Verstärkers errechnet sich als Funktion der Eingangsspannung U_e, der Offset-Spannung U_{off} und der Widerstände R_1 und R_2 zu

$$U_A = -\frac{R_2}{R_1} \cdot U_1 + \left(1 + \frac{R_2}{R_1}\right) \cdot U_{off}$$

Das mathematische Modell ist eine Regressionsfunktion in Abhängigkeit der Eingangsgrößen U_1, U_{off}, R_1 und R_2. Der Widerstand R_1 wird konstant auf dem Wert $R_1 = 1\ k\Omega$ gehalten. Unter Berücksichtigung der linearen und Wechselwirkungsterme lautet die zu bestimmende Regressionsfunktion damit

$$U_a = b_1 \cdot U_e + b_2 \cdot R_2 + b_3 \cdot U_{off}$$
$$+ b_4 \cdot U_e \cdot R_2 + b_5 \cdot U_e \cdot U_{off} + b_6 \cdot R_2 \cdot U_{off}$$

Nachdem das mathematische Modell drei Eingangs- und eine Ausgangsgröße hat, müssen sechs Regressionskoeffizienten bestimmt werden.

13.3.4 „One Factor at a Time"-Versuchspläne

Zur Bestimmung der Parameter b_i der Regressionsfunktion wird in der Praxis oft die Vorgehensweise One Factor at a Time (OFAT) praktiziert. Um den Einfluss einer Eingangsgröße x_i zu bestimmen, wird dieser variiert, die restlichen Faktoren werden konstant gehalten. Die Änderung der Ausgangsgröße gilt als Maß für die Stärke des Einflusses. Dieses Vorgehen wird in Bild 13.8 für ein Modell mit drei Eingangsgrößen verdeutlicht.

Bereits an der grafischen Darstellung können zwei Nachteile dieses Versuchsplans erkannt werden.

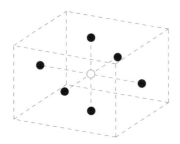

Bild 13.8 OFAT-Versuchsplan für ein Modell mit drei Eingangsgrößen x_1, x_2 und x_3

Unzureichende Abdeckung des Versuchsraumes

Die Ecken des Versuchsraumes werden auf diese Art der Versuchsdurchführung nicht erfasst. Ein großer Teil des Versuchsraumes muss demnach extrapoliert werden und wird deshalb nur schlecht approximiert.

Vernachlässigung von Wechselwirkungen

Da immer nur eine Eingangsgröße variiert wird, können keine Wechselwirkungen aufgedeckt werden. Aus diesem Grund kann dieser Versuchsplan bei Modellen mit Wechselwirkungsterm nicht zum Erfolg führen.

Praxisbeispiel   Diese Nachteile lassen sich an dem invertierenden Verstärker direkt aufzeigen. Die Ausgangsspannung wird zunächst für den nominalen Zustand der Schaltung bestimmt, dann werden einzeln Eingangsspannung und Widerstand variiert (Tabelle 13.2).

Tabelle 13.2 Beispiel für einen OFAT-Versuchsplan für den invertierenden Verstärker aus Bild 13.7

Versuch	U_e/mV	R_2/kΩ	U_{off}/mV	U_a/mV
1	–50	6	5	335
2	50	6	5	–265
3	0	6	0	0
4	0	6	10	70
5	0	2	5	15
6	0	10	5	55

Die Auswertung der Versuchsergebnisse führt zu dem Ergebnis, dass die Ausgangsspannung nur von U_1 abhängt und sich über die Gerade

$$U_a = -30 \text{ mV} - 6 \cdot U_e + 5 \text{ mA} \cdot R_2 + 7 \cdot U_{off}$$

beschreiben lässt. Dieses Ergebnis widerspricht der analytischen Rechnung (nachstehend dem Bild 13.7). Ursache für diese Fehlinterpretation ist die Tatsache, dass Teile des Versuchsraums gar nicht betrachtet wurden.

13.3.5 Vollfaktorielle Versuchspläne

Bei einem vollfaktoriellen Versuchsplan werden alle möglichen Kombinationen der für den Versuch ausgewählten n Eingangsgrößen mit k Werten je Eingangsgröße gegeneinander getestet. In vielen Fällen werden 2^n-Faktorenversuchspläne verwendet. Die Zahl 2 steht hierbei für die Anzahl der Stufen, n für die Anzahl der Eingangsgrößen x_i. Die Mindestanzahl von Versuchen bei einem vollfaktoriellen Versuchsplan beträgt

$N = 2^n$

Beispielsweise ergibt sich bei einem Versuch mit drei Eingangsgrößen x_1, x_2 und x_3, die jeweils zwei Einstellmöglichkeiten aufweisen sollen, eine Anzahl von

$N = 2^3 = 8$

Versuchen.

Die Darstellung der Versuchsführung erfolgt üblicherweise in Tabellenform. Jede Spalte steht für eine Eingangsgröße und jede Zeile für eine Versuchsdurchführung. Durch die Veränderung der Einflussfaktoren auf verschiedenen Stufen ist es möglich, deren Einfluss auf die Versuchsergebnisse festzustellen. Tabelle 13.3 stellt einen vollfaktoriellen Versuchsplan mit drei

Tabelle 13.3 Beispiel für einen vollfaktoriellen 2^3-Versuchsplan

Versuch	x_1	x_2	x_3	y
1	–1	–1	–1	y_1
2	–1	–1	+1	y_2
3	–1	+1	–1	y_3
4	–1	+1	+1	y_4
5	+1	–1	–1	y_5
6	+1	–1	+1	y_6
7	+1	+1	–1	y_7
8	+1	+1	+1	y_8

Eingangsgrößen dar, wobei wieder die Zahlen −1 bzw. +1 Platzhalter für den minimalen und maximalen Einstellwert der jeweiligen Eingangsgröße sind.

Ein vollständiger 2^3-Versuchsplan besteht somit aus den acht Kombinationen von Faktorstufen aller Faktoren. Die Nummern 1 bis 8 entsprechen der Nummer der Kombination von Faktorstufen in der Tabelle des Versuchsplans. Dieses Vorgehen kann bei drei Eingangsgrößen grafisch anschaulich dargestellt werden (Bild 13.9). Jede Raumrichtung entspricht einer Eingangsgröße bzw. einem Faktor und jeder Punkt charakterisiert einen Versuch.

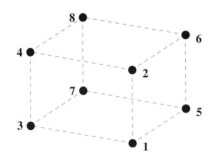

Bild 13.9 Grafische Darstellung eines vollfaktoriellen 2^3-Versuchsplans

Die grafische Darstellung zeigt, dass die Versuchspunkte in den Ecken des Versuchsraums liegen und dass damit der Versuchsraum optimal ausgefüllt ist. Zur besseren Information kann der Versuchsraum zusätzlich einen Zentralpunkt aufweisen.

Praxisbeispiel Zum Vergleich von physikalischem und mathematischem Modell (Tabelle 13.4) wird wiederum der invertierende Verstärker betrachtet.

Tabelle 13.4 Beispiel für einen vollfaktoriellen 2^3-Versuchsplan für den invertierenden Verstärker

Versuch	U_1/mV	$R_2/k\Omega$	U_{off}/mV	U_a/mV
1	−50	2	0	−100
2	50	2	0	100
3	−50	10	0	−500
4	50	10	0	500
5	−50	2	10	−70
6	50	2	10	130
7	−50	10	10	−390
8	50	10	10	610

Diese Daten führen nach Auswertung der Ergebnisse mit einer Regressionsfunktion, welche lineare Terme und Wechselwirkungen berücksichtigt, zu

$$U_A = 0 \cdot U_1 + 0 \cdot R_2 + 1 \cdot U_{off} - \frac{1}{1\,k\Omega} \cdot U_1 \cdot R_2 + 0 \cdot U_1 \cdot U_{off} + \frac{1}{1\,k\Omega} \cdot R_2 \cdot U_{off}$$

Sie entspricht exakt der analytischen Gleichung.

Vollfaktorielle Versuchspläne liefern die erforderlichen Informationen zur Bestimmung der Regressionskoeffizienten, haben aber den Nachteil, dass sie exponentiell mit der Anzahl der Eingangsgrößen wachsen. Bei zehn Eingangsgrößen sind bereits $2^{10} = 1.024$ Versuche durchzuführen. Die Anzahl der Koeffizienten für ein System mit n Eingangsgrößen beträgt unter Berücksichtigung aller Haupteffekte, Zweifachwechselwirkungen und der quadratischen Effekte

$$N = \frac{n \cdot (n+3)}{2} + 1$$

Ein Vergleich der beiden Zahlen in Bild 13.10 zeigt, dass ab einer Anzahl von vier Eingangsgrößen mehr Versuche durchgeführt werden, als für die Bestimmung der Koeffizienten b_i zwingend erforderlich sind.

Können einige Terme der Regressionsfunktion aufgrund des Funktionsansatzes ausgeschlossen werden, steigt die Anzahl der nicht notwendigen Messungen weiter an. Die Reduzierung der Messungen für die Bestimmung der gesuchten Regressionsfunktion ist Gegenstand der optimierten Versuchsplanung. Die daraus resultierenden Versuchspläne können in teilfaktorielle, D-optimale und Taguchi-Versuchspläne eingeteilt werden.

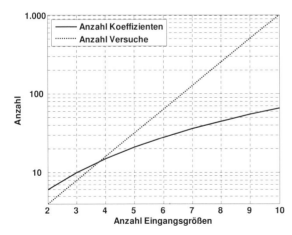

Bild 13.10 Vergleich der Anzahl von Versuchen eines vollfaktoriellen Versuchsplans und der Anzahl der zu bestimmenden Koeffizienten als Funktion der Anzahl der Eingangsgrößen

13.3.6 Teilfaktorielle Versuchspläne

Grundprinzipien und Bezeichnungen teilfaktorieller Versuchspläne

Die Konstruktion eines teilfaktoriellen Versuchsplans wird an einem Beispiel für fünf Eingangsgrößen erläutert. Ausgehend von einem vollfaktoriellen Versuchsplan für drei Eingangsgrößen x_1, x_2 und x_3 wird ein teilfaktorieller Versuchsplan für fünf Eingangsgrößen x_1 bis x_5 erstellt (Tabelle 13.5).

Dabei ergeben sich die Einstellwerte für die Eingangsgrößen x_4 und x_5 aus unterschiedlichen Produkten der Spalten x_1 bis x_3. Die Spalte für die Einflussgröße x_4 ergibt sich aus dem Produkt $x_1 \cdot x_2$ und die Spalte für die Einflussgröße x_5 aus dem Produkt $x_1 \cdot x_3$. Die Art der Generierung ist in der Zeile Generator beschrieben. An ihm kann direkt abgelesen werden, welche Eingangsgrößen miteinander kombiniert wurden, um diese Spalte zu generieren.

Ein vollfaktorieller Versuchsplan würde 2^5 Versuche ausweisen. Die Anzahl von Versuchen bei diesem teilfaktoriellen Versuchsplan wurde gegenüber dem vollfaktoriellen Versuchsplan um einen Faktor 2^2 reduziert. Zur Verdeutlichung der Vereinfachung wird der Versuchsplan aus Tabelle 13.5 als $2^{(5-2)}$ bezeichnet.

Tabelle 13.5 Beispiel für einen teilfaktoriellen $2^{(5-2)}$-Versuchsplan

Versuch	x_1	x_2	x_3	x_4	x_5
1	–1	–1	–1	+1	+1
2	–1	–1	+1	+1	–1
3	–1	+1	–1	–1	+1
4	–1	+1	+1	–1	–1
5	+1	–1	–1	–1	–1
6	+1	–1	+1	–1	+1
7	+1	+1	–1	+1	–1
8	+1	+1	+1	+1	+1
Generator	a	b	c	ab	ac

Praxisbeispiel   Die Grenzen dieses Verfahrens werden an dem Beispiel des invertierenden Verstärkers verdeutlicht. Dazu wird ein $2^{(3-1)}$-Versuchsplan erstellt (Tabelle 13.6).

Tabelle 13.6 Beispiel für einen teilfaktoriellen Versuchsplan mit $2^{(3-1)}$ Versuchen

Versuch	x_1	x_2	x_3
1	−1	−1	+1
2	−1	+1	−1
3	+1	−1	−1
4	+1	+1	+1
Generatoren	a	b	ab

Die Lage der Eingangsgrößen im Parameterraum zeigt Bild 13.11.

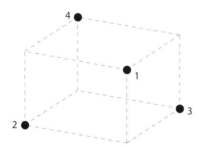

Bild 13.11 Grafische Darstellung eines teilfaktoriellen $2^{(3-1)}$-Versuchsplans

Die Versuchspunkte liegen alle in einer Ecke des Versuchsraums und sind immer diagonal verdreht. Deshalb decken die geplanten Versuchseinstellungen das größtmögliche Volumen ab, welches durch vier Einstellungen abgedeckt werden kann.

Für den invertierenden Verstärker ergeben sich die in Tabelle 13.7 dargestellten physikalischen Einstellwerte.

Diese Daten werden auf ein lineares Modell mit Wechselwirkungen angewendet. Da mit vier Messungen nur vier Regressionskoeffizienten bestimmt werden können, wird das Regressionspolynom angepasst:

$$U_a = b_0 + b_1 \cdot U_e + b_2 \cdot R_2 + b_3 \cdot U_{off}$$

Tabelle 13.7 Beispiel für einen teilfaktoriellen Versuchsplan mit $2^{(3-1)}$ Versuchen

Versuch	U_1 / mV	$R_2 / k\Omega$	U_{off} / mV	U_a / mV
1	−50	2	10	130
2	−50	10	0	500
3	50	2	0	−100
4	50	10	10	−390

Die berechnete Regressionsfunktion errechnet sich zu

$$U_a = 170 \text{ mV} - 5.6 \cdot U_e + 5 \text{ mA} \cdot R_2 - 33 \cdot U_{off}$$

Dieses Ergebnis entspricht nicht dem Ergebnis des physikalischen Modells und ist deshalb falsch. Die Ursache liegt in der Vermengung bei dem Versuchsplan. Bei den Generatoren werden die Einstellungen der Eingangsgröße x_3 durch das Produkt der Eingangsgrößen x_1 und x_2 gewonnen. Das entspricht aber auch der Wechselwirkung der Größen x_1 und x_2. Durch diesen Versuchsplan werden Wechselwirkungen auf die Variablen projiziert, die aus dem Produkt der entsprechenden Eingangsgrößen gebildet wurden und umgekehrt.

Wird statt der vollständigen Modellfunktion das physikalische Hintergrundwissen genutzt und die Modellfunktion

$$U_a = b_1 \cdot U_{off} + b_2 \cdot U_e \cdot R_2 + b_3 \cdot R_2 \cdot U_{off}$$

angesetzt, ergibt die Regressionsrechnung

$$U_a = 1 \cdot U_{off} - \frac{1}{1 \text{ k}\Omega} \cdot U_e \cdot R_2 + \frac{1}{1 \text{ k}\Omega} \cdot R_2 \cdot U_{off}$$

Dieses Ergebnis entspricht dem physikalischen Modell.

Ein teilfaktorieller Versuchsplan darf deshalb nur eingesetzt werden, wenn eine Vermengung der Einflussgrößen dadurch ausgeschlossen werden kann, dass einige Einflussgrößen als vernachlässigbar angesehen werden. Dazu muss aber bekannt sein, bei welchem Versuchsplan welche Eingangsgrößen miteinander vermengt werden.

Gruppen teilfaktorieller Versuchspläne

Teilfaktorielle Versuchspläne lassen sich in drei Gruppen einteilen:

Bei Versuchsplänen der Gruppe A können alle Haupteffekte und alle Wechselwirkungen mit zwei Eingangsgrößen bestimmt werden. Vermengungen existieren zwischen

- Hauptwirkungen mit Wechselwirkungen mit vier Eingangsgrößen,
- Zweifachwechselwirkungen und Wechselwirkungen mit drei und mehr Eingangsgrößen

Beide Vermengungen sind als unkritisch anzusehen. Die zur Gruppe A gehörenden teilfaktoriellen Versuchspläne sind in Tabelle 13.8 dargestellt.

Da die Versuchspläne bezüglich Vermengungen unkritisch sind und eine große Anzahl von Versuchen einsparen, haben sie eine entsprechend große Bedeutung.

Tabelle 13.8 Teilfaktorielle Versuchspläne der Gruppe A

Eingangsgrößen	5	6	7	8
Bezeichnung Versuchsplan	$2^{(5-1)}$	$2^{(6-1)}$	$2^{(7-1)}$	$2^{(8-2)}$
Versuche vollfaktoriell	$2^5 = 32$	$2^6 = 64$	$2^7 = 128$	$2^8 = 256$
Versuche teilfaktoriell	$2^4 = 16$	$2^5 = 32$	$2^6 = 64$	$2^6 = 64$

Bei Versuchsplänen der Gruppe B können alle Haupteffekte ohne Vermengungen bestimmt werden. Außerdem lassen sich einige Zweifachwechselwirkungen bestimmen, wenn die übrigen Zweifachwechselwirkungen vernachlässigbar klein sind. Vermengungen existieren zwischen

- Hauptwirkungen mit Wechselwirkungen dreier Variablen und
- Zweifachwechselwirkungen mit anderen Zweifachwechselwirkungen.

Während die Wechselwirkungen der Haupteffekte ohne praktische Auswirkungen sein werden, sind Vermengungen von Zweifachwechselwirkungen als kritisch anzusehen. Diese Versuchspläne sind daher nur mit starken Einschränkungen und bei entsprechender Detailkenntnis des Systems anwendbar. Bei sogenannten Screening-Versuchsplänen werden typischerweise derartige teilfaktorielle Versuchspläne verwendet, um wichtige und unwichtige Einflussgrößen zu trennen.

Die zur Gruppe B gehörenden teilfaktoriellen Versuchspläne sind in Tabelle 13.9 dargestellt.

Tabelle 13.9 Teilfaktorielle Versuchspläne der Gruppe B

Eingangsgrößen	4	6	7	7
Bezeichnung Versuchsplan	$2^{(4-1)}$	$2^{(6-2)}$	$2^{(7-3)}$	$2^{(7-2)}$
Versuche vollfaktoriell	$2^4 = 16$	$2^6 = 64$	$2^7 = 128$	$2^7 = 128$
Versuche teilfaktoriell	$2^3 = 8$	$2^4 = 16$	$2^4 = 16$	$2^5 = 32$

In der Gruppe C teilfaktorieller Versuchspläne können selbst Haupteffekte und wenige Zweifachwechselwirkungen nur dann unbeeinflusst bestimmt werden, wenn sehr viele Zweifachwechselwirkungen vernachlässigbar klein sind. Vermengungen existieren zwischen

- Haupteffekten mit Zweifachwechselwirkungen und
- Zweifachwechselwirkungen mit anderen Zweifachwechselwirkungen.

Da insbesondere die Vermengungen der Haupteffekte und der Zweifachwechselwirkungen als sehr kritisch einzustufen sind, können teilfaktorielle

Versuchspläne dieser Gruppe nur in seltenen Fällen angewendet werden. Aufgrund der starken Reduzierung des Versuchsumfangs werden sie jedoch für einige Screening-Untersuchungen verwendet (Tabelle 13.10).

Tabelle 13.10 Teilfaktorielle Versuchspläne der Gruppe C

Eingangsgrößen	3	5	6	7
Bezeichnung Versuchsplan	$2^{(3-1)}$	$2^{(5-2)}$	$2^{(6-3)}$	$2^{(7-4)}$
Versuche vollfaktoriell	$2^3 = 8$	$2^5 = 32$	$2^6 = 64$	$2^7 = 128$
Versuche teilfaktoriell	$2^2 = 4$	$2^3 = 8$	$2^3 = 8$	$2^3 = 8$

Die Anzahl der Versuchsvarianten teilfaktorieller Versuchspläne ist immer eine Zweierpotenz. Ein Sonderfall sind Placket-Burman-Versuchspläne. Placket-Burman-Pläne sind unvollständige teilfaktorielle Versuchspläne mit 12, 18, 20, 24, 28 Versuchsvarianten. Das Besondere an diesen Plänen ist, dass Zweifachwechselwirkungen und höhere Wechselwirkungen gleichmäßig auf die Haupteffekte verteilt sind, sodass sie nicht einzelne Faktoren überlagern, sondern quasi als Grundrauschen vorliegen.

13.3.7 Blockbildung und Randomisierung

Bei umfangreicheren Versuchsplänen kann es vorkommen, dass einige Randbedingungen der Versuche nicht konstant gehalten werden können. Da nicht ausgeschlossen werden kann, dass diese Versuchsänderung einen Einfluss auf das Endergebnis hat, muss dieser Einfluss im Versuchsplan berücksichtigt werden.

In Fällen, bei denen ein signifikanter Einfluss erwartet wird, müssen die Randbedingungen als Eingangsgröße berücksichtigt werden. Folgende Situationen sind Beispiele für Einflüsse auf den Versuchsplan:

- Eine Klebercharge reicht nicht für den kompletten Versuchsplan aus, es muss eine zweite Charge eingesetzt werden.
- Die Durchführung der Versuche findet auf zwei unterschiedlichen Einrichtungen statt und/oder wird durch unterschiedliche Personen durchgeführt.
- Es liegen größere zeitliche Abstände zwischen den Versuchen.

Sind die aus den geänderten Randbedingungen resultierenden Auswirkungen auf die Endergebnisse voraussichtlich deutlich kleiner als die zu untersuchenden Haupt- und Wechselwirkungen, kann dieser Einfluss durch Blockbildung minimiert werden.

Das Vorgehen der Blockbildung soll an einem 2^3-Versuchsplan erläutert werden. Werden die Versuche 1 bis 4 des Versuchsplans mit Charge 1 und die Versuche 5 bis 8 mit Charge 2 des Klebewerkstoffes durchgeführt, vermengt sich diese Änderung der Eingangsgrößen mit denen der Variable x_1. Sollte die Klebercharge einen Einfluss auf die Ausgangsgröße besitzen, fließt die Chargenänderung in die Berechnung des Haupteffektes der Eingangsgröße x_1 direkt mit ein.

Das Problem kann durch Blockbildung gelöst werden. Darunter wird die gezielte Aufteilung der Versuche in der Art verstanden, dass die veränderlichen Randbedingungen die Berechnung der interessierenden Haupteffekte und Zweifachwechselwirkungen so wenig wie möglich beeinflussen. Dazu wird die Chargenänderung mit einer Wechselwirkung vermengt, die nicht berechnet werden soll, da sie voraussichtlich einen vernachlässigbar kleinen Einfluss auf die Ausgangsgröße hat. Bei Blockbildung werden damit die veränderten Randbedingungen absichtlich mit Eingangsgrößen, die einen vergleichsweise geringen Einfluss auf den Ausgang haben, vermengt.

Außerdem wird durch dieses Vorgehen sichergestellt, dass alle Randbedingungen gleich oft mit beiden Kleberchargen durchgeführt werden, sodass sich die Einflüsse der Blöcke bei einem balancierten Versuchsplan kompensieren.

Praxisbeispiel   Das Vorgehen der Blockbildung wird an dem Beispiel des invertierenden Verstärkers (Bild 13.7) verdeutlicht. Es wird angenommen, dass der potenziell konstante Widerstand R_1 aus zwei Versuchschargen entnommen wird. Es wird davon ausgegangen, dass keine Dreifachwechselwirkung stattfindet. Als Generator für die Variation von R_1 wird deshalb der Generator abc gewählt (Tabelle 13.11).

Durch diese gezielte Vermengung findet keine Vermengung mit den erwarteten Haupteffekten und Zweifachwechselwirkungen statt.

Tabelle 13.11 Beispiel für Blockbildung bei einem Versuchsplan für den invertierenden Verstärker

Versuch	U_e	R_2	U_{off}	$U_e \cdot R_2$	$U_e \cdot U_{off}$	$R_2 \cdot U_{off}$	K	R_1
1	−1	−1	−1	+1	+1	−1	−1	−1
2	−1	−1	+1	+1	−1	+1	+1	+1
3	−1	+1	−1	−1	+1	−1	−1	+1
4	−1	+1	+1	−1	−1	+1	+1	−1
5	+1	−1	−1	−1	−1	−1	−1	+1
6	+1	−1	+1	−1	+1	+1	+1	−1
7	+1	+1	−1	+1	−1	−1	−1	−1
8	+1	+1	+1	+1	+1	+1	+1	+1
Generator	a	b	c	ab	ac	bc	0	abc

Ändern sich viele Versuchsbedingungen in unregelmäßigen Abständen, werden die Einflüsse der unbekannten Störgrößen zufällig gestreut, sodass sie sich zumindest teilweise kompensieren. Diese zufällige Versuchsreihenfolge wird als Randomisierung bezeichnet. Diese Kompensation funktioniert im Endeffekt wie eine Blockbildung, sie wird jedoch nicht systematisch geplant, sondern ergibt sich stochastisch.

13.3.8 Response Surface Design

Die bisher diskutieren Versuchspläne wiesen – abgesehen von den OFAT-Versuchsplänen – ausschließlich Eckpunkte des Versuchsraums auf. Mit teilfaktoriellen Versuchsplänen können Haupteffekte und einige Wechselwirkungen nachgewiesen werden. Vollfaktorielle Versuchspläne eignen sich darüber hinaus dazu, die Regressionskoeffizienten aller Wechselwirkungen zwischen den Eingangsgrößen zu bestimmen. Modelle, bei denen zusätzlich quadratische Terme auftreten, werden als voll quadratische Modelle bezeichnet. Zur Beschreibung stehen beispielsweise Response Surface Designs und Box-Behnken-Versuchspläne zur Verfügung.

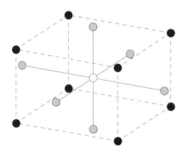

Bild 13.12 Grafische Darstellung eines Response Surface Design für drei Eingangsgrößen

Um bei quadratischen Modellen die notwendigen Regressionskoeffizienten zu bestimmen, müssen dem Versuchsplan Zentralpunkte (Center Points) und Sternpunkte (Star Points) zugefügt werden. Diese Versuchspläne werden als Response Surface Designs bezeichnet. Bild 13.12 stellt ein Response Surface Design für drei Eingangsgrößen dar.

Bei dem eingezeichneten Zentralpunkt werden alle Eingangsgrößen auf einen Mittelwert eingestellt. Beim Response Surface Design werden für den Zentralpunkt häufig Messwiederholungen vorgesehen, um den Wiederholungsfehler abschätzen zu können und Informationen über das Zentrum des Versuchsraumes zu bekommen.

Tabelle 13.12 Beispiel für ein Response Surface Design mit drei Eingangsgrößen

Versuch	x_1	x_2	x_3	y
1	−1	−1	−1	y_1
2	−1	−1	+1	y_2
3	−1	+1	−1	y_3
4	−1	+1	+1	y_4
5	+1	−1	−1	y_5
6	+1	−1	+1	y_6
7	+1	+1	−1	y_7
8	+1	+1	+1	y_8
9	0	0	0	y_9
10	0	0	0	y_{10}
11	0	0	0	y_{11}
12	+1	0	0	y_{12}
13	−1	0	0	y_{13}
14	0	+1	0	y_{14}
15	0	−1	0	y_{15}
16	0	0	+1	y_{16}
17	0	0	−1	y_{17}

Die eingezeichneten Sternpunkte entsprechen den Versuchspunkten im OFAT-Versuchsplan. Sie liegen symmetrisch zum Zentralpunkt, ihre Entfernung zum Zentralpunkt ist in alle Richtungen gleich. Damit ergibt sich für das Response Surface Design mit drei Eingangsgrößen der in Tabelle 13.12 dargestellte Versuchsplan.

Je nach Abstand der Sternpunkte werden drei Varianten von Response Surface Designs unterschieden.

Central Composite Circumscribed (CCC)

Die Sternpunkte liegen außerhalb des Würfels, der durch die Eckpunkte gebildet wird (Bild 13.13).

Die Abstände der Sternpunkte vom Zentralpunkt sind von der Anzahl der beteiligten Eingangsgrößen des Versuchsplans abhängig (Tabelle 13.13).

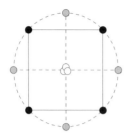

Bild 13.13 Grafische Darstellung eines „Central Composite Circumscribed"-Versuchsplans mit zwei Eingangsgrößen

Tabelle 13.13 Kenngrößen von CCC-Versuchsplänen

Anzahl Eingangsgrößen	2	3	4
Eckpunkte	4	8	16
Sternpunkte	4	6	8
Zentralpunkte	2	3	4
Anzahl Versuche	10	17	28
Anzahl Parameter	6	10	15
Sternpunktabstand α	1,41	1,88	2

Da der Sternpunktabstand α mit steigender Anzahl von Eingangsgrößen steigt, wächst bei CCC-Versuchsplänen auch der abzudeckende Versuchsraum an. Die Anwendung des CCC-Versuchsplans setzt voraus, dass diese Punkte in dem Versuchsraum eingestellt werden können. Vorteil dieses Versuchsplanes ist, dass die Regressionsfunktion vergleichsweise stabil wird, da zur Bestimmung der Regressionsfunktion fünf Werte pro Eingangsgröße vorliegen.

Central Composite Inscribed (CCI)

Diese Variante entspricht dem Central Composite Circumscribed Design, allerdings sind alle Versuchspunkte weniger weit vom Zentralpunkt entfernt. Die Sternpunkte liegen auf den Außenflächen des Versuchsraumes und die Ecken des Versuchsraums werden nach innen gezogen (Bild 13.14).

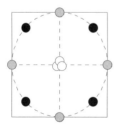

Bild 13.14 Grafische Darstellung eines „Central Composite Inscribed"-Versuchsplans mit zwei Eingangsgrößen

Durch diese Anordnung wird der Versuchsraum nicht überschritten. Ähnlich wie beim CCC-Versuchsplan ist der Abstand der ehemaligen Eckpunkte zu dem Zentralpunkt von der Anzahl der beteiligten Eingangsgrößen abhängig, er sinkt proportional zu $1:\alpha$ ab. Dadurch kommen mit steigender Anzahl von Eingangsgrößen die ehemaligen Eckpunkte dem Zentralpunkt immer näher.

Variante 1: Central Composite Faced (CCF)

Bei dieser Variante liegen die Sternpunkte auf den Außenflächen des Würfels, der durch die Eckpunkte gebildet wird (Bild 13.15).

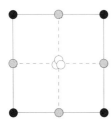

Bild 13.15 Grafische Darstellung eines „Central Composite Faced"-Versuchsplans mit zwei Eingangsgrößen

Zur Berechnung der Regressionskoeffizienten liegen allerdings nur drei Einstellungen pro Eingangsgröße vor. Eine quadratische Gleichung kann damit vollständig bestimmt werden.

Praxistipp

Die Auswahl des geeigneten Response-Surface-Versuchsplanes ist damit von zwei Faktoren abhängig:

- Sind die fünf Einstellwerte pro Eingangsgröße nur mit hohem Aufwand zu realisieren, sollte der CCF-Versuchsplan verwendet werden, andernfalls sind CCC- oder CCI-Versuchsplan zu bevorzugen.
- Kann der Versuchsraum gegenüber der ursprünglichen Definition erweitert werden, ist der CCC-Versuchsplan eine geeignete Wahl. Ist der Versuchsraum begrenzt, kann insbesondere bei einer großen Anzahl von Eingangsgrößen von dem vorgegebenen Faktor α abgewichen werden. Dasselbe gilt sinngemäß für CCI-Versuchspläne.

Ein Versuchsplan, bei dem für eine normierte Darstellung alle Versuchspunkte gleich weit von dem Zentralpunkt entfernt sind, wird als rotierbarer Versuchsplan bezeichnet. Er hat zur Folge, dass die Streuung des Modells für alle Punkte, die äquidistant zum Zentralpunkt sind, gleich ist.

Praxistipp

Manchmal ist es erforderlich, vom idealen orthogonalen Versuchsplan abzuweichen. Dies gilt insbesondere, wenn es technische oder andere Grenzen für die Einstellwerte der Faktoren gibt oder wenn nur bestimmte Stufen einstellbar sind. Derartige Versuchspläne sind beispielsweise D-optimale Versuchspläne und können nur mit entsprechender Software ohne Mehraufwand ausgewertet werden. Da jedoch jede Abweichung von der Orthogonalität zu einer Verbreiterung der Vertrauensbereiche für die Regressionskoeffizienten b_i führt, sollte die Veränderung des Versuchsplans so gering wie technisch möglich gehalten werden.

13.3.9 Box-Behnken-Versuchspläne

Neben den Response Surface Designs sind Box-Behnken-Versuchspläne für die Bestimmung der Regressionskoeffizienten voll quadratischer Modelle geeignet. Tabelle 13.14 zeigt einen Box-Behnken-Versuchsplan für drei Eingangsgrößen.

Tabelle 13.14 Beispiel für einen Box-Behnken-Versuchsplan mit drei Eingangsgrößen

Versuch	x_1	x_2	x_3	y
1	–1	–1	0	y_1
2	+1	–1	0	y_2
3	–1	+1	0	y_3
4	+1	+1	0	y_4
5	–1	0	–1	y_5
6	+1	0	–1	y_6
7	–1	0	+1	y_7
8	+1	0	+1	y_8
9	0	–1	–1	y_9
10	0	+1	–1	y_{10}
11	0	–1	+1	y_{11}
12	0	+1	+1	y_{12}
13	0	0	0	y_{13}
14	0	0	0	y_{14}
15	0	0	0	y_{15}

Der Versuchsplan besteht aus vier Gruppen. In den ersten drei Gruppen wird jeweils eine Eingangsgröße auf ihrem Mittelwert gehalten und die anderen beiden werden vollfaktoriell variiert. Die vierte Gruppe stellt den Zentralpunkt dar. Bild 13.16 stellt einen Box-Behnken-Versuchsplan für drei Eingangsgrößen dar.

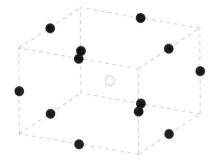

Bild 13.16 Grafische Darstellung eines Box-Behnken-Versuchsplans für drei Eingangsgrößen

Die Auswahl der Versuchspunkte ist so optimiert, dass die Zweifachwechselwirkungen bestimmt werden können. Die Besonderheit liegt darin, dass bei diesen Versuchsplänen die Versuchspunkte auf den Kantenmitten des Würfels sitzen. Die Ecken des Versuchsraums sind nicht ausgefüllt.

Praxistipp

Da die Punkte im Box-Behnken-Versuchsplan eine Kugel statt einen Würfel bilden, kann daraus die Empfehlung abgeleitet werden, dass bei Aufgaben mit einem eher kugelförmigen Versuchsraum Box-Behnken-Versuchspläne vorzuziehen sind.

Box-Behnken-Versuchspläne finden insbesondere auch dann Verwendung, wenn aufgrund irgendwelcher Einschränkungen die Eckeinstellungen nicht machbar sind. Der Vorteil liegt darin, dass weniger Versuche notwendig sind. Der Nachteil liegt in der Genauigkeit: Die Vertrauensbereiche sind breiter als bei CCD-Plänen mit vergleichbarer Gesamtanzahl von Versuchen – dies gilt insbesondere, wenn die Anzahl k der Faktoren groß ist.

13.3.10 D-optimale Versuchspläne

D-optimale Versuchspläne sind Versuchspläne, die das Volumens des abgedeckten Versuchsraums maximieren und die mittlere Streuung des Modells minimieren. Bei der Darstellung von vollfaktoriellen Versuchsplänen (Abschnitt 13.3.5) wurde an einem Beispiel gezeigt, dass teilfaktorielle Pläne den Versuchsraum maximal abdecken. Dazu wurden die Ecken des Versuchs-

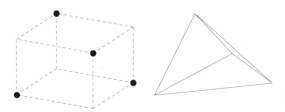

Bild 13.17 Grafische Darstellung der Abdeckung eines teilfaktoriellen $2^{(3-1)}$-Versuchsplans

raums dargestellt. In Bild 13.17 wird die Darstellung an der Dreieckspyramide verdeutlicht, die sich bei einer Verbindung der vier Versuchspunkte ergibt.

Der abgedeckte Versuchsraum entspricht dem Volumen, das von der Dreieckspyramide eingeschlossen wird. Zum Vergleich zeigt Bild 13.18 den abgedeckten Versuchsraum bei einer alternativen Auswahl von Versuchspunkten.

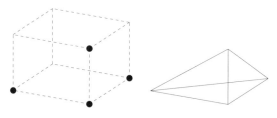

Bild 13.18 Grafische Darstellung der Abdeckung eines alternativen Versuchsplans mit vier Versuchspunkten

Es kann gezeigt werden, dass bei dem alternativen Versuchsplan die Abdeckung des Versuchsraums nur halb so groß ist wie bei dem teilfaktoriellen $2^{(3-1)}$-Versuchsplan.

Diese anschauliche geometrische Darstellung kann leider nur bei dreidimensionalen Versuchsräumen aufrechterhalten werden. Weiterhin gilt diese anschauliche Darstellung nur für lineare Modelle. Bei quadratischen Modellen müssen zusätzlich Punkte in der Mitte des Versuchsraums einbezogen werden. Trotzdem verdeutlicht dieses Beispiel das Ziel D-optimaler Versuchspläne, welches darin besteht, bei einer vorgegebenen Anzahl von Versuchspunkten einen definierten Versuchsraum optimal abzudecken.

Wegen des hohen mathematischen Aufwands muss die Anwendung D-optimaler Versuchspläne rechnergestützt erfolgen, sodass die aus diesen Forderungen folgenden Maßnahmen von dem eingesetzten Programm erfüllt bzw. geprüft werden müssen.

D-optimale Versuchspläne konzentrieren sich auf eine maximale Abdeckung des Versuchsraums und bewerten alle Einflussgrößen des Modells gleich. Bei quadratischen Modellansätzen ist bei D-optimalen Versuchsplänen die Anzahl von quadratischen Termen gering, sodass die zentralen Versuchspunkte weniger stark betont werden als in anderen Response Surface Designs. Als Abhilfe können zusätzliche Versuchspunkte zugeführt werden, sodass dieser Nachteil des D-optimalen Versuchsplans reduziert wird.

Nicht vergessen werden darf, dass in D-optimale Versuchspläne das Modell in die Berechnung mit eingeht. Der Einsatz des D-optimalen Versuchsplanes ist damit an das Wissen über das Modell gekoppelt. Ist der richtige Modellansatz nicht bekannt, sind klassische Versuchspläne zu bevorzugen. Ein weiterer Nachteil besteht darin, dass der Versuchsplan nicht zwingend orthogonal und balanciert ist.

Die Vorteile des D-optimalen Versuchsplans liegen darin, dass auch Regressionskoeffizienten von Termen höherer Ordnung bestimmt werden können, wenn sie in der Modellfunktion abgebildet sind. Außerdem wird für D-optimale Versuchspläne typischerweise eine kleinere Anzahl von Versuchspunkten benötigt als für klassische Versuchspläne.

13.3.11 Taguchi-Versuchspläne für Robustheitsanalysen

Einleitung und Motivation

Die Grundidee von Taguchi besteht wie im DFSS-Ansatz darin, dass jede Abweichung vom Zielwert Qualitätsverluste verursacht. Neben der mangelnden Zentrierung kann auch zu hohe Streuung zu entsprechenden Verlusten führen (Bild 13.19).

Um dieses Ziel zu erreichen, sollen aber nicht die Toleranzen der Einflussgrößen (z. B. Komponenten) reduziert werden, sondern die Streuung der Ausgangsgröße soll bei gleicher Streuung der beteiligten Komponenten durch

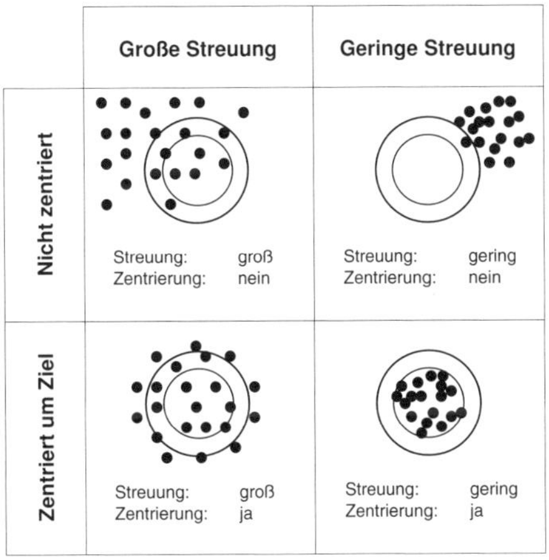

Bild 13.19 Abweichungen des Mittelwertes und Streuung verursachen Verluste

eine geeignete Wahl von Fertigungs- und Designparametern minimiert werden. Taguchi-Versuchspläne sind damit Versuchspläne, die auf die Minimierung der Streuung um den Sollwert ausgerichtet sind.

Als Maß für die Streuung um den Sollwert wird analog zur Nachrichtentechnik ein Signal-Störgrößen-Verhältnis (S-N-Verhältnis) verwendet, das den Mittelwert einer Zielgröße y (Signal) und ihre Standardabweichung s_y (Noise) in ein Verhältnis setzt:

$$\frac{S}{N} = 10 \cdot \log\left(\frac{\bar{y}^2}{s_y^2}\right)$$

Je nach Aufgabenstellung wird statt des Signal-Noise-Verhältnisses, das von dem Mittelwert selbst abhängt, ein Robustheitsmaß bestimmt, das nur von der Streuung der Ausgangsgröße y abhängt, die über die Varianz ausgedrückt wird:

$$\text{Robustheit} = 10 \cdot \log\left(\frac{1}{s_y^2}\right)$$

In den bisher diskutierten Versuchsplänen stand die Beschreibung der Ausgangsgröße hinsichtlich des Mittelwertverhaltens im Vordergrund; Taguchi-Versuchspläne beziehen bereits bei der Versuchsdurchführung Robustheitsgedanken mit ein, indem zusätzlich die Streuung der Ausgangsgröße bewertet wird.

Einstellgrößen und Störgrößen

Bei Taguchi-Versuchsplänen wird zwischen zwei Eingangsgrößen unterschieden:

- Einstellgrößen sind Größen, die später im System genutzt werden, um die Ausgangsgröße auf den gewünschten Wert zu bringen.
- Störgrößen sind Eingangsgrößen, die im System nicht kontrolliert werden können und damit zu einer Streuung des Ausgangssignals führen werden.

Die Einteilung erfolgt in Abhängigkeit von dem zu beschreibenden System. Ziel ist es, die Ausgangsgröße durch die Einstellgrößen auf den Zielwert zu bringen und den Einfluss der Störgrößen auf die Ausgangsgröße so weit wie möglich zu minimieren.

Praxisbeispiel   Bild 13.20 visualisiert die Antwortfläche der Größe y in Abhängigkeit der beiden Stellgrößen x_1 und x_2.

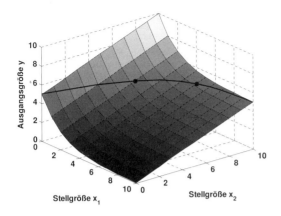

Bild 13.20 Ausgangsgröße y als Funktion der Einstellgrößen x_1 und x_2

Der Zielwert der Ausgangsgröße von y = 5 wird an allen Stellen erreicht, die auf der fett dargestellten Linie liegen, sodass zunächst all diese Parameterkombinationen tauglich sind, die Ausgangsgröße auf den gewünschten Zielwert einzustellen. Nach dem Ansatz von Taguchi ist nun für diese möglichen Parameterkombinationen die Streuung der Ausgangsgröße y zu berücksichtigen. Würde sich beispielsweise für die beiden fett eingezeichneten Punkte die in Bild 13.21 dargestellten Wahrscheinlichkeitsverteilungen von y ergeben, so ist aufgrund der geringeren Streuung die Einstellung x_1 = 5 zu bevorzugen.

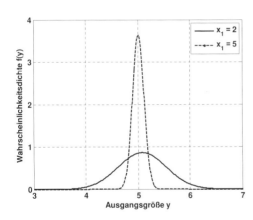

Bild 13.21 Wahrscheinlichkeitsverteilung für die Ausgangsgröße y bei Annahme einer konstanten Störgröße

Aufbau von Taguchi-Versuchsplänen

Der Taguchi-Versuchsplan trennt bereits im Aufbau der Versuche Einstell- und Störgrößen voneinander.

Praxisbeispiel In diesem Beispiel wurde für die Einstellgrößen und die Störgrößen ein vollfaktorieller Versuchsplan mit einem Zentralpunkt gewählt (Tabelle 13.15). Damit müssen in diesem Versuchsplan 9 · 5 = 45 Datenpunkte ermittelt werden.

Tabelle 13.15 Beispiel für einen Taguchi-Versuchsplan mit drei Einstell- und zwei Störgrößen

Einstellgrößen (inneres Feld)			Störgrößen (äußeres Feld)					Auswertung	
		e_1	–1	–1	+1	+1	0		
x_1	x_2	x_3 / e_2	–1	+1	–1	+1	0	y	s_y
–1	–1	–1	0,11	0,65	0,22	1,07	0,44	0,50	0,38
–1	–1	+1	0,01	0,67	0,04	0,99	0,26	0,39	0,42
–1	+1	–1	0,36	0,86	0,64	1,45	0,85	0,83	0,40
–1	+1	+1	0,46	1,07	0,81	1,72	1,04	1,02	0,46
+1	–1	–1	0,77	1,32	1,44	2,30	1,72	1,51	0,56
+1	–1	+1	0,68	1,33	1,26	2,21	1,53	1,40	0,55
+1	+1	–1	1,03	1,52	1,86	2,67	2,13	1,84	0,62
+1	+1	+1	1,12	1,73	2,04	2,94	2,32	2,03	0,68
0	0	0	0,57	1,13	1,04	1,91	1,29	1,19	0,49

Die Versuchsergebnisse in jeder Zeile kennzeichnen einen Satz von Einstellgrößen, die einen Mittelwert und eine Streuung aufweisen. Beide Kenngrößen werden in den Auswertespalten dargestellt. Für beide Größen kann mit den beschriebenen Verfahren jeweils eine Regressionsfunktion gebildet werden, die den Mittelwert

$$\bar{y} = \frac{y_1 + \dots + y_n}{n} = \frac{1}{n} \cdot \sum_{i=1}^{n} y_i$$

und die Standardabweichung der Ausgangsgröße

$$s_y^2 = \frac{1}{n-1} \cdot \sum_{i=1}^{n} (y_i - \bar{y})^2$$

beschreiben. Mit diesen Regressionsfunktionen kann die optimale Parameterkombination x_{10}, x_{20}, x_{30} gefunden werden, für die die Zielgröße y_0 mit minimaler Streuung eingestellt werden kann. Dabei wird das Gütemaß

$$MSE = \sqrt{s^2(x_1, x_2, x_3) + (y(x_1, x_2, x_3) - y_0)^2}$$

minimiert. Es fasst die durch die Störgrößen hervorgerufene Varianz s_y^2 und die Genauigkeit der eingestellten Zielgrößen zusammen.

Für den Taguchi-Versuchsplan werden z. B. durch eine Statistiksoftware die in Tabelle 13.16 dargestellten Versuchsplantypen vorgeschlagen.

Tabelle 13.16 Versuchspläne für die Einstellgrößen

Anzahl Einstellgrößen	Versuchsplan Einstellgrößen
2 bis 6	Response Surface Designs
> 7	teilfaktorieller Versuchsplan

Für die Störgrößen wird ein Versuchsplan empfohlen, der immer acht Versuche aufweist, was einen guten Kompromiss zwischen Aufwand und Aussagesicherheit der Streuung darstellt (Tabelle 13.17).

Tabelle 13.17 Versuchspläne für die Störgrößen

Anzahl Störgrößen	Versuchsplan Störgrößen
0	acht Wiederholmessungen
1	vier Wiederholmessung an den Intervallenden
2	zwei Wiederholmessungen in den vier Ecken
3	vollfaktorieller Versuchsplan
4 bis 7	teilfaktorieller Versuchsplan mit n = 8 Versuchen

Neben der einfachen Konstruktion von Taguchi-Versuchsplänen besitzen Taguchi-Versuchspläne den Vorteil, dass die Wechselwirkungen zwischen jeder Einstellgröße und jeder Störgröße schätzbar sind, da dieselben in einem äußeren und inneren Feld getrennt voneinander variiert werden.

Bedeutung der Taguchi-Methode

Der Vorteil von Taguchi-Versuchsplänen liegt darin, dass Replikationen unter gezielter Variation der Störgrößen durchgeführt werden und somit das Streuungsverhalten bei bestimmten Designpunkten bereits im Parameterdesign Berücksichtigung findet. Es wird somit die Robustheit von Lösungen in einer sehr frühen Phase der Produktentwicklung mit einbezogen. In der Praxis kann sich jedoch gerade diese gezielte Variation der Störgrößen als schwierig gestalten.

Das S/N-Verhältnis ist geeignet, einen Kompromiss zwischen Mittelwert- und Streuungsverhalten zu finden, ist jedoch ein sehr abstraktes Maß, wenig transparent und erzeugt somit in der Praxis oftmals Ablehnung.

Große praktische Bedeutung haben die Taguchi-Versuchspläne im amerikanischen Raum, insbesondere in Verbindung mit DFSS. Allerdings werden sie nicht von allen Softwarepaketen unterstützt. Nicht vergessen werden darf, dass Taguchi im starken Maße teilfaktorielle Versuchspläne vorschlägt. Die von Taguchi vorgeschlagenen Pläne verleiten dazu, sehr unreflektiert mit Versuchsplänen umzugehen. Für den ungeübten Anwender ist die Vermengung von Wechselwirkungen schwer zu erkennen – dies kann zu massiven Fehlschlüssen führen.

Damit stellt sich die Frage, inwieweit eine Taguchi-Auswertung auch mit anderen Versuchsplänen realisiert werden kann. Dazu sind folgende Bedingungen zu erfüllen:

- Eingangsgrößen: Auswerteverfahren im Sinne von Taguchi erfordern, dass alle Einstell- und Störgrößen als Eingangsgrößen definiert werden. Damit ist zunächst einmal sichergestellt, dass neben den Einstellgrößen auch alle Störgrößen in die Gestaltung der Versuchspläne eingehen.
- Ausgangsgrößen: Zur Schätzung der Standardabweichung muss die Standardabweichung der Ausgangsgrößen ebenfalls als Ausgangsgröße definiert werden.
- Zusätzlich muss bei dem Modellansatz sichergestellt werden, dass die Wechselwirkungen zwischen den Einstellgrößen und den Störgrößen geschätzt werden können.
- Ein unter diesen Bedingungen erstellter D-optimaler Versuchsplan erlaubt ähnliche Schlussfolgerungen hinsichtlich Robustheit wie ein Taguchi-Versuchsplan und weist weniger Versuche auf.

13.3.12   Auswertung von Versuchsplänen

Nachdem in den vorangegangenen Abschnitten verschiedene Versuchsplantypen vorgestellt wurden, werden in diesem Abschnitt die Auswertungsmöglichkeiten der Versuchsdaten vorgestellt.

Effekte der Faktoren und Wechselwirkungen

Mithilfe der vollfaktoriellen Versuchsanordnung wird es möglich, alle denkbaren Wechselwirkungen zwischen den Einflussgrößen zu ermitteln. Dies geschieht am einfachsten dadurch, dass die Tabellendarstellung um die Wechselwirkungsspalten ergänzt wird. Als Beispiel zeigt Tabelle 13.18 den Datensatz eines vollfaktoriellen Versuchsplans.

Der Effekt einer Eingangsgröße ist ein Maß dafür, wie stark diese Eingangsgröße die Zielgröße beeinflusst. Der Effekt einer Eingangsgröße ist die durchschnittliche Differenz im Ergebnis durch Veränderung der Eingangsgröße von dem Wert, der durch die -1 repräsentiert wird, zu dem Wert, der durch die $+1$ repräsentiert wird (Tabelle 13.19). Der Effekt von x_3 beispielsweise ergibt sich aus der Differenz des durchschnittlichen Ergebnisses für $x_3 = +1$ und des durchschnittlichen Ergebnisses für $x_3 = -1$.

Tabelle 13.18 Beispiel für einen 2^3-Faktorenversuchsplan mit Wechselwirkungsspalten

Ver-such	x_1	x_2	x_3	$x_1 \cdot x_2$	$x_1 \cdot x_3$	$x_2 \cdot x_3$	$x_1 \cdot x_2 \cdot x_3$	y
1	−1	−1	−1	+1	+1	+1	−1	5
2	+1	−1	−1	−1	−1	+1	+1	7
3	−1	+1	−1	−1	+1	−1	+1	1
4	+1	+1	−1	+1	−1	−1	−1	3
5	−1	−1	+1	+1	−1	−1	+1	14
6	+1	−1	+1	−1	+1	−1	−1	15
7	−1	+1	+1	−1	−1	+1	−1	21
8	+1	+1	+1	+1	+1	+1	+1	20

Tabelle 13.19 Berechnung des Effektes für die Eingangsgröße x_3 für die Daten aus Tabelle 13.18

Versuchsergebnisse $x_3 = -1$	Versuchsergebnisse $x_3 = +1$
$y_5 = 14$	$y_1 = 5$
$y_6 = 15$	$y_2 = 7$
$y_7 = 21$	$y_3 = 1$
$y_8 = 20$	$y_4 = 3$
$\bar{y} = 17.5$	$\bar{y} = 4$
Differenz = Effekt $(x_3) = 17{,}5 - 4 = 13{,}5$	

Die Berechnung des Effektes ergibt sich mathematisch aus der Gleichung

$$\text{Effekt} = \frac{\sum_{i+} y_{i+}}{n_+} - \frac{\sum_{i-} y_{i-}}{n_-}$$

Zur grafischen Darstellung können die einzelnen Messergebnisse als Funktion der Eingangsgröße eingezeichnet werden (Bild 13.22).

Die Effekte der Faktoren können auch in Form von sogenannten Haupteffektkurven (Main Effect Plots) dargestellt werden, indem die durchschnittlichen Ergebnisse bei den jeweiligen Einstellwerten aufgetragen werden. Geraden mit großer Steigung weisen darauf hin, dass ein großer Einfluss des Faktors vorherrscht (Bild 13.23).

Nach den oben beschriebenen Kriterien weist die Eingangsgröße x_3 den größten Effekt auf.

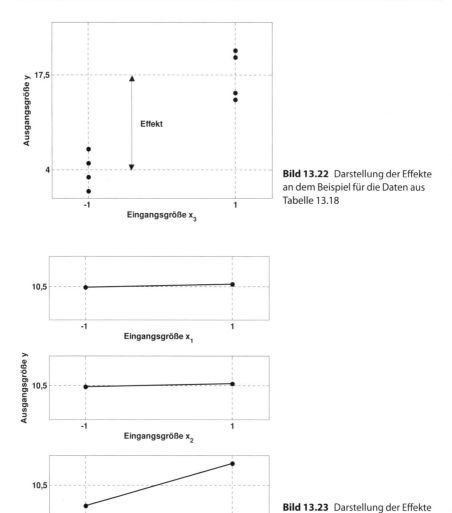

Bild 13.22 Darstellung der Effekte an dem Beispiel für die Daten aus Tabelle 13.18

Bild 13.23 Darstellung der Effekte zum Datensatz aus Tabelle 13.18 als Main Effect Plot

Eine Wechselwirkung $x_1 \cdot x_2$ bedeutet, dass der Effekt von x_1 auf die Zielgröße y davon abhängt, welche Stufe für x_2 gewählt wurde und umgekehrt. Somit kann der Effekt von $x_1 \cdot x_2$ berechnet werden, indem die Differenz des durchschnittlichen Ergebnisses mit $x_1 \cdot x_2$ auf +1 und bei $x_1 \cdot x_2$ auf −1 ermittelt wird. Die Darstellung der Wechselwirkungen erfolgt grafisch, indem die sogenannten Teileffektgeraden der beiden Faktoren dargestellt werden (Interaction Plot). Stark unterschiedliche Steigungen weisen auf starke Wechselwirkungen hin (Bild 13.24).

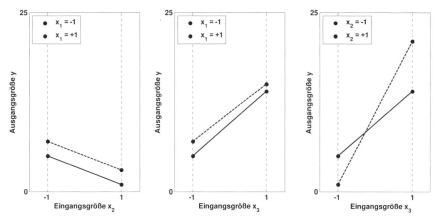

Bild 13.24 Darstellung der Wechselwirkungen als Interaction Plot

In diesem Beispiel sind die Wechselwirkungen der Eingangsgröße x_1 mit x_2 und x_3 gering. Stärkste Wechselwirkung besteht zwischen den beiden Eingangsgrößen x_2 und x_3.

Zusammenfassend können alle Effekte als Pareto-Diagramm dargestellt werden, indem die Effekte der Größe nach geordnet werden (Bild 13.25).

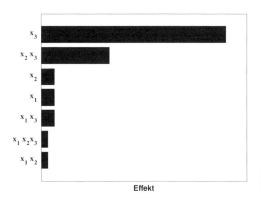

Bild 13.25 Zusammenfassung der Effekte als Pareto-Diagramm

Varianzanalyse

Das Verhältnis der Varianz zwischen den beiden Extremwerten einer Eingangsgröße zur Varianz der Messungen innerhalb einer Einstellung wird benutzt, um den Effekt des Faktors von zufälligen Änderungen der Ausgangsgröße zu unterscheiden (Bild 13.26). Dies entspricht der Vorgehensweise beim t-Test bzw. bei der Varianzanalyse. Mithilfe der ANOVA-Tabelle wird somit die statistische Signifikanz eines Faktoreffektes ermittelt. Ist der P-Wert kleiner als 0,05, so gilt der Effekt als statistisch signifikant.

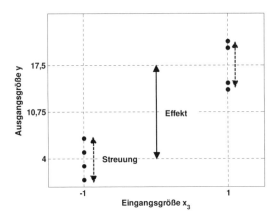

Bild 13.26 Darstellung der Effekte als Main Effect Plot

Wenn von der Hypothese ausgegangen wird, dass die Änderungen der Faktoren keinerlei Einfluss auf den Response haben und keine Wechselwirkungen existieren, muss die Ausgangsgröße eine zufällige Verteilung um einen konstanten Mittelwert haben. Diese Aussage kann durch Hypothesentests oder Darstellungen im Wahrscheinlichkeitsnetz überprüft werden.

Notwendiger Stichprobenumfang bzw. Anzahl der notwendigen Replikationen

Wie im vorigen Kapitel erwähnt, wird die Varianzanalyse dazu verwendet, um die statistische Signifikanz eines Faktoreffektes zu ermitteln. Wie bereits im Kapitel 9 behandelt, sind derartige Entscheidungen immer mit Fehlern verbunden. Es wurde beispielsweise gezeigt, dass die Trennschärfe von Tests wesentlich von dem Stichprobenumfang n abhängt.

Der Versuch in Bild 13.26 kann über einen t-Test dargestellt werden, welcher dem Vergleich zweier Stichproben mit dem Stichprobenumfang n = 4 entspricht. Die Frage, die sich im Rahmen der Planung von Versuchsplänen stellt, ist, welche Anzahl von Realisierungen pro Stufe notwendig ist. Reicht der Stichprobenumfang von n = 4, oder sollte der gesamte Versuchsplan repliziert werden, um den Stichprobenumfang auf n = 8 zu heben?

Die Anzahl der Versuchswiederholungen ist bei der Durchführung von DoE entscheidend dafür, ob wichtige Effekte auch mit genügender Trennschärfe, d.h. mit ausreichender statistischer Sicherheit, gefunden werden. Um den notwendigen Stichprobenumfang zu bestimmen, sind vom Anwender zunächst die folgenden Fragen zu beantworten (Parametrisierung der Durchführung):

- Welcher minimale **Unterschied d** (Differenz, kritischer Effekt) in der Ausgangsgröße y soll gefunden werden? Soll etwa eine Differenz von 0,1 mm
bei einem Wellendurchmesser von 50 mm bereits erkannt werden, oder
genügt 0,5 mm. Wenn die Differenz gering eingestellt wird, dann ergeben
sich automatisch mehr Wiederholungen.
- Wie hoch darf der **Fehler erster Art** sein (typischerweise wird das Signifikanzniveau α von 0,05 gewählt)? Wenn der Test mit einem strikteren
Niveau von 99 % (α von 0,01) eingestellt wird, dann steigt die Zahl der
erforderlichen Wiederholungen.
- Wie hoch soll die **Trennschärfe/Power** des Tests sein? Typischerweise
wird $1 - \beta = 0,9$ (oder 0,8) eingestellt, was einem Fehler zweiter Art von
$\beta = 0,1$ entspricht. Wird die Trennschärfe z.B. von 0,9 auf 0,8 reduziert,
können bei etwas ungenaueren Aussagen Wiederholungen eingespart
werden und vice versa.
- Wie kann die Streuung innerhalb einer Stufe abgeschätzt werden? Die
Anzahl der Wiederholungen wird maßgeblich von der geschätzten **Streuung s** mitbestimmt. Dieser Wert kann z.B. aus Erfahrungswerten der
Praxisanwendung des untersuchten Produktes/Prozesses oder aus vorhergehenden DoE-Anwendungen (z.B. Screening-Experimenten) stammen.
Eine hohe Streuung führt durch eine damit verbundene geringere Aussagekraft zu mehr Wiederholungen.

Für die Berechnungen von erforderlichen Mindeststichprobenumfängen bzw.
Replikationen bei Versuchsplänen sind diese Parameter einzustellen, wofür
in der Regel Statistikprogramme heranzuziehen sind – diesbezügliche Menüs
finden sich in allen gängigen Softwareprodukten. Der formelmäßige Hintergrund beruht auf der Normalverteilung (Φ), wodurch sich der notwendige
Stichprobenumfang n folgendermaßen berechnet:

$$n_{\text{notwendig}} \geq 2 \cdot \left(\left(u_{1-\frac{\alpha}{2}} + u_{1-\beta} \right)^2 \cdot \left(\frac{s}{d} \right)^2 \right)$$

Dabei ist

$$u_{1-\frac{\alpha}{2}}$$

der $1-\alpha/2$-Quantil der Normalverteilung; das Gleiche gilt für den Term

$$u_{1-\beta}$$

Werden α und β mit den oben genannten Größen fix eingestellt, dann ist nur
mehr das Verhältnis zwischen der Streuung und der Differenz entscheidend.
Dabei ist zu beachten, dass dieser Quotient mit dem Quadrat in die Formel
eingeht und somit kritisch für die Berechnung des Stichprobenumfangs ist.

Wurde nach obiger Formel die notwendige Stichprobenanzahl je Stufe ermittelt, ist nun darauf basierend die Anzahl der notwendigen Replikationen zu berechnen. Dies hängt vom gewählten Versuchsplan ab. Bei einem 2^3-Versuchsplan beispielsweise gibt es acht Versuchszeilen und jeder Faktor wird viermal auf jeder Stufe realisiert (Tabelle 13.3). Allgemein gilt für zweistufige vollfaktorielle Pläne, dass die Anzahl der Realisierungen pro Stufe sich aus der Anzahl der Versuchszeilen dividiert durch zwei ergibt. Somit muss bei vollfaktoriellen Versuchsplänen auf zwei Stufen die Anzahl der Replikationen so groß gewählt werden, dass das Produkt aus

$$n = \frac{\text{Anzahl der Versuchszeilen}}{2} \cdot \text{Anzahl der Replikationen}$$

den angegebenen Mindeststichprobenumfang deutlich übersteigt. In analoger Weise ergeben sich die Formeln für andere Versuchspläne.

Regressionsrechnung

Aufgrund der durchgeführten Versuche kann eine Regressionsrechnung angewandt werden, welche den funktionalen Zusammenhang zwischen den Einflussgrößen x und der Ausgangsgröße y beschreibt und damit Prognosen und Optimierungen erlaubt.

Als Ergebnis stehen die Koeffizienten der Regressionsfunktion und Angaben über die Signifikanz der entsprechenden Koeffizienten zur Verfügung, ein Resultat, welches z.B. über den P-Wert angegeben werden kann. Ist der P-Wert kleiner als α (eingestellter Fehler erster Art, in der Regel 0,05), so gilt der Effekt als statistisch signifikant.

Bereits bei der Darstellung der Regressionsrechnung wurde mit der Residuenanalyse gearbeitet. Die Reststreuungs- oder Residuenanalyse dient dazu, die durch das Modell nicht erklärte Streuung eingehender zu untersuchen. Im Rahmen der Residuenanalyse werden die folgenden Voraussetzungen überprüft:

- Voraussetzung Nr. 1: Die Residuen des mathematischen Modells sind normalverteilt und haben den Mittelwert von null. Dies kann mit dem Wahrscheinlichkeitsnetz und dem Histogramm überprüft werden. Die P-Werte der Koeffizententabelle sind nur bei Normalverteilung exakt gültig. Bei der Analyse können auch Ausreißer erkannt werden.
- Voraussetzung Nr. 2: Die Residuen des mathematischen Modells sind unabhängig.
- Voraussetzung Nr. 3: Die Residuen haben unabhängig von der Ausgangsgröße eine konstante Varianz.

Diese Voraussetzungen können geprüft werden, indem die Streuung über den Wertebereich der Ausgangsgröße auf konstante Werte geprüft wird.

Die Verteilung der Residuen kann im Wahrscheinlichkeitsnetz auf Normalverteilung geprüft werden. Weiterhin kann das Histogramm der Residuen zum optischen Vergleich der Verteilung mit einer Normalverteilung herangezogen werden. Beide Grafiken sind in Bild 13.27 dargestellt.

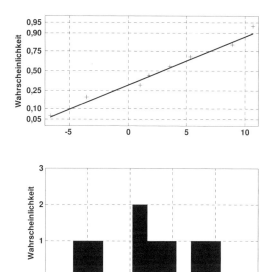

Bild 13.27 Prüfung der Residuen auf Normalverteilung mit Wahrscheinlichkeitsnetz und Histogramm

Die Darstellungen der Werte im Wahrscheinlichkeitsnetz (Punkte liegen auf der Geraden) und im Säulendiagramm (Glockenform) zeigen, dass die Werte weitgehend einer Normalverteilung folgen. Zur Analyse der Annahme, dass die Residuen unabhängig von der Ausgangsgröße y und unabhängig vom Versuchsverlauf sind, werden die Residuen in Abhängigkeit dieser beiden Größen dargestellt (Bild 13.28).

In dem dargestellten Beispiel sind keine Auffälligkeiten und keine Verletzungen der Voraussetzungen erkennbar, zumal die Abweichung der Residuen im Bereich von 10^{-15} liegt und damit 16 Größenordnungen kleiner ist als die Ausgangsgröße. Die Residuen zeigen keine Abhängigkeit von der Ausgangsgröße y oder der Reihenfolge der Versuchsdurchführung auf.

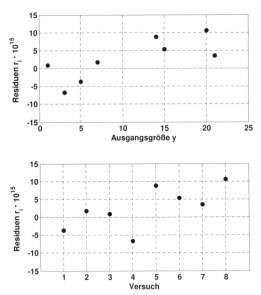

Bild 13.28 Darstellung der Residuen als Funktion der Zielgröße und in der Versuchsnummer

13.4 Vorgehensweise bei der Anwendung

Die Methode Design of Experiments (DoE) kann in sechs Schritte unterteilt werden (Bild 13.29), wobei insbesondere der zweite Schritt – Wahl des Versuchsdesigns – die Vorgehensweise im Detail stark beeinflusst.

Die einzelnen Schritte der Methode werden in den folgenden Abschnitten erläutert.

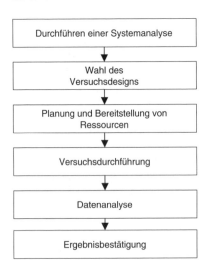

Bild 13.29 Vorgehen bei der Methode Design of Experiments

13.4.1 Durchführung einer Systemanalyse

Begonnen wird im Rahmen der Systemanalyse üblicherweise mit der Auflistung aller relevanten Eingangs-, Stör- und Ausgangsgrößen (z. B. in Form eines P-Diagramms). Danach beginnt die Beschreibung der Systemeigenschaften. Im Idealfall sind alle relevanten Systemeigenschaften bekannt und können über eine Funktion beschrieben werden.

Hierzu gehört zum einen die Beschreibung des Systemrauschens, d. h. die Beschreibung des Verhaltens der Ausgangsgrößen bei konstanten Eingangsgrößen, zum anderen die Beschreibung des funktionalen Zusammenhangs von Eingangs- und Ausgangsgrößen. Hierbei ist zu berücksichtigen, dass es Wechselwirkungen zwischen den unterschiedlichen Eingangsgrößen geben kann. Sind diese Zusammenhänge bekannt, erübrigt sich eine zusätzliche Untersuchung des Systems.

Praxistipp

Bei der Betrachtung von Ursache-Wirkungs-Beziehungen sollte mit diskreten Einstellungen begonnen werden: Ist eine der beiden Stufen grundsätzlich besser (eindeutig) oder hängt dies von der Stellung anderer Stufen ab?

13.4.2 Wahl des Versuchsdesigns

Die verschiedenen Arten von Versuchsplänen wurden in den vorhergehenden Kapiteln erläutert. Bild 13.30 gibt nochmals einen Überblick über verschiedene Arten von Versuchsplänen (Designs).

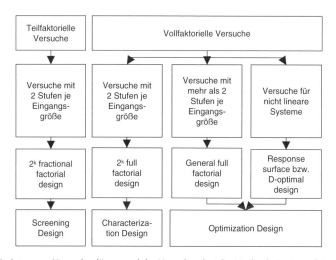

Bild 13.30 Arten von Versuchsplänen und das Vorgehen bei der Methode Design of Experiments

Screening Design

Das Ziel besteht darin, die wichtigsten Inputfaktoren aus einer großen An-zahl von Einflussgrößen mit einer möglichst geringen Anzahl von Versuchen zu bestimmen. Üblicherweise werden extreme Faktorstufen verwendet, um sicherzugehen, keinen relevanten Effekt zu übersehen. Um die Anzahl der Versuche nicht zu hoch werden zu lassen, werden teilfaktorielle Versuchs-pläne, wenn möglich mit Zentralpunkt, verwendet.

Characterization Design

Ziel ist es, die wichtigsten zwei bis sechs Variablen zu identifizieren. Im Vor-dergrund steht die Untersuchung der Beziehung zwischen den Variablen ein-schließlich der Wechselwirkungen. Die Faktorstufen werden enger gesetzt, typischerweise werden vollfaktorielle Versuchspläne (full factorials) oder teilfaktorielle Versuchspläne höherer Auflösung verwendet.

Optimization Design

Ziel ist es, die optimalen Einstellungen von wichtigen Inputvariablen zu be-stimmen. Verwendet werden vollfaktorielle Versuche und Response Surface Designs.

Praxistipp

Neben der Wahl des Versuchsdesigns ist auch die Auswahl der Faktorstufen sehr wichtig für ein aussagekräftiges Experiment. Werden die Faktorstufen zu eng gesetzt, kann der Effekt durch Störgrößen zugedeckt werden. Werden die Faktorstufen zu weit gesetzt, kann der Effekt durch Krümmung verkürzt werden. Dies kann wiederum durch einen „Center Point" verhindert wer-den.

13.4.3 Planung/Bereitstellung von Ressourcen

Bei der Planung und Bereitstellung von Ressourcen ist zunächst zu ermitteln, wie viel ein Versuch kosten wird. Vor der Durchführung des ersten Versuches ist es wichtig, sicherzustellen, dass die Verantwortlichkeiten geklärt, alle Beteiligten informiert und trainiert sind. Weiterhin ist sicherzustellen, dass alle Beteiligten ein klares Verständnis ihrer jeweiligen Aufgaben und Verant-wortungen haben.

Es empfiehlt sich, mit einem Pilotlauf zu beginnen, um Fehler im Versuchs-ablauf und der Datenerfassung auszuschließen. Als Pilotlauf wird der erste Versuch des regulären Designs gewählt.

Bei der Planung der Versuchsdurchführung sind auch die bereits angesprochenen Methoden Randomisierung und Blockbildung zu beachten.

Praxistipp

Bei der Durchführung des ersten Versuchsplans sollten nicht mehr als ca. 25 % der zur Verfügung stehenden Ressourcen eingeplant werden. Der Grund dafür sind ein oftmals erforderliches Optimieren/Erweitern der Versuchspläne und damit verbunden ein zusätzlicher Ressourcenaufwand.

13.4.4 Versuchsdurchführung

Während der Versuchsdurchführung ist es wichtig, die Ergebnisse sorgfältig zu notieren und alle ungewöhnlichen Vorkommnisse aufzuzeichnen (Logbuch). Es ist zu empfehlen, dass der Projektleiter auch während des Experimentes präsent ist. Allerdings ist darauf zu achten, dass dadurch der Ablauf nicht zu sehr beeinflusst wird und somit andere Einflussgrößen als jene im „Echtbetrieb" wirksam werden.

13.4.5 Datenanalyse

Zur Datenanalyse stehen Statistikprogramme zur Verfügung, die wesentlichen Auswertestrategien wurden bereits erläutert. Die Schlüsse, die aus den Experimenten zu ziehen sind, brauchen die größtmögliche Fachkompetenz und dürfen keinesfalls vom DoE-Verantwortlichen alleine durchgeführt werden. Auf statistische Gültigkeit ist ebenfalls höchster Wert zu legen. Dabei sind die folgenden Fragestellungen entscheidend:

- War die Stichprobengröße ausreichend?
- Hatten wir ein geeignetes Messsystem?
- Wie ist der Gültigkeitsbereich der Schlussfolgerungen?
- War es wirklich die Inputvariable, die den Output verändert hat, oder war es eine Störgröße?
- Können die Schlussfolgerungen auf ähnliche Systeme ausgedehnt werden?

Mit geeigneten grafischen Darstellungen wird verdeutlicht, welche Einflussgrößen einen signifikanten Einfluss auf das Untersuchungsziel haben und welche Einstellungen der Einflussgrößen besonders günstig für das Untersuchungsziel sind. Es kann erkannt werden, welche Kompromisse zwischen eventuell widersprüchlichen Anforderungen der geforderten Zielgrößen eines Versuchsplans nötig bzw. möglich sind und in welche Richtung eventuell noch weitere Verbesserungen möglich sind.

Gängige Statistikprogramme bieten zu dem Zweck der Optimierung grafische Hilfsmittel an. Hierzu zählen beispielsweise „Contour Plots" und „Surface Plots". Um die mathematische Prognose von Zielwerten zu erleichtern und die optimalen Einstellungen automatisch zu finden, bieten Softwarepakete entsprechende Optimierungsfunktionen wie beispielsweise den Response Optimizer im Softwarepaket Minitab®.

13.4.6 Ergebnisbestätigung

Es empfiehlt sich, auf jeden Fall ein Bestätigungsexperiment durchzuführen, um die Schlussfolgerungen zu überprüfen. Normalerweise ist hierzu ein Versuch mit dem geänderten Design durchzuführen. Bei teilfaktoriellen Versuchen ist es üblich, für nicht signifikante Faktoren Einstellungen, die bisher noch nicht realisiert wurden, zu verwenden.

13.5 Praxisbeispiel

13.5.1 Durchführung der Systemanalyse

In dem nachfolgenden Beispiel wird der Frequenzgang eines Lautsprechers analysiert. Der Lautsprecher kann in erster Näherung als Feder-Masse-System betrachtet werden (Bild 13.31).

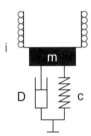

Bild 13.31 Kräftebilanz an der Tauchspule

Die Modellierung des Lautsprechers wird in Kapitel 12 ausführlicher erläutert. Die Auslenkung des Lautsprechers bei sinusförmiger Anregung ist von der Anregungsfrequenz abhängig. Bild 13.32 zeigt exemplarisch die Auslenkung als Funktion der Anregungsfrequenz.

Die Aufgabenstellung besteht darin, eine geeignete Parameterkombination aus Masse m, Dämpfung D und Federkonstante c für eine Resonanzfrequenz $\omega = 200$ Hz und eine Überhöhung von $k = 2{,}5$ zu finden. Zu diesem Zweck sollen geeignete Versuche durchgeführt werden, um daraus ein entsprechendes mathematisches Modell zu errechnen.

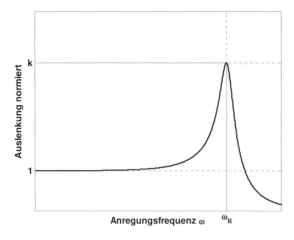

Bild 13.32 Auslenkung als Funktion der Anregungsfrequenz und Resonanzüberhöhung k

Die Resonanzfrequenz eines ungedämpften Feder-Masse-Systems berechnet sich aus

$$\omega_R = \sqrt{\frac{c}{m}}$$

Deshalb ist davon auszugehen, dass auch die Resonanzfrequenz des Lautsprechers nicht durch ein lineares Modell dargestellt werden kann. Es wird daher angenommen, dass sowohl quadratische Terme als auch Wechselwirkungen bei der Modellierung berücksichtigt werden müssen. Dabei werden die drei Eingangsgrößen gemäß Tabelle 13.20 variiert.

Tabelle 13.20 Parameterraum der drei Eingangsgrößen

Parameter	Minimum	Mittelwert	Maximum
Masse / kg	0,02	0,03	0,04
Dämpfung / N/(ms)	0,6	0,7	0,8
Federkonstante / N/m	1000	2000	3000

Die zu suchende Lösung muss sich innerhalb dieser Grenzen bewegen.

13.5.2 Wahl des Versuchsdesigns

Als Versuchsplan wird ein Response Surface Design gewählt. Da die Parameter auch außerhalb des in Tabelle 13.20 dargestellten Versuchsraums realisiert werden können, wird der Response-Surface-Plan in Form eines Central Composite Circumscribed (CCC) Designs ausgeführt (Kapitel 13.3.8). Der

Center Point wird dreifach wiederholt. Damit ergibt sich der in Tabelle 13.21 dargestellte Versuchsplan.

In die letzten beiden Spalten der Tabelle sind bereits die Messwerte des entsprechenden Experimentes eingetragen.

Tabelle 13.21 Gewählter Response-Surface-Versuchsplan

Nr.	Masse m/kg	Feder-konstante c/N/m	Dämpfung D/N/(ms)	Resonanz-frequenz ω_R/rad/s	Überhöhung k/1
1	0,02	1.000	0,6	216	2,21
2	0,04	1.000	0,6	141	2,19
3	0,02	3.000	0,6	423	3,70
4	0,04	3.000	0,6	291	5,52
5	0,02	1.000	0,8	219	2,16
6	0,04	1.000	0,8	138	2,16
7	0,02	3.000	0,8	426	3,29
8	0,04	3.000	0,8	283	5,22
9	0,013	2.000	0,7	441	2,54
10	0,047	2.000	0,7	214	4,55
11	0,03	318	0,7	67	1,05
12	0,03	3.682	0,7	351	5,43
13	0,03	2.000	0,5	293	3,83
14	0,03	2.000	0,9	286	3,21
15	0,03	2.000	0,7	275	3,41
16	0,03	2.000	0,7	282	3,38
17	0,03	2.000	0,7	292	3,37
18	0,03	2.000	0,7	276	3,36
19	0,03	2.000	0,7	276	3,45
20	0,03	2.000	0,7	278	3,61

13.5.3 Datenanalyse

Regression der Datenbasis

Bei der Regression der Datenbasis werden die Koeffizienten der einzelnen Terme berechnet und wird mithilfe des t-Tests ihre Signifikanz geprüft. Wird ein Signifikanzniveau von 5 % zugrunde gelegt (Effekte mit einem P-Wert größer als 0,05 werden als nicht signifikant abgewiesen), ergeben sich die Regressionsgleichungen:

$$\omega_R = 222 - 1176 \cdot m + 0.239 \cdot c - 1.48 \cdot m \cdot c + 14643 \cdot m^2 - 2.69 \cdot 10^{-5} \cdot c^2$$

$$k = 1.82 + 0.04 \cdot m \cdot c - 40.9 \cdot m \cdot D$$

Die Reststreuungs- oder Residuenanalyse verfolgt das Ziel, die durch das Modell nicht erklärte Streuung eingehender zu untersuchen. Die Ergebnisse sind in Bild 13.33 dargestellt.

Die Residuen sind zumindest annähernd normalverteilt, die Darstellung als Funktion der jeweiligen Ausgangsgröße zeigt keine Auffälligkeit. Die ermittelte Regressionsfunktion kann somit verwendet werden.

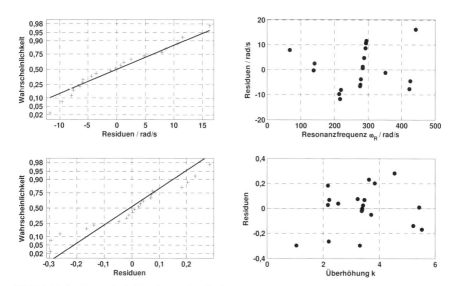

Bild 13.33 Residuen der beiden Regressionsfunktionen

Grafische Auswertung

Mithilfe der Regressionsfunktion lassen sich Vorhersagen über das System-verhalten treffen. Dazu zeigt Bild 13.34 die Resonanzfrequenz und die Über-höhung als Funktion der einzustellenden Eingangsgrößen m, c und D.

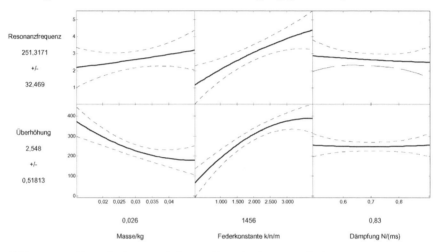

Bild 13.34 Prädiktion des Systemverhaltens auf Basis der Regressionsfunktion

Aufgrund der Unsicherheit der Regressionsfunktion weist die Prognose einen 95 %-Konfidenzbereich auf, der hier gestrichelt dargestellt ist. Die ein-zelnen Abhängigkeiten können durch Verschiebung des aktuellen Parameter-satzes untersucht werden.

Berechnung des optimalen Designs

Basierend auf der ermittelten Regressionsgleichung kann nun eine Parame-terkombination bestimmt werden, welche die Anforderung nach einer Reso-nanzfrequenz von $\omega = 250$ rad/s und Überhöhung von $k = 2,5$ erfüllt: $m = 0,026$ kg, $c = 1.456$ N/m, $D = 0,83$ N/(ms). Diese Werte sind in Bild 13.34 bereits als aktuelle Parameterkombination eingetragen. Exakt ausge-drückt entspricht diese Einstellung der Resonanzfrequenz von $\omega = 248$ rad/s und einer Überhöhung von $k = 2,48$.

13.5.4 Ergebnisbestätigung

Zur Verifikation wurde der tatsächliche Frequenzgang für die oben an-geführten Parametereinstellungen mittels eines Bestätigungsexperimentes ermittelt (Bild 13.35).

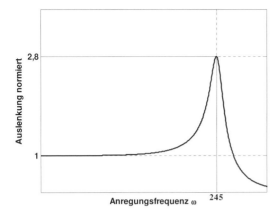

Bild 13.35 Verifikation des Frequenzgangs

Der Frequenzgang weist ein Maximum an der Stelle 245 rad/s auf. Dieser Wert weicht von der prognostizierten Resonanzfrequenz nur um 3 rad/s ab. Die Überhöhung liegt mit k = 2,8 deutlich höher als der prognostizierte Werte von k = 2,53, liegt aber noch in dem errechneten Konfidenzbereich.

Damit kann davon ausgegangen werden, dass das mittels DoE ermittelte Metamodell zumindest in diesem Bereich eine gute Prognosefähigkeit aufweist und für weitere Optimierungen herangezogen werden kann.

13.6 Zusammenfassung und Erfolgsfaktoren

Als Ergebnis von DoE-Untersuchungen liegt eine Beschreibung des mathematischen Modells des Prozesses oder des Systems vor. Zu beachten ist jedoch, dass dieser experimentell ermittelte Zusammenhang nur im Bereich der Einstellungen der Einflussgrößen gilt, d. h., eine Extrapolation außerhalb des getesteten Wertebereiches nicht zulässig ist.

Die Erfolgsfaktoren bei DoE-Untersuchungen lassen sich folgendermaßen zusammenfassen:

- Zu Beginn der Studie erfolgt eine klare Festlegung, was das Ziel, der Zweck der Untersuchung ist.
- Die Ausgangsgrößen können mit genügender Genauigkeit gemessen werden.
- Die Anzahl der Wiederholungen ist ausreichend, um signifikante Einflüsse mit genügender Wahrscheinlichkeit zu erkennen.
- Die Versuche werden in zufälliger Reihenfolge durchgeführt, um Überlagerungen mit Störeinflüssen zu minimieren.

- Bei der Anwendung von teilfaktoriellen Versuchen herrscht Klarheit über die Überlagerung von Effekten.
- Es werden mehrere DoE Experimente in Serie geplant, wobei als Faustregel gilt, dass nicht mehr als 25 % des Budgets in die erste DoE-Versuchsreihe fließen soll. Als Grundsatz gilt: vom Groben ins Detail.
- Es wird ein Bestätigungsversuch durchgeführt, um die gefundene Verbesserung statistisch abzusichern.

13.7   Verwendete Literatur

Kleppmann, W.: Taschenbuch Versuchsplanung. Produkte und Prozesse optimieren, Carl Hanser Verlag, 2008

Sachs, L.: Angewandte Statistik, Springer-Verlag, 2002

Wember, T.: Technische Statistik und statistische Versuchsplanung, Informationstechnologie GmbH, 2006

14 Optimierung und Robustheitsanalysen mittels Simulation

14.1 Ziele der Optimierung und Robustheitsanalyse mittels Simulation

Im Laufe des Produktentstehungsprozesses kommt es meist zu Fragestellungen wie:

- Existiert ein Optimum bei der Einstellung der Designparameter hinsichtlich der Erfüllung der Produktanforderungen?
- Wie robust, d. h. wie unempfindlich gegenüber zwangsläufig auftretenden Streuungen der Herstellparameter bzw. in der Feldanwendung, ist das Design?

Die Herausforderung moderner Entwicklungsprozesse besteht darin, schon frühzeitig im Produktdesign die oben genannten Fragestellungen zu beantworten. Dies gelingt immer besser durch den vermehrten Einsatz von Simulationswerkzeugen. Dadurch können in einer sehr frühen Entwicklungsphase schon Aussagen über die späteren Produkteigenschaften getroffen werden. Werden einzelne Anforderungen an das Produktdesign noch nicht erfüllt, kann in einer frühen Phase der Produktentwicklung oftmals noch ohne extremen finanziellen Mehraufwand das Design an die Anforderungen angepasst werden.

Häufig führt die Suche nach einer verbesserten Lösung bei der Veränderung mehrerer Parameter auf ein Optimierungsproblem. Wenn mehrere Produkteigenschaften von der Änderung der Parameter betroffen sind, ist bei der Suche nach einem Optimum ein Kompromiss zwischen den einzelnen Anforderungen zu suchen. Für die Lösung derartiger Fragestellungen wurden in den vergangenen Jahren leistungsfähige Optimierungsalgorithmen entwickelt, die in kommerziellen Programmen angeboten werden.

Hat man einen optimalen Kompromiss der Parameter gefunden, gilt es diesen gegen die zwangsläufig auftretenden streuenden Umgebungsparameter abzusichern. Im Rahmen von Prozessfähigkeitsuntersuchungen in der Serienproduktion wird eine Anzahl von Teilen sehr genau untersucht und über statistische Methoden Verteilungsfunktionen, Mittelwerte und Streuungen ausgewertet. Diese Informationen können bei der Entwicklung neuer Produkte genutzt werden, um damit die Streuung von Produkteigenschaften im Rahmen von Robustheitsuntersuchungen abzuschätzen. Dazu werden diese Informationen an Optimierungstools übergeben, die damit die Eingangsgrößen der Simulationsmodelle variieren. Damit ist es bei vergleichsweise geringem Aufwand möglich, den Einfluss von streuenden Parametern und Umgebungsbedingungen zu simulieren, die Wahrscheinlichkeit des Auftretens von Fehlfunktionen oder Versagen abzuschätzen und damit ein anforderungsgerechtes und robustes Design zu entwickeln.

Leitfragen

- Welche Eigenschaften wird das Produkt hinsichtlich Spezifikationserfüllung, Zuverlässigkeit und Robustheit aufweisen?
- Gibt es ein Optimum in der Auslegung des Produktes oder des Systems?
- Welche entscheidenden Wirkzusammenhänge gibt es im System?
- Kann das Produkt mit diesen Erkenntnissen noch robuster – also unempfindlicher gegenüber Störfaktoren – konstruiert werden?
- Können aufgrund einer sinnvoll gewählten Simulation Versuchsläufe mit Musterteilen eingespart werden?

14.2 Einsatz der Simulation im PEP

Der Einsatz von Simulationsmethoden kann beinahe während des gesamten Entwicklungsprozesses erfolgen (Bild 14.1). Nachdem erste Konzeptideen z. B. mittels TRIZ entwickelt worden sind, können diese oftmals bereits mit Simulationsmethoden untersucht werden. Dabei werden erste Aussagen über die grundsätzliche Machbarkeit gewonnen, die bei der Konzeptbewertung und -auswahl (z. B. systematisch durch Pugh-Matrix oder Priorisierungsmatrix) mit herangezogen werden.

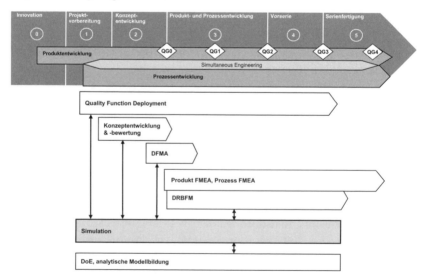

Bild 14.1 Anwendung der Simulation im PEP

Ist ein zielführendes Konzept ausgewählt worden, gilt es dieses durch die verschiedensten Simulationsmethoden abzusichern. Oft werden aus Simulationsmodellen die Parameter des Konzeptes (beispielsweise einer Konstruktion) ausgelegt. Zusätzliche Anforderungen wie Festigkeit, akustische Aspekte, Komfort, Crashfestigkeit und Ähnliches können ebenfalls durch geeignete Simulationsmethoden untersucht werden. Wird dabei festgestellt, dass einzelne Anforderungen noch nicht die Vorgaben erfüllen, müssen durch Variation einzelner Parameter die Eigenschaften der Konstruktion verändert werden.

Im weiteren Entwicklungsprozess sind vorgenommene Änderungen immer wieder durch Simulationen abzusichern. Durch den Einsatz von Optimierungsmethoden können Funktionserfüllung und Robustheit des Systems weiter verbessert werden. Auch Aspekte der Fertigung werden zunehmend durch Simulationen abgesichert.

Im Laufe der Produktlebenszeit werden immer wieder Rationalisierungsmaßnahmen erarbeitet. Diese haben oftmals die Zielsetzung, die Herstellungskosten des Produktes zu senken. Dies geschieht durch den Einsatz kostengünstigerer Materialien oder durch Vereinfachungen in der Konstruktion, welche die Komplexität in der Herstellung des Produktes verringert. Bei der Absicherung dieser Veränderungen und der optimalen Auslegung des überarbeiteten Produktes kommt es ebenfalls zum Einsatz von Simulationsmethoden.

14.3 Wichtige Grundlagen der Simulation

14.3.1 Grundbegriffe der Simulation

Bei der Simulation werden Experimente an einem Modell durchgeführt, um Erkenntnisse über das reale System zu gewinnen. In diesem Zusammenhang spricht man von dem zu simulierenden System und von einem Simulator als Realisierung des Simulationsmodells. Dieses stellt eine Abstraktion des zu simulierenden Systems dar. Der Ablauf des Simulators mit konkreten Werten (Parametrisation) wird als Simulationslauf oder -experiment bezeichnet. Dessen Ergebnisse sind zu interpretieren und auf das reale System zu übertragen (Bild 14.2).

Deswegen besteht die Simulation zunächst aus einer Modellfindung. Ist ein vorhandenes Modell geeignet, um Aussagen über die zu lösende Problemstellung zu machen, müssen lediglich die Parameter des Modells entweder hinsichtlich der Istsituation oder einer gewünschten Zielsituation eingestellt und bei Bedarf verändert werden.

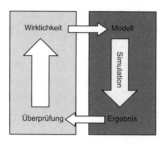

Bild 14.2 Zusammenhang zwischen Modell und Simulation

Chancen und Risiken bei Simulationen

Gründe für die Durchführung von Simulationen – in der Entscheidung gegenüber der Versuchsdurchführung mit realen Teilen – können vor allem folgende Punkte sein:

- Gefahrlosigkeit: In einigen Fällen ist die Durchführung von realen Experimenten eine Gefahr für Menschen und Umwelt.
- Störungsfreiheit: Bei der Optimierung von Systemen sind Störeinflüsse oft nicht völlig auszuscheiden – die Ergebnisse können daher zu falschen Aussagen führen.
- Beobachtbarkeit: Durch die hohe Geschwindigkeit von Systemabläufen oder extreme Bedingungen (Hitze, Druck) kann eine Beobachtung im Experiment erschwert bzw. unmöglich gemacht werden.
- Kosten: Zahlreiche Versuche und damit Musterteile können die Kosten in die Höhe treiben.

Folgende Punkte sind als Chancen der Simulation anzuführen:

- Verbesserung des Systemverständnisses durch die Kombination von Modellaufbau und zurückfließenden Erkenntnissen aus den Simulationsläufen und dadurch zusätzlich die Erfassung der realen Systemkomplexität.
- Simulationsmodelle stellen Entscheidungshilfen (hier für die Optimierung und Robustheitsanalyse) zur Verfügung, welche sonst nicht oder weniger strukturiert vorliegen.
- Motivationssteigerung zur Datenerfassung beim Modellaufbau bzw. bei der Durchführung von Bestätigungsexperimenten.

Mit Simulationsmodellen können Optimierungen oder Robustheitsanalysen schnell und kostengünstig durchgeführt werden. Die Informationen, die dabei über das System gewonnen werden, sind wesentlich umfangreicher und detaillierter, als das mit Experimenten möglich wäre. Bei einer experimentellen Untersuchung, beispielsweise über Design of Experiments (DoE), müssen aufwendig verschiedene Realisierungen bzw. Designpunkte sehr genau gefertigt und im Experiment untersucht werden. Die Anfertigung von derartigen

Musterteilen ist langwierig und extrem teuer. Bei der Optimierung mit Simulationsmodellen kann in vergleichsweise geringer Zeit das Mehrfache an Designpunkten untersucht und in die Optimierung eingebunden werden. Damit können in der Regel die Zielfunktionen enger abgetastet werden, und die Verbesserungen, die so erzielt werden, sind deutlich höher.

Demgegenüber können aber auch folgende Gefahren angeführt werden:

- Simulationen bedeuten in der Regel ebenfalls einen hohen Aufwand, der sich gegenüber Experimenten nicht in der Zahl von benötigten Musterteilen niederschlägt, sondern im Zeitbedarf zur Simulationsvorbereitung sowie Rechnerkapazität während der Simulationsläufe selbst.
- Das gedankliche Gleichsetzen von Modell und Realität bzw. schwache Modelle – zu vereinfacht, falsche Annahmen – können zum falschen Erkenntnisgewinn aus der Simulation führen und damit zu Fehlentscheidungen. Eine systematische Überprüfung durch Bestätigungsexperimente ist daher meist unumgänglich.
- Mangelnde Transparenz und Systemverständnis können vor allem durch Blackbox-Modelle in der Simulation entstehen, wie dies bei heuristischen Verfahren der Fall ist. In diesem Fall gibt es zwar Simulationsergebnisse, aber keine Informationen über die Wirkzusammenhänge innerhalb des Systems. Die Transformation der Ergebnisse in die Realität und die Ableitung von Entwicklungsaufgaben sind daher oft schwierig.

14.3.2 Abgrenzung Sensitivitätsanalyse, Optimierung und Robustheitsbewertung

Während eines Entwicklungsprojektes entsteht erst in dessen Durchlauf zunehmendes Wissen über das Produkt und dessen Eigenschaften. So steht am Anfang zumeist eine Analyse der wichtigen Einflussgrößen auf die Produkteigenschaften im Vordergrund. Erst nachdem man damit in Erfahrung bringen konnte, welche Parameter welche Wirkung innerhalb des Produktes und nach außen haben, bzw. welche Wechselwirkung sie zueinander aufweisen, kann damit begonnen werden, Optimierungsprozesse einzuleiten. Dieser Teil der Simulationsarbeit wird Sensitivitätsanalyse genannt. Im Bereich der Optimierung wird versucht, die leistungsoptimalen Parametereinstellungen zu bestimmen. Aufbauend darauf wird eine Robustheitsanalyse durchgeführt, die zum Ziel hat, das Produkt nicht nur funktionsfähig zu gestalten, sondern auch unter widrigen Umständen funktionsfähig zu halten.

Somit ergibt sich innerhalb der Simulation oftmals die folgende Reihenfolge:

- Sensitivitätsanalyse,
- Optimierung,
- Robustheitsanalyse.

Nachdem im Bereich von DFSS besonders die Bereiche der Optimierung von Produkten und Prozessen sowie die Robustheitsbewertung im Vordergrund stehen, soll in weiterer Folge auf diese beiden Schwerpunkte fokussiert werden. Ergänzend dazu wird auch noch die sehr junge Disziplin der Robustheitsoptimierung – also nicht die sequenzielle Vorgehensweise von Optimierung mit anschließender Robustheitsbetrachtung, sondern ein integriertes Vorgehen – kurz angesprochen.

14.3.3   Einführung in Optimierungsverfahren

Aus der Sicht der Mathematik ist ein Optimierungsproblem je nach Formulierung die Suche nach Minima bzw. Maxima der Zielfunktion. In weiterer Folge beschränken wir uns aus Gründen der Anschaulichkeit auf die Suche des Maximums bzw. der Maxima. Die Suche erfolgt formal durch die Berechnung der Nullstellen der ersten Ableitung und die Unterscheidung derselben über die zweite Ableitung in Minima, Maxima und Sattelpunkte.

Um diesen Sachverhalt zu veranschaulichen, geht man auf eine Zielfunktion, die von zwei kontinuierlichen Parametern beschrieben wird, über. Die Werte der Zielfunktion spannen dann die dritte Dimension auf. Die Parameter der Zielfunktion sind beispielsweise durch die Längen- bzw. Breitengrade beschrieben, die Funktionswerte sind dann die Höhe eines Ortes. Der Raum der Parameter wird im Allgemeinen durch Randbedingungen, welche die Grenzen des Systems bestimmen, beschrieben. Damit beschreibt die Zielfunktion beispielsweise die Alpen, in denen es nun gilt, das Optimum, also den höchsten Punkt, zu finden. Liegt die Zielfunktion als mathematische Formel vor, die gewisse Anforderungen an die Stetigkeit erfüllt und die zweifach vollständig differenzierbar ist, so können durch die Nullstellensuche der ersten Ableitung die Extremwerte bestimmt werden. Mithilfe der zweiten Ableitungen werden die Extremwerte in Minima, Maxima und Sattelpunkte unterteilt. Über den Vergleich der Funktionswerte an den Maxima wird das größte oder globale Maximum, und damit das Optimum, ermittelt.

Bei technischen Fragestellungen ist eine Zielfunktion, wie oben beschrieben, in der Regel nicht vorhanden. Oft liegt jedoch von der konkreten Fragestellung, die untersucht werden soll, ein Simulationsmodell vor. Damit können einzelne Punkte der n-dimensionalen Zielfunktion berechnet werden. Dabei ist n die Anzahl der Inputparameter (Eingangsgrößen) der Zielfunktion und damit des Optimierungsproblems. Diese Parameter können von unterschiedlicher Art sein:

- kontinuierlich (Parameter, die zwischen zwei Grenzen jeden beliebigen Zwischenwert annehmen können z. b. geometrische Abmessungen wie Längen und Durchmesser),
- diskret (Parameter, die nur vorbestimmte feste Werte annehmen können z. B. Blechdicken oder Drahtstärken) oder
- binär (Parameter, die genau zwei Werte annehmen können z. b. Material 1 oder 2, Loch vorhanden oder nicht)

Zur Lösung der Optimierungsaufgabe wurden verschiedenste Verfahren bzw. Algorithmen in der Vergangenheit entwickelt. Diese lassen sich grundsätzlich in deterministische und stochastische (heuristische) Strategien unterteilen. Auf die wichtigsten soll im Folgenden näher eingegangen werden.

14.3.4 Deterministische Optimierungsverfahren

Gradientenverfahren

Das Gradientenverfahren beruht auf der Idee, das Optimum in der Richtung des steilsten Anstieges der Zielfunktion vom gegenwärtigen Punkt (Designpunkt) aus iterativ zu suchen. Dazu wird in dem Punkt, an dem man sich gerade befindet, über zentrale oder einseitige Differenzenquotienten jedes Parameters der Gradient in der jeweiligen Parameterrichtung ermittelt. Durch Kombination dieser Einzelgradienten wird die Richtung des steilsten Anstiegs bestimmt. Anschließend wird die Schrittweite in der Richtung des steilsten Anstieges unter anderem aus dem Gradienten in Richtung des steilsten Anstieges ermittelt. An diesem neuen Designpunkt wird der Zielfunktionswert berechnet und mit dem Zielfunktionswert am aktuellen Designpunkt verglichen. Ist der Wert am neuen Designpunkt größer als der des aktuellen Designpunktes, gilt dieser neue Punkt als das vorläufige Optimum und wird als Startpunkt für die nächste Iteration genommen (Bild 14.3).

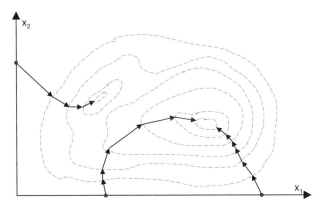

Bild 14.3 Grafische Darstellung des Gradientenverfahrens

Ist der Zielfunktionswert am neuen Designpunkt kleiner als der Wert am aktuellen Designpunkt, wird die Schrittweite in der Suchrichtung verkürzt. Der Funktionswert an diesem neuen Designpunkt wird berechnet und mit dem Wert am aktuellen Designpunkt verglichen. Dieser Suchvorgang wird so lange wiederholt, bis ein neuer Designpunkt mit einem größeren Zielfunktionswert gefunden wurde. Danach startet die nächste Iteration mit der Bestimmung der Differenzenquotienten und der Richtung des steilsten Anstieges. Der Algorithmus konvergiert, wenn ein Designpunkt gefunden wurde, in dem keine Richtung mehr gefunden werden kann, in der ein Anstieg der Zielfunktionswerte ermittelt werden kann. Dieser Designpunkt ist dann ein Maximum bzw. Optimum der Zielfunktion.

Gibt es im Gebiet der Zielfunktion genau ein Maximum, wird dieses vom Algorithmus sicher und exakt gefunden. Liegen im Gebiet der Zielfunktion mehrere lokale Maxima, so findet der Algorithmus abhängig vom Startpunkt, der dem Algorithmus zu Beginn der Optimierung vorgegeben werden muss, eines dieser verschiedenen Maxima, im Allgemeinen das dem Startpunkt am nächsten gelegene lokale Maximum. Es kann somit nicht mit Sicherheit das globale Maximum gefunden werden.

Eine weitere Einschränkung liegt in der Art der Variablen, die der Algorithmus verarbeiten kann. Die Verarbeitung von diskreten oder binären Parametern führt aufgrund des nicht kontinuierlichen Suchraums zu einem sehr schlechten Konvergenzverhalten und kann im Einzelfall zum vorzeitigen Abbruch des Algorithmus führen.

Ist die Zielfunktion durch das Auftreten von zufälligen Störgrößen verrauscht, d. h. mit Störsignalen überlagert, die zu sehr vielen lokalen Maxima führen, findet der Algorithmus eines dieser lokalen Maxima und nicht das globale Maximum.

Praxistipp

Der Algorithmus ist prinzipiell bei der Kopplung mit Simulationsprogrammen, die analytische Gradienten liefern, effizient. Der Aufwand steigt jedoch mit der Anzahl der Parameter n sehr schnell an, sodass die Effizienz des Algorithmus mit der Anzahl der Parameter stark abnimmt. Bis zu ca. 20 Parametern und sogenannten glatten Zielfunktionen, die nur ein Maximum haben, kann der Algorithmus jedoch durchaus schnell zum Optimum führen.

Richtungssuchverfahren – Kompass-Search-Verfahren

Das Kompass-Search-Verfahren beruht auf der Idee, die Gradientenbestimmung und Suchiterationen des Gradientenverfahrens durch eine direkte Suche zu ersetzen. Hierzu werden der Funktionswert am aktuellen Designpunkt und in einem festgelegten Abstand von diesem Punkt beidseitig in jede Parameterrichtung die Zielfunktionswerte berechnet. Stellt man sich dies bei einem zweiparametrigen Problem vor, so ergibt sich ein Bild der fünf zu berechnenden Punkte, die wie Himmelsrichtungen auf einem Kompass angeordnet sind. Damit müssen im ersten Iterationsschritt $2n + 1$ Zielfunktionswerte und in jedem weiteren Iterationsschritt $2n - 1$ neue Zielfunktionswerte berechnet werden.

Eine Variante dieses Verfahrens, welche die Anzahl der notwendigen Zielfunktionsberechnungen reduziert, ist die Verwendung von nur $n + 1$ gleichmäßig verteilten Suchrichtungen. Dies führt besonders bei einer größeren Anzahl an Parametern zu weniger Zielfunktionsberechnungen. Der Nachteil liegt jedoch in der etwas langsameren Konvergenz des Verfahrens.

Stellt man sich die Verteilung der Suchrichtungen vor, ergibt sich bei zweiparametrigen Problemen das Bild eines Dreieckes, von dem dieses Verfahren ihren Namen „Dreiecksmethode" bezieht (Bild 14.4).

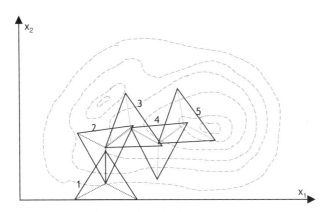

Bild 14.4 Grafische Darstellung der Dreiecksmethode

Nachdem die Zielfunktionswerte der vier Suchrichtungen berechnet wurden, werden die berechneten Werte mit dem aktuellen Wert verglichen. Als vorläufiges Optimum wird der größte Zielfunktionswert gewählt. Er bildet den Mittelpunkt für den nächsten Iterationsschritt, bei dem wieder die Zielfunktionswerte im vordefinierten Abstand berechnet werden. Ist bei diesen neu berechneten Zielfunktionswerten kein Wert größer als der aktuelle Wert, wird als Nächstes die Suchrichtung um die Winkelhalbierende zwischen zwei Suchrichtungen gedreht und die Berechnung der neuen Zielfunktionswerte erneut durchgeführt. Werden dabei wieder keine neuen größeren Werte berechnet, wird als Nächstes der Abstand, in dem die neuen Zielfunktionswerte berechnet werden, verringert. Dieses Drehen der Suchrichtungen und das Verkürzen des Abstandes erfolgen, bis die im Algorithmus festgelegte untere Grenze des minimalen Abstandes zwischen zwei Suchpunkten erreicht ist. Der so gefundene Designpunkt wird dann zum Optimum erklärt.

Das Verfahren findet das Optimum nicht exakt. Die Nähe zum Optimum hängt dabei von der Einstellung des minimalen Abstandes der Suchpunkte ab. Das tatsächliche Optimum liegt im Abstand der minimalen Suchlänge von dem durch den Algorithmus gefundenen Optimum.

Ähnlich dem Gradientenverfahren wird das Optimum gefunden, welches dem Startpunkt am nächsten liegt. Es kann damit nicht garantiert werden, dass das globale Optimum durch den Algorithmus bestimmt wird.

Das Verfahren setzt allerdings einen durch kontinuierliche Variablen beschriebenen Suchbereich voraus. Bei diskreten oder binären Variablen ist der Lösungsraum nur durch einzelne Linien beschrieben, auf denen es Lösungen gibt. Diese Linien können beliebig und vor allem nicht äquidistant im Parameterraum verteilt sein. Dies führt dazu, dass die Suchpunkte sehr häufig in nicht durch die diskreten oder binären Parameter abgedeckten Punkten liegen und damit ungültig sind. Damit findet das Verfahren in diesen Bereichen keine Stützstellen und bricht zwangsläufig ab.

Ist die Zielfunktion verrauscht, werden an den Suchstellen, die durch das Rauschen veränderten Zielfunktionswerte berechnet und ausgewertet. Ist die Änderung der Zielfunktionswerte in den einzelnen Suchpunkten größer als der Anteil des Rauschens der Zielfunktion, so hat das Rauschen keinen signifikanten Einfluss. Oft ist in der Nähe der Optima die Änderung der Zielfunktionswerte recht gering. Damit gewinnt in diesem interessanten Bereich das Rauschen an Bedeutung. Die sichere Annäherung an das Optimum wird durch das Rauschen gestört und es kommt zu Abweichungen bei der Bestimmung der Optima.

Praxistipp

Der Einsatz von Richtungssuchverfahren ist bei einer geringen Anzahl von kontinuierlichen Parametern (bis zu zehn Parameter) und bei Zielfunktionen mit nur einem Optimum im Suchbereich sinnvoll. Durch die anfängliche grobe Suche im Suchbereich kann die Zielfunktion einen geringen Rauschanteil und Unstetigkeiten aufweisen. Das Verfahren führt den Benutzer in die Nähe des Optimums. Damit wird eine Verbesserung des zu optimierenden Systemverhaltens erzielt.

Adaptive Response Surface Method (ARSM)

Die Idee dieses Verfahrens liegt darin, die komplexe, verrauschte und/oder nicht stetige Zielfunktion gebietsweise durch eine einfache, in der Regel linear oder quadratisch approximierte Zielfunktion abzubilden. Auf dieser analytisch beschriebenen Approximationsfläche können dann beliebige deterministische oder stochastische Optimierungsalgorithmen angewendet werden. Die Bestimmung des Optimums auf diesen Approximationsflächen ist extrem schnell, da die Berechnung von Zielfunktionswerten mit einer analytisch beschriebenen Funktion im Vergleich zur Bestimmung von Zielfunktionswerten mit Simulationsmodellen erfolgt. Als Approximationsflächen werden häufig lineare oder quadratische Polynomfunktionen verwendet. Diese Vorgehensweise entspricht der mathematischen Modellbildung, wie sie bei DoE durchgeführt wird (Bild 14.5).

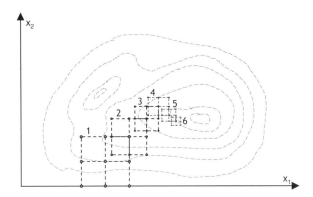

Bild 14.5 Grafische Darstellung des ARSM-Verfahrens

Das Verfahren startet mit der Berechnung von Stützstellen für die Approximationsfunktion in einem Teilgebiet des Parameterraumes. Die Anzahl und Lage dieser Stützstellen ist abhängig von der gewählten Approximationsfunktion und der Anzahl der Parameter n. An diesen Stützstellen wird die Approximationsfunktion aufgespannt und dann das Optimum bestimmt. Dieses bildet den neuen Mittelpunkt für das Teilgebiet, in dem die nächste Approximationsfunktion aufgespannt wird. Dabei wird die Approximationsfläche verschoben (sogenanntes Panning) und/oder in der Größe verändert (sogenanntes Zooming). Dieses Verschieben und Verändern der Größe der Approximationsfunktion erfolgt so lange, bis in zwei aufeinanderfolgenden Iterationsschritten der gleiche Punkt im Parameterraum bestimmt wird.

Da das Optimum auf der approximierten Zielfunktion ermittelt wurde, muss nun noch der Zielfunktionswert, und damit der Wert des tatsächlichen Optimums, durch eine Berechnung auf der ursprünglichen Zielfunktion bestimmt werden. Die Abweichung des approximierten und tatsächlichen Funktionswertes ist dabei eine Güteangabe für die Approximationsfunktion.

Durch die Bestimmung des Optimums auf der approximierten Zielfunktion findet auch dieses Verfahren den exakten Wert des Optimums der Zielfunktion nicht, sondern nähert sich diesem nur an.

Weist die Zielfunktion mehrere lokale Optima auf, so wird durch die ersten globalen Approximationen in der Regel das globale Optimum gefunden. Liegen mehrere lokale Optima im Wert der Zielfunktion sehr dicht beieinander, so kann es vorkommen, dass nicht das globale Optimum durch die Approximation ausgewählt wird. Dabei ist dann aber der Unterschied in den Verbesserungen des Systems, die erreicht werden können, sehr gering.

Praxistipp

Das Verfahren kann im Wesentlichen bei kontinuierlichen Parametern eingesetzt werden. Diskrete oder binäre Parameter können aber mit einigem Zusatzaufwand ebenfalls berücksichtigt werden. Da die Anzahl der zu berechnenden Stützstellen für die Approximationsfunktion mit der Anzahl der Parameter sehr stark ansteigt, empfiehlt sich der Einsatz des ARSM-Verfahrens bei bis zu zehn Parametern. Die Konvergenz des Verfahrens ist davon abhängig, ob alle Parameter einen spürbaren Einfluss auf das Ergebnis haben. Wenn das nicht gegeben ist, versucht der Optimierungsalgorithmus den Parameter in seinen Grenzen ständig zu verschieben, und er findet damit nur sehr langsam eine Lösung. Dies unterstreicht die Notwendigkeit einer guten Vorselektion der Parameter, was wiederum tief gehendes Produkt- bzw. Systemwissen erfordert.

14.3.5 Stochastische Optimierungsverfahren

Genetische Algorithmen

Die Idee der genetischen Algorithmen ist der Natur abgeschaut. Dabei werden aus einem Vorrat von Genen neue Individuen geschaffen. Im Sinne von Optimierungen im DFSS-Ansatz sind die Gene die Parameter des Optimierungsproblems, und die Individuen die verschiedenen Designpunkte. Die Gene liegen in einem Pool, und werden unterschiedlich miteinander kombiniert. Die Anzahl der Individuen, die so erzeugt werden, ist die erste Generation bzw. Iteration. Diese erste Generation wird berechnet und im Sinne der Suche eines Maximums ausgewertet. Dabei wird, abhängig von den Einstellungen des Algorithmus, das beste Individuum in einem Archiv gesichert. Das oder die schlechtesten Individuen werden aussortiert. Die nachfolgende

Generation entsteht dann durch den Austausch von einzelnen Genen der Individuen, dem so genannten „Cross-over". Dabei werden bei der Erstellung neuer Individuen alle bisher erlangten Informationen und Erkenntnisse mit einbezogen. Der Austausch der Gene kann nach verschiedenen Strategien erfolgen. Die neuen Generationen werden berechnet und ausgewertet. Dieser iterative Prozess läuft so lange wie im Algorithmus vorgegeben, bzw. bis über eine Anzahl von Generationen keine Verbesserung mehr erzielt werden kann (Bild 14.6).

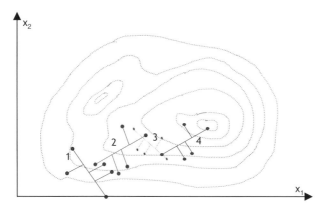

Bild 14.6 Grafische Darstellung des Genetische-Algorithmen-Verfahrens

Das Verfahren findet, bedingt durch die zufällige Suche im Designraum, das Maximum nicht exakt. Im Allgemeinen kann durch eine große Anzahl der Individuen und viele Generationen die Wahrscheinlichkeit erhöht werden, dass das Optimum möglichst gut gefunden und damit eine größtmögliche Verbesserung erzielt wird.

Liegen im zu untersuchenden Bereich der Zielfunktion mehrere Maxima, so werden diese Gebiete durch die zufällige Kombination der Gene abgeprüft, und so alle Maxima gefunden. Über die Einstellung der Archivgröße können mehrere Maxima gesichert werden. Damit wird sichergestellt, dass das globale Maximum gefunden wird.

Das Verfahren kann Parameter aller drei Arten (kontinuierlich, diskret und binär) ohne Einschränkungen behandeln.

Ist die Zielfunktion verrauscht, kann das bei der Bestimmung des globalen Maximums bei zwei nahezu gleich großen Maxima und einem Rauschen in der Größe der Differenz zur Auswahl des kleineren Maximums führen. Dabei ist dann aber das Potenzial an Verbesserung, welches nicht ausgeschöpft wird, sehr gering.

Praxistipp

Die Anzahl an Parametern in einem Optimierungsproblem, die mit genetischen Algorithmen untersucht werden können, ist sehr groß. Es wurden
erfolgreich Aufgabenstellungen mit mehr als 100 Parametern bearbeitet.
Dabei werden genetische Algorithmen in der Regel bei neuen Aufgabenstellungen angewendet, bei denen noch keine oder wenig Informationen über
die Zielfunktion vorliegen. Die Anzahl der Individuen und Generationen, die
bei der Optimierung eingestellt werden, hängt im Wesentlichen von der Be-
rechnungszeit eines Zielfunktionswertes durch die Simulationsrechnung, die
Möglichkeit der Parallelisierung von Zielfunktionswertberechnungen und
der zur Verfügung stehenden Zeit für die Optimierung ab. Im Allgemeinen
sind vor allem die Gesamtzeit, die für die Optimierung zur Verfügung steht,
und die Ressourcen für eine parallele Bearbeitung der Zielfunktionswertbe-
rechnung begrenzt. Bei der Einstellung des Algorithmus muss nun noch eine
sinnvolle Abstimmung zwischen der Anzahl der Individuen und Generationen gefunden werden. Durch die Verarbeitung der Informationen aus den
vorangegangenen Generationen ist es für ein gutes Ergebnis wichtig, dass
mindestens fünf Generationen berechnet wurden.

Evolutionäre Algorithmen

Auch die evolutionären Algorithmen wurden wie die genetischen der Natur
entnommen. Der Kern des Verfahrens besteht in der Veränderung bzw. Mutation der Gene bzw. in unserem Fall der Parameter. Dabei wird ausgehend
von einem Startwert durch die Mutation der Gene eine durch den Benutzer
festgelegte Anzahl neuer Individuen erzeugt. Die Größe der Mutation der
Gene kann vom Anwender über einen Faktor (= Mutationsexponent) vorgegeben werden. Dieser kann konstant sein oder sich mit der Anzahl der Iterationen verändern. Die Individuen werden dann berechnet und im Sinne der
Maximumsuche ausgewertet. Nachdem das beste Individuum ausgewählt
wurde, werden aus ihm durch Veränderung der Gene wieder neue Individuen erzeugt. Diese Iterationen werden so lange wiederholt, bis die maximale Anzahl, die vom Benutzer festgelegt wurde, erreicht ist oder innerhalb
der letzten Iterationen keine Verbesserung mehr erzielt werden konnte.

Der Algorithmus findet das Optimum nicht exakt, sondern führt lediglich im
Rahmen der Veränderungen, die durch den Mutationsexponenten vorgegeben sind, in die Nähe des Optimums. Durch einen mit der Anzahl der Iterationen variierenden Mutationsexponenten kann der Abstand zwischen ge-
fundenem und tatsächlichem Optimum minimiert werden.

Durch den Algorithmus wird immer nur das jeweils beste Design einer Generation weiterverfolgt. Damit führt der Algorithmus genau zu einem Opti-

mum, das in der Nähe des Startpunktes für die Optimierung liegt. Alle weiteren Optima werden prinzipbedingt nicht gefunden.

Der Algorithmus kann Parameter aller drei beschriebenen Kategorien (kontinuierlich, diskret und binär) behandeln. Dabei werden bei diskreten und binären Parametern die Mutationsexponenten so angepasst, dass die Werte der Parameter den jeweils vorgegebenen Parameterstufen entsprechen.

Bedingt durch den stochastischen Charakter des Verfahrens können Optimierungen mit verrauschten Zielfunktionen uneingeschränkt durchgeführt werden. Die Güte des gefundenen Optimums ist dabei stark vom Gradienten der Zielfunktion im Bereich des Optimums und der Größe des Rauschens abhängig.

Praxistipp

Evolutionäre Algorithmen wurden erfolgreich bei der Optimierung von Problemen mit mehr als 100 Variablen eingesetzt. Sie eignen sich besonders dann, wenn von einem bekannten Designpunkt aus optimiert werden soll oder bereits Ergebnisse anderer Optimierungsverfahren vorliegen. Sie werden auch eingesetzt, wenn eine verrauschte Zielfunktion vorliegt. Ein typischer Anwendungsfall ist die Optimierung mit Crash-Modellen in der passiven Sicherheit. Bei diesem Anwendungsfall ist bedingt durch das numerische Lösungsverfahren und die Verzweigungsproblematik die Zielfunktion stark verrauscht.

In der Anwendung werden oft keine reinen genetischen oder evolutionären Algorithmen angeboten. Die kommerziellen Softwarepakete bieten hier einen Mix aus beiden Verfahren an. Durch die Wahl der Algorithmusparameter können die Verfahren mehr zu einem genetischen oder einem evolutionären Algorithmus verschoben werden. Die Einstellungen mit dem Schwerpunkt auf dem genetischen Algorithmus werden in der Regel bei neuen Aufgabenstellungen eingesetzt, bei denen ein großer Parameterraum nach optimalen Designpunkten abzusuchen ist. Bei der Einstellung der Algorithmusparameter in Richtung der evolutionären Algorithmen besteht das Ziel darin, vorhandene und in der Regel gut bekannte Designs weiter zu verbessern.

Pareto-Optimierung

Bei vielen Fragestellungen interessiert nicht nur ein Zielfunktionswert. Oft muss der Kompromiss zwischen mehreren Zielen wie der Masse und der Steifigkeit eines Bauteils gefunden werden. Die Lösung des Optimierungsproblems ist dann nicht mehr ein optimaler Zielfunktionswert. Die Lösung wird in diesem Fall durch die Menge aller Lösungen beschrieben, die bei der Verbesserung eines Zielfunktionswertes zu einer Verschlechterung aller weiteren Zielfunktionswerte führt. Diese Lösungsmenge wird als Pareto-Front bezeichnet.

Zur Lösung dieser Aufgabenstellung wurden verschiedene Strategien entwickelt. Viele der Strategien setzen dabei genetische und evolutionäre Verfahren ein, die speziell auf die Anforderung der Suche nach der Pareto-Front weiterentwickelt wurden.

Andere Verfahren basieren auf der Idee, die Pareto-Front von einem Designpunkt aus in verschiedenen Richtungen zu bestimmen. Diese Punkte werden anschließend mit Geradenabschnitten verbunden, um so die Pareto-Front anzunähern. Ist der Winkel zwischen den zwei Geradenabschnitten in zwei benachbarten Punkten der Pareto-Front kleiner als ein vorgegebener Grenzwert, wird zwischen den beiden existierenden Punkten der Gerade ein weiterer Punkt der Pareto-Front bestimmt und damit die Beschreibung der Pareto-Front verfeinert.

Eine Pareto-Optimierung erfordert je nach angewendetem Verfahren in etwa dreimal mehr Berechnungsaufwand im Vergleich zu einer Optimierung mit einem Zielfunktionswert. Der wesentlich höhere Informationsgehalt, den das Ergebnis liefert, rechtfertigt diesen Aufwand bei Weitem. Liegt die Pareto-Front vor, kann in der Auslegung eines Produktes sehr schnell dargestellt werden, wie sich die einzelnen Zielfunktionswerte an den einzelnen Punkten ergeben und welcher Kompromiss geschlossen werden muss.

14.3.6 Verfahren der Robustheitsanalyse oder Störvariablenexperimente

Wurde durch die oben beschriebenen Optimierungsmethoden ein optimaler Designpunkt gefunden, gilt es nun, den Einfluss von zwangsläufig streuenden Größen zu ermitteln. Diese streuenden Parameter sind in der Regel

- fertigungsbedingt streuende geometrische Größen wie Maßabweichungen, Form- und Lagetoleranzen,
- streuende Materialparameter wie E-Modul, Zugfestigkeiten, Streckgrenzen,
- wechselnde Umgebungsbedingungen wie Temperaturen, Feuchten, Medieneinfluss, Korrosion, Verschleiß, Reibungskoeffizienten,
- streuende Belastungen wie variierende Drücke, sich verändernde Lastangriffspunkte, streuende Kräfte, elektrische Spannungen, Schaltzeiten usw.

Diese Aufstellung kann nur einen kleinen Abriss der möglichen Größen geben, die zu einer Streuung von Ausgangsgrößen führen. Das P-Diagramm kann in diesem Zusammenhang helfen, in übersichtlicher Art und Weise die auf das System wirkenden Größen und die interessierenden Zielgrößen zu visualisieren. In diesem Zusammenhang sei nochmals darauf verwiesen, dass man zwei Arten von Eingangsgrößen unterscheiden kann (siehe auch Kapitel 13). Einstellgrößen, die im System genutzt werden, um im Rahmen der Optimierung die Zielgrößen auf den gewünschten Wert zu bringen, und Störgrößen, die im System nicht bzw. nur bis zu einem bestimmten Maße kontrolliert werden können. Im Rahmen von Robustheitsuntersuchungen müssen beide Arten von Eingangsgrößen berücksichtigt werden. Im P-Diagramm werden Störgrößen oftmals auch „wellig" eingezeichnet (Bild 14.7).

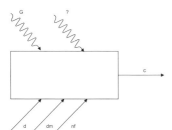

Bild 14.7 Grafische schematische Darstellung des P-Diagramms mit Eingangs- und Störgrößen

Nachdem die Parameter, die auf das zu untersuchende System wirken, bestimmt sind, muss das Streuungsverhalten der Parameter abgeschätzt werden. Dieses ist mithilfe entsprechender Wahrscheinlichkeitsverteilungen, wie z. B. Normal-, Lognormal-, Gleich-, Exponential- oder Weibull-Verteilung, und den jeweiligen beschreibenden Parametern anzugeben. Die Güte dieses Inputs hat entscheidenden Einfluss auf die Qualität der Robustheitsanalyse. Bei der Ermittlung der Streuungen muss man auf Erfahrungen aus der Fertigung zurückgreifen.

Sind alle Inputparameter mit ihren Verteilungsfunktionen hinterlegt, und ist der automatisierte Ablauf der Simulation über einen Batchprozess (diskontinuierliche Datenübergabe) abgebildet, kann die Robustheitsanalyse gestartet werden. Dazu wird in einem ersten Schritt von jedem Inputparameter nach der vorgegebenen Verteilungsfunktion die im Algorithmus einzustellende Anzahl an Realisierungen erzeugt. Als Faustregel gilt, dass bei einem Monte-Carlo-Sampling eine Mindestanzahl von n^2 Samples, mit n als Anzahl der Eingangs- und Ausgangsparameter, zu erzeugen ist. Bei der Verwendung eines Latin-Hypercube-Samplings (LH-Sampling) kann die Mindestanzahl der Samples aufgrund der strukturierten Erzeugung der Samples, bei der Häufungen der Inputparameter in einem Gebiet durch Optimierung der Abstände der Designpunkte voneinander vermieden werden, auf 2n verringert werden (Bild 14.8).

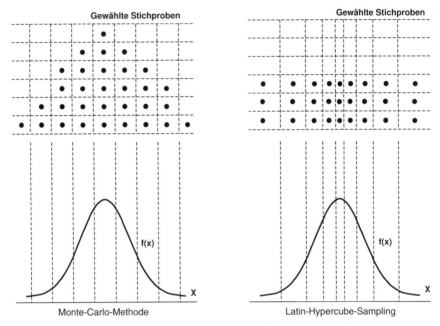

Bild 14.8 Vergleichende Darstellung des Monte-Carlo- und Latin-Hypercube-Samplings

Praxistipp

Diese Angaben der minimalen Samples sind als absolute Untergrenze zu sehen. In der Praxis ist hier immer zu prüfen, wie viele Samples in der zur Verfügung stehenden Zeit berechnet werden können. Stehen leistungsfähige Rechencluster und die entsprechende Anzahl an Lizenzen für das Simulationstool zur Verfügung, können die Simulationsrechnungen parallel durchgeführt und die Anzahl der Designpunkte für eine stabile Datenbasis deutlich erhöht werden.

Über den Samplingprozess werden nun die verschiedenen Realisierungen der Parameter zusammengebaut und anschließend berechnet. Jetzt können die Ergebnisse ausgewertet werden. Dabei wird jeweils ein Inputparameter gegen einen Outputparameter in Form des Anthill-Plots dargestellt (siehe auch Kapitel 11). In diesen Diagrammen können die linearen oder auch quadratischen Abhängigkeiten der beiden Parameter voneinander abgelesen werden, die durch die Angabe des Korrelationskoeffizienten präzisiert werden. Der Korrelationskoeffizient kann für lineare Betrachtungen Werte zwischen −1 und +1 annehmen, bei quadratischen Korrelationen liegt der Wert zwischen null und +1. Wie bereits im Kapitel 11 erläutert, spricht man von einer Korrelation zwischen Input- und Outputparameter bei Korrelationsko-

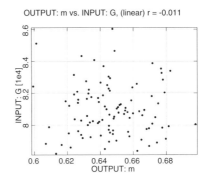

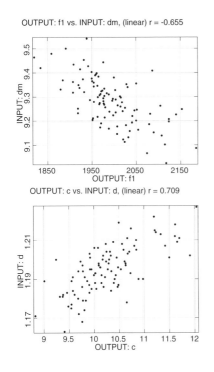

Bild 14.9 Negative, keine und positive Korrelation in einem Anthill-Plot (Korrelationskoeffizient r)

effizienten > 0,8 bzw. < –0,8. In Bild 14.9 sind Beispiele für lineare Korrelationskoeffizienten dargestellt.

Die Gesamtheit aller Korrelationskoeffizienten wird in der Korrelationsmatrix dargestellt. Sie wird in der Regel als Erstes betrachtet, da eine einzelne Betrachtung der Anthill-Plots bei Systemen mit mehr als zehn Parametern sehr aufwendig wird. Bei einem großen System kann die Analyse der Anthill-Plots nur noch stichpunktartig an einzelnen Stellen erfolgen. Einen Hinweis, welcher Zusammenhang hier von Interesse sein könnte, gibt der Vergleich zwischen linearer und quadratischer Korrelationsmatrix. An den Stellen, an denen unterschiedliche Informationen über die Korrelation stehen, sollte der Anthill-Plot auf jeden Fall betrachtet werden.

Praxistipp

Das Bestimmtheitsmaß ist ein wesentliches Gütekriterium von Regressionen (siehe auch Kapitel 11). Im vorliegenden Beispiel wird das Bestimmtheitsmaß separat für jeden Outputparameter gebildet. Es zeigt, wie viel Prozent der Streuung des Outputparameters durch lineare Korrelationen (lineares Bestimmtheitsmaß) bzw. quadratische Korrelationen (quadratisches Bestimmtheitsmaß) abgebildet wird.

Der Wert des Bestimmtheitsmaßes sollte über 80 % liegen, damit die Streuungen des Outputparameters im Wesentlichen aus den Streuungen der Inputparameter zu erklären sind. Liegt das Bestimmtheitsmaß unter den angegebenen 80 %, deutet dies auf Unsicherheiten in der Simulationskette hin. Das können Streuungen im Solver (Programm zum Lösen mathematischer Modelle) sein, wie sie beispielsweise bei expliziten Finite-Elemente-Berechnungen auftreten.

Nachdem alle Details abgeprüft sind, die für ein aussagekräftiges Ergebnis notwendig sind, kann die Auswertung erfolgen. Dabei wird als Erstes die Streuung des Outputparameters ermittelt und mit der Sollvorgabe verglichen. So wird festgestellt, ob die Streuungen der Inputparameter weiter eingeschränkt werden müssen oder ob eventuell sogar eine größere Streuung der Inputparameter akzeptiert werden kann. Die Korrelationskoeffizienten zeigen die Stärke des Zusammenhanges zwischen Input- und Outputparameter an. In einer Pareto-Darstellung kann der Anteil, den der Inputparameter an der Gesamtstreuung des Outputparameters hat, abgelesen werden (Bild 14.2). Damit kann identifiziert werden, welcher Inputparameter den größten Hebel bei der Verringerung der Streuung der Outputgröße hat. Auf der anderen Seite werden die Inputparameter identifiziert, die nur einen geringen Einfluss auf die Streuungen haben. Im vorliegenden Analyseblatt (Bild 14.10) können diese Zusammenhänge visuell und analytisch aufgezeigt werden.

Zu sehen ist darauf von links oben nach rechts unten:

- Lineare Korrelationsmatrix zwischen den Input- und Outputvariablen: heller Bereich keine Korrelation, dunkler Bereich hohe Korrelation.
- Verteilung der Outputvariable c.
- Pareto-Darstellung der Principal Components.
- Anthill-Plot zwischen einer Inputgröße d und einer Outputgröße c.
- Verteilung der Inputvariable d.
- Matrixdarstellung der Principal Components.
- Quadratische Korrelationsmatrix zwischen den Input- und Outputgrößen.
- Pareto-Darstellung des Bestimmtheitsmaßes (d mit dem größten Wert).

Als letzte Größe gilt es noch, die Principal Components (Hauptkomponenten) anzusehen. Diese sind die Eigenwerte (Streckungsfaktoren) der Korrelationsmatrix. Dabei sind alle Principal Components interessant, deren normierter Wert größer 60 % im Vergleich zur ersten Principal Component (100 %) ist. Dabei zeigen die einzelnen Principal Components an, wie ein Teil der Inputparameter auf einen Teil der Outputparameter wirkt.

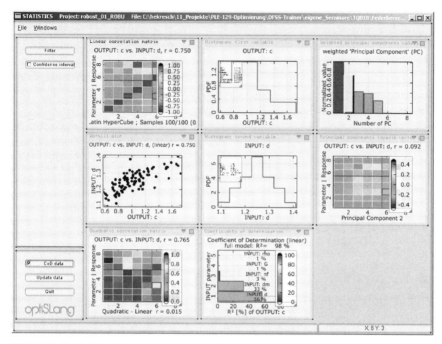

Bild 14.10 Statistisches Postprozessing einer Robustheitsanalyse mit optiSLang®

14.3.7 Robuste Optimierung

Wie bisher beschrieben laufen die Optimierung und Robustheitsanalyse in einem iterativen Prozess nacheinander ab. Ist über die Optimierung ein Designpunkt bestimmt, muss dieser anschließend auf Robustheit geprüft werden. Wird dabei festgestellt, dass ein nicht robustes Verhalten des Systems in diesem Designpunkt auftritt, muss die Optimierung erneut gestartet werden. Dabei besteht die Herausforderung darin, die ursprüngliche Zielfunktion so zu verändern oder durch Restriktionen einzuschränken, dass das bisherige Optimum ausgeschlossen wird. Diese Veränderungen sind in der Regel nicht vom Anwender leistbar. Sinnvoll ist hier ein Algorithmus, der diese Veränderungen durch die Einführung von Restriktionen oder Straftermen automatisch übernimmt. Um das tun zu können, muss in jedem Designpunkt die Robustheit abgeschätzt werden. Eine exakte Berechnung der Robustheit, wie im vorigen Abschnitt beschrieben, würde bedeuten, dass in jedem Designpunkt minimal 2n Berechnungen zusätzlich durchzuführen sind. Wobei hier n die Anzahl der In- und Outputparameter der Robustheitsanalyse ist. Zusätzlich muss noch ein Maß für die Bewertung der Robustheit eingeführt werden.

Zur Bewertung wurden verschiedene Robustheitsmaße entwickelt, die es erlauben, mit extrem wenigen Berechnungen eine grobe Abschätzung der Robustheit vorzunehmen. Dabei wird in jedem Designpunkt eine festzulegende Anzahl von Robustheitsanalysen durchgeführt, um darauf basierend die Verteilungsfunktion der Zielgröße abzuschätzen. Anschließend erfolgt der Vergleich mit einem vorgegebenen Grenzwert, um die Robustheit des Designpunktes zu ermitteln. Dieses Verfahren zur Bestimmung der Robustheit kann prinzipiell mit jedem der beschriebenen Optimierungsalgorithmen gekoppelt werden. Ist ein Designpunkt bzw. ein Gebiet der Zielfunktion nicht robust im Sinne der festgelegten Vorgaben, wird dieses Gebiet über Restriktionen oder Strafterme so verändert, dass Optima, die in diesem Gebiet liegen, nicht mehr berücksichtigt werden.

14.4   Vorgehensweise bei der Anwendung

14.4.1 System- und Parameterbeschreibung

Zu Beginn einer Simulationsaufgabe muss das System tief gehend analysiert werden. Hierzu können die relevanten Eingangs- und Ausgangsgrößen sowie Störgrößen im P-Diagramm dargestellt werden. Als nächster Schritt sind die Art der Parameter (kontinuierlich, diskret, binär) und die Parametergrenzen zu ermitteln. Für die spätere Robustheitsbestimmung müssen die Streuungen der Parameter und Störgrößen samt dazugehörigen Verteilungsfunktionen ermittelt bzw. abgeschätzt werden.

14.4.2 Aufbau des Simulationsmodells

Um in weiterer Folge die bereits erläuterten Optimierungs- und Robustheitsverfahren anzuwenden, muss ein Simulationsmodell mit entsprechenden Gleichungssystemen, die den Zusammenhang der relevanten Größen beschreiben, vorhanden sein. Diese Simulationsmodelle müssen im Variationsbereich der Optimierungsparameter validiert sein und bei akzeptabler Simulationszeit zuverlässige Ergebnisse liefern.

Sollten für das zu untersuchende Phänomen keine fertigen Modelle zur Verfügung stehen, so kann es zunächst notwendig sein, mithilfe der analytischen Modellbildung das Simulationsmodell zu entwickeln (Kapitel 13).

Der gesamte Ablauf der Simulation vom Preprocessing (Vorbereitung) über die Lösung des Gleichungssystems (Solverrun) bis hin zum Postprocessing (Auswertung der Ergebnisse) muss automatisch über ein entsprechendes Jobscript ablaufen. Dabei müssen in der Regel alle Inputparameter als ASCII-Daten in das Preprocessing eingegeben werden und die Outputparameter ebenfalls wieder als ASCII-Daten nach dem Postprozessing in einer Datei stehen. Diese Daten kommunizieren dann mit dem Optimierungsprogramm. Damit sind die Voraussetzungen für die Anwendung eines Optimierungsverfahrens gegeben.

14.4.3 Durchführung der Sensitivitätsanalyse

Bei Systemen mit sehr vielen Parametern ist es sinnvoll, sich auf diejenigen Parameter zu reduzieren, die einen wesentlichen Einfluss auf die Ergebnisse haben. Dabei gilt als Faustformel, dass 80 % der Veränderungen der Zielgrößen von 20 % der Eingangsgrößen erzeugt werden (Pareto-Prinzip). Dazu wird in einer Sensitivitätsanalyse meist über ein Latin-Hypercube-Sampling (Bild 14.8) im Raum der Optimierungsvariablen eine Anzahl von Designs berechnet, die mittels multipler Korrelationsanalyse hinsichtlich aller Zielgrößen bzw. Outputparameter ausgewertet werden. Diejenigen Inputparameter, die keine Korrelation zu einer der Zielgrößen haben, können für die darauffolgende Optimierung deaktiviert werden.

14.4.4 Optimierung

Nachdem somit die in der Optimierung zu verwendenden Inputparameter definiert wurden, erfolgt die Auswahl eines geeigneten Optimierungsverfahrens (Abschnitt 14.3.2 Optimierungsverfahren). Dabei sind die Art der Inputparameter und der Zielfunktion sowie die Informationen über störende Einflüsse, die zum Rauschen der Zielfunktion führen, entscheidend.

14.4.5 Robustheitsbewertung

Nachdem die Optimierung erfolgreich durchgeführt wurde, ist für den gefundenen Designpunkt die Robustheit über die Streuung der einzelnen Outputparameter aufgrund der Streuung der Inputparameter nachzuweisen. Dabei werden die Inputparameter bestimmt, die einen signifikanten Einfluss auf die Streuung der Outputparameter haben und damit gegebenenfalls in ihrer Streuung eingeengt werden müssen. Andererseits werden diejenigen Inputparameter gefunden, die einen geringen Einfluss auf die Streuung der Outputgrößen haben. Bei diesen Parametern können die Streuungen weiter moderat vergrößert werden. Der Nachweis, dass diese Aufweitungen der Streuungen keinen negativen Einfluss haben, muss in einer zweiten Robustheitsanalyse erfolgen. Die so gewonnenen Informationen können schlussendlich zur Festlegung der Toleranzen des Systems verwendet werden (auch Kapitel Toleranzanalysen).

14.5   Praxisbeispiel Simulation

14.5.1 System- und Parameterbeschreibung, Aufbau Simulationsmodell

Als Praxisbeispiel soll die Auswahl einer Schraubendruckfeder, wie in Bild 14.11 dargestellt, betrachtet werden. Dabei wird keine vollständige Auslegung des Bauteils durchgeführt, sondern aus Gründen der Anschaulichkeit werden nur einige charakteristische Größen der Schraubendruckfeder betrachtet.

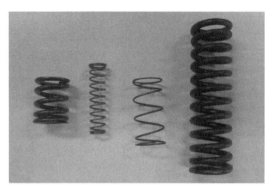

Bild 14.11 Schraubendruckfedern

Eine charakteristische Größe der Schraubendruckfeder ist die Federsteifigkeit c. Diese lässt sich mit den Parametern des Drahtdurchmessers d, des mittleren Wicklungsdurchmessers d_m, der Anzahl der federnden Windungen nf und des Schubmoduls G des Federdrahtwerkstoffes mit der folgenden Formel berechnen:

$$c = \frac{G}{8} \cdot \frac{d^4}{d_m^3 \cdot nf}$$

Als zweite Größe soll die Masse der Feder berechnet werden. Diese errechnet sich folgendermaßen:

$$m = \frac{\pi^2}{4} \cdot d^2 \cdot d_m \cdot \rho \cdot (nf + 2)$$

Eine wichtige Größe bei der Auslegung von Federn ist die erste Eigenfrequenz der Schraubendruckfeder. Sie repräsentiert die erste Schwingform in Längsrichtung der Feder und wird im Betrieb als Erstes angeregt. In der Auslegung der Feder muss sichergestellt werden, dass diese Frequenz im Arbeitsbereich unseres Systems nicht angeregt wird. Die erste Eigenfrequenz $\phi_1$einer beidseitig eingespannten Schraubendruckfeder berechnet sich folgendermaßen:

$$\phi_1 = \frac{1}{2} \cdot \frac{d}{d_m^2 \cdot nf \cdot \pi} \cdot \sqrt{\frac{G}{2\rho}}$$

In Bild 14.12 ist der Ablauf der Optimierung schematisch dargestellt. Die oben angeführten Gleichungen werden in einem Python-Script *federrate.py* abgelegt. Letzteres wird vom Optimierungsprogramm an der Stelle, an der die Werte unserer Parameter stehen, verändert. Das Python-Script erzeugt während der Laufzeit eine Ausgabedatei *federrate.txt*, in der die Ergebnisse für c, m und ϕ_1 abgelegt werden. Diese Datei wird am Ende der Berechnung vom Optimierungsprogramm gelesen, um so die Ergebnisinformationen an den Optimierungsalgorithmus zu übergeben. Das Optimierungsprogramm benötigt ein sogenanntes „Jobscript", welches den gesamten Ablauf der Simulation von der Modellerstellung (Preprozessing) über den Lösungsprozess (Solverrun) bis hin zur Ergebnisauswertung (Postprozessing) steuert. In dem Beispiel besteht dieses Jobscript *federrate.bat* nur aus dem Aufruf des Python-Scripts zur Berechnung der Kenngrößen der Schraubendruckfeder. Es wird einmalig ausgeführt und so eine Referenzlösung erzeugt.

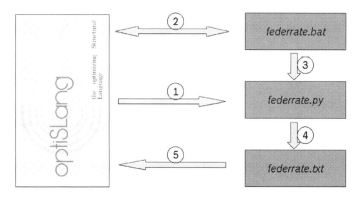

Bild 14.12 Ablauf einer Optimierung und Robust-Design-Analyse

Nachdem diese vorbereitenden Arbeiten abgeschlossen sind, gilt es, dem Optimierungsprogramm die Aufgabenstellung zu übergeben. Dazu werden die Files, in denen die Input- und Outputparameter stehen, dem Optimierungsprogramm bekannt gemacht. Die absoluten oder relativen Positionen, an denen die einzelnen Parameter im File stehen, und das Format der Parameterbeschreibung (Integer- oder Realzahl, String ...) werden deklariert. Dabei ist es wichtig, dass die Inputparameter mit entsprechend ausreichender Anzahl an Nachkommastellen dem Optimierungsprogramm übergeben werden. Das Optimierungsprogramm benötigt diese Nachkommastellen für die notwendigen Variationen der Inputparameter. In Bild 14.13 sind die Parameter und Parametergrenzen für die Optimierung der Schraubendruckfeder dargestellt.

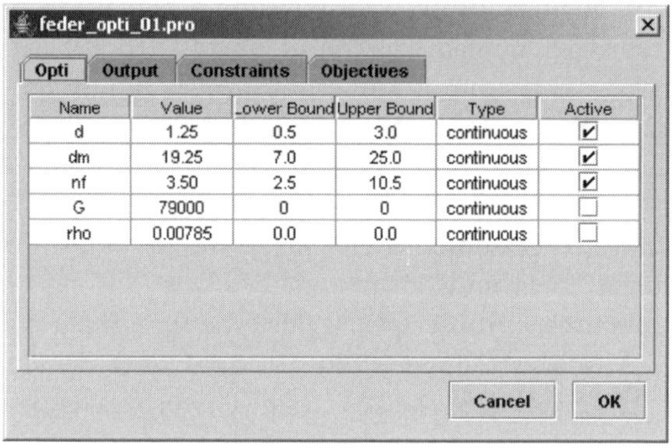

Name	Value	Lower Bound	Upper Bound	Type	Active
d	1.25	0.5	3.0	continuous	✔
dm	19.25	7.0	25.0	continuous	✔
nf	3.50	2.5	10.5	continuous	✔
G	79000	0	0	continuous	☐
rho	0.00785	0.0	0.0	continuous	☐

Bild 14.13 Inputparameter mit oberer und unterer Grenze (Parameterraum) der Optimierung

Die materialabhängigen Parameter für den Schubmodul G und die Dichte ρ werden für die Optimierung deaktiviert, sie werden später als Störfaktoren in der Robustheitsanalyse betrachtet. Die Inputparameterdefinition für eine Robustheitsanalyse in einem Designpunkt ist in Bild 14.14 dargestellt. Dabei ist für die einzelnen Parameter die Art der Verteilungsfunktion (z. B. Normal-, Lognormal-, Weibull-, Gleich- oder Exponentialverteilung) mit den jeweiligen Kennwerten für die Verteilung anzugeben.

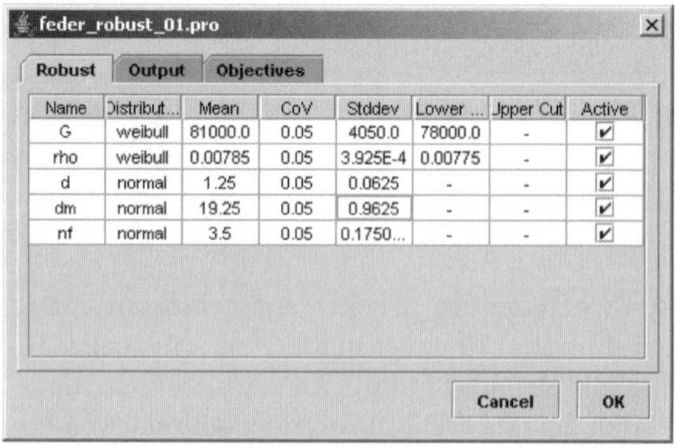

Name	Distribut...	Mean	CoV	Stddev	Lower ...	Upper Cut	Active
G	weibull	81000.0	0.05	4050.0	78000.0	-	✔
rho	weibull	0.00785	0.05	3.925E-4	0.00775	-	✔
d	normal	1.25	0.05	0.0625	-	-	✔
dm	normal	19.25	0.05	0.9625	-	-	✔
nf	normal	3.5	0.05	0.1750...	-	-	✔

Bild 14.14 Inputparameter, Verteilungsfunktionen und Kennwerte der Verteilungen bei der Robustheitsanalyse

In unserem Anwendungsfall wurden für die materialabhängigen Parameter dreiparametrige Weibull-Verteilungen und für die Geometrieparameter Normalverteilungen angenommen. Die Angabe der Streuung erfolgt in dem Beispiel über den Variationskoeffizienten CV (Coefficient of Variation), welcher der Quotient aus Standardabweichung s und Mittelwert m ist, und die Streuung in Prozent beschreibt.

$$CV = \frac{s}{m}$$

Die Definition der Outputparameter ist in Bild 14.15 dargestellt.

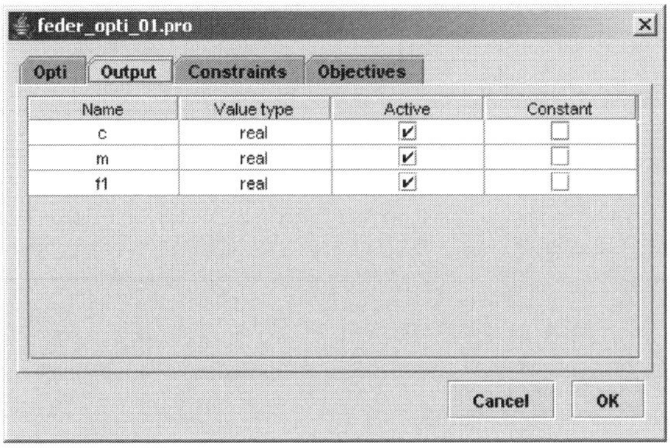

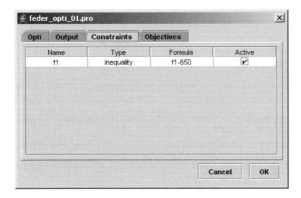

Bild 14.15 Outputparameter der Optimierung und Robustheitsanalyse

Neben den Parametergrenzen, die den Raum der Optimierung beschränken, treten häufig noch sogenannte Constraints auf. Diese schränken den Lösungsraum zusätzlich ein. Für die Auslegung der Schraubendruckfeder in dem vorliegenden Beispiel wird beispielsweise gefordert, dass die erste Eigenfrequenz der Feder größer als 650 Hz sein soll (Bild 14.16).

Bild 14.16 Restriktion bei der Optimierung

Als letzter Schritt bei der Definition des Optimierungsproblems muss nun noch die Zielfunktion definiert werden. Diese kann aus einzelnen Anteilen oder Termen, die gegebenenfalls normiert werden müssen, zusammengesetzt sein. Diese einzelnen Terme der Zielfunktion können gegeneinander gewichtet werden. Damit kann einem Term der Zielfunktion ein sehr viel höherer Einfluss gegeben werden. In unserem Fall soll die Schraubendruckfeder auf eine Federsteifigkeit von 10 N/mm ausgelegt werden. Die dazugehörige Definition der Zielfunktion ist in Bild 14.17 dargestellt.

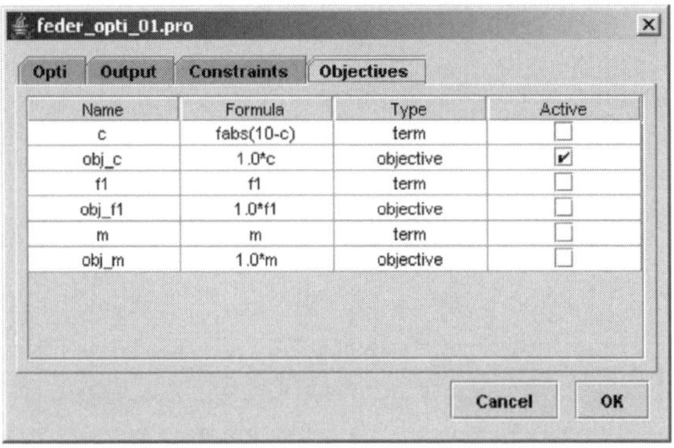

Bild 14.17 Zielfunktion der Optimierung

14.5.2 Sensitivitätsanalyse

Mit der Sensitivitätsanalyse, die im Parameterraum der Optimierung durchgeführt wird, kann der Einfluss der Input- auf die Outputparameter und die Zielfunktionswerte untersucht werden. Ziel ist es, bei Optimierungsproblemen mit sehr vielen Parametern den Raum auf die wesentlichen Einflussgrößen zu beschränken. Damit kann der Aufwand für die Optimierung deutlich reduziert werden. Als weiteres Ergebnis kann mithilfe der mehrdimensionalen Regressionsrechnung (Kapitel 11) die Zielfunktion in Abhängigkeit von den Inputparametern dargestellt werden.

Für die Sensitivitätsanalyse werden 100 Latin-Hypercube-Samples eingestellt. Die Parameterkombinationen für die einzelnen Samples werden von optiSLang® automatisch erzeugt. Die einzelnen Samples sind unabhängig voneinander und können bei entsprechenden Ressourcen parallel berechnet werden. Aufgrund der geringen Rechenzeit, die eine Simulation in unserem Beispiel benötigt, werden die 100 Simulationen seriell abgearbeitet. Nach wenigen Minuten meldet optiSLang® die erfolgreiche Bearbeitung. In Bild

14.18 ist das Ergebnis der Sensitivitätsanalyse dargestellt (die Bedeutung der Inhalte wurde bei Bild 14.10 erläutert).

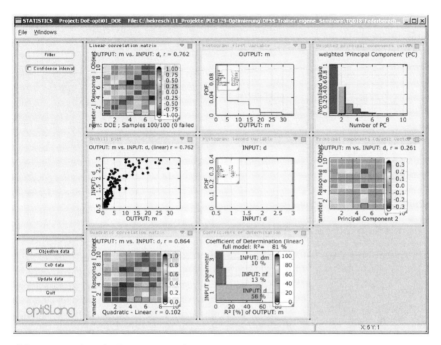

Bild 14.18 Ergebnis der Sensitivitätsanalyse

Bei dem vorliegenden Optimierungsproblem mit nur drei Inputparametern kann – wie vor allem in der Pareto-Darstellung rechts unten ersichtlich – erwartungsgemäß kein Parameter für die nachfolgenden Optimierungen ausgeschlossen werden.

In Bild 14.19 sind zwei verschiedene Approximationsfunktionen auf einen Ausschnitt der Zielfunktion dargestellt. Man erkennt eindeutig die nicht linearen Abhängigkeiten (durch die Krümmung der Fläche) der Zielfunktionswerte von den ausgewählten Inputparametern, in diesem Fall d/d_m bzw. d_m/nf.

Mit diesen gewonnenen Informationen kann nun mit der Optimierung begonnen werden.

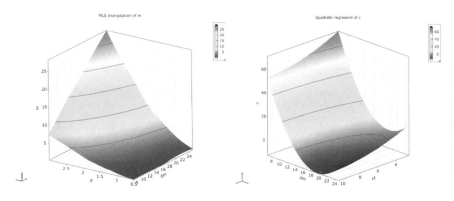

Bild 14.19 Darstellung der Zielfunktion (MLS: Moving Least Squares)

14.5.3　Optimierung

Optimierung mit dem Gradientenverfahren

Als Erstes soll eine Optimierung mit dem Gradientenverfahren (Abschnitt 14.3.3) durchgeführt werden. Dafür steht der NLPQL-Algorithmus (Non-Linear Programming using Quadratic Line search) nach Schittkowski in optiSLang zur Verfügung. Dem Algorithmus müssen zunächst die Startwerte für die Inputparameter vorgegeben werden. In den internen Parametern des Algorithmus werden die Faktoren für die Line-search-Länge (Normalization Length) und die Ergebnisgenauigkeit (global accuracy of solution) an die Aufgabenstellung mit den Erfahrungswerten aus anderen Anwendungen angepasst. Für die erste Optimierung werden folgende Startwerte gewählt:

Startwerte Optimierung Gradienten Nr. 1	
d	3,0 mm
d_m	20,0 mm
nf	8,5

Der Algorithmus benötigt 133 Funktionsaufrufe zur Lösung der Optimierungsaufgabe (linke Darstellung in Bild 14.20). Bei den vorgegebenen Parametern startet die Optimierung in einem, durch die Restriktion der ersten Eigenfrequenz, ungültigen Gebiet. Der Optimierungsalgorithmus findet eine Lösung im gültigen Gebiet. Der minimale Zielfunktionswert in diesem nicht durch Restriktionen belegten Teil der Zielfunktion beträgt c = 10,001 N/mm. Für die Inputparameter gelten dabei folgende Werte:

Ergebnisse Optimierung Gradienten Nr. 1	
d	1,912 mm
d_m	13,08 mm
nf	5,897
Zielfunktionswert: c = 10,001 N/mm	

Als zweiter Startpunkt für das NLPQL-Verfahren wird gewählt:

Startwert Optimierung Gradienten Nr. 2	
d	1,0 mm
d_m	10,0 mm
nf	2,5

Die Optimierung benötigt in diesem Fall 128 Funktionsaufrufe für die Lösung (mittlere Darstellung in Bild 14.20). Während des Optimierungsverlaufes wird die Restriktion der ersten Eigenfrequenz nicht verletzt. Der Zielfunktionswert am Ende der Optimierung beträgt c = 9,993 N/mm. Die Abweichung des Zielfunktionswertes liegt im Bereich der vorgegebenen Toleranz für den Algorithmus. Im Optimum wurden für die Inputparameter die folgenden Werte ermittelt:

Ergebnisse Optimierung Gradienten Nr. 2	
d	1,195 mm
d_m	9,283 mm
nf	2,519
Zielfunktionswert: c = 9,993 N/mm	

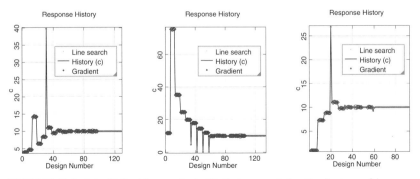

Bild 14.20 Verlauf des Zielfunktionswertes bei Optimierung mit dem Gradientenverfahren NLPQL – deutlich ersichtlich, wann das Verfahren gegen das Optimum korreliert

Zuletzt werden als dritter Startpunkt für das NLPQL-Verfahren die ver-
arbeiteten (geparsten) Werte aus dem Originalscript vorgegeben:

Startwert Optimierung Gradienten Nr. 3	
d	1,25 mm
d_m	19,25 mm
nf	3,5

Es werden 92 Funktionsaufrufe für die Lösung benötigt (rechte Darstellung
in Bild 14.20). Der Zielfunktionswert am Ende der Optimierung
beträgt c = 10,0 N/mm. Die Abweichung des Zielfunktionswertes liegt wiederum im Bereich der vorgegebenen Toleranz für den Algorithmus, wobei im
Optimum die folgenden Werte berechnet wurden:

Ergebnisse Optimierung Gradienten Nr. 3	
d	1,741 mm
d_m	15,361 mm
nf	2,503
Zielfunktionswert: c = 10,0 N/mm	

Der NLPQL-Algorithmus findet mit den veränderten Startwerten ein weiteres lokales Optimum. Die vorgegebene Restriktion bezüglich der ersten Eigenfrequenz wird in keiner Iteration der Optimierung verletzt.

Damit kann mit dem NLPQL eine erfolgreiche Optimierung durchgeführt
werden. Ob aber das globale Optimum gefunden wird, kann nicht sichergestellt werden. Ist die durch den Algorithmus gefundene Verbesserung signifikant und technisch umsetzbar, so muss nun in einem weiteren Schritt die
Robustheit des gefundenen Designpunktes nachgewiesen werden.

Optimierung mit der Adaptive Response Surface Method (ARSM)

Als weiteres Optimierungsverfahren soll der ARSM-Algorithmus auf die
Aufgabenstellung angewendet werden. Für die Optimierung werden die
Standardparameter für Panning, Zooming, die Start Range der Approxima-
tionsfläche und die Oszillation der Approximationsfläche des Verfahrens,
wie sie in optiSLang® implementiert sind, verwendet. Die Vorgabe eines
Startwertes für die Inputparameter ist nicht notwendig. Erfolgt keine An-
gabe der Startwerte für die Inputparameter, werden die geparsten Werte ver-
wendet (entspricht obigem Parametersatz Nr. 3). Für die Approximation der
Zielfunktion wird ein linearer Ansatz verwendet. Die Optimierung auf der
Zielfunktion erfolgt mit dem NLPQL-Verfahren.

Das Verfahren benötigt bei dieser Einstellung 24 Iterationen mit insgesamt 169 Funktionsaufrufen. Dabei werden die folgenden Parameter für das Optimum ermittelt:

Ergebnisse Optimierung ARSM Nr. 1	
d	1,726 mm
d_m	15,009 mm
nf	2,592
Zielfunktionswert approximiert: c = 10,004 N/mm	
Zielfunktionswert original: c = 10,0 N/mm	

Der Zielfunktionswert auf der approximierten Funktion liegt bei c = 10,004 N/mm bzw. bei c = 10,0 N/mm auf der Originalzielfunktion. Damit ist der Approximationsfehler im Optimum sehr klein. Die Restriktion wird zu keiner Zeit der Optimierung verletzt. In Bild 14.21 ist das Postprozessing einer Optimierung mit dem ARSM-Verfahren zu sehen.

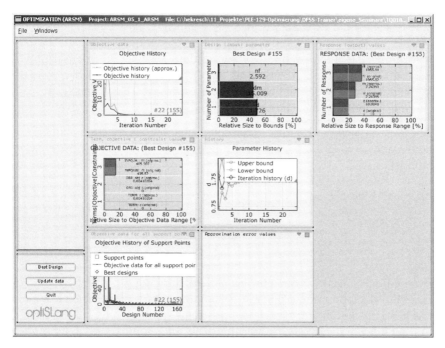

Bild 14.21 Ergebnisdarstellung einer Optimierung mit ARSM für das gefundene Optimum Nr. 155 (Simulationslauf)

Zum Vergleich wird die Optimierung mit dem ARSM-Verfahren mit der Approximation einer quadratischen Zielfunktion und einem genetischen Algorithmus auf der approximierten Zielfunktion untersucht. Der Startpunkt für die Optimierung und die anderen Parameter des Verfahrens bleiben unverändert. Die Optimierung benötigt nun zehn Iterationen mit 161 Funktionsaufrufen. Für die Inputparameter werden im Optimum folgende Werte ermittelt:

Ergebnisse Optimierung ARSM Nr. 2	
d	1,845 mm
d_m	14,776 mm
nf	3,548
Zielfunktionswert approximiert: c = 9,994 N/mm	
Zielfunktionswert original: c = 9,997 N/mm	

Das Optimum hat einen Zielfunktionswert von c = 9,994 N/mm auf der approximierten Zielfunktion und c = 9,997 N/mm auf der Originalzielfunktion.

Wie in unserem Beispiel zeigt auch die Erfahrung, dass die Ergebnisse des Verfahrens und der Aufwand bei einer linearen oder quadratischen Approximation der Zielfunktion und der Verwendung eines Gradientenverfahrens oder eines genetischen Algorithmus für die Optimierung auf der approximierten Zielfunktion in der Regel keine wesentlichen Unterschiede im Aufwand der Optimierung zeigen.

Als Nächstes soll der Einfluss unterschiedlicher Startpunkte untersucht werden. Dazu werden die bereits beim NLPQL-Verfahren verwendeten Startpunkte 1 und 2 verwendet:

Startpunkt 1		Startpunkt 2	
d	3,0 mm	d	1,0 mm
d_m	20,0 mm	d_m	10,0 mm
nf	8,5	nf	2,5

Die Optimierungen werden mit den Defaulteinstellungen (lineare Approximation, NLPQL-Optimierung auf der approximierten Fläche) und in einer zweiten Berechnung mit einer quadratischen Approximation der Zielfunktion und einem genetischen Algorithmus für die Optimierung auf der Zielfunktion durchgeführt. In Tabelle 14.1 sind die Ergebnisse aller Optimierungen mit dem ARSM-Verfahren dargestellt.

Tabelle 14.1 Ergebnisse der Optimierung der Schraubendruckfeder mit ARSM

Parameter	Parametersatz 1: Lineare Approximation	Parametersatz 1: Quadrat. Approximation	Parametersatz 2: Lineare Approximation	Parametersatz 2: Quadrat. Approximation	Parametersatz 3: Lineare Approximation	Parametersatz 3: Quadrat. Approximation
d	3	1,698	1,26	1,437	1,726	1,845
d_m	15,5	10,561	9,991	9,915	15,009	14,776
nf	6,5	6,963	2,5	4,32	2,592	3,548
Zielfunktionswert approximiert	24,535	10,009	9,990	10,015	10,004	9,994
Zielfunktionswert original	33,046	10,009	9,983	10,0	10,0	9,997
Anzahl Iterationen u. Funktionsaufrufe	3 / 22	9 / 145	11 / 78	9 / 145	24 / 169	10 / 161

Mit dem ARSM-Verfahren können somit erfolgreich Optimierungen für die vorgestellte Aufgabenstellung durchgeführt werden. Das ARSM-Verfahren findet bis auf den Parametersatz 1 bei linearer Approximation der Zielfunktion immer ein Optimum. In dem Fall, in dem kein Optimum gefunden wurde, startet der Optimierungsalgorithmus in einem ungültigen bzw. durch die Restriktion beschränkten Gebiet.

Optimierung mit evolutionären und genetischen Algorithmen

Aus der Klasse der stochastischen Optimierungsverfahren soll die Aufgabenstellung mit einem Algorithmus mit genetischen und evolutionären Anteilen (globale Suche eines Optimums) und mit einem evolutionären Algorithmus (Designverbesserung) bearbeitet werden. Diese unterschiedlichen Suchstrategien werden durch entsprechende Einstellungen der internen Parameter des Algorithmus erreicht.

Als Erstes wird der Algorithmus mit der Einstellung einer globalen Suche mit den Default-Parametern (Populationsgröße zehn und maximal 20 Iterationen) gestartet. Die Startpopulation wird dabei automatisch erzeugt. Die Optimierung nimmt die maximal mögliche Anzahl an Funktionsaufrufen in Anspruch. Nach 200 Funktionsaufrufen wird ein Parametersatz ermittelt, für den eine Federsteifigkeit von 10,715 N/mm errechnet wird. Die dazugehörigen Werte der Inputparameter lauten:

d	1,856 mm
d_m	10,786 mm
nf	8,715

Die Erfahrung zeigt, dass durch eine höhere Anzahl an Individuen und eine geringere Anzahl an Iterationen bei gleicher Anzahl an Funktionsaufrufen ein besseres Optimierungsergebnis erzielt werden kann. Für die zweite Optimierung mit der Grundeinstellung einer globalen Suche wird daher die Anzahl der Individuen pro Generation auf 20 verdoppelt und die maximale Anzahl der Iterationen auf zehn verringert. Die Optimierung liefert nach 200 Funktionsaufrufen einen Zielfunktionswert von c = 9,997 N/mm mit den folgenden Werten der Inputparameter:

d	1,313 mm
d_m	7,45 mm
nf	7,1

In Bild 14.22 ist das Postprozessing einer Optimierung mit dem evolutionären Algorithmus dargestellt. Für das Erkennen mehrerer nahe zusammenliegender Optima an verschiedenen Designpunkten ist der Verlauf der Inputparameter über den Funktionsaufrufen wichtig. Springt ein Inputparameter im Verlauf einer Optimierung zwischen zwei oder mehreren Werten bei den Iterationen hin und her, so ist das ein Hinweis auf zwei oder mehr lokale Optima, deren Zielfunktionswerte sehr nahe zusammenliegen.

In Bild 14.23 ist der Verlauf der drei Inputparameter bei der Optimierung dargestellt. Bei allen drei Inputparametern erkennt man, dass es bis zum Ende der Optimierung, die hier durch die maximale Anzahl an Funktionsaufrufen begrenzt war, zum Springen zwischen mehreren Parameterwerten kommt. Die Wahrscheinlichkeit, dass durch weitere Iterationen ein besseres Optimum gefunden wird, ist aber bei der Abweichung des gefundenen Optimums von 3‰ sehr gering.

Als zweite Möglichkeit des Einsatzes des evolutionären Algorithmus soll nun die Strategie der Designverbesserung untersucht werden. Dazu werden die drei bekannten Startpunkte, die in Tabelle 14.2 dargestellt sind, verwendet.

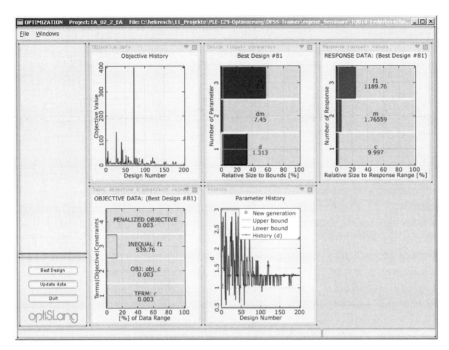

Bild 14.22 Postprozessing bei einer Optimierung mit dem evolutionären Algorithmus für die beste Lösung Nummer 81 (Simulationslauf)

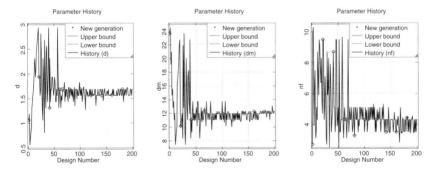

Bild 14.23 Verlauf der Inputparameter d, d_m und nf über den Funktionsaufrufen bei der zweiten Optimierung mit dem evolutionären Algorithmus

Tabelle 14.2 Startpunkte für den evolutionären Algorithmus bei der Einstellung „Designverbesserung"

Parameter	Startpunkt 1	Startpunkt 2	Startpunkt 3
d	3,0 mm	1,0 mm	1,25 mm
d_m	20,0 mm	10,0 mm	19,25 mm
nf	8,5	2,5	3,5

Der Algorithmus wird so eingestellt, dass bei jeder Optimierung 196 Funktionsaufrufe stattfinden. Die Ergebnisse der drei Optimierungen sind in der Tabelle 14.3 zusammengefasst. Im Startpunkt 1 beginnt die Optimierung wieder in einem durch Restriktionen bestraften Gebiet. Der Optimierungsalgorithmus schafft es, eine Lösung im nicht durch Restriktionen bestraften Gebiet zu finden. Diese Lösung ist allerdings weit entfernt von dem gewünschten Zielwert von c = 10 N/mm. In den beiden anderen Fällen werden zwei unterschiedliche Optima mit einer vergleichbar guten Lösung gefunden. In der Tabelle 14.3 bzw. in Bild 14.24 ist der Verlauf der Zielfunktion und der Inputparameter über den Iterationen bei der Optimierung mit dem Startpunkt 3 dargestellt. Man erkennt eindeutig die langsame und stetige Veränderung der Parameter durch die Mutation hin zum Wert, den der Parameter in dem gefundenen Optimum hat.

Tabelle 14.3 Ergebnisse der Optimierung mit dem evolutionären Algorithmus, Einstellung Designverbesserung

Parameter	Startpunkt 1	Startpunkt 2	Startpunkt 3
d	3,0 mm	1,206 mm	1,893 mm
d_m	15,412 mm	9,422 mm	17,177 mm
nf	6,938	2,5	2,5
Zielfunktionswert c	31,493 N/mm	9,990 N/mm	10,008 N/mm

Festgehalten werden kann, dass mit dem evolutionären Algorithmus erfolgreich sowohl die globale Suche im Parameterraum nach einem Optimum als auch die lokale Suche nach Designverbesserungen durchgeführt werden kann. Der Aufwand, der bei diesem Optimierungsalgorithmus in Bezug auf die notwendige Anzahl der Zielfunktionsaufrufe notwendig ist, ist höher als bei dem vorher angewandten Gradientenverfahren und dem ARSM-Verfahren. Bei der globalen Suche werden abhängig von den Einstellungen verschiedene Optima gefunden. Alle diese Optima unterscheiden sich nur geringfü-

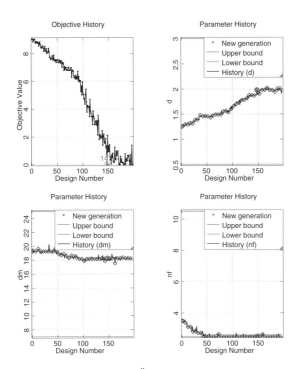

Bild 14.24 Verlauf des Zielfunktionswertes und Änderung der Inputparameter bei einer Optimierung mit dem evolutionären Algorithmus (Einstellung Designverbesserung)

gig im Zielfunktionswert. Welches der Optima bei einem stochastischen Verfahren letztendlich gefunden wird, ist von vielen Faktoren wie der Startpopulation, den Einstellungen für das Cross-over, die Mutationsrate usw. abhängig. Bei der lokalen Suche verhält sich der evolutionäre Algorithmus sehr ähnlich wie ein Gradientenverfahren. Bei ungünstig gewählten Startbedingungen kann der Algorithmus durch die Restriktionen bzw. Constraints, die bei der Optimierungsaufgabe gelten, nicht zu dem gewünschten Optimum führen. Im Allgemeinen wird ein evolutionärer Algorithmus mit den Einstellungen zur Designverbesserung in einem gültigen Designgebiet gestartet. Damit ist die Verbesserung der Zielfunktion, insbesondere bei verrauschten Problemen wie Crashberechnungen, gegeben.

14.5.4 Robustheitsanalyse

Nachdem durch die Optimierung verschiedene Optima gefunden wurden, sollen einige der Optima mit einer Robustheitsanalyse auf den Einfluss der zwangsläufig streuenden Inputparameter untersucht werden. Neben den bei der Optimierung verwendeten Inputparametern d, d_m und nf kommen bei der Robustheitsanalyse noch die streuenden Parameter für die Materialeigenschaften, Umgebungsbedingungen und Lasten dazu (auch Bild 14.7). Im Fall der Schraubendruckfeder sind das der streuende Schubmodul G des Federwerkstoffes und die Dichte des Materials ρ.

Für die Parameter müssen bei der Robustheitsanalyse Verteilungsfunktionen mit ihren Kennwerten vorgegeben werden. Die Wahl der Verteilungsfunktion und die Festlegung der Streuungen haben einen entscheidenden Einfluss auf die Güte und Aussagekraft der Ergebnisse der Robustheitsanalyse. Für die beiden streuenden Materialparameter wird eine dreiparametrige Weibull-Verteilung vorgegeben. Damit wird bei den Materialparametern sichergestellt, dass die Werte für die Materialeigenschaften nicht negativ werden können. Über den dritten Parameter der Weibull-Verteilung kann der minimal zulässige Werkstoffkennwert eingestellt werden.

Die Geometrieparameter werden über Normalverteilungen beschrieben. Für die einzelnen Parameter werden die folgenden Toleranzen vorgegeben:

- d   ± 0,05 mm
- d_m ± 0,4 mm
- nf   ± 0,2

Die vorgegebenen Toleranzen müssen nun noch in die tatsächlich auftretenden Streuungen übersetzt werden. Dabei wird angenommen, dass die Fertigungsprozesse mit einem Prozessfähigkeitsindex C_p und C_{pk} von 1,33 ablaufen. Mit dieser Information kann die Toleranz der Geometrieparameter auf die Standardabweichung σ durch Division durch vier umgerechnet werden. Der Wert für den Variationskoeffizienten CV, der optiSLang® als Input für die Robustheitsanalyse übergeben werden muss, errechnet sich nun als Quotient aus Sigma und dem Mittelwert. Dieser Mittelwert ist der Parameterwert der Optimierung, an dem die Robustheitsanalyse durchgeführt wird. In Tabelle 14.4 sind die Inputparameter, die Toleranzen und die daraus abgeleiteten Variationskoeffizienten für die normalverteilten Parameter und die Kennwerte für die Weibull-verteilten Parameter getrennt für die drei Optima, die mit den unterschiedlichen Startpunkten der Optimierung mit dem Gradientenverfahren ermittelt wurden, dargestellt.

Tabelle 14.4 Inputparameter d, d_m und nf der Robustheitsanalyse

	Optimum 1		
Parameter normalverteilt	Designpunkt	T	CV
d	1,912	0,05	0,006538
d_m	13,080	0,4	0,007645
nf	5,897	0,2	0,008479
	Optimum 2		
Parameter normalverteilt	Designpunkt	T	CV
d	1,195	0,05	0,010460
d_m	9,283	0,4	0,010772
nf	2,519	0,2	0,019849
	Optimum 3		
Parameter normalverteilt	Designpunkt	T	CV
d	1,741	0,05	0,007180
d_m	15,361	0,4	0,006510
nf	2,503	0,2	0,019976

Tabelle 14.5 Inputparameter G und ρ der Robustheitsanalyse

Parameter Weibull-verteilt	Designpunkt	Untere Grenze	CV
G	81.000	78.000	0,02
ρ	0,00785	0,0078	0,01

Die Robustheitsanalysen werden mit 100 Samples, die mit dem Latin-Hypercube-Sampling erstellt werden, durchgeführt. Diese im Vergleich zur Parameteranzahl recht hohe Anzahl an Samples wurde gewählt, um eine möglichst gute Abbildung der Verteilungsfunktion der Outputparameter zu erreichen. Dies ist durch die geringe Simulationsdauer für einen Funktionsaufruf von ca. 3,5 Sekunden möglich. Werden zu wenige Samples gewählt, werden sehr wenige Designpunkte im Bereich kleinerer Auftretenswahrscheinlichkeiten von ±1σ bis zu ±2σ erzeugt. Dies führt zu einer Unterschätzung der tatsächlich vorhandenen Streuungen der Ergebnisgrößen und/oder zu einer veränderten Abschätzung der Verteilungsfunktion.

In Bild 14.25 ist das Postprozessing in der Übersicht dargestellt. Als erste Größe soll die Verteilungsfunktion der Federsteifigkeit c bei allen drei untersuchten Optima verglichen werden. Dazu wird in das Histogramm des Outputparameters c (mittleres Bild in der zweiten Reihe in Bild 14.25) eine Normalverteilung gefittet und werden die Werte für den Mittelwert und die Standardabweichung abgelesen (Bild 14.26).

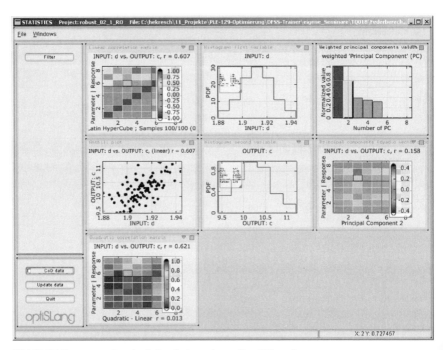

Bild 14.25 Postprozessing der Robustheitsanalyse mit optiSLang®

In Tabelle 14.6 sind die Ergebnisse der drei untersuchten Optima aufgelistet. Die Mittelwerte der drei Verteilungsfunktionen sind identisch. Der Wert für die Standardabweichung ist beim Optimum 1 am kleinsten. Daraus lässt sich ableiten, dass bei diesem Designpunkt der Einfluss der streuenden Inputparameter am kleinsten ist, und diese Lösung somit die höchste Robustheit darstellt.

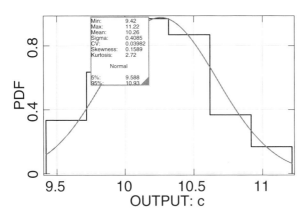

Bild 14.26 Histogramm und gefittete Normalverteilung des Outputparameters c

Tabelle 14.6 Mittelwerte und Standardabweichungen der drei mittels Robustheitsanalyse untersuchten Optima

	Designpunkt 1	Designpunkt 2	Designpunkt 3
Mittelwert	10,26	10,26	10,26
Standardabweichung	0,4085	0,6424	0,4619

Zusätzlich kann nun ermittelt werden, welcher der Inputparameter welchen Anteil an der Streuung der Ergebnisgröße hat. Dazu werden die entsprechenden Bestimmtheitsmaße, Einflussstärken und Korrelationskoeffizienten ausgewertet. Diese sind in Bild 14.27 zu sehen. Das Bestimmtheitsmaß liegt bei 100 %. Damit liefern die streuenden Inputparameter unseres Simulationsmodells die kompletten Streuungen des Outputs. Unsicherheiten aus der Simulation selbst sind somit nicht vorhanden. Die Inputparameter d mit 37 % Einflussstärke, d_m mit 30 % Einflussstärke und G mit 24 % Einflussstärke sind die drei Größen, die im Wesentlichen die Streuung der Federsteifigkeit c verursachen. Aus den Korrelationskoeffizienten kann man ablesen, dass eine Vergrößerung der Inputparameter d und G zu einer Erhöhung der Federsteifigkeit (positive Korrelation) führt. Der Inputparameter d_m hat eine negative Korrelation. Das heißt, eine Vergrößerung des Parameters führt zu einer Verringerung der Federsteifigkeit c.

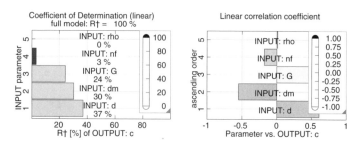

Bild 14.27 Bestimmtheitsmaß und Korrelationskoeffizienten für den Outputparameter c

Wird bei der Auswertung der Ergebnisse festgestellt, dass die Streuung der Federsteifigkeit c unzulässig groß ist, dann kann nun durch die Verringerung der Streuung der drei dominanten Einflussgrößen d, d_m und G die Streuung reduziert werden. Am wirkungsvollsten ist dabei die Einschränkung der Toleranz des Drahtdurchmessers d. Aber auch die präzisere Fertigung des Wickeldurchmessers der Feder hat einen großen Hebel und ist unter Umständen einfacher und billiger zu realisieren.

14.5.5 Schlussfolgerungen und Ausblick

Am Beispiel der Berechnung einer Schraubendruckfeder wurde gezeigt, wie die einzelnen Optimierungsalgorithmen bei der vorliegenden Aufgabenstellung erfolgreich eingesetzt werden können. Dadurch, dass der Lösungsraum sehr viele lokale Optima enthält, finden die verschiedenen Algorithmen jeweils andere Lösungen. Eine Möglichkeit, die Suche nach einem Optimum weiter einzuschränken, ist die Formulierung weiterer Restriktionen. Dies könnten z. B. eine Einschränkung der zulässigen Masse der Feder und/oder eine Beschränkung der maximalen Eigenfrequenz sein. Für die Auswahl eines Designpunktes ist die Robustheit, die in diesem Punkt vorliegt, ein weiteres wichtiges Kriterium.

Bei der Robustheitsanalyse von drei ausgewählten optimalen Designpunkten wurde die Vorgehensweise am Beispiel der Schraubendruckfeder demonstriert. Wichtig ist bei der Robustheitsanalyse, dass die Verteilungsfunktionen in ihrer Art (Normal-, Lognormal-, Weibull-, Gleichverteilung ...) und mit ihren Parametern für alle Inputparameter exakt beschrieben werden. Dazu können die Erfahrungen aus der Fertigung bei vergleichbaren Produkten und Herstellungsprozessen für die Festlegung der Verteilungsfunktionen genutzt werden. Die Übersetzung der angegebenen Toleranzen des Produktes in die Kennwerte der Verteilungsfunktion erfolgt wieder in Kenntnis der Prozessfähigkeitsindizes (C_p, C_{pk}). Die Erfahrungen über die Prozessfähigkeitsindizes für verschiedene Herstellungsverfahren und Prozessschritte sollten in der Fertigung vorliegen.

Als Ergebnis der Robustheitsanalyse wird die Streuung der untersuchten Produkteigenschaften mit den Vorgaben verglichen. Sind die prognostizierten Streuungen größer als die durch die Spezifikation für unser Produkt erlaubten Streuungen, können diejenigen Inputparameter identifiziert werden, die einen signifikanten Beitrag zur Streuung des Outputparameters liefern. Damit kann fundiert die Streuung einzelner Inputparameter unter Beachtung des Fertigungsaufwandes bzw. der Kostenänderung verändert werden. Auf der anderen Seite ist es so auch möglich, für Inputparameter, die keinen wesentlichen Beitrag zu den Streuungen der Outputparameter leisten, die Toleranzen zu vergrößern.

Die Voraussetzung für den erfolgreichen Einsatz dieser Methoden ist das Vorliegen von beschriebenen Wirkzusammenhängen in Simulationsmodellen oder analytischen Gleichungen. Nur so können in kurzer Zeit die Vielzahl von Varianten, die bei einer Optimierung oder Robustheitsanalyse untersucht werden müssen, berechnet werden.

14.6 Zusammenfassung und Erfolgsfaktoren

Die wichtigste Voraussetzung für den erfolgreichen Einsatz der Simulation ist sicherlich das Know-how der Mitarbeiter. Sie müssen die Möglichkeiten und Grenzen der Simulationsmethoden genau kennen und die Chancen für einen erfolgreichen Einsatz vor Beginn einer jeden Anwendung einschätzen. Sie müssen in der Lage sein, die richtigen Simulationstools auszuwählen, die Modelle zu erstellen und zu parametrisieren und den automatischen Ablauf des CAE-Prozesses (Computer Aided Engineering) einzurichten. Hierzu sind eine ständige Weiterbildung und die Erweiterung des Wissens um die Möglichkeiten der einzelnen Simulationstools erforderlich.

Damit die Entwicklungsmitarbeiter ihre Aufgaben erfolgreich bewältigen können, sind im Umfeld einige Voraussetzungen zu schaffen. Innerhalb des Managements ist eine gute Kenntnis der grundsätzlichen Möglichkeiten und Grenzen wichtig. Damit sind in der Leitungsebene realistische Vorstellungen über die Potenziale, die in der Anwendung der Methoden verankert sind, bzw. den dafür erforderlichen Ressourcenbedarf vorhanden.

Für die Durchführung der Simulationsberechnungen sind die entsprechenden Hardwarevoraussetzungen sicher zu stellen. In der Regel müssen für die Simulationsberechnungen Computer mit schnellen CPUs, größerem Arbeitsspeicher, leistungsfähigerer Grafik und größerer Speicherkapazität im Vergleich zu Computern für die Bürokommunikation angeschafft werden.

Neben der Hardware müssen aber auch auf der Software-Seite die benötigten Ressourcen zur Verfügung stehen. Häufig ist es möglich, die vorhandenen Rechner in einem Unternehmen zu einem Cluster zusammenzufassen und in der Nacht oder am Wochenende mit Simulationsaufgaben zu belegen. Dazu ist aber auch eine entsprechende Anzahl an Softwarelizenzen des jeweiligen Simulationstools notwendig.

Die Güte der Ergebnisse jeder Simulation hängt direkt von der Qualität sämtlicher Inputs ab. Die Informationen über Streuung und die Verteilungsfunktionen von wichtigen Inputgrößen werden oftmals im Rahmen der Statistischen Prozesslenkung (SPC) gewonnen. Diese Daten müssen in Absprache mit der Entwicklung aufbereitet und transferiert werden.

Um die Simulationstools erfolgreich einzusetzen und die Akzeptanz der Ergebnisse der Simulation zu gewährleisten, ist ein Abgleich der Simulationsmodelle mit Versuchen und eine Plausibilisierung über analytische Zusammenhänge immer wieder notwendig. So kann der Anwender für sich die Richtigkeit der Ergebnisse kontrollieren und gegebenenfalls nach Fehlern suchen.

Ein weiterer Faktor, der die Akzeptanz und den erfolgreichen Einsatz der Simulation bestimmt, ist der Aufwand, der für die Durchführung einer Aufgabenstellung notwendig ist. Oft werden bei der Bearbeitung einer Aufgabenstellung mehrere Simulationstools miteinander gekoppelt, bzw. bauen die Simulationstools aufeinander auf. Ein nicht unerheblicher Anteil der Zeit für die Erstellung der Simulationsmodelle liegt in der Realisierung dieser Kopplungen. Für die Kopplung von einzelnen Simulationstools, z.B. CAD und Finite-Elemente-Methoden, wurden in der Vergangenheit von den Softwareanbietern schon Lösungen erarbeitet, die eine erhebliche Reduzierung des Aufwandes bedeuten. Als Faustregel gilt, dass die Simulationsrechnungen bei einer Aufgabe innerhalb einer Woche mit den zur Verfügung stehenden Hard- und Softwareressourcen zu lösen sein müssen.

14.7   Verwendete Literatur

Bäck, T./Fogel, D. B./Michalewicz, Z.: Handbook of evolutionary computation, Oxford University Press, 1997

Bucher, C.: Adaptive Sampling – An iterative fast monte carlo procedure, Structural Safety 5(2):119–126, 1988

Dynardo: optiSLang Handbuch V2.1, Dynardo Eigenverlag, 2007

Goldberg, D. E.: Genetic Algorithms in Search, Optimization and Machine Learning, Addison-Wesley Longman, 1989

Hooke, R./Jeeves, T. A.: Direct search solutions of numerical and statistical problems, Journal of the ACM 8:212–229, 1961

Könning, M.: Optimierung und Robustheitsanalyse in der Simulation mechanischer Systeme, Dissertation Bauhausuniversität Weimar, 2007

Most, T./Unger, J. F./Roos, D./Riedel, J.: Advanced surrogate models within the robustness evaluation, 4. Weimarer Optimierungs- und Stochastiktage, Dynardo Eigenverlag, 2007

Rechenberg, I.: Evolutionsstrategie – Optimierung technischer Systeme nach Prinzipien der biologischen Evolution, Fromman-Holzboog Verlag, 1973

Schittkowski, K.: NLPQL: A FORTRAN subroutine solving constrained nonlinear programming problems, Universität Stuttgart, 1985

Schumacher, A.: Optimierung mechanischer Strukturen, Springer-Verlag, 2004

Schwefel, H. P.: Evolutionsstrategie und numerische Optimierung, Doktorarbeit Technische Universität Berlin, 1975

Will, J./Bucher, C.: Statistische Maße für rechnerische Robustheitsbewertungen CAE gestützter Berechnungsmodelle, 3. Weimarer Optimierungs- und Stochastiktage, Dynardo Eigenverlag, 2006

15 Messsystemanalysen (MSA)

15.1 Zielsetzung

Die Erhebung von Daten durch Messungen und die entsprechende statistische Auswertung sind zentrale Themen in der DFSS-Methodik. Notwendige Voraussetzung für Design for Six Sigma sind deshalb Messprozesse, die verlässlich, präzise und stabil, d. h. fähig sind.

Die Überprüfung der Fähigkeit und Stabilität von Messprozessen stellt sicher, dass ein Messsystem für die Messaufgabe

* mit realen Teilen
* in der Umgebung, in der es eingesetzt wird,
* von den Personen, von denen es bedient wird,

geeignet ist. Der Nachweis der Fähigkeit wird durch Messungen am Einsatzort mit entsprechender statistischer Auswertung erbracht. Derartige Untersuchungen werden als Messsystemanalysen (MSA) bezeichnet.

Der Erfolg von DFSS-Projekten wird daran gemessen, inwieweit es gelingt, das entwickelte Produkt von Anfang an mit fähigen und beherrschten Prozessen zu fertigen. Zu diesem Zweck sind insbesondere in der Phase der Vorserie Prozessfähigkeitsuntersuchungen notwendig. Diese sind mit entsprechend fähigen Messprozessen durchzuführen, da anderenfalls Entscheidungen nicht mit der erforderlichen Präzision getroffen werden können.

Um die Bedeutung des Messprozesses zu veranschaulichen, wird der Prozess des Messens mathematisch aufgearbeitet. Für ein zu fertigendes Bauteil ist eine Eigenschaft y spezifiziert. Das Bauteil wird fertigungsbedingt von dem Spezifikationswert um einen zufälligen Wert Δy_f abweichen. Zur Prüfung des Produktmerkmals wird das Bauteil vermessen. Diese Messung ist ebenfalls nicht ideal und besitzt eine zufällige Abweichung Δy_m. Beide Abweichungen überlagern sich, sodass sich eine Gesamtabweichung von

$$\Delta y = \Delta y_f + \Delta y_m$$

ergibt. Das Ergebnis der Überlagerung kann statistisch beschrieben werden. Dazu werden die unterschiedlichen Abweichungen mit den Zufallsvariablen ΔY, ΔY_f und ΔY_m beschrieben. Da die beiden Größen ΔY_f und ΔY_m als unabhängig angesehen werden können, ergibt sich die Wahrscheinlichkeitsverteilung der Zufallsvariable ΔY aus der Faltung der Wahrscheinlichkeitsverteilungen von ΔY_f und ΔY_m:

$$f(\Delta y) = f(\Delta y_f) * f(\Delta y_m)$$

Bild 15.1 stellt schematisch die Wahrscheinlichkeitsverteilung der Zufallsvariable ΔY für ein geeignetes und ein ungeeignetes Messsystem dar.

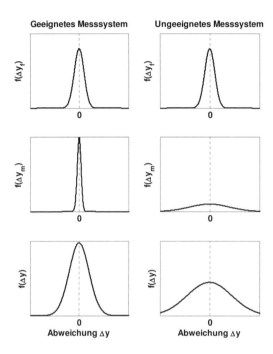

Bild 15.1 Überlagerung der Streuung von Fertigungsprozess und Messprozess zur Gesamtstreuung

Die bei der Fertigung des Produktes entstandene Abweichung Δy_f wird hier als normalverteilt angenommen. Auch die durch die Messung entstehenden Abweichungen werden mit einer Normalverteilung modelliert, wobei für den geeigneten und den ungeeigneten Messprozess unterschiedlich große Standardabweichungen angenommen wurden.

Durch die Messung des Spezifikationsmerkmals Y erscheint die gemessene Wahrscheinlichkeitsverteilung in beiden Fällen breiter, als die Wahrscheinlichkeitsverteilung in Wirklichkeit ist. Die Größe der Verbreiterung hängt von der Wahrscheinlichkeitsverteilung $f(\Delta y_m)$ des Messsystems ab. Je schmaler die Verteilung des Messsystems ist, desto schmaler ist die Verteilung des gemessenen Produktmerkmals.

Für normalverteilte Wahrscheinlichkeitsverteilungen der Variablen ΔY_f mit einer Standardabweichung σ_f und ΔY_m mit einer Standardabweichung σ_m ergibt sich für die Zufallsvariable ΔY ebenfalls eine Normalverteilung mit der Standardabweichung

$$\sigma = \sqrt{\sigma_f^2 + \sigma_m^2}$$

Diese Darstellungen zeigen, dass ein verlässlicher, präziser und stabiler Messprozess wesentliche Grundlage für eine Produktentwicklung und Produktbewertung ist.

Hinweis

Da in der Praxis Messsysteme viel zu selten überprüft werden, ist die Eignung häufig nicht ausreichend. Auch neu kalibrierte Messsysteme können für Messungen, für die sie eingesetzt werden, unbrauchbar sein!

Leitfragen

- Ist das eingesetzte Messsystem in der Umgebung, in der es eingesetzt wird, von den Personen, von denen es bedient wird, mit realen Teilen für die Messaufgabe geeignet?
- Wie groß ist die Streuung, die nur durch das Messsystem verursacht wird?

15.2 Einordnung der MSA in den Produktentstehungsprozess

MSA will im eigentlichen Sinne nicht als eigenständige Methode im Produktentstehungsprozess verstanden werden, sondern ist als Querschnittsfunktion zu betrachten:

Die Eignung eines Messmittels und die Messprozessfähigkeit gelten als Grundvoraussetzung, wann auch immer Messungen am Produkt oder im System durchgeführt werden. Somit muss während des gesamten Entwicklungsprozesses der Fähigkeit von Messmitteln und Messprozessen hohe Bedeutung beigemessen werden: einerseits zu Projektmeilensteinen, wo Bewertungen und Mustererprobungen durchgeführt werden, andererseits bei der Anwendung verschiedener Methoden, bei denen Entscheidungen aufgrund von Messwerten getroffen werden.

Zusammenspiel mit weiteren Methoden

Wie auch aus Bild 15.2 hervorgeht, kann in diesem Zusammenhang jede Methode im Rahmen von DFSS genannt werden, bei der die Messbarkeit von Eigenschaften eine Rolle spielt. Dies ist z.B. die QFD, wo es um die Messbarkeit von Produkteigenschaften und den Nachweis von Funktionen geht, oder bei der Analyse verschiedenster Konzepte, die eine Konzeptauswahl nach sich zieht, oder auch FMEA und DRBFM, wo vielfach Nachweise in Form von Messungen erbracht werden müssen, um basierend auf den Ergebnissen Maßnahmen zu definieren.

Bild 15.2 MSA und der PEP

Eine besonders große Rolle spielt die MSA auch, wenn im Rahmen von DFSS DoE-Auswertungen durchgeführt werden: Hier ist zu Beginn sicherzustellen, dass eine entsprechende Messmittelfähigkeit gegeben ist.

Insbesondere ist noch die Methode SPC (Statistische Prozesslenkung) zu nennen, deren Anwendung letzten Endes über Fehler oder Nicht-Fehler des Produktes entscheidet, was das Vorhandensein eines fähigen Messprozesses unverzichtbar macht.

15.3   Grundbegriffe

15.3.1 Messsystem

Das Messsystem ist eine Zusammenfassung aller Einflusskomponenten zur Ermittlung eines Messwertes für ein Merkmal, d. h., es wird der vollständige Prozess zur Erfassung von Messwerten betrachtet.

Das Messsystem beinhaltet somit

- Verfahren, Ablaufschritte,
- Messgeräte,
- weitere Ausrüstung,
- Hilfsmittel,
- Normal (Referenzwert),
- Software und
- Personal, welches benötigt wird, um dem gemessenen Merkmal einen Zahlenwert zuzuweisen

Der Messprozess wird von unterschiedlichen Größen beeinflusst, die in sechs Kategorien aufgeteilt werden können (Bild 15.3).

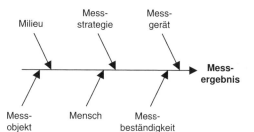

Bild 15.3 Einflüsse auf das Messergebnis

15.3.2 Kalibrieren, Eichen, Justieren

In der Diskussion von Messsystemen werden teilweise die Begriffe Kalibrieren, Eichen und Justieren miteinander verwechselt. Sie werden deshalb kurz erläutert.

Beim Kalibrieren wird ein Messgerät überprüft und die Abweichung zu einem bekannt richtigen Standard bestimmt und dokumentiert.

Die Überprüfung von Messgeräten, für die es gesetzliche Vorgaben gibt und die durch dafür autorisierte Einrichtungen durchgeführt wird, wird als Eichung bezeichnet. Eine Eichung findet z. B. für Tanksäulen, an Waagen des Einzelhandels, aber auch an Anlagen zur Zertifizierung von Emissionen statt.

Beim Justieren wird der angezeigte Wert auf den richtigen Wert so gut wie möglich korrigiert, um eine korrekte Anzeige zu erhalten.

15.3.3 Ansprechschwelle, Auflösung

Die Auflösung eines Messsystems stellt die kleinste Betragsänderung von einem Referenzwert dar, die ein Messgerät unterscheiden kann. Sie wird teilweise auch als Ansprechschwelle oder Ablesbarkeit bezeichnet. Die Auflösung ist die Fähigkeit des Messsystems, geringe Änderungen der Messergebnisse zu erkennen. Die Auflösung wird üblicherweise an der feinsten Skaleneinteilung am Messgerät gemessen.

Einfluss der Auflösung auf das Messergebnis

Eine Auflösung Δy_a einer Messgröße kann mit einer gleichverteilten Streuung Δy_m modelliert werden, die einen Bereich von

$$-\frac{\Delta y_a}{2} \leq \Delta y_m < \frac{\Delta y_a}{2}$$

aufweist. Mit den Vorüberlegungen in der Einleitung des Kapitels ergibt sich daraus, dass mit einer wachsenden Auflösung eine Verbreiterung der Wahrscheinlichkeitsdichte für die Größe ΔY verbunden ist. Dieser Sachverhalt wird in Bild 15.4 dargestellt.

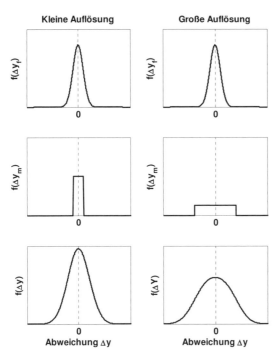

Bild 15.4 Überlagerung der Streuung von Fertigungsprozess und Auflösung des Messprozesses

Eine schlechte Auflösung verbreitert die gemessene Verteilung des zu charakterisierenden Produktmerkmals.

Praxistipp

Vor der Verwendung des Messmittels muss eine adäquate Auflösung sichergestellt werden. Nach dem MSA-Beiwerk der QS 9000 sollte die Messeinrichtung in der Lage sein, mindestens ein Zehntel der Prozessstreuung aufzulösen. Andere Richtlinien, wie z. B. die des Verbandes Deutscher Automobilhersteller, fordern sogar eine Auflösung, die kleiner als 5 % der gegebenen Toleranz ist.

15.4 Vorgehensweise bei der Anwendung

Für den Nachweis der Fähigkeit von Messprozessen für quantitative Merkmale werden in weiterer Folge sechs Verfahren vorgestellt. Die erläuterten Berechnungsmethoden setzen alle normalverteilte Messwerte voraus.

Die bestätigte Eignung nach Verfahren 1 weist eine ausreichende Auflösung nach und gilt deshalb als Voraussetzung dafür, die Verfahren 2 bis 5 anzuwenden.

Die Linearitätsuntersuchung gemäß Verfahren 4 ist nur dann durchzuführen, wenn die Linearität nicht bereits vom Hersteller bzw. im Rahmen der periodischen Kalibrierung hinreichend untersucht wurde und diese für den betrachteten Anwendungsfall wichtig ist.

Die Verfahren 2 und 3 bewerten das Streuverhalten einer Messeinrichtung mit und ohne Einfluss des Prüfers. Sie sind der Kern der Messsystemanalyse.

Verfahren 5 ist nur bei Messprozessen mit voraussichtlich nicht ausreichend stabilem Langzeitverhalten notwendig. Das Verfahren 6 ist für die Untersuchung der Fähigkeit von attributiven Messsystemen vorgesehen.

Bild 15.5 fasst das Vorgehen bei der Messsystemanalyse in Form eines Flussdiagramms zusammen.

Erweist sich ein Messprozess als nicht fähig, sind die Ursachen zu untersuchen, um Hinweise auf Verbesserungsmöglichkeiten zu bekommen. Dabei sind systematische und zufällige Messfehler, der Einfluss des Messobjektes und des Prüfers zu ermitteln. Auch Hilfsmittel, Aufnahmevorrichtungen sowie Messstrategie und Umgebungsbedingungen können eine Rolle spielen und müssen deshalb in die Analyse einbezogen werden.

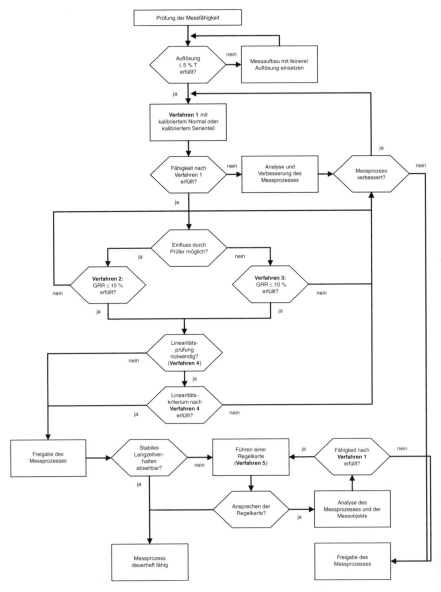

Bild 15.5 Flussdiagramm zur Anwendung der verschiedenen MSA-Verfahren

15.4.1 Überprüfung der systematischen Messabweichung (Verfahren 1)

Genauigkeit (systematische Messabweichung)

Die Genauigkeit eines Messsystems wird auch „bias" genannt und ist die Differenz zwischen dem Mittelwert aller Messungen und dem Referenzwert.

Zur Bestimmung der systematischen Messabweichung wird ein Referenzteil von demselben Prüfer an demselben Ort mehrfach gemessen. Die systematische Messabweichung ergibt sich aus der Differenz zwischen dem wahren Referenzwert und dem Mittelwert der gemessenen Werte:

$$\Delta y_{m,sys} = \sum_{i=1}^{n} y_{m,i} - y_{ref}$$

Bild 15.6 verdeutlicht den Begriff der systematischen Messabweichung grafisch.

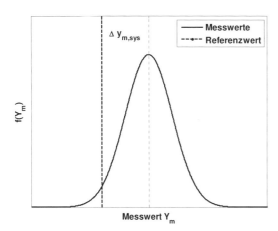

Bild 15.6 Systematische Messabweichung eines Messsystems

Die systematische Abweichung kann durch Kalibrierung und Justierung des Prüfmittels verringert werden.

Beschreibung des Verfahrens

Das Verfahren 1 der Messsystemanalyse prüft die Fähigkeit eines Messprozesses bezüglich Streuung und Lage der Messwerte im Toleranzfeld eines Merkmals. Es wird vorzugsweise mit einem kalibrierten Normal durchgeführt, dessen Referenzwert y_m möglichst in der Mitte des späteren Messbereichs liegt. An definierten Messpunkten wird das Normal $n \geq 25$-mal unter

Wiederholbedingungen gemessen. Aus den Messwerten werden der Mittelwert

$$\bar{y} = \frac{y_1 + \ldots + y_n}{n} = \frac{1}{n} \cdot \sum_{i=1}^{n} y_i$$

und die Standardabweichung s der Messwerte

$$s = \sqrt{\frac{1}{n-1} \cdot \sum_{i=1}^{n} \left(y_i - \bar{y} \right)^2}$$

sowie die Abweichung des Mittelwertes vom Referenzwert

$$\Delta y = \bar{y} - y_m$$

ermittelt. Bei den Messungen ist darauf zu achten, dass das Normal bei Messungen unter Wiederholbedingungen langzeitstabil ist. Ist kein entsprechendes Normal verfügbar, so kann aus der Produktion ein geeignetes Objekt ausgewählt werden, welches als Normal kalibriert und gekennzeichnet wird.

Die Messgerätefähigkeit C_g ist ein Maß für die Streuung der abgelesenen Messwerte in Relation zu der Toleranzbreite T.

$$C_g = \frac{0.2 \cdot T}{6 \cdot s}$$

In der Praxis wird üblicherweise eine Messgerätefähigkeit von $C_g \geq 1{,}33$ gefordert. Dies bedeutet, dass die Standardabweichung s der Stichprobe lediglich 2,5 % der Toleranzbreite T betragen darf. Alternativ zur Messgerätefähigkeit wird die Wiederholbarkeit des Messprozesses angegeben. Dieser Wert errechnet sich aus

$$\%\,\mathrm{var} = \frac{6 \cdot s}{T} = \frac{0.2}{C_g}$$

Die Forderung nach einer Messgerätefähigkeit größer 1,33 entspricht einem Schwellenwert für die Wiederholbarkeit von 15 %.

Die Messgerätefähigkeit C_g und die Wiederholbarkeit sind Kenngrößen, die die Streuung von Messwerten charakterisieren und damit ein Maß für die Breite der Verteilung sind. Um die Abweichung des Mittelwertes der Messungen vom realen Wert zu charakterisieren, wird der Fähigkeitsindex C_{gk}

$$C_{gk} = \frac{0.1 \cdot T - \left| \bar{y} - y_m \right|}{3 \cdot s}$$

bestimmt. Auch für diese Kenngröße wird üblicherweise ein Grenzwert von $C_{gk} \geq 1,33$ gefordert. Alternativ wird als Maß für die Wiederholbarkeit und systematische Messabweichung der Wert

$$\% \, var = \frac{0.2 \cdot 3 \cdot s}{0.1 \cdot T - |\overline{y} - y_m|} = \frac{0.2}{C_{gk}}$$

bestimmt.

Bei diesen Kenngrößen geht der Toleranzbereich T in die Berechnung ein. Er ergibt sich aus der Differenz des oberen (OGW) und unteren (UGW) Grenzwertes. Für den Fall eines Merkmals mit einem oberen Grenzwert und einer natürlichen unteren Grenze null ist für die Toleranzbreite der obere Grenzwert (OGW) anzusetzen.

Für Merkmale mit nur einem Grenzwert ist die Berechnung der Messfähigkeit zunächst nicht möglich, da die Toleranzbreite T nicht bestimmt werden kann. Ist nur der obere Grenzwert definiert, ist der Messprozess fähig, wenn alle Messwerte in dem Intervall

$$y_i \leq OGW - 4 \cdot s$$

liegen. Ist nur der untere Grenzwert definiert, müssen bei einem fähigen Messprozess die Messwerte in dem Intervall

$$y_i \geq OGW + 4 \cdot s$$

sein. Der Referenzwert des Normals sollte in diesem Fall nahe an dem Grenzwert liegen, z. B. 10 % unterhalb des oberen oder 10 % oberhalb des unteren Grenzwertes.

Praxisbeispiel   Als Beispiel wird die Messung des Außendurchmessers eines Zylinders betrachtet. Die Daten sind in Tabelle 15.1 dargestellt und in Bild 15.7 grafisch aufbereitet.

Die Auflösung der Messung beträgt 0,0001 mm, der Referenzwert der Stichprobe hat den Wert y_m = 6,002 mm und der Toleranzbereich ist T = 0,06 mm.

Die Auflösung ist kleiner als 5 % des Toleranzbereichs, sodass eine ausreichende Auflösung vorliegt. Der C_g-Wert ergibt sich zu

$$C_g = \frac{0.2 \cdot T}{6 \cdot s} = 2.0103 > 1.33$$

und die Wiederholbarkeit beträgt

$$\% \, var = \frac{6 \cdot s}{T} = 9.95\%$$

Tabelle 15.1 Messwerte für den Außendurchmesser eines Zylinders

Index	Zylinderdurchmesser / mm				
1–5	6,001	6,002	6,001	6,001	6,002
6–10	6,001	6,001	6,000	5,999	6,001
11–15	6,001	6,000	6,001	6,002	6,002
16–20	6,002	6,002	6,002	6,002	6,000
21–25	6,002	6,000	5,999	6,002	6,002
26–30	6,001	6,001	6,000	5,999	5,999
31–35	6,000	6,001	6,001	6,002	6,001
36–40	6,001	6,000	6,000	5,999	5,999
41–45	6,000	6,001	6,002	6,001	6,002
46–50	6,002	6,001	6,002	6,001	6,001

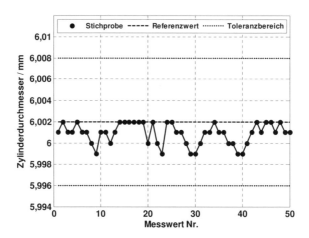

Bild 15.7 Grafische Aufbereitung der Messwerte aus Tabelle 15.1

Die systematische Messabweichung wird über den C_{gk}-Wert

$$C_{gk} = \frac{0.1 \cdot T - |\bar{y} - y_m|}{3 \cdot s} = 1.6417 > 1.33$$

oder den Wert für Wiederholbarkeit und systematische Messabweichung charakterisiert:

$$\% \, var = \frac{0.2 \cdot 3 \cdot s}{0.1 \cdot T - |\bar{y} - y_m|} = \frac{0.2}{C_{gk}} = 12.18 \, \%$$

Für die Messwerte aus Tabelle 15.1 ist damit die Messfähigkeit nach Verfahren 1 erfüllt.

Praxistipp

In der Praxis werden Messfähigkeitsanalysen mit Statistikprogrammen ausgeführt. Im Statistikprogramm Minitab® beispielsweise kann unter Aufruf des Verfahrens 1 und durch Einlesen der Daten aus einer definierten Zeile die dargestellte Auswertung (Bild 15.8) für das bereits diskutierte Beispiel erhalten werden.

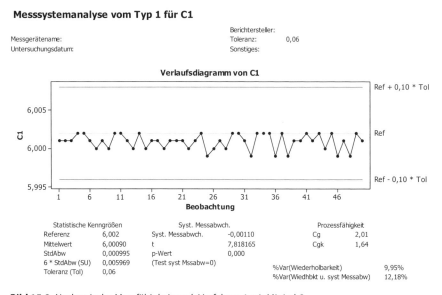

Bild 15.8 Nachweis der Messfähigkeit nach Verfahren 1 mit Minitab®

Mithilfe des Statistikprogramms können somit mit geringem Aufwand alle Messwerte und Kenngrößen berechnet und übersichtlich dargestellt werden.

15.4.2 Untersuchung der Linearität (Verfahren 4)

Begriff Linearität

Die Ermittlung der systematischen Messabweichung trifft eine Aussage über die Messfähigkeit lediglich an einem definierten Punkt. Zur Bewertung der Linearität müssen mehrere Punkte herangezogen werden, die gleichmäßig über den Messbereich verteilt sind. Schwankt der Messfehler in einem engen

Bereich um die Nulllinie, ist der Linearitätsfehler gering und kann vernachlässigt werden.

Eine Linearitätsuntersuchung ist nur dann notwendig, wenn diese nicht vom Hersteller bzw. im Rahmen der periodischen Kalibrierung des Prüfmittels hinreichend untersucht wurde und diese für den betrachteten Anwendungsfall wichtig ist. Sie wird typischerweise angewendet bei

- justierbarer, einstellbarer Verstärkung (Kennlinie),
- logarithmischer Skala,
- auf den Endwert bezogener Fehlergrenze.

Beschreibung des Verfahrens

Zur quantitativen Bewertung der Linearität wird eine statistische Auswertung der systematischen Abweichungen als Funktion der Messgröße durchgeführt. Dazu werden mindestens fünf über den Arbeitsbereich verteilte Stützstellen analysiert. Sie werden von fünf Serienteilen repräsentiert, die den zu untersuchenden Arbeitsbereich des Messsystems idealerweise äquidistant abdecken.

Zu jedem Teil wird durch Messungen mit einem Referenzverfahren ein Referenzwert $y_{ref,i}$ bestimmt. Jedes Teil wird vom ausgewählten Prüfer mit der zu untersuchenden Messeinrichtung an deren vorgesehenem Einsatzort mindestens zehnmal gemessen und es wird die Abweichung vom Referenzwert bestimmt. Auf Basis dieser Daten wird für die Abweichung eine Regressionsgerade mit einem Konfidenzbereich von 95 % berechnet.

Für einen linearen Messprozess muss die Nulllinie vollständig innerhalb des Konfidenzbereiches liegen. Damit gleichwertig ist die Forderung, dass die Steigung und der Achsenabschnitt der Ausgleichsgeraden nicht signifikant von null verschieden sind.

Praxisbeispiel   Das Vorgehen wird an dem Beispiel der Messung eines Zylinderdurchmessers im Bereich von 2 bis 10 mm (Tabelle 15.2) vertieft.

Die Abweichungen der Messwerte von dem jeweiligen Referenzwert $y_{ref,i}$ werden als Funktion der Messgröße dargestellt. Es ergeben sich die in Bild 15.9 als + dargestellten Werte. Für die Abweichungen wird eine Regressionsgerade mit einem Konfidenzbereich von 95 % berechnet und in das Diagramm eingezeichnet.

Bei diesem Beispiel liegt die Nulllinie vollständig innerhalb der 95 %-Vertrauensgrenzen, obwohl die Steigung zunächst signifikant von null verschieden zu sein scheint. Aufgrund der großen Streuung ist der Toleranzbereich der Regressionsgeraden aber größer als der Linearitätsfehler.

Auf Basis dieser Messergebnisse wird das Messsystem deshalb als linear eingestuft.

Tabelle 15.2 Vermessung von Referenzteilen zum Nachweis der Linearität

Messung	Teil 1	Teil 2	Teil 3	Teil 4	Teil 5
d_{ref}	2,001	4,003	5,999	8,001	10,002
1	1,977	4,017	6,008	8,074	10,068
2	1,922	4,072	5,952	8,057	10,062
3	1,908	4,056	5,953	8,015	10,032
4	2,049	4,027	5,952	7,997	10,078
5	1,910	3,962	6,019	7,974	10,037
6	1,942	4,013	5,990	8,016	9,921
7	1,939	4,102	5,939	8,053	10,036
8	1,954	3,995	5,933	8,053	10,015
9	1,986	4,005	6,037	7,980	10,029
10	1,908	3,921	6,014	8,067	10,039

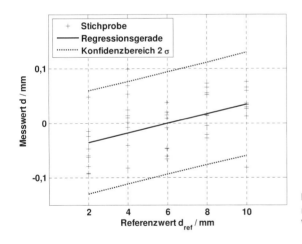

Bild 15.9 Regressionsgerade mit Konfidenzbereich für die Werte aus Tabelle 15.2

Erweiterung des Verfahrens durch Einbeziehen der Zieltoleranz

Das vorgestellte Verfahren orientiert sich an der Streuung, die durch den Messprozess entsteht. Die zu bewertende Zieltoleranz T bleibt unberücksichtigt. In einigen Verfahren zum Nachweis der Linearität wird zusätzlich für alle Stützstellen gefordert, dass die systematische Abweichung $\Delta y_{m,sys}$ an jeder Stützstelle in dem Bereich

$$-5\% \cdot T \le \Delta y_{m,sys} \le 5\% \cdot T$$

liegt. Wird für das Beispiel aus Tabelle 15.2 ein Toleranzbereich von 0,05 mm angenommen, ergeben sich die Toleranzgrenzen zu

$$-0.0025 \le \Delta d_{m,sys} \le 0.0025$$

Eine Auswertung der Messwerte ergibt die in Tabelle 15.3 dargestellten systematischen Abweichungen.

Tabelle 15.3 Bewertung der systematischen Abweichungen an den Stützstellen

Messung	Teil 1	Teil 2	Teil 3	Teil 4	Teil 5
d_{ref}	2,001	4,003	5,999	8,001	10,002
$\Delta d_{m,sys}$	−0,0515	0,0140	−0,0193	0,0276	0,0297

Die Kombination von Streuung und Abweichung von der Nulllinie bei der ersten Stützstelle führt unter Einbeziehen der Zieltoleranz zu dem Ergebnis, dass die Messeinrichtung nicht ausreichend stabil ist und verbessert werden muss.

15.4.3 Bewertung eines Messsystems bezüglich Streuverhalten unter Einfluss des Prüfers (Verfahren 2)

Vergleichs- und Wiederholpräzision

Die in den vorhergehenden Abschnitten dargestellten Verfahren bewerten Messprozesse mithilfe von Referenzteilen. Prozesskontrollen werden aber unter Fertigungsbedingungen durchgeführt. Um die dort herrschenden Bedingungen bei der Messsystemanalyse einfließen zu lassen, ist ein Fähigkeitsnachweis in Kombination mit Serienteilen notwendig.

Bei der Untersuchung von Serienteilen gehen unterschiedliche Einflüsse in die Auswertung mit ein. Bild 15.10 gibt einen Überblick.

Die Wiederholpräzision gibt an, wie hoch die Streuung ist, wenn der gleiche Prüfer dasselbe Merkmal mehrmals misst. Da dieser Kennwert wesentlich durch die Einrichtung bestimmt wird, wird diese Einflussgröße auch als Equipment Variation (EV) bezeichnet.

Die Vergleichspräzision beschreibt den Einfluss unterschiedlicher Prüfer auf das Messergebnis. Wie eingangs erwähnt, können insbesondere bei manu-

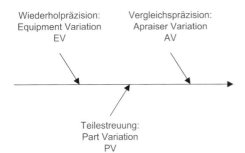

Wiederholpräzision:
Equipment Variation
EV

Vergleichspräzision:
Apraiser Variation
AV

Teilestreuung:
Part Variation
PV

Bild 15.10 Einflussgrößen für Messsysteme bei der Untersuchung von Serienteilen

eller Ausführung der Messung Wissen, Erfahrung und Aufmerksamkeit der Prüfer einen Einfluss auf das Messergebnis haben. Aus dem englischen Sprachraum ergibt sich die Bezeichnung Appraiser Variation (AV).

Diesen beiden Einflüssen überlagert sich die fertigungsbedingte Streuung der zu messenden Teile. Dieser Einfluss wird als Part Variation (PV) bezeichnet und geht ebenfalls in das Messergebnis ein.

Aufgabe der Messsystemanalyse ist es, die Einflüsse voneinander zu trennen und daraus eine Aussage über die Fähigkeit des Messprozesses abzuleiten. Hierzu gibt es zwei Kenngrößen:

- Gage Repeatability and Reproducibility (GRR),
- Number of Distinct Categories (NDC).

Beide Kenngrößen werden im Folgenden vorgestellt.

Gage Repeatability and Reproducibility

Der GRR-Wert ist der Schätzwert für die kombinierte Streuung der Wiederhol- und Vergleichspräzision. Der Wert repräsentiert somit die Streuung, die der Summe der Streuungen innerhalb des Messsystems und zwischen unterschiedlichen Ausführungsformen entspricht.

$$GRR = \sqrt{EV^2 + AV^2}$$

Der GRR-Wert wird als relativer Wert angegeben und entweder auf die beobachtete Prozessstreuung oder auf die Toleranzbreite bezogen.

Bei dem Bezug auf die beobachtete Prozessstreuung ist zu beachten, dass die Stichproben die gesamte Prozessstreuung repräsentieren. Weiterhin ergibt sich das Problem, dass bei geänderter Systemstreuung auch der GRR-Wert variiert und damit eine Langzeitbewertung des Messsystems erschwert wird.

Deshalb wird der GRR-Wert in der Praxis oftmals auf die Toleranzbreite bezogen. Unter Berücksichtigung eines Konfidenzbereiches von ± 3 σ ergibt sich der relative GRR-Wert zu

$$\%GRR = \frac{6 \cdot GRR}{T}$$

Dieser Wert ist die geläufigste Messgröße zur Beurteilung der Eignung eines Messsystems. Auf seiner Basis ergeben sich die in Tabelle 15.4 dargestellten Einstufungen für den Messprozess.

Tabelle 15.4 Faustregel zur Beurteilung von Messsystemen

%GRR	Klassifizierung
%GRR ≤ 5 %	Messprozess ist sehr gut
%GRR ≤ 10 %	Messprozess ist fähig
10 % < %GRR ≤ 30 %	Messprozess ist bedingt fähig, hängt von Wichtigkeit und Kosten der Messung ab
30 % < %GRR	Messprozess ist nicht fähig, Korrekturmaßnahmen erforderlich

Number of Distinct Categories

Ziel der Prozesslenkung ist es, Streuungen im Fertigungsprozess zu erkennen und gegebenenfalls korrigieren zu können. Dazu muss der zugrunde liegende Messprozess in der Lage sein, die Spezifikationsmerkmale sicher erkennen und auflösen zu können.

Die Kennzahl „Anzahl vom Messprozess unterscheidbarer Klassen (Number of Distinct Categories)" zeigt an, wie viele sich nicht überschneidende 97 %-Vertrauensbereiche der Messung innerhalb des Vertrauensbereiches der gesamten ermittelten Prozessstreuung unterschieden werden können. Bild 15.11 verdeutlicht diesen Zusammenhang grafisch.

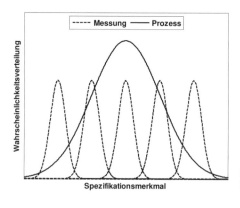

Bild 15.11 Grafische Darstellung des Kennwertes Number of Distinct Categories

Der NDC-Kennwert berechnet sich aus

$$NDC = 1.41 \cdot \frac{PV}{GRR}$$

Als Faustregel gilt, dass der NDC-Wert größer als fünf sein sollte.

Anwendungsbedingungen und Auswertemöglichkeiten des Verfahrens 2

Mithilfe der beiden genannten Kenngrößen ist es möglich, die unterschiedlichen Einflüsse auf einen Messprozess zu bewerten. Das Verfahren zur Bewertung eines Messsystems bezüglich Streuverhalten unter Einfluss des Prüfers wird in der Messsystemanalyse als Verfahren 2 bezeichnet. Dieses Verfahren ist dann notwendig, wenn eine Beeinflussung des Messprozesses durch die Handhabung des Prüfers nicht grundsätzlich ausgeschlossen werden kann. Statt der Variation des Prüfers können auch andere Randbedingungen, z. B. ein Messgerät oder ein Messverfahren, variiert werden.

In der Messsystemanalyse werden zwei Methoden eingesetzt, die sich an der Varianzanalyse orientieren. Die Mittelwert- und Spannweitenmethode wird mit geringem mathematischem Aufwand realisiert, ist aber sensitiv gegen Ausreißer. Demgegenüber ist die Auswertung mithilfe der Varianzanalyse präziser, erfordert aber Rechnerunterstützung.

Bewertung des Prüfereinflusses mit der Mittelwert- und Spannweitenmethode

Die Messsystemanalyse erfolgt mit n = 10 wiederholbar messbaren Teilen aus der Fertigung und in der Regel mit drei Prüfern. Als Basis werden für jeden Prüfer r = 2 oder r = 3 getrennte Messreihen durchgeführt.

Bei der Mittelwert- und Spannweitenmethode wird von der Spannweite der Messwerte auf ihre Standardabweichung geschlossen. Für diese Umrechnung werden die Konstanten K_i benötigt, die auf Basis von Modellrechnungen als Funktion des Stichprobenumfangs bestimmt wurden. Die hier verwendeten Konstanten K_1, K_2 und K_3 sind der Bosch-Schriftenreihe entnommen und nur für die hier verwendeten Stichprobenumfänge gültig.

Praxisbeispiel Die Auswertung der Daten nach der Mittelwert- und Spannweitenmethode wird an einem Beispiel verdeutlicht, das in Tabelle 15.5 dargestellt ist. Aus den Daten der zwei Messreihen jedes Prüfers werden die Mittelwerte $y_{A,B,C}$ aller von den Prüfern A, B und C gemessenen Werte berechnet. Zu jedem Wertepaar (Reihe 1, Reihe 2) wird für jeden Prüfer und jedes Teil die Spannweite bestimmt. Diese werden in Abhängigkeit des Prüfers mit R_{Ai}, R_{Bi} und R_{Ci} bezeichnet. Aus den einzelnen Spann-

Tabelle 15.5 Vermessung eines Fertigungsloses von Zylindern nach Verfahren 2

	Prüfer A			Prüfer B			Prüfer C			$\bar{y}_i$
	Reihe 1	Reihe 2	R_{Ai}	Reihe 1	Reihe 2	RBi	Reihe 1	Reihe 2	R_{Ci}	
1	6,029	6,030	0,001	6,033	6,032	0,001	6,031	6,030	0,001	6,031
2	6,019	6,020	0,001	6,020	6,019	0,001	6,020	6,020	0	6,020
3	6,004	6,003	0,001	6,007	6,007	0	6,010	6,006	0,004	6,006
4	5,982	5,982	0	5,985	5,986	0,001	5,984	5,984	0	5,984
5	6,009	6,009	0	6,014	6,014	0	6,015	6,014	0,001	6,013
6	5,971	5,972	0,001	5,973	5,972	0,001	5,975	5,974	0,001	5,973
7	5,995	5,997	0,002	5,997	5,996	0,001	5,995	5,994	0,001	5,996
8	6,014	6,018	0,004	6,019	6,015	0,004	6,016	6,015	0,001	6,016
9	5,985	5,987	0,002	5,987	5,986	0,001	5,987	5,986	0,001	5,986
10	6,025	6,028	0,003	6,029	6,025	0,004	6,026	6,025	0,001	6,026
	$y_A = 6,0039$	$R_A =$ 0,0015		$y_B = 6,0058$	$R_B =$ 0,0014		$y_C = 6,0054$	$R_C =$ 0,0011		$R_P =$ 0,06

weiten wird schließlich für jeden Prüfer eine mittlere Spannweite R_A, R_B und R_C berechnet.

Aus den sechs Messergebnissen jedes Objekts i wird der Mittelwert berechnet. Die Größe R_P ist die Spannweite der Mittelwerte in der äußeren rechten Spalte, die sich aus der Differenz des größten und kleinsten Mittelwerts ergibt. Sie ist ein Maß dafür, wie stark die unterschiedlichen Teile streuen.

Die mittlere Spannweite R

$$R = \frac{R_A + R_B + R_C}{3} = 0.00137 \text{ mm}$$

ist ein Maß dafür, wie stark die Messwerte bei gleicher Durchführung der Messung streuen. Dieser Wert charakterisiert die Wiederholpräzision einer Messeinrichtung. Durch Normierung mit der Konstante

$$K_1 = 0.8862$$

ergibt sich die Wiederholpräzision EV (Equipment Variance) als Standardabweichung zu

$$EV = R \cdot K_1 = 0.00121 \text{ mm}$$

Die Spannweite der Bedienermittelwerte ist ein Maß für den Einfluss des Prüfers und der Wiederholpräzision. Sie ergibt sich aus

$$R_y = \max(y_A, y_B, y_C) - \min(y_A, y_B, y_C)$$
$$= 0.0019 \text{ mm}$$

und wird mit der Konstante

$$K_2 = 0.5231$$

in die Standardabweichung umgerechnet. Mithilfe der bereits bestimmten Wiederholpräzision EV, der Anzahl von Objekten n und der Anzahl von Messreihen pro Prüfer r wird die Vergleichspräzision AV berechnet zu

$$AV = \sqrt{\left(R_y \cdot K_2\right)^2 - \frac{EV^2}{n \cdot r}} = 0.00096 \text{ mm}$$

Mit diesen Werten wird die Wiederhol- und Vergleichspräzision GRR definiert. Sie ergibt sich zu

$$GRR = \sqrt{EV^2 + AV^2} = 0.00154 \text{ mm}$$

Die Teilestreuung PV (Part Variation) wird über die Spannweite R_p der Mittelwerte ausgedrückt und der Konstante

$$K_3 = 0.3146$$

berechnet zu

$$PV = R_p \cdot 0.3146 = 0.01825 \text{ mm}$$

Im vorliegenden Beispiel ergibt sich damit die relative Wiederhol- und Vergleichspräzision %GRR zu

$$\%GRR = \frac{6 \cdot GRR}{T} = 15.4\%$$

Damit ist der Messprozess als bedingt fähig einzustufen. Der Vergleich von EV und AV zeigt, dass Wiederhol- und Vergleichspräzision in etwa derselben Größenordnung liegen.

Die Anzahl der unterscheidbaren Kategorien beträgt

$$NDC = 1.41 \cdot \frac{PV}{GRR} = 16$$

und erfüllt damit die Forderung, größer als fünf zu sein.

Bewertung des Prüfereinflusses mit der Varianzanalyse (ANOVA)

Bei der dargestellten Mittelwert- und Spannweitenmethode wurde ein Vergleich der Streuung innerhalb der Gruppen mit der Streuung zwischen den Gruppen durchgeführt. Da die Extremwerte zur Bewertung herangezogen wurden, sind die Ergebnisse stark von Ausreißern abhängig und deshalb wenig stabil.

Die Varianzanalyse führt eine vergleichbare Analyse auf Basis der Varianz durch, die weniger sensitiv auf Ausreißer reagiert. Dabei wird die Streuung in vier Kategorien aufgeteilt:

- Teile,
- Prüfer,
- Wechselwirkungen zwischen den Teilen und den Prüfern und
- durch das Messmittel verursachte Abweichungen bei Mehrfachmessungen.

Praxisbeispiel Die Methode wird an dem Beispiel aus Tabelle 15.5 dargestellt, wobei die Daten wie bei der Varianzanalyse gruppiert wurden (Tabelle 15.6).

Tabelle 15.6 Vermessung eines Fertigungsloses von Zylindern nach Verfahren 2

Teil	Prüfer A	Prüfer B	Prüfer C
1	6,029 6,030	6,033 6,032	6,031 6,030
2	6,019 6,020	6,020 6,019	6,020 6,020
3	6,004 6,003	6,007 6,007	6,010 6,006
4	5,982 5,982	5,985 5,986	5,984 5,984
5	6,009 6,009	6,014 6,014	6,015 6,014
6	5,971 5,972	5,973 5,972	5,975 5,974
7	5,995 5,997	5,997 5,996	5,995 5,994
8	6,014 6,018	6,019 6,015	6,016 6,015
9	5,985 5,987	5,987 5,986	5,987 5,986
10	6,025 6,028	6,029 6,025	6,026 6,025

Zur Bewertung der Messfähigkeit werden analog zur zweifaktoriellen Varianzanalyse verschiedene standardisierte Quadratsummen berechnet. Dabei bezeichnet die Größe m = 3 die Anzahl der Prüfer, n = 10 die Anzahl von Teilen und r = 2 die Anzahl der Messungen pro Gruppe.

Die standardisierte Quadratsumme M_A repräsentiert die Varianz, die sich aus der Streuung der n zu messenden Teile ergibt:

$$M_A = \frac{q_A}{n-1} = \frac{m \cdot r \cdot \sum_{i=1}^{n} \left(\overline{\overline{x}}_i - \overline{\overline{\overline{x}}} \right)^2}{n-1} = 2.3 \cdot 10^{-3}$$

Die standardisierte Quadratsumme M_B ergibt sich aus den Streuungen der Prüfergebnisse von den m unterschiedlichen Prüfern:

$$M_B = \frac{q_B}{m-1} = \frac{n \cdot r \cdot \sum_{j=1}^{m} \left(\overline{\overline{x}}_j - \overline{\overline{\overline{x}}} \right)^2}{m-1} = 1.86 \cdot 10^{-5}$$

Auch für den Wechselwirkungsterm wird die standardisierte Quadratsumme bestimmt:

$$M_{AB} = \frac{q_{AB}}{(n-1) \cdot (m-1)}$$

$$= \frac{r \cdot \sum_{i=1}^{n} \sum_{j=1}^{m} \left(\overline{x}_{ij} - \overline{\overline{x}}_i - \overline{\overline{x}}_j + \overline{\overline{\overline{x}}} \right)^2}{(n-1) \cdot (m-1)} = 3.49 \cdot 10^{-6}$$

Die Variation innerhalb einer Gruppe ist ein Maß für die Vergleichspräzision. Die standardisierte Quadratsumme beträgt

$$M_R = \frac{q_R}{n \cdot m \cdot (r-1)}$$

$$= \frac{\sum_{i=1}^{n} \sum_{j=1}^{m} \sum_{k=1}^{r} \left(x_{ijk} - \overline{x}_{ji} \right)^2}{n \cdot m \cdot (r-1)} = 4.9 \cdot 10^{-5}$$

Auf Basis dieser standardisierten Quadratsummen werden die Kennwerte für die Bewertung des Streuverhaltens bestimmt. Für das Beispiel ergeben sich nach der ANOVA-Methode die in Tabelle 15.7 dargestellten Werte. Tabelle 15.8 bewertet den Prüfereinfluss.

Tabelle 15.7 Definition der Kenngrößen zur Bewertung des Prüfereinflusses mit der Varianzanalyse

Quelle	Standard-abweichung S	Streu-bereich 6·S	Streubereich bezogen auf Toleranz
Wieder-holbarkeit	$s_R = \sqrt{M_R}$	$6 \cdot s_R$	$\dfrac{6 \cdot s_R}{T}$
Prüfer	$s_{Pr} = \sqrt{\dfrac{M_B - M_{AB}}{n \cdot r}}$	$6 \cdot s_{Pr}$	$\dfrac{6 \cdot s_{Pr}}{T}$
Wechselwirkung Prüferteile	$s_{Te\cdot Pr} = \sqrt{\dfrac{M_{AB} - M_R}{r}}$	$6 \cdot s_{Te\cdot Pr}$	$\dfrac{6 \cdot s_{Te\cdot Pr}}{T}$
Teile	$s_{Te} = \sqrt{\dfrac{M_A - M_{AB}}{m \cdot r}}$	$6 \cdot s_{Te}$	$\dfrac{6 \cdot s_{Te}}{T}$
Reproduzierbarkeit	$s_{Re} = \sqrt{s_{Pr}^2 + s_{Te\cdot Pr}^2}$	$6 \cdot s_{Re}$	$\dfrac{6 \cdot s_{Re}}{T}$
R&R (gesamt)	$s_{RR} = \sqrt{s_{Pr}^2 + s_{Te\cdot Pr}^2 + s_R^2}$	$6 \cdot s_{RR}$	$\dfrac{6 \cdot s_{RR}}{T}$
Gesamtstreuung	$s_{ges} = \sqrt{s_{RR}^2 + s_{Te}^2}$	$6 \cdot s_{ges}$	$\dfrac{6 \cdot s_{ges}}{T}$

Tabelle 15.8 Bewertung des Prüfereinflusses mit der Varianzanalyse aus Tabelle 15.6

Quelle	Standard-abweichung s	Streubereich 6·s	Streubereich bezogen auf Toleranz
Wiederholbarkeit	0,00128	0,00767	12,78 %
Prüfer	0,00087	0,00522	8,70 %
Wechselwirkung Prüferteile	0,00096	0,00578	9,63 %
Teile	0,01953	0,11718	195,30 %
Reproduzierbarkeit	0,00130	0,00778	12,97 %
R&R (gesamt)	0,00182	0,01093	18,21 %
Gesamtstreuung	0,01962	0,11769	196,15 %

Der %GRR-Wert nach der ANOVA-Methode beträgt 18,21 % und der NDC-Wert ergibt sich zu

$$NDC = 1.41 \cdot \frac{PV}{GRR} = 15.1$$

Die Ergebnisse sind somit in einer ähnlichen Größenordnung wie bei der Spannweitenmethode.

Grafische Bewertung des Prüfereinflusses

Gängige Statistikprogramme unterstützen zusätzlich zu den Kennwerten eine Reihe von weiteren grafischen Auswertemöglichkeiten. Wesentliche Darstellungen sind

- Mittelwertkarten gestapelt nach verschiedenen Prüfern,
- Spannweitenregelkarten gestapelt nach verschiedenen Prüfern,
- Darstellung der Urwerte nach Teilen und Prüfern geordnet.

In der Mittelwertkarte werden die Mittelwerte der wiederholten Messungen jedes Prüfers an jedem Teil als Funktion der Teilenummer abgebildet. Die Darstellung dient der Bewertung der Konsistenz zwischen den Prüfern. Daneben werden analog zum Vorgehen zur Prozessstabilität (Kapitel 16) Eingriffsgrenzen berechnet. Der Bereich innerhalb beschreibt die Unsicherheit des Messsystems. Liegt mindestens die Hälfte außerhalb der Eingriffsgrenzen, so repräsentieren die ausgewählten Teile die Prozessstreuung. Ist dies nicht der Fall, so besitzt das Messsystem entweder keine ausreichende Auflösung oder die Teile repräsentieren nicht die erwartete Prozessstreuung.

Die Spannweitenregelkarte wird verwendet, um festzustellen, ob der Prozess stabil ist. Eine Verletzung der Eingriffsgrenzen zeigt auf, dass systematische Streuungsursachen aufgetreten sind. Weiterhin sollte die Regelkarte weder bezüglich der Prüfer noch bezüglich der Teile irgendwelche Muster aufweisen.

Die einzelnen Urwerte sind nach Teil und Prüfer geordnet dargestellt und geben einen Einblick in die Übereinstimmung zwischen den Prüfern, der Existenz von Ausreißern und den Wechselwirkungen zwischen den Teilen.

Praxisbeispiel In Bild 15.12 ist für das Beispiel aus Tabelle 15.5 der Standardbericht des Statistikprogramms Minitab® dargestellt.

In dem Beispiel liegen bei der dargestellten Mittelwertkarte nahezu alle Werte außerhalb der Eingriffsgrenzen, die ausgewählten Teile repräsentieren mit Sicherheit die erwartete Prozessstreuung, auch die Auflösung ist ausreichend. Aus der Spannweitenregelkarte kann abgelesen werden, dass es zu keiner Überschreitung der Grenzen kommt, der Prozess ist stabil. Die Darstellung der Urliste als Funktion der Teile-

Messsystemanalyse (ANOVA) für Außendurchmesser

		Berichtersteller:	Oliver Jöbstl
Messgerätename:	Außendurchmesser Zylinder	Toleranz:	0,06 mm
Untersuchungsdatum:	März 2008	Sonstiges:	

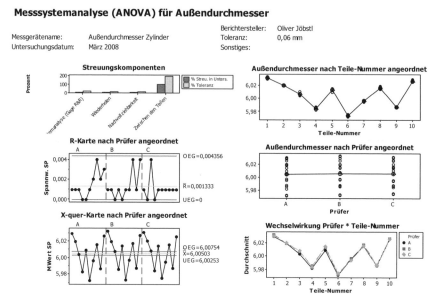

Bild 15.12 Grafische Aufbereitung des Verfahrens 2 am Beispiel Minitab®

nummer zeigt, dass die Teilestreuung erheblich höher ist als die Streuung, die durch den Prüfer erzeugt wird. Dieser Eindruck wird durch die Darstellung des Außendurchmessers als Funktion des Prüfers weiter gestärkt. Mittelwert und Streubereich sind für alle Prüfer vergleichbar groß.

15.4.4 Bewertung eines Messsystems bezüglich Streuverhalten ohne Einfluss des Prüfers (Verfahren 3)

Kann der Einfluss eines Prüfers auf das Messergebnis grundsätzlich ausgeschlossen werden, wird die Bewertung eines Messsystems bezüglich Streuverhalten ohne Einfluss des Prüfers durchgeführt. Das ist z. B. dann der Fall, wenn die Messung von Messautomaten durchgeführt wird. In der Messsystemanalyse wird diese Methode als Verfahren 3 bezeichnet.

Die Durchführung der Messfähigkeitsanalyse erfolgt üblicherweise durch 25 Messungen an zufällig ausgewählten Serienteilen, deren Merkmalswerte innerhalb der Toleranz liegen. Die Messobjekte sind unter Wiederholbedingungen an definierten Messpunkten zu messen, wobei üblicherweise zwei Messreihen durchzuführen sind. Die Methode wird in der Praxis auch als die 25-2-Methode bezeichnet.

Auch dieses Verfahren kann auf Basis der Mittelwert-und Spannweiten-methode oder auf Basis einer Varianzanalyse durchgeführt werden, wobei nachfolgend lediglich erstere Möglichkeit beschrieben wird.

Bewertung des Streuverhaltens mit der Mittelwert- und Spannweitenmethode

Auch im Verfahren 3 wird bei der Mittelwert- und Spannweitenmethode von der Spannweite der Messwerte auf ihre Standardabweichung geschlossen. Die hier verwendeten Konstanten K_1 und K_3 sind der Bosch-Schriftenreihe entnommen und nur für die hier verwendeten Stichprobenumfänge gültig.

Praxisbeispiel   Das Verfahren wird nachfolgend wiederum an dem Beispiel einer Zylindermessung dargestellt (Tabelle 15.9). Zu den zweimal 25 Messwerten werden für jedes Teil der Mittelwert und die Spannweite ermittelt (Bild 15.13).

Tabelle 15.9 Vermessung eines Fertigungsloses von Zylindern nach Verfahren 3

Teil Nr. i	Reihe 1 d_1	Reihe 2 d_2	$\bar{d}$	$|\Delta d|$
1	6,029	6,030	6,030	0,001
2	6,019	6,020	6,020	0,001
3	6,004	6,003	6,004	0,001
4	5,982	5,982	5,982	0,000
5	6,009	6,009	6,009	0,000
6	5,971	5,972	5,972	0,001
7	5,995	5,997	5,996	0,002
8	6,014	6,018	6,016	0,004
9	5,985	5,987	5,986	0,002
10	6,024	6,028	6,026	0,004
11	6,033	6,032	6,033	0,001
12	6,020	6,019	6,020	0,001
13	6,007	6,007	6,007	0,000
14	5,985	5,986	5,986	0,001

Tabelle 15.9 Vermessung eines Fertigungsloses von Zylindern nach Verfahren 3 (Fortsetzung)

Teil Nr. i	Reihe 1 d_1	Reihe 2 d_2	$\bar{d}$	$|\Delta d|$
15	6,014	6,014	6,014	0,000
16	5,973	5,972	5,973	0,001
17	5,997	5,996	5,997	0,001
18	6,019	6,015	6,017	0,004
19	5,987	5,986	5,987	0,001
20	6,029	6,025	6,027	0,004
21	6,017	6,019	6,018	0,002
22	6,003	6,001	6,002	0,002
23	6,009	6,012	6,011	0,003
24	5,987	5,987	5,987	0,000
25	6,006	6,003	6,005	0,003

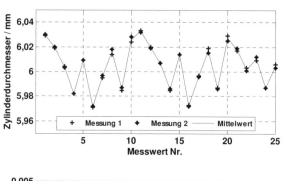

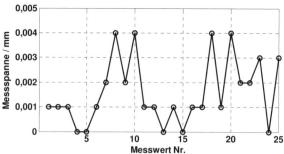

Bild 15.13 Darstellung der Messwerte aus Tabelle 15.9

Die mittlere Spannweite ergibt sich zu

$$\overline{|\Delta d|} = 0.0016\,\text{mm}$$

Mit der Konstanten K_1

$$K_1 = 0.8862$$

berechnet sich die Streuung des Messprozesses EV (Equipment Variance) zu

$$EV = K_1 \cdot \overline{|\Delta d|} = 0.8862 \cdot 0.0016\ \text{mm} = 0.00142\ \text{mm}$$

Da der Einfluss unterschiedlicher Prüfer ausgeschlossen werden kann, entspricht EV gleichzeitig dem GRR-Wert:

$$GRR = EV = 0.00142\ \text{mm}$$

Der relative Wert errechnet sich bei einem Toleranzbereich von T = 0,006 mm zu

$$\%GRR = \frac{6 \cdot GRR}{T} = 14.2\%$$

Die Fähigkeit des Messprozesses ist somit nur bedingt gegeben.

Die Teilestreuung PV ergibt sich aus der Spannweite der Mittelwerte $R_P = 0{,}061$ mm und der Konstante K_3

$$K_3 = 0.25$$

zu

$$PV = R_P \cdot 0.25 = 0.0153\ \text{mm}$$

Mit der Teilestreuung PV wird die Anzahl von unterscheidbaren Klassen (NDC-Wert) bestimmt zu

$$NDC = 1.41 \cdot \frac{PV}{GRR} = 15$$

Die Anzahl unterscheidbarer Klassen ist größer als fünf und damit ausreichend.

15.4.5 Bewertung eines Messsystems bezüglich seines Langzeitverhaltens (Verfahren 5)

Bei diesem Verfahren werden die SPC-Methoden angewandt, um die dauerhafte Stabilität und Fähigkeit des Messprozesses nachzuweisen. Das Verfahren wird angewandt, um das Langzeitverhalten des Messprozesses zu beurteilen.

Das Normal bzw. Referenzteil wird in festgelegten Zeitintervallen mindestens dreimal gemessen. Die Ergebnisse werden in Mittelwert- und Spannweitenregelkarten eingetragen, die im Kapitel 16 ausführlich erläutert sind. Die Berechnung der Eingriffsgrenzen folgt demselben Prinzip wie bei prozessbezogenen Regelkarten. Werden die Eingriffsgrenzen verletzt, so gilt der Messprozess als nicht stabil und muss im Detail untersucht werden.

Praxisbeispiel   Das Verfahren wird wieder mit Messungen eines Durchmessers verdeutlicht. In Tabelle 15.10 sind die Abweichungen der Einzelmessungen in µm gegenüber dem Sollwert von 6 mm als Funktion der Messung dargestellt. Zu zwölf verschiedenen Zeitpunkten wurden jeweils drei Messungen durchgeführt.

Tabelle 15.10 Zeitlicher Verlauf der Abweichung der Einzelmessungen vom Referenzwert als Funktion der Zeit

Datum	11.10.	12.10.	13.10.	14.10	15.10.	16.10.	17.10.	18.10.	19.10.	20.10.	21.10.	22.10.
x_1	2	4	3	3	2	0	1	1	0	4	2	3
x_2	1	4	2	1	1	1	1	2	0	4	1	1
x_2	1	3	2	4	2	−1	0	2	1	3	2	1
$\bar{x}$	1,3	3,7	2,3	2,7	1,7	0	0,7	1,7	0,3	3,7	1,7	1,7
s	0,5	0,6	0,6	1,5	0,6	1	0,6	0,6	0,6	0,6	0,6	1,2

Die Messwerte sind in Bild 15.14 in Form einer Mittelwert- und Standardabweichungskarte grafisch dargestellt.

Die eingezeichneten Eingriffsgrenzen für Mittelwert und Standardabweichung ergeben sich aus dem 99,7 %igen Zufallsstreubereich (Streubereich ± 3 σ) des Stichprobenkennwertes. Sie berechnen sich damit aus

$$UEG = x_m - 3 \cdot \frac{s}{\sqrt{n}}$$

und

$$OEG = x_m + 3 \cdot \frac{s}{\sqrt{n}}$$

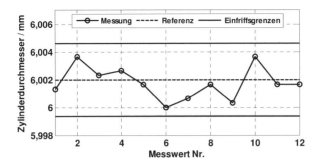

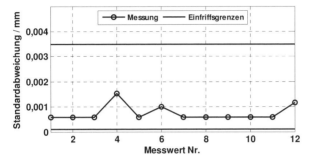

Bild 15.14 Darstellung der Messwerte aus Tabelle 15.10 in Form einer Mittelwert- und Standardabweichungskarte

Dabei bezeichnet x_m den Referenzwert des Referenzteils oder den Mittelwert aus einem Verlauf der Messwerte.

Die Eingriffsgrenzen für die Standardabweichung sind

$$UEG_s = B_{Eun} \cdot s$$

bzw.

$$OEG_s = B_{Eob} \cdot s$$

wobei die entsprechenden Werte der Tabelle 15.11 zu entnehmen sind.

Tabelle 15.11 Proportionalitätsfaktor zur Berechnung der Eingriffsgrenzen für die Standardabweichung

n	B_{Eun}	B_{Eon}
3	0,07	2,30
4	0,16	2,07
5	0,23	1,93

Für s kann die Standardabweichung aus Verfahren 1 oder aus einem Vorlauf eingesetzt werden. Falls eine der Eingriffsgrenzen überschritten wird, so muss der Messprozess untersucht und verbessert werden.

Zusätzlich kann die Siebenerregel angewendet werden: Wenn sieben oder mehr aufeinanderfolgende Mittelwerte einseitig von x_m liegen, so liegt eine signifikante systematische Abweichung vor.

Auch mithilfe des t-Tests kann festgestellt werden, ob eine signifikante systematische Abweichung vorliegt oder nicht.

In dem Beispiel gibt es keine Überschreitung der Grenzen, der Messprozess wird als stabil eingestuft.

15.4.6 Prüfung der Fähigkeit attributiver Prüfprozesse (Verfahren 6)

Attributive Prüfungen sind Prüfungen, bei denen das Ergebnis nicht kontinuierlich ist, sondern Klassen zugeordnet wird. Typisches Beispiel ist die Prüfung eines Maßes mit einer Lehre. Das Ergebnis der Prüfung ist in diesem Fall entweder gut oder schlecht. Ein anderes Beispiel sind Sichtprüfungen, bei denen Fehler in mehrere Klassen eingeteilt werden.

Zur Ermittlung der Messfähigkeit ist die notwendige Anzahl von Teilen bei attributiven Messsystemen höher als bei analogen Messsystemen, da die Messergebnisse nur auf wenigen diskreten Stufen zur Verfügung stehen. In der Automobilindustrie wird gefordert, dass mindestens 50 Teile untersucht werden müssen, die wiederum von verschiedenen Prüfern mehrmals zu beurteilen sind.

Im MSA-Referenzhandbuch der QS 9000 ist die Anzahl der Prüfer auf drei Prüfer und die Anzahl von Wiederholungen auf drei Prüfungen definiert. Jedes Teil wird somit neunmal geprüft.

In der Bosch-Schriftenreihe wird festgehalten, dass bei Beeinflussung der Bewertung durch die Handhabung des Prüfers die Prüfobjekte von zwei Prüfern in je zwei Durchgängen zu beurteilen sind. Spielt die Handhabung des Prüfers keine Rolle (z.B. Prüfautomaten), so werden die Prüfobjekte in vier Durchgängen geprüft, sodass ebenfalls vier Ergebnisse erhalten werden.

Aufgrund der wenig differenzierten Aussage von attributiven Messungen in Kombination mit dem erhöhten Aufwand zum Nachweis der Messfähigkeit sollte auf attributive Messungen so weit wie möglich verzichtet werden.

Zur Untersuchung von attributiven Messsystemen können zwei wesentliche Verfahren unterschieden werden:

■ Berechnung der Effektivität,
■ Berechnung eines %GRR-Wertes über die Theorie der Signalentdeckung.

Aufgrund der Einfachheit der Berechnung hat in der Praxis die Methode der Effektivitätsberechnung große Bedeutung. In der Automobilindustrie wird bevorzugt die Berechnung eines %GRR-Wertes über die Theorie der Signalentdeckung durchgeführt. Beide Verfahren werden nachfolgend beschrieben.

Methode der Effektivitätsberechnung

Die Methode beruht auf der Definition einer Effektivität

$$E = \frac{\text{Anzahl korrekter Entscheidungen}}{\text{Anzahl aller Entscheidungen}}$$

Im Rahmen von MSA-Untersuchungen attributiver Messsysteme können die folgenden Effektivitätskennzahlen berechnet werden:

■ relativer Anteil der Entscheidungen, bei denen der Prüfer die gleiche Entscheidung hatte,
■ relativer Anteil der Entscheidungen, bei denen der Prüfer mit dem bekannten Referenznormal übereinstimmte,
■ relativer Anteil der Entscheidungen, bei denen alle Prüfer in ihren Prüfungen und untereinander übereinstimmten,
■ relativer Anteil der Entscheidungen, bei denen alle Prüfer in ihren Prüfungen und untereinander und mit dem Referenznormal übereinstimmten.

Bei einer Effektivität größer 90 % gilt das Messsystem als fähig, bei einer Effektivität kleiner 80 % als nicht fähig. Werte zwischen diesen Grenzen werden als eingeschränkt fähig bewertet.

Praxisbeispiel Ein Messsystem zur Überwachung eines attributiven Fertigungsparameters wird einer MSA-Untersuchung unterzogen. Die Prüfer beurteilen die Prüfobjekte hinsichtlich des zu prüfenden Merkmals mit Plus- und Minussymbolen (Tabelle 15.12).

Tabelle 15.12 Symbole zur Beurteilung von Prüfobjekten hinsichtlich des zu prüfenden Merkmals

Symbol	Bedeutung
+	Teil entspricht der Spezifikation
−	Teil entspricht nicht der Spezifikation

Die Prüfung wird mit Teilen durchgeführt, für die eine richtige Bewertung vorliegt. Der Prozess ist von dem Prüfer abhängig und wird deshalb mit drei Prüfern durchgeführt, welche die 50 Objekte jeweils zweimal untersuchen. Aus Platzgründen werden in Tabelle 15.13 lediglich die Ergebnisse von 20 Teilen dargestellt.

Lediglich bei Prüfer B stimmen beide Entscheidungen bei allen Teilen überein. Weiterhin hat er den Referenzwert immer richtig erkannt.

Wie an der vorletzten Spalte von Tabelle 15.13 zu erkennen ist, wird in den Fällen 5, 13 und 18 keine Übereinstimmung bei den Prüfern erzielt. Der Fall, dass sich alle Prüfer einheitlich falsch entscheiden, tritt nicht auf.

Tabelle 15.13 Darstellung der attributiven MSA-Untersuchung

Nr.	Referenz	Prüfer A Versuch Nr. 1	Prüfer A Versuch Nr. 2	Prüfer B Versuch Nr. 1	Prüfer B Versuch Nr. 2	Prüfer C Versuch Nr. 1	Prüfer C Versuch Nr. 2	Übereinstimmung Prüfer – Prüfer	Übereinstimmung Prüfer – Referenz
1	–	–	–	–	–	–	–	ja	ja
2	–	–	–	–	–	–	–	ja	ja
3	+	+	+	+	+	+	+	ja	ja
4	–	–	–	–	–	–	–	ja	ja
5	+	–	+	+	+	+	+	nein	nein
6	+	+	+	+	+	+	+	ja	ja
7	–	–	–	–	–	–	–	ja	ja
8	+	+	+	+	+	+	+	ja	ja
9	–	–	–	–	–	–	–	ja	ja
10	+	+	+	+	+	+	+	ja	ja
11	–	–	–	–	–	–	–	ja	ja
12	–	–	–	–	–	–	–	ja	ja
13	–	+	+	–	–	–	+	nein	nein
14	–	–	–	–	–	–	–	ja	ja
15	+	+	+	+	+	+	+	ja	ja
16	–	–	–	–	–	–	–	ja	ja
17	–	–	–	–	–	–	–	ja	ja
18	+	+	+	+	+	–	+	nein	nein
19	+	+	+	+	+	+	+	ja	ja
20	–	–	–	–	–	–	–	ja	ja

Für die Daten in Tabelle 15.13 ergeben sich die in Tabelle 15.14 dargestellten Effektivitätskennwerte.

Tabelle 15.14 Berechnete Effektivitätswerte der attributiven MSA-Untersuchung

Effektivität	Prüfer A	Prüfer B	Prüfer C
relative Übereinstimmung seiner Entscheidungen	95 %	100 %	90 %
relative Übereinstimmung beider Entscheidungen mit Referenz	90 %	100 %	90 %
relative Übereinstimmung aller Prüfer	85 %		
relative Übereinstimmung aller Prüfer und mit Referenz	85 %		

Der Prüfprozess weist eine Effektivität von 85 % auf und ist damit nur eingeschränkt annehmbar. Es muss versucht werden, den Prozess durch entsprechende Maßnahmen wie z. B. Einweisung der Prüfer, richtige Handhabung, Konstruktionsänderung oder ein alternatives Prüfmittel zu verbessern.

Methode der Signalerkennung

Mithilfe der Methode der Signalerkennung wird für den attributiven Prüfprozess ein %GRR-Wert bestimmt. Er ergibt sich wiederum aus der unter Wiederholbedingungen durchgeführten Beurteilung von Prüfobjekten.

Die Prüfung erfolgt wieder mit 50 Serienteilen. Die Referenzwerte der Prüfobjekte werden vorab durch Messung mit einem Referenzmessgerät mit bekannter Messunsicherheit ermittelt. Es werden Prüfobjekte benötigt, deren Merkmalswerte einen Bereich überdecken, der unterhalb von UGW beginnt und oberhalb von OGW endet. Die Prüfobjekte werden dann unter Wiederholbedingungen mit dem vorgeschriebenen Messsystem beurteilt.

Die Prüfer beurteilen die Prüfobjekte hinsichtlich des zu prüfenden Merkmals mit Plus- und Minussymbolen (vgl. Tabelle 15.15). Wenn alle vier Er-

Tabelle 15.15 Auswertung der Prüferbewertung bei der Methode der Signalerkennung

Symbol	Bedeutung
+	eindeutige Bewertung, Teil entspricht der Spezifikation
–	eindeutige Bewertung, Teil entspricht nicht der Spezifikation
x	keine eindeutige Bewertung

gebnisse übereinstimmen und das Ergebnis mit der Referenzbeurteilung übereinstimmt, wird das entsprechende Ergebnis in der Spalte Code eingetragen. Liegt keine vollständige Übereinstimmung vor, wird in der Spalte Code ein x eingetragen.

Anschließend wird die Ergebnistabelle nach der Größe der Referenzwerte in absteigender Reihenfolge sortiert. Der Abstand des letzten von allen Prüfern für gut befundenen Teils zum ersten von allen Prüfern schlecht beurteilten Teils ist ein Maß für die Breite dieser Unsicherheitszone. Bei zweiseitigen Grenzen gibt es zwei Unsicherheitsbereiche mit der Breite d_1 bzw. d_2.

Ihr Mittelwert

$$d = \frac{d_1 + d_2}{2}$$

ist ein Maß für GRR und der relative GRR ergibt sich zu

$$\%GRR = \frac{d}{T} = \frac{d_1 + d_2}{2 \cdot T}$$

Praxisbeispiel Tabelle 15.16 zeigt die Anwendung des Verfahrens auf die Bewertung eines Längenmaßes. Die Tabelle visualisiert die beiden Unsicherheitsbereiche in der Nähe der beiden Grenzwerte (gekennzeichnet mit dem Code „x").

Tabelle 15.16 Beispiel für eine attributive MSA-Untersuchung nach der Methode der Signalerkennung

Nr.	Referenz-wert	Ref.	Prüfer A		Prüfer B		Code
			1	2	1	2	
28	3,664	–	–	–	–	–	–
30	3,652	–	–	–	–	–	–
7	3,652	–	–	–	–	–	–
2	3,649	–	–	–	–	–	–
6	3,645	–	–	–	–	–	–
22	3,642	–	–	–	–	–	–
32	3,641	–	–	–	+	–	x
9	3,634	+	–	–	–	+	x
27	3,632	+	–	–	+	+	x
47	3,632	+	–	–	+	+	x
1	3,632	+	–	–	+	+	x
36	3,632	+	–	–	+	+	x
46	3,626	+	+	+	+	+	+
10	3,625	+	+	+	+	+	+

Tabelle 15.16 Beispiel für eine attributive MSA-Untersuchung nach der Methode der Signalerkennung (Fortsetzung)

Nr.	Referenz-wert	Ref.	Prüfer A		Prüfer B		Code
			1	2	1	2	
26	3,622	+	+	+	+	+	+
5	3,621	+	+	+	+	+	+
23	3,621	+	+	+	+	+	+
15	3,617	+	+	+	+	+	+
33	3,614	+	+	+	+	+	+
42	3,614	+	+	+	+	+	+
43	3,613	+	+	+	+	+	+
50	3,609	+	+	+	+	+	+
38	3,603	+	+	+	+	+	+
34	3,600	+	+	+	+	+	+
8	3,599	+	+	+	+	+	+
40	3,597	+	+	+	+	+	+
13	3,595	+	+	+	+	+	+
21	3,595	+	+	+	+	+	+
25	3,593	+	+	+	+	+	+
44	3,592	+	+	+	+	+	+
35	3,591	+	+	+	+	+	+
3	3,587	+	+	+	+	+	+
41	3,587	+	+	+	+	+	+
31	3,586	+	+	+	+	+	+
16	3,585	+	+	+	+	+	+
18	3,582	+	+	+	+	+	+
39	3,578	+	+	+	+	+	+
20	3,574	+	+	+	+	+	+
48	3,573	+	+	+	+	+	+
11	3,572	+	+	+	+	+	+
37	3,570	+	+	+	+	+	+
24	3,565	+	+	+	−	−	x
14	3,561	−	+	+	−	+	x
45	3,560	−	+	+	−	−	x
49	3,559	−	+	+	−	−	x
12	3,552	−	+	−	−	−	x
4	3,552	−	+	−	−	−	x
29	3,546	−	−	−	−	−	−
19	3,544	−	−	−	−	−	−
17	3,531	−	−	−	−	−	−

Die Breite des oberen Unsicherheitsbereiches d_1 ergibt sich aus der Differenz von
3,626 – 3,642 = 0,016. In analoger Weise ist der untere Unsicherheitsbereich zu berechnen, und es ergibt sich für das Beispiel der %GRR-Wert.

$$\%GRR = \frac{d}{T} = \frac{0.016 + 0.024}{2 \cdot 0.075} = 26.7\%$$

Der Prüfprozess weist einen %GRR-Wert von 26,7 % auf und ist damit nur bedingt
fähig. Es muss versucht werden, den Prozess durch entsprechende Maßnahmen wie
z. B. Einweisung der Prüfer, richtige Handhabung, Konstruktionsänderung oder ein
alternatives Prüfmittel zu verbessern.

15.5 Zusammenfassung und Erfolgsfaktoren

Die Messsystemanalyse ist eine Querschnittsmethode, die sich unterstützend
in allen Phasen des PEP wiederfindet und dort unentbehrlich ist, wo Entscheidungen aufgrund von Messergebnissen getroffen und Produkt- und
Prozesseigenschaften bewertet werden. Um sicherzustellen, dass Messprozesse verlässlich, stabil und präzise sind, stehen vielfältige Verfahren zur Verfügung.

Nur wenn tatsächlich fähige Messsysteme in Verwendung sind, entsprechen
die ermittelten Prozessfähigkeitskennzahlen und die damit in Zusammenhang stehenden prognostizierten Fehleranteile tatsächlich der Realität. Die
Bedeutung der MSA kann somit nicht hoch genug eingeschätzt werden.

15.6 Verwendete Literatur

C/QMM: Fähigkeit von Mess- und Prüfprozessen, Heft Nr. 10, Robert Bosch
GmbH, Ausgabe 2003

MSA-Referenzhandbuch der QS 9000, dt. Ausgabe, 1999

16 Statistische Prozesslenkung – SPC

16.1 Zielsetzung

Im Sinne der Fehlervermeidung ist ein laufender Fertigungsprozess so zu lenken, dass ständig den Anforderungen entsprechende Produkte hergestellt werden. Erfolgt diese Prozesslenkung aufgrund einer periodisch vorgenommenen Stichprobenprüfung, so spricht man von SPC (Statistical Process Control; Statistische Prozesslenkung). Zur Beurteilung der Stichprobenergebnisse werden sogenannte Qualitätsregelkarten (QRK) verwendet, Formblätter mit Koordinatensystemen, in denen Werte aktueller Stichproben eingetragen und mit den vorhergehenden Stichprobenwerten verglichen werden. Im Fall signifikanter Abweichungen sind entsprechende Korrekturmaßnahmen einzuleiten. Bei der Statistischen Prozesslenkung wird der Fertigungsprozess so Teil eines Regelkreises (Bild 16.1).

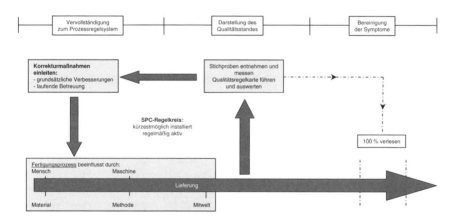

Bild 16.1 Darstellung des SPC-Regelkreises

Leitfragen

- Kann über eine stichprobenbezogene Prozessüberwachung eine Sicherheit bezüglich Fehlerfreiheit gewährleistet werden?
- Wie groß müssen dafür die Stichproben sein?
- Laufen die Fertigungsprozesse stabil und sind diese fähig, die gesetzten Spezifikationsgrenzen sicher einzuhalten?
- Wann treten bemerkenswerte Abweichungen auf?
- Zu welchem Zeitpunkt sollte diesen Abweichungen entgegengesteuert werden?

16.2   Einordnung von SPC in den Produktentstehungsprozess

Im Rahmen von SPC und Prozessfähigkeitsuntersuchungen zeigt sich die Robustheit eines Designs und damit auch der Erfolg der Produktentwicklungen. Nicht zuletzt aus diesem Grund spielt die Statistische Prozesslenkung eine wichtige Rolle im Rahmen von DFSS. Des Weiteren können die Erkenntnisse der Statistischen Prozesslenkung und Prozessfähigkeitsuntersuchungen der Vergangenheit genutzt werden, um die Streuung von neuen Produkten bestmöglich zu prognostizieren. Beispielsweise können die Erkenntnisse von SPC-Auswertungen Auskunft über die Verteilungsfunktionen von Merkmalen geben – diese Informationen wiederum sind für DFSS-Methoden wie beispielsweise die statistische Tolerierung essenziell. Umgekehrt müssen Annahmen bezüglich der statistischen Tolerierung später durch eine geeignete SPC-Strategie abgesichert werden bzw. die Erkenntnisse in eine Neufestlegung der Toleranzgrenzen münden (Bild 16.2).

Weiterhin fordert die ISO/TS 16949, welche die Anforderungen an Qualitätsmanagementsysteme der Automobilzulieferindustrie definiert, dass im Rahmen der Prozessplanung ein Produktionslenkungsplan festzulegen ist, welcher für wichtige Prozess- und Produktmerkmale geeignete Lenkungsmaßnahmen unter anderem im Sinne von SPC beinhalten muss. Deshalb ist es immer ein integraler Bestandteil der Prozessplanung, für wichtige und kritische Prozess- und Produktparameter jeweils eine geeignete SPC-Strategie festzulegen.

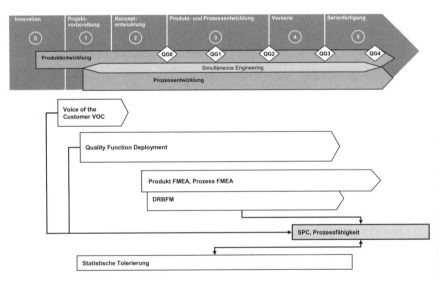

Bild 16.2 Statistische Prozesslenkung und der PEP

Zusammenspiel mit anderen Methoden

Welche Prozessparameter sollen nun aber mittels SPC überwacht werden? Diese Informationen können aus unterschiedlichen Quellen bezogen werden: Es kann bereits im Lasten- oder Pflichtenheft mit dem Kunden vereinbart worden sein, welche Merkmale mittels SPC zu überwachen sind. Weiterhin gibt die Methode QFD Auskunft darüber, welche Charakteristika besonders wichtig für den Kunden bzw. für die Erfüllung der Produktfunktion sind.

Eine weitere Informationsquelle für die Frage, welche Merkmale wie überwacht werden sollen, liefern die Methoden der FMEA und hier im Speziellen die Prozess-FMEA, die nicht selten diesbezügliche Anforderungen an SPC in ihren Maßnahmen enthält. Auch können derartige Empfehlungen Ergebnis einer DRBFM sein.

16.3 Grundbegriffe

16.3.1 Prozessbeherrschung, Prozessfähigkeit

Ein Prozess gilt als beherrscht, stabil oder unter statistischer Kontrolle, wenn seine Ergebnisse nur zufällig streuen. Ein automatischer Abfüllprozess beispielsweise gilt als beherrscht, wenn die abgefüllten Mengen nur zufällig variieren. Sind die Abfüllmengen beispielsweise normalverteilt, so müssen die Parameter μ und σ der Normalverteilung zeitlich konstant sein.

Kennzeichnend für eine ausreichende Stabilität sind

- konstanter Mittelwert und konstante Streuung,
- keine systematischen Änderungen des Mittelwerts (z. B. Trend, Chargensprünge)
- kein signifikanter Unterschied zwischen Stichprobenstreuung und Gesamtstreuung,
- Repräsentation von Lage und Streuung des Gesamtprozesses durch eine beliebige Stichprobe.

Die Prozessfähigkeit wird ermittelt, indem die Prozessergebnisse mit den vorgegebenen Toleranzen verglichen werden. Ein Prozess heißt fähig, wenn er hinsichtlich des betrachteten Qualitätsmerkmals die Toleranzvorgaben einhält. Die Prozessfähigkeit wird mit Prozesskennwerten C_{pk} (Process Capability) oder P_{pk} (Process Performance) ausgedrückt.

Bei Prozessen mit ausreichender Stabilität wird die C_{pk}-Kenngröße verwendet. Ist der Prozess nicht stabil, wird statt der Prozessfähigkeit die Prozessleistung bestimmt und die entsprechende Kenngröße als Prozessleistungsindex P_{pk} bezeichnet. Dies trifft z. B. für alle Prozesse mit systematischen Änderungen des Mittelwerts (z. B. Trend, Chargensprünge) zu.

In Bild 16.3 wird jeweils ein Prozess zu drei verschiedenen Zeitpunkten gezeigt. Dargestellt sind vier charakteristische Fälle, wobei UTG für untere und OTG für obere Toleranzgrenze steht. Fall 1 zeigt einen beherrschten Prozess, σ und μ sind zeitlich konstant. Fall 2 stellt einen nicht beherrschten Prozess dar, bei dem der Mittelwert zeitlich nicht konstant ist. Fall 3 visualisiert einen Prozess, welcher beherrscht abläuft, bei dem jedoch die Streuung relativ zu den Toleranzgrenzen zu hoch ist. Fall 4 schließlich zeigt einen Prozess mit stabilem Verlauf und geringer Streuung, der Prozess ist beherrscht und fähig.

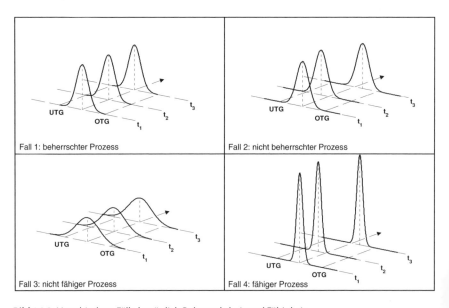

Bild 16.3 Verschiedene Fälle bezüglich Beherrschtheit und Fähigkeit

16.3.2 Prozesstypen nach DIN 55319

Basierend auf den Ausführungen hinsichtlich Beherrschung wird in DIN 55319 zwischen verschiedenen Prozesstypen unterschieden. Der beherrschte normalverteilte Prozess wird als Prozesstyp A1 bezeichnet. Die Prozesstypen C zeichnen sich dadurch aus, dass sich zwar der Prozessmittelwert ändert, die Prozessstandardabweichung (kurzfristig bzw. innerhalb der Stichproben) jedoch konstant ist. Prozesstypen B sind hinsichtlich des Mittelwertes beherrscht, nicht jedoch hinsichtlich der Standardabweichung, und Prozesstypen D sind weder hinsichtlich Mittelwert noch hinsichtlich Standardabweichung beherrscht.

Die unterschiedlichen Prozesstypen sind in Tabelle 16.1 zusammengefasst.

Tabelle 16.1 Prozesstypen nach DIN 55319

Prozessstandardabweichung	Prozessmittelwert μ(t) konstant			Prozessmittelwert μ(t) nicht konstant				
s(t) konstant	A			C				
		A1	A2		C1	C2	C3	C4
	Kurzzeitverteilung	normalverteilt	nicht normalverteilt	*Lageänderung*	zufällig	zufällig	systematisch (z. B. Trend)	systematisch und zufällig
				Kurzzeitverteilung	normalverteilt	normalverteilt	normalverteilt	normalverteilt
				Resultierende Verteilung	normalverteilt	nicht normalverteilt, eingipflig	beliebig verteilt	beliebig verteilt, mehrgipflig
s(t) nicht konstant	B			D				

16.4 Vorgehensweise bei der Anwendung

16.4.1 Festlegung des Merkmals und der Messeinrichtung

Die Festlegung der SPC-Merkmale und der zugehörigen Prozesse sollte im Simultaneous-Engineering-Team frühestmöglich im Entwicklungsprozess erfolgen. Hinweise für wichtige Merkmale, die mit SPC überwacht werden sollten, können beispielsweise aus der FMEA oder DRBFM abgeleitet werden. Bei der Auswahl ist unter anderem die Bedeutung des Merkmals hinsichtlich

- Funktionserfüllung,
- Zuverlässigkeit,
- Sicherheit,
- Folgekosten bei Fehlern oder
- Kundenwunsch

zu berücksichtigen.

Sicherzustellen ist, dass der Prozess bezüglich des Merkmals beeinflusst bzw. geregelt werden kann. Dies erfolgt üblicherweise durch Veränderung bestimmter Prozess- oder Maschinenparameter. Lenkungsmaßnahmen im weiteren Sinn können aber auch Korrekturmaßnahmen wie Werkzeugwechsel, eine Maschineninstandsetzung oder ein Gespräch mit einem Zulieferer umfassen.

Bei der Festlegung, Beschaffung bzw. Überprüfung der Messeinrichtungen ist auf die Fähigkeit des Messprozesses für die Prüfaufgabe zu achten (Kapitel 15). Nicht vergessen werden darf auch, dass vor dem Einsatz einer neuen Maschine, welche mit SPC überwacht werden soll, eine entsprechende Maschinenfähigkeitsuntersuchung nachzuweisen ist (Kapitel 17).

16.4.2 Auswahl des Regelkartentyps

Prinzipiell ist zu unterscheiden zwischen prozessbezogenen (auch klassische Shewhart-Qualitätsregelkarten genannt) und toleranzbezogenen Regelkarten (auch als Annahmeregelkarten bezeichnet).

Prozessbezogene Regelkarten

Prozessbezogene Regelkarten haben die Aufgabe, anzuzeigen, ob der Prozess beherrscht ist. Beispielsweise kann die Fragestellung beantwortet werden, ob sich der Mittelwert μ oder die Standardabweichung σ durch einen nicht gewünschten Einfluss verändert haben.

Bei den prozessbezogenen Regelkarten werden die Eingriffsgrenzen so festgelegt, dass bei einem Prozess, auf den nur zufällige Einflüsse wirken, 99,7 % aller Werte innerhalb dieser Eingriffsgrenze liegen. Bei einer Überschreitung der Eingriffsgrenzen muss daher angenommen werden, dass systematische, nicht zufällige Einflüsse wirken.

Toleranzbezogene Regelkarten

Die Karten dienen der Anzeige, ob ein Prozess einen zu hohen Anteil an Werten außerhalb eines vorgegebenen Toleranzbereiches liefert. Man spricht auch von Annahme- oder modifizierten Shewhart-Regelkarten. Die Eingriffsgrenzen werden so festgelegt, dass die Toleranzgrenzen über einen sogenannten Abgrenzungsfaktor verringert werden. Die Eingriffsgrenze wird üblicherweise derart festgelegt, dass ein Überschreitungsanteil von 1 % mit der Wahrscheinlichkeit von 99 % angezeigt werden kann.

Zur Auswahl des Kartentyps

Unabhängig vom Prozesstyp empfiehlt es sich zunächst, sowohl die prozess- als auch toleranzbezogenen Eingriffsgrenzen zu berechnen. Bei der Anwendung toleranzbezogener Eingriffsgrenzen wird der Prozess grundsätzlich schlechter geregelt, da die Einhaltung der Toleranzvorgaben Grundlage für die Definition der Eingriffsgrenzen ist. Im Gegensatz dazu steht bei der prozessbezogenen Regelkarte die Prozessverbesserung im Sinne von Stabilisierung und Zentrierung im Fokus.

Bild 16.4 auf Seite 466 zeigt, wie basierend auf der Berechnung beider Eingriffsgrenzen die geeignete Regelkarte ausgewählt werden kann.

Verschiedene Arten von Regelkarten

Nachdem in der Praxis die Regelkarten für kontinuierliche Merkmale die bei Weitem größere Relevanz besitzen, wird in weiterer Folge nur auf dieselben eingegangen. Je nach gewähltem Stichprobenkennwert können die in Tabelle 16.2 Kartenarten unterschieden werden.

Tabelle 16.2 Überblick über Kartenarten für kontinuierliche Merkmale

Regelkarten für die Prozesslage	Regelkarten für die Prozessstreuung
Mittelwertkarte	Standardabweichungskarte
Medianwertkarte	Spannweitenkarte
Urwertkarte	

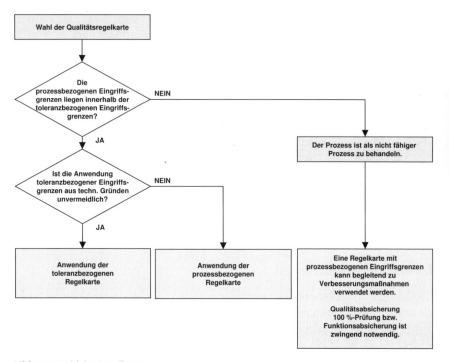

Bild 16.4 Wahl der Regelkarte

Nachdem in der Praxis üblicherweise sowohl die Lage als auch die Streuung des Prozesses zu überwachen sind, werden oftmals sogenannte zweispurige Karten zur Visualisierung verwendet, die sowohl Mittelwert als auch Standardabweichung darstellen (Bild 16.5).

16.4.3 Festlegung des Stichprobenumfanges n

Der zu wählende Stichprobenumfang ist ein Abgleich, der sich aus dem Prozessverhalten, der gewünschten Trennschärfe (Fehler erster und zweiter Art) und der Forderung nach einem akzeptablen Prüfaufwand ergibt.

Hypothesentests sind allgemein im Kapitel 10 dargestellt. Um den Fehler erster und zweiter Art bei Regelkarten zu verdeutlichen, wird nachfolgend zunächst auf den statistischen Hintergrund bei der Berechnung von Eingriffsgrenzen eingegangen. Bei den Ausführungen wird ein stabiler normalverteilter Prozess angenommen.

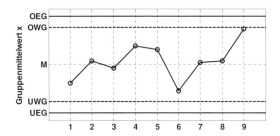

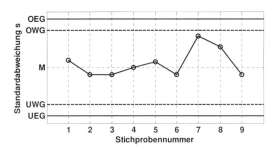

Bild 16.5 Beispiel für eine zweispurige Mittelwert- und Standardabweichungskarte

Berechnung der Eingriffsgrenzen am Beispiel der Mittelwertkarte

Zum Erstellen der Mittelwertkarte werden in regelmäßigen Abständen Stichproben entnommen, daraus wird das Stichprobenmittel berechnet und dieses in die Regelkarte eingetragen.

Bei der Erläuterung der Eingriffsgrenzen wird davon ausgegangen, dass die Standardabweichung aus vorangegangenen Untersuchungen bekannt ist. Die regelmäßige Auswertung einer prozessbezogenen Regelkarte entspricht somit dem periodischen Durchführen eines statistischen Tests. Die Nullhypothese gleicher Mittelwerte $\mu = \mu_0$ wird gegen die Alternative ungleicher Mittelwerte $\mu \neq \mu_0$ getestet. Da es sich um einen Mittelwerttest mit bekannter Varianz handelt, entspricht das Vorgehen dem zweiseitigen z-Test mit dem Signifikanzniveau 12 α. Bei dem zweiseitigen Test wird die Testvariable

$$Z = \sqrt{n} \cdot \frac{\overline{X} - \mu}{\sigma}$$

mit dem zweiseitigen $(1 - \alpha)$-Quantil der Normalverteilung z_q verglichen. Dabei wird der Sollwert des Parameters durch den Mittelwert der Grundgesamtheit μ_0 repräsentiert. Mit diesen Annahmen und Definitionen gilt

$$-z_q \leq \sqrt{n} \cdot \frac{\overline{X} - \mu_0}{\sigma} \leq z_q$$

Umformungen führen zu den Eingriffsgrenzen

$$UEG = \mu_0 - z_q \cdot \frac{\sigma}{\sqrt{n}}$$

und

$$OEG = \mu_0 + z_q \cdot \frac{\sigma}{\sqrt{n}}$$

Die Eingriffsgrenzen können so interpretiert werden, dass bei Wahl von $\alpha = 1\,\%$ der 99 %ige Zufallsstreubereich des Mittelwertes im Fall $\mu = \mu_0$ zur Berechnung der Eingriffsgrenzen herangezogen wird. Liegt der Mittelwert außerhalb – was für den Fall $\mu = \mu_0$ nur mit einer Wahrscheinlichkeit von 1 % vorkommen kann –, so wird auf eine Veränderung des Mittelwertes auf $\mu^* \neq \mu_0$ geschlossen.

Die Warngrenzen ergeben sich in analoger Art und Weise, üblicherweise wird für die Berechnung das Signifikanzniveau mit $\alpha = 5\,\%$ festgelegt.

Praxistipp

In der Praxis gibt es für die Berechnung der Eingriffsgrenzen sowohl die Variante, dass der 99 %ige Zufallsstreubereich als auch der Bereich $\pm 3\,\sigma$ (99,7 %iger Zufallsstreubereich) herangezogen wird. Vor der Interpretation einer Regelkarte ist daher zu überprüfen, welche Formel verwendet wurde.

Der Fehler erster Art ist die Wahrscheinlichkeit für „Fehlalarm", d. h., eine Veränderung des Prozesses wird angezeigt, obwohl keine stattgefunden hat. Diese Wahrscheinlichkeit ist bei Wahl des 99,7 %igen Zufallsstreubereichs als Eingriffsgrenzen 0,3 %. Wird bereits bei der Verletzung der Warngrenzen auf eine Veränderung des Prozesses geschlossen, so ist der dazugehörige Fehler mit $\alpha = 5\,\%$ determiniert.

Der Fehler zweiter Art ist die Wahrscheinlichkeit dafür, eine Veränderung des Prozesses nicht zu erkennen, obwohl sie stattgefunden hat. Die Wahrscheinlichkeit, eine stattgefundene Veränderung zu erkennen, ist die inverse Wahrscheinlichkeit dazu. Sie wird als „Eingriffswahrscheinlichkeit" bezeichnet und ist unter anderem eine Funktion des Stichprobenumfanges n.

Eingriffswahrscheinlichkeit von Regelkarten für die Prozesslage

Bild 16.6 zeigt für die $\bar{x}$-Karte schematisch den Einfluss des Stichprobenumfanges auf die Eingriffswahrscheinlichkeit, wenn sich die Fertigungslage von μ auf μ^* verändert hat. Je höher n, desto größer ist erwartungsgemäß die Eingriffswahrscheinlichkeit. Mit steigendem Stückzahlumfang ist damit eine genauere Aussage über die Notwendigkeit eines Eingriffes möglich.

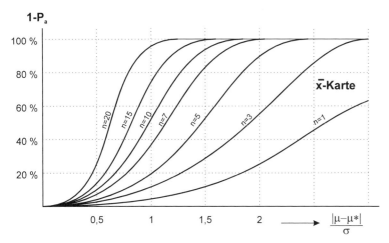

Bild 16.6 Verlauf der Eingriffswahrscheinlichkeit der Mittelwertkarte

Bild 16.7 stellt den Vergleich der Lagekarten Mittelwert-, Medianwert- und Urwertkarte bei einem Stichprobenumfang von n = 5 dar. Die größte Empfindlichkeit besitzt die Mittelwertkarte ($\bar{x}$-Karte), gefolgt von der Medianwertkarte ($\tilde{x}$-Karte). Die kleinste Aussagesicherheit wird mit der Urwertkarte erreicht.

Mithilfe der dargestellten Grafiken kann ausgehend von einer gewünschten Eingriffswahrscheinlichkeit der notwendige Stichprobenumfang n in einfacher Art und Weise ermittelt werden. In der Praxis hat sich weitestgehend ein Stichprobenumfang von n = 5 durchgesetzt.

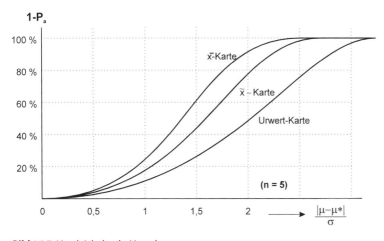

Bild 16.7 Vergleich der drei Lagekarten

Berechnung der Eingriffsgrenzen am Beispiel der s-Karte

Die Standardabweichungskarte dient zur Überwachung der Standardabweichung (Gleichmäßigkeit) σ und verwendet zum Eintragen die Stichprobenstandardabweichungen s aus Stichproben des stets gleichen Umfangs n. Die Kartengrenzen sind wiederum die Grenzen des zweiseitigen 99 %- bzw. 95 %-Zufallsstreubereiches für die Standardabweichungen s aus Stichproben des Umfangs n.

Wie bereits bei der Mittelwertkarte liegt der Auswertung ein Hypothesentest zugrunde. Es wird für jede Gruppe von Einzelwerten die Nullhypothese getestet, ob die Produktionsstreuung konstant geblieben ist oder sich die Streuung verändert hat.

Grundlage für diesen Test ist die Schätzung S^2 der Varianz σ^2 einer normalverteilten Größe. Ist die Varianz σ^2 bekannt, kann die Chi-Quadrat-Verteilung zugrunde gelegt werden und es ergibt sich nach folgender Gleichung die Forderung

$$P\left(\frac{\sigma^2}{n-1}\cdot u_{\alpha/2} \leq S^2 \leq \frac{\sigma^2}{n-1}\cdot u_{1-\alpha/2}\right) = 1-\alpha$$

Dabei ist n der Stichprobenumfang, $u_{\alpha/2}$ und $u_{1-\alpha/2}$ sind Quantile der Chi-Quadrat-Verteilung. Daraus ergeben sich die obere und untere Eingriffsgrenze

$$UEG = \sigma \cdot \sqrt{\frac{u_{\alpha/2}}{n-1}}$$

und

$$OEG = \sigma \cdot \sqrt{\frac{u_{1-\alpha/2}}{n-1}}$$

Eingriffswahrscheinlichkeit von Regelkarten für die Prozessstreuung

Bild 16.8 zeigt für die s-Karte die Eingriffswahrscheinlichkeit bei verschiedenen Stichprobenumfängen, wenn sich die Standardabweichung von σ auf σ^* ändert.

Beispielsweise ist zu erkennen, dass bei einem Stichprobenumfang n = 5 eine Verdoppelung der Streuung nur mit einer Wahrscheinlichkeit von ca. 25 % erkannt werden kann. Bei Verdoppelung des Stichprobenumfanges steigt die Eingriffswahrscheinlichkeit auf 60 %.

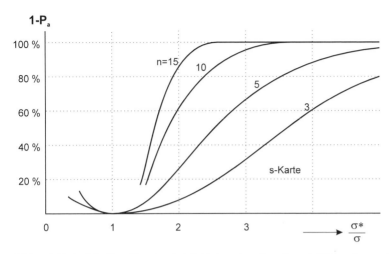

Bild 16.8 Verlauf der Eingriffswahrscheinlichkeiten der s-Karte je nach Stichprobenumfang

16.4.4 Festlegung des Stichprobenentnahmeintervalls

Das Prüfen von Stichproben ist in der Regel mit finanziellem Aufwand verbunden und kann deshalb nicht beliebig oft erfolgen. Andererseits sind im Falle einer Eingriffsgrenzenüberschreitung nicht nur entsprechende Korrekturmaßnahmen einzuleiten, sondern es muss auch über die Behandlung der seit der letzten Stichprobe gefertigten Teile entschieden werden. Um den wirtschaftlichen Schaden zu minimieren, sollte der zeitliche Abstand zwischen den Stichproben nicht zu groß sein. Bei der Festlegung des Stichprobenentnahmeintervalls muss deshalb ein Kompromiss zwischen Kosten für die Prüfung und Kosten im Fall der Eingriffsgrenzenüberschreitung eingegangen werden.

Nachfolgend sind einige Grundregeln bei der Festlegung des Entnahmeintervalls erläutert:

■ Nach Ereignissen wie beispielsweise Störungen, Werkzeugwechsel sollte so lange fortlaufend geprüft werden, bis die richtige Mittellage des Prozesses wieder erreicht ist. Die letzten Messwerte dienen gleichzeitig der ersten Stichprobe für die weiterführende SPC-Lenkung.

■ Die Festlegung des Stichprobenintervalls muss sich an den bisherigen Erkenntnissen orientieren, die beispielsweise in Form eines Vorlaufes gewonnen werden. Als Faustregel gilt, dass ca. zehn Stichproben innerhalb des durchschnittlichen Zeitraumes zwischen zwei Störeinflüssen gezogen werden sollten. Gibt es fixe Werkzeugwechsel- bzw. Nachstellintervalle, so sollten innerhalb dieses Zeitraumes ca. drei Stichproben entnommen werden. Mindestens soll einmal innerhalb einer Produktionsmenge auf ein Los zugegriffen werden. Auch sollte jeweils am Ende einer Serie vor Umstellung auf einen anderen Typ noch eine Stichprobe zur Bestätigung der Prozessbeherrschung gezogen werden.

Generell gilt, dass das Prüfintervall stückzahlabhängig, manchmal auch zeitabhängig so festzulegen ist, dass Abweichungen des Prozesses erkannt werden, bevor Fehler entstehen.

16.4.5 Durchführung eines Vorlaufes, Bestimmung des Prozesstyps

Für die Berechnung der Eingriffsgrenzen ist einerseits die Kenntnis des Prozesstyps und andererseits die Schätzung der Prozessparameter notwendig. Die Erhebung erfolgt in einem Vorlauf, der mit dem festgelegten Stichprobenumfang und Prüfintervall durchzuführen ist. Für eine fundierte Ausgangsbasis ist eine repräsentative Anzahl von Teilen notwendig. Typischerweise werden im Rahmen eines Vorlaufes m = 25 Stichproben mit je n = 5 Teilen untersucht.

Wichtig ist, dass der Verlauf der Daten in der entsprechenden Regelkarte untersucht wird, um Hinweise bezüglich Prozessstabilität zu erhalten. Zusätzlich sind geeignete statistische Tests durchzuführen, welche die Beurteilung der Prozessbeherrschung zulassen und damit die Ermittlung des Prozesstyps. Hierbei können die im Kapitel „statistische Tests" dargestellten Verfahren zur Anwendung gelangen. Beispielsweise kann der Levene-Test genutzt werden, um auf Stabilität der Streuung zu testen, der F-Test oder Kruskal-Wallis-Test, um die Konstanz des Mittelwertes zu ermitteln. Gängige Statistikprogramme wie beispielsweise QS Stat® bieten zusätzliche Tests zur Bestimmung des Prozesstyps an wie beispielsweise den Test auf sukzessive Differenzenstreuung oder den Test auf Zufälligkeit nach Swed und Eisenhart (Praxisbeispiel am Ende dieses Kapitels).

Ist der Prozess bezüglich Streuung beherrscht, nicht jedoch bezüglich seines Mittelwertverhaltens, liegt ein Prozess vom Typ C (Tabelle 16.1) vor, der typischerweise dann auftritt, wenn es Chargensprünge oder Trends gibt. Derartige Prozesse können beispielsweise mit der erweiterten Normalverteilung beschrieben werden. Eine Änderung des Prozessverhaltens ist oftmals aus wirtschaftlichen Gründen nicht sinnvoll, sodass derartige Prozesse in der Praxis häufig mit SPC überwacht werden.

Kritischer hingegen ist es, wenn die Standardabweichung ein nicht stabiles Verhalten zeigt (Prozesstyp B, D). Es weist darauf hin, dass das Prozessverhalten statistisch nicht erklärbar und der Prozess somit „chaotisch" ist. In diesem Fall muss versucht werden, die Ursachen für dieses unkontrollierte Verhalten zu identifizieren, zu beseitigen und den Vorlauf zu wiederholen.

16.4.6 Berechnung der Eingriffsgrenzen

Basierend auf obigen Ausführungen bezüglich Prozessstabilität lassen sich bei den klassischen Shewhart-Karten drei Berechnungsarten von Eingriffsgrenzen je nach Prozesstyp unterscheiden:

- „normale Berechnung" für Prozesstyp A1,
- „Pearson Berechnung" für Prozesstyp A2,
- „erweiterte Berechnung" für Prozesstyp C.

Normale Berechnung der Eingriffsgrenzen (Prozesstyp A1)

Die normale Berechnung geht von einem stabilen normalverteilten Prozess aus. Die entsprechenden Formeln wurden bereits am Beispiel der Mittelwert- und Standardabweichungskarte erläutert.

Die Vorlaufergebnisse werden dazu genutzt, Schätzwerte für μ bzw. σ zu ermitteln (mit $\hat{\mu}$ bzw. $\hat{\sigma}$ bezeichnet). Tabelle 16.3 zeigt die entsprechenden Formeln, wobei für σ drei mögliche Schätzungen angeführt sind, die im Allgemeinen zu leicht unterschiedlichen Ergebnissen führen.

Tabelle 16.3 Schätzmethoden für μ und σ_{within}

(1) Schätzwert für μ	$\hat{\mu} = \bar{x}$	Mittelwert der Stichprobenmittel
(2) Schätzwert für σ	a) $\hat{\sigma} = \sqrt{\bar{s}^2}$	Wurzel aus dem Mittelwert der Stichprobenvarianzen; bevorzugter Schätzwert
	b) $\hat{\sigma} = \dfrac{\bar{s}}{a_n}$	Mittelwert der s-Werte der Stichproben, für die Faktoren a_n (Tabelle 16.4)
	c) $\hat{\sigma} = s_R = \dfrac{\bar{R}}{d_n}$	Mittelwert der R-Werte der Stichproben, für die Faktoren d_n (Tabelle 16.4)

Zu beachten ist, dass bei der Schätzung für σ lediglich die Streuung innerhalb der Stichproben berücksichtigt wird. Daher wird der Schätzwert auch als σ_{within} bezeichnet.

Die Schätzung der Standardabweichung aus den Mittelwerten der s-Werte ist im Gegensatz zur Schätzmethode a mithilfe der Varianz nicht erwartungstreu. Die Schätzung wird verbessert, wenn sie durch einen Faktor a_n dividiert wird.

Dasselbe gilt für die Schätzung der Standardabweichung aus dem Mittelwert der Spannweite R (Fall c). In diesem Fall wird der Mittelwert der Spannweiten aller Stichproben durch einen Faktor d_n dividiert.

Die Konstanten a_n und d_n zur Verbesserung des Schätzwertes für die Standardabweichung in Abhängigkeit des Stichprobenumfanges n sind der Tabelle 16.4 zu entnehmen.

Tabelle 16.4 Korrekturfaktoren a_n und d_n

n	2	3	4	5	6	7	8	9	10
a_n	0,798	0,886	0,921	0,940	0,952	0,959	0,965	0,969	0,973
d_n	1,128	1,693	2,059	2,326	2,534	2,704	2,847	2,970	3,078

Berechnung von erweiterten Eingriffsgrenzen (Prozesstyp C)

In der Praxis kann der Fall auftreten, dass Mittelwertänderungen als prozessspezifische Eigenschaft (z.B. Trends, Chargensprünge) anzusehen sind und dass es unwirtschaftlich ist, derartige Änderungen zu verhindern. Dann kann es notwendig sein, die Eingriffsgrenzen der klassischen Shewhart-Karten zu erweitern.

Für die Berechnung gibt es hierbei unterschiedliche Optionen. Die einfachste Möglichkeit besteht darin, dieselben Formeln wie bei stabilen Prozessen zu verwenden, jedoch σ auf andere Art und Weise zu schätzen. Die Standardabweichung zur Berechnung der Eingriffsgrenzen ergibt sich aus der Standardabweichung aller Werte. Dieser Schätzwert berücksichtigt sowohl die Streuung innerhalb der Stichprobe als auch die Streuung zwischen den Stichproben und wird daher auch als $\sigma_{overall}$ oder σ_{total} bezeichnet.

Praxistipp

Für stabile Prozesse gibt es keinen Unterschied zwischen σ_{within} und $\sigma_{overall}$. Das Ausmaß des Unterschiedes ist daher auch ein Maß für die Stabilität eines Prozesses.

In Bild 16.9 ist ein Trendprozess dargestellt, der beispielsweise mit den erweiterten Grenzen zu regeln ist.

Nicht normalverteilte Prozesse (Typ A2)

Für Prozesse, die durch eingipflige, schiefe Verteilungsmodelle charakterisiert werden können, ist die Verwendung einer Pearson-Karte zu empfehlen. Das gilt insbesondere, wenn auch die Stichprobenmittelwerte nicht durch eine Normalverteilung beschrieben werden können.

Dabei werden die Eingriffsgrenzen wiederum nach dem gewünschten Zufallsstreubereich berechnet (99 % bzw. 99,73 %). Der Unterschied zur klassischen Berechnung liegt darin, dass nicht die Normalverteilung, sondern

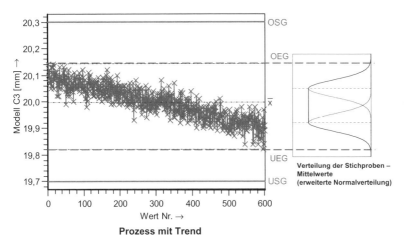

Bild 16.9 Beispiel eines typischen instabilen Prozesses des Typs C3

eben die Pearson-Verteilung (entwickelt von Karl Pearson), welche die Parameter der Schiefe und Wölbung mit beinhaltet, dem Datensatz zugrunde gelegt wird. Daraus resultieren asymmetrische Eingriffsgrenzen, die im Vergleich zur klassischen Berechnung der Eingriffsgrenzen die Realität besser abbilden und weniger oft zum Eingreifen führen.

Dieselben Überlegungen und Berechnungen können nicht nur für Mittelwerte, die nicht der Normalverteilung gehorchen, sondern auch für alle weiteren Prozessparameter wie Median, Standardabweichung oder Spannweite verwendet werden. Dies erlaubt die Erstellung von Pearson-Regelkarten für alle gängigen SPC-Parameter.

Eingriffsgrenzen bei toleranzbezogenen Regelkarten

Bei Prozessen mit systembedingter Mittelwertänderung können unter besonderen Umständen die Eingriffsgrenzen toleranzbezogen festgelegt werden. Voraussetzung ist hierbei jedoch stets, dass die innere Streuung im Verhältnis zur Toleranz hinreichend klein ist.

Je nach der Lage von μ im Toleranzbereich ist der toleranzüberschreitende Anteil p verschieden hoch. Dabei ist p die Summe aus dem grenzwertunterschreitenden Anteil P_{UGW} sowie dem grenzwertüberschreitenden Anteil P_{OGW} (Bild 16.10).

Um einen Prozess mit einer toleranzbezogenen Regelkarte zu überwachen, muss man neben dem Stichprobenumfang n einen Ausschussanteil p_β vorschreiben, den man nicht mehr akzeptieren und mit einer bestimmten Wahrscheinlichkeit $1 - \beta$ entdecken will. Er wird als zurückzuweisende Qualitäts-

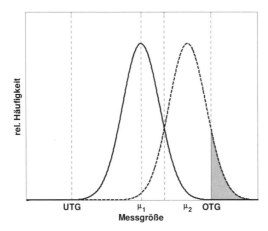

UTG   μ₁   μ₂   OTG
        Messgröße

grenzlage bezeichnet (RQL = Rejectable Quality Level). Praktisch heißt dies
vorzusorgen, dass bei Überschreiten des RQL-Wertes mit hoher Wahrscheinlichkeit eingegriffen und danach der Prozess neu eingestellt wird. Zum Unterschied zu den bisherigen Regelkarten reicht es nun aus, nur Eingriffsgrenzen anzugeben, wodurch sich die toleranzbezogenen Karten äußerlich
unterscheiden.

16.4.7 Erstellung eines Reaktionsplans

Für den Fall einer Über- bzw. Unterschreitung einer Eingriffsgrenze sowie bei
ungewöhnlichen Punktefolgen ist ein entsprechender Reaktionsplan zu erstellen. Dieser muss prozess- und maschinenspezifisch erstellt werden und
alle Maßnahmen enthalten, die zur Aufdeckung der Ursachen von Störungen
einerseits und zur Regelung des Prozesses andererseits notwendig sind. Außerdem ist festzulegen, welche Konsequenzen eine Verletzung der Warn-
grenze nach sich zieht. Typischerweise wird vorgeschrieben, sofort eine weitere Stichprobe zu ziehen oder in kürzeren Zeitabständen zu prüfen.

16.4.8 Führen und Auswerten der Regelkarte

Schließlich ist die Karte vorzubereiten, und sämtliche bekannten Daten sind
einzutragen wie beispielweise Toleranzgrenzen, Eingriffs- und Warngrenzen
sowie der Mittenwert.

Es ist zu definieren, wer die Karte führt und wer berechtigt ist, die Eingriffe
gemäß Reaktionsplan vorzunehmen. Wichtig in diesem Zusammenhang ist,
dass die eingeleiteten Lenkungsmaßnahmen auf der Karte am Überschrei-
tungspunkt vermerkt werden.

Hinweis

Einzugreifen heißt in diesem Zusammenhang, auf das im statistischen Sinne ungewöhnliche Ereignis angemessen zu reagieren. Dies bedeutet, dass stets untersucht werden muss, ob tatsächlich eine Veränderung im Prozessverhalten stattgefunden hat.

Neben der Überschreitung von Eingriffsgrenzen ist auch dann einzugreifen, wenn eine ungewöhnliche Punktefolge vorliegt, welche zumeist mit der sogenannten Siebenerregel ermittelt wird. Liegen mindestens sieben aufeinanderfolgende Kennwerte einseitig der Mittellinie oder bilden sieben Punkte eine auf- oder absteigende Folge, so sind aufgrund der im ungestörten Fall geringen Wahrscheinlichkeit ebenfalls Korrekturmaßnahmen einzuleiten.

Bild 16.11 zeigt eine Regelkarte, wie sie typischerweise in der Praxis eingesetzt wird.

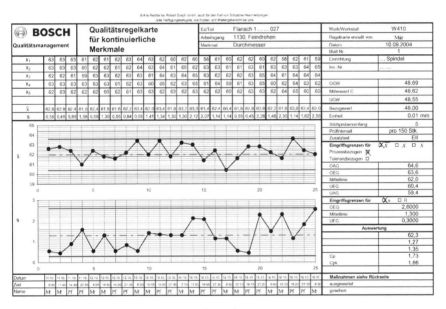

Bild 16.11 Beispiel einer zweispurigen Regelkarte der Praxis

16.5 Praxisbeispiel

Die Kontrolle eines Sollwertes mit Mittelwertkarte wird an dem Beispiel eines Ringes dargestellt. Der Ring hat einen Solldurchmesser von $d_0 = 20$ mm mit den Toleranzgrenzen von 19,985 mm und 20,075 mm. Tabelle 16.5 zeigt eine Übersicht über eine Stichprobe von 20 Gruppen mit jeweils fünf Ringen.

Tabelle 16.5 Durchmesser von Ringen

Index	Ringdurchmesser d / mm					d̄/mm	s_d
1–5	20,0259	20,0203	20,0256	20,0160	20,0110	20,0197	0,0064
6–10	20,0078	20,0256	20,0214	19,9905	20,0042	20,0099	0,0141
11–15	20,0053	20,0187	20,0256	20,0172	20,0120	20,0158	0,0076
16–20	20,0080	19,9925	20,0133	20,0112	20,0138	20,0077	0,0088
21–25	20,0073	20,0145	20,0008	20,0016	20,0042	20,0057	0,0055
26–30	20,0180	20,0198	20,0350	20,0282	20,0248	20,0252	0,0068
31–35	20,0226	20,0235	20,0200	20,0275	20,0279	20,0243	0,0034
36–40	20,0222	20,0219	20,0240	20,0328	20,0228	20,0247	0,0046
41–45	20,0334	20,0343	20,0249	20,0220	20,0209	20,0271	0,0063
46–50	20,0225	20,0014	20,0084	20,0276	20,0281	20,0176	0,0121
51–55	20,0273	20,0324	20,0122	20,0224	20,0236	20,0236	0,0075
56–60	20,0267	20,0222	20,0224	20,0142	20,0385	20,0248	0,0089
61–65	20,0167	20,0201	20,0049	20,0389	20,0147	20,0191	0,0124
66–70	20,0239	20,0271	20,0115	20,0124	20,0371	20,0224	0,0107
71–75	20,0356	20,0098	20,0031	19,9984	20,0276	20,0149	0,0160
76–80	20,0152	20,0087	19,9983	20,0277	19,9905	20,0081	0,0145
81–85	20,0074	19,9948	19,9973	20,0108	19,9907	20,0002	0,0085
86–90	20,0141	19,9884	20,0010	19,9938	19,9993	19,9993	0,0097
91–95	20,0031	19,9955	20,0042	20,0087	20,0006	20,0024	0,0049
96–100	19,9889	20,0028	19,9988	20,0127	20,0001	20,0007	0,0085

Der Mittelwert und die Standardabweichung sind für die jeweilige Gruppe in die Tabelle bereits eingetragen. Der Gesamtmittelwert errechnet sich zu

$$\bar{d} = 20.0147 \text{ mm}$$

und die mittlere Standardabweichung beträgt

$$\bar{s} = 0.0089 \text{ mm}$$

Unter Berücksichtigung des Korrekturfaktors a_n ergibt sich der Schätzwert für σ:

$$s = \frac{\overline{s}}{a_n} = \frac{0.0089 \text{ mm}}{0.94} = 0.0095 \text{ mm}$$

Mit einem Signifikanzniveau von $\alpha = 0,27\,\%$ ergibt sich bei zweiseitiger Verteilung über die inverse Normalverteilung z_q zu:

$$z_q = F^{-1}\left(1 - \frac{\alpha}{2}\right) = 3$$

Die Eingriffsgrenzen berechnen sich zu

$$UEG = 20.0147 \text{ mm} - 3 \cdot \frac{0.0094}{\sqrt{5}} \text{mm}$$
$$= 20.0024 \text{ mm}$$

und

$$OEG = 20.0273 \text{ mm}$$

Damit ergibt sich die Mittelwertkarte mit oberer und unterer Eingriffsgrenze (Bild 16.12).

Obwohl der spezifizierte Toleranzbereich von 19,985 bis 20,075 mm nicht verlassen wird, handelt es sich in dem Beispiel nicht um einen stabilen Prozess, da die untere Eingriffsgrenze gegen Ende des Beobachtungszeitraumes mehrfach unterschritten wird.

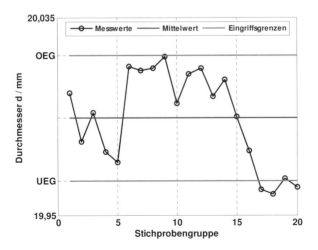

Bild 16.12 Darstellung des Mittelwertverlaufs mit Mittelwert, oberer und unterer Eingriffsgrenze

Die Eingriffsgrenzen der Standardabweichungskarte ergeben sich in dem Beispiel zu

$$UEG = \sigma \cdot \sqrt{\frac{u_{\alpha/2}}{n-1}} = 0.0051mm$$

und

$$OEG = \sigma \cdot \sqrt{\frac{u_{1-\alpha/2}}{n-1}} = 0.0142mm$$

Die entsprechende Standardabweichungskarte ist in Bild 16.13 dargestellt. Man sieht, dass der Prozess hinsichtlich Streuung als beherrscht eingestuft wird, da es zu keiner Verletzung der Eingriffsgrenzen kommt. Insgesamt kann daher festgehalten werden, dass es sich um einen Prozess des Typs C handelt.

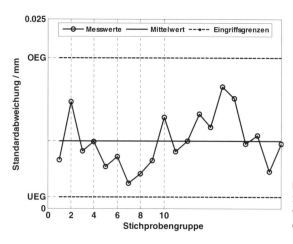

Bild 16.13 Darstellung des Streuungsverlaufs mit Mittelwert, oberer und unterer Eingriffsgrenze

16.5.1 Weiterführende Betrachtungen mithilfe von QS Stat®

Wird die nachfolgend angeführte Berechnung in der Statistiksoftware QS Stat® durchgeführt, so wird ebenfalls erkannt, dass aufgrund der Überschreitungen in der Mittelwertkarte von einem nicht beherrschten Prozess ausgegangen werden kann. Die Funktionalitäten und Testverfahren in QS Stat® sind derart konzipiert, dass der zugrunde liegende Prozesstyp gemäß DIN 55319 ermittelt wird. Bild 16.14 zeigt, dass der Prozesstyp C3 identifiziert wurde. Rot gekennzeichnet sind die Entscheidungen, die aufgrund der durchgeführten statistischen Tests getroffen wurden. Der Nullhypothese der konstanten Streuung wurde nicht verworfen, die der konstanten Lage jedoch schon. Danach wurde getestet, ob innerhalb der Stichproben Normalverteilung vorherrscht, diese Frage konnte bejaht werden. Im Statistikprogramm QS Stat® stehen nun einige Tests bezüglich Trends zur Verfügung. Der Test auf linearen Trend konnte nicht bestätigt werden, allerdings wurde mithilfe der beiden nachfolgend kurz erläuterten Tests ein Trend identifiziert und die Streuung als nicht zufällig charakterisiert.

Test auf sukzessive Differenzenstreuung

Dieser Trendtest untersucht die Streuung zeitlich aufeinanderfolgender Stichprobenwerte, indem das Verhältnis der sukzessiven Differenzstreuung zur Varianz untersucht wird. Unterschreitet diese Prüfgröße den testspezifischen kritischen Wert, so liegt ein Trend vor, da dann benachbarte Werte ähnlicher sind als entfernte.

Test auf Zufälligkeit nach Swed und Eisenhart

Dieser Test analysiert den Verlauf der Werte im Vergleich zum Medianwert. Hierbei werden sogenannte Runs gebildet. Runs sind die Folgen von Werten, die ausschließlich unterhalb bzw. oberhalb des Medians liegen. Die Gesamtzahl der Runs dient als Prüfgröße, die mit dem testspezifischen kritischen Wert verglichen wird. Damit ist ebenfalls eine Aussage möglich, ob die Anordnung der Werte zufällig ist oder nicht.

Der Pfad (Bild 16.14 auf Seite 482) endet schließlich mit dem Hinweis, dass mithilfe des Modells der erweiterten Normalverteilung die Berechnungsart „erweiterte Grenzen" gewählt wurde und es sich um den Prozesstyp C3 (Trendprozess) handelt (Bild 16.15 auf Seite 482).

Nachdem es sich um einen nicht stabilen Prozess handelt, wurden in QS Stat® die Eingriffsgrenzen entsprechend erweitert. Daher kommt es bei der in QS Stat® automatisch dargestellten Regelkarte zu keiner Überschreitung. Wiederum zeigt sich, dass ein fundiertes Wissen notwendig ist, um Ergebnisse von Statistikprogrammen richtig zu interpretieren. Würde man hier lediglich die Regelkarte betrachten, ohne auf den dahinter liegenden Prozesstyp zu achten, könnte man irrtümlicherweise auf einen beherrschten Prozess schließen.

Das Programm QS Stat® lässt es in sehr bequemer Art und Weise zu, die verschiedenen Arten der Regelkarten zu berechnen, wie in Bild 16.16 dargestellt wird. Man kann zunächst den Regelkartentyp mit einem entsprechenden Pull-down-Menü auswählen (klassische Shewhart-Karten oder Annahmekarten). Zusätzlich können alle denkbaren Kartentypen und Berechnungsarten je nach Prozesstyp ausgewählt werden. Ebenso kann die Wahl des Signifikanzniveaus zur Berechnung der Eingriffsgrenzen äußerst bequem verändert werden.

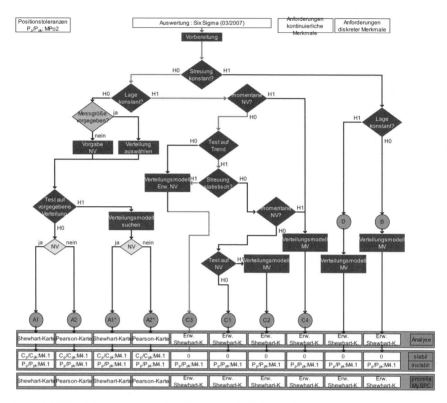

Bild 16.14 Darstellung des ermittelten Prozesstyps C3 in QS Stat®

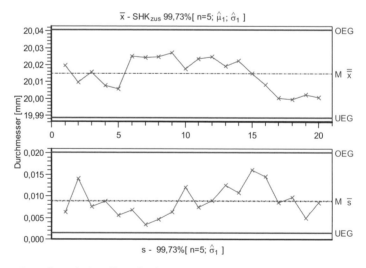

Bild 16.15 Darstellung der Regelkarte für den Prozesstyp C3 (erweiterte Grenzen)

In Bild 16.16 sind die gewählten Einstellungen aufgrund der Ermittlung des Prozesstyps C3 dargestellt. Dabei ist zu sehen, dass die Berechnungsart „erweiterte Grenzen" und das Signifikanzniveau von 99,7 % gewählt wurden.

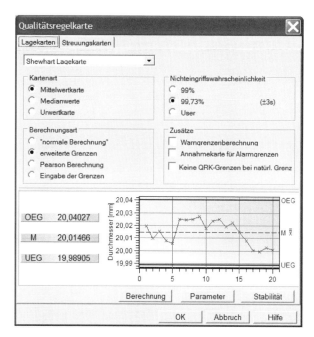

Bild 16.16 Erweiterte Shewhart-Karte unter Annahme des Prozesstyps C3 (Signifikanzniveau 99,7 %)

Bild 16.17 zeigt die Ergebnisse unter Annahme des Prozesstyps A1 bei einem gewählten Signifikanzniveau von 99,7 %. Die obere Eingriffsgrenze beispielsweise stimmt bei Annahme des Prozesstyps A1 mit voriger Berechnung überein und ergibt sich zu 20,0274 mm.

Die toleranzbezogene Regelkarte ist in Bild 16.18 dargestellt. Es zeigt sich, dass auch hier einzugreifen wäre, da der Prozess gefährlich nahe an die Toleranzgrenzen kam.

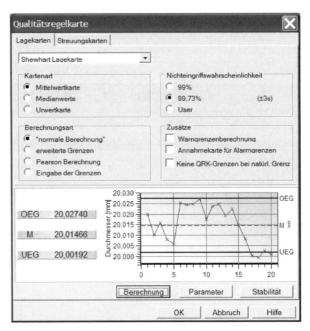

Bild 16.17 Klassische Shewhart-Karte unter Annahme des Prozesstyps A1 (Signifikanzniveau 99,73%)

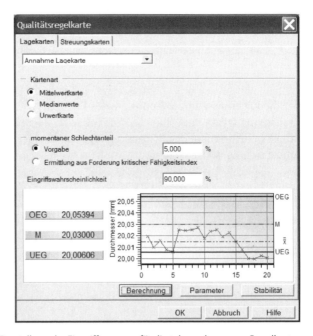

Bild 16.18 Darstellung der Eingriffsgrenzen für die toleranzbezogene Regelkarte

16.5.2 Ergebnisdarstellung in Minitab®

Nach Einlesen der entsprechenden Datenzeile und Eingabe des Stichproben-umfanges n berechnet Minitab® automatisch die Grenzen der Regelkarten. Die Grenzen entsprechen dem Ergebnis für Prozesstyp A1 in QS Stat®. Den Komfort der automatischen Ermittlung des Prozesstyps mit entsprechend richtiger Wahl der Regelkarte bietet Minitab® nicht. Bild 16.19 zeigt eine beispielhaft in Minitab® erstellte zweispurige Regelkarte.

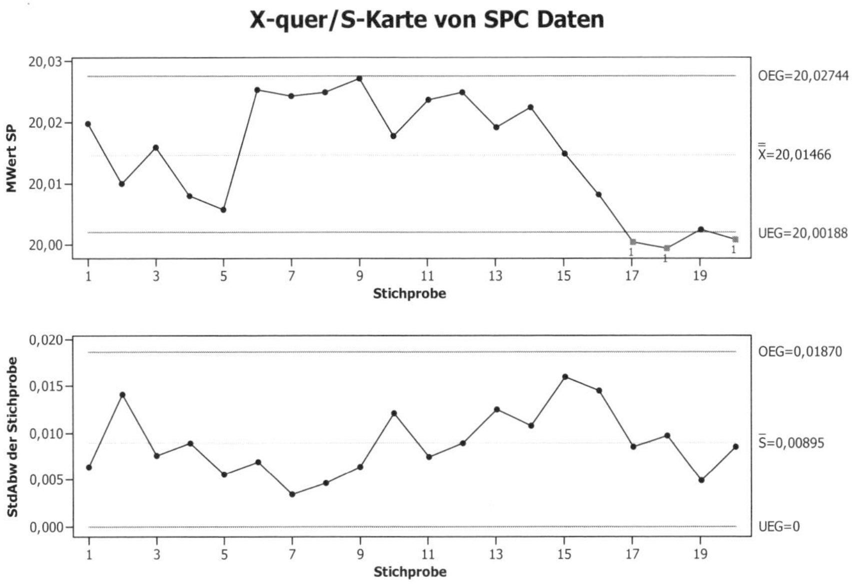

X-quer/S-Karte von SPC Daten

Bild 16.19 Darstellung der zweispurigen Regelkarte in Minitab®

16.6 Zusammenfassung und Erfolgsfaktoren

Statistische Prozesslenkung (SPC) ist eine sehr mächtige Methode zur Visua-lisierung und Lenkung von Prozessen auf Basis von Stichprobenergebnissen. Das Ziel von SPC ist es, sicherzustellen, dass die geplanten Prozessergebnisse erreicht und die entsprechenden Kundenforderungen eingehalten werden. Die Methode steht in der Umsetzung am Ende des Entwicklungsprozesses und soll garantieren, dass das Produkt von Beginn an, aber auch in Zukunft fehlerfrei produziert wird, so wie es in der DFSS-Methodik gefordert wird.

Größter Wert ist darauf zu legen, durch entsprechende Aktionspläne, die entsprechend geschult und kommuniziert werden müssen, dafür zu sorgen, dass der Fertigungsprozess Teil eines Regelkreises wird und somit zeitgerecht Änderungen des Prozesses behoben werden können.

16.7 Verwendete Literatur

Bosch: Maschinen- und Prozessfähigkeit, Heft Nr. 9, Robert Bosch GmbH, C/QMM, Ausgabe 2004

Bosch: Statistische Prozessregelung SPC, Heft Nr. 7, Robert Bosch GmbH, C/QMMAusgabe 2005

Timischl, W.: Qualitätssicherung, Carl Hanser Verlag, 1995

Wappis, J./Jung, B.: Taschenbuch Null-Fehler-Management, Umsetzung von Six Sigma, Carl Hanser Verlag, 2006

17 Prozessfähigkeitsuntersuchungen

17.1 Ziel von Prozessfähigkeitsuntersuchungen

DFSS stellt die Null-Fehler-Strategie in allen Phasen der Produktentwicklung in den Vordergrund. Dazu ist es notwendig, einerseits robuste Produkte und andererseits stabile und fähige Prozesse zu entwickeln. Bei der Vorserien- oder Serienproduktion können dennoch bislang versteckte Konstruktionsfehler ans Tageslicht treten. Um diese nicht bis zum Kunden gelangen zu lassen, werden Prozessfähigkeitsuntersuchungen durchgeführt, welche vollständig oder statistisch – also mit Stichprobenentnahme – erfolgen können. Dieses Kapitel beschäftigt sich vor allem damit, wie Prozessfähigkeit gemessen und analysiert wird, um dem Ziel „null Fehler" näher zu kommen.

Mit den in Kapitel 16 erläuterten Mittelwert- und der Streuungskarten kann ein Prozess auf Stabilität analysiert werden. Dabei wird jedoch keinerlei Aussage zu der Frage getroffen, ob der Prozess die definierten Toleranzgrenzen einhält. Dieser Frage widmet sich die Untersuchung der Prozessfähigkeit.

Leitfragen

- Welche Prozessfähigkeitskennzahlen gibt es?
- Wie fähig ist der betrachtete Prozess?
- Welche Aussagen über die Gesamtfehlerrate können dadurch gemacht werden?
- Wie werden Prozessfähigkeitskennzahlen richtig berechnet und interpretiert?

17.2 Einordnung von Prozessfähigkeit in den Produktentstehungsprozess

Prozessfähigkeitsuntersuchungen sind unerlässliche Maßnahmen zur Fehlerreduzierung vor Aufnahme eines Fertigungsprozesses bzw. Überleitung in die Serienproduktion. Über einfach zu ermittelnde Kennzahlen wird eine statistisch gut begründete Aussage über den zu erwartenden Fehleranteil möglich. Daher sollte eine Fähigkeitsuntersuchung Bestandteil jeder Prozessplanung sein (Bild 17.1).

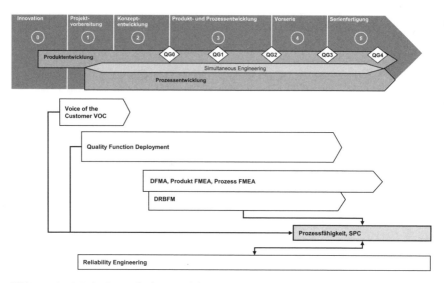

Bild 17.1 Statistische Prozesslenkung und der PEP

Zusammenspiel mit weiteren Methoden

Was die Verknüpfung mit anderen DFSS-Methoden betrifft, so kann das Thema Prozessfähigkeit bereits bei den Kundenanforderungen beginnen. Nicht selten fordern Kunden, sofern es sich um Unternehmen handelt und nicht um Endkonsumenten, nachgewiesene Prozessfähigkeiten und geben damit bereits ihre Schmerzgrenze für den tolerierbaren Fehleranteil bekannt. Diese Anforderungen an Prozessfähigkeiten – ob nun vom Kunden gefordert oder als internes Ziel festgelegt – bestimmen auch die Risikoanalysemethoden wie DRBFM und Prozess-FMEA mit. Je strenger die diesbezüglichen Vorgaben, desto größer die Schwierigkeit, dies zu erreichen. Auch DFMA als eine Methode zur Minimierung des Prozessrisikos steht in engem Zusammenhang mit den Überlegungen zur Prozessfähigkeit.

Da hinter dem Thema Prozessfähigkeit die Entscheidung zwischen Fehler und Nichtfehler steht, ist je nach Fehlerdefinition ein besonderes Test- bzw. Prüfverfahren notwendig. Wie im Kapitel 19 beschrieben sind jedoch einfache Funktionsnachweise nicht immer ausschlaggebend, da vielfach auch Anforderungen an die Fehlerraten im Feld gestellt werden. Reliability Engineering und die Test- und Prüfmethoden im Zusammenhang mit der Produktfunktion stellen somit eine weitere wichtige Schnittstelle dar, insbesondere unter den Aspekten der Zuverlässigkeit.

17.3   Grundbegriffe

17.3.1 Maschinenfähigkeit, Prozessfähigkeit, Prozessleistung

Bei Maschinenfähigkeitsuntersuchungen werden Produktmerkmale von Erzeugnissen ausgewählt, die in einem kontinuierlichen Fertigungslauf hergestellt wurden. Die ermittelten Kennzahlen werden mit C_m und C_{mk} bezeichnet, wobei C für Capability und m für Maschine steht. Die Abkürzung k steht für katayori, der japanische Ausdruck für Offset, Bias bzw. systematische Abweichung.

Bei Prozessfähigkeitsuntersuchungen müssen die Teile aus einem größeren, für die spätere Serienfertigung repräsentativen Zeitraum stammen. Die Fähigkeitskennzahlen werden mit C_p und C_{pk} bezeichnet, wobei p für Prozess steht.

Die vorher genannten Prozessfähigkeitskennwerte dürfen nur bei einem stabilen Prozess verwendet werden. Ist dieser nicht stabil, so spricht man von Prozessleistung (Process Performance) und die Kenngrößen heißen Prozessleistungsindizes P_p und P_{pk}.

17.3.2 Prozessfähigkeitskennzahlen

Ein Prozess wird als fähig bezeichnet, wenn er in der Lage ist, die Toleranzen einzuhalten. Ein Prozessfähigkeitsindex ist eine Kennzahl, welche die Prozessfähigkeit in Bezug auf eine festgelegte Toleranz beschreibt.

Fehlende Prozessfähigkeit und damit ein unwirtschaftlich hoher Fehleranteil kann dann auftreten, wenn die Prozessstreuung σ verglichen mit der Toleranzbreite T zu groß ist oder wenn die Prozesslage μ zu weit vom Sollwert entfernt ist. Darauf nehmen die beiden Fähigkeitsindizes, der C_p-Wert und der C_{pk}-Wert, Bezug. Die folgenden Darstellungen gehen vereinfachend davon aus, dass es sich bei dem betrachteten Merkmal um eine normalverteilte Zufallsvariable handelt.

C_p-Wert

Diese Kennziffer setzt die Prozessstreuung in Relation zur Toleranzbreite. Dazu werden aus den erfassten Werten der Gesamtmittelwert

$$\bar{y} = \frac{y_1 + \ldots + y_n}{n} = \frac{1}{n} \cdot \sum_{i=1}^{n} y_i$$

und die Standardabweichung berechnet:

$$s = \sqrt{\frac{1}{n-1} \cdot \sum_{i=1}^{n}(y_i - \bar{y})^2}$$

Mit den Werten wird die Streuung der Prozesswerte mit dem Fähigkeitsindex

$$C_p = \frac{T}{6 \cdot s}$$

bewertet. Der C_p-Wert beschreibt das Verhältnis von Toleranzbreite zur Streuung des Fertigungsprozesses. Als Kennwerte für die Breite der Verteilung und die natürliche Prozessstreuung wird 6 σ genommen, da in den Bereich mit 99,7 % fast alle Messwerte fallen (Bild 17.2).

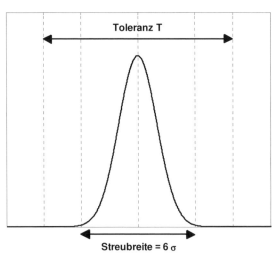

Bild 17.2 Darstellung des C_p-Wertes

C_{pk}-Wert

Neben der Streuung ist auch die Lage des Mittelwertes wesentlich. Bei dem Fähigkeitsindex C_{pk}-Wert wird deshalb zusätzlich die Abweichung des Mittelwertes von den Toleranzgrenzen bewertet. Die Formel ergibt sich folgendermaßen:

$$C_{pk} = \text{Min}\left(\frac{OGW - \bar{y}}{3 \cdot s}, \frac{\bar{y} - UGW}{3 \cdot s}\right)$$

Der kleinere Abstand zur Toleranzgrenze wird auch als z_{krit} bezeichnet (Bild 17.3), wodurch sich für den C_{pk}-Wert ergibt:

$$C_{pk} = \frac{z_{krit}}{3 \cdot s}$$

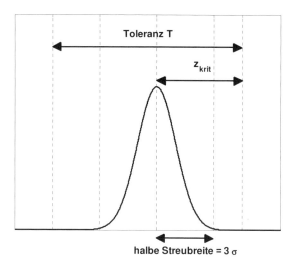

Bild 17.3 Darstellung des C_{pk}-Wertes

Während der C_p-Wert nur die Streuung berücksichtigt, schließt dieser Wert zusätzlich die Lage innerhalb der Toleranzbreite mit ein. Es gilt somit stets:

$$C_{pk} \le C_p$$

Liegt μ genau in der Mitte M des Toleranzbandes, stimmen C_{pk}- und C_p-Wert überein. Dieser Fall führt zu dem maximalen Wert für C_{pk}. Je kleiner der C_{pk}-Wert gegenüber dem C_p-Wert ist, desto mehr liegt die mittlere Prozesslage μ außerhalb der Toleranzmitte M.

Bild 17.4 zeigt typische Prozesssituationen und ihre beiden Prozessfähigkeitsindizes C_p und C_{pk}. Typische Forderungen für Prozessfähigkeiten in der Praxis sind Werte größer 1,33, 1,67 bzw. 2,0.

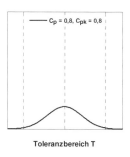
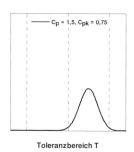
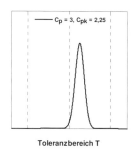

Bild 17.4 Verschiedene C_p-und C_{pk}-Werte

Zum Unterschied vom C_p-Wert lässt sich der C_{pk}-Wert direkt in einen zu erwartenden Fehleranteil umrechnen, er ist deshalb der aussagefähigere Wert. Beispielsweise entspricht ein Wert C_{pk} = 1,33 einem einseitigen Überschreitungsanteil von 32 ppm. Dieser Zusammenhang beruht auf dem Modell der Normalverteilung (Bild 17.5). Liegt der Mittelwert mit einem Streubereich von ± 3 s zentral in dem zulässigen Toleranzbereich, so ist ein Ausschussanteil von zweimal 1.350 ppm also 2.700 ppm zu erwarten. Wird die Streubreite reduziert, sodass der Mittelwert mit einem Streubereich von ± 5 s in dem zulässigen Toleranzbereich liegt, reduziert sich der Ausschuss auf zweimal 0,3 ppm, also 0,6 ppm.

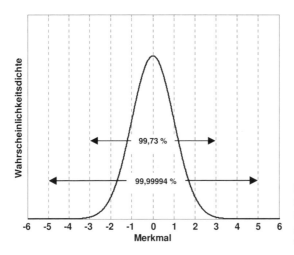

Bild 17.5 Zusammenhang zwischen Toleranzband, Standardabweichung und Ausschuss bei der Normalverteilung

17.3.3 Vertrauensbereich von Prozessfähigkeitskennwerten

Nicht vergessen werden darf, dass der Stichprobenumfang wesentlichen Einfluss auf die Güte statistischer Aussagen hat, was sich beispielsweise in der Größe der Konfidenzintervalle geschätzter Verteilungsparameter wie Mittelwert und Standardabweichung äußert. Statistisch gesehen ist auch ein Prozessfähigkeitskennwert eine Zufallsgröße, die auch bei unverändertem Prozess von Stichprobe zu Stichprobe variieren kann. Statistikprogramme unterstützen daher auch die Berechnung der Vertrauensbereiche der ermittelten Fähigkeitsindizes.

17.3.4 Maschinenfähigkeitskennzahlen

Die Berechnung von Maschinenfähigkeitskennwerten erfolgt mithilfe derselben Formeln wie bei der Prozessfähigkeit. Für normalverteilte Merkmale gilt:

$$C_m = \frac{T}{6 \cdot s}$$

$$C_{mk} = Min\left(\frac{OGW - \bar{y}}{3 \cdot s}, \frac{\bar{y} - OGW}{3 \cdot s}\right)$$

Für die Maschinenfähigkeit wird üblicherweise $C_{mk} \geq 1,67$ gefordert.

17.3.5 Berechnung des Sigma-Niveaus

Kurz- und Langzeitverhalten eines Prozesses

Im Kapitel 16 wurde bereits erläutert, dass man mit den entsprechenden Daten den Unterschied zwischen kurz- und langfristiger Prozessfähigkeit bestimmen kann. Dies erfolgt im Statistikprogramm QS Stat® mithilfe einer Reihe von statistischen Tests und mündet in die Ermittlung des Prozesstyps.

Anhand der Ausführungen im Kapitel 16 war erkennbar, dass es bezüglich Kurz- und Langzeitverhalten die unterschiedlichsten Ausprägungen geben kann. Handelt es sich um den Prozesstyp A1, so ist beispielsweise kein Unterschied im Verhalten zu beobachten, währenddessen der Prozesstyp C4 (Chargensprünge) sich in kurzfristiger Beobachtung signifikant vom Langzeitverhalten unterscheidet (Bild 17.6 auf Seite 494).

Im Rahmen von Prozessfähigkeitsuntersuchungen werden typischerweise über einen längeren Zeitraum Stichproben des stets gleichen Umfanges n entnommen. Dies ermöglicht, den Unterschied zwischen Kurz- und Langzeitverhalten des Prozesses auch über die Berechnung von zwei verschiedenen Arten der Standardabweichung zu bestimmen.

Wird die Standardabweichung auf Basis der Standardabweichungen innerhalb der einzelnen Stichproben geschätzt, so wird diese als σ_{within} oder $\sigma_{kurzfristig}$ bezeichnet. Wird die Streuung aus dem Abstand aller Messwerte zum Gesamtmittelwert berechnet, so spricht man von $\sigma_{overall}$, σ_{total} oder auch $\sigma_{langfristig}$.

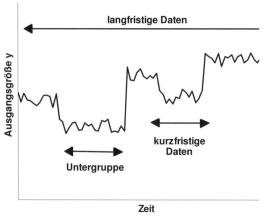

Bild 17.6 Unterschied zwischen Kurz- und Langzeitverhalten des Prozesses (am Beispiel Prozesstyp C4)

In den letztgenannten Wert fließt auch eine mögliche Prozessverschiebung zwischen den Stichproben mit ein, so wie sie in Bild 17.6 dargestellt ist. Große Unterschiede der beiden Standardabweichungen weisen auf einen nicht stabilen Prozess hin bzw. darauf, dass die Streuung zwischen den einzelnen Stichproben beträchtlich ist.

In der Praxis kann es vorkommen, dass man lediglich die kurzfristige Prozessfähigkeit berechnen kann. In der Six-Sigma-Literatur wurde daher eine Faustregel ermittelt, die es ermöglicht, von der Kurz- auf die Langfristfähigkeit des Prozesses zu schließen. Man geht hierbei davon aus, dass sich das Kurz- vom Langzeitverhalten insofern unterscheidet, dass langfristig der Mittelwert um ± 1,5 σ um den Sollwert schwankt. Die langfristige Prozessfähigkeit ist somit um 1,5 σ schlechter als die kurzfristige. Diese These wird im Sigma-Niveau berücksichtigt und nachfolgend im Detail erläutert.

Sigma-Niveau

Das Sigma-Niveau ist ein Maß für das Qualitätsniveau eines Prozesses und kennzeichnet prinzipiell den kritischen Abstand zur Toleranzgrenze.

Das Sigma-Niveau von sechs beispielsweise bedeutet: Ist σ die Standardabweichung einer normalverteilten Messgröße x und M ihr Sollwert, dann muss dieser 6 σ von den Spezifikationsgrenzen OGW und UGW entfernt sein. Gemäß der These, dass sich das Lang- vom Kurzzeitverhalten eines Prozesses dadurch unterscheidet, dass der Mittelwert ± 1,5 σ um den Sollwert M schwankt, hat der Mittelwert im ungünstigsten Fall den Abstand von 4,5 σ von den Spezifikationsgrenzen. Die Wahrscheinlichkeit P für x > OGW ist dann P ≤ 3,4 ppm. Ein Prozess auf einem Sigma-Niveau von sechs hat daher im schlechtesten Fall einen C_p-Wert von sechs und einen C_{pk}-Wert von 4,5 (Bild 17.7).

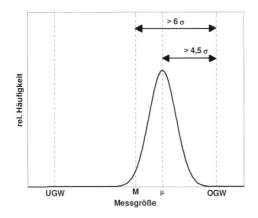

Bild 17.7 Erklärung des Sigma-Niveaus

Bild 17.8 dient der Verdeutlichung des Sigma-Shiftes und der damit einhergehenden schlechteren prognostizieren Ausbeute. Für den Fall, dass der Mittelwert zentriert ist und die Toleranzbreite ± 3 σ entspricht, wird ein Ausschussanteil von 2.700 ppm erwartet. Unter Berücksichtigung des 1,5-Sigma-Shiftes ergibt sich eine Fehlerrate von 66.800 ppm.

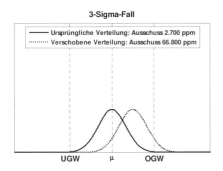
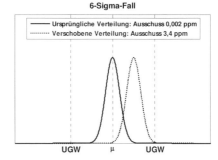

Bild 17.8 Verdeutlichung des Six-Sigma-Shiftes

17.4   Vorgehensweise bei der Anwendung

Die Bestimmung der Fähigkeit lässt sich wie in den in Bild 17.9 dargestelltem Flowchart zusammenfassen.

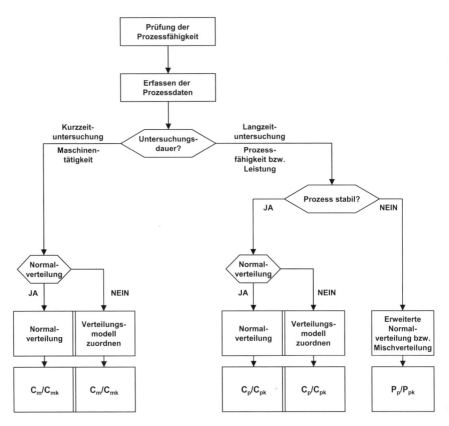

Bild 17.9 Schritte bei Fähigkeitsuntersuchungen

17.4.1   Erfassung der Prozessdaten

Um Aussagen über die Fähigkeit des Prozesses zu erhalten, ist eine repräsentative Anzahl von Teilen zu entnehmen und zu messen. In diesem Zusammenhang ist zwischen Maschinen- und Prozessfähigkeitsuntersuchung zu unterscheiden.

Die Maschinenfähigkeit wird ermittelt, indem aus einer Serie eine bestimmte Anzahl von unmittelbar hintereinander produzierten Teilen (z. B. n = 50) entnommen wird. Die Streuung, die sich dadurch ergibt, wird auf die Maschine zurückgeführt. Wichtig in diesem Zusammenhang ist, dass sich kein anderer Parameter inzwischen ändern darf.

Eine Prozessfähigkeitsuntersuchung ist eine längerfristige Untersuchung, im Rahmen derer zusätzlich zu den maschinenbedingten Einflüssen alle Einflüsse des Prozesses erfasst werden sollen. Sie lassen sich unter den Oberbegriffen Mensch, Maschine, Material, Methode und Umwelt zusammenfassen (Tabelle 17.1). Typischerweise werden im Rahmen einer Prozessfähigkeitsuntersuchung mindestens 25 Stichproben des stets gleichen Umfanges n = 5 entnommen.

Tabelle 17.1 Beispiele für mögliche Einflussfaktoren auf Fertigungsprozesse

Mensch	– Personal – Schichtwechsel
Maschine	– Drehzahl – Vorschub – Werkzeuge – Taktzeiten – Kühlmittelstrom und -temperatur – Drücke – Strom z. B. bei Schweißgeräten – Leistung z. B. bei Laserschweißen – Änderungsstand bei Optimierungsmaßnahmen
Material	– Halbzeuge, Rohteile von verschiedenen Lieferungen bzw. Herstellern
Methode	– Einlaufzeit der Bearbeitungseinrichtung vor der Stichprobenentnahme – Unterschiedliche Vorbearbeitung/Fertigungsfluss
Umwelt	– Raumtemperatur incl. Temperaturgradienten – Luft, Feuchtigkeit und Druck – Erschütterungen, die auf die Bearbeitungseinrichtung einwirken – Standort der Bearbeitungseinrichtung im Gebäude – Außergewöhnliche Ereignisse

Praxistipp

In besonderen Fällen kann es unumgänglich sein, mit weniger als 125 Teilen auszukommen. Dabei ist zu bedenken, dass sich mit abnehmendem Stichprobenumfang die Aussagesicherheit verringert und sich der Vertrauensbereich des Kennwertes vergrößert.

Die Messsysteme, die zum Messen der Teile der Stichprobe eingesetzt werden, sind von großer Tragweite für die spätere Beurteilung des Prozesses. Messsysteme mit zu großer Streuung führen zu unnötiger Einengung des Toleranzbereichs für den Fertigungsprozess. Ein großer %GRR- oder kleiner Cg-Wert verschlechtert die Maschinen- und Prozessfähigkeitskennwerte.

Voraussetzung für Fähigkeitsuntersuchungen sind daher fähige Messprozesse. Der Nachweis erfolgt über die im Kapitel 15 beschriebenen Verfahren.

17.4.2 Untersuchung der Prozessstabilität

Die Möglichkeiten, die zeitliche Stabilität eines Prozesses zu beurteilen, wurden im Kapitel 16 eingehend behandelt. Durch entsprechende Tests bzw. prozessbezogene Regelkarten kann die Stabilität des Prozesses hinsichtlich Mittelwert und Streuung beurteilt und in weiterer Folge der Prozesstyp bestimmt werden.

Wie bereits erläutert, spricht man vom Prozesstyp C, wenn der Prozess bezüglich seines Mittelwertverhaltens nicht beherrscht ist. Eine Änderung dieses Prozessverhaltens ist oftmals aus wirtschaftlichen Gründen nicht sinnvoll. Wenn jedoch die Standardabweichung ein nicht stabiles Verhalten zeigt (Prozesstyp B, D), sollten die Ursachen für dieses unkontrollierte Verhalten identifiziert und beseitigt und sollte danach die Fähigkeitsuntersuchung wiederholt werden.

17.4.3 Bestimmung der Wahrscheinlichkeitsverteilung

Üblicherweise erfolgt Hand in Hand mit der Stabilitätsfeststellung eine Untersuchung der statistischen Verteilung, wobei hierbei typischerweise die Fälle Normalverteilung, sonstige Verteilungen und erweiterte Normalverteilung zu unterscheiden sind.

Die erweiterte Normalverteilung entsteht, wenn ein normalverteilter Prozess eine zusätzliche Streuung der Mittellage (MM = Moving Mean) aufweist. Dies gilt für die Prozesse des Typs C (Bild 17.10).

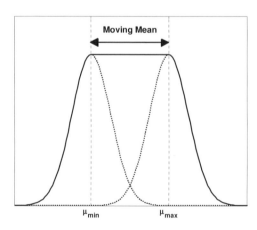

Bild 17.10 Darstellung der erweiterten Normalverteilung

Praxistipp

Die beobachteten Merkmalswerte werden als Realisationen einer statistischen Zufallsgröße interpretiert. Durch eine Formulierung wie Bestimmung der Verteilungsform wird der Eindruck erweckt, hinter den Messwerten stecke eine bestimmte Verteilung, die zunächst nicht bekannt ist, die man aber mit statistischen Methoden objektiv feststellen könne. Tatsächlich kann man lediglich durch einen statistischen Test prüfen, ob die Annahme der Verteilung mit den beobachteten Daten zumindest näherungsweise verträglich ist. Nicht vergessen werden darf, dass alle weiteren aus dem Modell abgeleiteten Aussagen mit dessen Gültigkeit stehen und fallen.

Die Kenntnis des Produktionsverfahrens und die Art der Toleranzangabe erlauben häufig einen Schluss auf das Verteilungsgesetz, das zur Beschreibung der empirischen Merkmalsverteilung geeignet ist. Wird beispielsweise ein Merkmal, dessen Werte mit gleicher Wahrscheinlichkeit sowohl nach oben als auch nach unten vom Nennwert abweichen, betrachtet, so gilt für diesen Fall oftmals die Normalverteilung. Merkmale wie beispielsweise Rundlauf oder Rauheit, welche eine einseitige Grenze haben, gehorchen oftmals einer schiefen, asymmetrischen Verteilung. Für Merkmale wiederum mit zwei natürlichen Grenzen kann näherungsweise eine Rechteckverteilung erwartet werden.

17.4.4 Berechnung der Fähigkeitskennwerte für stabile Prozesse

Für stabile Prozesse des Typs A gibt es im Wesentlichen zwei Fälle der Berechnung.

Prozessfähigkeitskennwerte für normalverteilte Merkmale (Typ A1)

Die Formeln für die Prozessfähigkeitskennwerte C_p und C_{pk} wurden bereits im Kapitel 17.3 erläutert. Die Schätzwerte für Mittelwert und Standardabweichung sind analog der Vorgehensweise zu ermitteln, wie sie bereits im Kapitel 16 bei den prozessbezogenen Regelkarten für stabile normalverteilte Prozesse dargestellt wurde (Tabelle 17.2).

Prozessfähigkeitskennwerte für nicht normalverteilte Merkmale (Typ A2)

Als Standardmethode zur Berechnung von Prozessfähigkeitskennwerten für nicht normalverteilte Merkmale wird die Quantilmethode empfohlen.

Die Breite des Bereiches, der 99,73 % der Verteilung der Grundgesamtheit entspricht, wird wiederum als Prozessstreubereich definiert. Die Grenzen

Tabelle 17.2 Schätzmethoden für μ und σ_{within}

(1) Schätzwert für μ	$\hat{\mu} = \bar{x}$	Mittelwert der Stichprobenmittel
(2) Schätzwert für σ_{within}	a) $\hat{\sigma} = \sqrt{\overline{s^2}}$	Wurzel aus dem Mittelwert der Stichproben-varianzen; bevorzugter Schätzwert
	b) $\hat{\sigma} = \dfrac{\bar{s}}{a_n}$	Mittelwert der s-Werte, Faktoren a_n sind Tabellen zu entnehmen
	c) $\hat{\sigma} = s_R = \dfrac{\bar{R}}{d_n}$	Mittelwert der R-Werte, Faktoren d_n sind Tabellen zu entnehmen

dieses Bereiches heißen 0,135 %-Quantil = $Q_{0,00135}$ bzw. 99,865 %-Quantil = $Q_{0,99865}$.

Damit können die Prozesskennwerte berechnet werden zu

$$C_p = \frac{OGW - UGW}{Q_{0.00135} - Q_{0.99865}}$$

und

$$C_{pk} = Min\left(\frac{OGW - \tilde{y}}{Q_{0.99865} - \tilde{y}}, \frac{\tilde{y} - OGW}{\tilde{y} - Q_{0.00135}}\right)$$

Im Falle einseitig begrenzter Merkmale gilt die jeweilige Formel entsprechend dem gegebenen Grenzwert. Zur Veranschaulichung zeigt Bild 17.11 schematisch die Methode.

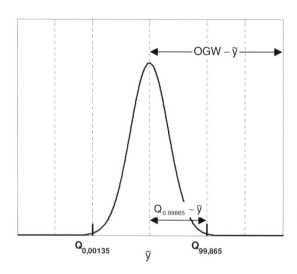

Bild 17.11 Schematische Darstellung zur Veranschaulichung der Quantilmethode

Der große Vorteil der Methode besteht darin, dass sie bei allen in der Praxis zu erwartenden empirischen Verteilungen funktioniert. Notwendig ist natürlich, eine approximierende Verteilung zu wählen.

17.4.5 Berechnung der Fähigkeitskennwerte für nicht stabile Prozesse

Praxistipp

Es sei an dieser Stelle nochmals darauf hingewiesen, dass für nicht beherrschte Prozesse die Bezeichnung C_p und C_{pk} nicht zulässig ist. Für die Bestimmung der Fähigkeitskennwerte sind andere Verfahren zu verwenden, und die Bezeichnung P_p und P_{pk} ist zu verwenden.

Quantilmethode

Die Quantilmethode kann auch für nicht stabile Prozesse verwendet werden, wenn die entsprechende Verteilung (z. B. erweiterte Normalverteilung oder andere Mischverteilungen) ermittelt werden konnte. Zu bedenken ist, dass bei nicht stabilen Prozessen niemals die kurzfristige (innerhalb der Stichproben), sondern immer die langfristige Verteilungsform (über alle Stichproben) zu berücksichtigen ist.

Gängige Statistikprogramme wie beispielsweise QS Stat® erlauben eine varianzanalytische Ermittlung der Streuung der Mittelwerte, eine darauf basierende Berechnung des Moving-Mean-Streubereiches (MM) und damit die Ermittlung der erweiterten Normalverteilung.

Erweiterte Normalverteilung – Handrechenverfahren

Eine weitere Möglichkeit, die Prozessfähigkeitskennwerte zu bestimmen, ist das mithilfe der erweiterten Normalverteilung mögliche Handrechenverfahren. Es wird aus dem Grund erläutert, weil es dem tieferen Verständnis nicht stabiler Prozesse dient.

Bei dieser Methode wird die Streuung der Mittellage in einfacher Weise aus der Differenz der oberen und unteren Prozesslage ermitteln. Der Bereich MM (Moving Mean, Trend) ist der Spielraum, den die systematische Mittelwertänderung beansprucht:

$$MM = \hat{\mu}_{max} - \hat{\mu}_{min}$$

Üblicherweise wird für den Schätzwert der oberen Prozesslage der Mittelwert der drei größten Mittelwerte und für die Abschätzung der unteren Prozesslage der Mittelwert der drei untersten herangezogen:

$$\hat{\mu}_{max} = \frac{1}{3} \cdot \left(\overline{x}_{1,max} + \overline{x}_{2,max} + \overline{x}_{3,max} \right)$$

$$\hat{\mu}_{min} = \frac{1}{3} \cdot \left(\overline{x}_{1,min} + \overline{x}_{2,min} + \overline{x}_{3,min} \right)$$

Die entsprechenden Fähigkeitskennwerte ergeben sich zu

$$P_p = \frac{T - MM}{6 \cdot \hat{\sigma}}$$

$$P_{pk} = Min \left(\frac{OGW - \hat{\mu}_{max}}{3 \cdot \hat{\sigma}}, \frac{\hat{\mu}_{min} - UGW}{3 \cdot \hat{\sigma}} \right)$$

Man kann bei diesem Verfahren sagen, dass die zusätzliche Streuung des Mittelwertes quasi dadurch berücksichtigt wird, indem die Toleranz um die zusätzliche Streuung des Mittelwertes korrigiert wird. Als Schätzwert für die Standardabweichung kann daher σ_{within} verwendet werden.

Näherungsmethode bei nicht bekannter Verteilung

Kann keine Aussage über die Verteilung getroffen werden, wird die Methode für beliebige Verteilung durchgeführt.

Aus den n Messwerten y_i werden der Gesamtmittelwert

$$\overline{y} = \frac{y_1 + \ldots + y_n}{n} = \frac{1}{n} \cdot \sum_{i=1}^{n} y_i$$

und die Gesamtstandardabweichung s_{tot} berechnet.

$$s = \sqrt{\frac{1}{n-1} \cdot \sum_{i=1}^{n} \left(y_i - \overline{y} \right)^2}$$

Mit diesen Kennwerten ergeben sich mit

$$T = OGW - UGW$$

die Prozessfähigkeitswerte zu

$$P_p = \frac{T}{6 \cdot s_{tot}}$$

und

$$P_{pk} = Min\left(\frac{OGW - \bar{y}}{3 \cdot s_{tot}}, \frac{\bar{y} - OGW}{3 \cdot s_{tot}} \right)$$

Im Falle einseitig (nur durch OGW und null oder nur durch UGW) begrenzter Merkmale gilt die jeweilige Formel entsprechend dem gegebenen Grenzwert.

Da hier keine Information über das Verteilungsmodell vorliegt und aus diesem Grund s_{tot} benutzt wird, führt diese Methode zu vergleichsweise kleineren Ergebnissen der Prozessfähigkeitswerte.

17.5 Praxisbeispiel

17.5.1 Erfassen der Prozessdaten, Untersuchungsdauer

Zur Verdeutlichung der Berechnung der Prozessfähigkeit wird wiederum das Beispiel des Ringes im Kapitel 16 aufgegriffen. Die Prozessfähigkeit des Ringes mit dem Solldurchmesser von $d_0 = 20$ mm und den Toleranzgrenzen von 19,985 mm und 20,075 mm ist zu ermitteln. Hierzu wurden über einen längeren Zeitraum 20 Stichproben mit jeweils fünf Ringen gezogen. Die Ergebnisse sind im Kapitel 16 dargestellt (Tabelle 16.5).

17.5.2 Untersuchung der Prozessstabilität, Bestimmung der Wahrscheinlichkeitsverteilung

Wie im Flowchart (Bild 17.9) des Abschnitt 17.4 dargestellt, ist vor Beginn der Berechnung der Prozessfähigkeitskennwerte die Überprüfung auf Prozessstabilität durchzuführen. Die Testverfahren in QS Stat® sind derart konzipiert, dass der entsprechende Prozesstyp nach DIN 55319 prognostiziert werden kann. Wie bereits im Kapitel 16 erläutert, wurde für dieses Beispiel der Prozesstyp C3 ermittelt. Es handelt sich demnach um einen Trendprozess, jedoch mit konstanter Standardabweichung und einer Normalverteilung innerhalb der Stichprobe.

17.5.3 Ermittlung der Fähigkeitskennwerte (nicht stabile Prozesse)

Vorgehensweise ohne Berücksichtigung von Stabilitätsüberlegungen

Würde man ohne Rücksicht darauf, dass es sich um einen nicht stabilen Prozess handelt, die Prozessfähigkeitskennwerte errechnen, würde man das folgende Ergebnis erhalten. Die Standardabweichung wurde bereits zu

$$s = 0.0095 \text{ mm}$$

berechnet. Aus der Toleranz

$$T = T_O - T_U = 20.075 \text{ mm} - 19.985 \text{ mm} = 0.09 \text{ mm}$$

ergibt sich ein C_p-Wert von

$$C_p = \frac{T}{6 \cdot s} = \frac{0.09}{6 \cdot 0.0095} = 1.58$$

Der C_{pk}-Wert berücksichtigt zusätzlich die Abweichung des Mittelwertes von den Toleranzgrenzen

$$C_{pk} = Min\left(\frac{OGW - \bar{y}}{3 \cdot s}, \frac{\bar{y} - UGW}{3 \cdot s} \right)$$

Mit den Werten

$$\frac{OGW - \bar{y}}{3 \cdot s} = \frac{30.075 \text{ mm} - 20.0147 \text{ mm}}{3 \cdot 0.0095 \text{ mm}} = 2.11$$

und

$$\frac{\bar{y} - UGW}{3 \cdot s} = \frac{20.0147 \text{ mm} - 19.985 \text{ mm}}{3 \cdot 0.0095 \text{ mm}} = 1.04$$

ergibt sich der C_{pk}-Wert von

$$C_{pk} = Min(2.11, 1.04) = 1.04$$

Ergebnisdarstellung im Statistikprogramm QS Stat® mithilfe der Quantilmethode

In dem Beispiel sind nun zur Berechnung der Fähigkeitskennwerte die Verfahren für nicht stabile Prozesse anzuwenden (Abschnitt 17.4.5). Bild 17.12 zeigt die Auswahl an Verfahren zur Bestimmung der Fähigkeit bei nicht sta-

Bild 17.12 Methoden zur Ermittlung der Fähigkeitskennwerte in QS Stat®, Legende: C = Capability; QRK = Qualitätsregelkarte

bilen Prozessen im Statistikprogramm QS Stat®. Das als $M4_1$ bezeichnete Verfahren entspricht der in Abschnitt 17.4.5 dargestellten Quantilmethode und wurde für dieses Beispiel gewählt. Die anderen beiden Verfahren „M2 = Überschreitungsanteilmethode" und „M3 = Berechnung mithilfe der Spannweite R" wurden im Rahmen dieses Buches nicht erläutert. Eine Darstellung findet sich beispielsweise in der Bosch-Schriftenreihe „Maschinen- und Prozessfähigkeit". In Bild 17.13 sind die Ergebnisse der Quantilmethode dargestellt.

Als Modellverteilung wird die Normalverteilung angegeben. Damit ist gemeint, dass der Prozess sich innerhalb der Stichproben normalverteilt verhält. An der Bezeichnung der Fähigkeitskennwerte als P_p und P_{pk} ist zu erkennen, dass es sich um einen nicht stabilen Prozess handelt. Zusätzlich sind entsprechende Vertrauensbereiche für die Fähigkeitsindizes angegeben. Generell sieht man, dass die Prozessfähigkeit nicht gegeben ist. Der P_p-Wert in der Höhe von 1,18 ist deutlich niedriger als der vorher berechnete Wert von 1,58. Der Grund liegt darin, dass bei der vorher durchgeführten Berechnungsmethode lediglich die Streuung innerhalb der Stichprobe berücksichtigt wurde, was bei stabilen Prozessen erlaubt ist, da es per Definition keinen signifikanten Unterschied zwischen σ_{within} und $\sigma_{overall}$ gibt. In diesem Fall würde jedoch die Prozessfähigkeit deutlich zu positiv eingeschätzt werden.

Teilnr.	Teilebez.	???
Merkm.Nr.	Merkm.Bez.	Durchmesser
Modell-Verteilung		Normalverteilung
Mittelwert	$\bar{x}$	$20{,}01133 \leq \mathbf{20{,}01466} \leq 20{,}01799$
Medianwert	$\tilde{x}$	$20{,}0149$
Kleinstwert	x_{min}	$19{,}988$
Größtwert	x_{max}	$20{,}039$
Spannweite	R	$0{,}051$
-3s Quantil	$\bar{x}\text{-}3s$	$19{,}97662$
+3s Quantil	$\bar{x}\text{+}3s$	$20{,}05270$
3s Quantilabstand	$6s$	$0{,}07609$
Anzahl der Werte in Toleranz	$n_{<T>}$	100
zu erwartender Anteil in Toleranz	$p_{<T>}$	$99{,}03260\ \%$
Anzahl der Werte > OSG	$n_{>OSG}$	0
zu erwartender Anteil >OSG	$p_{>OSG}$	$0{,}00010\%$
Anzahl der Werte < USG	$n_{<USG}$	0
zu erwartender Anteil <USG	$p_{<USG}$	$0{,}96730\%$
Anzahl Werte gesamt	n_{ges}	100
Anz. Werte ausgewertet	n_{eff}	100
potentieller Fähigkeitsindex	P_p	$0{,}97 \leq \mathbf{1{,}18} \leq 1{,}40$
kritischer Fähigkeitsindex	P_{pk}	$0{,}61 \leq \mathbf{0{,}78} \leq 0{,}95$
⇩ Die Anforderungen sind nicht erfüllt ($\underline{P_p}, \underline{P_{pk}}$) ⇩		
Six Sigma (03/2007)		

Bild 17.13 Darstellung der Berechnungsergebnisse des Beispieles in QS Stat®

Ergebnisdarstellung im Statistikprogramm Minitab® mithilfe der Näherungsmethode für beliebige Verteilungen

Sehr übersichtlich kann dieser Vergleich im Statistikprogramm Minitab® erkannt werden, wo routinemäßig die beiden Berechnungsergebnisse mit σ_{within} und $\sigma_{overall}$ gegenübergestellt werden. Das Statistikprogramm Minitab® verwendet somit zur Berechnung der P_p- und P_{pk}-Werte die in Abschnitt 17.4.5 erläuterte Näherungsmethode für beliebige Verteilungen. Es ist zu erkennen, dass die Berechnungsergebnisse mit denjenigen von QS Stat® übereinstimmen. Die ausgewiesenen Ergebnisse für die C_p- und C_{pk}-Werte entsprechen den in diesem Kapitel hergeleiteten Ergebnissen ohne Berücksichtigung von Stabilitätsüberlegungen. Die beispielhafte Minitab®-Berechnung ist in Bild 17.14 dargestellt.

Prozessfähigkeit von SPC Daten

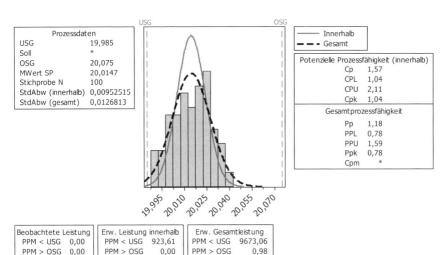

Prozessdaten	
USG	19,985
Soll	*
OSG	20,075
MWert SP	20,0147
Stichprobe N	100
StdAbw (innerhalb)	0,00952515
StdAbw (gesamt)	0,0126813

| ——— Innerhalb |
| — — · Gesamt |

Potenzielle Prozessfähigkeit (innerhalb)	
Cp	1,57
CPL	1,04
CPU	2,11
Cpk	1,04

Gesamtprozessfähigkeit	
Pp	1,18
PPL	0,78
PPU	1,59
Ppk	0,78
Cpm	*

Beobachtete Leistung		Erw. Leistung innerhalb		Erw. Gesamtleistung	
PPM < USG	0,00	PPM < USG	923,61	PPM < USG	9673,06
PPM > OSG	0,00	PPM > OSG	0,00	PPM > OSG	0,98
PPM Gesamt	0,00	PPM Gesamt	923,61	PPM Gesamt	9674,03

Bild 17.14 Darstellung der Berechnungsergebnisse im Statistikprogramm Minitab®

17.6 Zusammenfassung und Erfolgsfaktoren

In der Produkt- und Prozessentwicklung müssen C_p- und C_{pk}-Werte langfristig mitgeplant werden. Der Erfolg einer Produktentwicklung zeigt sich daran, wie gut es gelingt, das Produkt mit stabilen und fähigen Prozessen zu fertigen. Die Ergebnisermittlung erfolgt im Rahmen der Prozessfähigkeitsuntersuchung vor Beginn der Serienfertigung. Das Entwicklungsteam ist erst dann aus der Verantwortung zu entlassen, wenn durch geeignete Absicherungsmaßnahmen, beispielsweise mithilfe von SPC, eine nachhaltige Erreichung des Ergebnisses sichergestellt wird.

Ein fundiertes Verständnis für die dahinterliegende Statistik ist wiederum Erfolgsfaktor. Nicht vergessen werden darf, dass je nach Untersuchungsfokus und Prozesstyp unterschiedliche Kennzahlen zur Bewertung der Prozessfähigkeit zur Anwendung zu bringen sind. Das in diesem Kapitel dargestellte Beispiel zeigt eindrucksvoll, dass bei ungenügender Berücksichtigung des Prozesstyps gravierende Fehleinschätzungen hinsichtlich Prozessfähigkeit getroffen werden.

17.7 Verwendete Literatur

Bosch: Maschinen- und Prozessfähigkeit, Heft Nr. 9, Robert Bosch GmbH, C/QMM ,Ausgabe 2004

Bosch: Statistische Prozessregelung SPC, Heft Nr. 7, Robert Bosch GmbH, C/QMM, Ausgabe 2005

Timischl, W.: Qualitätssicherung, Carl Hanser Verlag, 1995

Wappis, J. / Jung, B.: Taschenbuch Null-Fehler-Management, Umsetzung von Six Sigma, Carl Hanser Verlag, 2006

18 Toleranzanalyse

18.1 Zielsetzung

Die Zielsetzung von DFSS ist es, Produkte zu entwickeln, welche die spezifizierten Anforderungen erfüllen. Die Größe der zulässigen Abweichungen wird durch Toleranzgrenzen angegeben, wobei diese funktions-, fertigungs- und prüfgerecht sein müssen.

Die Aufgabe der Produktentwicklung besteht darin, zulässige Abweichungen so zu definieren, dass die Funktion des entwickelten Produktes sicher gewährleistet bleibt. Im Rahmen der Prozessentwicklung ist sicherzustellen, dass die Fertigung die zulässigen Abweichungen nicht überschreitet und eine wirtschaftliche Produktion möglich ist. Die tatsächlichen Abweichungen müssen in der Qualitätssicherung ermittelbar und mit den zulässigen Abweichungen vergleichbar sein.

Bei der Festlegung von Toleranzen darf nicht vergessen werden, dass ein starker Zusammenhang zwischen den Toleranzen einzelner Komponenten des Produktes und den Kosten besteht. Bild 18.1 zeigt dies am Beispiel einer mechanischen Welle.

Wie in der Abbildung zu erkennen ist, sinken die Kosten mit zunehmender Toleranzaufweitung exponentiell ab. Als Faustregel gilt, dass die Halbierung der Toleranz zu einer Vervierfachung der Herstellkosten führt.

Toleranzgrenzen sind aus diesem Grund so genau wie nötig und so grob wie möglich festzulegen. Hierzu sind die genaue Kenntnis von Wirkzusammenhängen einerseits und die sichere Beherrschung der Toleranzanalyse anderer-

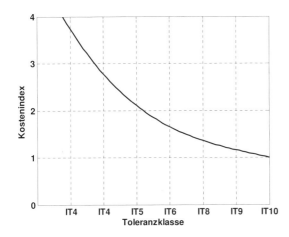

Bild 18.1 Zusammenhang zwischen Kosten und Toleranz einer mechanischen Welle

seits von wesentlicher Bedeutung. Unter Toleranzanalyse (TA) versteht man eine Untersuchung zusammenwirkender Toleranzen von Eingangsgrößen hinsichtlich der sich daraus ergebenden Ausgangsgröße eines Produktes.

Leitfragen

- Kann man mit Sicherheit sagen, dass die Toleranzgrenzen so genau wie nötig, aber so grob wie möglich festgelegt wurden?
- Ist bekannt, wie sich die Toleranzaufweitung bzw. -einengung einzelner Baugruppen auf die Toleranzen im gesamten Bauteil auswirkt?
- Wie werden Toleranzen sinnvoll festgelegt und berechnet?

18.2 Einordnung der Toleranzanalyse im Produktentstehungsprozess

Die Toleranzfestlegung und -analyse spielt während des gesamten Produktentwicklungsprozesses eine große Rolle und muss möglichst frühzeitig beachtet werden (Bild 18.2). In der Konzeptphase besteht die Aufgabenstellung darin, für qualitätskritische Merkmale, die beispielsweise mithilfe der QFD identifiziert wurden, eine grobe Spezifikation zu erarbeiten, welche in der Produkt- und Prozessentwicklung zu verfeinern ist. In diese Phase fallen auch schwerpunktmäßig die Prognose hinsichtlich Herstellungsprozessfähigkeit und die Optimierung des Verhältnisses von Kosten und Qualität, indem entsprechende Toleranzanalysen durchgeführt werden. In der Vorserie und Serie schließlich sind die Ergebnisse der Toleranzsimulation zu

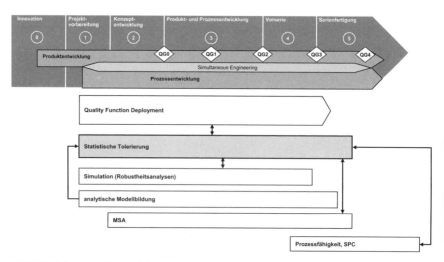

Bild 18.2 Toleranzanalyse und der PEP

überprüfen, um eine gezielte Optimierung der Toleranzen unter Berücksichtigung der tatsächlichen Verteilungen aus der Serienfertigung (Kapitel 16: SPC) und entsprechender Messgenauigkeiten (Kapitel 15: MSA) vorzunehmen. Die Toleranzanalyse untersucht das Zusammenwirken der Toleranzen hinsichtlich der Wirkung auf Ausgangsgrößen. Hierzu müssen die entsprechenden Wirkzusammenhänge bekannt sein. Andernfalls müssen diese durch analytische Modellbildung, DoE oder Simulation ermittelt werden.

Zusammenspiel mit der QFD

Das klassische Vierphasenkonzept nach Sullivan zeigt auf, dass es in jeder Phase der Produktentwicklung notwendig sein wird, geeignete Toleranzen festzulegen. In dem House of Quality 2 beispielsweise ist der Zusammenhang zwischen Merkmalen des Produktes und einzelner Teile bzw. Baugruppen zu ermitteln (Bild 18.3), um darauf basierend im Raum 6 die entsprechenden Zielwerte und Toleranzgrenzen abzuleiten.

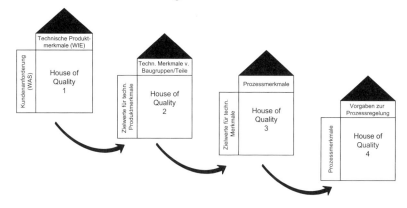

Bild 18.3 Das klassische Vierphasenkonzept nach Sullivan

Diese Aufgabenstellung wird von der Toleranzanalyse unterstützt, die das Zusammenwirken der Toleranzgrenzen einzelner Bauteile hinsichtlich Auswirkung auf das entsprechende Produktmerkmal untersucht.

Wurde in der QFD der Ansatz der quantitativen Wirkzusammenhänge (Kapitel 3) aufgegriffen, werden die entsprechenden formelmäßigen Zusammenhänge als Voraussetzung zur Anwendung der Toleranzanalyse bereits zur Verfügung stehen.

Zusammenspiel mit Robust Design

Eine wesentliche Methode im Themengebiet von Robust Design ist die Durchführung von Robustheitsanalysen. Hier wird unter anderem ermittelt, wie stark der Effekt von Einflussgrößen auf die Streuung der Ausgangsgröße y ist. Diese Zielsetzung entspricht exakt der Aufgabenstellung der Toleranzanalyse, sodass die Ergebnisse von Robustheitsanalysen unter Umständen direkt für die zielgerichtete Festlegung von Toleranzen verwendet werden können. Der Unterschied der beiden Methoden besteht darin, dass der Fokus bei Robustheitsanalysen darin liegt, robuste Einstellungen zu finden, d. h. die Nominalwerte festzulegen, während man in der Toleranzanalyse davon ausgeht, dieselben schon gefunden zu haben und der Schwerpunkt in der fundierten Festlegung zulässiger Abweichung von den Nominalwerten zu sehen ist.

Zusammenspiel mit MSA und SPC

Wie bereits erwähnt wurde, müssen die Toleranzen so festgelegt werden, dass sie auch prüfbar sind. Die Entscheidung kann somit niemals unabhängig von der entsprechenden Messmethode und der eigenen Fähigkeit betrachtet werden. Dem Entwickler muss bewusst sein, dass die Messprozessfähigkeit im starken Maße von der Toleranzbreite abhängt. Nicht nur die Fertigungskosten steigen daher mit der Enge der Toleranzen, sondern unter Umständen auch die Prüfkosten.

Die in diesem Kapitel empfohlenen Methoden der Toleranzfestlegung und -analyse nutzen die Tatsache, dass nicht alle Werte innerhalb von Toleranzgrenzen gleich wahrscheinlich sind. Basis hierfür ist eine prognostizierte Wahrscheinlichkeitsverteilung der Eingangsgrößen. Die Daten hierzu kommen üblicherweise aus SPC-Auswertungen der Vergangenheit. Des Weiteren sind die im Rahmen der Tolerierung angenommenen Voraussetzungen durch geeignete SPC-Strategien abzusichern.

18.3 Grundbegriffe

18.3.1 Wirkbeziehungen

Man geht davon aus, dass die Toleranzen einer Ausgangsgröße y vorgegeben sind. Die Toleranzanalyse untersucht nun das Zusammenwirken der Toleranzen von Eingangsgrößen hinsichtlich der Wirkung auf die Ausgangsgröße. Das Bild 18.4 stellt das Modell einer Pumpe dar, bei dem unterschiedliche Eingangsgrößen wie z. B. Radius des Pumpwerkes und Rückfluss einen Einfluss auf die Ausgangsgröße Durchfluss haben.

Die Variation der Ausgangsgröße Durchfluss kann mithilfe der zu erwartenden Streuung oder der Prozessfähigkeit beschrieben werden. Diese soll gerade eben erreicht werden. Damit wird sichergestellt, dass die Toleranzgrenzen der Eingangsgrößen einerseits so genau wie nötig und andererseits so grob wie möglich festgelegt wurden.

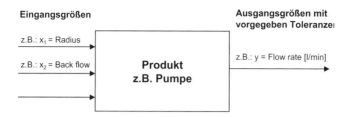

Bild 18.4 P-Diagramm zur Beschreibung der Aufgabenstellung

Praxistipp

Die Toleranzanalyse wird oftmals in Verbindung mit der Sensitivitätsanalyse genannt, welche die Frage beantwortet, welche Faktoren wie starken Einfluss auf y nehmen. Diese Zielsetzung ist integraler Bestandteil der Toleranzanalyse.

18.3.2 Lineare Toleranzüberlagerung

In der Praxis spielt die Toleranzanalyse bei Maßen die größte Rolle. Dies ist neben der hohen Praxisrelevanz der Ergebnisse darin begründet, dass bei Maßtoleranzen der Wirkzusammenhang in der Regel in einfacher Art und Weise hergeleitet werden kann. Der einfachste Fall ist die lineare Überlagerung, bei der die Maßtoleranzen einzelner Bauteile einfach addiert werden.

Praxisbeispiel Werden beispielsweise zehn Stäbe aneinandergelegt, addieren sich die einzelnen Längen l_1 bis l_{10} der Stäbe zur Gesamtlänge l zu

$$l = l_1 + l_2 + \dots + l_{10}$$

wie in Bild 18.5 dargestellt.

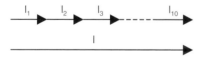

Bild 18.5 Lineare Überlagerung von geometrischen Einzelmaßen

Wird jeder Stab durch einen Sollwert und eine Maßabweichung charakterisiert

$$l_i = l_{i,soll} + \Delta l_i$$

ergibt sich die Gesamtlänge zu

$$l = l_{1,soll} + \Delta l_1 + l_{2,soll} + \Delta l_2 + \dots + l_{10,soll} + \Delta l_{10}$$
$$= l_{1,soll} + l_{2,soll} + \dots + l_{10,soll} + \Delta l_1 + \Delta l_2 + \dots + \Delta l_{10}$$
$$= l_{soll} + \Delta l$$

Die Summe kann in zwei Teile aufgeteilt werden, von denen die eine das Sollmaß l_{soll} der Gesamtlänge und die andere die Gesamttoleranz Δl beschreibt. Wegen der linearen Überlagerung ergibt sich zwischen den Einzeltoleranzen Δl_i und der Gesamttoleranz Δl der Zusammenhang

$$\Delta l = \Delta l_1 + \Delta l_2 + \ldots + \Delta l_{10}$$

Die Einzeltoleranzen addieren sich zur Gesamttoleranz.

18.3.3 Nicht lineare Toleranzüberlagerung

Nicht lineare Toleranzüberlagerungen ergeben sich beispielsweise durch das Zusammenspiel von drehbaren Bauteilen oder die Bewegung von Kipphebeln oder Nocken. Hier können sich komplexere Zusammenhänge von Einzelmaßen ergeben, die analytisch nur noch mit großem Aufwand dargestellt werden können.

Praxisbeispiel   Ein vergleichsweise einfaches Beispiel einer nicht linearen Maßkette ergibt sich bei der Betrachtung zweier Bohrungen, deren Positionen auf zwei zueinander senkrechten Achsen durch den jeweiligen Abstand zu einem Bezugspunkt gegeben sind (Bild 18.6).

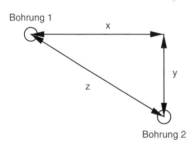

Bild 18.6 Nicht lineare Überlagerung von geometrischen Einzelteilen

Der relative Abstand der beiden Bohrungen ist gegeben durch

$$z = \sqrt{x^2 + y^2}$$

Werden die Maße x und y wieder als Summe von Sollwert und Toleranz dargestellt, ergibt sich für den Abstand z

$$z = \sqrt{\left(x_{soll} + \Delta x\right)^2 + \left(y_{soll} + \Delta y\right)^2}$$

Die Toleranz des Abstandes Δz kann mithilfe des vollständigen Fehlerdifferenzials (Abweichungsfortpflanzungsgesetz) über die einzelnen Toleranzen Δx und Δy abgeschätzt werden als

$$\Delta z \approx \frac{\partial z}{\partial x}\bigg|_{x_i, y_i} \cdot \Delta x + \frac{\partial z}{\partial y}\bigg|_{x_i, y_i} \cdot \Delta y$$

Die partiellen Ableitungen können dabei als eine Empfindlichkeit (Sensitivity) in dem Arbeitspunkt angesehen werden, der durch x_i und y_i definiert ist. Sie beschreibt, wie stark sich eine Toleranz Δx der Größe x auf die Toleranz Δz der Zielgröße z auswirkt.

Die Herleitung dieser Formel geht auf die Taylor-Reihe zurück, wobei die Terme höherer Ordnung vernachlässigt wurden und die Gleichung deshalb als Näherung zu sehen ist. Nur für den Fall einer linearen Abhängigkeit der Größe z von x liefert die Taylor-Reihe mit linearen Gliedern die exakte Lösung.

In dem Beispiel des Bohrlochabstandes z ergibt sich die Empfindlichkeit, mit der sich eine Toleranz Δx auf die Gesamttoleranz Δz auswirkt, zu

$$S_x = \frac{\partial z}{\partial x}\bigg|_{x_i, y_i} = \frac{1}{2} \cdot \frac{2 \cdot x_i}{\sqrt{x_i^2 + y_i^2}}$$

Praxisbeispiel Dieser Ansatz der Toleranzbetrachtung lässt sich z.B. auch auf elektrische Systeme erweitern. Als Beispiel wird die Ausgangsspannung eines Spannungsteilers analysiert (Bild 18.7).

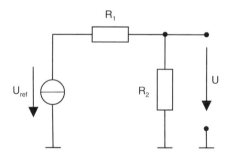

Bild 18.7 Spannungsteiler als Beispiel zur Toleranzüberlagerung in der Elektrotechnik

Die Ausgangsspannung U ergibt sich nach der Spannungsteilerregel aus den Größen R_1, R_2 und U_{ref} zu

$$U = \frac{R_2}{R_1 + R_2} \cdot U_{ref}$$

Ähnlich wie bei dem Abstand der Bohrungen voneinander kann die Toleranz der Ausgangsspannung über das vollständige Fehlerdifferenzial abgeschätzt werden zu

$$\Delta U \approx \frac{\partial U_{R2}}{\partial R_1} \cdot \Delta R_1 + \frac{\partial U_{R2}}{\partial R_2} \cdot \Delta R_2 + \frac{\partial U_{R2}}{\partial U_{ref}} \cdot \Delta U_{ref}$$

und die Empfindlichkeit, mit der sich z. B. die Widerstandsänderung ΔR_1 auf die Änderung der Ausgangsspannung auswirkt, berechnet sich zu

$$S_{R1} = \frac{\partial U_{R2}}{\partial R_1} = \frac{-R_2 \cdot U_{ref}}{\left(R_1 + R_2\right)^2}$$

18.3.4 Worst-Case-Tolerierung

Bei der Worst-Case-Tolerierung wird für die Festlegung der Toleranzgrenzen von Eingangsgrößen der denkbar ungünstigste Fall herangezogen, der dann auftritt, wenn alle Istwerte der Eingangsgrößen die höchstzulässige Abweichung vom Nennwert aufweisen und mit demselben Vorzeichen auf die Gesamttoleranz wirken.

Um die Toleranzbreite der Ausgangsgröße abzuschätzen, werden die Beträge der Einzeltoleranzen arithmetisch zur Gesamttoleranz addiert, wobei der Index wc für „worst case" steht

$$\Delta U_{wc} = \left| \frac{\partial U_{R2}}{\partial R_1} \cdot \Delta R_{1,wc} \right| + \left| \frac{\partial U_{R2}}{\partial R_2} \cdot \Delta R_{2,wc} \right| + \left| \frac{\partial U_{R2}}{\partial U_{ref}} \cdot \Delta U_{ref,wc} \right|$$

18.3.5 Statistische Tolerierung

Komplexere Produkte weisen oftmals eine Vielzahl von einzelnen Bauelementen und damit Eingangsgrößen auf. Mit zunehmender Anzahl wird die Summe zur Berechnung immer länger und die Gesamttoleranz steigt stetig an. Da aber gleichzeitig auch die Wahrscheinlichkeit sinkt, dass alle Bauelemente den maximal möglichen Toleranzwert aufweisen, sollte bei der Toleranzrechnung die statistische Verteilung der Einzeltoleranzen berücksichtigt werden. Dieser Ansatz führt zur statistischen Tolerierung.

Der statistischen Tolerierung liegt die Vorstellung zugrunde, dass sich zufällige positive und negative Abweichungen einzelner Eingangsgrößen von den jeweiligen Sollwerten bei einer Vernetzung ausgleichen. Der Prozess der Toleranzüberlagerung wird als Zufallsprozess aufgefasst.

18.4 Vorgehensweise bei der Anwendung

18.4.1 Systemabgrenzung

Wie bereits erwähnt, kann die Toleranzanalyse in jeder Phase des Produktentwicklungsprozesses für unterschiedlichste Systeme auf verschiedenen Ebenen der Betrachtung angewandt werden. Das ist immer dann der Fall, wenn eine Untersuchung zusammenwirkender Toleranzen von Eingangsgrößen hinsichtlich der sich daraus ergebenden Ergebnisgröße eines Produktes gefragt ist.

Während zu Beginn des Entwicklungsprozesses die Untersuchung des Zusammenhanges von Toleranzen und die damit einhergehenden Toleranzfestlegungen im Vordergrund stehen, ist am Ende des Entwicklungsprozesses die Bestätigung der prognostizierten Zusammenhänge im Fokus.

Ausgangspunkt für die Toleranzanalyse ist immer die Spezifikation eines Produktes, in der die Toleranzgrenzen eventuell in Kombination mit vorgegebenen C_{pk}-Werten für wesentliche Zielgrößen angeführt sind. Bei dem bereits betrachteten Spannungsteiler beispielsweise ist die Toleranz der Ausgangsspannung vorgegeben.

Im Rahmen der Systemanalyse sind zunächst die folgenden Fragestellungen zu beantworten:

- Welches Produkt wird betrachtet?
- Was sind die relevanten Ausgangsgrößen y, die zu betrachten sind?
- Wie sind die vorgegebenen Toleranzgrenzen der relevanten Ausgangsgrößen?
- Gibt es entsprechende C_{pk}-Wert-Forderungen?
- Was sind die relevanten Eingangsgrößen x_i, die eine Rolle spielen?

18.4.2 Toleranzfestlegung/Toleranzkonzept

Im nächsten Schritt ist ein erstes Toleranzkonzept für die Eingangsgrößen des Produktes zu erarbeiten. Aufgrund der unterschiedlichen Sichten und der komplexen Anforderungen sollte dies unter Abwägung verschiedenster Gesichtspunkte im Simultaneous-Engineering-Team durchgeführt werden.

18.4.3 Verteilungsfunktion der Eingangsgrößen

Im Rahmen der statistischen Tolerierung ist die Verteilungsform der Eingangsgrößen innerhalb der Toleranzgrenzen zu berücksichtigen. Streng genommen bedeutet dies, dass nicht nur das Wissen über Art der Verteilung, sondern auch über Streuung und Zentrierung notwendig ist. Dies heißt, dass eine entsprechende Prozessfähigkeit (C_p-, C_{pk}-Wert) abzuschätzen ist.

Im Falle der Normalverteilung wird üblicherweise der Ansatz $T = 6\,\sigma$ gewählt, d. h., es wird angenommen, dass die Toleranzbreite der Eingangsgrößen exakt dem ± 3-σ-Bereich der Verteilung der Einzelwerte entspricht. Dies ergibt den folgenden formelmäßigen Zusammenhang zwischen Toleranzbreite und σ:

$$\frac{T}{2} = 3 \cdot \sigma$$

Mit der Definition des Prozessfähigkeitskennwertes C_p

$$C_p = \frac{T}{6 \cdot \sigma}$$

entspricht obiger Ansatz einem zentrierten Prozess mit einem C_p-Wert von eins. Aufgrund der Tatsache, dass heutzutage oftmals bereits C_p-Werte von zwei gefordert werden, wird empfohlen, zunächst von folgender Formel auszugehen:

$$\frac{T}{2} = 3 \cdot C_p \cdot \sigma$$

Praxistipp

In diesem Zusammenhang ist es wichtig, die bisherigen Erfahrungen beispielsweise durch SPC zu nutzen. Üblicherweise gibt es von Vergleichserzeugnissen oder Produkten mit vergleichbaren Fertigungsschritten gute Erfahrungswerte für Verteilungen von typischen Merkmalen im Unternehmen mit charakteristischen Prozessfähigkeitskennwerten.

Typische Verteilungen sind:

- Normalverteilung – Maßtoleranzen, wenn kein systematischer Einfluss;
- Rechteckverteilung – aufgrund Werkzeugverschleiß;
- Dreieckverteilung – aufgrund Werkzeugkorrekturen;
- schiefe Verteilung – bei Rundlaufabweichungen;
- logarithmische Normalverteilung – bei Koaxialität und Positionstoleranz.

18.4.4 Identifikation des Wirkzusammenhanges

Die Toleranzanalyse beruht darauf, die Transferfunktion bestimmen zu können, die den Zusammenhang der Eingangsgrößen x_i und der Ausgangsgrößen y_i beschreibt. Diese Funktion kann ein einfaches geometrisches Verhältnis sein, eine bekannte Formel oder die Grenzwertbetrachtung einer Differenzialgleichung. Falls sie nicht bekannt ist, muss sie durch Experimente oder Simulationen gewonnen werden.

Praxistipp

In mechanischen Systemen kann die Ermittlung der Wirkzusammenhänge sehr anspruchsvoll und aufwendig sein. Der Grund liegt in dem Zusammenspiel von Maß-, Form- und Lagetoleranzen in Kombination mit der großen

Anzahl von Freiheitsgraden für die Lage der einzelnen Bauteile im Raum. Wegen der hohen Komplexität werden hier Simulationswerkzeuge eingesetzt, die direkt an das verwendete CAD-System angeschlossen sind. Durch die Kopplung können die im Design festgelegten Toleranzgrenzen direkt vom Simulationstool verarbeitet werden.

18.4.5 Verteilungsfunktion der Ausgangsgröße y

Zur Bestimmung der Verteilungsfunktion für die Ausgangsgröße y werden unterschiedliche Verfahren vorgestellt:

- Faltung der Wahrscheinlichkeitsverteilungen,
- Näherung bei Normalverteilung der Eingangsgrößen,
- Monte-Carlo-Simulation.

Faltung von Wahrscheinlichkeitsverteilungen

Bei der Toleranzanalyse der Ausgangsspannung eines Spannungsteilers wurde die Abweichung der Ausgangsspannung als Taylor-Reihe mit linearen Gliedern näherungsweise dargestellt als

$$\Delta U \approx \frac{\partial U_{R2}}{\partial R_1} \cdot \Delta R_1 + \frac{\partial U_{R2}}{\partial R_2} \cdot \Delta R_2 + \frac{\partial U_{R2}}{\partial U_{ref}} \cdot \Delta U_{ref}$$

$$= S_{R1} \cdot \Delta R_1 + S_{R2} \cdot \Delta R_2 + S_{Uref} \cdot \Delta U_{ref}$$

$$= \Delta U_{R1} + \Delta U_{R2} + \Delta U_{Ur}$$

Die Abweichung der Ausgangsspannung kann durch eine lineare Überlagerung einzelner Anteile ΔU_i bestimmt werden. Die Toleranzüberlagerung kann als Zufallsprozess aufgefasst werden, bei dem eine zufällige Auswahl von Spannungsanteilen ΔU_i zu einer Gesamtabweichung ΔU führt.

Nach den Ausführungen in dem Kapitel 9 errechnet sich die Wahrscheinlichkeitsverteilung einer Summe von Zufallszahlen

$$Y = X_1 + X_2 + \ldots + X_n = \sum_{i=1}^{n} X_i$$

aus der Faltung der einzelnen Wahrscheinlichkeitsdichten

$$f(y) = f_1(x_1) * f_2(x_2) * \ldots * f_3(x_3)$$

Angewandt auf das Beispiel des Spannungsteilers bedeutet das, dass die

Wahrscheinlichkeitsverteilung der Abweichung der Ausgangsspannung ΔU berechnet werden kann aus

$$f(\Delta U\ ) = f(\Delta U_{R1}) * f(\Delta U_{R2}) * f(\Delta U_{Ur})$$

Bei diesem Verfahren wird die Wahrscheinlichkeitsdichte der Ausgangsgröße y, welche durch einen bekannten funktionalen Zusammenhang aus den Eingangsgrößen mit jeweils bekannten Verteilungsgesetzen hervorgeht, durch Berechnung des sogenannten Faltungsintegrals bestimmt. Die Faltung bezeichnet eine Verknüpfung von Wahrscheinlichkeitsfunktionen von Zufallsvariablen. Mithilfe der Dichtefunktion der Ausgangsgröße y können die Zufallsstreugrenzen und damit der zu erwartende C_p-Wert bestimmt werden.

Praxisbeispiel   Die Gesamttoleranz des Spannungsteilers setzt sich aus den drei Eingangsgrößen R1, R2 sowie der Referenzspannung Uref zusammen. Der Ansatz der statistischen Tolerierung bedeutet, dass die Wahrscheinlichkeitsverteilungen der Eingangsgrößen zu berücksichtigen sind. Es wird in diesem Beispiel angenommen, dass die Widerstände R1 und R2 eine Normalverteilung aufweisen, die über die Mittelwerte $\mu R1 = \mu R2 = 100\ \Omega$ sowie die Standardabweichungen $\sigma_{R1} = \sigma_{R2} = 1\ \Omega$ charakterisiert ist. Als Beispiel ist in Bild 18.8 die Wahrscheinlichkeitsverteilung für den Widerstand R1 dargestellt.

Die Referenzspannungsquelle U_{ref} wird als Gleichverteilung in dem Intervall 4,95 bis 5,05 V angenommen.

Jede der drei Toleranzursachen führt zu einem Toleranzanteil ΔU_i. Bei der hier vorgenommenen linearen Näherung im Arbeitspunkt ergeben sich die Toleranzanteile Y_i aus dem Produkt der Toleranzursache X_i und der Empfindlichkeit S_i.

Zur Berechnung der Gesamttoleranz müssen die einzelnen Toleranzen

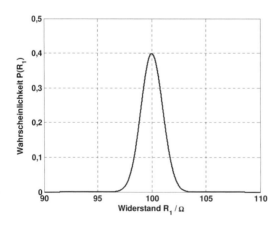

Bild 18.8 Wahrscheinlichkeitsverteilung für einen Widerstand mit einem Mittelwert von R = 100 Ω und einer Standardabweichung σ = 1 Ω

$$\Delta U_{R1} = S_{R1} \cdot \Delta R_1$$

$$\Delta U_{R2} = S_{R2} \cdot \Delta R_2$$

und

$$\Delta U_{Ur} = S_{Uref} \cdot \Delta U_{ref}$$

überlagert werden. Da es sich um eine Summe von Zufallszahlen handelt, ist auch die Zufallsvariable ΔU, welche die Gesamttoleranz darstellt, eine Zufallsvariable. Ihre Wahrscheinlichkeitsverteilung ergibt sich aus

$$f(\Delta U) = f(\Delta U_{R1}) * f(\Delta U_{R2}) * f(\Delta U_{Ur})$$
$$= f(S_{R1} \cdot \Delta R_1) * f(S_{R2} \cdot \Delta R_2) * f(S_{ref} \cdot \Delta U_{ref})$$

Bild 18.9 stellt die Berechnungsergebnisse der statistischen Überlagerung dar. Die Berechnung erfolgte im Statistikprogramm Matlab.

Mit der berechneten Dichtefunktion der Abweichung ΔU können z. B. die Zufallsstreugrenzen und damit der zu erwartende C_p-Wert bestimmt werden (Bild 18.9).

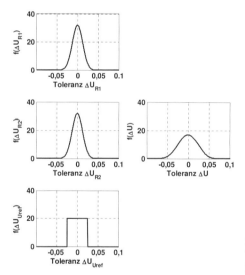

Bild 18.9 Statistische Überlagerung von Toleranzverteilungen einzelner Bauelemente in einem System

Hinweis

Für die Berechnung wurde die Taylor-Reihe mit linearen Gliedern verwendet. Werden die Terme höherer Ordnung vernachlässigt, so wird bei der Berechnung der Empfindlichkeit davon ausgegangen, dass sie unabhängig von dem absoluten Maß ist. Beispielsweise hängt jedoch die Empfindlichkeit S_{R1} auch von der Größe R_1 ab. In vielen Fällen ist jedoch die Toleranzbreite erheblich kleiner als der spezifizierte Sollwert, sodass diese Wechselwirkung vernachlässigt und mit der linearen Näherung gerechnet werden kann.

Näherungsrechnung bei normalverteilten Einzeltoleranzen – linearer Zusammenhang

Im Fall einer linearen Toleranzkette kann die Ausgangsgröße y dargestellt werden als Summe

$$y = x_1 + x_2 + \ldots + x_n = \sum_{i=1}^{n} x_i$$

Im Kapitel 9 wurde gezeigt, dass im Fall normalverteilter Eingangsgrößen X_i auch die Ausgangsgröße normalverteilt ist und den Mittelwert

$$\mu_y = \mu_{x1} + \mu_{x2} + \ldots + \mu_{xn} = \sum_i \mu_{yxi}$$

sowie die Varianz

$$\sigma_y^2 = \sigma_{x1}^2 + \sigma_{x2}^2 + \ldots + \sigma_{xn}^2 = \sum_i \sigma_{x_i}^2$$

aufweist. Dies bedeutet, dass die Varianz einer Ausgangsgröße, welche durch die additive Verknüpfung von unabhängigen Eingangsgrößen bestimmt wird, gleich der Summe der Varianzen der Eingangsgrößen ist. Dieser Sonderfall wird daher auch als quadratische Tolerierung bezeichnet.

Wegen des zentralen Grenzwertsatzes kann dieser Ansatz auch für nicht normalverteilte Toleranzverteilungen als Näherungslösung angesehen werden.

Näherungsrechnung bei normalverteilten Einzeltoleranzen – nicht linearer Zusammenhang

Aufgrund der nicht linearen Toleranzverkettung muss mithilfe der Taylor-Reihe eine linearisierte Beschreibung der Ausgangsgröße bestimmt werden.

Kann der Zusammenhang zwischen Ausgangsgröße y und den Eingangsgrößen x_i beschrieben werden durch

$$y = f(x_1, x_2, \ldots, x_n)$$

führt die Anwendung der Taylor-Reihe mit linearen Gliedern zu

$$\Delta y = \frac{\partial f}{\partial x_1} \cdot \Delta x_1 + \frac{\partial f}{\partial x_2} \cdot \Delta x_2 + \ldots + \frac{\partial f}{\partial x_n} \cdot \Delta x_n$$
$$= S_{x1} \cdot \Delta x_1 + S_{x2} \cdot \Delta x_2 + \ldots + S_{xn} \cdot \Delta x_n$$
$$= \Delta y_1 + \Delta y_2 + \ldots + \Delta y_n$$

Damit wurde wieder eine lineare Maßverkettung hergestellt. Auch in diesem Fall ergibt sich die Varianz des Gesamtsystems aus der Summe der einzelnen Varianzen. Dabei ist zu berücksichtigen, dass hier die Varianz der Zufallsvariable y gemeint ist. In der Praxis ist oftmals nur die Varianz der jeweiligen Einflussgröße x_i bekannt, sodass sich die Berechnung der Varianz ergibt aus

$$\sigma_y^2 = \sum_i \sigma_{y_i}^2 = \sum_i S_{xi}^2 \cdot \sigma_{xi}^2$$

Praxisbeispiel Für das Beispiel des Spannungsteilers kann die Abweichung der Ausgangsspannung ΔU linearisiert dargestellt werden als

$$\Delta U \approx \frac{\partial U_{R2}}{\partial R_1} \cdot \Delta R_1 + \frac{\partial U_{R2}}{\partial R_2} \cdot \Delta R_2 + \frac{\partial U_{R2}}{\partial U_{ref}} \cdot \Delta U_{ref}$$
$$= S_{R1} \cdot \Delta R_1 + S_{R2} \cdot \Delta R_2 + S_{Uref} \cdot \Delta U_{ref}$$
$$= \Delta U_{R1} + \Delta U_{R2} + \Delta U_{Uref}$$

Damit ergibt sich die Varianz der Ausgangsspannung zu

$$\sigma_U^2 = S_{R1}^2 \cdot \sigma_{R1}^2 + S_{R2}^2 \cdot \sigma_{R2}^2 + S_{Uref}^2 \cdot \sigma_{Uref}^2$$

Durch Berechnung der entsprechenden Empfindlichkeiten und Einsetzen der Werte berechnet sich die Standardabweichung der Ausgangsspannung zu

$$\sigma_{UR2} = \sqrt{S_{R1}^2 \cdot \sigma_{R1}^2 + S_{R2}^2 \cdot \sigma_{R2}^2 + S_{Uref}^2 \cdot \sigma_{Uref}^2} = 0.022 \text{ V}$$

Um das Ergebnis mit dem der Faltungsoperation zu vergleichen, muss der 84,3 %-Quantilwert bestimmt werden, der dem σ-Wert entspricht. Außerhalb des Streubereiches $\pm \sigma$ befinden sich 32 % der Werte, d. h. jeweils 16 % auf beiden Seiten. Somit ergibt sich σ zu:

$$\sigma_U = 0.024 \text{ V}$$

Die Abweichung ist darin begründet, dass die Referenzspannung U_{ref} nicht normalverteilt ist, sondern eine Rechteckverteilung aufweist. Trotzdem stellt die Näherungsrechnung bei normalverteilten Einzeltoleranzen eine gute Näherung dar, die bezüglich des Rechenaufwandes erhebliche Vorteile aufweist.

Monte-Carlo-Simulation

Bei der Monte-Carlo-Simulation wird die Zielgröße über ein mathematisches Modell beschrieben und zunächst für einen Satz von Eingangsgrößen berechnet. Diese Berechnung wird bei Variation der Eingangsgrößen viele Male wiederholt. Die Simulation kann damit als Zufallsexperiment und die Ausgangsgröße als Zufallsvariable aufgefasst werden. Aus der Summe der Simulationsergebnisse kann die statistische Verteilung der Ausgangsgröße abgeleitet werden. Die Monte-Carlo-Simulation ist damit eine rein numerische Technik, welche die Verteilung der Ausgangsgröße durch gezieltes Ausprobieren ermittelt.

Im ersten Schritt werden für alle Eingangsgrößen unter Berücksichtigung ihrer Wahrscheinlichkeitsverteilung Zufallszahlen gebildet. Mit diesen Eingangsgrößen wird die Berechnung der Ausgangsgröße durchgeführt. Aus den Werten kann unter der Annahme einer definierten Wahrscheinlichkeitsverteilung ihre Aussagesicherheit berechnet werden. Der Simulationsprozess wird so lange durchgeführt, bis die Aussagesicherheit ausreichend groß ist.

Praxisbeispiel   In Bild 18.10 ist das Ergebnis einer Monte-Carlo-Simulation für die Ausgangsspannung des Spannungsteilers dargestellt. Die ermittelte Normalverteilung stimmt zumindest auf dem ersten Blick mit dem über Faltung ermittelten Ergebnis überein.

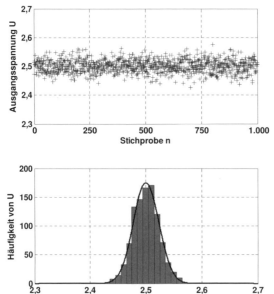

Bild 18.10 Bestimmung der Spannung am Widerstand R_2 in einer Schaltung über eine Monte-Carlo-Simulation

Mithilfe eines Hypothesentests kann gezeigt werden, dass die Annahme der Normalverteilung nicht verworfen werden kann. Damit können mit den Methoden der Statistik die Konfidenzintervalle für Mittelwert und Streuung berechnet werden, deren Längen sich mit steigendem Stichprobenumfang reduzieren (Bild 18.11).

Eine Möglichkeit, den ausreichenden Stichprobenumfang zu ermitteln, bietet der Vergleich von Standardabweichung der Ausgangsgröße mit dem Konfidenzintervall von Standardabweichung und Mittelwert. Als Faustregel gilt, dass dann die Simulation gestoppt werden kann, wenn die beiden Vertrauensbereiche eine Größenordnung kleiner sind als die Standardabweichung der Ausgangsgröße.

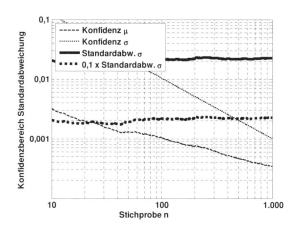

Bild 18.11 Darstellung der Länge des Konfidenzintervalls und der Standardabweichung der Ausgangsspannung als Funktion des Stichprobenumfangs n, Konfidenzzahl 68,3 % entspricht einem Streubereich $\pm\,\sigma$

Wie in Bild 18.11 zu erkennen, ist bei einem Stichprobenumfang von n = 1.000 die Länge des Konfidenzbereiches der Standardabweichung kleiner als 10 % der Standardabweichung. Das Konfidenzintervall des Mittelwertes ist erheblich kleiner als die Standardabweichung, sodass der Stichprobenumfang als ausreichend eingestuft werden kann. Die Simulationsergebnisse für n = 1.500 sind in Tabelle 18.1 dargestellt.

Tabelle 18.1 Ergebnis der Monte-Carlo-Simulation für das Beispiel des Spannungsteilers mit n = 1.500

$\bar{U}_{R2}$	$L(\bar{U}_{R2})$	s_{UR2}	$L(s_{UR2})$
2,5000 V	0,278 mV	0,0226 V	2,1 mV

In dem Beispiel ergeben sich die Grenzen des Streubereichs von $\pm$ 3 σ zu

$$U_{a,min} = 2.5\ \text{V} - 0.0681\ \text{V} = 2.4319\ \text{V}$$

und

$$U_{a,max} = 2.5\ \text{V} + 0.0681\ \text{V} = 2.5681\ \text{V}$$

Praxistipp

Alternativ dazu könnte für eine vorgegebene Toleranz der Ausgangsgröße der C_p-Wert bestimmt werden. Vor der Berechnung muss jedoch geprüft werden, ob die Voraussetzung der Normalverteilung erfüllt ist. Andernfalls muss zur Abschätzung des 99,7 %-Streubereiches und Berechnung des Prozessfähigkeitskennwertes die Quantilmethode angewandt werden, die in Kapitel 17 beschrieben ist.

Der Vorteil des Monte-Carlo-Verfahrens besteht darin, dass es für alle denkbaren Wahrscheinlichkeitsverteilungen und formelmäßigen Zusammenhänge angewandt werden kann. Nachteilig kann ein hoher Rechenaufwand zur Generierung der Datensätze sein.

Das Simulationsergebnis des Monte-Carlo-Verfahrens erlaubt neben der Bestimmung des zu erwartenden Toleranzintervalls vielfältige Auswertungen. Beispielsweise kann durch Anwendung entsprechender Regressionsverfahren der Zusammenhang zwischen Eingangs- und Ausgangsgrößen näher untersucht werden (Bild 18.12).

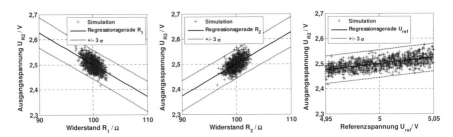

Bild 18.12 Beschreibung des Zusammenhangs zwischen Eingangsparametern R_1 bzw. R_2 und der Zielgröße U_a

Des Weiteren kann mithilfe von Varianzanalysen die Stärke des Einflusses auf die Streuung der Ausgangsgröße ermittelt werden. Diese Informationen können in weiterer Folge dazu genutzt werden, die Toleranzen zielgerichtet anzupassen.

Vergleich der Methoden

Tabelle 18.2 zeigt einen Vergleich der Ergebnisse der unterschiedlichen Verfahren zur Toleranzrechnung.

Während bei allen Verfahren derselbe Mittelwert ermittelt wurde, zeigen sich bei dem prognostizierten Streubereich deutliche Unterschiede. Da die arithmetische Tolerierung den Worst-Case-Fall darstellt, ist die prognostizierte Streuung der Ausgangsgröße am größten.

Tabelle 18.2 Vergleich der Ergebnisse für die Toleranzrechnung

Verfahren	Mittelwert	99,7 %-Streubereich
Worst-Case-Methode	2,5 V	2,4007 … 2,6008 V
Faltung der Verteilungen	2,5 V	2,4280 … 2,5720 V
Normalverteilung – Näherung	2,5 V	2,4280 … 2,5720 V
Monte-Carlo-Simulation	2,5 V	2,4319 … 2,5681 V

Die übrigen Verfahren beruhen alle auf einem statistischen Ansatz und zeigen vergleichbare Ergebnisse. Insgesamt ist aber festzustellen, dass sich durch den statistischen Ansatz der prognostizierte Streubereich von 0,2 V auf 0,13 V reduziert. Damit können unter Berücksichtigung statistischer Gesetzmäßigkeiten die Toleranzgrenzen der Eingangsgrößen erweitert werden, was zu erheblichen Kostensenkungen führt.

Zusammenfassend zeigt Tabelle 18.3 eine Übersicht über die Methoden zur Prognose der Ausgangsgrößentoleranz.

Tabelle 18.3 Methoden zur Prognose der Ausgangsgrößentoleranz

Verfahren	Vorteile/Nachteile
Worst-Case-Tolerierung	Geht davon aus, dass alle Werte innerhalb der Toleranz gleich wahrscheinlich sind
Faltung der Wahrscheinlichkeitsverteilung	Rechnerunterstützung notwendig, um das Faltungsintegral zu lösen, lineare Toleranzkette oder Linearisierung vorausgesetzt
Näherung über Normalverteilung	An die Voraussetzung der Normalverteilung gebunden; aufgrund des zentralen Grenzwertsatzes oftmals gute Näherung, lineare Toleranzkette oder Linearisierung vorausgesetzt
Monte-Carlo-Simulation	Bei beliebigen Verteilungen und funktionalen Zusammenhängen möglich; Rechnerunterstützung notwendig

Die Auswahl des anzuwendenden Verfahrens ergibt sich aus den Annahmen bezüglich der Transferfunktion, der Wahrscheinlichkeitsverteilungen der Eingangsgrößen und der Rechenzeit für einen Stützpunkt bei der Monte-Carlo-Simulation.

18.4.6 Toleranzanpassung

Die Toleranzanalyse mit den ersten Designparametern, also in unserem Beispiel der ersten Auswahl von Widerständen und Referenzspannungsquelle, wird in aller Regel die Vorgabe hinsichtlich C_p-Wert nicht genau erfüllen. Es wird ein Iterationsprozess stattfinden.

Für das erstellte Design wird mit einem ersten Satz von Designparametern eine Toleranzanalyse durchgeführt und das Ergebnis wird mit der Zielvorgabe verglichen. Werden die Vorgaben hinsichtlich C_p-Wert gerade eben erfüllt, ist das Spezifikationsziel mit minimalen Kosten erreicht. Ergibt die Toleranzanalyse beispielsweise einen deutlich besseren C_p-Wert, kann die Toleranz der beteiligten Bauelemente aufgeweitet werden, was normalerweise zu einer Kostenreduzierung führen wird.

Für die Toleranzaufweitung und -einengung existieren viele Verfahren, von denen hier zwei dargestellt werden, nämlich die proportionale Skalierung und die Skalierung unter Berücksichtigung der Gesamtkosten eines Produktes.

Proportionale Skalierung

Die Varianz der Zielgröße y wurde angegeben mit

$$\sigma_y^2 = \sum_i \sigma_{y_i}^2 = \sum_i S_{xi}^2 \cdot \sigma_{xi}^2$$

Weicht die Standardabweichung der Zielgröße σ_y einen Faktor k von der spezifizierten Zielvorgabe σ_{Spez} ab, gilt

$$\sigma_y^2 = \sum_i \sigma_{y_i}^2 = \sum_i S_{xi}^2 \cdot \sigma_{xi}^2 = k^2 \cdot \sigma_{Spez}^2$$

wobei die Zielvorgabe σ_{Spez} berechnet wird über

$$\sigma_{Spez} = \frac{T}{6 \cdot C_p}$$

Um die Zielspezifikation zu treffen, kann bei normalverteilten und unabhängigen Toleranzursachen jede Einzeltoleranz um einen Faktor k verändert werden:

$$\sigma_{Spez}^2 = \frac{\sigma_y^2}{k^2} = \sum_i \frac{\sigma_{y_i}^2}{k^2} = \sum_i S_{xi}^2 \cdot \left(\frac{\sigma_{xi}}{k}\right)^2$$

Dieses Vorgehen ist plausibel und rechnerisch nachzuvollziehen, hat aber einige Nachteile, die wieder an dem Beispiel des Spannungsteilers diskutiert werden.

- Die Toleranz kann bei vielen Bauteilen nicht kontinuierlich eingeschränkt werden. In vielen Fällen, z. B. bei diskreten Widerständen, existieren Toleranzklassen. Wird eine Toleranzklasse verlassen, weist die nächste eine deutlich verringerte Toleranz auf. Durch die Änderung eines Bauelementes kann somit die Zieltoleranz vielleicht schon erreicht werden, und die übrigen Toleranzgrenzen können unverändert bleiben.
- Die Toleranzeinengung ist nicht bei allen Bauelementen gleich teuer. Es können Bauelemente in dem Produkt vorkommen, deren Toleranzeinengung erheblich teurer ist als bei den übrigen Bauelementen. In diesem Fall würde die Toleranzeinengung an diesem Bauteil zu einer großen Kostensteigerung führen.

Diese Nachteile führen zu einer Toleranzskalierung, welche die Gesamtkosten des Produktes in den Vordergrund stellt.

Skalierung unter Berücksichtigung der Gesamtkosten

Die Toleranz der Zielgröße ergibt sich aus unterschiedlichen Toleranzeinflüssen mit entsprechenden Empfindlichkeiten S_{xi}.

$$\sigma_y^2 = \sum_i \sigma_{y_i}^2 = \sum_i S_{xi}^2 \cdot \sigma_{xi}^2$$

Eine Toleranzverbesserung $\Delta\sigma_{xi}$ ist mit Kosten ΔQ_{xi} verbunden. Für jeden Toleranzeinfluss ergibt sich damit ein individueller Kostengradient Θ_{xi}

$$\Theta_{xi} = \frac{\Delta Q_{xi}}{\Delta \sigma_{xi}}$$

Unter Berücksichtigung der Wirtschaftlichkeit sind bei denjenigen Eingangsgrößen Maßnahmen prioritär umzusetzen, die einerseits einen großen Einfluss auf die Streuung der Zielgröße und andererseits einen geringen Kostengradienten aufweisen. Es wird deshalb zunächst der Parameter i geändert, für den bei der aktuellen Auslegung des Produktes gilt:

$$\frac{S_{xi}}{\Theta_{xi}} = max.$$

Die Kostengradienten sind von den aktuellen Designparametern abhängig, sodass dieser Quotient nach jeder Änderung von Designparametern neu berechnet werden muss.

Praxisbeispiel Der Spannungsteiler soll so dimensioniert werden, dass die Ausgangsspannung mit einer Sicherheit von 99,73 % den Wert von 2,5 V ± 1 % annimmt. Dazu stehen unterschiedliche 100-Ω-Widerstände und Spannungsreferenzen zu unterschiedlichen Preisen zur Verfügung (Bild 18.13).

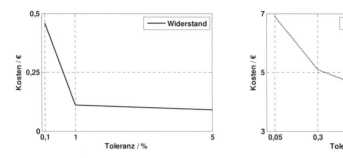

Bild 18.13 Kosten für Metallschicht-Widerstände und Spannungsreferenzen als Funktion der Toleranz

Als Rechenmodell wird wiederum vereinfachend davon ausgegangen, dass die Streuung der Ausgangsspannung errechnet werden kann über

$$\sigma_U = \sqrt{S_{R1}^2 \cdot \sigma_{R1}^2 + S_{R2}^2 \cdot \sigma_{R2}^2 + S_{Uref}^2 \cdot \sigma_{Uref}^2}$$

Ausgangspunkt für die Tolerierung ist eine Referenzspannungsquelle mit einer Toleranz von 1 % und Widerstände mit einer Toleranz von 5 %. Damit weist die Ausgangsspannung eine unzulässig hohe Toleranz von $\Delta U = 0{,}0306$ V auf. Zur Toleranzreduzierung werden die notwendigen Kenngrößen berechnet. Die Empfindlichkeiten S_{R1}, S_{R2} und S_{Uref} sowie die Kostengradienten Θ_{R1}, Θ_{R2} und Θ_{Uref} sind in Tabelle 18.4 dargestellt.

Tabelle 18.4 Darstellung der Kenngrößen zur Toleranzoptimierung des Spannungsteilers

	Widerstand R_1	Widerstand R_2	Spannungsreferenz U_{ref}
S_{yi}	0,025 V/Ω	0,025 V/Ω	0,5 V/V
Θ_{yi}	0,0125 €/Ω	0,0125 €/Ω	44 €/V
S_{yi} / Θ_{yi}	2 V/€	2 V/€	0,01 V/€

Das Verfahren führt dazu, dass die Widerstände R_1 und R_2 durch präzisere Widerstände ausgetauscht werden. Die Gesamttoleranz berechnet sich nach dem Tausch der Widerstände zu $\Delta U = 0{,}0252$ V. Da das Toleranzziel nicht erreicht wurde, muss eine weitere Iteration erfolgen. Es ergibt sich die in Tabelle 18.5 dargestellte Situation.

Wieder ist die Widerstandsänderung am effektivsten, sodass wieder die Widerstände getauscht werden. Nach Änderung der Widerstände wird das Toleranzziel mit $\Delta U = 0{,}0252$ V erreicht.

Tabelle 18.5 Darstellung der Kenngrößen zur Toleranzoptimierung des Spannungsteilers nach der ersten Iterierung

	Widerstand R_1	Widerstand R_2	Spannungsreferenz U_{ref}
S_{yi}	0,025 V/Ω	0,025 V/Ω	0,5 V/V
Θ_{yi}	0,39 €/Ω	0,39 €/Ω	44 €/V
S_{yi}/Θ_{yi}	0,061 V/€	0,061 V/€	0,01 V/€

18.4.7 Statistische Überwachung der Eingangsgrößen

Die statistische Tolerierung geht von bestimmten Wahrscheinlichkeitsverteilungen aus, die üblicherweise als zeitlich konstant angenommen werden. Dies entspricht der Definition eines stabilen Prozesses (Kapitel 16). Dies heißt in weiterer Folge, dass durch die Festlegung einer geeigneten SPC-Strategie sicherzustellen ist, dass die definierten Voraussetzungen in der Praxis tatsächlich eintreffen. Man könnte auch sagen, dass man aufgrund der Berücksichtigung der Verteilungsform von Eingangsgrößen zwar größtmögliche Toleranzbreite gewinnt und damit die wirtschaftliche Fertigung des Produktes erleichtert, man dafür aber ständig dafür sorgen muss, dass die getroffenen Voraussetzungen noch zutreffen.

Praxistipp

In diesem Zusammenhang sei darauf hingewiesen, dass Regelkarten nur eine beschränkte Eingriffswahrscheinlichkeit aufweisen und daher eine Verschiebung des Mittelwertes nicht mit Sicherheit angezeigt werden kann. Die im Kapitel SPC dargestellten Eingriffswahrscheinlichkeiten beispielsweise zeigen, dass eine Mittelwertverschiebung von $\pm\,\sigma$ bei einem Stichprobenumfang von n = 5 lediglich mit einer Wahrscheinlichkeit von 35 % angezeigt wird. Für eine Wahrscheinlichkeit von 90 % wäre eine Verdreifachung des Stichprobenumfanges von n = 15 notwendig. Derartige Aspekte sind bei der Wahl der SPC-Strategie zu berücksichtigen.

18.5 Praxisbeispiel Temperatursensor

18.5.1 Systemabgrenzung

In Motorsteuergeräten werden für Temperaturmessungen wegen der großen Empfindlichkeit Halbleiter-NTC-Temperatursensoren verwendet. Sie werden über einen Vorwiderstand R_1 an eine Referenzspannungsquelle U_{ref} angeschlossen. Der Spannungsabfall am NTC-Widerstand R_{NTC} wird vom Steuergerät erfasst. Die entsprechende Schaltung ist in Bild 18.14 dargestellt.

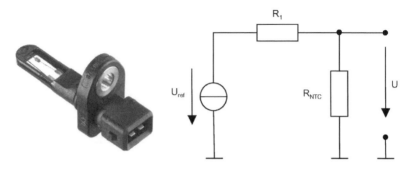

Bild 18.14 Darstellung des NTC und des elektrischen Ersatzschaltbildes

Im Rahmen dieses Praxisbeispiels wird für den Einsatz der Sensoren für die elektrische Schaltung eine Toleranzbetrachtung durchgeführt. Ziel ist es, eine kostenoptimierte Schaltung zur Messung der Temperatur von 50 °C mit einer Genauigkeit von ± 1,5 °C zu entwickeln.

18.5.2 Toleranzen und Verteilungsform der Eingangsgrößen

Die Referenzspannungsquellen werden vom Hersteller abgeglichen und haben deshalb eine Spannung, die gleichverteilt zwischen 4,98 und 5,02 V liegt.

Der Vorwiderstand R_1 ist ein Standardbauelement mit einer ± 3-σ-Toleranz von ± 1 %.

Das Temperaturverhalten eines Widerstandes mit negativem Temperaturkoeffizienten (NTC) kann dargestellt werden durch

$$R(T) = R(T_N) \cdot e^{B\left(\frac{1}{T} - \frac{1}{T_N}\right)}$$

mit T als absolute Temperatur in K, T_N als Normaltemperatur 298 K oder 20 °C.

Die Konstante B ist durch den Bauteiltyp festgelegt zu B = 3.250 K und der Widerstand bei Raumtemperatur beträgt R(298K) = 5 kΩ. Die Toleranzwerte für die Konstante B und die nominale Toleranz R(298K) werden als Normalverteilungen angenommen und sind gemäß Tabelle 18.6 mit einem Kostenindex verbunden. Die Toleranzen sind als ±3-σ-Toleranzen zu verstehen.

Tabelle 18.6 Darstellung der Kenngrößen zur Toleranzoptimierung des Temperatursensors

Toleranz	± 1 %	± 2 %	± 3 %	± 5 %	± 10 %
Kostenindex B	16	8	4	2	1
Kostenindex R(298 K)	8	4	2	1	

18.5.3 Identifikation des Wirkzusammenhanges

Der Spannungsabfall am NTC-Widerstand R_{NTC} wird vom Steuergerät erfasst, diese Größe stellt das Ausgangssignal dar. Die Ausgangsspannung errechnet sich unter Berücksichtigung der Spannungsteilerregel zu

$$U(T) = \frac{R_{NTC}(T)}{R_1 + R_{NTC}(T)} \cdot U_{ref} = \frac{R(T_N) \cdot e^{B \cdot \left(\frac{1}{T} - \frac{1}{T_N}\right)}}{R_1 + R(T_N) \cdot e^{B \cdot \left(\frac{1}{T} - \frac{1}{T_N}\right)}} \cdot U_{ref}$$

Es ergibt sich eine temperaturabhängige Ausgangsspannung, die von einigen Parametern abhängt. Zur besseren Übersicht stellt Bild 18.15 diesen Zusammenhang als P-Diagramm dar.

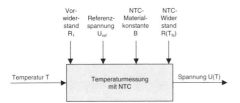

Bild 18.15 P-Diagramm für die Temperaturmessung über eine Schaltung mit NTC

18.5.4 Bestimmung des Toleranzbereiches der Ausgangsgröße

Durch eine Variation der zu messenden Temperatur im Wertebereich von 273 K (0 °C) bis 373 K (100 °C) ergibt sich für ideale Widerstands- und Spannungswerte die Ausgangsspannung als Funktion der Temperatur T (Bild 18.16 auf Seite 534).

Bei der Berechnung des Toleranzbereiches der Ausgangsspannung muss berücksichtigt werden, dass die Schaltung nicht linear bezüglich der Messgröße Temperatur ist. Es wird deshalb eine Monte-Carlo-Simulation durchgeführt. Dazu werden Zufallswerte für den Widerstand R_1, die Referenzspannung U_{ref} und die beiden NTC-Parameter B und $R(T_N)$ erzeugt, die den in der Auf-

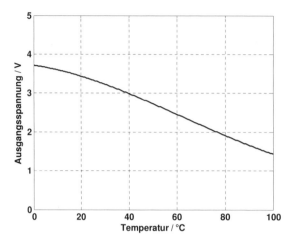

Bild 18.16 Kennlinie des Temperatursensors bei idealen Bauelementwerten

gabenstellung beschriebenen Verteilungen genügen. Für diese Werte wird die Ausgangsspannung U(T) als Funktion der Temperatur T berechnet. Wie in Bild 18.17 erkennbar, streuen die simulierten Werte um die Kennlinie.

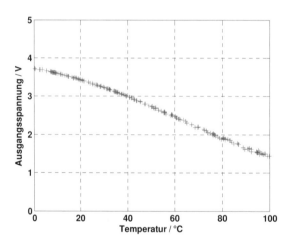

Bild 18.17 Kennlinie des Temperatursensors bei Streuung der Bauelementwerte

18.5.5 Toleranzanpassung

Die simulierten Spannungswerte weichen wegen der variierten Bauteil-werte von der idealen Kennlinie ab. Durch Regressionsrechnungen kann ein ± 3-σ-Toleranzband (Streubereich) bestimmt werden. Die Breite des Toleranz-bandes und die Kosten der Schaltung sind von den Toleranzen der ver-wendeten Bauteile abhängig. Tabelle 18.7 stellt für verschiedene Toleranz-

Tabelle 18.7 Darstellung der Kenngrößen zur Toleranzoptimierung des Temperatursensors

Kostenindex | Toleranz ±3 σ		Toleranzen Konstante B							
		1%		2%		3%		5%	
Toleranz Widerstand R(298 K)	1%	24	1,3 K	16	1,9 K	12	2,6 K	10	4,5 K
	2%	20	1,5 K	12	2,2 K	8	**3,0 K**	6	4,7 K
	3%	18	2,2 K	10	2,6 K	6	3,7 K	4	4,9 K
	5%	17	2,9 K	9	3,4 K	5	3,9 K	3	5,2 K

kombinationen die Kosten der Bauelemente und die ± 3-σ-Toleranz des Temperatursignals dar.

Die Ergebnisse zeigen, dass die geforderte Toleranz von $\pm 1,5\,°C$ am günstigsten mit einer 2 %-Toleranz des Widerstandes und einer 3 %-Toleranz der Materialkonstante B realisiert werden kann. Bild 18.18 zeigt für diese Konfiguration das Simulationsergebnis mit den Konfidenzbereichen.

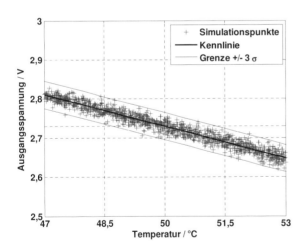

Bild 18.18 Monte-Carlo-Simulation für die Kennlinie des Temperatursensors für die Zielkonfiguration

18.5.6 Ausblick

In dieser Simulation wurden der Übersicht halber nur Schaltungsaspekte berücksichtigt. Für die Toleranzbetrachtung eines Temperatursensor-Gesamtsystems sind weitaus mehr Toleranzeinflüsse zu berücksichtigen. Bild 18.19 vermittelt davon einen Eindruck in Form eines Ishikawa-Diagramms.

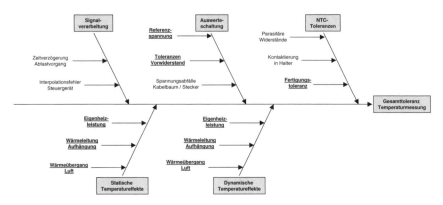

Bild 18.19 Einflüsse auf die Gesamttoleranz einer Temperaturmessung im Motorsteuergerät

18.6 Zusammenfassung und Erfolgsfaktoren

Die statistische Tolerierung ist eine Methode zur Festlegung zulässiger Abweichungen unter Berücksichtigung statistischer Gesetzmäßigkeiten. Grundüberlegung ist, dass sich positive und negative Abweichungen von Eingangsgrößen teilweise ausgleichen.

Das Ziel von DFSS besteht darin, die Fehlerfreiheit des Produktes von Beginn an zu garantieren. Bei der Festlegung von Toleranzen ist jedoch aus Kostengründen zu beachten, dass diese nur dann eingeengt werden dürfen, wenn es die Funktionsfähigkeit des Produktes unbedingt erfordert. Dort wo möglich, sollen Toleranzen aufgrund wirtschaftlicher Aspekte durchaus aufgeweitet werden. Um diese Entscheidung fundiert treffen zu können, steht die Methode der Toleranzanalyse zur Verfügung.

Die Toleranzverteilung der Zielgröße ergibt sich teilweise aus komplexen Wirkzusammenhängen. Die Toleranzfestlegung und -analyse ist daher im höchsten Maße eine interdisziplinäre Aufgabe, die im SE-Team gelöst werden muss.

18.7 Verwendete Literatur

Beucher, O: Wahrscheinlichkeitsrechnung und Statistik mit Matlab, Springer-Verlag, 2004

Bosch: Statistische Tolerierung, Heft Nr. 5, Robert Bosch GmbH, C/QMM, Ausgabe 1993

19 Reliability Engineering – Zuverlässigkeitsanalysen

19.1 Zielsetzung von Reliability Engineering

Das Ziel von DFSS ist bekanntlich, die Null-Fehler-Philosophie schon in der Entwicklungsphase von Produkten und Prozessen umzusetzen. Dabei werden „Fehler" häufig als klassische Produktionsfehler oder aber auch als Anlieferfehler beim Kunden – in der Automobilbranche als „Null-Kilometer-Fehler" bekannt – definiert. Über die zu erwartende Zuverlässigkeit (englisch: reliability) des Produktes während der Nutzung werden im Entwicklungsprozess aufgrund der hohen Komplexität und fehlender Daten jedoch häufig keine näheren Untersuchungen angestellt. Es wird gewartet, bis erste Feldbeanstandungen auftreten – womit Kundenzufriedenheit bereits verloren geht –, um daraus Erkenntnisse für weitere Entwicklungen zu ziehen. Reliability Engineering greift diesen Umstand auf und stellt eine Reihe von Methoden und Techniken zur Verfügung, um schon von Anfang an ein zuverlässiges Produkt zu entwickeln. Zuverlässigkeit bedeutet dabei, dass sowohl die vom Kunden geforderte Robustheit (Funktionsfähigkeit unter widrigen Einsatzbedingungen) und die Haltbarkeit (Funktionsfähigkeit über einen bestimmten Lebenszeitraum) erfüllt werden, als auch den gesetzlichen Anforderungen Rechnung getragen wird.

In der Automobilindustrie sind beispielsweise bestimmte Emissionswerte über die Lebenszeit einzuhalten, und im Maschinenbau werden Haltbarkeiten von sicherheitsbestimmenden Teilen von vielen Jahren bis Jahrzehnten gefordert.

Reliability Engineering ist daher sehr umfangreich und wird von manchen sogar als gesonderte Entwicklungsmethodik betrachtet und außerhalb von DFSS gesehen. Dennoch werden im vorliegenden Buch alle Techniken von Reliability Engineering in den DFSS Ansatz integriert, zumal ja auch einige wichtige Methoden von Reliability Engineering (z.B. „Optimierung und Robustheitsanalysen mittels Simulation", „FMEA", „Versuchsplanung nach Taguchi") bereits an anderer Stelle beschrieben sind.

Leitfragen

- Was genau ist ein zuverlässiges Produkt?
- Wann ist das Thema Zuverlässigkeit in der Produktentwicklung besonders wichtig?
- Wie können Zuverlässigkeitsziele definiert werden?

- Wozu dient ein Testplan?
- Wie werden Zuverlässigkeitstests durchgeführt und ausgewertet?
- Wie können daraus Handlungsschritte und Referenzmodelle abgeleitet werden?

19.2 Einsatz von Reliability Engineering im Produktentstehungsprozess

Wie oben angeführt, ist Reliability Engineering (RE) ein sehr breites Feld an Themengebieten, umfasst daher selbst auch einige Methoden bzw. bildet mit anderen DFSS-Methoden zahlreiche Schnittstellen aus (Bild 19.1).

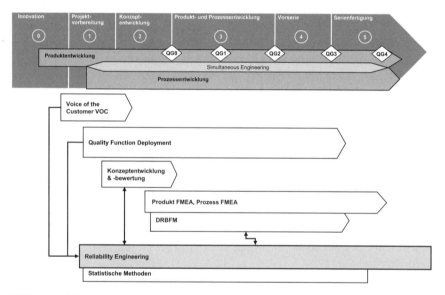

Bild 19.1 Reliability Engineering und der PEP

Reliability Engineering umfasst einerseits alle konstruktionsbasierenden Aspekte der Zuverlässigkeitsbetrachtung: Die Themen Voice of the Customer (Definition der Zuverlässigkeit als Kundenanforderung), Optimierung und Robustheitsanalysen mittels Simulation und Design of Experiments (Was sind robuste Produkteinstellungen?), DRBFM (Wurden Änderungen durchgeführt, die sich auf die Zuverlässigkeit auswirken können?) und FMEA sind hier zu nennen und wurden in den genannten Kapiteln sinngemäß beschrieben.

Andererseits umfasst Reliability Engineering die Planung, Durchführung und Analyse von Zuverlässigkeitstests, welche – wie die statistischen Methoden im gesamten DFSS-Modell – die daten- und faktenbasierende Seite von Reliability Engineering darstellt. Dabei kommen Methoden zum Einsatz, die es ermöglichen sollen, mit einer geringen Anzahl von Versuchen (Musterteilen, Prototypen) eine valide Aussage für die spätere Zuverlässigkeit des Produktes zu erhalten.

Reliability Engineering beginnt damit, systematisch alle Störfaktoren aufzulisten, um kritische Aspekte der Zuverlässigkeit zu identifizieren. Aus dieser Liste sowie der Anforderungsanalyse in Voice of the Customer kann zunächst die strategische Dimension dieser Themen festgelegt werden, worauf in weiterer Folge testbare Zuverlässigkeitsziele festgelegt werden, welche in einem Testplan eingearbeitet werden. Bei der Durchführung von verschiedenen Zuverlässigkeitstests – dies kann in verschiedenen Stadien des Produktentstehungsprozesses stattfinden – werden Daten generiert und analysiert, was zu einer Optimierung des Produktes/Prozesses führen soll. Hierzu ist ein profundes Wissen über Statistik (z.B. Hypothesentests oder grafische Methoden) als Hintergrundwissen erforderlich. Schlussendlich können aber auch in allen späteren Lebenszyklusphasen des Produktes Reklamationsdaten gesammelt und für die Verbesserung von Prognosemodellen herangezogen werden. Damit begleitet Reliability Engineering nicht nur weite Bereiche des Produktentstehungsprozesses, sondern reicht sogar darüber hinaus.

19.3 Wichtige Grundlagen

19.3.1 Grundbegriffe der Zuverlässigkeitsuntersuchung

Die Ergebnisse aus Reliability Engineering führen idealerweise zu einem Produkt, welches möglichst keine Gewährleistungskosten verursacht und dadurch zu einer hohen Kundenzufriedenheit beiträgt. Zuverlässigkeit ist somit der zeitbezogene Aspekt der Qualität (Bild 19.2).

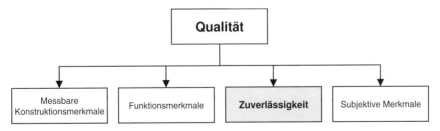

Bild 19.2 Zuverlässigkeit und Qualität

Ausschlaggebende Gründe, warum in einem Entwicklungsprojekt bewusst Zuverlässigkeitsuntersuchungen aufgenommen werden, können unter anderem folgende sein:

■ Geschäftliche Gründe: Reduktion hoher Entwicklungsrisiken/-kosten für neue Designs, Erfüllen vertraglicher oder behördlicher Anforderungen.

■ Beurteilung der Zuverlässigkeit: Bestätigung analytischer Modelle – Zuverlässigkeitsprognosen, Festlegen bzw. Demonstration der Eigenschaften der Systemzuverlässigkeit.

■ Entwicklung der Zuverlässigkeit: Beschaffung von Informationen, Validierung von Fehlermöglichkeiten, Ermitteln von Fehlerursachen, Erkennen von unvorhergesehenen Wechselwirkungen.

Zuverlässigkeitsexperten arbeiten oft mit Begriffen wie Weibull-Analyse oder Lebensdaueruntersuchungen. Bevor auf diese Methoden eingegangen wird, soll zunächst eine Begriffserklärung erfolgen. Für die Beschreibung des Begriffes „Zuverlässigkeit" bzw. „Reliability" wird die sinngemäße Übersetzung der Definition nach MIL-STD-721C bzw. IEC 60050 herangezogen:

„Zuverlässigkeit ist die Wahrscheinlichkeit, dass ein Teil die ihm zugedachte Funktion für eine definierte Zeitdauer unter festgelegten Anwendungsbedingungen erfüllen kann."

Das bedeutet im Detail:

■ „… ist die Wahrscheinlichkeit …"

In der Zuverlässigkeitsuntersuchung werden statistische Daten analysiert, weshalb immer nur Aussagen mit einer gewissen Unsicherheit getroffen werden können und deshalb nie von exakten Werten, sondern von einer Ausfallwahrscheinlichkeit F(t) gesprochen wird.

Ein damit verbundener wichtiger Begriff ist die Überlebenswahrscheinlichkeit, also jene Wahrscheinlichkeit, dass das betrachtete Teil eine vorgegebene Zeit t überlebt. Die Überlebenswahrscheinlichkeit R(t) (reliability function or survivorship function) ist das Komplement zur Ausfallwahrscheinlichkeit:

$$R(t) = 1 - F(t)$$

Der Zusammenhang zwischen Ausfall- und Zuverlässigkeits- bzw. Überlebenswahrscheinlichkeitsfunktion lässt sich auch auf einfache Art grafisch darstellen (Bild 19.3).

Die jeweilige Steigung der Funktion stellt die Ausfalldichtefunktion $f(t) = dF(t)/dt$ dar. Die Ausfalldichtefunktion dividiert durch die Überlebenswahrscheinlichkeit R(t) ergibt die Ausfallrate. Dies ist die Wahrschein-lich-

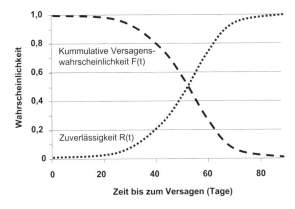

Bild 19.3 Ausfallwahrscheinlichkeit F(t) und Überlebenswahrscheinlichkeit R(t)

keit, dass eine bis zum Zeitpunkt t nicht ausgefallene Einheit im nachfolgenden Intervall [t, t+dt] ausfällt (Tabelle 19.1).

Tabelle 19.1 Zusammenfassung der wichtigsten Begriffe

Zuverlässigkeitsfunktion: Wahrscheinlichkeit der Ausfallfreiheit bis zum Zeitpunkt t	$0 \leq R(t) \leq 1$
Kumulative Verteilungsfunktion: Ausfallwahrscheinlichkeit vor dem Zeitpunkt t	$0 \leq F(t) \leq 1$
Wahrscheinlichkeitsdichtefunktion: Die „Form" der zeitlichen Fehlerverteilung als Funktion	$f(t) = \dfrac{dF(t)}{dt}$
Ausfallrate Bedingte oder momentane Ausfallrate	$\lambda(t) = \dfrac{f(t)}{R(t)} = \dfrac{f(t)}{1 - F(t)}$

■ „... erfüllt die ihm zugedachte Funktion ...“

Bei der Zuverlässigkeitsuntersuchung ist es von entscheidender Bedeutung, dass die erforderlichen Funktionen des Produktes und deren Toleranzen klar definiert sind. Das bedeutet, dass auch für jede Art von Zuverlässigkeitstest die Grenze zwischen Bestehen und Durchfallen eindeutig ableitbar sein muss. Eine vorhergehende Funktionsanalyse, wie sie etwa in einer FMEA erfolgt, ist daher unerlässlich.

■ „... für eine definierte Zeitdauer ...“

Die Festlegung der genauen relevanten Lebensdaueranforderungen – seien es die gesetzlichen Anforderungen (Gewährleistungszeit) oder aber auch die üblichen gebrauchsbezogenen Zeiten bzw. -zyklen (Laufzeiten, Umdrehungen, Einspritzvorgänge etc.) – ist erforderlich, um ein Optimum zwischen guter Zuverlässigkeit und minimalen Kosten zu ermöglichen.

■ „… unter festgelegten Anwendungsbedingungen …"

Was sind die Betriebs- und Umgebungsbedingungen, unter denen das Produkt arbeiten wird (Temperatur, Feuchte etc.)? Welche Medien (Ozon, Staub etc.) werden auftreten? Diese Parameter werden in der Taguchi Methode als Störgrößen (engl. „noise factors") bezeichnet, die systematische Auseinandersetzungen mit denselben auch als „Noise Factor Management". Die Gesamtheit dieser in der Verwendungsphase einwirkenden Störfaktoren führt zum sogenannten Einsatzprofil oder „Mission Profile" des Produktes. Eine vorab stattfindende genaue Analyse desselben ist ein wichtiger Schritt vor der Durchführung von Zuverlässigkeitstests. Nur wenn die tatsächlichen Belastungen entsprechend der vorgesehenen Verwendung vollständig und quantitativ erfasst und verstanden werden, können adäquate Zuverlässigkeitstests ausgewählt werden.

19.3.2 Testbeschleunigung, Testraffung

In vielen Fällen der Anwendung von Testläufen ist es aufgrund zu langer Laufzeiten (oft Monate oder Jahre) nicht wirtschaftlich möglich, Testbelastungen entsprechend der normalen Anwendung einzustellen. Aus dieser Aufgabenstellung heraus werden in der Regel Testbeschleunigungsverfahren eingesetzt, welche grundsätzlich immer auf zwei Basisalternativen (Bild 19.4) beruhen:

■ Auslassung („Omission"): Innerhalb von Belastungszyklen existieren häufig Unterschiede in der Intensität der Belastung, oftmals sogar binäre Zustände in der Art, dass eine Zyklushälfte das System belastet und die andere komplett belastungsfrei ist. Diese Umstände können dazu genutzt werden, die belastungsfreien Zykluszeiten in den Testläufen auszulassen und dadurch eine Raffung der Testläufe zu erhalten. Der Rückschluss vom Testergebnis zur Realität ist bei dieser Art der Testbeschleunigung relativ einfach.

■ Lasterhöhung: Diese Art der Testraffung basiert auf den Ausarbeitungen von Wöhler, welcher die Zusammenhänge zwischen der Höhe der Belastung und dem Ausfallverhalten untersuchte („Wöhler-Kurven"). Durch eine Lasterhöhung im Testlauf wird ein schnelleres Versagen erreicht,

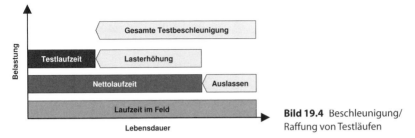

Bild 19.4 Beschleunigung/
Raffung von Testläufen

wenngleich der Rückschluss zur realen Situation weder trivial noch automatisch statistisch gesichert ist.

Für beide Verfahren der Testraffung müssen die Wirkzusammenhänge, Ausfallmechanismen und auftretenden Lastkollektive weitgehend bekannt sein, damit auch ein qualitätsvoller Schluss auf das reale Verhalten des Produktes im Einsatz gezogen werden kann.

Testbeschleunigung oder -raffung ist somit ein systematischer Ansatz, versteckte Fehlerarten durch die Beaufschlagung von höheren Belastungen als in normaler Anwendung in klar erkennbare Fehler umzuwandeln. Testbeschleunigung wird daher in der Entwicklungsphase eines Produktes eingesetzt, um ganz bewusst Fehler zu provozieren und durch die folgende Analyse der Versagensmechanismen eine Verbesserung der Konstruktion zu erreichen – das kann sowohl eine Steigerung der Leistungsgrenzen als auch eine Reduktion derselben für eine kostengünstigere Auslegung des Produktes sein.

In vielen Fällen wird dabei auch der sogenannte Beschleunigungsfaktor S ausgewiesen:

$$S = \frac{\text{Ausfallrate hohe Belastung}}{\text{Ausfallrate niedrige Belastung}}$$

Es werden somit die beiden Ausfallraten der jeweiligen Testläufe miteinander verglichen. Nachdem die Ausfallrate unter hoher Belastung größer sein sollte, ergibt sich ein Faktor größer als eins.

Praxistipp

In der Regel sollten die Ausfallraten für eine valide Aussage über 50 % liegen. Sollte das nicht der Fall sein, ist darauf zu achten, dass zumindest fünf oder mehr Ausfälle in jedem Testverfahren gemessen werden konnten.

Der Nachteil in der Anwendung dieses Faktors liegt darin begründet, einen Basisversuch mit geringer, anwendungsnaher Belastung durchführen zu müssen, wodurch wiederum das Problem der zu langen Laufzeiten und damit

Kosten auftritt. Es liegt daher nahe, nach Möglichkeit einen allgemeinen funktionellen Zusammenhang zwischen Belastung und Ausfallverhalten zu bestimmen.

Eine der ersten diesbezüglichen Anwendungen wurde vom schwedischen Physiker und Chemiker Arrhenius empirisch nachgewiesen, indem er chemische Prozesse unter variierender Temperaturbeaufschlagung untersuchte und dadurch einen Zusammenhang zum Beschleunigungsfaktor herstellte. Dieses Verhalten tritt auch bei elektronischen Komponenten unter Temperaturbelastung auf und wird daher zur Testauswertung dieser Bauteilgruppen angewandt:

$$\lambda(T) = e^{-\frac{qE}{KT}}$$

Dabei stellen die Variablen folgende Inhalte dar:

q = Elektronenladung (1 Elektronenvolt – 1 eV, $1,6 \cdot 10^{-19}$ V)

E = Aktivierungsenergie (eV)

K = Boltzmannkonstante ($1,38044 \cdot 10^{-23}$ K/J)

T = Temperatur (Kelvin)

Werden die Ausfallraten zweier Testläufe bei Temperatur T_1 bzw. T_2 über den Beschleunigungsfaktor S unter Verwendung oben stehender Gleichung in

$$S = \frac{\lambda(T_2)}{\lambda(T_1)}$$

Verbindung gebracht, dann ergibt sich folgende Formel:

$$S = e^{-(\frac{qE}{K})(\frac{1}{T_2}-\frac{1}{T_1})} = e^{11,605E(\frac{1}{T_2}-\frac{1}{T_1})}$$

Die Aktivierungsenergie E bestimmt somit die Steigung des Beschleunigungsfaktors mit der Temperatur, wobei bei kleiner Steigung ein Ausfallverhalten vorherrscht, welches nicht temperatursensibel reagiert (Bild 19.5). Es muss in Testläufen jeweils empirisch bestimmt werden.

19.3.3 Testverfahren für die Zuverlässigkeitsanalyse

In der praktischen Anwendung steht je nach Aufgabenstellung eine Vielzahl an unterschiedlichen Testverfahren für Zuverlässigkeitsanalysen zur Auswahl, welche in der Regel softwareunterstützt angewandt werden. Die wichtigsten Testverfahren sollen kurz angeführt werden:

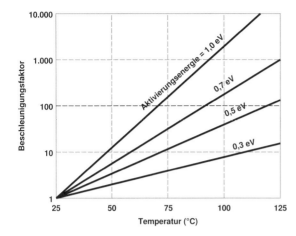

Bild 19.5 Beschleunigungsfaktor und Aktivierungsenergie basierend auf der Arrhenius-Gleichung

Reliability Growth Tests

Unter „Reliability Growth Tests" versteht man schnelle, iterative und informelle Tests während der Entwicklung, um die Zuverlässigkeit des Produktes zu erhöhen. Sie testen das System in einer simulierten Anwendungsumgebung, um Fehler durch unzulängliches Design oder ungeeignete Teile zu ermitteln. Die Hauptursachen der Fehler werden dabei systematisch analysiert, und es werden Korrekturmaßnahmen eingeleitet, die ein erneutes Auftreten des Fehlers verhindern.

HALT – Highly Accelerated Life Testing

HALT-Tests sind ebenfalls schnelle iterative Tests, um die Zuverlässigkeit der zu entwickelnden Produkte zu beurteilen und zu verbessern, wobei gestufte Belastungen auf das System einwirken. Die Ergebnisse werden mittels Korrelation und Regression mit Daten aus der „normalen" Betriebsbelastung verglichen, um schnell Fehlermöglichkeiten zu erkennen. Wie auch bei den Reliability Growth Tests werden die Hauptursachen ermittelt und Korrekturmaßnahmen eingeleitet.

ESS – Environmental Stress Screens (Umgebungsbelastungstests)

Diese Screenings detektieren unzuverlässige Produkte bzw. Teile am Ende des Herstellprozesses: Sie werden physischen und/oder klimatischen Belastungen (z. B. thermische Zyklustests und zufällige Vibration) ausgesetzt.

HASS – Highly Accelerated Stress Screens

Dies ist eine Weiterentwicklung des vorher genannten Tests: Bereits während der Produktion werden Komponenten und Baugruppen einer ständigen Belastung ausgesetzt. Beispielsweise werden Kombinationen von Vibrationen, Stößen, Ein-/Ausschalten und anderen Belastungen mit thermischen Faktoren angewandt.

QALT – Quantitative Accelerated Life Testing

QALT ist eine weitere Alternative zu Testverfahren unter normalen Anwendungsbedingungen und wird verwendet, um die Testzeit weiter zu reduzieren. Dabei wird während des Testlaufes das Belastungsniveau kontinuierlich angehoben, wodurch Fehler wesentlich schneller auftreten und dadurch Rückschlüsse auf Versagensmechanismen gezogen werden können. Die quantitative Auswertungsmöglichkeit – d. h. die Prognosefähigkeit der Ausfallzeit und -häufigkeit unter realen Anwendungsbedingungen – ist allerdings nur in sehr geringem Ausmaß gegeben.

Sudden Death Tests

Bei Sudden Death Tests werden Gruppen von Objekten belastet, bis mindestens ein Objekt in der Gruppe ausfällt. Nach dem ersten Ausfall wird der Test beendet und z. B. nach der Weibullverteilung ausgewertet.

Tests nach fester Dauer/Fehleranzahl

Dabei werden die entsprechenden Tests nach einem festen Zeitraum bzw. einer bestimmten Anzahl von Fehlern (Ausfall einiger Objekte, Zurücknahme anderer Objekte) beendet. Die dazugehörige Datenanalyse erfolgt über Parameterschätzung, Konfidenzintervalle und Wahrscheinlichkeitsanpassung.

Attributtests

Dies sind Auswertungen für die Klassifizierung von Objekten anhand qualitativer Merkmale. Die Datenanalyse erfolgt dabei über Binominal- oder Poisson-Verteilungen.

Sequenzielle Lebensdauertests

Sequenzielle Lebensdauertests erfolgen unter einer ständigen Beurteilung der Testergebnisse, um mit minimalem Testaufwand eine Go-/No-Go-Entscheidung fällen zu können. Die Zuverlässigkeit der Produkte wird auf der Basis von Stichproben überprüft. Der wesentliche Unterschied zu den bereits beschriebenen Tests besteht darin, dass das Ergebnis durch permanente Beobachtung und Auswertung des Produktverhaltens erhalten wird und nicht erst zum Zeitpunkt des Testendes. Insbesondere Verschleißaspekte können durch diese Testmethode adressiert werden.

Design of Experiments – Taguchi-Experimente

Bei dieser Testmethode werden Störgrößen (Noise Factors, während der Verwendung des Produktes immer wieder auftretende Einflüsse) gezielt variiert und wird deren Einfluss auf die Robustheit des Produktes getestet. Dabei werden die Wirkzusammenhänge in Form eines Metamodells ermittelt, Details dazu unter Kapitel 13 „Design of Experiments".

Grundsätzlich besteht immer der Zielkonflikt zwischen Beschleunigung der Tests und der Aussagekraft für normale Anwendungsbedingungen (Bild 19.6). Der Testingenieur muss daher immer eine klare Teststrategie vor Augen haben, welche direkt auf den Zuverlässigkeitszielen basiert.

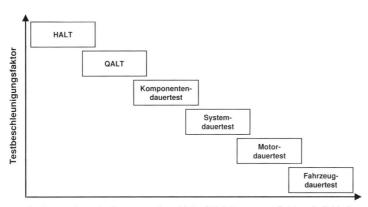

Bild 19.6 Typische Testmethoden der Automobilindustrie und deren Nähe zur realen Anwendung

19.3.4 Weibull-Theorie

Der schwedische Ingenieur W. Weibull entwickelte Anfang der 50er-Jahre unter ganz allgemeinen Voraussetzungen eine universelle Wahrscheinlichkeitsverteilungsfunktion:

$$F(t) = 1 - e^{-\left(\frac{t}{T}\right)^b}$$

- T = charakteristische Lebensdauer
- b = Formparameter
- t = Zeit

von der er zeigen konnte, dass sie in vielen Fällen eine gute Beschreibung der Eigenschaften von realen Objekten bei der Lebensdaueruntersuchung darstellt. Die charakteristische Lebensdauer T gibt dabei durch Einsetzen von t = T die Zeit an, bis zu der 63 % der Erzeugnisse einer Grundgesamtheit ausgefallen sind. Ausgangsbasis für eine Weibull-Auswertung sind meist Ausfallzeiten von Prüfobjekten, die jeweils bis zum Ausfall belastet worden sind – man spricht in diesem Fall von sogenannten EOL-Versuchen (End of Life). Anstelle der Zeit werden in der Praxis auch andere Lebensdauervariablen verwendet, wie z. B. die zurückgelegte Strecke, Kilometer-Fahrleistung, Anzahl von Lastwechseln, Biegebeanspruchungen, Schaltvorgängen, Arbeitszyklen oder Umdrehungen.

Unterteilt man die Zeitachse in gleich große Intervalle und trägt die Anzahl der Ausfälle in jedem Intervall gegen die Anzahl der zu Beginn des Intervalls noch intakten Erzeugnisse auf (empirisch ermittelte Ausfallquote), so kann sich eine Darstellung wie in Bild 19.7 ergeben.

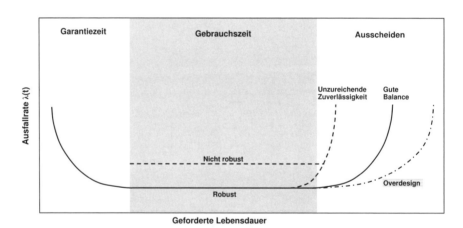

Bild 19.7 Typisches Ausfallverhalten in Form einer Badewannenkurve

Die Fehlerrate über die Gesamtlebenszeit eines Produktes oder Systems ist dabei nicht konstant, sondern zeigt zunächst eine hohe Ausfallwahrscheinlichkeit aufgrund von Sofortausfällen (Kinderkrankheiten), dann eine stabile, robuste Phase mit wenig Ausfällen, welche schlussendlich gegen Ende der Lebensdauer wiederum verschleißbedingt zunehmen. Aufgrund der sich daraus ergebenden spezifischen Form wird dieses Ausfallbild auch als sogenannte „Badewannenkurve" bezeichnet.

Ersichtlich wird hierbei auch der Ansatz von Reliability Engineering: Während innerhalb der Gewährleistungsphase auf eine sehr geringe Fehlerrate und eine stabile Gebrauchsphase geachtet werden sollte, muss auch darauf geachtet werden, dass danach keine in der Regel teure Übererfüllung der Anforderungen eintritt.

Die empirisch ermittelte Ausfallquote ist eine Schätzung der theoretischen Ausfallrate

$$\lambda(t) = \frac{f(t)}{R(t)} = \frac{f(t)}{1 - F(t)}$$

- λ = Ausfallrate
- $f(t)$ = Ausfalldichtefunktion
- $R(t)$ = Zuverlässigkeits- bzw. Überlebensfunktion

Die Badewannenkurve ergibt sich im Allgemeinen durch Überlagerung von drei typischen Ausfallarten und wird daher in folgende Bereiche unterteilt (Bild 19.8):

- Bereich fallender Ausfallrate: Frühausfälle (b < 1)
- Bereich konstanter Ausfallrate: Zufallsausfälle (b = 1)
- Bereich steigender Ausfallrate: Verschleißausfälle (b > 1)

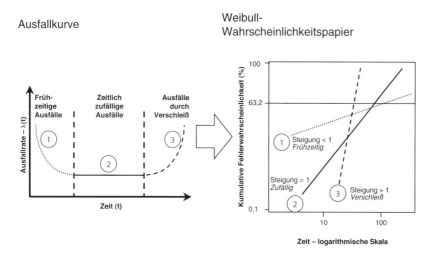

Bild 19.8 Weibull-Formparameter b und die Badewannenkurve

Im Bereich der zufälligen Ausfälle fällt innerhalb gleich großer Zeitabschnitte stets der gleiche Anteil der am Anfang jedes Zeitabschnittes noch intakten Erzeugnissen aus. Im Bereich der Verschleißausfälle nimmt die Ausfallwahrscheinlichkeit stetig zu, d. h. es wird immer wahrscheinlicher, dass ein bis dahin noch intaktes Erzeugnis innerhalb des folgenden Zeitabschnitts ausfällt.

Im Rahmen der Entwicklung wird versucht, die Zuverlässigkeit eines Produktes systematisch zu erhöhen, d. h. Frühausfälle möglichst zu vermeiden,

den Bereich der „Zufallsausfälle" (Nutzungszeitraum) zu verbreitern und den Beginn der Phase Verschleiß- und Alterungsausfälle so weit wie möglich hinauszuzögern. Im Rahmen entwicklungs- und fertigungsbegleitender Lebensdaueruntersuchungen wird das Ausfallverhalten von Produkten untersucht. Durch Auftragung gemessener Ausfallzeiten t_i von Erzeugnissen, Komponenten oder Bauteilen im sogenannten Weibull-Netz (Bild 19.9) können die Schätzwerte für die Parameter der Weibull-Verteilung bestimmt werden.

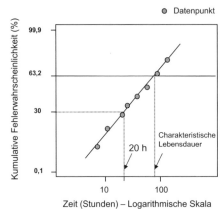

Bild 19.9 Weibull-Analyse im Weibull-Netz

Liegen die Ausfallzeiten t_i aller n in einem Versuch untersuchten Erzeugnisse (Bauteile) vor, so spricht man von einer vollständigen Stichprobe, wofür das Vorgehen zur grafischen Ermittlung von Schätzwerten der Parameter charakteristische Lebensdauer T und Ausfallsteilheit oder Formparameter b beschrieben werden soll:

■ Bestimmung der Summenhäufigkeiten H_j bei großem Stichprobenumfang n > 50:
Zunächst erfolgt eine Einteilung der gesamten Beobachtungszeit in Klassen (wie beim Histogramm). Durch Auszählen der absoluten Häufigkeiten n_i der auf die einzelnen Klassen entfallenden Ausfallzeiten können die Summenhäufigkeiten G_j nach der folgenden Formel berechnet werden:

$$G_j = \sum_{i=1}^{j} n_i$$

Die Berechnung der relativen Summenhäufigkeiten erfolgt durch:

$$H_j = \frac{G_j}{n} \times 100\%$$

■ Bestimmung der Summenhäufigkeiten H_j bei kleinem Stichprobenumfang $6 < n < 50$:
Die n Einzelwerte werden der Größe nach geordnet. Der kleinste Wert hat den Rang 1, der größte den Rang n. Die Berechnung der relativen Summenhäufigkeit H_j zu jeder Rangzahl j erfolgt mithilfe der Näherungsformel

$$H_j = \frac{j - 0{,}3}{n + 0{,}4}$$

■ Eintragung der ermittelten relativen Summenhäufigkeiten H_j über der logarithmisch geteilten Zeitachse (t-Achse):
Im ersten Fall erfolgt die Auftragung über die oberen Klassengrenzen (dabei entfällt die höchste Klasse), im zweiten Fall über die Einzelwerten t_i.
■ Zeichnen einer Ausgleichsgeraden durch die Punkte:
Liegen die eingezeichneten Punkte hinreichend gut auf der Ausgleichsgeraden, so kann man daraus schließen, dass sich die vorliegende Ausfallcharakteristik durch die Weibull-Verteilung recht gut beschreiben lässt. Andernfalls ist eine Bestimmung von T und b in der nachstehenden Weise nicht sinnvoll.
■ Fällt man das Lot vom Schnittpunkt der Ausgleichsgeraden mit der waagrechten 63,2 %-Linie auf die Zeitachse, so kann dort die charakteristische Lebensdauer T abgelesen werden. Optional kann beim Vorhandensein einer weiteren speziellen Skala der Formparameter b (die Ausfallsteilheit) durch Zeichnen einer Parallelen zur Ausgleichsgeraden durch den Mittelpunkt (1; 63,2 %) erfolgen.

Soll die ausfallfreie Zeit t_0 in den Versuchen mitberücksichtigt werden, dann kann eine Erweiterung der Weibull-Gleichung um diesen Parameter zur sogenannten dreiparametrigen Verteilung erfolgen:

$$F(t) = 1 - e^{-\left(\frac{t - t_0}{T - t_0}\right)^b}$$

■ T = charakteristische Lebensdauer
■ b = Formparameter
■ t = Zeit
■ t_0 = ausfallfreie Zeit

Zusammenfassend können die Vorteile der Weibull-Verteilung zur Darstellung des Ausfallverhaltens von Teilen wie folgt beschrieben werden:

■ Auswahl der optimalen Verteilung und Anpassen der Parameter durch die Daten selbst.
■ Anpassung an eine Vielzahl von Lebensdauerdaten möglich.
■ Funktioniert bei extrem kleinen Stichproben.

19.4   Vorgehensweise bei der Anwendung

Reliability Engineering besteht aus einer, wie bereits im Abschnitt 19.2 dargestellt, Vielzahl an Methoden und Techniken, welche über weite Bereiche des Produktentstehungsprozesses in Form von Hauptphasen Anwendung findet (Bild 19.10).

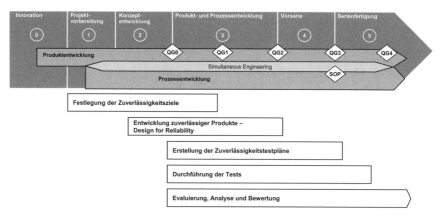

Bild 19.10 Hauptschritte im Reliability Engineering

19.4.1   Festlegung der Zuverlässigkeitsziele

Das Ziel dieser Phase ist eine klare und quantitative Festlegung der Zuverlässigkeitsanforderungen und -ziele für das Produkt bzw. dessen Anwendungsbedingungen. Das kann auf System-, oder Komponentenebene oder sogar auf einzelne Fehlerarten aus der FMEA bezogen erfolgen.

Die Bestimmung der tatsächlichen Anwendungsbedingungen ist ein wichtiger früher Schritt im Reliability Engineering und führt dazu, dass Entwickler genau wissen, welchen Belastungen das Produkt standhalten muss und welche Versagensmechanismen zu vermeiden sind.

Die Anwendungsbedingungen können in der Regel durch Analyse der Lastenhefte, Kundenbefragungen oder direkte Messung erfasst werden oder aber auch aus den Methoden Voice of the Customer bzw. QFD übernommen werden. Als nächster Schritt sollten aus den gesammelten Anforderungen klare Zuverlässigkeitsziele abgeleitet werden (Bild 19.11).

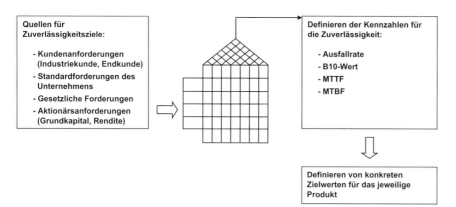

Bild 19.11 Der Weg von den Zuverlässigkeitsanforderungen zu den Zuverlässigkeitszielen

Zu beachten ist dabei, dass die Ziele dann auch maßgeblich die Art des zu wählenden Testverfahrens beeinflussen, daher gilt es, folgende Fragen möglichst klar zu beantworten:

- Wie funktioniert das System?
- Welche Mechanismen führen zum Versagen?
- Welche Fehlermöglichkeiten gibt es?
- Wie lange muss das System funktionieren?
- Wann erreicht das System seine Betriebsgrenzen?

Zuverlässigkeitsziele müssen durch geeignete Kennzahlen präzisiert und messbar gemacht werden; die wichtigsten sollen nun vorgestellt werden.

Ausfallrate

Eine Kenngröße ist die bereits erwähnte bedingte oder momentane Ausfallrate eines Objekts λ unter der Voraussetzung der Ausfallfreiheit bis zum Zeitpunkt t:

$$\lambda(t) = \frac{f(t)}{R(t)} = \frac{f(t)}{1 - F(t)}$$

wobei R(t) die Zuverlässigkeitsfunktion bzw. F(t) die Versagensfunktion darstellt und f(t) die Wahrscheinlichkeitsdichtefunktion.

Die Ausfallrate beschreibt also das zu einem beliebigen Zeitpunkt innerhalb der Test- oder Lebensphase auftretende Ausfallverhalten.

B10-Wert

Der B10-Wert bringt jenen Zeitpunkt zum Ausdruck, an welchem nur mehr 90 % der untersuchten Teile funktionsfähig sind, d. h. 10 % ausgefallen sind. Allgemein formuliert bezeichnet Bx die Lebensdauer, bis zu der der Anteil x der Erzeugnisse einer Grundgesamtheit ausgefallen ist. Übliche Werte für x sind 10 %, 2 % oder 1 %. Mathematisch ausgedrückt ist Bx das x %-Quantil der Ausfallwahrscheinlichkeitsverteilung.

MTTF

MTTF steht für „Mean Time To Failure" und bezeichnet die mittlere Zeit bis zum Ausfall und wird auch als mittlere Lebensdauer bezeichnet.

$$MTTF = \frac{1}{r} \sum_{i=1}^{n} t_i$$

Dabei ist t_i die Gesamtbetriebszeit des Produktes, r die Anzahl der Ausfälle und n die Anzahl der Einheiten. Eine empirische Schätzung von MTTF erhält man, indem man die Gesamttestzeit aller Prüfobjekte aufsummiert und die Summe durch die Anzahl der ausgefallenen Prüflinge dividiert.

MTBF

Eine MTTF verwandte Kennzahl ist MTBF (Mean Time Between Failure) und bezeichnet die mittlere ausfallfreie Arbeitszeit von instandsetzbaren Einheiten mit konstanter Ausfallrate. In Normen wird MTBF gelegentlich auch als mittlerer Ausfallabstand bezeichnet, d. h. als Mittelwert der Zeiten (einschließlich der Reparaturzeit) zwischen zwei Ausfällen.

19.4.2 Design for Reliability

In dieser Phase werden vor allem die zuverlässigkeitsorientierten Entwicklungsregeln definiert und wichtige Technologieentscheidungen getroffen. So hat jede Technologie ihre Stärken und Schwächen, welche nur durch einen hohen Kenntnisstand der Wirkzusammenhänge und damit verbundenen Versagensmechanismen innerhalb des Produktes/Systems erkannt werden können.

In der Anwendung von beschleunigten Testverfahren ist es das Ziel, Fehler zu provozieren, um daraus Erkenntnisse abzuleiten. Im Design for Reliability ist die Zielsetzung eine andere: Durch geschickte Maßnahmen sind entweder die auftretenden Belastungen für die Komponenten und Bauteile zu minimieren oder die Belastungsreserven zu erhöhen. Abhängig vom jeweils betrachteten Bauteil/Produkt werden unterschiedliche Belastungsarten von

Bedeutung sein. So ist etwa für elektronische Bauteile die Temperatur ein kritischer Faktor, für andere wiederum sind es z. B. chemische (Salzlösungen etc.), elektrische (Spannungen etc.) oder mechanische (Vibration, Schläge etc.) Faktoren. Diese treten oftmals nicht nur in der Anwendung des Produktes auf, sondern auch in der Herstellungs- und Transportphase. Wichtig ist, dass durch geeignete Methoden (z. B. DRBFM – Kapitel 8, FMEA – Kapitel 9) Zuverlässigkeitsüberlegungen in der Designphase mit einfließen, indem die relevanten Zuverlässigkeitsrisiken identifiziert, priorisiert und minimiert werden. Um die getroffenen Vorbeugemaßnahmen zu verifizieren, erfolgt als nächster Schritt die Erstellung eines Testplans.

19.4.3 Erstellung von Zuverlässigkeitstestplänen

Für die Erstellung eines Testplans sollen möglichst umfassende Informationen eingeholt und analysiert werden (Bild 19.12). Zum einen werden Daten und Erkenntnisse über Fehlermöglichkeiten und Risikopotenzialen aus einer Designanalyse mittels anderer DFSS-Methoden – wie etwa DRBFM und FMEA – mit aufgenommen. Dabei werden aus Effizienzgründen nur solche Aspekte übernommen, die eine eindeutige Zuverlässigkeitsrelevanz aufweisen.

Die Erkenntnisse aus der systematischen Auseinandersetzung mit den Störfaktoren fließen unter anderem über die Größe der Störfaktoren und der sich daraus ergebenden Lastkollektive ebenfalls mit ein. Auch müssen mögliche Fehlverwendungen durch den Anwender in Betracht gezogen werden. Schlussendlich müssen noch alle formalen Anforderungen wie etwa gesetzliche Rahmenbedingungen oder Geschäftsvorgaben aufgenommen und in einen Testplan bzw. in ein Testprogramm umgesetzt werden. Dabei sollten sowohl ausgewiesene Produktexperten, Testingenieure als auch externe Experten in die Erstellung eingebunden werden. Somit ist diese Phase in der Zuverlässigkeitsoptimierung jedenfalls als funktionsübergreifendes Vorgehen einzusteuern.

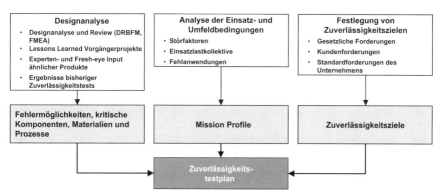

Bild 19.12 Informationsquellen für die Erstellung eines fähigen Testplans

Schwerpunktsetzung je nach Zuverlässigkeitsphase

Bild 19.13 zeigt eine mögliche Schwerpunktsetzung bei der Auswahl von Tests und Maßnahmen je nach Zuverlässigkeitsphase.

In der frühen Ausfallphase werden in der Regel durch klassische oder beschleunigte Stresstests sofortige Ausfallgründe analysiert, deren Ursachen

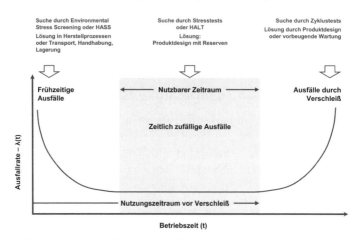

Bild 19.13 Mögliche Schwerpunktsetzung von Testplänen

meist in den Herstellungsprozessen, in der Lagerung, im Transportverhalten oder in der Handhabung liegen. In dieser Phase werden Environmental Stress Screening (ESS) oder Highly Accelerated Stress Screening (HASS) als Testmethoden eingesetzt. Eine Verringerung der Ausfallrate wird oftmals durch die Elimination von Prozessanomalien in der Herstellung (nicht fähige, nicht beherrschte Prozesse) erreicht.

In der stabilen Dauerzone hingegen werden neben Belastungstests aufgrund der meist zu langen Testläufe auch sogenannte HALT-Methoden (Highly Accelerated Life Testing) – also stark beschleunigte Testmethoden – zur Anwendung gebracht. Einige Komponenten (Teile) weisen in dieser Phase unter Umständen nicht genügend Belastungsreserven auf. Die Belastbarkeitsgrenze ist nicht wesentlich größer als die im Anwendungsfall auftretende normal zeitlich schwankende Belastung, wodurch Fehler durch eine plötzliche zufällige Belastung oberhalb der Belastbarkeitsgrenze auftreten. Maßnahmen dagegen sind die Ermittlung derartiger Designschwächen während der Produktentwicklung durch Belastungstests, Identifizieren der Hauptursachen und daraus abgeleitet konstruktive Verbesserungsmaßnahmen. Auch die Verringerung der Teileschwankungen durch Verbesserung des Herstellprozesses oder die Reduktion von Belastungen (z.B. verbesserte Kühlung) sind Verbesserungsansätze.

Schlussendlich werden in der Verschleißphase des Lebenszyklus auch sogenannte Zyklustests angewandt, welche Potenziale in Richtung konstruktiver
Auslegungen und eventuell vorbeugender Wartungsaktivitäten aufzeigen. In
dieser Verschleißphase tritt eine Anhäufung von Belastungen (Betrieb oder
Umgebung) auf bzw. es führt zum Verbrauch von „Reservematerial" (Risse,
Splitter, Korrosion, Erosion, Ermüdung usw.). Bei chemischen Geräten beispielsweise kommt es am Lebensende zu Verschleißerscheinungen, weil die
chemischen Reaktionen erschöpft sind. Batterien können die Ladung nicht
mehr halten, Schmieröle wirken nicht mehr, Arzneimittel verlieren ihre Wirksamkeit. Maßnahmen gegen diese Mechanismen können ein Vergrößern der
Reserve oder Verlangsamen des Verschleißprozesses durch Designänderungen bzw. ein Erneuern der Reserven durch vorbeugende Wartung sein.
Ein Kompromiss zwischen den Kosten einer vorbeugenden Wartung und den
Kosten einer Designänderung muss daher gefunden werden.

Anwendung von gerafften Tests

Werden geraffte Tests angewandt, so kann nach folgenden Schritten vorge-
gangen werden:

- Bestimmen von Objekt und Fehlermöglichkeit für den Test: Der Auswahl
  der richtigen Partitionierung, also der richtigen Ebene des Produktes bzw.
  Systems, kommt eine wichtige Einstiegsfunktion zu. Es ist für die Auswahl und Durchführung des Testverfahrens durchaus ein Unterschied, ob
  etwa auf Teile-, Komponenten- oder Gesamtproduktebene die Zuverlässigkeit optimiert werden soll. Das liegt zumeist darin begründet, dass die
  damit korrespondierende Entwicklungszeit und die Fehlermöglichkeiten des jeweiligen Systems oder aber auch das Testbudget massiv unterschiedlich sein können.
- Bestimmen der Belastungsfaktoren: Welche Last auf das Produkt im Einsatz wirken kann, muss zu diesem Zeitpunkt durch das Mission Profile
  bereits grundsätzlich feststehen (Temperatur, Vibration, Feuchtigkeit
  usw.). Je nachdem, welche Partitionierung gewählt wurde, kann nur ein
  bestimmter Teil der externen Lasten auf das Element wirken oder aber
  gerade hier überdurchschnittlich einwirken. Diese Festlegung kann erst
  nach dem obigen, ersten Schritt detailliert erfolgen.
- Auswählen der Belastungsstufen: Durch die Informationen aus den ersten
  beiden Punkten kann nun ein spezifisches Belastungsportfolio erstellt
  werden. Darunter wird eine umfassende Aufstellung von Belastungsfaktoren verstanden, die sich für beschleunigte Testverfahren eignen bzw.
  schon erfolgreich angewandt wurden. Jede Belastungsart ist in der Lage,
  eine oder mehrere Fehlerarten auszulösen, wohingegen auch Fehlerarten
  existieren, welche nur durch eine Kombination zweier oder mehrerer
  Belastungsarten auftreten. Es ist daher neben der konkreten Festlegung

der Belastungsstufen – kontinuierlich, steigend, pulsierend etc. – auch zu bestimmen, ob die Belastung sequenziell oder parallel erfolgen soll.

■ Ermitteln der erforderlichen Stichproben für die beschleunigten Belastungen: Aufgrund der statistischen Streuung von Produkteigenschaften bzw. des Testverfahrens und damit auch des Auftretens von Fehlern in Testläufen ist es erforderlich, statistisch gesicherte Testresultate durch eine ausreichende Stichprobenmenge (Anzahl der Testläufe) zu gewährleisten. Basierend auf der Binominalverteilung kann ein Zusammenhang zwischen der tatsächlichen Defektrate und der Wahrscheinlichkeit, einen Fehler zu entdecken, unter bestimmten Stichprobenumfängen hergestellt werden (Bild 19.14).

Praxistipp

In der praktischen Anwendung haben sich allgemeine „Faustregeln" für die Stichprobenumfänge je nach Verteilungstyp und Partitionierung herauskristallisiert:

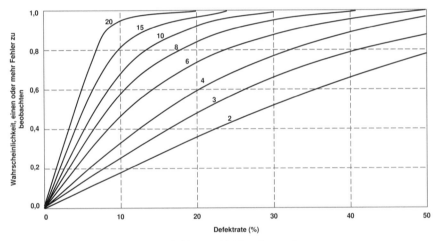

Bild 19.14 Beobachtungswahrscheinlichkeit und Stichprobenumfang

■ Für normal verteilte Daten: n > 30
■ Für Weibull-Verteilung: n > 7
■ Für einzelne Komponenten: 10 < n < mehrere 100
■ Für Subsysteme: einige wenige bis 30
■ Für vollständige Systeme: n < 10

Praxistipp

Bei der Definition des Testplans selbst sollten zumindest folgende Punkte berücksichtigt werden:

- Erforderliche Daten: Welche Ergebnisse werden benötigt? Wie sollen diese aufbereitet sein, um für die Entwicklung optimalen Erkenntnisgewinn zu garantieren?
- Testparameter: Belastung, Belastungsstufen, Umgebungsbedingungen, Testdauer?
- Analyseplan: Berechnungsverfahren, Konfidenzbereiche, Ursachenanalysen?
- Stichprobenerfassungsplan: Wie viele und welche Stichproben?
- Testdurchführung: Datenaufnahme, Entscheidungskriterien, Eichung?
- Testverfahren: Welche Art von Test soll angewandt werden? Erfolgt eine Raffung? Welche Wirkzusammenhänge sind schon bekannt bzw. werden vermutet?

19.4.4 Durchführung von Zuverlässigkeitstests

Validierung des Testsystems

Weder alle nach einem Testlauf erkannten Fehler müssen unbedingt von einem tatsächlich fehlerhaften Teil ausgelöst worden sein, noch sind alle als fehlerfrei erkannten Teile unbedingt tatsächlich bedenkenlos. Der Grund dafür kann in einem fehlerhaften Testsystem liegen, welches zum einen selbst Fehler verursachend wirkt bzw. zum anderen Fehler nicht erkennt. Daher muss das Testsystem vor den eigentlichen Testläufen auf dessen Validität untersucht werden. Eine häufige Methode besteht darin, mit einigen wenigen Testteilen alle vermuteten Hauptfehlerarten gezielt abzubilden und die Sensitivität der Testmethode darauf zu überprüfen.

Charakterisierung der Testprobe

Um Schwachstellen im Design sauber zu entdecken, sollte jede Belastungsart in kleine Schritte eingeteilt werden und nicht nur z. B. auf einer hohen und niederen Stufe. Dadurch ist man in der Auswertungsphase wesentlich klarer in der Aussage, in welcher Art eine Verbesserung des Designs erforderlich ist.

19.4.5   Evaluierung, Analyse und Bewertung

Durchführung der Fehlerauswertung und Ursachengrobanalyse

Die meisten auftretenden Fehler sind wahrscheinlich auf Schwachstellen in der Konstruktion oder in der Fertigung zurückzuführen, wenngleich, wie oben beschrieben, das Testsystem selbst Fehler auslösen kann. Wenn möglich sind diese Unschärfen zu eliminieren und die jeweiligen Testläufe zu wiederholen.

In der Regel werden dann die Testresultate in Form von grafischen Auswertungen, z. B. Histogrammen oder Box-Plots aufbereitet. Diese visuelle Analyse der Ergebnisse kann bereits wichtige Informationen liefern, wenngleich dadurch noch keine Prognose auf die Realität getroffen werden kann. Aus diesem Grund werden Lebensdauerwahrscheinlichkeitsfunktionen verwendet, mit welchen man Schlüsse auf das reale Zuverlässigkeitsverhalten ziehen kann.

Das richtige Finden und Anpassen der Lebensdauerwahrscheinlichkeitsfunktion kann zum einen wiederum grafisch z. B. über ein Histogramm erfolgen. Diese sehr ungenaue und mathematisch nicht gültige Vorgehensweise wird daher höchstens für eine schnelle Vorselektion angewandt. In der Regel werden dazu viel eher Wahrscheinlichkeitsnetze und die damit verbundene Statistik (Goodness-of-Fit-Testverfahren, Kapitel 10) herangezogen (Bild 19.15).

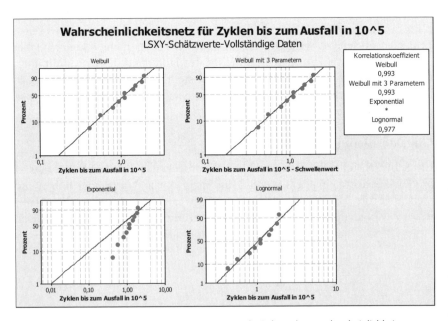

Bild 19.15 Wahrscheinlichkeitsnetz zur Bestimmung der Lebensdauerwahrscheinlichkeitsfunktion

Dabei werden die erhaltenen Testwerte in ein logarithmisch skaliertes Diagramm eingetragen, wo auf der Abszisse die Belastungsdauer (z. B. in Stunden oder Zyklen) und auf der Ordinate das kumulierte Auftreten aufgetragen sind. Die vorgeschlagene Verteilungsfunktion erscheint damit als Gerade, auf welche nun eine Korrelationsrechnung angewandt wird. Dadurch ergeben sich Regressionskoeffizienten, die die Passgenauigkeit der jeweiligen Verteilungsfunktion beschreiben (Kapitel statistische Tests).

Häufig verwendete Wahrscheinlichkeitsverteilungen sind dabei:

- Exponentialverteilung,
- Weibull-Verteilung (zwei- und dreiparametrig),
- Lognormalverteilung,
- Normalverteilung.

Wurden beschleunigte Testverfahren angewandt, ist noch auf die realen Umweltbedingungen des Produktes – Lebensdauermodell – rückzurechnen. Dieser nicht triviale Schritt erfolgt oft gemäß der in Abschnitt 19.3.2 beschriebenen Arrhenius-Gleichung.

Einleitung von Verbesserungsmaßnahmen

Wenn Fehler und deren wahrscheinliche Grundursachen identifiziert worden sind, müssen diese einer konsequenten Weiterverfolgung unterzogen werden. Dazu bieten sich zahlreiche DFSS-Methoden an. Vor allem die beiden wichtigsten Risikobewertungs- und -eliminierungsmethoden – FMEA und DRBFM – seien hier angeführt. In beiden Fällen finden sich Vorgehensweisen, wie auf erkannte Schwachstellen reagiert werden soll und wie diese in einen Maßnahmenverfolgungsplan des Projektleiters einfließen. Wichtig hierbei ist, dass die Ergebnisse aus der Zuverlässigkeitsuntersuchung zeitnah in die FMEA bzw. DRBFM einfließen (kurze, schnelle Regelkreise).

19.5 Zusammenfassung und Erfolgsfaktoren

Das Thema Zuverlässigkeitsanalysen ist ein sehr umfassendes Gebiet innerhalb der DFSS-Methodik. Zum einen ist die Identifikation von Schadens- oder Versagensmechanismen oft sehr schwierig, da tief gehende Kenntnisse über die Wirkzusammenhänge innerhalb des Systems vorhanden sein müssen. Zum anderen ist aber auch die Thematik der Anwendung von Testverfahren ein sehr schwieriges, da oftmals mit größerer statistischer Ungenauigkeit gearbeitet werden muss, um die Versuchszeit und die Probenmenge noch kostenoptimal abbilden zu können.

Drei wichtige Aussagen beschreiben dabei das Vorgehen von erfolgreichen Unternehmen:

- Zuverlässigkeit muss in die Produkte und Prozesse nach den besten zur Verfügung stehenden wissenschaftlichen Methoden „hineinkonstruiert" werden.
- Zu wissen, wie man Zuverlässigkeit berechnet, ist sehr wichtig, noch wichtiger ist allerdings zu wissen, wie man Zuverlässigkeit erreicht.
- Zuverlässigkeitsthemen müssen schon mit der Erfassung von Kundenanforderungen in den Entwicklungsprozess Einzug halten und die weiteren Entwicklungsschritte kontinuierlich begleiten.

19.6   Verwendete Literatur

Breyfogle, F. W.: Implementing Six Sigma, John Wiley & Sons, 1999

Bosch: Begriffe und Verfahren der Zuverlässigkeitstechnik, Heft Nr. 13, Robert Bosch GmbH, C/QMM, Ausgabe 10/1996

Ireson, W. G. et al.: Handbook of Reliability Engineering and Management, McGraw Hill , 2nd Edition, 1996

Yank, K./El-Haik, B.: Design for Six Sigma: a roadmap for product development, McGraw-Hill, 2003

20 Umsetzung von DFSS im Unternehmen

20.1 Strategische Gesichtspunkte

Der erfolgreiche Einsatz von DFSS als Grundlage für systematische Entwicklungsarbeit ist von zahlreichen Faktoren abhängig. Hierzu gehören nicht nur Größe und Struktur des Unternehmens, sondern auch dessen internationale Verflechtung, die bearbeiteten Geschäftsfelder, die eingesetzten Technologien, der Stellenwert der Entwicklung im Rahmen der Geschäftstätigkeit, die laufenden Verbesserungsinitiativen, die Erfahrungen mit Six Sigma und nicht zuletzt die Geschichte und die strategische Ausrichtung des Unternehmens. All dies kann zu individuell sehr unterschiedlichen Ausprägungen von DFSS führen. Ein allgemeingültiges Patentrezept für die Umsetzung von DFSS kann es daher nicht geben. Die Umsetzung muss sich vielmehr an den Unternehmenszielen, der gegebenen Situation und dem daraus sich ergebenden Handlungsbedarf orientieren.

Die meisten Unternehmen überlassen ihre Arbeitsabläufe nicht dem Zufall, sondern regeln sie durch Handbücher, Vorschriften und mehr oder weniger ausführliche Prozessbeschreibungen. Diese Standards orientieren sich einerseits am Stand der Technik, andererseits sind sie von Unternehmenskultur und handelnden Personen geprägt. Je größer das Unternehmen, desto größer das Bedürfnis nach Einheitlichkeit – im Interesse der Transparenz und der Querdurchlässigkeit für Personal und Führungskräfte. Je vielfältiger die Vorgehensweisen, desto schwieriger die Vereinheitlichung, denn alle Beteiligten müssen teils vertraute Gewohnheiten aufgeben, teils neue Regeln akzeptieren.

Solche Veränderungen brauchen viel Zeit. Das Auftauchen scheinbar neuer Methoden und neuer Begriffe verunsichert und überfordert viele Mitarbeiter vor allem dann, wenn das Unternehmen zeitgleich weitere Verbesserungsinitiativen verfolgt. Die daraus entstehende Abwehrhaltung steht der erfolgreichen Einführung neuer Vorgehensweisen entgegen. Hier gilt es den unterschwelligen Ängsten durch überzeugende Begründung der beabsichtigten Veränderungen zu begegnen. Eine Darstellung der Verwandtschaft mit bisherigen, oft bewährten Vorgehensweisen kann dazu beitragen, Akzeptanz zu finden. Hilfreich ist auch, wenn es gelingt, die Einführung von DFSS mit früher schon begonnenen Verbesserungsinitiativen zu bündeln und die neuen Elemente als Bestandteil dieser Initiativen darzustellen.

Einführung und Ausübung der DFSS-Methodik hängen entscheidend davon ab, mit welcher Priorität sie durch die Unternehmenshierarchie von oben nach unten eingefordert und gefördert werden. Selbst wenn auf der Arbeits-

ebene Einsicht und Umsetzungswille nicht fehlen, ist das Vorhaben zum
Scheitern verurteilt, sofern der Auftrag zur Umsetzung nicht unmissverständ-
lich formuliert und erkennbar konsequent verfolgt wird. Hilfreich ist zumindest anfangs, im Rahmen der bei vielen Unternehmen üblichen Zielentfal-
tung entsprechende Ziele zu vereinbaren. Erst wenn die Missachtung des
Umsetzungsauftrages spürbare Konsequenzen nach sich zieht, wird das Vorhaben auf allen Ebenen ausreichende Beachtung finden.

Es ist sehr vorteilhaft, der Entwicklungsorganisation frühzeitig erfolgreiche
Beispiele zu präsentieren, die sich zur Nachahmung empfehlen. Besonders
geeignet dafür sind strategisch wichtige Entwicklungsprojekte, die ohnehin
unter aufmerksamer Beobachtung stehen. Als Erfolg ist zu werten, wenn die
neuen Erzeugnisse unter Einhaltung der Zielkosten und der Zielqualität ter-
mingerecht in Serie gehen. Leider werden aber gerade die strategisch wichtigen Projekte besonders sorgfältig gegen methodische Neuerungen abge-
schirmt. Hier ist viel Überzeugungsarbeit zu leisten.

Seit Jahrzehnten besteht Einigkeit darüber, dass erhöhter Ressourceneinsatz
am Beginn eines Projektes (Frontloading) durch Fehlervermeidung zu insgesamt geringerem Ressourcenverbrauch und zu kürzerer Entwicklungs-
dauer führen muss. Ebenso lange wird jedoch die Umsetzbarkeit in Zweifel
gezogen, da ja die anfangs erforderlichen Ressourcen regelmäßig deshalb
nicht verfügbar sind, weil sie für die Fehlerbehebung in vorausgegangenen
Projekten eingesetzt werden müssen. Dieser Teufelskreis ist nur zu durchbre-
chen, wenn man zunächst bei einigen wenigen ausgewählten Projekten endlich mit der Umsetzung beginnt. Dies eröffnet zumindest die Chance, bisher
unerkannte oder unterschätzte Risiken zu entdecken und angemessen darauf
zu reagieren.

Die zuvor genannten Gesichtspunkte legen nahe, die Umsetzung von DFSS
nicht etwa beiläufig zu betreiben, sondern als hochrangiges Veränderungs-
projekt anzulegen – unter Beachtung aller Regeln des klassischen Change
Management. Angesehene Promotoren auf allen Ebenen müssen den Prozess
von Anfang an begleiten. Dabei hilft ein sorgfältig abgestimmtes Kommunikationskonzept, die Organisation umfassend und angemessen über Beweg-
gründe, Inhalte und Vorgehensweisen zu informieren. Ein Schulungskonzept
muss sicherstellen, dass detailliertes Fachwissen vermittelt und fehlende
Kompetenzen aufgebaut werden. Nicht ratsam ist, einen in allen Einzelheiten
ausgearbeiteten Plan einfach umzusetzen. Dagegen ist es empfehlenswert,
die betroffenen Bereiche an der Gestaltung zu beteiligen und sogar bereichsspezifische Ausprägungen der DFSS-Methodik zu erlauben. Dies fördert eine
konstruktive Auseinandersetzung mit den neuen Elementen und ermöglicht,
wo sinnvoll, die Fortführung bewährter Vorgehensweisen.

20.2 Umsetzung von DFSS am Beispiel Bosch

20.2.1 Rahmenbedingungen

Die Bosch-Gruppe ist ein international tätiges Technologie- und Dienstleistungsunternehmen, das die Robert Bosch GmbH und ihre mehr als 300 Tochter- und Regionalgesellschaften in rund 50 Ländern umfasst. In den Unternehmensbereichen Kraftfahrzeug- und Industrietechnik sowie Gebrauchsgüter und Gebäudetechnik erwirtschafteten rund 271.000 Mitarbeiter im Geschäftsjahr 2007 einen Umsatz von 46,3 Milliarden Euro. Die gesellschaftsrechtliche Struktur der Robert Bosch GmbH, deren Kapitalanteile zu 92 % bei der gemeinnützigen Robert Bosch Stiftung GmbH liegen, sichert die unternehmerische Selbständigkeit der Bosch-Gruppe. Sie ermöglicht dem Unternehmen, langfristig zu planen und in bedeutende Vorleistungen für die Zukunft zu investieren (Bild 20.1).

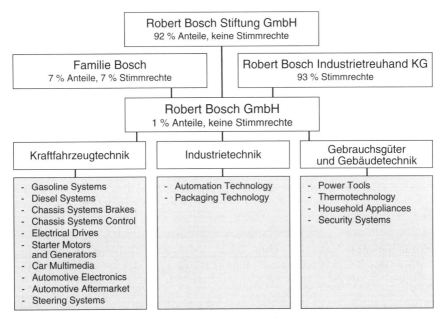

Bild 20.1 Unternehmensstruktur, Unternehmens- und Geschäftsbereiche der Robert Bosch GmbH

Das 1886 in Stuttgart gegründete Unternehmen beschäftigte 2007 in Forschung und Entwicklung weltweit rund 30.000 Mitarbeiter, die bei ihrer Tätigkeit unternehmensweit verbindlichen Standards und Prozessen folgen. Der Unternehmensgründer Robert Bosch schrieb 1919 in der Firmenzeitschrift *Bosch-Zünder*:

„Es war mir immer ein unerträglicher Gedanke, es könne jemand bei Prüfung eines meiner Erzeugnisse nachweisen, dass ich irgendwie Minderwertiges leiste. Deshalb habe ich stets versucht, nur Arbeit hinauszugeben, die jeder sachlichen Prüfung standhielt, also sozusagen vom Besten das Beste war."

Diese Aussage hat die Unternehmenskultur und den Qualitätsanspruch der Bosch-Gruppe nachhaltig geprägt. Sie ist gewissermaßen der Ausgangspunkt für die zuerst in den Fertigungswerken verfolgte Null-Fehler-Strategie. Die Notwendigkeit, diese auch in der Produktentwicklung anzuwenden, wurde erst später erkannt.

Seit 2001 wird Six Sigma vom zentralen Qualitätsmanagement zur Anwendung empfohlen, jedoch nur in wenigen Bereichen mit meist untergeordneter Priorität umgesetzt. Bosch ist demnach kein Six-Sigma-Unternehmen, welches diese Methodik systematisch und konsequent zur Problemlösung und zur Verbesserung von Geschäftsprozessen einsetzt. Die zunehmende Komplexität von Produkten und Prozessen jedoch, die immer strengeren gesetzlichen Auflagen, die steigenden Ansprüche von Industrie- und Endkunden und schließlich die Notwendigkeit, qualitätssichernde Maßnahmen in der gesamten Lieferkette anzuwenden, stellen eine ständig wachsende Herausforderung dar und verlangen eine wirksame methodische Unterstützung der Entwicklungsarbeit.

20.2.2 Die Rolle von DFSS in der Produktentwicklung

Innovative Produktentwicklung ist bei Bosch als technikgetriebenem Unternehmen seit jeher ein wesentlicher Bestandteil der Geschäftstätigkeit. Die damit verbundenen Aktivitäten bilden das Bosch Product Engineering System (BES), welches Teil eines übergeordneten Geschäftsmodells, nämlich des Bosch Business System ist (Bild 20.2). Dieses enthält neben weiteren Elementen das Bosch Production System (BPS) und das Bosch Sales and Marketing System (BSS).

Kern des Bosch Product Engineering System ist der Baustein Product Engineering, der geeignete Vorgehensweisen und Methoden in Produkt- und Prozessentwicklung nicht nur beschreibt und weiterentwickelt, sondern durch Umsetzungsprojekte im Unternehmen verbreitet und fördert. Im Mittelpunkt steht das Ziel, ein umfassendes und tief gehendes Produktwissen zu erarbeiten und aus dem Verständnis der wesentlichen Zusammenhänge heraus eine hohe Produktqualität zu erreichen. In diesem Rahmen wird DFSS als methodische Unterstützung des Product Engineering an die Bedürfnisse des Unternehmens angepasst und umgesetzt.

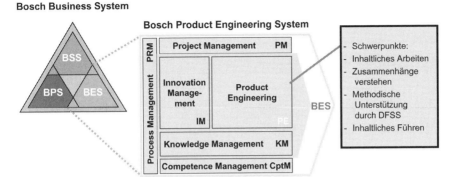

Bild 20.2 Product Engineering im Bosch Business System

20.2.3 Einzelheiten der Umsetzung von DFSS bei Bosch

Der hohe Stellenwert der Qualitätsarbeit zeigt sich bei Bosch in einem umfassenden System von Richtlinien, Verfahrensanweisungen und Handbüchern, in denen selbstverständlich auch nationale und internationale Normen berücksichtigt sind. Alle wichtigen Qualitätsmethoden sind in einer umfangreichen Schriftenreihe beschrieben. In diesem Umfeld kann DFSS nicht als völlig neue Methodik eingeführt, sondern muss sinnvoll in das bestehende System integriert werden. Dabei sind vor allem folgende Gesichtspunkte zu berücksichtigen:

- richtige Auswahl und Anwendung der einzelnen Methoden,
- Verzahnung mit dem Entwicklungsprozess,
- Schulung und Kompetenzentwicklung.

Methodenauswahl

Nach einer Bestandsaufnahme der im Unternehmen bekannten und praktizierten Methoden wurden diese darauf untersucht, welchen Nutzen sie für die jeweilige Entwicklungsaufgabe bringen, welche Überschneidungen zwischen diesen Methoden bestehen und ob sie gemeinsam den gesamten Entwicklungsprozess unterstützen. Die daraus folgende Auswahl wurde angesichts der Produktvielfalt der Bosch-Gruppe auf die allgemein anwendbaren, produktunabhängigen Methoden begrenzt. Sie entspricht dem im vorliegenden Buch behandelten Methodenspektrum (Bild 20.3).

Verzahnung mit dem Entwicklungsprozess

Entwicklungsprojekte haben bei Bosch einen durch verbindlich vorgeschriebene Qualitätstore bestimmten Ablauf, der als Produktentstehungsprozess (PEP) beschrieben ist. Dieser kann im Detail durchaus bereichsspezifische

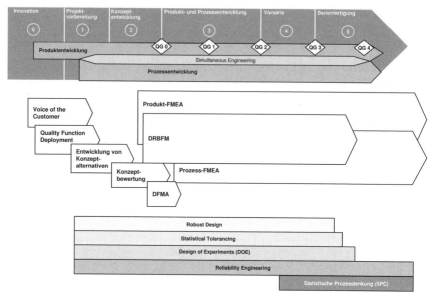

Bild 20.3 DFSS-Methoden und Produktentstehungsprozess bei Bosch

Ausprägungen aufweisen, hat aber im Grundsatz immer die gleiche Struktur (Bild 20.3). Die in DFSS enthaltenen Methoden sind teils bestimmten Phasen des PEP zugeordnet, teils können oder müssen sie im Projektablauf wiederholt eingesetzt werden. Wichtig ist, dass nicht jede Methode bei jedem Entwicklungsprojekt zwingend zur Anwendung kommen muss. Dieses im Einzelfall situationsgerecht zu entscheiden, zu begründen und angemessen zu dokumentieren liegt in der Verantwortung des Projektleiters.

Die Einführung von DFSS wird durch eine stabile Projektkultur mit immer besser ausgebildeten Projektleitern, effizienten Planungsinstrumenten sowie klaren Prozess- und Rollenbeschreibungen erheblich begünstigt. Dies unterstützt die Verankerung der Methodik im Produktentstehungsprozess und erhöht ihre Wirksamkeit.

Schulung und Kompetenzentwicklung

Die Bezeichnungen Black Belt, Green Belt und Yellow Belt sind fester Bestandteil der herkömmlichen Six-Sigma-Kultur. Sie kennzeichnen Personen mit unterschiedlich hoher, aber klar umrissener Methodenkompetenz und mit eindeutig beschriebenen Rollen in Verbesserungsprojekten. Diese Bezeichnungen werden in Literatur und Praxis auch im DFSS-Umfeld verwendet, jedoch mit großen Unterschieden im Rollenverständnis. Deshalb ist unverzichtbar, Kompetenzen und Rollen an die Bedürfnisse des eigenen Unternehmens anzupassen, sie neu zu definieren und klar zu beschreiben. Zwar ist die Verwendung der genannten Bezeichnungen nicht zwingend erforderlich, kann aber z. B. die firmenübergreifende Kommunikation vereinfachen. In Bild 20.4 sind die bei Bosch definierten Rollen und die zugehörigen Schulungsmaßnahmen zusammengestellt.

Ebene	Beschreibung	Zielgruppe	Training
Executive	Kennt die DFSS-Methodik, ihre Vorteile und Ziele Übernimmt die Führung (Leadership) Stellt den korrekten Ansatz der Methodik sicher	GF, Bereichsvorstände, Leitungen, Abteilungsleiter in der Entwicklung	Executive Training 8 Stunden
Yellow Belt	Kennt die Prinzipien der DFSS-Methodik Wendet mit der Unterstützung eines Black Belt einzelne DFSS-Methoden an	Alle Mitarbeiter in der Entwicklung	4 Stunden Info + in div. Trainings
Green Belt	Kennt die DFSS-Methodik, ihre Vorteile und Ziele Kann den korrekten Einsatz der Methoden planen Verantwortlich für Ergebnisse (zus. mit Black Belt)	Projekt-, Gruppen- und Abteilungsleiter in der Entwicklung	3 Tage Training
Black Belt	Beherrscht alle wichtigen DFSS-Methoden Kann diese Methoden unterrichten, Anwender unterstützen und den Workshop durchführen Fördert und unterstützt die Anwendung von DFSS	Fachlich und persönlich geeignete Mitarbeiter	Modulares Training, mindestens 25 Tage

Bild 20.4 Rollen, Kompetenzen und Schulungsangebot im DFSS-Ansatz bei Bosch

Der **Black Belt** ist ein umfassend ausgebildeter Methodenexperte und beherrscht alle für den Produktentstehungsprozess wichtigen Methoden. Seine Aufgabe ist es, den Projektleiter bei der Planung des Methodeneinsatzes zu beraten, die erforderlichen Methoden bei Bedarf zu unterrichten und die Mitglieder des Projektteams in schwierigen Fällen aktiv zu unterstützen. Er wirbt in seinem Umfeld für den systematischen und konsequenten Methodeneinsatz und beteiligt sich an der Weiterentwicklung einzelner Methoden sowie der zugehörigen Vorgehensweisen (Practices). Nur theoretisch standfeste, kommunikationsstarke und erfahrene Mitarbeiter sind für diese Rolle geeignet.

Die Ausbildung eines Black Belt besteht größtenteils aus Lehrgängen, die im Bosch-Fortbildungsprogramm für einzelne Methoden ohnehin angeboten werden. Der Ausbildungsplan wird je nach Vorkenntnissen und Interessenlage aus Pflicht- und Wahlkomponenten modular zusammengestellt und individuell vereinbart. Dieser Teil des Ausbildungsplans kann bis zu 25 Arbeitstage beanspruchen.

Wesentliches Element der Ausbildung ist die praktische Erfahrung, die durch methodische Unterstützung mindestens eines Pilotprojektes gewonnen wird. Um einen ausreichend hohen Lernerfolg zu gewährleisten, werden die vereinbarten Lehrgänge zeitnah vor der praktischen Anwendung im Projekt absolviert. Das Ausbildungskonzept wird durch vierteljährliche, in kleinen Gruppen durchgeführte Reviews abgerundet, die einerseits dem Erfahrungsaustausch der angehenden Black Belts untereinander dienen, andererseits den Schulungsverantwortlichen ermöglichen, den Ausbildungsfortschritt zu verfolgen und korrigierende oder weiterführende Hinweise zu geben. Infolge der Verknüpfung mit realen Entwicklungsprojekten dauert die Ausbildung insgesamt ein bis zwei Jahre.

Den Führungskräften der unteren Führungsebenen, also den Projekt- und Gruppenleitern, ist bei Bosch die Rolle des **Green Belt** zugewiesen. Dieser kennt alle für seinen Aufgabenbereich wichtigen Methoden, deren Nutzen und Grenzen und begreift sie als Elemente einer ganzheitlichen Entwicklungsmethodik. Im Hinblick auf seine Führungsaufgabe muss er diese Methoden in der Regel nicht selbst anwenden, jedoch deren Einsatz planen, einfordern und verfolgen. Für diesen Anspruch hat sich ein dreitägiges Training als ausreichend erwiesen.

In diesem Rollenverständnis zeigt sich ein deutlicher Unterschied zum herkömmlichen Six Sigma: Dort werden Green Belts nach einer mindestens zehntägigen theoretischen Ausbildung gezielt als Projektleiter einiger weniger Verbesserungsprojekte eingesetzt. Im DFSS-Umfeld dagegen sollte ausnahmslos jeder Leiter eines Entwicklungsprojektes Green Belt sein. Die Projekt- und Gruppenleiter steuern als unmittelbare Vorgesetzte die tägliche Arbeit der Entwicklungsingenieure und haben somit maßgeblichen Einfluss auf die Vorgehensweisen in der Produktentwicklung. Um sie frühzeitig für die DFSS-Methodik zu gewinnen, sind sie anfangs die wichtigste Zielgruppe für Schulungsmaßnahmen.

Der **Yellow Belt** hat einen groben Überblick über die DFSS-Methodik. Er wendet die für seine jeweilige Arbeitsaufgabe erforderlichen Methoden an und erhält bei Bedarf die Unterstützung von Methodenexperten oder Black Belts. Diese Rolle wird letztlich von jedem Mitarbeiter der Entwicklung wahrgenommen. Als Ausbildung genügt zunächst eine vierstündige Informationsveranstaltung. Je nach Arbeitsaufgabe und Vorkenntnissen kann darüber hinaus eine spezielle Schulung in einer häufig anzuwendenden Methode erforderlich sein.

Wie bei allen Veränderungsinitiativen, so auch bei der Umsetzung von DFSS, müssen die Führungskräfte der oberen Hierarchieebenen als Promotoren des Vorhabens gewonnen werden. Das eintägige **Executive-** oder Managementtraining vermittelt die DFSS-Methodik aus strategischer Sicht und bietet Raum für die Diskussion von Fragen der Umsetzbarkeit und der Integration in bestehende Konzepte. Allein auf Grundlage von Wissen, Überzeugung und womöglich Begeisterung ist eine wirksame Unterstützung der Entwicklungsprojekte zu erwarten, etwa durch Freigabe angemessener Ressourcen.

Mit den beschriebenen Rollen entsteht in der Bosch-Gruppe eine „DFSS-Organisation", die im Wesentlichen in der bestehenden Aufbau- und Ablauforganisation verankert ist und mit den projektübergreifend tätigen Black Belts nur wenig zusätzliche Ressourcen beansprucht. DFSS wird daher als integrierter Bestandteil der Entwicklungsprojekte im Produktentstehungsprozess wahrgenommen.

20.3 Zusammenfassung

Bei der Umsetzung von DFSS ist eine einheitliche Vorgehensweise angesichts der Vielfalt von Produkten, Geschäftsfeldern und Unternehmenskulturen nicht sinnvoll möglich. Gleichwohl gibt es eine Reihe allgemein zu beachtender Gesichtspunkte. Die nachstehenden Anregungen sollen dazu beitragen, die Umsetzung erfolgreich zu gestalten:

- Beginnen Sie mit einer Analyse der im Unternehmen schon bekannten und praktizierten Entwicklungsmethoden.
- Bewerten Sie diese Methoden im Hinblick auf ihren Nutzen für typische Entwicklungsaufgaben, auf ihre Überschneidungen, ihre Vollständigkeit und ihr Zusammenwirken im gesamten Produktentstehungsprozess.
- Entwickeln Sie aus den für Ihr Unternehmen relevanten Methoden ein Gesamtsystem, ergänzen Sie dieses durch bisher nicht verfügbare Elemente und nutzen Sie die Gelegenheit zur Bereinigung der unternehmensspezifischen Methodenlandschaft. Die im vorliegenden Buch behandelte Methodik mag dabei Orientierung bieten.
- Entscheiden Sie, ob Sie die Umsetzung gleich flächendeckend oder zuerst in einem Teilbereich beginnen wollen, um Erfahrungen und erfolgreiche Beispiele zu sammeln.
- Ermitteln Sie den Schulungsbedarf und erarbeiten Sie ein Schulungskonzept zum Aufbau der erforderlichen Kompetenzen.
- Erstellen Sie einen realistischen Umsetzungsplan. Bedenken Sie, dass solche Änderungsprozesse mehrere Jahre dauern können.
- Gewinnen Sie Promotoren auf allen Hierarchieebenen der betroffenen Bereiche und suchen Sie Verbündete, die bereit sind, die Umsetzung vor Ort voranzutreiben.
- Entwickeln Sie ein durchgängiges Kommunikationskonzept. Zögern Sie nicht, dafür professionelle Hilfe in Anspruch zu nehmen.
- Beginnen Sie mit der Umsetzung erst dann, wenn Sie von der Unternehmens- oder Bereichsleitung einen klaren Auftrag dazu haben und die Bereitschaft vorhanden ist, das Vorhaben sichtbar zu unterstützen.

- Sorgen Sie dafür, dass erfolgreiche Beispiele rasch bekannt werden und zur Nachahmung anregen.
- Verfolgen Sie gemeinsam mit den Promotoren den Umsetzungsfortschritt, erörtern Sie die möglicherweise entstandenen Schwierigkeiten und vereinbaren Sie die notwendigen Änderungen des Umsetzungsplans.
- Organisieren Sie einen regelmäßigen Erfahrungsaustausch und fördern Sie die Bildung von Netzwerken, deren Mitglieder die Methodik aus eigenem Antrieb weiterentwickeln.

Abkürzungen

α	Signifikanzniveau
η	Viskosität
Δp	Differenzdruck
$\mu / \bar{x}$	Mittelwert (Grundgesamtheit / Stichprobe)
AHP	Analytischer Hierarchieprozess
ANOVA	Analysis of Variance
ARSM	Adaptive Response Surface Method
ASQ	American Society for Quality
AV	Appraiser Variation
B2B	Business to Business
B2C	Business to Consumer
BPR	Business Process Reengineering
CAE	Computer Aided Engineering
CCC	Central Composite Circumscribed
CCF	Central Composite Faced
CCI	Central Composite Inscribed
CDF	Cummulative Distribution Function (relative Summenhäufigkeit)
C_g	C = Capability, g = gauge (Prüfmittelfähigkeit)
C_{mk}	C = Capability, m = maschine, k = katayori (systematische Abweichung)
CNM	Customer Needs Mapping (Erarbeitung des Kundenanforderungsbaumes)
C_p	C = Capability, p = Process (Prozessfähigkeit)
CPU	Central Processing Unit (Zentrale Recheneinheit)
CTQ	Critical To Quality
CV	Coefficient of Variation
DFMA	Design For Manufacture and Assembly
DFSS	Design for Six Sigma
DMADV	Define – Measure – Analyse – Design – Varify
DMAIC	Define – Measure – Analyse – Improve – Control
DoE	Design of Experiments
DR	Design Review
DRBFM	Design Review Based On Failure Mode
EOL	End of Life
ESS	Environmental Stress Screening
EV	Equipment Variation
FMEA	Fehlermöglichkeits- und Einflussanalyse
FTA	Fault Tree Analysis (Fehlerbaumanalyse)

G	Gewicht
GD³	Good Discussion – Good Design Review – Good Design
GRR	Gage Repeatability and Reproducibility
HALT	Highly Accelerated Life Testing
HASS	Highly Accelerated Stress Screening
HoQ	House of Quality
IDOV	Identify – Design – Optimize – Verify
IQR	Interquartilabstand (inter quartile range)
IT	Informationstechnologie
KVP	Kontinuierlicher Verbesserungsprozess
$M\Omega/R\Omega$	Widerstand
MLS	Moving Least Squares
MM	Moving Mean
MSA	Messsystemanalysen
MTBF	Mean Time Between Failure
MTTF	Mean Time To Failure
NDC	Number of Distinct Categories
NLPQL	Non-Linear Programming using Quadratic Line search
NTC	Negative Thermal Coefficient (Heißleiter)
OFAT	One Factor at a Time
OTG	Obere Toleranzgrenze
PDCA	Plan – Do – Check – Act
PDM	Process Design Matrix
PEP	Product Engineering Process (Produktentstehungsprozess)
P-FMEA	Prozess-FMEA
P_p/P_{pk}	Prozessleistungsindizes
ppm	Parts per Million (Fehlerrate in der Produktion)
PV	Part Variation
Q	Qualität
QALT	Quantitative Accelerated Life Testing
QB	Qualitätsbewertung
QFD	Quality Function Deployment
QG	Quality Gate
QS	Qualitätssicherung
RE	Reliability Engineering
rF	relative Feuchte
RMS-Error	Root-Mean-Square-Error
RPZ	Risikoprioritätszahl
s/σ	Standardabweichung
s^2/σ^2	Varianz
SE	Simultaneous Engineering
SOP	Start of Production

SPC	Statistical Process Control (Statistische Prozesslenkung)
TA	Toleranzanalyse
TAAF	Test Analyze and Fix
TRIZ	Teoria reshenija izobretatjelskich zadacz (Theorie des erfinderischen Problemlösens)
UTG	Untere Toleranzgrenze
VIF	Variance Inflation Factor
VOC	Voice of Customer (Stimme des Kunden)
WB	Wettbewerber

Literatur

Akao, Y.: Quality Function Deployment, Productivity Press, 1978

Altschuller, G. S.: Erfinden – Wege zur Lösung technischer Probleme, VEB Verlag Technik Berlin, 1984, limitierter Nachdruck 1998

Assmus, D.: Produktionsmanagement I – Produktplanung/Konstruktion WZL RWTH Aachen, 2006

Bäck, T./Fogel, D. B./Michalewicz, Z.: Handbook of evolutionary computation, Oxford University Press, 1997

Beucher, O.: Wahrscheinlichkeitsrechnung und Statistik mit Matlab, Springer-Verlag, 2004

Boothroyd, G.: Product Design for Manufacture and Assembly, Dekker, 2003

Bortz, J.: Statistik für Human- und Sozialwissenschaftler, Springer-Verlag, 2005

Bossel, H.: Systeme Dynamik Simulation, Books on Demand GmbH, Norderstedt, 2004

Breyfogle, F. W.: Implementing Six Sigma, John Wiley & Sons, 1999

Bruhn, M.: Qalitätsmanagement für Dienstleistungen: Grundlagen, Konzepte , Methoden, Springer, 1997

Bucher, C.: Adaptive Sampling – An iterative fast monte carlo procedure, Structural Safety 5(2):119–126, 1988

Bosch: Begriffe und Verfahren der Zuverlässigkeitstechnik, Heft Nr. 13, Robert Bosch GmbH, C/QMM Ausgabe 10/1996

Bosch: Fähigkeit von Mess- und Prüfprozessen, Heft Nr. 10, Robert Bosch GmbH, C/QMM, Ausgabe 2003

Bosch: Maschinen- und Prozessfähigkeit, Heft Nr. 9, Robert Bosch GmbH, C/QMM, Ausgabe 2004

Bosch: Statistische Prozessregelung SPC, Heft Nr. 7, Robert Bosch GmbH, C/QMM, Ausgabe 2005

Bosch: Statistische Tolerierung, Herft Nr. 5, Robert Bosch GmbH, C/QMM, Ausgabe 1993

Dynardo: optiSLang Handbuch V2.1, 2007, Dynardo Eigenverlag 2007

Fahrmeier, L. et al.: Statistik, Springer-Verlag, 2007

FMEA Referenzhandbuch der QS 9000, dt. Ausgabe, 1999

Girod, B.: Einführung in die Systemtheorie, Teubner Verlag, 2005

Gojkovic: Bewertung von Konzeptalternativen, Ausbildungsunterlagen DFSS Green Belt, Robert Bosch GmbH, 2008

Goldberg, D. E.: Genetic Algorithms in Search, Optimization and Machine Learning, Addison-Wesley Longman, 1989

Götz, S.: Auf die Stimme des Kunden hören (VOC), Ausbildungsunterlagen DFSS Green Belt, Robert Bosch GmbH, 2008

Götz, S.: Quality Function Deployment (QFD), Ausbildungsunterlagen DFSS Green Belt, Robert Bosch GmbH, 2008

Hackfurth, G. C.: Produktentstehung, Planung, Konzeption und Ideenfindung, www.feel-ing.org, 2006

Hammer, M./Champy, J.: Re-engineering the Coorpoation: A Manifesto for Business Revolution, Harper Business, 1993

Hansen, W. (Hrsg.): Praxishandbuch Techniken des Qualitätsmanagements, Symposion Publishing, 2001

Harry, M./Schroeder, R.: Six Sigma, Campus Verlag, 2000

Hartwich, E. (Hrsg.): Quality Function Deployment – Mit besseren Produkten schneller am Markt, Robert Bosch GmbH, 1999

Herb, R./Herb, T.: TRIZ – Der systematische Weg zur Innovation, Verlag moderne Industrie, 2000

Hooke, R./Jeeves, T. A.: Direct search solutions of numerical and statistical problems, Journal of the ACM 8:212–229, 1961

Ireson, W. G. et al.: Handbook of Reliability Engineering and Management, McGraw Hill , 2nd Edition, 1996

Isermann, R.: Identifikation dynamischer Systeme 1 und 2, Springer-Verlag, 1992

Jöbstl, O.: Einsatz von Qualitätsinstrumenten und -methoden, DUV Verlag, 1999

Kaplan, R. S./Norton, D. P.: Balanced Scorecard – Strategien erfolgreich umsetzen, Schäffer-Poeschel Verlag, 1997

Kleppmann, W.: Taschenbuch Versuchsplanung. Produkte und Prozesse optimieren, Carl Hanser Verlag, 2008

Könning, M.: Optimierung und Robustheitsanalyse in der Simulation mechanischer Systeme, Dissertation Bauhausuniversität Weimar, 2007

Kreyszig, E.: Statistische Methoden und ihre Anwendungen, Valdenhoeck und Ruprecht, 1991

Kreyszig, E.: Statistische Methoden und ihre Anwendungen, Valdenhoeck und Ruprecht, 1991

Livotov, P./Vladimir, P.: Innovationstechnologie TRIZ. Produktentwicklung und Problemlösung, Handbuch, TriSolver 2002, überarbeitete 2. Auflage, 2005

Mansen D./ Storjohann L./ Kaiser L.: Design of experiments (DoE), Ausbildungsunterlagen DFSS Green Belt, Robert Bosch GmbH, 2008

Mazur, G.: Voice Of Customer Analysis: A Modern System of Front End QFD Tools With Case Studies, www.mazur.net, 1997

Meyer, A./Bauer, M.: Einführung DFMA, Robert Bosch GmbH, 2003

Most, T./Unger, J. F./Roos, D./Riedel, J.: Advanced surrogate models within the robustness evaluation, 4. Weimarer Optimierungs- und Stochastiktage, 2007, Dynardo Eigenverlag 2007

MSA-Referenzhandbuch der QS 9000, dt. Ausgabe, 1999

Orloff, M.: Grundlagen der klassischen TRIZ, Springer-Verlag, 2005

Pahl, G./Beitz, W.: Konstruktionslehre, Springer-Verlag, 1977

Plato AG: Wie Toyota von DRBFM profitiert, QZ Jahrgang 50 (2004) 4

Rach, E.: Statistische Prozessregelung (SPC), Ausbildungsunterlagen DFSS Green Belt, Robert Bosch GmbH, 2008

Rechenberg, I.: Evolutionsstrategie – Optimierung technischer Systeme nach Prinzipien der biologischen Evolution, 1973 Fromman-Holzboog Verlag

Rietsch, P.: TRIZ Anwendung und Weiterentwicklung in nicht technischen Bereichen, Facultas, 2007

Ross, R.: Statistik für Ingenieure und Naturwissenschaftler, Spektrum Akademischer Verlag, 2006

Sachs, L.: Angewandte Statistik, Springer-Verlag, 2002

Schittkowski, K.: NLPQL: A FORTRAN subroutine solving constrained nonlinear programming problems, Universität Stuttgart, 1985

Schorn, M./Kapust, A.: DRBFM – die Toyota-Methode, VDI-Z 147, 2005

Schulze, L.: Arbeitsmaterial zur Vorlesung Produktentwicklung TU Dresden, Institut für Feinwerktechnik, 2006

Schumacher, A.: Optimierung mechanischer Strukturen, Springer-Verlag, 2004

Schwefel, H. P.: Evolutionsstrategie und numerische Optimierung, Doktorarbeit Technische Universität Berlin, 1975

Schweizer, P.: Systematisch Lösungen realisieren. Innovationsprojekte leiten und Produkte entwickeln (mit einer Einführung in TRIZ), vdf Hochschulverlag, 2001

SQC Study Committee/TQM Promotion Committee of the Toyota Group: Beginners' Guide to DRBFM – Proactive Prevention based on Creative Thinking, 2005

Strohrmann, M. et al.: Heißfilmluftmassenmesser HFM6 – Präzise Luftmassenmessung für Kraftfahrzeuganwendungen, VDI-Berichte 1829, 2004

Terninko, J./Zlotin, B./Zusman, A.: TRIZ – der Weg zum konkurrenzlosen Erfolgsprodukt, Verlag moderne Industrie, 1998

Teufelsdorfer, H./Conrad, A.: Kreatives Entwickeln und innovatives Problemlösen mit TRIZ/TIPS. Einführung in die Methodik und ihre Verknüpfung mit QFD, Verlag Publicis MCD, 1998

Timischl, W.: Qualitätssicherung, Carl Hanser Verlag, 1995

Töpfer, A.: Industrielle Dienstleistungen: Servicestrategie und Outsourcing, Luchterhand, 1996

Toptas, A.: Qualitätsmanagement in der Bosch-Gruppe: Heft 14: Fehler-Möglichkeits- und Einfluss-Analyse, Robert Bosch GmbH, 3. Auflage 2006

Wappis, J./Jung, B.: Taschenbuch Null-Fehler-Management, Umsetzung von Six Sigma, Carl Hanser Verlag, 2006

Wember, T.: Technische Statistik und statistische Versuchsplanung, Informationstechnologie GmbH, 2006

Will, J./Bucher, C.: Statistische Maße für rechnerische Robustheitsbewertungen CAE gestützter Berechnungsmodelle, 3. Weimarer Optimierungs- und Stochastiktage 2006, Dynardo Eigenverlag 2006

Yank, K./El-Haik, B.: Design for Six Sigma: a roadmap for product development, McGraw-Hill, 2003

Zobel, D.: Systematisches Erfinden, expert verlag, 2004

Register

Die Autoren

DI Dr. mont. Jürgen Gamweger leitet gemeinsam mit Dr. Oliver Jöbstl die successfactory management coaching gmbh, ein international tätiges Unternehmen, das sich auf Beratung und Coaching in den Bereichen Qualitäts- und Prozessmanagement spezialisiert hat. Im Zuge dieser Tätigkeit hat er zahlreiche renommierte Unternehmen u. a. in den Bereichen Strategie, Prozessverbesserung, Business Excellence und Six Sigma als Berater und Trainer von der strategischen Analyse bis zur operativen Umsetzung begleitet. Dabei misst er der unternehmensspezifischen Anpassung von anerkannten Methodiken und deren Integration in den jeweiligen Unternehmenskontext besondere Bedeutung zu.

Seit dem Abschluss seiner ingenieurswissenschaftlichen Ausbildung 1997 beschäftigt sich Jürgen Gamweger mit dem Thema der systematischen, strategisch orientierten Unternehmensverbesserung. War dies zunächst im Rahmen einer Dissertation im Bereich der strategischen Unternehmensführung und KVP, so wurde sehr bald darauf der Kontakt zu Six Sigma hergestellt, um auch zu Beginn des neuen Jahrtausends in den USA eine diesbezügliche Ausbildung zu durchlaufen.

DI Dr. mont. Oliver Jöbstl ist gemeinsam mit Dr. Jürgen Gamwegger Geschäftsführer der successfactory management coaching gmbh. Im Rahmen zahlreicher Praxisprojekte mit großen internationalen Unternehmen und mittelständischen Firmen aus unterschiedlichen Branchen (u. a. Automobilindustrie, Elektronikindustrie, Non-Profit Organisationen) konnte das Wissen über den sinnvollen Einsatz von Verbesserungsmethoden vertieft werden. Gemeinsam mit Bosch wurde darauf basierend der DFSS-Ansatz weiterentwickelt.

Oliver Jöbstl studierte an der Montanuniversität Leoben Werkstoffwissenschaften mit Wahlfachgruppe Betriebswirtschaft. Seine Dissertation, die 2000 im DUV Verlag publiziert wurde, beschäftigt sich mit den Möglichkeiten und Grenzen von Qualitätsinstrumenten und -methoden. Gemeinsam mit Jürgen Gamweger veröffentlichte er 2006 das Werk „Six Sigma Belt Training" im Carl Hanser Verlag.

Kontakt Jürgen Gamweger und Oliver Jöbstl:
gamweger@successfactory.cc
joebstl@successfactory.cc

successfactory management coaching gmbh
A-8700 Leoben, Peter Tunner Straße 19
Tel. +43(38 42)4 70 44-36, Fax +43(38 42)4 70 44-27
http://portal.successfactory.cc

Professor Dr. Manfred Strohrmann ist seit 2005 Professor an der Hochschule Karlsruhe – Technik und Wirtschaft. Er unterrichtet an der Fakultät Elektro- und Informationstechnik die Fächer Systemtheorie und Toleranzen in vernetzten Systemen.

Nach dem Studium der Elektrotechnik an der Universität Karlsruhe mit Schwerpunkt Mess- und Regelungstechnik entwickelte er am Forschungszentrum Karlsruhe mikromechanische Sensorsysteme. Nach der Promotion wechselte er zur Robert Bosch GmbH, Stuttgart. Hier entwickelte er Sensoren für das Motor-Management. Im Rahmen der Entwicklungstätigkeit setzte sich Manfred Strohrmann stetig mit der Frage der kostenoptimierten Systempartition und der optimalen Toleranzverteilung in Systemen auseinander. Dieser Fragestellung widmet er sich auch derzeit in verschiedenen Forschungs- und Entwicklungsprojekten.

Kontakt:
manfred.strohrmann@hs-karlsruhe.de
www.home.hs-karlsruhe.de/~stma0003

Dr.-Ing. Wadym Suchowerskyj ist Senior Expert bei der Bosch Management Support GmbH, einer Tochtergesellschaft der Robert Bosch GmbH, und betreut als Berater und Trainer die Umsetzung von DFSS bei Bosch.

Nach Studium und Promotion war er seit 1976 bei Bosch in verschiedenen Geschäftsbereichen und Führungsfunktionen als Entwickler für Automobilelektronik tätig. Von 1998 bis 2005 war er überwiegend mit der Verbesserung von Geschäftsprozessen, mit Organisationsentwicklung, mit Projektmanagement sowie mit Einsatz und Verbesserung von Entwicklungsmethoden befasst. Darüber hinaus hat er als Black Belt die Einführung der Six-Sigma-Methodik in mehreren Bosch-Werken vorangetrieben und zur Verbesserung von Fertigungsprozessen beigetragen. Zuletzt hat er bis 2008 in der Konzernzentrale das Bosch Product Engineering System mitgestaltet, die Einführung von DFSS vorbereitet und dafür ein Schulungskonzept entwickelt.

Kontakt:
dr.suchowerskyj@t-online.de, www.bosch.de

Die Co - Autoren

Gudrun Fischer-Colbrie ist Senior Consultant bei der Successfactory Management Coaching GmbH mit den Themenschwerpunkten Qualitätsmanagementmethoden und Six Sigma in Beratungs- und Trainingsprojekten.

Jürgen Jantschgi ist selbständiger Unternehmer (Jantschgi C&R) und Experte für Innovationsmanagement und TRIZ.

Henning Kreschel hat eine langjährige Erfahrung als Produktentwickler bei Bosch und ist Experte auf den Gebieten der Simulation und Optimierung.

Harald Strommer ist Senior Consultant bei der Successfactory Management Coaching GmbH mit den Themenschwerpunkten KVP, Prozessmanagement und Innovation.